W0229614

Schloß Achberg

Annäherungen an ein barockes Kleinod Oberschwabens

Schloß Achberg

Annäherungen an ein barockes Kleinod Oberschwabens

Herausgegeben von Irene Pill-Rademacher
im Auftrag des Landkreises Ravensburg

Oberschwäbische Verlagsanstalt Ravensburg

Schloß Achberg -
Annäherungen an ein barockes Kleinod Oberschwabens

Herausgegeben von Irene Pill-Rademacher
im Auftrag des Landkreises Ravensburg
1. Auflage
Ravensburg, Oberschwäbische Verlagsanstalt, 1999
Gestaltung: d-werk gmbh, Ravensburg

Titelseite: Zentralwappen im Rittersaal von Schloß Achberg

Für Druckkostenzuschüsse bedanken sich Herausgeberin und Verlag bei der Gemeinde Achberg, der Schubertiade GmbH (Hohenems), der Energie Baden-Württemberg AG (EnBW) Karlsruhe, der Kreissparkasse Ravensburg, der Landesbank Baden-Württemberg, den Oberschwäbischen Elektrizitätswerken (OEW), der Fördergemeinschaft zur Erhaltung von Schloß Achberg e. V. (Wangen), der Stadt Wangen, S. E. Dr. Arnold Othmar Wieland, Hochmeister des Deutschen Ordens (Wien), und dem Landkreis Ravensburg.

© 1999 Oberschwäbische Verlagsanstalt Drexler & Co., Ravensburg
Printed in Germany
ISBN 3-926891-23-8

Inhalt

5

6

Nach jahrelangen Restaurierungsarbeiten erstrahlt Schloß Achberg seit 1995 in neuem Glanz

Schloß Achberg
Annäherungen an ein barockes Kleinod Oberschwabens

Vorwort der Herausgeberin

Hoch über einer Talschlaufe der Argen thront Schloß Achberg. Es vermittelt mehr den Eindruck einer soliden Hausfeste als den eines eleganten Palazzos, und doch birgt das Anwesen mit einer der detailreichsten Stuckdecken Süddeutschlands ein barockes Meisterwerk. Bis der Landkreis Ravensburg mit der sorgfältigen Instandsetzung des Gebäudes die Herrschaft auf Achberg antreten konnte, durchlebte die ehemalige Burg in ihrer wechselvollen Geschichte Aufstieg und Niedergang. Durch die Hände vieler Besitzer gegangen, hätte das Schloß uns beinahe kein Zeugnis mehr ablegen können von seinem Schatz: Nachlässigkeit hat die Kulturstätte verwittern lassen, die Abgeschiedenheit in

der Bilderbuchlandschaft des Voralpenraumes hat der Vergessenheit zusätzlich Vorschub geleistet. Seit der Eröffnung im Mai 1995 jedoch ist das Schloß zu neuem Leben erwacht. Der Landkreis Ravensburg hat zuvor das bröckelnde Gemäuer von Grund auf saniert. Dem aufwendigen konservatorischen Akt folgt mit dieser Publikation nun eine erste detaillierte historische Bestandsaufnahme - Mauerbefund, Urkunden, Stuck und Wandmalereien erzählen die Geschichte des Schlosses, Geschichten rund um die Argenburg beleben die Fakten.

Annäherungen an ein barockes Kleinod Oberschwabens - dies ist das Ziel des vorliegenden Buches. Es will eine Bilanz unseres Wissens über die kleine Herrschaft ziehen und neuen Forschungsergebnissen einen Rahmen geben. Das Buch zeigt Facetten der bewegten Geschichte einer Herrschaft abseits im idyllischländlichen Allgäu. Zugleich möchte diese Publikation aber auch auf das schöne Anwesen im Landkreis Ravensburg mit seinem reichen Kulturleben neugierig machen. Vieles wurde für diese Veröffentlichung erforscht und ans Tageslicht gebracht, vieles allerdings bleibt immer noch im Dunkeln. Die Quellen zur Geschichte von Herrschaft und Schloß Achberg sind bei weitem noch nicht erschöpfend ausgewertet, Überraschungen sind also durchaus noch zu erwarten!

Als Herausgeberin bedanke ich mich für die vielseitige und breite Unterstützung, angefangen bei den Autoren, die tatkräftig zum Gelingen dieses Buches beigetragen haben. Die unvergessene Frau Hofrat Prof. Dr. Christiane Thomas† vom Haus-, Hof- und Staatsarchiv war mir wie immer bei meinen Forschungsaufenthalten in Wien eine große Hilfe. P. Dr. Bernhard Demel O.T. vom Zentralarchiv des Deutschen Ordens in Wien erschloß mir die vielfältigen Bestände. Großzügige Zuschußgeber haben es ermöglicht, daß das Buch zu einem günstigen Ladenpreis herauskommen kann. Diplom-Grafiker Ulrich Julius Jassniger von d-werk gmbh Ravensburg ist es gelungen, dieser Veröffentlichung eine besondere äußere Gestalt zu verleihen. An letzter Stelle, aber nicht zuletzt, geht mein herzlicher Dank an Familie und Freunde, die mir (zumeist geduldig und klaglos) den Freiraum gewährten, den die Herausgabe eines solchen Buches benötigt.

Möge diese Publikation eine gelungene Hommage an diejenigen sein, denen Schloß Achberg sein Überleben verdankt!

Irene Pill-Rademacher

Schloß Achberg mit Eingangsportal, Glockenturm und Amtshaus

Schloß Achberg in Gewitterstimmung

Rittersaal in Schloß Achberg während eines Konzertes der Schubertiade

Grußwort von Erwin Teufel,
Ministerpräsident des Landes Baden-Württemberg

Oberschwaben - und mittendrin der Landkreis Ravensburg - bieten eine Fülle an Geschichte und Kultur. Herausragende historische Gebäude, Zeugnisse einer reichen historischen Vergangenheit, sind hier überall zu finden. Charme und Eigenart liegen in der besonderen Geschichte dieser Region begründet. Die Kulturlandschaft Oberschwaben wird geprägt durch kleine politische Räume. Charakteristisch für diese Landschaft ist die Vielfalt, ihre Kleinräumigkeit und die Kreativität. Deshalb hat die Region eine beeindruckende Kulturdichte, von der wir heute noch profitieren, der wir aber auch besondere Zuwendung angedeihen lassen müssen. Die Sorge um die Zeugnisse vergangener Zeiten - seien sie in papierener Form oder auf Stein überliefert - muß Teil unserer täglichen Arbeit sein.

Einer, der diese Aufgaben immer schon mit besonderer Hingabe erfüllt, ist Landrat Dr. Guntram Blaser. Seinen vielfältigen Initiativen hat die Denkmallandschaft Oberschwaben viel zu verdanken, denn für ihn ist der Denkmalschutz bis heute zu einer Art Daueraufgabe geworden. Mit bemerkenswertem Engagement hat er es geschafft, Interesse für gefährdete Gebäude zu wecken und bürgerschaftlichen Einsatz ins Leben zu rufen. Wenn es um die gelungene Erhaltung und Sanierung von historischen Bauten geht, wären neben vielen anderen Beispielen im Landkreis Ravensburg die Waldburg, Schloß Aulendorf, das Weberzunfthaus in Wangen und natürlich das Deutschordensschloß Achberg zu nennen. Sie prägen das Bild des Landkreises Ravensburg in besonderem Maße.

Dabei bedurfte Schloß Achberg ganz besonderer Fürsorge. Über Jahre hinweg war das herrschaftliche Anwesen Objekt von Bauspekulationen und Finanzierungsmodellen. Ein grundlegender Eingriff in die Bausubstanz stand bevor. Der drohende Ausverkauf der Anlage rief den Landkreis Ravensburg auf den Plan: Er erwarb 1988 das Gebäude. Dann folgte über Jahre hinweg eine Mustersanierung des Landesdenkmalamtes, die auch vom Land Baden-Württemberg finanziell tatkräftig unterstützt wurde. Dank des großen und vielfältigen Einsatzes konnte das barocke Kleinod in Oberschwaben schließlich gerettet werden: Schloß Achberg wurde zu neuem Leben erweckt.

Aber nicht nur Baudenkmälern gilt die stete Sorge des Kreisobersten. So ist es vor allem Landrat Dr. Guntram Blaser zu verdanken, daß ein junger Verein, die „Gesellschaft Oberschwaben für Geschichte und Kultur", so erfolgreich gestartet ist und anhaltend großen Zulauf erfährt. Oberschwaben formiert sich, was die Erforschung seiner besonderen Geschichte und kulturellen

Identität anbelangt. Eine Landschaft entdeckt ihre Lebenskraft neu und präsentiert sich als herausragende Geschichtsregion.

Oberschwaben ist ein Stück Heimat, in der das Gestern noch Gegenwart ist. Landrat Dr. Guntram Blaser hat daran einen großen Anteil.

Ländliches Idyll um Schloß Achberg

Grußwort von Dr. Arnold Othmar Wieland,
Hochmeister des Deutschen Ordens

800 Jahre Deutscher Orden, 800 Jahre Herrschaft Achberg

Nur wenige Jahre trennen die Spanne der Geschichte Achbergs und des Deutschen Ordens und, wenn auch die gemeinsame Zeit in Achberg nur kurz über 100 Jahre währte, so zeugt die Geschichte von vielen Gemeinsamkeiten. Zwei Gründe motivieren mich, für diese Publikation einen kurzen Beitrag zu liefern, nämlich erstens die 115 Jahre während Herrschaft des Deutschen Ordens in Achberg und zweitens der Dank, der den Rettern des Baujuwels Schloß Achberg gebührt.

Vor über 300 Jahren kaufte der Landkomtur des Deutschen Ordens, Franz Benedikt Freiherr von Baden, das damals desolate Schloß und ließ es mit

barocker Pracht ausstatten. Der Gestaltungswille des Deutschordensritters hat dem Schloß bis heute seinen unvergleichlichen Stempel aufgedrückt. Die kunsthistorische Bedeutung Achbergs wird in dieser Publikation sicherlich eingehend gewürdigt. Nahezu einmalig sind jedenfalls die Stukkaturdarstellungen aus einem wichtigen Abschnitt der Deutschordensgeschichte. Gerade in den Jahren, da Schloß Achberg renoviert und umgestaltet wurde, stellte Hochmeister Franz Ludwig von Pfalz-Neuburg das Deutschmeister-Regiment auf, welches zum Schutz des christlichen Abendlandes unter kaiserlichen Dienst gestellt wurde. Dies animierte den ehrgeizigen Landkomtur zu den umfangreichen militärischen Darstellungen im ganzen Schloß. Im Zuge der Napoleonischen Kriege wurde die Herrschaft Achberg dem Deutschen Orden entrissen und der Orden verlor damals seine gesamten Besitzungen in den Rheinbundstaaten. Erst im 20. Jh. ist es unserem Orden wieder vergönnt, sich in Deutschland aufs neue auszubreiten.

300 Jahre nach der Neugestaltung durch den Deutschen Orden war es die öffentliche Hand in Gestalt des Landkreises Ravensburg, der aus denkmalpflegerischer Pflicht das historische

Juwel vor Bauspekulation und Verfall rettete. Vor 300 Jahren war es der Landkomtur des Deutschen Ordens, der als Mann der Tat die notwendigen Aufgaben übernahm. 300 Jahre später trat Landrat Dr. Guntram Blaser das Erbe an, dieses Denkmal für uns und die Nachwelt zu erhalten. Doch nicht nur für die denkmalpflegerische Arbeit eines Landkreises hat eine so umfassende Restaurierung eine besondere Bedeutung. Auch für den Deutschen Orden ist es wichtig, daß die Zeugnisse aus der Ordensgeschichte erhalten werden, uns die Geschichte früherer Jahrhunderte nahegebracht und damit uns und vor allem der Jugend die Schönheit und Bedeutung von Geschichte, Kultur und Tradition bewußt gemacht wird.

In unserer kurzlebigen Zeit wird es immer wichtiger, kulturellen und historischen Fixpunkten in unserem Mitteleuropa wieder einen höheren Stellenwert zukommen zu lassen. Besonders unser Orden hat in den ost-mitteleuropäischen Ländern mancherorts mit der Neuschreibung und Neudeutung von geschichtlichen Ereignissen unangenehme Erfahrungen machen müssen. Angesichts solcher Probleme ist es für uns eine besondere Freude, wenn sich eine Region auf ihren historischen Werdegang besinnt. Otto von Habsburg, Ehrenritter des Deutschen Ordens, sagte einmal: „Wer nicht weiß, woher er kommt, kann nicht wissen, wohin er geht, weil er auch nicht weiß, wo er steht." In diesem Sinn wünsche ich mir als Hochmeister des Deutschen Ordens, daß die Erhaltung und Reaktivierung von Schloß Achberg weit über den Landkreis Ravensburg hinaus ein Vorbild für lebendige Traditionspflege sein möge. Den Initiatoren dieser Großtat, allen voran dem unermüdlich im Einsatz für dieses Werk stehenden Landrat Dr. Guntram Blaser, sei ein herzliches Dankeschön und meine aufrichtige Anerkennung ausgesprochen.

Der vierstöckige Schloßbau mit steilem Satteldach ähnelt einem großen Haus - hochherrschaftlich hingegen ist das Interieur des Adelsansitzes

Grußwort von Staatssekretär a. D. Dieter Angst,
Vorsitzender der Denkmalstiftung Baden-Württemberg

Vom mittelalterlichen Wohnturm zur ehemaligen Glashütte –
Die Denkmalstiftung Baden-Württemberg im Landkreis Ravensburg

Wenn das Land im Jahr 1985 die Denkmalstiftung nicht für ganz Baden-Württemberg errichtet hätte, so wäre dies genau zu diesem Zeitpunkt allein für den Landkreis Ravensburg notwendig geworden. Seit Bestehen der Denkmalstiftung sind nämlich im Landkreis Ravensburg rund 30 Denkmale mit einem Fördervolumen von insgesamt 4,878 Millionen DM unterstützt worden. Dies kann eigentlich nicht erstaunen. Wenn man die Liste der geförderten Denkmale sieht, dann wird einem geradezu bildlich die Denkmaldichte und damit der besondere kulturelle Reichtum dieser Landschaft vor Augen geführt. Dabei gibt es sicherlich einige besonders herausragende Denkmale, aber auch eine Vielzahl kleiner Bauten, die vor allem durch enormes bürgerschaftliches Engagement vor dem Verfall bewahrt wurden. Gerade diese Instandsetzungen von Denkmalen - entsprechend unserem Motto „Bürger retten Denkmale" - machen den besonderen Wert unserer Mithilfe aus. In diesem Rahmen können nicht alle geförderten Denkmale aufgeführt werden. Aber einige Einzelbeispiele sind doch einer Erwähnung wert.

An vorderster Stelle ist ein Preisträger zu nennen. Der mittelalterliche Wohnturm in Oflings bei Wangen im Allgäu, der schon in der Wangener Landtafel von 1617 abgebildet ist. Dieser auch heute noch von Privatleuten als Wohnung genutzte Turm wurde nach seiner beispielhaften Sanierung im Jahr 1997 mit dem Denkmalschutzpreis des Schwäbischen Heimatbundes ausgezeichnet.

Schloß Achberg in Abendstimmung

Er ist ein ausgesprochen „klassisches" Förderobjekt der Denkmalstiftung. Bürgerschaftliche Initiative bei der Sanierung in Form von Eigenarbeit und hohen finanziellen Eigenleistungen der Wohneigentümer entsprechen in idealer Weise der satzungsmäßigen Aufgabenstellung der Stiftung.

Geradezu ein denkmalpflegerischer Gegenpol im Landkreis Ravensburg ist die Sanierung der Waldburg. Als Aufbewahrungsort der Reichskleinodien in der Zeit der Staufer, die dort von den Prämonstratensern des Klosters Weißenau betreut wurden, ist diese Burg im besten Sinn des Wortes ein Denkmal von „nationaler" Bedeutung. Die Denkmalstiftung schätzt sich glücklich, daß sie auch hier bei der Instandsetzung ab 1990 mithelfen konnte.

Einen gewaltigen Brocken hat die Denkmalpflege mit Schloß Aulendorf geschultert. Ich hätte mir in den Jahren 1985/86, in denen ich im Regierungsbezirk unter anderem denkmalpolitische Verantwortung trug, eine Restaurierung dieses vom Schwamm befallenen und verfallenden Schlosses nicht vorstellen können. Der notwendige finanzielle Aufwand schien alle Möglichkeiten zu übersteigen. Es ist sicher eine gewaltige Leistung, die die staatliche Denkmalpflege und die Denkmalstiftung zusammen erbracht haben. Dies war für uns die kostenträchtigste Sanierung, die wir seit Bestehen mitfinanziert haben.

Aber auch technische Denkmale zeichnen den Landkreis Ravensburg aus. Ein besonders interessantes Förderobjekt war für uns die ehemalige Glashütte in Schmidsfelden bei Leutkirch im Allgäu. Hier gelang es, durch das Engagement des Heimatpflegevereins Leutkirch im ehemaligen Glasmacherdorf Schmidsfelden das Hauptgebäude einer bereits im Jahr 1898 eingestellten Glashütte zu restaurieren und darin historische Glasherstellung zu zeigen.

Als ein ganz neues, altes Denkmal reichsstädtischen Kulturlebens kam im Jahr 1998 das Weberzunfthaus in Wangen im Allgäu hinzu: ein in Südwestdeutschland einmaliges Gebäude zünftischen und gesellschaftlichen Festlebens. Es dokumentiert, daß man in diesem Raum schon seit dem 15. Jh. dem Festsaal und den Festen große Bedeutung zumaß, was sich, wie auch in der Landesmitte neidvoll anerkannt, bis heute nicht geändert hat. Beim Weberzunfthaus wird im übrigen ein neues restauratorisches Gesamtkonzept sichtbar: der Verzicht auf eine nachahmende Wiederherstellung der Malereien im Festsaal. Durch Schließen der Putzwunden und durch unterstützende Retusche wurde die glücklicherweise noch aufgefundene Renaissancemalerei erfahrbar und wieder lesbar gemacht - eine Meisterleistung der staatlichen Denkmalpflege und ihrer Restauratoren.

Wenn von Denkmalen im Landkreis die Rede ist, dürfen die Kapellen nicht vergessen werden - dies nicht nur wegen ihrer heimatgeschichtlichen und landschaftsprägenden Bedeutung, sondern auch wegen der komunalpolitischen Aufmerksamkeit und Förderung, die sie durch das sogenannte Kapellenprogramm des Landkreises erfahren. Als herausragendes Beispiel sei hier die St.-Georg-Kapelle in Gwigg, Gemeinde Bergatreute, genannt. Anstelle einer Vorgängerkirche aus dem Jahr 802 wurde diese Kapelle 1718 als Filialkirche der Pfarrei Haisterkirch unter Abt Hermann Vogler vom Kloster Rot an der Rot errichtet. In einer Gemeinschaftsleistung von Landesdenkmalamt, Landkreis und Denkmalstiftung sowie mit beträchtlichen Mitteln der Gemeinde wurde die Außen- und Innenrenovierung dieser Kapelle durch einen Förderverein ermöglicht, der selbst mit Spenden und Eigenleistungen dazu beitrug.

Das Denkmal im Landkreis Ravensburg für die Denkmalstiftung schlechthin ist jedoch Schloß Achberg. Es war nicht nur eines der ersten Förderobjekte der im Jahr 1985 neu errichteten Denkmalstiftung, sondern auch eines der von den Fördermitteln her aufwendigsten Objekte. Über diesem Schloß muß angesichts seiner wechselvollen Geschichte ein besonders guter Stern gestanden haben. Wer wie ich das Schloß in den Jahren 1985/86 mehrfach gesehen und es dann nach seiner Wiedereröffnung im Jahr 1995 betreten hat, muß von einem Wunder sprechen. Aus einer heruntergekommenen Herberge für Flüchtlinge und Vertriebene in der Nachkriegszeit wurde der Festsaal des Landkreises Ravensburg. Ich freue mich ganz besonders über dieses gelungene Werk und bin auch ein klein wenig stolz darauf. Denn es ist mir beim Regierungspräsidium Tübingen im Jahr 1986 gelungen, gegen beträchtlichen Widerstand der seinerzeitigen Fachbeamten, eine grundsätzliche Zusage hoher staatlicher Fördermittel für wasserwirtschaftliche Maßnahmen, sprich: für eine geordnete Abwasserbeseitigung des Schlosses, durchzusetzen. Dies hat es schließlich dem Landrat mit ermöglicht, seinen Kreistag für den Erwerb von Schloß Achberg im Jahr 1988 zu gewinnen. Dafür diesem Gremium Dank und Anerkennung. Jeder, der einmal eine Ausstellung auf Schloß Achberg besucht oder im Rittersaal ein Konzert im Rahmen der Schubertiade erlebt hat, wird sich dem anschließen.

Damit wären wir aber auch bei der Person angelangt, die die Denkmallandschaft des Landkreises Ravensburg in den vergangenen Jahrzehnten in besonderem Maß geprägt hat: Landrat Dr. Guntram Blaser. Ich kenne keinen Landrat in Baden-Württemberg, und auch nicht darüber hinaus, der in so vorbildlicher und engagierter Weise die Interessen der Denkmalpflege und damit unseres kulturellen Erbes vertritt. Aufgrund seiner Verdienste um unsere Kulturdenkmale ist er seit 1991 Vorstandsmitglied der Denkmalstiftung. Dem langjährigen Landrat des Landkreises Ravensburg und Vorstandsmitglied der Denkmalstiftung kann man nur wünschen: „ad multos annos" und weiter so.

Ausstellung in Schloß Achberg: Sammlung Domnick, 1995

Grußwort von Hermann Vogler,
Oberbürgermeister der Stadt Ravensburg und
Stellvertretender Vorsitzender des Kreistages

Wer kannte sie schon, die „Schönheit vom Land": Schloß Achberg - Wanderer im Argental und Reisende, die eher zufällig auf dem Weg von Lindau nach Wangen einen Abstecher dorthin machten? Das war so, bis sich 1982 das Haus Hohenzollern-Sigmaringen von seinem Besitz trennte und Immobilienspekulanten ihr Glück mit schönen Plänen, Bauherrenmodellen und Finanzierungskünsten versuchten. Aber sie hatten die Rechnung ohne den Landrat des Landkreises Ravensburg gemacht - einem Mann, der sich mit besonderem Gespür für die Landschaft und ihre Kulturdenkmale eingesetzt hat.

Mit leisen Tönen und beharrlicher Geduld hat Landrat Dr. Guntram Blaser 1988 den Kreistag vom Kauf des Schlosses überzeugt. Denkmalstiftung und Land hat er eine selten großzügige finanzielle Beteiligung abgerungen und zusammen mit dem Förderverein erfolgreich Sponsoren geworben. Erfahrene Restauratoren und Handwerker haben nach sechs Jahren das barocke Kleinod wieder zur Wirkung gebracht. Heute ist Schloß Achberg ein begehrter Ausstellungsplatz und Veranstaltungsort in der Region - im Dreiländereck zwischen Bodensee und Allgäu.

Schloß Achberg ist eines von vielen Beispielen dafür, wie Landrat Dr. Blaser das regionale Bewußtsein und die regionale Identität belebt hat und wie es ihm gelungen ist, Unterstützung, Fördergelder und Sponsoren dafür zu gewinnen. Im Namen des Kreistages danke ich ihm dafür herzlich. Landrat Dr. Blaser hat sich um die Kultur in unserem Landkreis verdient gemacht.

Schloß Achberg vom Tobel aus gesehen

Grußwort von Dr. Johannes Aschauer,
Bürgermeister der Gemeinde Achberg

Achberg, das ist eine Gemeinde mit knapp 1400 Einwohnern, die in 13 Weilern mit wohlklingenden Namen wie Esseratsweiler, Siberatsweiler, Doberatsweiler oder Pechtensweiler wohnen. In Esseratsweiler regt sich der Achberger Lebensnerv: Hier befinden sich Kirche, Rathaus, Wirtshaus, Geldinstitut, Bäckerladen, Schule und Arbeitsplätze in Handel und Gewerbe. Achberg ist eine Landschaft zum Verlieben. Auf den 1292 ha Gemeindefläche hat die letzte Eiszeit ein reichhaltiges Repertoire aus teils bewaldeten, teils von prächtigen Einzelbäumen gekrönten Moränenhügeln aufgeschoben. Zwischen diesen Buckeln finden sich weite Talzüge mit munter springenden Bächen, die bisweilen etwas langsamer abfließend ein Moorgebiet durchqueren müssen. Diese Landschaft wird von Landwirten - dem Strukturwandel in der Landwirtschaft trotzend - so erhalten, wie wir sie alle schätzen. Was wären die Dörfer ohne die Streuobstbestände, was wäre unsere Umgebung ohne die pflegende Arbeit der Bauern?

Achberg ist kein künstlich geschaffener Gemeindename. Tatsächlich existiert auch ein Wohnplatz namens Achberg, das vormals dem fürstlichen Haus von Hohenzollern-Sigmaringen gehörende Schloß Achberg nebst einem noch heute in fürstlichem Besitz stehenden Gutshof, der Domäne. Dieses abseits vom Achberger Alltag gelegene Gebäudeensemble befindet sich hoch über dem Argental. Die nahe Waldschlucht setzt mit dem ungezähmten Wildfluß der Argen einen kräftigen Kontrast in die Achberger Landschaft. Die vom Schloß Achberg zur Argen führenden Wanderwege erschließen für Naturliebhaber einen exzellenten Naherholungsbereich. Bei der heute am Schloß herrschenden Ruhe ist es kaum vorstellbar, daß von hier aus über lange Jahrhunderte ein Gebiet regiert wurde, das in etwa der heutigen Achberger Gemarkung entspricht. Die letzten und bedeutendsten Regenten waren der Deutschorden in den Jahren von 1691/93 bis 1805, dann - nach kurzer bayerischer Herrschaft - das Haus Hohenzollern-Sigmaringen und ab 1849/50 Preußen. Trotz der politischen Eigenständigkeit der Gemeinde Achberg seit 1840 ist - gewissermaßen über die Generationen vererbt - immer noch ein deutlicher Bezug der Achberger Bevölkerung zum Schloß, ja eine Projektion des Achberger Heimatgefühls gerade auf dieses Bauwerk zu spüren.

Eben diesen Geist bemerkte ich vor nun zwölf Jahren, als ich als Neubürger nach Achberg zog. Damals präsentierte sich nach mehreren Besitzerwechseln das Schloß als zunehmend herunterkommendes Bauwerk; die prächtigen Eichen am Bachtobel gegenüber der Domäne waren gerade gefällt worden. Doch fast jeder Achberger meinte, wenn vom Schloß die Rede war, daß hier eine Achberger Angelegenheit aus dem Ruder laufe und ein Ausweg dringend zu suchen sei. Bemerkenswert war, daß die von Bürgermeister Albert Vogler geführte politische Gemeinde diesen Worten des Volkes auch Taten folgen ließ und dem Landkreis Ravensburg einen Zuschuß in Höhe von 250 000 DM für den Erwerb des Schlosses zusagte. Absolut erfreulich war, daß der Kreis dieses Angebot annahm und die Sanierung des Schlosses zur Aufgabe der Allgemeinheit erklärte. Herrn Landrat Dr. Guntram Blaser kann ich zu diesem, von ihm eingeleiteten Weg nur meinen ganzen Respekt ausdrücken. Daß nach dem Erwerb des Schlosses durch den Landkreis viele Achberger Bürger dem Förderverein zur Erhaltung von Schloß Achberg beitraten und an der Instandsetzung „ihres" Schlosses Anteil hatten, war logische Konsequenz.

Heute können wir Achberger sagen, daß die letzten Jahre sicherlich einige der glücklichsten für das historische Anwesen waren. Mit den nun auf Schloß Achberg stattfindenden Konzerten und Ausstellungen wird hier ein kulturelles Spitzenangebot präsentiert, das in erfrischendem Kontrast und Spannungsfeld zu unverbrauchter Natur im Argental und aktiver Landwirtschaft im Umfeld steht. Ich denke, daß eine Weiterentwicklung von Schloß Achberg in diesem Sinn der Wunsch vieler Mitbürger ist und wünsche dem Kreis Ravensburg hierbei weiter eine glückliche Hand.

Ausstellung in Schloß Achberg:
Sammlung Domnick, 1995

Schloss Achberg bei LINDAU i. Bodensee. Hohenzollern'sche Lande

Schloß Achberg während eines Konzertes der Schubertiade

Die Geschichte von Schloß und Herrschaft Achberg im Zeitraffer

Von Irene Pill-Rademacher

Von der Trutzburg zum Barockschloß

Achbergs Weg von der mittelalterlichen Trutzburg zum Barockschloß können wir längst noch nicht vollständig nachzeichnen.[1] Auch heute noch besteht ein massiver Forschungsbedarf vor allem für die Jahrhunderte vor dem Ankauf Achbergs durch den Deutschen Orden.[2] Immerhin berichten uns vereinzelte Urkunden, die Verkäufe und Rechtsstreitigkeiten regeln, bisweilen über die Herrschaft Achberg. Wir wissen von einer hoch über der Argen gelegenen mittelalterlichen Burganlage, die Zentrum und namengebender Sitz der Herrschaft ist. Den frühesten schriftlichen Hinweis liefert eine Chronik vielleicht aus dem Jahr 1194 oder 1197: Sie erwähnt erstmals eine Adelsfamilie von Achberg.[3] Doch wann genau und wie Achberg ein eigener Herrschaftsbezirk wurde und wer ihr Gründer gewesen ist, bleibt ungeklärt. Die erste genau datierte Quelle, die auf Achberg verweist, ist ein Vertrag vom 3. Dezember 1239 zwischen den Klöstern Kempten und Isny.[4] 1335 ist dann erstmals explizit von der „Burg zu Achberg" die Rede. Anlaß dafür ist ein urkundlich verbriefter Besitzerwechsel: Truchseß Johannes von Waldburg, Landvogt in Schwaben, verkauft die Herrschaft Achberg an den zum Ravensburger Patriziat gehörenden Schelklin von Molpertshaus bei Wolfegg und dessen Bruder Johann für 600 Pfund.[5]

In den folgenden Jahrhunderten haben nacheinander mehrere Eigentümer in Erbfolge das Sagen auf Achberg: Dies sind die vorarlbergische Familie Öder, die Herren von Königsegg und die Sürgensteiner. Bereits 1366 geht die Feste Achberg von Johann von Molpertshaus, Bürger zu Ravensburg mit Sitz in Molpertshaus, auf die in Vorarlberg ansässigen Söhne einer verstorbenen Schwester - Cunz, Wenz und Peter Öder - über.[6] Im Erbgang gelangt Achberg dann an das Haus Königsegg: 1391/1412[7] fällt es an Albrecht von Königsegg zum Königseggerberg, der mit Salesia Schäblis (oder Schälble) gen. Öder, Tochter des Schelklin Öder, verheiratet ist.[8] Diese stammt aus einem Lindauer Patriziergeschlecht; er selbst wird Lindauer Bürger. Innerhalb des Hauses Königsegg wechselt die Herrschaft Achberg mehrfach den Besitzer. Für das Jahr 1487 ist wieder eine Urkunde zu Achberg überliefert: Marx von Königsegg zum Königseggerberg hat von seinem Vater und seinen Brüdern Hans Ulrich und Albrecht „das beschloß Achberg" geerbt, und er übergibt es mit allen seinen „zugehörde" seinem Vetter Erhard von Königsegg.[9] Die Nachrichten häufen sich: 1491 verkaufen die Ritter Marx, Marquard und Hans von Königsegg hoher Schulden wegen Burg und Burggesäß Achberg mit benanntem Zubehör für 5880 fl an Erhard von Königsegg zum Königseggerberg.[10] Bereits ein Jahr darauf,

1492, veräußert Erhard an Hans von Königsegg, Vogt in Feldkirch, den Sitz, Burg und Burgstall zu Achberg mit Zubehör für 7100 fl.[11] Am 10. Juli 1507 belehnt Kaiser Maximilian I. Hans von Königsegg mit der Blutgerichtsbarkeit in der Herrschaft Achberg, deren Ausübung jedoch bis zum Jahr 1700 am Widerstand der Grafen von Montfort scheitert.[12]

Während des Bauernkrieges 1525 ist auch Achberg Gegenstand des Interesses: Der Hauptmann des Bodensee-Rappertsweiler Haufens, Junker Dietrich Hurlewagen, verhandelt am 13. April 1525 mit Dionys von Königsegg seines Schlosses Achberg halber.[13] In einem Verhör stellt Dietrich Hurlewagen 1527 klar: „Das Schloß Achberg, dem Herrn Dionysius von Kinegckh (Königseck) gehörig, habe er treulich bewahrt und was er daraus entführt, ehrlich bezahlt."[14]

Bis 1530 gehört die Herrschaft Achberg den Königseggern. In diesem Jahr überträgt dann Johann Dionysius von Königsegg noch zu seinen Lebzeiten Schloß und Herrschaft Achberg an den Sohn seiner Schwester, Hans Ulrich von Sürgenstein.[15] Der Kaufpreis beträgt 7000 fl.[16] Gut 160 Jahre lang, bis 1691/93, verbleibt Achberg dann beim Haus Sürgenstein. Auch über diese Epoche wissen wir wenig.[17] Es ist beispielsweise noch unklar, wann der heutige Repräsentationsbau errichtet worden ist. Waren es die Sürgensteiner, wie überwiegend angenommen, die diese große Baumaßnahme in Angriff genommen haben oder vielleicht bereits die Herren von Königsegg gewesen?[18] Das herrschaftliche Anwesen ähnelt allmählich dem heutigen Erscheinungsbild. Der Komplex besteht nun aus drei Gebäuden: dem eigentlichen Schloß, dem Amtshaus[19] und östlich davon einem Wirtschaftshof.

Die Deutschordenszeit Achbergs[20]

1691 muß Franz Johann Ferdinand von Sürgenstein, in schwere Geldnöte geraten, seine Herrschaft Achberg verkaufen: Dazu gehören neben dem veralteten Schloß zwei Dörfer und ein Dutzend Weiler auf rund 1200 ha Fläche - eine Ausdehnung, die in etwa noch heute dem Gemeindegebiet von Achberg entspricht. Schuld an dieser eklatanten Finanzmisere sind der Dreißigjährige Krieg, aber auch die ungeheure Streitsucht der Sürgensteiner, die sich

Deutschordensritter und -priester mit der erneuerten Ordenstracht nach der Regelreform von 1606

mit Gott und der Welt überwerfen, zahllose, jahrelange Prozesse vor dem Reichshofrat in Wien führen und wahre Aktenberge in den Archiven hinterlassen.[21] Diese Prozeßunterlagen spiegeln eindrucksvoll die hoffnungslose finanzielle wie politische Situation wider. Unter den vielen juristischen Streitigkeiten haben auch die Achberger Untertanen zu leiden. Nur ein Beispiel von vielen: 1667 bis 1683 prozessiert Johann Gottfried von Sürgenstein jahrelang gegen die Reichsritterschaft in Schwaben wegen der Steuern der Herrschaft Achberg. Der Sürgensteiner hatte sich geweigert, weiterhin an die Reichsritterschaft zu steuern und wirtschaftete lieber in die eigene Tasche. Er befiehlt also seinen Achberger Untertanen, nun die Gelder ihm direkt abzuliefern. Auf die gütliche Erinnerung der Ritterschaft, doch auch zukünftig an die Ritterkasse zu steuern, gibt Johann Gottfried eine „trutzige" Antwort. Die Akten vermerken, sein „wunderseltzamer Kopf" sei im ganzen Land weitbekannt, und „böse Streithändel" mit „hohen Standtspersohnen" seien bei ihm häufig. Wie desolat die Geldsituation der Sürgensteiner ist, verdeutlicht ein Schreiben an Abt Ildefons vom Benediktinerkloster Isny im Jahr 1681: Hier wird festgehalten, daß das Haus Sürgenstein Schmuck und Silbergeschirr im Wert von 300 fl versetzt habe - man geht also bereits ans Tafelsilber![22] Der Erwerb der Herrschaft Achberg durch den Deutschen Orden[23] bringt endlich eine Lösung der verwickelten Situation. Als finanzkräftiger Käufer findet sich der in Altshausen residierende Deutschordens-Landkomtur Franz Benedikt Freiherr von Baden. Aber zwei Jahre zähe Vertragsverhandlungen gehen noch ins Land, bis er 1693 endlich den Verkaufskontrakt in Händen halten kann.[24] Der Erlös reicht kaum aus, die Schulden der Sürgensteiner zu tilgen.[25]

Politisch-wirtschaftliche Überlegungen liegen der Idee des Landkomturs zugrunde, dieses abgelegene Anwesen zu einem Sitz des Deutschen Ordens auszubauen. Porträts des Deutschordensritters geben einen selbstbewußten Vertreter des Barockzeitalters wieder, mit prunkvoller Kleidung und Rüstung als Standessymbol und der Lebensführung eines weltlichen Adligen. Franz Benedikt, der die Karriereleiter im Deutschen Orden rasch erklimmt, amtiert von 1689 bis 1707 als Landkomtur der Deutschordensprovinz Elsaß-Burgund.[26] Der angesehene und mächtige Mann ist Repräsentant des Ordens und des Reiches: Er dient als Geheimer Rat des Hoch- und Deutschmeisters und steht ebenso in kaiserlich-habsburgischen Diensten, was ihm mehrere diplomatische Missionen einträgt.[27]

Machtbewußt gilt das Streben des Landkomturs dem Ausbau seines politischen und ökonomischen Einflusses. So erwirbt Franz Benedikt im Jahr 1700 um 7400 fl die hohe Gerichtsbarkeit über die Herrschaft Achberg von Graf Anton von Montfort.[28] Wie der Hauptsitz des Landkomturs, Schloß Altshausen, dessen Umbau Franz Benedikt 1690 glücklich vollendet hatte, soll nun auch Achberg sein ausgeprägtes barockes Geltungsbedürfnis befriedigen. Prunkarchitektur und bauliche Repräsentanz gehören zur Selbstdarstellung des adligen Ordens, ja: die Wirkung nach außen und adlige Hofhaltung stehen in der Barockzeit im Mittelpunkt des Ordenslebens. Der neue Landesherr läßt Schloß Achberg seiner adligen Lebensführung entsprechend im Barockstil prachtvoll instandsetzen und in langjähriger Arbeit von Grund auf renovieren. Der Bauherr rückt stolz seine Leistung durch die großzügige Anbringung seines Amtswappens ins rechte Licht. Überall stößt man auf das Wappen des Landkomturs - am Amtshaus und Wirtschaftshof, am Schloßportal wie auch im Schloßinneren an vielen Stuckdetails. Als Bauleiter wird Christoph Gessinger berufen, eine überaus schillernde Persönlichkeit.[29] Gessingers Formgefühl und Geschmack prägen das Gebäude: Er verändert partiell das Fundament, erneuert den Dachstuhl und vergrößert die Fenster. Kunstgeschichtlich bemerkenswert sind die reichen Stuckarbeiten in dem vierstöckigen Gebäude. Höhepunkt der Raumfolge bildet der sogenannte Rittersaal - mit einer der detailfreudigsten Stuckdecken in Süddeutschland.[30] Als ausführender Meister des Achberger Stucks wurde der Wangener Stukkator Balthasar Krimmer identifiziert. Wappenfelder sind üppig mit Waffen und Trophäen umgeben und zieren neben militärischen Musikinstrumenten die Decke. Bislang beispiellos sind die in den vier Ecken der Saaldecke drohenden lebensgroßen Schützen, die mit ihren Schußwaffen direkt auf die Saalmitte zielen. Das Hauptthema der Stukkatur ist kriegerisch und spiegelt einen Aspekt der Geschichte des Deutschen Ordens wider: die Verherrlichung der Kriege gegen die Türken.[31]

Weshalb aber läßt Franz Benedikt von Baden dieses militärische Bildprogramm mit Türkenmotiven in einem Festsaal des Deutschen Ordens schaffen? Ein Blick zurück in die Deutschordensgeschichte erhellt diese Frage. Der Deutsche Orden wird Ende des 12. Jhs. während der Kreuzzüge als Krankenpflegeorden und geistlicher Ritterorden gegründet. Ziele sind die Befreiung der Heiligen Stätten in Palästina von den „Ungläubigen", aber auch die Versorgung adliger Söhne. Im 17. und 18. Jh. besinnen sich die Deutschordensherren auf ihre Ursprünge und wenden sich nun einem neuen „Heidenkampf" zu: der Auseinandersetzung mit den ungläubigen Osmanen, die im Barockzeitalter ihren Höhepunkt findet. Die Verbindung des Deutschen Ordens zu Kaiser und Habsburgerreich war immer enger geworden - seit 1600 beispielsweise ist das Hochmeisteramt stets an das habsburgische Haus oder enge Verwandte geknüpft. So ist es nur konsequent, daß die Bedrohung des Habsburgerreiches auch als eigene Gefährdung aufgefaßt wird. Je intensiver sich der Orden an der Türkenabwehr beteiligt - militärisch ebenso wie durch große materielle Aufwendungen -, um so mehr manifestiert sich die ideologische Verklärung des Ordensrittertums unter dem Aspekt des christlichen Helden. Bereits die Regelreform des Deutschen Ordens unter Deutschmeister Maximilian von 1606 fixiert, daß es ohne Teilnahme an mindestens drei

Feldzügen gegen die Türken beziehungsweise den mindestens dreijährigen Kriegsdienst gegen die Heiden an der ungarischen Grenze fortan kein Deutschordensamt mehr geben soll - und damit eben auch keine adäquate Versorgung des Ritters.[32] Dies entspricht den Interessen des habsburgischen Reiches, an dessen Grenze der straff organisierte osmanische Militärstaat vom 16. bis zum 18. Jh. als Gefahr für Europa gilt: Die „Ungläubigen" hatten es verstanden, über Jahrhunderte hinweg Angst und Schrecken zu verbreiten. 1529 und 1683 stehen die Türken vor Wien und bedrohen massiv das Habsburgerreich, von 1683 bis 1699 tobt der „Große Türkenkrieg".[33] Die türkischen Großangriffe sind existenzgefährdend, fast noch verderblicher allerdings sind die jahrhundertelangen kleinen Grenzkriege durch türkische Freischärler. Der „Große Türkenkrieg" bringt dann die grundlegende Wende: Nach wechselvollen Auseinandersetzungen erleidet das Osmanische Reich in diesem Krieg mit der fehlgeschlagenen Belagerung Wiens und dem Verlust Ungarns den ersten entscheidenden Rückschlag. Die erfolgreichen Schlachten gegen das Osmanische Reich am Kahlenberg, bei Mohács und Zenta und schließlich 1699 der Frieden von Karlowitz sind historische Marken. Habsburg steigt im Zeitalter des Prinzen Eugen zur Großmacht auf.[34] Der Deutsche Orden hat an diesem militärischen Erfolg gegen die Türken gewichtigen Anteil.

Das Hauptthema der von Franz Benedikt in Auftrag gegebenen Achberger Stukkatur verarbeitet die Ereignisse des „Großen Türkenkrieges". Das Zentralmotiv des Rittersaales zeigt das Wappen des Hoch- und Deutschmeisters Franz Ludwig von Pfalz-Neuburg: Als Hochmeister steht dieser an der Spitze des Deutschen Ordens und ist seit 1696 erster Inhaber eines eigenen Regiments gegen die Türken, des sogenannten Deutschmeister-Regiments.[35] „Zwischen Kampf und Spiel"[36] - so könnte man die Ambivalenz im Achberger Schloß umschreiben, die die reale politische Situation eindrucksvoll widerspiegelt: auf der einen Seite die massive Furcht vor den kriegerischen Türken, auf der anderen Seite eine ausgesprochene Bewunderung türkischer Kultur mit der Nachahmung der Türkenmode in Westeuropa.[37] Die Programmatik, die Gedankenwelt des Deutschen Ordens jener Zeit läßt Franz Benedikt in Stein formen. Die habsburgische Reichspolitik und das Hochgefühl dieser Siegesjahre finden im Achberger Bildprogramm ihren künstlerischen Niederschlag: Franz Benedikt demonstriert die Macht und Pracht des Deutschen Ordens jener Zeit.

Auf Schloß Achberg zeugen künstlerische Ausdruckskraft und barocke Gestaltungslust von den Leistungen eines prominenten Vertreters des fürstlichen Barock. Eine wiederentdeckte Elegie im Schloß faßt die Verdienste von Landkomtur Franz Benedikt um das Gebäude zusammen[38]: Die Inschrift des Jahres 1693[39] in klangvollem Latein berichtet über das Schicksal des Anwesens.

Achberg, einst vom Verfall bedroht, ist nun dank großer Mühe und tüchtiger Aufbauarbeit neu erstanden. Dieses elegische Distichon, mit seinem Wechsel von Hexametern und Pentametern, ist in guter humanistischer Tradition verfaßt. Metrisch sauber formuliert und mit gewählter Wortwahl offenbart die Bauinschrift die Kenntnis klassischer Autoren:

„Non procul a casu sub possessore priore
sub cruce Teutonica nunc nova firma stabo.
Badensis dedit aera manus, Christophorus artem
adid[40] et ipse suam: queis renovate velim!
sit reparatorum merces aeterna labori
et virtutis honos crescat utrique suus!"

„Vom Verfall schon bedroht einst unter dem frühern Besitzer,
nun unter Teutschem Kreuz[41] werd' neue Feste ich sein.
Geld gab die Badische Hand[42] und er obendrein gibt sein Können:
Christophorus[43]; durch sie möcht' ich aufs neue erstehn!
Ewiger Lohn sei beschieden der Müh', die den Aufbau vollbrachte;
möge beiden gedeihn Ruhm ihrer Tüchtigkeit!"

Nach langjährigem, beharrlich-tatkräftigen Einsatz für den Deutschen Orden verstirbt Franz Benedikt von Baden auf seinem standesgemäßen Ansitz Achberg am 2. November 1707 im 64. Lebensjahr.[44] Der Leichnam des Deutschordensherrn wird in der nahegelegenen Pfarrkirche von Siberatsweiler bestattet, sein Herz traditionsgemäß nach Altshausen in die Gruft der Landkomture überführt. Mit dem Tod des Landkomturs verliert die Herrschaft ihren besonderen Rechtsstatus: Franz Benedikt von Baden hatte stets den Titel „Landkomtur von Altshausen und Komtur zu Achberg" geführt. Die Erhebung Achbergs zu einer eigenen Kommende, das heißt zu einer herausgehobenen Verwaltungseinheit des Deutschen Ordens, brachte eine politische Statuserhöhung seiner neuerworbenen Herrschaft mit sich. Darauf weisen auch die 14 Medaillons im Deckenstuck des zweiten Stockwerks auf Achberg: Es sind prächtig geschmückte Wappen der Deutschordensherren der 14 Kommenden, die um 1700 zur Ballei Elsaß-Burgund gehören - darunter eben auch Achberg.[45] Nach dem Tod des Landkomturs muß die Herrschaft Achberg wieder den Kommendentitel abgeben. Die anläßlich einer deutschmeisterlichen Generalvisitation in Altshausen im März 1708 anwesende Kommission problematisiert den Kommendenstatus von Achberg. Die Kapitulare der Ballei Elsaß-Burgund halten in einer „Gehorsamen Deklaration" fest, daß die Zuweisung des Kommendentitels an Achberg durch den unlängst verstorbenen

Landkomtur Franz Benedikt willkürlich und ohne Absprache erfolgt sei. 'Ein- und allemal gestehen sie es nicht zu, daß die Herrschaft Achberg eine Commende gehalten werde'.[46]

Visitationsakten gewähren intensive Einblicke in die Geschichte der Deutsch- ordensherrschaft Achberg nach dem Tod von Franz Benedikt. Neben einer Fülle von Detailinformationen belegen sie deutlich, daß Achberg auch im 18. Jh. Gegenstand regelmäßigen herrschaftlichen Interesses war.[47] Wie es in und um das Schloß ausgesehen hat, beschreiben zwei Visitationsberichte von 1746 und 1772.[48] Der sechsstöckige Bau verfügt über drei große Fruchtböden. In den drei mittleren Geschossen befinden sich elf Wohnzimmer, zehn Schlaf- kammern und ein Saal, darunter das Fürsten- und das Landkomturzimmer, die Tafelstube, die Tresselstube[49], Gästezimmer, im mittleren Gang ein Zimmer gegen das Jägerhaus, einen Raum gegen die Argen, Kammerdienerstuben, daneben Bedienstetenzimmer sowie die Kanzlei und die Schreibstube im Amtshaus. Ein Laboratorio, ein Arbeitszimmer, wird eigens aufgeführt. Unten im Gebäude liegen eine Küche, zwei Speisegewölbe und zwei Keller. Im inneren Schloßhof steht das Amtshaus. Dann folgt das Schreinerhaus, an dieses schließt sich die Stallung für die herrschaftlichen Pferde an. Am Ende neben dem Schreinerhaus liegt ein Kräutergarten. Im äußeren Hof befinden sich die Scheuern und Stallungen unter einem Dach, das Sennhaus für einen Bestännder des Bauhofs, ein Torkel, Bad-, Wäsche-, Hühner- und Kalkhaus sowie auch zwei Kraut- und Baumgärten.

Zum Schloßgarten können wir ebenfalls nähere Angaben machen: In den Jahren 1701 und 1702 listet eine Rechnung Geldausgaben für einen Garten auf, die allerdings recht bescheiden sind und wohl nur für kleinere Reparaturen oder für die Anschaffung neuer Pflanzen verwendet werden. Von einer aufwendig gestalteten Gartenfläche mit hohem Pflegeaufwand ist nicht die Rede.[50] Bei der Erneuerung beziehungsweise dem Neubau der Nebengebäude des Amtshauses 1738 ist ebenfalls von angrenzenden Gärten die Rede: Genannt werden das Gärtchen beim Amtshaus und der „äußere Kräutelgarten"[51], der eigentliche Schloßgarten, der als einfacher Gemüse- und Nutzgarten zur Versorgung der Schloßbewohner gedient haben dürfte.[52] Zwischen Amtshaus und Schloß- garten besteht eine heute nicht mehr vorhandene fußläufige Verbindung.

Achberg in hohenzollerisch–preußischer Zeit
Die politischen Umwälzungen der Napoleonischen Ära haben auch gewalti- gen Einfluß auf das weitab vom Weltgeschehen gelegene Schloß Achberg.[53] Nachbarn werfen ein begehrliches Auge auf die Ordensbesitzungen. So über- nimmt nach dem Preßburger Frieden 1805 Bayern kurzzeitig den Besitz[54], kann sich seiner Neuerwerbung jedoch nicht lange erfreuen: Der Rhein-

Einzige Ansicht von Achberg aus alten Zeiten: Die lavierte Federzeichnung von R. Wiedmann, 1824, zeigt präzise Schloß, Amtshaus, Glockenturm und Schloßgarten sowie den Wirtschaftshof mit Wohnhaus und Stallungen. Die zum Schloß führende Brücke über den Tobel wurde im 19. Jh. wegen Baufälligkeit abgerissen

bundvertrag von 1806 teilt das gesamte Gebiet der Ballei Elsaß-Burgund unter die napoleontreuen Staaten Baden, Bayern, Württemberg und Hohenzollern auf. Und dabei wird dem kleinen Fürstentum Hohenzollern-Sigmaringen das Deutschordensterritorium Achberg zugesprochen.

Einige ausgesprochen günstige Umstände sind für die unerwartete Wendung von 1806 verantwortlich. Die Fürsten von Hohenzollern-Hechingen und Hohenzollern-Sigmaringen verfügen über mehrere Aktivposten, die ihnen die Mediatisierung ersparen: unter anderem die verwandtschaftlichen Beziehungen zum preußischen Königshaus, die Meinung Napoleons, es handele sich bei den schwäbischen Hohenzollern um ein österreichfeindliches Haus, eine geplante Eheverbindung zwischen Hohenzollern-Sigmaringen und einer Verwandten Napoleons und nicht zuletzt das freundschaftliche Verhältnis zwischen der Frau des regierenden Fürsten Anton Alois von Hohenzollern-Sigmaringen, Amalie Zephyrine von Salm-Kyrburg, und Josephine Bonaparte, der Gemahlin Napoleons.[55] Einer Gefälligkeit verdankt Amalie nach der Heirat Josephines mit General Napoleon Bonaparte die Protektion einer der mächtigsten Frauen Frankreichs. Mit tatkräftiger Unterstützung der französischen Kaiserin sichert Amalie den beiden Hohenzollerischen Fürstentümern den Fortbestand ihrer politischen Selbständigkeit: Hohenzollern-Hechingen und Hohenzollern-Sigmaringen überleben als einzige der südwestdeutschen Kleinstaaten das Alte Reich. Aus verwaltungstechnischen Gründen erhält die weitab vom hohenzollerischen Kernland gelegene Exklave Achberg den Status eines fürstlichen Obervogteiamts. Unter dem Haus Hohenzollern-Sigmaringen wird ein Förster auf der Argenfeste einquartiert. Schloß Achberg bleibt bis 1982 in Privatbesitz der Hohenzollern. Nach den Revolutionswirren 1848/49 treten die Fürsten der beiden hohenzollerischen Linien ihre Souveränitätsrechte zugunsten des Königreichs Preußen ab: Damit gehört nun auch Achberg zum preußischen Staat und bildet einen seiner südlichsten Teile.[56] „Preußen liegt am Bodensee" lautet ein zeitgenössischer Scherz. Im Zuge der preußischen Verwaltungsreform wird 1854 die bisherige Obervogtei Achberg aufgelöst. Deren Kompetenzen werden zum Teil auf das Oberamt, ab 1925 auf den Kreis, Sig- maringen und die Gemeinde Achberg übertragen.

Amalie Zephyrine von Hohenzollern-Sigmaringen (1760-1841); Porträt in Öl von Auguste François Laby (1828)

Napoleon I. Bonaparte (1769-1821); Porträtminiatur von Jean-Baptiste Isabey, 1808
Josephine Bonaparte (1763-1855); Porträtminiatur von Jean-Baptiste Isabey, 1808

Die Abgeschiedenheit des Anwesens erschwert für lange Zeit die Verbesserung seiner Infrastruktur. Erst in den Jahren 1922/23 erhält Achberg elektrisches Licht.[57] Zudem ist es wegen seiner exponierten Lage auf dem Bergrücken und der topographischen Verhältnisse schwierig, den Brauchwasserbedarf der jeweiligen Schloßbewohner zu decken.[58] Im Sommer versiegt der Brunnen vor dem Eingang bisweilen wochenlang ganz, so daß Wasser aus der Schlucht äußerst beschwerlich oft bis zum zweiten Stock des Gebäudes hinaufgeschleppt werden muß. Der Anschluß an die Quellwasserversorgung der Gemeinde Neuravensburg verbessert die Lebensqualität im Schloß sehr.

Prominenz auf Achberg

1856 reist der preußische König Friedrich Wilhelm IV. ganz in den Süden seiner Monarchie und stattet Achberg einen Besuch ab.[59] Ihm zu Ehren wird die Erhebung, die dem Schloß gegenüber liegt, „Königsbühl" benannt. Des Preußenkönigs Pläne, dort ein Sommerschloß zu errichten, zerschlagen sich jedoch. Eine ausgesprochen verwegene Heimsuchung widerfährt Achberg im Jahr 1866. Nach Ausbruch des Deutschen Krieges und der preußischen Kriegserklärung an Österreich und Bayern gehen die patriotischen Wogen hoch. So beschließt der Lindauer Liederkranz auf einem Singabend kurzerhand, das preußische Achberg in einem Handstreich für Bayern zu erobern. Der eigentümliche Eroberungszug hat ein gerichtliches Nachspiel, der für die bayerischen Sangespatrioten jedoch glimpflich ausgeht.[60] Um die Jahrhundertwende kommt wieder Prominenz nach Achberg: Erzherzog Eugen, Hochmeister des Deutschen Ordens und Verwandter des württembergischen Hauses, wohnt in dem Schloß.[61] Während der Weimarer Republik - für Achberg eine ruhige Zeit - weilt auf dem preußischen Ansitz ein demokratischer Politiker: Im Jahr 1932 besucht Reichskanzler Heinrich Brüning Schloß Achberg. Wegen Abrüstungsverhandlungen der Großmächte in der Schweiz engagiert, kommt der im Mai als Reichskanzler zurücktretende Zentrumspolitiker am 24. April diesen Jahres in Achberg seiner Wahlpflicht für die preußischen Landtagswahlen nach.[62]

Achberg - Die Gemeinde der sieben Zuständigkeiten

Am 21. Juli 1840 erfolgt im Fürstentum Hohenzollern-Sigmaringen die Einsetzung von Bürgermeistern und Gemeinderat in den Landgemeinden.[63] Auch Achberg erhält eine Gemeindeverwaltung. Nach dem Zweiten Weltkrieg wird der Staat Preußen aufgelöst, und die Gemeinde Achberg fällt an das französisch besetzte Württemberg-Hohenzollern, 1952 zusammen mit dieser Verwaltungseinheit an Baden-Württemberg. Was die Situation im Schloß in der frühen Nachkriegszeit anlangt, berichten Zeitzeugen von drangvoller Enge. Zur Linderung der Not wird jedem Bewohner, der nach dem Krieg in den Schloßgebäuden untergebracht ist, ein Teil der Gartenfläche zugedacht.[64]

Die Gemeinde Achberg bleibt administrativ als südliche Exklave weiterhin dem rund 100 Kilometer nordwestlich gelegenen Landkreis Sigmaringen zugeordnet - ein Kuriosum, das unter Staatsrechtlern eine gewisse Berühmtheit erlangt. So wird Achberg, charakterisiert als Sammelplatz kommunalpolitischer und verwaltungstechnischer Spezialitäten, zur „Gemeinde der sieben Zuständigkeiten": Je nach Amtsbegehren muß sich der Achberger Bürger entweder nach Sigmaringen, Tettnang, Freiburg, Hechingen, Lindau, Ravensburg oder

Wangen wenden. Diese reichlich unbequeme Lage findet 1969 ihr Ende: Baden-Württembergische Exklaven werden aufgelöst, und Achberg gelangt zum Landkreis Wangen. Ein Fotoalbum belegt den Abschiedsbesuch von Vertretern des hohenzollerischen Landesausschusses in Schloß Achberg am 25. November 1968 vor dem Übergang der hohenzollerischen Exklave an den damaligen Landkreis Wangen.[65] Die Argen-Rundschau vom 14. Dezember 1968 titelt „Schwerer Abschied und gute Hoffnung in Achberg" und glaubt in der Unterzeile mit dem Übertritt in die neue „Wangener Epoche" mögliche Probleme zu erkennen: „Sigmaringen verabschiedete Achberg - Wangen tritt ein schönes Erbe an - Einordnung auch ein psychologisches Problem". Mit der Kreisreform wird Achberg 1973 dann dem Landkreis Ravensburg eingegliedert.

Die Rettung des Deutschordensschlosses durch den Landkreis Ravensburg

Bis 1982 bleibt das Achberger Schloß, unberührt von politischen und verwaltungsrechtlichen Veränderungen, in Privatbesitz. Dann veräußert das Haus Hohenzollern das Anwesen - mit Ausnahme des Wirtschaftshofes. Das Schloß rückt nun ins Rampenlicht kommerziellen Interesses, es wird zum Objekt von Bauspekulationen und Finanzierungsmodellen. Der drohende Ausverkauf ruft 1988 den Landkreis Ravensburg auf den Plan: Er erwirbt Schloß Achberg.[66] Noch im selben Jahr wird die „Fördergemeinschaft zur Erhaltung des Schlosses Achberg e. V." gegründet: Sie unterstützt die Instandsetzung und Wiederbelebung des barocken Kunstdenkmals. Jahrelang, von 1989 bis 1994, wird eine dringend erforderliche Sanierung des Landesdenkmalamtes am gefährdeten Schloß durchgeführt.[67] Am 26. Mai 1995 ist es so weit: Der Abschluß der denkmalgerechten Instandsetzung und die Freigabe des Schlosses für die Öffentlichkeit werden in einem Festakt begangen.

Abschiedsbesuch von Vertretern des hohenzollerischen Landesausschusses in Schloß Achberg am 25. November 1968 vor dem Übergang der hohenzollerischen Exklave an den damaligen Landkreis Wangen

Und Schloß Achberg heute?

Schloß Achberg hat sich mittlerweile zu einem beliebten Veranstaltungsort entwickelt: Ausstellungen, Konzertreihen klassischer Musik und Vorträge beleben das historische Gebäude. Die Schubertiade GmbH, Hohenems, hat Achberg als Spielstätte ausgewählt: In ästhetisch-barockem Ambiente bieten jedes Frühjahr vorwiegend junge Künstler hochkarätige Liederabende und Kammerkonzerte. Die „Fördergemeinschaft zur Erhaltung von Schloß Achberg e. V." widmet sich gleichfalls mit Achberger Konzerten der Präsentation von Nachwuchsmusikern.

Aufsehen haben die bemerkenswerten Ausstellungen zu Werken des Expressionismus, der klassischen Moderne und der Künstler der Gruppen COBRA und SPUR erregt: Die wertvollen Privatsammlungen Domnick (1995: „Die heroischen Jahre der Abstraktion") und Selinka (1996: „Expressive Kunst", 1998: COBRA und SPUR) lockten Zehntausende Besucher nach Achberg. Auch die Ausstellung anläßlich des 200. Geburtstages von Franz Schubert („Schubert 200") und die Ausstellung „Trotz und Übermut - junge Malerei aus Süddeutschland" mit Werken aus der Sammlung Horn von 1997 sprachen weite Besucherkreise an. Ein Museum oberschwäbischer Kunst auf Zeit vom späten

Mittelalter bis zur Gegenwart zeigte die Ausstellung „Kunst aus - für - in Oberschwaben" 1998; sie dokumentierte wertvolle Ankäufe der Oberschwäbischen Elektrizitätswerke von 1992 bis 1996. Oberschwaben bleibt auch die diesjährige Werkschau auf Achberg treu: „Maler in Oberschwaben zwischen Barock und Moderne" heißt die Sommerausstellung 1999. Zu allen Veranstaltungen sind umfangreiche Kataloge erschienen.

Das reiche Kulturangebot macht deutlich: Das schöne Gebäude hat eine angemessene Nutzung gefunden.

Ausstellung Sammlung Selinka: Begrüßung des 10 000. Besuchers auf Schloß Achberg, August 1996

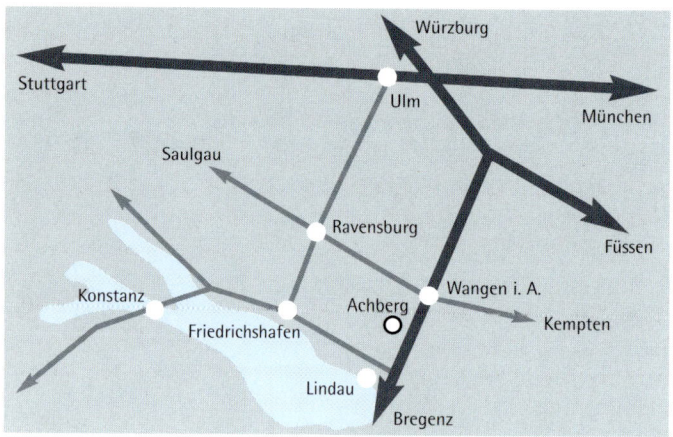

Informationen
Achberg ist die südlichste Gemeinde des Landkreises Ravensburg. Schloß Achberg liegt 11 km südlich von Wangen und 8 km nördlich von Lindau.

Öffnungszeiten:
Von Mai bis Oktober jeweils Freitag bis Sonntag sowie an Feiertagen von 11 Uhr bis 18 Uhr.

Ausstellungen, Konzerte, Vorträge:
Alljährlich werden in Schloß Achberg Wechselausstellungen gezeigt. Schloß Achberg ist Spielort der Schubertiade GmbH, Hohenems. Ebenso bietet die „Fördergemeinschaft zur Erhaltung von Schloß Achberg e. V." klassische Konzerte. Vortragsreihen zu wechselnden Themen werden angeboten.

Bei Fragen zu Veranstaltungen auf Schloß Achberg wenden Sie sich bitte an das Landratsamt Ravensburg, Kultur- und Archivamt, Postfach 1940, 88189 Ravensburg, Telefon: 0751 85-373, Fax: 0751 85-616.

[1] Die bis 1999 einzige zusammenfassende, auf Quellen basierende Darstellung der Geschichte stammt von Friedrich Eisele: Die ehemalige Herrschaft und jetzige Exklave Achberg, in: SVGB 50 (1922), S. 98-139; im folgenden: Eisele.

[2] Das Vorwort der Herausgeberin deutete es bereits an: Die Quellenlage zur Geschichte von Schloß und Herrschaft Achberg an sich ist fast durchweg befriedigend, der Forschungsstand läßt jedoch noch für einzelne Zeitabschnitte zu wünschen übrig. So ruht beispielsweise im Zentralarchiv des Deutschen Ordens in Wien eine Fülle noch unbearbeiteter Unterlagen. Eine Übersicht der Quellen zur Herrschaft Achberg ist im Anhang zu finden. Zur wechselvollen Erdgeschichte siehe den Aufsatz von Dietmar Schillig in dieser Veröffentlichung; Hinweise auf archäologische Spuren finden sich bei Rudi Sigerist.

[3] Staatsarchiv Augsburg, Bestand Kloster Ottobeuren Nr. 1, fol. 19 v. Ludwig Weiland (Hg.): Chronicon Ottenburanum, in: Monumenta Germaniae Historica, Scriptores XXIII, S. 609-630, hier: S. 623.

[4] Archiv des Fürsten von Quadt zu Wykradt und Isny, Bestand: Benediktinerkloster Isny, Urkunden. Siehe auch Wirtembergisches Urkundenbuch 3, S. 440 ff. Dazu und zur Deutung des Burgnamens Achberg ausführlicher Norbert Kruse in dieser Publikation (mit Abbildung der Urkunde von 1239).

[5] HStASt B 343 U 281, 1335 April 19 (veröffentlicht im Aufsatz von Günther Bradler in diesem Band).

[6] HStASt B 343 U 282, 1366 Juli 22 (siehe den Aufsatz von Hans Ulrich Rudolf in dieser Publikation). Vgl. dazu auch die Urkunde im Archiv des Grafen zu Königsegg-Aulendorf, Schloß Königseggwald, von 1388 Dezember 18, Lindau, die Berthold der Öder in Zusammenhang mit der Herrschaft Achberg bringt. Die Enkelin von Berthold der Öder wird die Frau von Albrecht von Königsegg.

[7] Urkunde im Archiv des Grafen zu Königsegg-Aulendorf, 1391 September 12, Lindau: Albrecht von Königsegg erhält Morgengabe seiner Frau Salise Schäblis, des Öders eheliche Tochter. Ein Verweis im Urkundenrepertorium nennt die

Urkunde Leopolds von Österreich von 1392 Mai 29, Rottenburg am Neckar: Hier werden explizit die „Feste Achberg" und das „Lehen Achberg" erwähnt. Siehe auch Eisele, S. 105. 1412 stellt Herzog Friedrich dann einen Lehenbrief aus.

[8] Dazu Horst Boxler, Die Herren von Entringen und die Frühgeschichte der Grafen zu Königsegg, Bannholz 1993, S. 106. 1426 Juni 30 vergibt 'Albrecht von Kungsegg, seßhaft zu Achberg, mit Salese, seiner Hausfrau, die Kirche zu Sibratsweiler Gülten und Zinsen zu einer jarzit, zu einem ewig Licht und zu einer wöchentlichen Messe' (Archiv des Grafen zu Königsegg-Aulendorf).

[9] HStASt B 343 U 283, 1487 November 28.

[10] AHW DO, Urkunde von 1491 Oktober 15. (schlechter Zustand). Abschrift Papier im HStASt B 343 Bü 42. Siehe die Edition dieses Verkaufsvertrages im Aufsatz von Hans Ulrich Rudolf in diesem Band.

[11] Ausfertigung im HStASt B 343 U 284, 1492 Oktober 9. AHW DO, Urkunden, Regest in Bü 420.

[12] AHW DO U 173. Siehe dazu ausführlich Hans Ulrich Rudolf in dieser Veröffentlichung, mit Edition.

[13] Hinweis aus: Der Seehaufen im Bauernkrieg. Eine Quellensammlung. Zusammengestellt und hg. v. Hildegard Kuhn-Oechsle und Elmar L. Kuhn. Bd. 2, Teil 2: Die Quellen, Friedrichshafen 1982 (Geschichte am See 11), S. 57, siehe auch S 2. Der dazugehörige Akt im Stadtarchiv Augsburg ist unauffindbar, der Hinweis stammt aus dem Repertorium Literalien.

[14] „Hurlewagens Verantwortung" (ein Auszug aus dem Augsburger Archiv), in: W. Vogt, Der Bodensee-Rappertsweiler Haufen im deutschen Bauernkrieg und sein Hauptmann Dietrich Hurlewagen, in: SVGB 21 (1892), S. 25-48, hier: S. 40.

[15] Abschrift des Kaufbriefs im HStASt B 123 I, Grafen von Montfort, 1530 Samstag nach Exaudi, „Wie das Schloss Achberg und selbige Gericht von Königsegg an die Sirgenstein gekommen". Die Quelle enthält eine exakte Aufzählung dessen, was zum Verkauf gehört.

[16] Pfarrchronik von Achberg (im Pfarrarchiv von Esseratsweiler): Documenta et acta parochalia, zusammengestellt von Pfarrer Lettner 1761; zur Geschichte

der Herrschaft Achberg ab S. 139. Die detailreiche Chronik wurde von Pfarrer Friedrich Eisele fortgeführt.

[17] Einen interessanten Hinweis auf einen Restbestand des Familienarchivs der Freiherren von Sürgenstein im Staatsarchiv Augsburg verdanke ich Herrn Dr. Gerhard Immler, Bayerisches Hauptstaatsarchiv, München. Hier reglementiert beispielsweise in einer Urkunde von 1562 Oktober 1 (U 13) Rachel von Sürgenstein, geb. von Schellenberg, Witwe des Hans Ulrich von Sürgenstein zu Achberg, die Bestellung von Pfarrei und Kaplanei zu Siberatsweiler und in U 14 von 1564 Mai 23 die Pfarrkirche und Kaplanei zu Maria Thann.

[18] Recherchen im Archiv des Grafen zu Königsegg-Aulendorf können vielleicht die These verifizieren, daß Schloß Achberg bereits von den Königseggern errichtet wurde.

[19] 1631 wird das neben der Feste gelegene Amtshaus erwähnt. Es dient dem Vogt als Wohnungs- und Amtssitz.

[20] Udo Arnold widmet sich in dieser Publikation Schloß Achberg und dem Deutschen Orden, Hans Ulrich Rudolf beleuchtet die Besitz- und Herrschaftsgeschichte der Ritterherrschaft Achberg unter Landkomtur Franz Benedikt, Sebastian Röttgers untersucht die Wirtschaft der Herrschaft Achberg. Die Auswertung der Quellen zur Geschichte des Deutschen Ordens wird dadurch erschwert, daß im deutschen Südwesten entstandenes Ordensschriftgut auf zahlreiche Archive verstreut wurde. Siehe dazu: Übersicht über die Bestände des Hauptstaatsarchivs Stuttgart. Neuwürttembergische Herrschaften vor 1803 bzw. 1806-1810, Reichs- und Kreisinstitutionen vor 1806. Veröffentlichungen der staatlichen Archivverwaltung Baden-Württemberg, hg. v. der Landesarchivdirektion Baden-Württemberg, Bd. 34, Stuttgart 1994, 2. erweiterte Auflage, bearbeitet von Margareta Bull-Reichenmiller und Konrad Krimm; hier vor allem S. 99 ff.

[21] Dazu HHStAW RHR Antiqua 728, Nr. 17, Prozeß von 1667-1683. Siehe auch den Streit des Sürgensteiners vor dem Reichshofrat gegen die Herrschaft Montfort. Weitere Prozesse in HHStAW RHR Antiqua 800, Nr. 7.

[22] Archiv des Fürsten von Quadt zu Wykradt und Isny, Bestand: Benediktinerkloster Isny, Bü 34. Schreiben von 1681 März 23.

[23] Eine komprimierte Deutschordensgeschichte findet sich bei Hartmut Boockmann in dieser Veröffentlichung. Einen ausführlichen Überblick über die Geschichte des Deutschen Ordens bietet Alois Seiler, Deutscher Ritterorden, in: Handbuch der baden-württembergischen Geschichte, Bd. 2: Die Territorien im Alten Reich, Stuttgart 1995 (Veröffentlichung der Kommission für geschichtliche Landeskunde in Baden-Württemberg), S. 610-636. Ebenfalls wichtig ist der Aufsatz von Bernhard Demel O.T., Der Deutsche Orden zwischen Bauernkrieg (1525) und Napoleon (1809) - Ein Beitrag zur neuzeitlichen Ordensgeschichte, in: Von Akkon bis Wien - Studien zur Deutschordensgeschichte vom 13. bis zum 20. Jahrhundert. Festschrift zum 90. Geburtstag von Althochmeister P. Dr. Marian Tumler O.T., hg. v. Udo Arnold, Marburg 1978 (Quellen und Studien zur Geschichte des Deutschen Ordens Bd. 20), S. 177-207. Zur 800-Jahr-Feier des Deutschen Ordens wurden zwei umfangreiche Ausstellungskataloge herausgegeben: 800 Jahre Deutscher Orden. Ausstellung des Germanischen Nationalmuseums Nürnberg in Zusammenarbeit mit der Internationalen Historischen Kommission zur Erforschung des Deutschen Ordens, Gütersloh/München 1990 (Ausstellung Germanisches Nationalmuseum, 30. Juni bis 30. September 1990); Kreuz und Schwert - Der Deutsche Orden in Südwestdeutschland, in der Schweiz und im Elsaß, Mainau 1991 (Ausstellung Schloß Mainau, 24. Mai bis 28. Juli 1991). Die Geschichte einer Kommende wird anschaulich dargestellt im Ausstellungskatalog: 800 Jahre Deutscher Orden - Die Kapfenburg. Vom Adelssitz zum Deutschordensschloß. Ausstellung anläßlich des 800jährigen Bestehens des Deutschen Ordens, veranstaltet von der Oberfinanzdirektion Stuttgart, dem Staatsarchiv Ludwigsburg und dem Landesdenkmalamt Baden-Württemberg, Stuttgart 1990.

[24] FAS Depositum 39 DS 25: Bestand Herrschaft Achberg (1308-1867), darin Kaufbrief von 1693 (Dep. 39 DS 25, R. 75, 27). Siehe dazu ausführlich Hans Ulrich Rudolf in diesem Band, mit der Edition des Verkaufsvertrages und Abbildungen. Einen detailreichen Einblick in das umständliche und zeitaufwendige Verkaufsverfahren bietet HStASt B 347 Bü 425: Kauf des Sirgensteinschen Lehen- und Rittergutes, 1691-1701. Siehe auch HStASt B 343 Bü 42, darin unter anderem der Rezeß zwischen Landkomtur Franz Benedikt und Freiherr von Sürgenstein, den Kauf der Herrschaft Achberg betreffend, vom 11. Mai 1691.

[25] AHW DO Bü 441: Aufrechnungen und Quittungen über den Achberger Kaufschilling, unter anderem Erfüllung des am 11. April 1691 in Meersburg zwischen Herrn von Sürgenstein und seinem Vetter Komtur von Sürgenstein geschlossenen Rezeß, betreffend die Vermögensauseinandersetzung vom 19. Februar 1693. Aufrechnung des Achberger Kaufschillings gegen die an die von Sürgensteiner Schuldnern geleisteten Zahlungen vom 21. Dezember 1694; siehe Repertorium, Akten, S. 12 f.

[26] Die Ballei Elsaß-Burgund hat endlich eine eingehendere Untersuchung erfahren: Der Deutsche Orden und die Ballei Elsaß-Burgund, hg. v. Hermann Brommer, Bühl/Baden 1996 (Veröffentlichungen des Alemannischen Instituts Freiburg i. Br., Nr. 63). Die Frühzeit behandelt Peter Heim, Die Deutschordenskommende Beuggen und die Anfänge der Ballei Elsaß-Burgund, Marburg 1977 (Quellen und Studien zur Geschichte des Deutschen Ordens Bd. 16). Einen guten Überblick über die Geschichte der Landkommende Altshausen bietet immer noch die Beschreibung des Oberamts Saulgau, Stuttgart und Tübingen 1829, S. 127-134.

[27] Siehe dazu Walther Rechmann in dieser Veröffentlichung.

[28] Urkunde in HStASt B 346 U 296. Dazu ausführlich Hans Ulrich Rudolf in dieser Publikation (mit Abbildung der Urkunde). Vgl. auch HStASt B 347 Bü 46, 398 und 424. Zu Streitigkeiten wegen der Hochgerichtsbarkeit in früheren Jahrhunderten vgl. HStASt B 347 Bü 44 und 46. DOZA EL 361/5, 1746-1804: zahlreiche Schreiben in Sachen Achberger Blutbann zwischen Kaiser, Kanzler und Landkomtur sowie Lehenbriefe. Siehe auch HHStAW RHR Antiqua 962, Nr. 4: Franz Benedikt von Baden contra Graf von Montfort, 1695.

[29] Vgl. den Aufsatz von Rudolf Reinhardt in dieser Publikation. Ebenfalls: Rudolf Reinhardt, Christoph Gessinger - Mönch, Baumeister, Stukkateur, Kammerrat, Apostat. Neue Quellen zu einer ungewöhnlichen Karriere am bischöflichen Hof von Meersburg im 18. Jahrhundert, in: ZGO 128 (1980), S. 293-326.

[30] Siehe dazu ausführlich Bernd M. Mayer in dieser Publikation. Eva Christina Vollmer kommt das Verdienst zu, auf Balthasar Krimmer aufmerksam gemacht zu haben: Eva Christina Vollmer, Der Stuck in Schloß Achberg - Ein bisher unbekanntes Werk des Wangener Stukkators Balthasar Krimmer, in: Im Oberland 2 (1993), S. 3-12.

[31] Hinweise auf Türkenmotive lassen sich im Achberger Stuck zahlreich finden. Zum Vergleich siehe Veronika Sandbichler, Türkische Kostbarkeiten aus dem Kunsthistorischen Museum. Ausstellung Schloß Ambras Innsbruck, 15. Juni bis 31. Oktober 1997, Wien 1997; beispielsweise die Rundschilde Nr. 21, S. 19. Siehe auch Schausammlung - Historisches Museum der Stadt Wien. Bearbeitet von Robert Waissenberger, Wien 1984, S. 58 ff. und S. 107 ff. (ein Hinweis am Rande: S. 63, Nr. 2/8 ist der Küriß des Hans Sürg von Sürgenstein, der Fähnleinkommandant bei der Türkenbelagerung 1529 war, wiedergegeben). Meisterwerke osmanischen Kunsthandwerks, die sich als Motive im Achberger Stuck wiederfinden lassen, zeigt auch die „Türkenbeute" des Markgrafen Ludwig Wilhelm von Baden-Baden: vgl. Barock in Baden-Württemberg - Vom Ende des Dreißigjährigen Krieges bis zur Französischen Revolution. Ausstellung des Landes Baden-Württemberg. Badisches Landesmuseum Karlsruhe. Schloß Bruchsal, 27. Juni bis 25. Oktober 1981, Bd. 1: Katalog, Karlsruhe 1981, S. 555 ff., unter anderem K 5 und K 7.

[32] Zu Deutschmeister Maximilian siehe Heinz Noflatscher, Glaube, Reich und Dynastie. Maximilian der Deutschmeister

(1556-1618), Marburg 1987 (Quellen und Studien zur Geschichte des Deutschen Ordens Bd. 11). Vgl. auch Udo Arnold, Regelentwicklung und Türkenkriege beim Deutschen Orden, in: Die Regeln des Deutschen Ordens in Geschichte und Gegenwart, hg. von Ewald Volgger, Lana bei Meran 1985, S. 125-146. Dazu DOZA GK 730: Bedingung für Cavaliersaufnahme, 1700 Juli 12.

[33] Siehe dazu Österreich und die Osmanen - Prinz Eugen und seine Zeit. Hg. v. Erich Zöllner und Karl Gutkas, Wien 1988 (Schriften des Instituts für Österreichkunde 51/52), hier vor allem der Aufsatz von Johann Christoph Allmayer-Beck, Bedrohung und Befreiung Wiens 1683. Eine weltgeschichtliche Einführung, S. 32-41.

[34] Vgl. Österreich und die Osmanen - Prinz Eugen und seine Zeit. Hg. v. Erich Zöllner und Karl Gutkas, Wien 1988 (Schriften des Instituts für Österreichkunde 51/52); hier insbesondere die Aufsätze von Leopold Auer, Das europäische Staatensystem im Zeitalter Prinz Eugens, S. 69-87, und Ernst Bruckmüller, Die habsburgische Monarchie im Zeitalter des Prinzen Eugen zwischen 1683 und 1749, S. 88-119.

[35] Im 19. Jh. wurde dieses Regiment berühmt durch seine Militärmusik. Vor allem bekannt ist das schwungvolle Lied „Das ist des k. und k. Infanterieregiment Hoch- und Deutschmeister Nr. 4".

[36] Siehe dazu den Ausstellungskatalog, der prägnant das Verhältnis des Abendlandes und des türkischen Orients herausarbeitet: Im Lichte des Halbmonds - Das Abendland und der türkische Orient. Staatliche Kunstsammlungen Dresden, 20. August bis 12. November 1995, und Kunst- und Ausstellungshalle der Bundesrepublik Deutschland, Bonn, 15. Dezember 1995 bis 17. März 1996, Dresden 1995, hier S. 227 ff.

[37] Die Türkenfaszination wird deutlich in der Orientrezeption im höfisch-barocken Fest. Ein interessantes Beispiel dafür zeigt der Ausstellungskatalog Von Teutscher Not zu höfischer Pracht - 1648-1701, Germanisches Nationalmuseum Nürnberg, 2. April bis 16. August 1998, Nürnberg 1998, S. 355: Turnierveranstalter des 16. und 17. Jhs., wie beispielsweise

der Kurfürst von Sachsen, treten häufig als prächtig gekleidete türkische Sultane auf. Die Türkenkriege des 17. und 18. Jhs. reaktivieren dann das negative Türkenbild: Der Kopf eines Türken, und damit der Feind von Religion und Reich schlechthin, dient als Zielscheibe zu Waffenübungen für künftige Kämpfe.

[38] Die Tafel mit der Inschrift wurde bei den Restaurierungsmaßnahmen des Schlosses gefunden. Ein herzliches Dankeschön an Herrn Dr. Manfred G. Schmidt, Berlin-Brandenburgische Akademie der Wissenschaften, für die Übersetzung dieses Gedichtes. Das Gedicht wurde erstmals veröffentlicht in: Schloß Achberg. Ein barockes Kleinod Oberschwabens, hg. v. Denkmalstiftung Baden-Württemberg, mit Beiträgen von August Gebeßler und Irene Pill-Rademacher, Stuttgart 1995, S. 6.

[39] Das Chronogramm gibt die Jahreszahl 1693 wieder.

[40] sic! Richtig: „addit".

[41] Heraldisches Kennzeichen des Deutschen Ordens: schwarzes Kreuz auf weißem Grund.

[42] Deutschordens-Landkomtur Franz Benedikt Freiherr von Baden, 1689-1707.

[43] Bauleiter Christoph Gessinger.

[44] Walther Rechmann geht in seinem hier veröffentlichten Aufsatz detailliert auf die Todesursache des Landkomturs ein. In DOZA EL 377/2 finden sich interessante Verlassenschaftsakten, die den Gesamtbesitz von Komturen und Landkomturen belegen: Bücher, Kleidung, Schmuck, Silber, Bargeld, Bilder, Pferde und Kutschen sind hier beispielsweise beschrieben. Zwischen 1688 und 1710 allerdings ist eine Lücke in den Quellen zu beklagen.

[45] Vgl. Helmut Hartmann in diesem Band, der die Mitglieder des Deutschen Ordens nach dem Wappenkalender der Ballei Elsaß-Burgund von 1701 vorstellt; siehe ebenfalls Walter Ebner über das Kalenderblatt des Franz Benedikt von 1701.

[46] DOZA EL 360/3. Siehe vor allem jeweils den Abschnitt 9.

[47] Vgl. den Aufsatz „Vertrauen ist gut, Kontrolle ist besser" von Irene Pill-Rademacher in dieser Publikation.

[48] DOZA EL 382/4. Der Visitationsbericht von 1746 nennt dazu noch die alten Zimmernamen. Vgl. auch den Aufsatz

von Reiner Falk in diesem Band über das Schloßinventar von 1708.

[49] Der Tressler ist der Leiter des Kassenwesens.

[50] Dazu Karlheinz Kattinger, Entwicklung der Freiflächen von Schloß Achberg unter Berücksichtigung gartendenkmalpflegerischer Belange. Diplomarbeit (masch.) am Institut für Freiraumplanung der Fachhochschule Weihenstephan, Freising, Weihenstephan 1991, S. 115 f.; im folgenden: Kattinger.

[51] Siehe detailliert Kattinger, S. 107. Ein Verzeichnis über die Dienstgärten der Besoldeten zu Achberg von 1830 enthält genaue Angaben zur Beschaffenheit der Gärten und Freiflächen, siehe ebd., S. 118 f.

[52] Siehe dazu auch die historische Ansicht von Schloß Achberg.

[53] Die Folgen des Reichsdeputationshauptschlusses für den Deutschen Orden zeigt Michael Barczyk, Wiener Quellen zur Neueren Geschichte der Deutschordenskommende Altshausen als Hauptort der Ballei Elsaß-Burgund, Tübingen 1972 (masch.), S. 40 ff. in einer Chronologie auf.

[54] HStASt B 347 Bü 414: Freizügigkeitsvertrag zwischen Kurbayern und dem Deutschen Orden von 1804, der sich auf die Ballei Elsaß-Burgund bezieht, vor allem auf die Ordensbesitzungen Achberg, Altshausen, Arnegg, Mainau, Hohenfels und Waldstetten.

[55] Dazu ausführlich Paul Sauer, Heiraten aus Staatsräson. Napoleon und seine Beziehungen zu den Regentenhäusern Badens, Württembergs und Hohenzollerns. In: Baden und Württemberg im Zeitalter Napoleons. Württembergisches Landesmuseum. Ausstellung des Landes Baden-Württemberg. Bd. 2: Aufsätze, Stuttgart 1987; hier vor allem S. 76 ff. Siehe auch Paul Sauer, Napoleons Adler über Württemberg, Baden und Hohenzollern - Südwestdeutschland in der Rheinbundzeit, Stuttgart u. a. 1987, S. 142 f.

[56] Vgl. Preußen in Hohenzollern. Begleitband zur Ausstellung Sigmaringen 1995. Hg. v. Haus der Geschichte Baden-Württemberg und Staatsarchiv Sigmaringen, Sigmaringen 1995; hier: Wilfried Schöntag, Preußen in Hohenzollern - Die Hohenzollerischen Lande als Teil Preußens

(1850 bis 1945/46), S. 13 ff., sowie Jürgen Treffeisen, Hohenzollern wird preußisch, ebd., S. 29 ff. Der Schweizer Kanton Neuenburg wird ebenfalls preußisch. Kattinger, S. 124 ff. skizziert den Vertrag, der den Übergang der Herrschaft Achberg an das Königreich Preußen regelt.

[57] Kattinger, S. 115.

[58] Ebd., S. 114 f.

[59] Siehe Günter Cordes in dieser Publikation.

[60] Ausführlich dazu der Aufsatz von Peter Fitel in diesem Band. Vgl. ebenfalls Johannes Vogel, Der Herzog von Achberg - Eine heitere Erzählung, Tilsit und Leipzig o. J. (um 1940).

[61] Seit der Verlegung der Residenz nach Wien 1809 liegt die Hochmeisterwürde beständig beim Haus Habsburg. Als letzter Ritter hat Erzherzog Eugen von 1894 bis 1923 dieses Amt inne. Im Zentralarchiv des Deutschen Ordens Wien befinden sich Unterlagen mit dem Vermerk, daß diese seine k. und k. Hoheit Erzherzog Eugen gelegentlich eines Besuches des Schlosses Achberg gesammelt und am 23. Juni 1902 dem Wiener Archiv zur Verfügung gestellt hat (DOZA Varia 3910). Freundlicher Hinweis von P. Dr. Bernhard Demel O.T.

[62] Günther Bradler, Fragmente des oberschwäbischen und Westallgäuer Regionalbewußtseins nach 1945, in: Mitteilungen des Vereins „Rettet die Waldburg" e. V. 15 (1994), S. 16.

[63] Aufgrund der landesfürstlichen Verordnung den Vollzug der Gemeindeordnung, insbesondere die Konstituierung der Gemeindebehörden betreffend: Sammlung der Gesetze und Verordnungen für das Fürstenthum Hohenz.-Sigmaringen 1838-1840, Sigmaringen 1841, S. 301. Unterlagen über die Wahlen des Bürgermeisters, der Gemeinderäte und des Ratschreibers in Achberg werden im StASig Ho 191 (Obervogteiamt Achberg) verwahrt. Freundlicher Hinweis von Herrn Dr. Otto Becker, StASig.

[64] Kattinger, S. 131.

[65] Diesen Hinweis, zusammen mit Abzügen des Fotoalbums, habe ich von Herrn Dr. Edwin Ernst Weber, Kreisarchiv Sigmaringen, erhalten, dem auch an dieser Stelle gedankt sei.

[66] Zur Rettung von Schloß Achberg siehe ausführlich Hans Sättele in dieser Publikation; Jörg Leist und Albert Vogler beleuchten die kommunalpolitischen Hintergründe der Schloßsanierung. Vgl. auch Reiner Falk, Von „Zollerns schönstem Edelstein" - Schloß Achberg ist gerettet, in: Im Oberland 1 (1993), S. 3-6; Schloß Achberg. Ein barockes Kleinod Oberschwabens, hg. v. Denkmalstiftung Baden-Württemberg, mit Beiträgen von August Gebeßler und Irene Pill-Rademacher, Stuttgart 1995; Irene Pill-Rademacher, Neues Leben hinter alten Mauern - Schloß Achberg, in: In Baden-Württemberg 44, 1997, S. 54-57.

[67] Den denkmalpflegerischen Weg zeigt August Gebeßler in dieser Publikation auf.

ESSERATSWEILER (Hohenzollern)

Schloß Achberg von oben betrachtet, Blick nach Osten

Achberg – Ein Ort mit wechselvoller Erdgeschichte

Von Dietmar Schillig

Könnte der „Kreisregent" sein Territorium aus luftiger Höhe betrachten, müßte er feststellen, daß dieses nach Form und Umriß einer zum Bodensee hin geneigten Kaffeekanne gleicht, bei der aus beiden Öffnungen Flüssigkeit austritt. Zwischen dem „Deckel", dem Westabschnitt des Kreises, und der „Kanne", dem größeren Ostteil, fließt die Schussen, durch den „Schnabel" die wasserreichere Argen in das Bodenseebecken. Diese Bildinterpretation entspricht der Beobachtung, daß nahezu der gesamte Landkreis - abgesehen von der Nordostecke zwischen Bad Wurzach und Leutkirch - sich sanft zum Bodensee hin abdacht und dort-

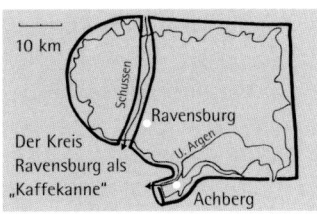

hin entwässert: der Westen des Kreises vorwiegend durch die Schussen (60 km), im Südosten durch seinen wasserreichsten Fluß, die Argen. Erst im Achbergzipfel verläßt letztere das Kreisgebiet, um nach nur 8 km den Bodensee zu erreichen.

Wie findet ein Beobachter aus der Luft überhaupt unseren Ort?

Allzu schwierig dürfte dies nicht sein, denn aus dem dunklen Waldstreifen, der den Argenlauf auffällig nachzeichnet, erhebt sich ein heller und stattlicher Gebäudekomplex: Schloß Achberg. Ein Blick auf die Karte läßt den über die südliche Kreisgrenze hinaus vorspringenden Zipfel der Gemeinde Achberg gleichsam als einen „Brückenkopf" in Richtung Landkreis Lindau erscheinen. Eine Anmerkung sei erlaubt: Könnte man sich für den scheidenden „ersten Diener des Kreises" ein angemesseneres Ausgedinge vorstellen als diesen stilvoll restaurierten „Kulturtempel" am Argenstrand, weitab von den Niederungen des Schussentals und in Sichtweite der nur noch Erholung versprechenden Bergwelt?

Im folgenden soll versucht werden, das Landschaftsbild um Schloß Achberg und dessen erdgeschichtliche Entwicklung nachzuzeichnen. Da jedoch ein vielgestaltiger Raum vorzustellen ist, mag es um der besseren Verständlichkeit willen erlaubt sein, die lokale Landschaftsgeschichte vor dem Hintergrund der geologischen Entstehung des Alpenvorlands knapp zu umreißen, wobei der Schwerpunkt der Ausführungen naturgemäß bei der Gletschertätigkeit liegt. Abschließend soll noch kurz auf die Veränderung des Achberger Raums durch menschliche Einflußnahme eingegangen werden.

Schloß Achberg – Ein herrschaftlicher Bauplatz in herausragender Lage

Das repräsentative Schloßgeviert drängt sich auf einem schmalen Bergsporn, der an der Nord- und Westflanke steil zur Argen abfällt. Auf seiner Südseite verstärkt zusätzlich ein enges Kerbtal mit dem tief eingeschnittenen Tobelbach die ausgezeichnete natürliche Schutzlage. So war und ist das Schloßensemble nur von der Ostseite her gut zugänglich. Möglicherweise hätte der Kapellenbühl vor feindlichem Zugriff im nur wenige 100 m östlich gelegenen Schloßwald eine noch größere Sicherheit geboten. Spuren wie das kleine Hochplateau mit Halsgraben und diversen Wällen deuten darauf hin, daß sich hier einst ein Burgstall befand. Vermutlich hatte sich aber den Schloßherren im 16. Jh. diese steile Kuppe wegen des schwierigen Zugangs nicht gerade als idealer Bauplatz empfohlen. Es wird vermutet, daß in keltischer Zeit hier einmal eine Fliehburg stand.[1]

Auch wenn der Schloßkomplex die Umgebung nicht so dominierend überragt wie zum Beispiel die Waldburg oder die Renaissance-Schlösser Heiligenberg, Wolfegg und Zeil, so beherrscht dieser Bau in seinem restaurierten Gewand das Umland doch in eindrucksvoller Weise. Lediglich auf seiner Südseite wird er etwas vom Königsbühl (560 m) verdeckt. Kein anderes ehemaliges oder noch erhaltenes Herrschaftsgebäude des Kreises erhebt sich so kühn und unmittelbar über einem steilen Prallhang wie Schloß Achberg. So liegt vergleichsweise die Ruine Praßberg immerhin etliche 100 m Luftlinie von der Unteren Argen entfernt ebenso wie Syrgenstein von der Oberen Argen. Hier dagegen bot der kleine, aber markante Bergsporn, dessen Ausformung letztlich der 65 m tiefer wirkenden Argen zu verdanken ist, einen heraus- und zugleich hervorragenden Bauplatz für das Schloß in bester Schutz- und Landschaftslage. Die Argen leistete mit ihrer Tiefenerosion aber nicht nur dem Schloßerbauer große Dienste, sondern auch dem wißbegierigen Erdwissenschaftler. Für ihn hat sie, insbesondere an den übersteilten Prallhängen, den geologischen Untergrund viele Dekameter tief aufgeschlossen, so daß er wie durch ein Fenster von oben nach unten in längst vergangene Epochen zu schauen vermag.

Topographische Karte 1 : 25 000, Blatt 8324 (Ausschnitt)

Blicke in die frühe Vergangenheit Oberschwabens

Der Anblick des von zahlreichen Fluß- und Bachanrissen an den Talhängen freigelegten Untergrunds enttäuscht fast ein wenig. Er zeigt eine beinahe schon monotone Gesteinsabfolge: grauer bis gelblich-grüner Sandstein mit gelegentlichen Toneinschlüssen, im allgemeinen von bankiger Struktur, mancherorts zu mehrere Meter mächtigen Sandsteinfelsen verfestigt. Bei der Prospektion nach Erdöl und Thermalwasser hatte man 1956/57 im südlichen Oberschwaben etliche Bohrungen niedergebracht. Etwa 2,5 km südlich von Tettnang bestätigte sich erneut, daß dort der geologische Untergrund einem gewaltigen, nach unten gebauten Sandsteingebirge mit einer Mächtigkeit von mindestens 2600 m gleicht.[2] In Richtung Lindau wächst dieses Sandsteinpaket auf 4200 m, im Raum Sulzberg gar auf knapp 5000 m an. Es handelt sich hierbei um die Füllmasse eines gewaltigen Senkungsgebiets am Nordrand der Alpen. So ließe sich das jenseits des Bodensees gelegene Alpsteinmassiv mit dem Säntis (2500 m) spielend in diesen voralpinen Molassetrog hineinstellen, ohne daß dessen Spitze über die heutige Landoberfläche herausragen würde. Durch zahlreiche Bohrungen zwischen Donau und Bodensee ist belegt, daß das Molasse-Sandsteinpaket den durchgehenden Unterbau von Oberschwaben, ja des gesamten Alpenvorlands zwischen Genf und Wien, bildet. Vereinfacht ausgedrückt ist der Molassekomplex nichts anderes als die Verwitterungsprodukte des nahen Hochgebirges, die im Lauf von Jahrmillionen im Tertiär aus den Alpentälern zum randalpinen Trog transportiert und hier eingelagert wurden.

Zur Entstehung von Alpen und voralpinem Molassetrog

Dieses grandiose Hochgebirge blickt auf eine großartige Vergangenheit zurück: Vor rund 100 Millionen Jahren, etwa in der Zeit der Oberkreide, bewegte sich aus bisher ungeklärter Ursache die afrikanische Platte zuerst nach Süden und öffnete dadurch die Tethys (Ur-Mittelmeer), später stieß sie wieder nach Norden vor und rammte den Adria-Sporn (Italien) mit Wucht in die Südflanke Europas. Dabei wurden die Ablagerungen auf dem Grund des Urmittelmeers - wie Sande, Tone und Kalke - übereinandergeschoben, eingeengt, zu Decken verfaltet und in den oberen Erdmantel gepreßt. Die Erdkruste befand sich dadurch nicht mehr im Schwimmgleichgewicht mit dem oberen Mantelbereich der Erde, das erst wieder durch das Aufsteigen leichteren Krustenmaterials austariert wurde. Daß dieser isostatische Ausgleich bis heute noch nicht abgeschlossen ist, belegen Feinnivellements in der Zentralschweiz, nach welchen zum Beispiel Aare- und Gotthardmassiv pro Jahr noch bis zu 2 mm aufsteigen. Würde man für die Zeitspanne von vor 40 Millionen Jahren, als die Uralpen erstmals aus der Tethys auftauchten, bis heute einen durchschnittlichen Hebungsbetrag von nur 1 mm pro Jahr zugrundelegen, so müßten sich die Alpen inzwischen zu einem „Super-Gebirge" von 40 km Höhe aufgetürmt haben. Daß die Alpen wohl nie sehr viel höher als heute waren, dafür sorgen freilich zwei allzeit höchst aktive Kontrahenten: Während die Kräfte des Erdinneren das Gebirge ständig anzuheben versuchen, arbeiten gleichzeitig die oberflächen-zerstörenden Kräfte wie Schwerkraft, Wasser, Frost und Eis der Aufwölbung wirksam entgegen. Dabei fielen enorme Mengen an Schutt, Geröllen, Kiesen, Sanden und auch tonig-mergeligen Sedimenten an. Diese wurden durch die Flüsse - gleichsam wie auf einem endlosen Transportband - in die Vorländer trans-portiert und hier abgekippt. Ohne die Schuttaufnahme in die randlichen Tröge, die sich unter der wachsenden Sedimentlast weiter absenkten, wären die Alpen im eigenen Verwitterungsmaterial schon längst erstickt und hätten damit ihren schroffen Hochgebirgscharakter eingebüßt. Kurzum: Das Alpenvorland verkör-pert geologisch gesehen nichts anderes als die randvoll aufgefüllte „Groß-deponie" des nahen Hochgebirges. Aus der eher „betrüblichen Sicht" der Alpen hingegen wurde der größere Teil ihrer kühnen Gipfelpartien als fein zermah-lenes Verwitterungssubstrat in den Vorländern still „zu Grabe" getragen.

Da der tertiäre[3] Molassetrog abwechselnd unter beziehungsweise über dem Meeresspiegel lag, setzten die Fließgewässer der Uralpen ihre Sedimentfracht in Form riesiger Deltas alternierend in Meeres- beziehungsweise Süßwasser-becken ab. Auf den ersten Meer-Landzyklus folgte vor etwa 25 Millionen Jahren ein zweiter. Dieser begann mit der Oberen Meeresmolasse, die im Eistobel bei Isny besonders gut aufgeschlossen ist. Den Abschluß des gesamten Molassepakets bildete vor etwa 17 bis 12 Millionen Jahren noch die Obere Süßwassermolasse, die in einer nachfolgenden Hebung des Molassebeckens bis Ende Tertiär ihrer-seits zum Teil abgetragen wurde. Die Alpen haben sich seit etwa 40 Millionen Jahren jedoch nicht nur gehoben, sondern sie bewegten sich zugleich auch stetig nach Norden, wodurch die Molasseschichten am unmittelbaren Alpen-rand gefaltet, gestaucht und aufgerichtet wurden, wie man es eindrucksvoll am Pfänder oder in den Nagelfluhketten studieren kann. Hingegen zeigt die Obere Süßwassermolasse im Achberger Raum nur ein normales leichtes Ein-fallen nach Norden, das heißt, sie befindet sich hier noch in tektonisch unge-störter Lagerung. Früher war für die Obere Süßwassermolasse der Name „Pfohsande" gebräuchlich, der sich von Feh (Füchsin) ableiten soll, die hier einen leicht ausräumbaren „Bau"-Grund vorfand. Die Obere Süßwassermolasse bildet nicht nur den oberen Abschluß des tertiären Sockels, sondern zugleich auch die Bühne für den erneuten „Über- und Angriff" der Alpen auf ihr Vorland im Eiszeitalter, dem Pleistozän.

Das Eiszeitalter gestaltete den Raum Achberg

Mit Beginn des Quartärs, unserer erdgeschichtlichen Epoche vor etwa 2,5 Mil-lionen Jahren, wurde die Erde von einer weltweiten Klimadepression erfaßt, die hier einen Temperatursturz von 6 bis 11°C auslöste. Das Jahresmittel lag nur noch bei 0 bis 3°C gegenüber heute zwischen 7 bis 8°C. In den Eis- oder

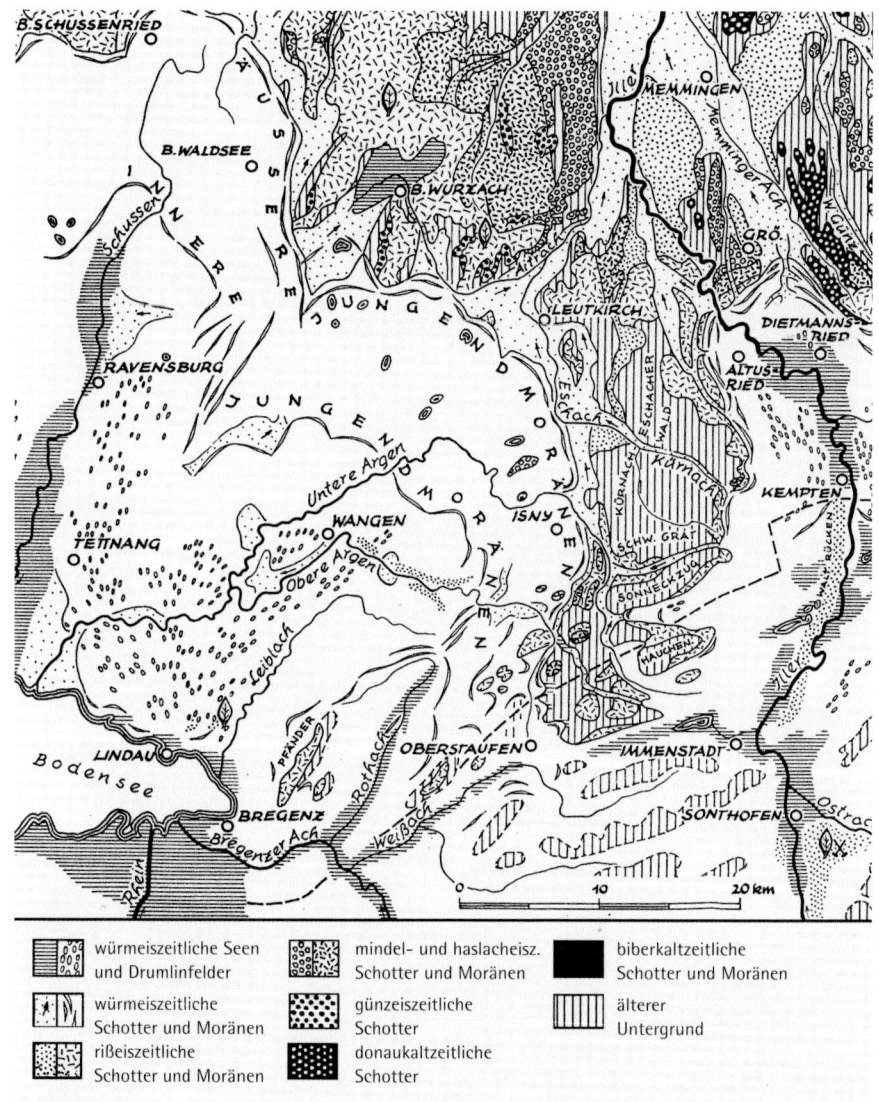

	würmeiszeitliche Seen und Drumlinfelder		mindel- und haslacheisz. Schotter und Moränen		biberkaltzeitliche Schotter und Moränen	
	würmeiszeitliche Schotter und Moränen		günzeiszeitliche Schotter		älterer Untergrund	
	rißeiszeitliche Schotter und Moränen		donaukaltzeitliche Schotter			

Kaltzeiten schmolz der Schnee im Sommer erst unterhalb der damaligen Schneegrenze von 1000 bis 1300 m ab.[4] Mit wachsender Eismasse, verbunden mit zunehmendem Eisdruck, bildete sich an der Gletscherunterseite ein Wasserfilm aus, der als Gleitmittel diente und dadurch die Gletscherbewegung erst ermöglichte. Auch wenn eine Kälteperiode immer wieder von einer Warmzeit abgelöst wurde, so wiederholte sich das „Wechselbad" zwischen eiskalt und warm im Pleistozän mindestens sechs-, vielleicht auch siebenmal. Da die früheren

Geologische Übersichtskarte

aus: Herbert Scholz - Bau und Werden der Allgäuer Landschaft

54

Vergletscherungen für unser Gebiet kaum mehr von landschaftsprägender Bedeutung sind, wird im folgenden nur auf die bisher letzte große Vorlandvergletscherung in der Würmkaltzeit näher eingegangen.

Die Vorbereitungszeit des Rheingletschers in den Alpen und dessen Auftritt im Alpenvorland liegen zeitlich sehr weit auseinander. Bereits vor 100 000 Jahren machte sich der letzte globale Temperaturrückgang bemerkbar, der vor etwa 25 000 Jahren seinen Höhepunkt erreichte. Jetzt ertranken die Alpen ein letztes Mal in ihrem Eisstromnetz, wobei dessen Oberkante bei etwa 2600 m lag.[5] Aus den fernen Tälern Graubündens schob sich der Gletscherstrom über 200 km nach Norden, vereinigte sich mit zahlreichen Seitengletschern aus dem Prätigau, Walgau und Bregenzer Wald, um endlich als 900 m mächtiger Eisstrom durch das Alpenrheintor bei Bregenz auszutreten und sich als zähfließender Eisbrei in einem Schneckentempo von etwa 50 bis 100 m pro Jahr über den Süden Oberschwabens zu wälzen. Vor 20 000 Jahren erreichte er endlich seinen Maximalstand, der sich zwischen Schaffhausen und Isny als markanter Wallbogen in der Landschaft deutlich abzeichnet. Diese Äußere Jung-Endmoräne erhebt sich 10 bis 25 m, aber manchmal durchaus 50 m über ihre Umgebung und setzt somit - insbesondere auch als Europäische Wasserscheide - den markantesten Reliefakzent im Herzen Oberschwabens. Insgesamt erreichte der Rheinvorland-Gletscher zwischen Schaffhausen und Leutkirch eine Breite von 100 km! Aus der vielfältigen Hinterlassenschaft der Eismassen läßt sich die komplizierte Rückzugsgeschichte der würmkaltzeitlichen Vergletscherung nur mit Erfahrung und besonderem „Einfühlungsvermögen" in die glaziale Formenwelt rekonstruieren, völlig entschlüsselt jedoch ist sie bisher noch keineswegs.

Der erste Akt der „Gletscherdämmerung" spielte sich bereits vor etwa 18 000 Jahren ab. Als sich der eisige Griff des arktischen Klimas spürbar lockerte, schmolz der Vorlandgletscher vom Äußeren Moränenrand nördlich von Bad Waldsee bis auf die Höhe von Ravensburg zurück. Der zweite Akt setzte mit einem erneuten Kälterückfall ein, der in den folgenden 3000 Jahren einen nochmaligen kräftigen Gletschervorstoß zur Folge hatte. Dieser warf jetzt den Inneren Moränenwall auf, der sich im Kreisgebiet von Wilhelmsdorf über den Altdorfer Wald, Waldburg, Leupolz und Siggener Höhe bis südlich Eisenharz erstreckt. Hatte der Rheinvorlandgletscher durch seine Auffächerung nach dem Alpentor bei Bregenz schon kräftig an Mächtigkeit und damit Schurfleistung verloren, so war in der Schlußphase der Kaltzeit - vor etwa 15 000 Jahren - erst recht Sparhaushalt angesagt. Deshalb konzentrierte sich der Eisstrom hauptsächlich auf die bereits früher angelegten Tiefenlinien des Hegau-, Rotach-, Schussen- und Argen-Leiblach-Beckens. Diese langgestreckten Beckenräume sind mit Radspeichen zu vergleichen, die alle zur Nabe, das heißt, nach dem Stammbecken Bodensee ausgerichtet sind. Kein Wunder, daß das Entwässerungsnetz des südlichen Oberschwabens sich auch gegenwärtig noch dieser bereits in der Eiszeit vorgeformten Talzüge bedient und konsequent dem Bodensee (395 m NN) und damit rheinischem System zuielt.

Der dritte Akt der „Gletschertragödie", das allerletzte „Aufbäumen" gegen den endgültigen Zerfall, spielt sich im Spätglazial (15 000 bis 10 500 vor heute) ab. Jetzt war die klimatische Schneegrenze bereits auf 1500 m angestiegen. Der Gletscher, der schon bis zum Alpenrand zurückgeschmolzen war, stieß in der Zeit zwischen 14 600 und 13 500 nochmals bis zur Linie Konstanz - Markdorf - Liebenau - Neukirch - Pflegelberg - Wangen und Lindenberg vor.[6] Obgleich dieses sogenannte Konstanzer Stadium landschaftlich weniger deutlich in Erscheinung tritt als die früheren Endmoränenstände, markiert sein immer wieder durchbrochener Moränenkranz etwa den nördlichen Rand des Bodensee-Stammbeckens, was auch den Begriff „Stammbeckenmoränen" erklärt. Zu jener Zeit war der Bodensee selbst noch durch Gletschereis vollständig ausgefüllt, die Schmelzwasserflüsse wie zum Beispiel Schussen und Argen mußten ihren Weg am Eisrand entlang in westlicher Richtung suchen und hinterließen in den dazwischenliegenden Senken beachtliche Schmelzwassersedimente und Deltaschüttungen, die zum Beispiel am Ostrand des Schussenbeckens in den zahlreichen Kiesterrassen nachzuweisen sind.

Wie sah die Landschaft nach der Eisschmelze aus? Am Ausgang des Spätglazials - etwa vor 13 500 bis 10 500 Jahren - zogen sich die Gletscher endgültig in die Alpen zurück, nicht ohne zahlreiche Spuren ihres Wirkens wie Schmelzwassersedimente, Eisrandterrassen, mit Glazialschutt verfüllte Senken und außerdem eine besondere Spezialität, die Drumlins, zu hinterlassen beziehungsweise aufzudecken.

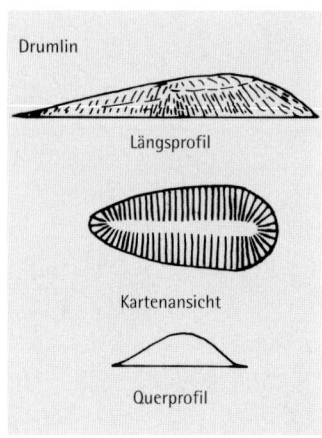

Drumlin

Längsprofil

Kartenansicht

Querprofil

Die Drumlins im Raum Achberg – Ein faszinierendes Landschaftselement

Beim Blick aus dem Rittersaal nach Süden ist der Besucher von der geschmeidigen Linienführung des vor ihm aufsteigenden Königsbühls (560 m NN) fasziniert: Nach Steilanstieg und Kulmination zur Rechten dacht sich der langgestreckte Hügel (620 m in der Längsachse) sanft nach links zum Schloßparkplatz ab, ebenso schwungvoll gehen die Seitenflanken in die randlichen Niederungen über. Ein Spaziergang in die Umgebung läßt den Betrachter erkennen, daß der Königsbühl keinen Sonderfall darstellt, sondern mit den benachbarten Landschaftsformen korrespondiert. Diese stromlinienförmigen Hügel treten sehr häufig in Gesellschaft auf und sind außerdem fächerartig gegeneinander versetzt.

Ein markanter Drumlin: der Königsbühl von Duznau aus gesehen; Zeichnung von Carmen Schmid

Es handelt sich um Drumlins (von gälisch: Rückenberge), deren steile Seite stets zur Gletscherfront zeigt. Ihre Durchschnittsmaße bewegen sich zwischen 200 und 1200 m in der Länge und 100 bis 400 m in der Breite, wobei das Verhältnis von Länge zu Breite normalerweise 3 zu 1 beträgt. In der Höhe variieren sie zwischen 10 und 50 m: Nach Weinhold zeigen die 185 Vertreter des gesamten Lindauer Drumlinfeldes eine mittlere Höhe von 15,5 m.[7] Im Bodenseeraum wird es hinsichtlich Flächenausdehnung und Anzahl von keinem anderen Drumlinvorkommen übertroffen. Sein Ausgangspunkt liegt unweit des Seeufers bei Lindau-Zech, von wo sich die Drumlinschar nach Nordwest, Nord und Nordost auffächert. Herrscht am Deger- und Schleinsee noch die nördliche Marschrichtung vor, so sind die Längsachsen der Drumlins auf der Gemeindefläche Achberg konsequent nach Nordosten, im Raum Tettnang mehrheitlich nach Nordwesten eingeregelt. Zweifelsohne bildet dieses rhythmische Wechselspiel von Kuppen und Senken zwischen Lindau und Wangen aufgrund der schwungvollen Linienführung der Hügelsilhouetten ein Landschaftselement von ausgesuchter Eleganz. Wie ein Blick auf die Geologische Übersichtskarte verdeutlicht, treten im Bodenseebecken weitere Drumlinfelder in der Umgebung von Raderach-Markdorf, Frickingen sowie auf dem Bodanrück auf.[8] Da liegt der Schluß nahe, daß Formung und Ausrichtung der Drumlins dem Wirken des Rheinvorlandgletschers zu verdanken sind.

Wie erfolgte die „Ondulierung" der Drumlins?

Bereits um die Jahrhundertwende waren diese lebhaften Formen der Eiszeitlandschaft Gegenstand eingehenderer Untersuchungen und boten zugleich reichlich Anlaß für Spekulationen hinsichtlich ihrer Entstehung. Übereinstimmung bestand schon bald darin, in ihnen „durch das fließende Gletschereis geformte Stromlinienkörper"[9] zu sehen. Lange Zeit blieb aber offen, ob sie

durch subglaziale Erosion, Akkumulation oder gar beide Prozesse geformt wurden und welche Randbedingungen dabei erfüllt sein mußten.

Detailuntersuchungen durch Schreiner ergaben, daß ein Drumlin vor allem aus Grundmoräne, das heißt, aus „grauem, festgelagerten Geschiebemergel" besteht.[10] Dieses beim Gletscherschub entstandene Gesteinsmehl setzt sich aus etwa 20 bis 50 % Schluff (Feinsand), 20 bis 30 % Sand sowie Geröllen und größeren Blöcken zusammen. In der Achberger Gegend findet man heute noch relativ viele dieser Gesteinsblöcke oder Findlinge von unterschiedlicher Größe, wie zum Beispiel auf dem Kapf oberhalb dem Gewann Schweingruben bei Regnitz. Hierbei handelt es sich vorwiegend um Augengneise aus der Silvretta; daneben trifft man Gesteinsblöcke an, die aus Verrucano, Hornblendegneis, Juliergranit, Kreidekalken und tertiärer Nagelfluh bestehen. In früheren Zeiten waren sie ein begehrter Baustoff, insbesondere für die Errichtung der Herrschaftsgebäude. So sind auch im Fundament des Achberger Schlosses grobe Lesesteine und Blöcke vermauert worden, wie auf dessen Süd- und Westseite gut einzusehen ist.

Der innere Aufbau der Drumlins legt den Gedanken nahe, daß sie unter „dem strömenden Eis auf leicht ansteigendem Untergrund"[11] gebildet worden sind. Sie sind damit nach Schreiner keine - wie Weinhold[12] annahm - „vor dem Eisrand aufgeschüttete und gestaltete Schmelzwasserbildungen", sondern ausschließlich eisgeformte Rückenberge. De Jong hat ebenfalls in seinen Quartäruntersuchungen des Westallgäus die unmittelbare Gletscherbeteiligung bei ihrer Entstehung unterstrichen: „Form and sitting fit well with a subglacial genesis."[13]

Gletscherbewegung →

Entwicklungsstadien eines Drumlins
(nach H. Prechtl, umgezeichnet)

Diese eindeutigen Aussagen erklären allerdings noch nicht, warum sich die Drumlins nur auf einen relativ schmalen Landschaftsgürtel südlich der Inneren Jungendmoräne konzentrieren, niemals jedoch zwischen dem Äußeren und Inneren Moränengürtel anzutreffen sind. Nach Habbe „ist aber auch ihre Entstehung zeitlich eingegrenzt: Sie können frühestens mit dem Gletschervorstoß zur Inneren Jungendmoräne entstanden sein."[14] Warum aber bildeten sich die Drumlins erst in der Spätphase der würmkaltzeitlichen Vorlandvereisung und nicht schon während ihres Maximalstands, obwohl vom Relief und der Gletscherdynamik her damals ähnliche Bedingungen geherrscht haben müssen? Habbe erklärt diese Besonderheit mit einem deutlichen Temperaturanstieg im ausgehenden Hochglazial, als sich die Permafrostgrenze (Dauerfrost) ebenfalls unter dem Gletschereis absenkte. Somit befand sich das reichliche Lockermaterial älterer Vorstöße in der sommerlichen Auftauphase nicht mehr im festen Permafrostverband. Dadurch vermochte der vorstoßende Gletscher den angetauten Gletscherschutt bis zum Permafrostniveau abzuhobeln und ihn wie mit einer Planierraupe vor sich her zu schieben beziehungsweise zu überfahren. Ist aber damit auch schon die schwungvolle und rhythmische Formengebung der Drumlins hinreichend erklärt? Befriedigend beantworten kann man diese Frage nur mit Hilfe des „Helmholtzschen Prinzips", welches besagt, daß das Aneinandervorbeigleiten bewegter Materien unterschiedlicher Zusammensetzung und Dichte in Wellenbewegung erfolgt und somit nur wellenartige Formen hervorbringen kann. Bekannte Beispiele hierzu sind die Dünenbildung durch Wind über Sand, die Rippelmarken durch Wellen auf Sanduntergrund oder das durch Autoreifen verursachte Waschbrettprofil auf Naturpisten!

Den letzten Feinschliff erhielten die Drumlins durch den Gletschervorstoß des Konstanzer Stadiums (14 900 bis 13 500 vor heute). Durch den relativ dünnen Eiskuchen - im Achberger Raum war er nur mehr 50 bis 100 m mächtig - wurden sie lediglich geglättet und abschließend noch mit einer 1,5 bis 2 m dicken Geschiebemergelschicht beziehungsweise Sand-Kiespackung überzogen. Habbe schränkt also die Drumlinbildung auf eine zeitlich eng begrenzte Periode zwischen Ende Späthochglazial und Beginn Spätglazial (15 000 und 13 000 vor heute) ein.[15] Die Drumlinrücken der Achberger Gegend sind vor allem im oberen Bereich vielfach aus Lockermaterialien aufgebaut, also aus Geröllen, Kiesen und Sanden, die zudem einen ausgezeichneten Grundwasserspeicher bilden.

Zusammenfassend ist zu sagen, daß sich die würmkaltzeitlichen Drumlins auf einen Landschaftsstreifen südlich des Inneren Moränenwalls konzentrieren und nicht selten in den Öffnungsgabeln ehedem divergierender Gletscherzungen gehäuft anzutreffen sind. Sie bauen sich aus glazialem Lockermaterial auf, das der Gletscher in einer Phase zunehmender Klimaerwärmung vom Untergrund abgehobelt und zu den rhythmischen Erscheinungsformen umgestaltet hat.

Wie entstanden die Seen und Moore in der Drumlinlandschaft?

Unmittelbar nach dem Gletscherschwund dürften die Drumlins im Vergleich zu ihrem heutigen Erscheinungsbild noch wesentlich schärfer konturiert gewesen sein. Denn die zwischen ihnen gelegenen, häufig abflußlosen Wannen ehemaliger Eisrandseen sind nach dem Gletscherrückzug mit feinkörnigen Schmelzwassersedimenten, insbesondere Beckentonen, aufgefüllt worden.

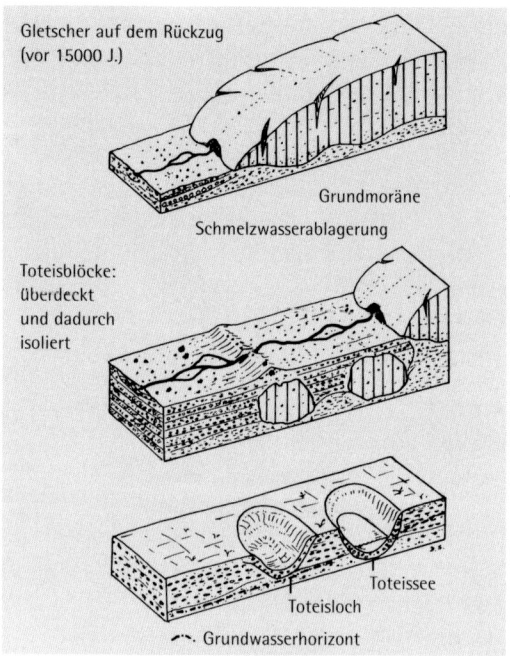

Gletscher auf dem Rückzug
(vor 15000 J.)

Grundmoräne
Schmelzwasserablagerung

Toteisblöcke:
überdeckt
und dadurch
isoliert

Toteissee
Toteisloch
Grundwasserhorizont

Außer einigen größeren Stillgewässern wie Muttel-, Deger- und Schleinsee sind wohl die meisten kleineren Seen in der Nacheiszeit wieder verlandet. Diese ehemaligen Naturseen, abgesehen von den zahlreichen im Mittelalter künstlich aufgestauten Weihern, sind als letzte Fußspuren des sterbenden Gletschers zu identifizieren. Bei dessen allmählichem Zerfall blieben nicht selten losgelöste Eisreste in den Senken des Gletschervorfelds zurück, die anschließend von den Schmelzwassersedimenten überdeckt wurden. Da letztere isolierend wirkten, schmolz das eingekellerte Eis oder Toteis (also Resteis, das nicht mehr mit dem lebenden Gletscher in unmittelbarer Verbindung stand) mit großer Verzögerung ab, worauf die ehedem auflagernde Sedimentdecke in die kesselartigen und zum Teil abflußlosen Wannen absackte und diese auskleideten. Lagen letztere gar unter dem Grundwasserspiegel, so füllten sie sich alsbald mit Wasser: Der Toteissee war geboren. Im Gegensatz zu den künstlich aufgestauten Weihern können diese natürlichen Toteisseen niemals abgelassen und ausgeräumt werden. Schon deshalb ist ihnen die Verlandung als ein unentrinnbares Schicksal vorausbestimmt.

Die Senken zwischen den Drumlinrücken sind aufgrund der wasserstauenden Beckentone und Grundmoränen häufig so stark vernäßt, so daß sie nicht selten von An- und Niedermooren bedeckt sind. Von den im Spätmittelalter durch das Kloster Laimnau im Gemeindegebiet angelegten zehn Weihern sind außer den Staudämmen lediglich noch zwei übriggeblieben: das Jägerweiherle beim Hof Frauenreute und der Bahlinger Weiher vor Schloß Achberg. Letzterer dient insbesondere als Feuerlöschteich und wird zur Zeit entschlammt und neu eingerichtet. An den Drumlinflanken beobachtet man nicht selten Hangmoore, die sich unterhalb kräftiger Stauquellen angesiedelt haben und deren Pflanzengesellschaft aus Schilfrohr, Rohrkolben und Blaugras besteht. Die verlandeten Areale, oft Standorte seltener Orchideenarten, werden heute vielfach als Streuwiesen genutzt. Gerade diese Feuchtbiotope ergänzen, wenn auch mit unterschiedlicher Wertigkeit für Naturhaushalt, Vogelwelt und Landwirtschaft, die landschaftliche Formenvielfalt aufs eindrucksvollste.

Argen – Die Landschaftsgestalterin der Nacheiszeit

Geographisch gesehen liegt das Argental im Westallgäuer Hügelland, in natur-räumlicher Hinsicht spricht man hingegen vom östlichen Bodensee-Jung-moränenland. Nach Dongus läßt sich der Nahraum um Achberg noch einmal in drei kleinere Untereinheiten gliedern[16]: in die Raumeinheit der Moränen-wälle und Drumlins von Neukirch mit Höhen um 550 bis 600 m nördlich der Argen, in die Raumeinheit der Moränenwälle und Drumlins von Esserats-weiler-Wolfertshofen mit Höhen zwischen 500 und 550 m, in der sich das Gemeindegebiet Achberg befindet sowie in die dazwischen gelegene Raum-einheit Mittleres Argental mit einer Eintiefung von 50 bis 70 m.

Steigt man von Schloß Achberg zur 65 m tiefer fließenden Argen hinab, so begibt man sich nicht nur vom Moränenhügelland in den Talraum, sondern auch aus der bereits vor Jahrtausenden stillgelegten Gletscher- in die gegenwärtig noch recht aktive Flußwerkstatt. War die Argen während der Bildungsphase des Äußeren und Inneren Moränengürtels zur Donau hin orientiert, so suchte sie im einsetzenden Spätglazial ihren Weg am Eisrand entlang nach Westen zum Rhein. Die ehedem nordwärtige Entwässerung der Oberen Argen ist noch in ihrer Laufrichtung, wenige Kilometer vor ihrer Vereinigung mit der Unteren Argen, erhalten geblieben. Sie bildet mit ihrer Partnerin einen unnatürlichen spitzen Mündungswinkel. Erst am Ende des Spätglazials dürfte sie ihr vorwürm-kaltzeitliches Flußbett wieder gefunden haben und damit endgültig zum Bodensee zurückgekehrt sein. Ein von Weinhold freigelegtes Hangprofil im Flunauer Sack erlaubt sogar den Schluß, daß bereits eine interglaziale Vorläuferin der heutigen Argen - im Zeitraum zwischen Riß- und Würmkaltzeit vor etwa 150 000 Jahren -, sich hier mindestens 18 m ins Gelände eingetieft und dadurch eine erste Talung geschaffen hatte.[17] Dieser Aufschluß offenbart überdies, daß die Argen auf eine sehr viel ältere Geschichte zurückblickt, als man vermuten würde.

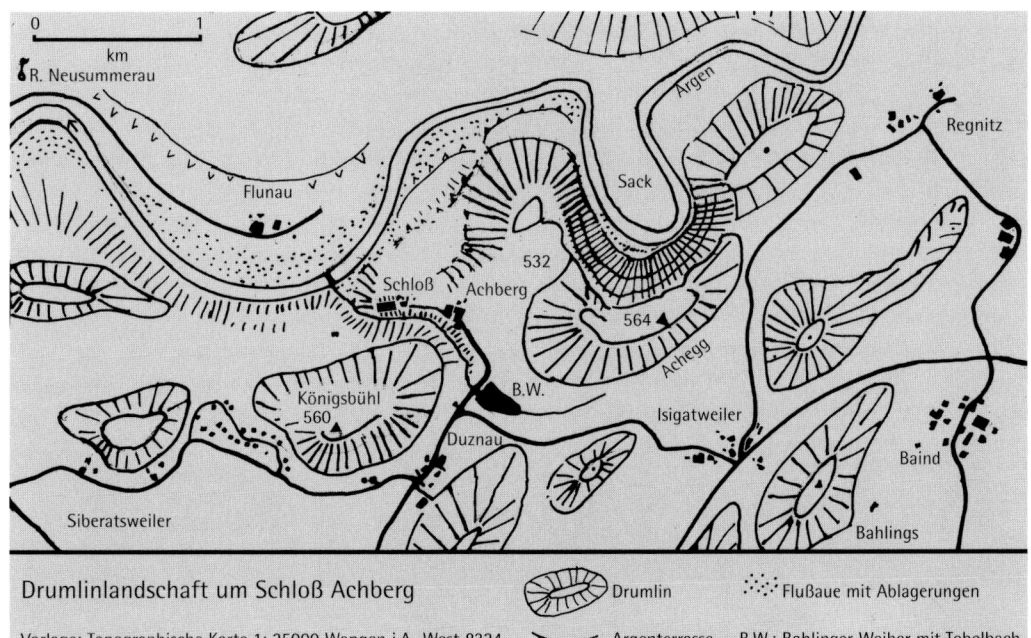

Drumlinlandschaft um Schloß Achberg   Drumlin   Flußaue mit Ablagerungen

Vorlage: Topographische Karte 1: 25000 Wangen i.A.-West 8324   Argenterrasse   B.W.: Bahlinger Weiher mit Tobelbach

Hinsichtlich der Wasserführung steht die Argen nach Alpenrhein und Bregenzer Ach an dritter Stelle der Bodenseezuflüsse. Gemeinsam mit ihrer kleineren Schwester, der Leiblach, entwässert sie das hügelige Moränen- und Drumlingebiet, das dem Molassebergland zwischen Pfänder und Adelegg vorgelagert ist.[18] Mit ihren beiden oberen Ästen reicht das Flußsystem noch bis Oberstaufen und Missen und damit in die Faltenmolasse hinein, wobei ihr Gesamteinzugsgebiet etwa 650 km^2 beträgt. Charakteristisch für sie ist die relativ unausgeglichene Wasserführung. Pegelmessungen in Gießen (3 km unterhalb Achberg und 5,8 km oberhalb der Mündung in den Bodensee) ergaben im Meßzeitraum von 1932 bis 1996 folgende Extrem- beziehungsweise Durchschnittswerte[19]:

Mittlerer Abfluß: 19,4 m³⁄ₛ,
 (im Winter: 21,4 m³⁄ₛ;
  im Sommer: 17,2 m³⁄ₛ),
Niederwasser: 2 - 4 m³⁄ₛ;
niedrigster Abfluß im
Meßzeitraum: 1,94 m³⁄ₛ
 am 28. September 1949;
mittleres Hochwasser:
 239 m³⁄ₛ;
stärkstes Hochwasser:
 475 m³⁄ₛ am 3. Januar
 1948 bei einem Pegel-
 stand von 340 cm!

Während einer am 21./22. Februar 1999 plötzlich hereinbrechenden Tauperiode stieg die Hochwasserspitze rasch auf 250 m³⁄ₛ bei einem Pegel von 260 cm an.

Das Argental beim Flunauer Sack

Nach der Vereinigung beider Argen unterhalb Pflegelberg hat sich in der Spät- und Nacheiszeit eine landschaftlich überaus malerische, teilweise aber schwer zugängliche und wildromantische Schluchtstrecke bis kurz vor Flunau gebildet, der sogenannte Argentobel. Die Taleinschneidung ist allerdings weniger das Ergebnis eines erhöhten Flußgefälles - mit vier Promille entspricht es dem der beiden Argenäste oberhalb ihres Zusammenflusses - als vielmehr das einer erheblichen Wasserzunahme und damit einer Vervielfachung der Erosionskraft.[20] Die über 10 km lange und etwa von Ost nach West verlaufende Tobelstrecke zwischen Pflegelberg und Oberlangnau bildet nachgerade das Musterbeispiel einer äußerst aktiven Flußwerkstatt. Im oberen Abschnitt bestimmen unterschiedlich große Windungen, sogenannte Mäander, das Talbild. Mit zunehmendem Einschneiden in den Untergrund vermag der Mäander aber nicht mehr wie ein Wiesenmäander frei zu pendeln, vielmehr gerät er mehr und mehr in die „Zwangsjacke" eines Talmäanders.

Das eindrucksvollste Beispiel eines solchen Talmäanders im Argental bildet der Flunauer Sack, der sich kräftig nach Süden gegen den Achegg-Drumlin vorgearbeitet und diesen bereits zur Hälfte „aufgezehrt" hat. Unmittelbar unter dem Kapellenbühl und 1,5 km oberhalb von Flunau, durchströmt die rasch fließende und weithin hörbare Argen diesen extrem engen Flußbogen. Sie unterschneidet kräftig ihr linkes Steilufer und entblößt dabei meterhoch die ockergelben Molassefelsen. Dadurch wird dieser Prallhang übersteilt und zugleich in hohem Maß instabil. Dies äußert sich an tiefen Hangkerben, die dem reichlich anfallenden Hangschutt als ausgezeichnete Transportbahnen dienen, sowie an breitflächigen Rutschungen, nicht selten ganzen Hangabbrüchen. Die der flächenhaften Denudation (Entblößung) ständig ausgesetzten Steilhänge bleiben somit fortwährend in Bewegung, was auch die Bäume mit Säbelwuchs (Baumknie) und die zahlreichen schräg gestellten oder gestürzten Bäume demonstrieren. Eine Hangwanderung oberhalb des Flunauer Sacks auf dem inzwischen aufgelassenen Walter-Münch-Weg gerät daher streckenweise zu einem kleinen Abenteuer, das nicht selten nur auf allen Vieren zu bestehen ist! Neben der Rückschneidung des Hangfußes bricht auch die Taloberkante ständig nach, so daß der obere Wanderweg Nr. 10 auf mehrere 100 m ebenfalls nur mit Vorsicht zu begehen ist. Dazu kommt, daß etwa 10 bis 15 m unterhalb der Oberkante, also an der Grenzfläche zwischen wasserdurchlässiger Moränenauflagerung und wasserstauender Molasse, kräftige Schichtquellen austreten, die den Verwitterungsmantel zusätzlich durchtränken und ihn daher beschleunigt abgleiten lassen. Somit spielt sich das Zerstörungswerk der Erosionskräfte nicht nur am Hangfuß durch den unmittelbaren Flußangriff ab, sondern es wird durch den Abtrag des oberen Hangbereichs nachhaltig verstärkt.

Überschreitet man bei Niedrigwasser die Argenfurt und dringt zum Kern des Flunauer Sacks vor, offenbart sich die aktuelle Flußarbeit hier in höchst anschaulicher Weise. Der lang ausgezogene Mäanderhals im Furtbereich ist bereits auf eine Restbreite von 70 m eingeschnürt worden und eines geologisch nicht allzu fernen Tages wird diese Engstelle vollends durchgebrochen und die Argenschlinge trockengefallen sein. Dann wird vom eindrucksvollsten aller

Argenmäander nur noch ein flacher Umlaufberg spätes Zeugnis ablegen. Gerade Hangunterschneidungen, aktive Schwemmfächer sowie Flußmäander mit Taleintiefungen belegen anschaulich, daß die Argen auch gegenwärtig noch sehr aktiv an der Landschaftsumgestaltung arbeitet, was nicht zuletzt auf die im Jahresmittel recht hohe Wasserführung und das beachtliche Gefälle zurückzuführen ist.

Ab der Vereinigung beider Argen unterhalb Pflegelberg weitet sich bei Flunau erstmals wieder das Argental. Hier lassen sich am gleichen Ort Flußerosion und -akkumulation gut studieren: Bearbeitet die Argen den Prallhang auf ihrer linken Seite recht aggressiv und treibt diesen weiter gegen die Waldparzelle Frauenreute und damit den Schloßberghang vor, so gibt sie sich auf dem rechtsseitigen Gleithang ausgesprochen „sanftmütig". Hier trägt sie nicht ab, sondern sedimentiert vorwiegend die mitgeführten Sande und Lehme in der Talaue. Dadurch vergrößert sich, sofern der Mensch nicht eingreift, der kleine Talkessel von Flunau ständig. Etwas Vergleichbares spielte sich - allerdings vor Jahrtausenden - auf der Hangverebnung (Gewann Obere Mühlau) ab, die man auf halbem Weg von Schloß Achberg nach Flunau quert. Über diese 30 bis 35 m oberhalb der heutigen Talsohle liegende Alt-Terrasse ist die Argen wohl noch im Spätglazial geflossen. Dabei hat sie den Prallhang kräftig gegen den Schloßberg vorgetrieben und dadurch erst die nördliche Steilflanke unterhalb des Schlosses und dessen natürliche Schutzlage geschaffen.

Weitere Spuren früherer Flußaktivitäten haben sich im gegenwärtigen Erosionsschatten des Flußlaufes in den übereinander angeordneten Talterrassen relativ gut erhalten, die an den Hängen zwischen Summerau und Laimnau geradezu klassisch ausgebildet sind. Es handelt sich hierbei um Relikte ehemals kiesigsandiger Talverfüllungen aus der Phase des rückschmelzenden Eises, die der Fluß, auch in Abstimmung mit dem stark variierenden Bodensee-Spiegel, sedimentiert hat. Zu beachten ist hierbei, daß die älteren Talterrassen stets höher als die jüngeren liegen, was beweist, daß die Argen ihre Ablagerungen aus dem Spätglazial in der Nacheiszeit wieder zerschnitten hat. Das markanteste Terrassenniveau stellt zweifelsohne dasjenige der Haidach-Terrasse östlich von Laimnau bei 460 m NN dar. Es setzt sich nach Süden in der großen, weitgehend schon ausgebeuteten Kiesterrasse des Tettnanger Waldes (um 440 m NN) fort, flußaufwärts in den Terrassenleisten von Steinenbach (465 m), Summerau (475 m) und Flunau (480 m). Schmälere und inzwischen stark zerschnittene Terrassenreste lassen sich noch bis Blumegg verfolgen.

Die Argen war also seit ihrer „Wiedergeburt" in der Späteiszeit über viele Jahrtausende nicht nur ein höchst wirksamer Landschaftsgraveur, sondern auch ein überaus fleißiger Kiestransporteur. Als damals vor ihrer Mündung in den

Bodensee die Transportenergie gefällsbedingt nachließ, baute die spät- beziehungsweise nacheiszeitliche Argen mit ihrem Geschiebe ein gewaltiges Delta, das Argenkiesfeld, auf. Dieser mächtige Kieskörper birgt außer diesem gefragten Bodenschatz noch einen beachtlichen Wasserkörper bester Trinkwasserqualität. Pumpversuche im Deltagebiet erbrachten jedoch ein verblüffendes Resultat: Die Schüttung sämtlicher Brunnen beträgt etwa 300 bis 400 l/s, aufgrund der versickerten Regenmenge dürfte sie aber nur rund 155 l/s betragen.[21] Dies ist ein Hinweis dafür, daß die Argen selbst einen Teil ihres Wassers in den Grundwasserspeicher infiltriert, was auch die Beobachtung erklären dürfte, daß sie gelegentlich in wasserarmen Sommern ab Oberdorf trockenfällt.

Wie die Natur- in eine Kulturlandschaft umgestaltet wurde

Wurden zum Ausbau des Landschaftsfundaments einst Jahrmillionen benötigt, zur Formung der Landoberfläche noch Jahrzehntausende, so bemißt sich der Zeitrahmen für die Ausstattung und Umgestaltung unseres Untersuchungsraumes durch Mensch, Tier und Pflanze nur mehr nach Jahrtausenden.[22] Bald nach dem Zerfall des Eisstromnetzes in der ausklingenden Würmkaltzeit stellten sich eine anspruchs- und baumlose Tundrenvegetation sowie arktische Großsäuger ein. Bereits wenige Jahrtausende später hatte sich die Flora bis zur nacheiszeitlichen Wärmezeit, dem Atlantikum (7800 bis 4800 vor heute), zu einem artenreichen Eichen-Tannenmischwald entwickelt. Traten im Jungpaläolithikum, genauer dem Magdalénien um 15 000 vor heute, bereits die „ersten Oberschwaben" an der Schussenquelle auf, so ist eine Dauerbesiedlung des Bodenseeraumes erst ab der Jungsteinzeit zu belegen. Dabei erwies sich das Seeufer und sein unmittelbares Hinterland für die ersten Dauersiedler als ausgesprochen günstiger Lebens- und Wirtschaftsraum, was unzählige Funde aus jener Siedlungsepoche belegen.

Hinsichtlich des ursprünglichen Naturwalds weiß man, etwa durch die Pollenanalyse, daß er im Lauf von Jahrtausenden weitgehend gerodet beziehungsweise in seiner Zusammensetzung zumindest stark verändert wurde. Gegenwärtig liegt der Bewaldungsgrad der Gemeinde Achberg mit 30,5 % (394 ha bei einer Gemeindefläche von 1292 ha) gerade im Landesdurchschnitt, innerhalb der Vereinbarten Verwaltungsgemeinschaft Wangen, Achberg und Amtzell weist Achberg noch den höchsten Waldanteil auf. Davon sind allein 228 ha (58 %) als Großprivatwald des Hauses Hohenzollern-Sigmaringen ausgewiesen.[23] Häufig sind nur die Drumlinkuppen, wenn auch längst nicht alle, bewaldet, was aus der menschlichen Perspektive eine etwas zu hohe Waldbedeckung vortäuscht. Auch fehlen größere und zusammenhängende Waldflächen, so daß das Landschaftsbild hier - wie im gesamten Westallgäuer Hügelland - einem hell-dunkelgrünen „Fleckenteppich" gleicht, der vorwiegend aus Waldschöpfen, Wiesen und Weiden gewebt ist. Nur das Schluchttal der Argen präsentiert sich als durchgängiges und geschlossenes Waldband, das sich im wesentlichen im Besitz des Hauses Hohenzollern-Sigmaringen befindet. Die Geschlossenheit des Schluchtwaldes liegt wohl darin begründet, daß das steile Hanggelände eine intensivere Agrarnutzung ausschließt. Allenfalls die flacheren Hangpartien eignen sich noch als Weiden und Streuobstwiesen. Aber auch eine ökonomische Waldbewirtschaftung dürfte aufgrund des Steilreliefs und der damit verbundenen schwierigen Wegeerschließung nur eingeschränkt möglich sein. So sollte man den besonderen Stellenwert des Argen-Schluchtwaldes weniger in seinem wirtschaftlichen Nutzen suchen, sondern vielmehr in der physischen Festigung des Hang-/Talsohlenbereichs und der ökologischen Stabilisierung dieses noch relativ naturnahen Lebensraums.

Im Auwaldbereich sind die Laubhölzer Erle, Esche, Pappel, Ahorn, Eiche, ja sogar Ulme vertreten. Im mittleren Hangbereich sowie auf den übersteilten Hangpartien stabilisiert die tiefwurzelnde Rotbuche den rutschgefährdeten Verwitterungsmantel. An flacheren Standorten jedoch ist die Fichte als sogenannter Brotbaum des Försters bestandsbildend, der hier zu 91 % das Artenspektrum bestimmt.[24] Seltener dagegen trifft man Weißtanne, Lärche und auf trockenen Standorten die Kiefer an. Dem einmaligen ökologischen Stellenwert des Argentals ist dadurch Rechnung getragen worden, daß es vom Zusammenfluß beider Argen bis zur Mündung in den Bodensee auf einer Strecke von 23 km im Jahr 1998 vom Regierungspräsidium Tübingen als Natur- und Landschaftsschutzgebiet ausgewiesen wurde.

Zur Siedlungs- und Agrarstruktur der Gemeinde Achberg

Hätte man unseren Ort steckbrieflich zu suchen, so müßten eigentlich folgende Merkmale zu seiner Identifizierung genügen:
- Der Ort liegt im Westallgäuer Hügelland beziehungsweise im östlichen Bodensee-Moränen- und Drumlingebiet.
- Er stellt die südlichste Gemeinde des Landkreises Ravensburg dar und liegt ausschließlich im Argenzipfel.
- Er umfaßt eine Fläche von 1292 ha und weist nahezu 1400 Einwohner auf, was eine geringe Bevölkerungsdichte von 108 Einwohnern pro km² ergibt.
- Er befindet sich in einem Streusiedlungsgebiet mit hoher Siedlungsdichte und vorwiegend bäuerlicher Struktur.
- Sein Namensgeber ist ein repräsentatives Herrschaftsgebäude, so daß Ortsbezeichnung und Name des kommunalen Mittelpunkts nicht identisch sind.

Natürlich würde jeder landeskundige Oberschwabe den gesuchten Ort sogleich „dingfest" machen können: Er kann aufgrund des eindeutigen „Signalements" nur Achberg heißen. Sein Siedlungsbild mit dem kommunalen Zentrum Esseratsweiler entspricht in den Grundzügen dem Siedlungstypus des Westallgäuer Hügellands: Vorherrschend sind hier die zahlreichen Klein-gruppen- und Einzelhofsiedlungen, hingegen treten die Dörfer deutlich zurück.[25] Erst in einiger Entfernung liegen die nächst benachbarten Dorfsied-lungen wie Laimnau (6,5 km), Neukirch (3 km) und Neuravensburg (3,5 km). Fast durchweg sind die Teilorte der Gemeinde Achberg in den Mulden zwischen den Drumlinrücken, bevorzugt auf deren etwas trockeneren Fußregionen, angelegt worden. Unter den 13 Kleingruppensiedlungen und fünf Einzel-wohnplätzen treten die -weiler-Namen mit sieben Nennungen hervor, gefolgt von den Ortsteilen auf -reute.

Obgleich die genetisch-historische Ortsnamensanalyse und die Siedlungsent-wicklung nicht Gegenstand vorliegender Erörterung sind, seien dennoch einige Bemerkungen zur Siedlungserschließung des Westallgäus angefügt. Bei der Durchsicht der Ortsnamen fällt auf, daß die für die alamannische Landnahme (3. bis 5. Jh.) so charakteristischen Endungen auf -ingen völlig fehlen. Die älteste Erwähnung eines Teilortes der Gemeinde Achberg bezieht sich auf Pechtensweiler, das am 24. Oktober 839 in einer Quelle des Klosters St. Gallen als Patechinwilare[26] genannt wird. Dies kann als wichtiger Hinweis sowohl auf die Zeit der Siedlungserschließung als auch möglicherweise den frühen Ge-brauch der -weiler-Namen in der hiesigen Gegend gelten.[27] Damit lassen sich die ersten Dauersiedlungen mit Urbarmachung der Waldräume auf den spät-karolingischen Landesausbau datieren. Dieser setzt sich nahtlos in der mittel-alterlichen Rodungskolonisation (10. bis 13. Jh.) fort, die hier auch durch die typischen -reute-Namen wie Siggen-, Frauen- und Storeute nachzuweisen ist. Sämtliche Quellen belegen, daß zu jener Zeit die ländliche Besiedlung des Allgäus weitgehend abgeschlossen war.

Nachhaltigere Eingriffe in das über viele Jahrhunderte gewachsene Siedlungs-gefüge des Allgäus erfolgten erst wieder durch die umfassende Flurbereinigung ab der zweiten Hälfte des 18. Jhs.[28] Vorrangige Zielsetzung dieser Vereinödungs-bewegung, der Flurreform mit Hofauslagerung, war die Bereinigung der Gemengelage und Aufhebung der großen Besitzersplitterung. In der von den Grundherrschaften nachhaltig unterstützten Auslagerung der Hofstatt mit angestrebter Arrondierung der Feldflur liegt letztlich auch die Ursache für die starke Siedlungsaufsplitterung, die sich in einem ausgesprochenen Streusiedlungsgebiet offenbart.

Bemerkenswert für diesen Raum sind die Ortsnamen auf -s, -z, -tz wie zum Beispiel Bahlings, Bufflings, Englitz, Regnitz. Da auch hier, wie vielfach für das Allgäu üblich, im Lauf der Zeit der zweite Ortsnamenteil auf -hofen, -ried, -reute usw. wieder verloren gegangen ist, blieb vom ursprünglichen Ortsnamen nur noch die genetivische Verkürzung erhalten.

Abschließend sei noch auf die Landwirtschaft, insbesondere auf ihre gegenwärtige Situation, eingegangen. Welchen Stellenwert nahm sie früher ein? Nach Eisele bildete sie die „Hauptbeschäftigung der Einwohner, die seit der Zeit der Alemannen als Dreifelderwirtschaft betrieben wurde"[29]. Ab Mitte des 19. Jhs. wurde aufgrund von Absatzschwierigkeiten der Agrarerzeugnisse eine radikale Umstellung vom Getreidebau zur Viehhaltung nötig, was zu einer umgreifenden Vergrünlandung auch unseres Raumes führte. Gewiß hat das Allgäu mit der Ablösung der blauen Flachs- und gelben Getreidefelder sowie zunehmender Vorherrschaft des Wiesengrüns einerseits viel von seiner ursprünglichen Buntheit verloren, jedoch sicherte andererseits die gut ausgebaute Grünlandwirtschaft lange Zeit das Auskommen einer bäuerlichen Familie. Seit etwa 15 Jahren allerdings wird die Landwirtschaft auch hier von einer immer augenfälligeren und tiefgreifenderen Krise bedroht, deren Ursachen unter anderem im verfahrenen europäischen Agrarmarkt zu suchen sein dürften. Sichtbarster Ausdruck dieser Entwicklung ist das Höfesterben mit gleichzeitiger Flächenkonzentration und Brachfallen der Agrarflächen, das auch die Gemeinde Achberg voll erfaßt hat. Bewirtschafteten im Jahr 1968 noch 82 Bauern[30] (darunter vier mit über 20 ha) die 771 ha landwirtschaftliche Nutzfläche, so waren es 1978 nur mehr 69 (darunter 11 mit über 20 ha) und 1994 lediglich noch 42 Landwirte mit einer durchschnittlichen Betriebsgröße von 17 ha (davon 13 mit über 20 ha). Innerhalb von nur einem Vierteljahrhundert wurde also die Anzahl der Bauernstellen halbiert. Es ist zu befürchten, daß diese Umstrukturierung noch längst nicht abgeschlossen ist. Sonderkulturen wie Obst- und Hopfenbau tragen ebenfalls kaum zur Einkommensverbesserung der Landwirte bei. So ist zum Beispiel die Hopfenanbaufläche von 22 ha (1974) auf 3 ha (1991) geschrumpft. Es bleibt abzuwarten, wie sich die vehemente Veränderung der Sozialstruktur in der Gemeinde Achberg auch auf das Siedlungs- und Landschaftsbild auswirken wird. Bereits heute ist anderenorts nicht zu übersehen, daß durch eine Aufforstung der Brachflächen, insbesondere in Hang- und Tallagen, die für das Allgäu so charakteristische kleinräumige Verzahnung von Siedlungen, Wiesen, Weiden und Waldinseln sich tendenziell zu einem „Waldland" frühmittelalterlichen Aussehens „verdüstert"!

Resümee

Es war vor Urzeiten, als Afrika und Europa beschlossen hatten, wieder aufeinander zuzugehen und gemeinsam ein gewaltiges Gebirge zu schaffen, die Alpen. Müßte nicht jede Landschaftsbetrachtung so „märchenhaft" beginnen, denn alles, was uns hier umgibt - Berge, Gesteine und Gewässer - wurzelt tief in geologischer Vergangenheit? Ebenso gilt für die belebte wie auch unbelebte Natur immer und überall das dynamische Gestaltungsprinzip: Alles fließt und bewegt sich, seien es die Flüsse und Gletscher der Alpen, die Gewässer Oberschwabens oder gar die Hangpartien letzterer. Die Landschaft um uns unterliegt einer stetigen Formenentwicklung und -veränderung, auch wenn deren Zeittakt unendlich langsamer ist als unser eigener. Aufgabe der Landschaftsinterpreten ist es nun, aus der Faktenfülle gerade diejenige Spur zu verfolgen, die am ehesten die Landschaftsgenese entschlüsseln hilft.

Der Raum Achberg unterlag als Teil des Westallgäuer Hügellands ebenso wie das gesamte Alpenvorland mehrmals in seiner geologischen Geschichte der Fernwirkung der alpinen Baumeister. Die wesentlichen Erkenntnisschritte seien hier noch einmal schlaglichtartig vorgestellt:

- Die Alpen selbst verkörpern die felsgewordene Kollisionsfront zweier Kontinentplatten. Nach ihrem Aufstieg aus der Tethys setzt sogleich das Zerstörungswerk der Verwitterungskräfte mit der Folge ein, daß der Erosionsschutt über viele Jahrmillionen in die Alpenvorländer transportiert wird. Dieser baut das mehrere 1000 m mächtige Molassepaket aus Sandstein, Tonmergeln und Konglomeraten auf, das das Fundament unseres Heimatraumes bildet.
- Weltweite und sich wiederholende Klimaänderungen im Quartär lösen mehrfache Vergletscherungen der Alpen aus, deren mächtige Eisströme das nördliche Alpenvorland überdecken und umgestalten. Die drei weitgespannten Moränenbögen, aufgeworfen vom Rheinvorland-Gletscher, markieren die jeweiligen „Pegelstände" des Eismeers im südlichen Oberschwaben in der letzten, der Würm-Kaltzeit. Die Eisströme haben den immensen Werkstattabfall ihrer inneralpinen Erosionstätigkeit stetig ins Alpenvorland transportiert, ihn hier weitflächig abgelagert und wieder überformt. Damit galt der Rohbau unserer Landschaft als abgeschlossen und die Tätigkeit des „eiskalten Landschaftsarchitekten" als vorerst beendet.
- Sein „Vermächtnis" allerdings kann sich sehen lassen: Er hat uns Grundmoränen, Moränenwälle, Schmelzwassersedimente, Gletschertore, Toteisseen und insbesondere Drumlinfelder hinterlassen, die in ihrer Gesamtheit ein kleingliedriges und zugleich abwechslungsreiches Landschaftsmosaik ergeben. Mit der Ausräumung des Stammbeckens Bodensee hat er zugleich die regionale Erosionsbasis des südlichen Oberschwabens geschaffen, auf die sich dessen wichtigste Flüsse hin orientieren.
- Den Titel „Landschaftsgestalter der Nacheiszeit" kann die Argen für sich beanspruchen, die die vorwiegend horizontale Oberflächenformung der Eiszeit abgelöst und sich dafür betont nach unten in den Moränen- und Molasseuntergrund vorgearbeitet hat. Sichtbare Resultate ihrer Tätigkeit sind Argenschlucht, instabile Hangpartien, Flußmäander, Prall- und Gleithänge sowie markante Flußterrassen.
- In diesem idyllischen, jedoch etwas im Verkehrsschatten liegenden Landschaftsstrich dürfte der Mensch im Hochmittelalter endgültig Fuß gefaßt haben. Als an Relief, Bodenverhältnisse und Klimabedingungen hervorragend angepaßt, erwiesen sich Kleingruppensiedlungen mit vorwiegend landwirt-

schaftlicher Nutzung. Die Vereinödung des 18. Jhs. hat allgemein die ursprüngliche Flur- und Siedlungsstruktur in Richtung Streusiedlungslandschaft mit den zahlreichen Einzel- und Gruppensiedlungen noch verstärkt. - Anlaß zu besonderer Sorge gibt die jüngste Entwicklung auf dem Agrarsektor mit den zahlreichen Hofaufgaben, die sich vielleicht schon in wenigen Jahren nachteilig auf das Siedlungs- und Landschaftsbild auswirken könnte.

Verfasser möchte abschließend noch den Wunsch äußern, daß sich „Ziehvater" und Besucher Achbergs gelegentlich einmal Muße für eine Erkundung der herrlichen Umgebung nehmen sollten, um auf diese Weise Kulturgenuß und Naturerlebnis zu einem harmonischen Ganzen zu verbinden.

[1] Freundliche mündliche Mitteilung von Herrn Rudi Sigerist. Siehe dazu seinen Aufsatz in diesem Band.

[2] Albert Schreiner, Geologische Karte von Baden-Württemberg, Erläuterungen zu Blatt 8323 Tettnang, 1978, S. 4.

[3] Das Tertiär umfaßt den Hauptabschnitt der Erdneuzeit zwischen 67 und 2,5 Millionen Jahren.

[4] Heute bewegt sich diese in den Alpen zwischen 2700 und 3300 m.

[5] Hansjörg Dongus, Endmoränenkomplexe und Schmelzwasserrinnen des eiszeitlichen Rheingletschers im Südwestdeutschen Alpenvorland. In: Jahrbuch 1997 der Marburger Geographischen Gesellschaft, Marburg 1998, S. 146-168, hier: S. 157.

[6] Edgar Krayss und Oskar Keller, Hydrographie des Bodenseeraums während der letzten Vorlandvereisung. In: SVGB, 114. Heft (1996), S. 111-143, hier S. 116.

[7] Horst Weinhold, Beiträge zur Kenntnis des Quartärs im Württ. Allgäu zwischen östlichem Bodensee und Altdorfer Wald. Diss. Tübingen, 1973, hier: S. 81.

[8] Geologische Übersichtskarte von Baden-Württemberg, Blatt 4, 3. Auflage, 1962.

[9] Karl A. Habbe, Zur Genese der Drumlins im süddeutschen Alpenvorland – Bildungsräume, Bildungszeiten, Bildungsbedingungen. Geomorph. N. F., Suppl. Bd. 70, S. 33-50, Stuttgart 1988, S. 34.

[10] Siehe A. Schreiner, wie Anm. 2, S. 10.

[11] A. Schreiner, wie Anm. 2, S. 12.

[12] H. Weinhold, wie Anm. 7, S. 82.

[13] M. G. G. De Jong, Quarternary deposits and landforms of Western Allgau (Germany) and the deglaciation after the last major pleistocene ice advance. Fysisch Geografisch en Bodemkundig Labor. Va de Universiteit van Amsterdam, nr. 36. GUA PAPERS OF GEOLOGY, Series 1, No. 18, 1983, S. 130.

[14] K. Habbe, wie Anm. 9, S. 34.

[15] Ebd.

[16] Hansjörg Dongus, Die naturräumlichen Einheiten auf Blatt 187/193 Lindau-Oberstdorf. Bundesforschungsanstalt für Landeskunde und Raumordnung, Bonn 1991, S. 47.

[17] H. Weinhold, wie Anm. 7, S. 88 f.

[18] Herbert Scholz, Bau und Werden der Allgäuer Landschaft, Stuttgart 1995.

[19] Freundliche mündliche Mitteilung von Herrn Josef Fiegel, Gewässerdirektion Donau/Bodensee, Bereich Ravensburg.

[20] Nebenbei sei bemerkt, daß bei einer Verdopplung der Wassermenge sich die Erosionsleistung vervierfacht, da letztere gemäß der Formel für die Bewegungsenergie ($E = \frac{1}{2} \times mv^2$) im Quadrat der Geschwindigkeit zunimmt.

[21] Vgl. A. Schreiner, wie Anm. 2, S. 35.

[22] Die folgenden Anmerkungen zu Vegetation und Siedlungsbild erheben keinen Anspruch auf Vollständigkeit, sondern sind lediglich als Abrundung der vorangegangenen naturlandschaftlichen Erörterungen zu verstehen.

[23] Flächennutzungsplan 2005/2010 der Vereinbarten Verwaltungsgemeinschaft Wangen, Achberg und Amtzell, aufgestellt am 7. Dezember 1998, S. 36 f.

[24] Flächennutzungsplan, wie Anm. 23, S. 37.

[25] Dietmar Schillig, Im Vogelflug über den Kreis Ravensburg, Ravensburg 1989, S. 24.

[26] Friedrich Eisele, Die ehemalige Herrschaft und jetzige Exklave Achberg, in: SVGB 50 (1922), S. 98-139, hier S. 100 f.

[27] Hier treffen beide Bedeutungen von „Weiler" zu: als Ortsname sowie als siedlungsgeographische Typusbezeichnung für eine ländliche Kleingruppensiedlung.

[28] Siehe dazu den Aufsatz von Sebastian Röttgers in dieser Publikation.

[29] F. Eisele, wie Anm. 26, S. 133 f.

[30] Freundliche mündliche Mitteilung von Herrn Bürgermeister Dr. Johannes Aschauer sowie Flächennutzungsplan, wie Anm. 23, S. 33.

Esseratsweiler

Schloss Aschberg

Schloß, Amtshaus und Wirtschaftshof Achberg, der sogenannte Kameralhof.
Mit seinen Nebengebäuden thront Schloß Achberg über dem Argental

Streifzug durch merk- und denkwürdige Plätze in der Gemeinde Achberg[1]

Von Rudi Sigerist

Achberg hat etwas Besonderes. Biegt man, von Wangen her kommend, am Neuravensburger Weiher nach rechts in Richtung Esseratsweiler ab, so betritt man eine Landschaft, die durch ihre reiche geschichtliche Vergangenheit für Historiker, Archäologen und Heimatkundler von besonderem Interesse ist. Allein schon wie sich Achberg von seinen Nachbarn abgrenzt, ist bemerkenswert: Wo nicht die Argen die Grenze bildet, markieren schöne, aber auch gefährdete Grenzsteine das Ende nachbarlicher Zuständigkeiten, sei es im *Schlauchenberg* (Markung Esseratsweiler) oder im *Rasslersberg* (Markung Siberatsweiler). So eingefaßt, dürfen wir annehmen, daß die Herrschaft Achberg, im 11. oder 12. Jh. aus der Konkursmasse des Argengaus entstanden, mit dem heutigen Gemeindegebiet weitgehend identisch ist, sieht man von ein paar Neuerwerbungen im 17. Jh. ab.

Flurnamen – Zeugen früher Besiedlung

Auf einem Streifzug durch das Gemeindegebiet begegnen wir hier besonders interessanten Flurnamen als Indikatoren früher Besiedlung.[2] Zwar weist die Markung Bahlings (1491 *zum Balldings*) mit Bufflings (1491 *zum Bufflis*) keine signifikanten Flurnamen auf, wenn man von *Brühl* und *Breite* als Attribute eines Herrenhofes absieht, aber schon Baind (1491 *zum Peint*) gibt uns mit dem *Hohlberg* und dem *Hämmerach* zwei harte Nüsse zu knacken. Zum *Bascheleshölzele* sei angemerkt, daß die Filialzunft der Herrschaft Achberg den Heiligen Bartholomäus im Zunftsiegel führte, was eventuell Rückschlüsse auf eine ehemalige Nutzung durch die Handwerkzunft gestattet, sollte Baschele eine Verballhornung von Bartholomäus sein. Dieser Märtyrer war unter anderem der Patron der Metzger, Buchbinder, Schneider, Bauern, Winzer, Bäcker, Hirten, Sattler, Gerber, Schuhmacher und Stukkateure.

Mit Doberatsweiler durchstreifen wir schon eher ein archäologisches Schwergewicht, haben wir es hier doch mit der einzigen neben der Feste Achberg bereits 1350 erwähnten Burg mit Maierhof und daraufliegendem Vogtrecht zu tun. Sie war im Besitz des Ritters Heinrich von Luchen (Lochau) und wurde von diesem an den Vorarlberger Konrad Öder verkauft. An diese Burg erinnert heute nur noch ein in der Ebene kurz vor Doberatsweiler rechts der Straße von Esseratsweiler her gelegenes, unregelmäßiges Gelände. Zu ihm dürfte auch das 1601 erwähnte *in der Steinmauren* gehören sowie der 1727 eingetragene Flurname *Burghooe*, was sicher Burghof meint. Die unmittelbare Umgebung trägt Flurnamen wie *Herrenwiesen*, *Pfauenwiese*, *Hochgesträss*, *Breite*,

Brühl, und *die Strangenäcker,* die 1601[3] und 1727[4] *ob dem Burghof* beziehungsweise *am Burghof* hießen. Es scheint fast so, als ob wir es um 1350 mit zwei verschiedenen Herrschaften im heutigen Gemeindegebiet zu tun haben: die Herrschaft Achberg auf der einen Seite und die Herrschaft Doberatsweiler auf der anderen, letztere eventuell von der vorarlbergischen Familie Öder als Mitgift für die spätere Vereinigung mit Achberg benutzt.

Es ist müßig, *Hochgesträss* auf Römisches zurückführen oder *Pfauenwiese* etymologisch von lateinisch *vetus,* d. h. alt, ableiten zu wollen. Auch die Flurnamen *Maurach, beim großen Stein, am hailgen Boden* (1727), *im Aychhart* (1727), *vor dem Aichat* (1601), *die Aichatzwies* (1601), *im Aichatzacker* (1601) liefern genügend Stoff für historisierendes Fabulieren, solange nicht eindeutige Ergebnisse der Archäologie korrigierend eingreifen. Auch die Flur *Maurach* sorgt für Spekulationen in Bezug auf eine frühe Besiedlung, hieß sie im Urbar von 1601 schließlich noch *am Altenberg.* Da weit und breit kein Berg zu sehen ist, mag die Deutung „alte Burg" in Verbindung mit alten, überwachsenen, verfallenen Mauern, also Maurach, naheliegen. Im Volksmund soll auch noch ein *Kogenhölzele* bei der Flur *Maurach* existieren, möglicherweise ein Gräberfeld. Einen weiteren Burgstall weist das 1491 erwähnte *Tobelschweiler* auf: Im sogenannten Hinterdorf, Flur *Knebelbühl,* finden wir in der Karte von 1727 und im Urbar von 1601 die Flurbezeichnung *im Burgstall* beziehungsweise *im Burg.* Diese Flur greift auch auf Gunderatweiler und Liebenweiler Gebiet über.

Der als Flurname abgegangene und nicht mehr lokalisierbare *Burgstall* liegt zwischen den Fluren *Aychhart* und dem ebenfalls abgegangenen *Poppengarten.* Beim letzteren handelt es sich um einen Namenskomplex mit dem Grundwort *Poppen,* der auch auf die drei Markungen Doberatsweiler, Gunderatweiler und Liebenweiler übergreift.[5] Der *Poppengarten* (Markung Gunderatweiler) weist mit seinem Doppelnamen im *Altengarten* auf die Möglichkeit einer Besiedlung hin. Die *Boppenerget* ist etymologisch eine Nebenform von *Boppenegert.* Die *Egert* mit ihren Ableitungen *Egerten, Egertle* bedeutet „ruhendes Feld", also ungepflügtes Land. Ein Bauer konnte im Mittelalter mit Erlaubnis der Markgemeinde ein Stück Acker in irgend einer der drei Zelgen drei, sechs oder neun Jahre unangebaut liegen lassen. Eine Zelge umfaßte den dritten Teil allen pflügbaren Bodens einer Dorfmark, der von allen Landwirten auf gleiche Weise bebaut wurde. Die Natur der Feldfrüchte erforderte zwei gesonderte Saatzelgen, eine für die Winterfrucht und eine für die Sommerfrucht. Die dritte Zelge war die Brachzelge. Die Egerte war von der Reihenfolge der Bewirtschaftung unabhängig. Da die Verbesserung der Fruchtbarkeit des Bodens durch Mist praktisch unbekannt war, wurden die Egerten durch den reichen Pflanzenwuchs, den man immer wieder unterpflügte, sowie durch Aschestreuung verbessert. Die von der ausdrücklichen Erlaubnis der Markgemeinde abhängige Einrichtung einer Egerte war immer die Ausnahme von der Regel. Hatte ein Bauer die Genehmigung für eine Egerte erhalten, mußte er den Nachbargrundstücken „Friede geben", das heißt, er mußte die Egerte einzäunen, um sein Vieh hineinzutreiben, ohne die benachbarten Grundstücke zu schädigen.[6] Wir können also die *Poppenerget* in Verbindung mit einer Dreifelderwirtschaft bringen, die als Teil einer einstigen, eigenständigen Markung vermutet werden darf. Der *Poppengarten*, 1601 auch *Altengartten* genannt, weist, wie ebenso der *Poppenacker*, auf ehemalige Zelgen hin, die in ihrem ursprünglichen Ausmaß zwar nicht mehr bestimmbar sind, deren topographische Zuordnung jedoch erkennen läßt, daß es sich mit großer Wahrscheinlichkeit um eine Wüstung des ausgehenden Hochmittelalters handelt. Diese Annahme gründet auch auf der Tatsache, daß Doberatsweiler und Gunderatweiler bereits um 1350 eine eigene Flurverfassung hatten. In welcher Verbindung der abgegangene *Burgstall* mit dieser Wüstung steht, bleibt unklar.

Die Markung Duznau, erstmals 1463 erwähnt, weist die höchste Erhebung im Achbergischen Territorium auf. Volksmundlich wird sie *Duznauer Berg* genannt, ursprünglich der *Langackher*. Seitdem am 6. Oktober 1856 der preußische König Friedrich Wilhelm IV. hier weilte und von der schönen Aussicht dort oben begeistert war, spricht man vom *Königsbühl*.

In der Karte der Deutschordensherrschaft von 1727[7] finden wir auf dem Duznauer Blatt die *Bezenburg* sowie den *Hasenknobel. Betz* und dessen Ableitung *Betzen* könnte die Kurzform von Bernhard sein. Der *Hasenknobel* läßt sich noch nicht verifizieren. Esseratsweiler, der Hauptort der Gemeinde Achberg, birgt eine Fülle von siedlungsgeschichtlich interessanten Flurnamen: Außer *Breite* und *Brühl*, die wir in fast allen Achberger Markungen finden, stoßen wir im 1122 erstmals genannten *Escericheswilare* auf Flurnamen wie *Kuttenen, Kogenhölzle, Keßlerschlatt, Steinenbrückle* und *Stockäcker*, von wo aus man bei guter Sicht bis zum Bodensee sehen kann, *auf den Mauren, Taubenschlag* und andere. Zu diesen aussagekräftigen und noch gebräuchlichen Flurnamen gesellen sich weitere, abgegangene wie zum Beispiel *Flotschen, das Galgen Höltzlin* im Ösch, *beim roten Bild, Hungachen, auf der Höche,* daneben *Sandärget, im Bremen* beziehungsweise *im Bremenloch.* Besondere Aufmerksamkeit sollten zukünftige Forschungen der Höhe über dem Dorf mit den Flurnamen *Weingarten, Mauren, Steinenbrückle* sowie dem darunter liegenden *Kogenhölzle* entgegenbringen.

Die im 15. Jh. erstgenannte Markung *Isigatweiler* enthält das *Amtswaibelsbesoldungsfeld,* die *Manzenhalde, Ziel* und den *Albersberg* - Namen, die siedlungsgeschichtliche Hinweise geben können. Die *Manzenhalde,* etymologisch von lateinisch *mansio,* Poststation mit Bauerngütern an einer Römerstraße im Abstand von einer Tagesreise zur nächsten, wird später zu *mansus,* Hufe, worunter

Das Argental

man ein Stück Land versteht, das zur Ernährung einer Familie genügte. Solche Mansen waren kleine, unabhängige Höfe, die zum Teil von den Herren und ihren Knechten unmittelbar bebaut oder mit freien oder leibeigenen Bauern besetzt wurden, die auf eigene Rechnung arbeiteten, aber mit Abgaben und Frondiensten belastet waren.

In der Doppelmarkung *Liebenweiler/Gunderatweiler* fallen drei Flurnamen besonders auf: *Halden an der Erget, Breitacker* und *im Birken*. Die *Halden an der Erget*, auf Gunderatweiler Markung gelegen, weist auf die Zugehörigkeit zum Poppenkomplex hin. In diesem Zusammenhang ist die Deutung von Keinath[8] hilfreich: „Egerten (...) unbebautes Stück, Steinhalden, Buschwerk, welches nach der Ausreutung meistens eine zeitlang als Acker bebaut war, wegen steinigen Grundes, unfruchtbarer oder entfernter Lage in Wiese, Weide, sogar wieder in Wald verwandelt wurde, manchmal auch inzwischen zu Acker geworden sein kann (...)." Wenn wir von der rechtsgeschichtlichen Auffassung von Egert, wie oben skizziert, abweichen, wäre die Definition von Keinath ein ernstzunehmender Hinweis auf ein Gelände mit einer abgegangenen Siedlung. Der *Breitacker* hieß 1601 noch *uf dem Hofackher*[9], was auf die Zugehörigkeit zu einem Herrensitz hinweist. Ob dieser *Hofackher* zum Herrenhof in Liebenweiler beziehungsweise Gunderatweiler oder zum abgegegangenen *Burgstall* und somit zum Poppenkomplex gehört, bleibt offen.

Im Birken, 1727 *die Bürckhen*, ist eindeutig im Zusammenhang mit einer Burg zu sehen. Wäre nämlich die Birke ursächlicher Namensgeber, wäre daraus der Sammelbegriff *Birkach* mit der Ableitung *Birket* geworden. Eine Flurbegehung *im Birken* vermag die Vorstellung von einer hochgelegenen Ansiedlung durchaus zu fördern. Pechtensweiler ist der älteste urkundlich genannte Ort Achbergs. In einer Urkunde des Klosters St. Gallen vom 24. Oktober 839 tauschen der Presbyter Patacho und sein Bruder Sigibert Güter in Apflau, Laimnau und Oberdorf gegen Besitzungen des Klosters in Patahinwilare, die ihr Oheim, der Presbyter Patacho, dem Gotteshaus 815 gegen einen jährlichen Zins von zwei Schilling an seinen Neffen Alberich geschenkt hatte.[10] Zwei Flurnamen geben Rätsel auf: *Finkhelm*, eine kleine, flache Erhebung, 1727 *Fench Haelm* geschrieben, ebenso die Flur *Im Herker*. Da keine Archivalien dazu existieren und die Flurnamenforschung nur vage Erklärungen beisteuert, ruht wohl die ganze Last zukünftiger Erkenntnis auf den Schultern der Archäologie beziehungsweise des Zufalls.

Regnitz wird bereits um 1200 als Besitz des Klosters St. Gallen urkundlich erwähnt. Bedeutsam erscheinen hier die Fluren *Sandbühl*, ein gleichmäßiger, runder Hügel zwischen *Albersberg* und *Regnitz*, sowie *Königsau*, 1727 *am Kinisau* genannt. Dort, wo die Fluren *Schweingruben, Königsau* und *Kapf* aneinanderstoßen, stolpert der Wanderer beinahe über eine Ansammlung von Steinen, die wohl bei jedem Besucher einen nachhaltigen Eindruck hinterlassen.

Von Steinen und Kreisen

Im Frühjahr 1995 stieß ich anläßlich einer routinemäßigen Flurbegehung in der Markung Regnitz, Gemeinde Achberg, auf eine Ansammlung von Findlingen, die mir aus verschiedenen Gründen bemerkenswert erschien. Sie liegen an einem sanft abfallenden Südhang und zeigen ein geschlossenes Erscheinungsbild. Ein oben am Wanderweg gelegener Findling ließ eine deutliche Abflachung erkennen, die stark bemoost war. Nach Entfernen des Mooses zeigte sich ein sauber gehauener Kreis von 1,24 m Durchmesser. Die Kreisrinne ist exakt 1 cm breit und 1 cm tief, die Kreisfläche weist zusätzliche Rinnen mit denselben Maßen auf. Ein wenige Meter südöstlich gelegener Stein gab nach dem Entfernen der Moosschicht einen sich überschneidenden Doppelkreis frei, dazu noch eine von den Kreisen wegführende ebenfalls behauene Kante. Die Kreisdurchmesser betragen ca. 1,25 m. Bei den Steinen handelt es sich um harten, aber brüchigen, weißlichen Gneis aus dem Silvrettagebiet beziehungsweise Montafon, der für eine Bearbeitung eigentlich recht ungünstig ist. Die behauenen Flächen der Findlinge folgen der parallelen Struktur der Gneiseinregelung.

Um so erstaunlicher ist die Tatsache, daß die gut 1 cm tiefe und ebenso breite Rinne auch quer zur Gesteinsstruktur saubere Ränder aufweist, was gegen die Verwendung von Metallwerkzeugen bei der Bearbeitung spricht.[11] Wenige Meter westlich des zuerst gefundenen Steines befindet sich ein besonders auffälliges Exemplar eines waagrecht liegenden Steines, der zwei Reihen tiefer Schalen aufweist. Hierbei handelt es sich eindeutig um ein Artefakt.

Es ist müßig, Hypothesen zu diesem Ort zu konstruieren. Auch wenn die Durchmesser dafür sprechen, so ist es doch fraglich, ob man hier einen Steinmetz bei der Herstellung eines Mühlsteines sehen möchte. Warum soll er die vorgenannten Maße exakt einhalten und zusätzliche Zeichen in die bereits hergestellte Fläche einschlagen? Die Gesteinsart und die zur Verfügung stehende Masse sprechen nicht für einen Mühlstein. Keinesfalls soll keltischen oder

Rätselhafte Steine bei Achberg

steinzeitlichen Kultstätten das Wort geredet werden. Vielleicht hat sich ja auch nur ein Sauhirte hier die Zeit vertrieben. Siedlungsgeschichtlich befindet sich dieser Ort auf alle Fälle in einem hochinteressanten Umfeld: Hier sind neben den Fluren *Acheck* und *Albersberg* vor allem der gleichmäßig runde *Sandbühl* zu nennen.

„Vom Kalch zu prennen ..."

Das im Jahr 860 erstmals urkundlich erwähnte *Siberatsweiler*, damals *Sigehartes-wilare*, hat rätselhafte Flurnamen wie *Teufelsküche, Rasslersberg, Foren Halden* 1727, *Löhren, auf Anhalden.* Der *Rasslersberg* weist auch eine merkwürdige Steinan-sammlung auf. Flurnamen wie *Anhalden* und *Löhren* sind etymologisch definiert. Die *Teufelsküche* jedoch, deren exakte Lage archivalisch nicht nachweisbar ist, kann anläßlich einer Flurbegehung eindeutig lokalisiert werden. Es handelt sich hierbei um einen verfallenen Kalkofen, der sich unweit des Waldweges befindet. Vom Dorf aus gesehen muß der in Betrieb genommene Kalkofen eventuell in Verbindung mit einer Köhlerei einen Qualm wie „des Teufels Küche" ausgestoßen haben.

Wo haben unsere Vorfahren im Mittelalter und in der frühen Neuzeit den Kalk produziert, den sie zum Bau von Kirchen, Pfarrhäusern und Burgen, aber auch im privaten Haushalt benötigten? Beim Wandern entlang der Unteren Argen trifft man immer wieder auf Steinhaufen und überwachsene Reste von runden Mauern, die alle ähnliche Größenverhältnisse aufweisen. Zieht man Landkarten, Archivalien und heimatkundliche Literatur zu Rate, so stößt man manchmal auf Flurnamen wie *Bei dem Kalkofen, Teufelsküche, An der Kalksteige* usw. Als letzte Zeugen des Kalkbrenners, eines der ältesten und wichtigsten Handwerke, standen die Kalköfen meist dort, wo die Rohstoffe Kalksteine und Holz zu fin-den und Transportwege vorhanden waren. Wird heute Kalk unabhängig vom Bedarf industriell produziert und gelagert, waren Bauvorhaben früherer Zeiten eigens Anlaß für den Bau eines Kalkofens beziehungsweise die Nutzung eines bereits vorhandenen.[12] Wo Kalksteine vorhanden waren, wurde auch gebrannt. Dies war in unserer Gegend vor allem in ausgedehnten Argenauen der Fall. Dort finden wir heute eingestürzte, überwachsene und teilweise ein-geebnete Kalköfen. Die Standorte wurden nach wirtschaftlichen Kriterien ausgewählt. Der Kalkstein verliert durch das Brennen fast die Hälfte seines Gewichts. Befand sich der Kalkofen dort, wo das Rohmaterial war, konnte zuerst gebrannt und dann der leichtere, ungelöschte Kalk zur Baustelle trans-portiert werden. Für den Kalkofen war ein bestimmter Waldbestand in der Umgebung unerläßlich. So benötigte ein einwöchiger Brand rund 30 bis 40 Klafter besten Hartholzes.[13] Den folgenden Kalköfen, die im Verlauf der letzten zehn Jahre entdeckt wurden, ist gemeinsam, daß sie am Übergang von der ersten zur zweiten Argenterrasse am Rand einer ausgedehnten Argenaue stehen.

Der Kalkofen in der Flur Bei der Burg[14]

Unmittelbar an der L 265 Waltershofen-Gottrazhofen, direkt gegenüber dem Kraftwerk Au, stehen noch die Grundmauern eines Gebäudekomplexes mit Kalkhaus und Kalkofen. Dies ist der einzige, der in ein Ensemble eingebettet ist, da wohl auch eine Ziegelei dazugehörte. Der Flurname *Bei der Burg* bezieht sich auf die sogenannte *Bauernfliehburg* von 1633 in der Flur *Weißenbühl* direkt über dem Kalkofen.

Der Kalkofen in der Flur Thalerschachen[15]

Dieser gut erhaltene Kalkofen liegt in einer weiten Argenschleife. Die Ringform und die „Ofenküche", das ist der Heizraum des Kalkofens, die Öffnung nach Osten und der Zufahrtsweg sind noch erkennbar. Die Ringhöhe im Norden und Süden beträgt ca. 2 m, im Westen nur noch ca. 1,60 m, wobei das Mauerwerk nach allen Seiten verzogen ist. Unter den teils stark verbrannten Steinen befinden sich auch hochwertige Kalksteine und Kalkmörtel. Der Jungwald wurde quer über den Kalkofen angelegt.

Der Kalkofen in der Flur Thalrein[16]

Dieser sehr große Kalkofen steht in einem kleinen Wäldchen links der Argen oberhalb des Kraftwerks Neumühle am Argenwehr. Auch in seinem Umfeld sind Spuren von abgegangenen Gebäuden vorhanden. Vielleicht handelt es sich hierbei um den Kalkofen der Herrschaft Ratzenried.

Der Kalkofen unterhalb der Ruine Ansberg[17]

Der nur noch rudimentär erhaltene Kalkofen ist wenige Meter oberhalb des Tobelausgangs, nördlich der Ruine, zu suchen. Hier hat der Tobelbach ganze Arbeit geleistet.

Der Kalkofen an der Ahegg, Flur Ahegg[18]

Im Zuge des Autobahnbaus am „Millionenloch" bei Dürren traten im September 1985 Mauerreste zutage, die nach der Rauchschen Landtafel von Wangen Reste einer Kalkhütte mit Kalkofen sein konnten. Im Februar 1989 wurden beim Abschieben des Behelfsdammes die Mauerreste vorsichtig freigelegt. Es zeigte sich tatsächlich ein Kalkofen in erstaunlich gutem Erhaltungszustand. Zusammen mit einer Schülergruppe der Anton-von-Gegenbaur-Schule Wangen im Allgäu übernahm ich in Absprache mit dem Landesdenkmalamt Baden-Württemberg die Sicherung des Kalkofens. Dieser wurde zuerst komplett freigelegt, das lose Mauerwerk entfernt und

Kalkofen an der Ahegg, 1990: Archäologie-Projekt der Anton-von-Gegenbaur-Schule Wangen im Allgäu

saniert. Das Gemäuer wurde gegen die Autobahn mit einem Betonfundament abgestützt und über einen Fußweg erschlossen. Gemeinsam gelang es den Straßenbehörden, der Stadt Wangen, dem Landkreis, dem Landesdenkmalamt und einigen motivierten Schülern ein im Landkreis Ravensburg seltenes Kleindenkmal zu retten.

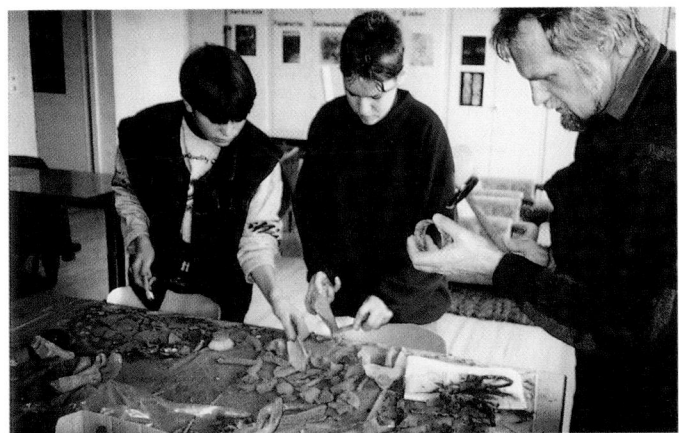

Der Kalkofen bei der Ruine Praßberg[19]
Wandert man an der sagenumrankten Burgmühle vorbei rund 100 m tobelaufwärts, so stößt man am Treffpunkt zweier Tobelbäche, in der Wegschleife der Steige, auf die spärlichen Überreste eines wohl sehr alten Kalkofens.

Der Kalkofen in der Flur Wittwais[20]
Die Argen holt hier zu einem großen Bogen aus und bietet eine weite Schotterfläche mit dem Rohstoff Kalkstein. Im Primärkataster ist ein Kalkofen ausgewiesen, der auch vor Ort lokalisierbar ist, sich jedoch nicht mit dem in der Rauchschen Landtafel aufgemalten Gebäude deckt. Die kartographische Genauigkeit, die Johann Andreas Rauchs Werk auszeichnet, läßt zwei Kalköfen in dieser Argenaue vermuten: einen spätmittelalterlichen und einen frühneuzeitlichen.

Die Flur bei dem Kalkofen bei Haslach, Stadt Wangen[21]
Diese Flur liegt zwischen dem Dorf Haslach und der Waldflur *Im Herker*. Vermutlich bezieht sich der Flurname auf die *Ziegelhütte* zwischen *Im Herker* und *Bei dem Kalkofen*. Sehr häufig lagen Kalköfen und Ziegelhütten beieinander, wenn der Rohstoff Lehm zusätzlich vorhanden war.

Der Kalkofen von Neuravensburg, Flur Laitzen[22]
Der Kalkofen der Herrschaft Neuravensburg dämmert in klassischer Lage vor sich hin, auf der zweiten Argenterrasse randständig zur ersten, an einer weiten Argenaue zwischen der Burgruine und der neuen Autobahnbrücke. Nur noch für das geschulte Auge erkennbar, liegt der stark abgeflachte Kalkofen wenige Meter von der Oberen Argen entfernt. Da wohl auch die Mauern von Burg und Altstadt Neuravensburg Zug um Zug errichtet wurden, ist bereits für das 13. Jh. ein hoher Bedarf an Kalk zu vermuten.

Schüler bearbeiten Funde von Schloß Achberg:
Archäologie-Projekt der Anton-von-Gegenbaur-Schule Wangen im Allgäu

Der Kalkofen von Schloß Achberg, Flur Mühlau[23]

Der Kalkofen von Schloß Achberg, wenige Meter von der einst so bedeutenden Argenfurt an den Flurgrenzen Mühlau/Kapellenbühl gelegen, ist stark zerfallen, dennoch deutlich erkennbar. Man trifft auf viel loses, verbranntes Gestein.

Der Kalkofen in der Flur Teufelsküche[24]

Der Kalkofen hebt sich deutlich von seiner Umgebung ab und befindet sich unterhalb der Fluren *Buchhalde* und *Bezenburg*. Die Lage entspricht den Erfordernissen bezüglich Rohstoffen und Transportwegen.

Schloß Achberg

Kommen wir auf unserem Streifzug nun zum Juwel der Gemeinde Achberg. Schloß Achberg wurde im 16. Jh. an der Stelle einer 1335 urkundlich erwähnten Burg als Renaissancebau errichtet. Es ist bemerkenswert, daß der Mittelpunkt der Herrschaft Achberg nicht inmitten ihres Herrschaftsgebietes, sondern am Rand, hoch über der Argen an einer Furt liegt und daß das Hinterland der Burg sich ausschließlich links der Argen ausbreitet. Um der Strategie der Erbauer auf die Spur zu kommen, müssen wir tief in die vergangenen Jahrhunderte eintauchen. Etwa 300 m oberhalb des Schlosses wird bereits 1601 ein „Burgstall" genannt. Seine unmittelbare Umgebung läßt eine Besiedlung vermuten. Es handelt sich um einen kleinen Hügel, von Graben und Wall umgeben. Er ist bestenfalls für eine Zweimannbesatzung in einem Holzturm ausgelegt, als Ausguck für die Kontrolle des Hinterlandes aber ungeeignet. Lediglich das Argental sowie das gegenüberliegende Argenufer überblickt er. Eines darf als sicher gelten: Dieser Burgstall mit seiner eingeschränkten, kleinräumigen Sicht muß in einer direkten Beziehung zur Argenfurt stehen. Vom Burgstall aus konnte das Geschehen um die Furt ständig im Auge behalten werden. Vielleicht finden wir den Schlüssel zu den Ursprüngen der Herrschaft Achberg in der Bedeutung der Furt beziehungsweise in der Erforschung uralter Handelswege.[25] Voraussetzung für die Kontrolle der Furt war das Abholzen der Argenhänge, was für den Kapellenbühl zwischen Burgstall und Furt eventuell die heutigen geologischen Formationen hervorrief. Im Verlauf des 12. Jhs. baute man einen Stock tiefer eine richtige, gemauerte Burg, direkt am (einzigen!) Zugang zur Furt. Man baute also nicht weiter landeinwärts, dorthin, wo die Leute und Dörfer waren, sondern man blieb dem alten Standort treu. Auch für diese älteste Burg, die dem viel später erbauten Amtshaus teilweise seine gewaltigen Fundamente lieh, mußte somit die Argenfurt von wirtschaftlicher Bedeutung gewesen sein.[26]

Ziel der im Frühsommer 1994 aufgenommenen archäologischen Untersuchungen war die Erforschung des Vorgängerbaus in seinen Grundzügen.[27] Die Grabungen an der Südwand ergaben zunächst ein außen verputztes

Fundament von 1,30 m Höhe und bis zu 1,40 m sichtbarer Breite, vom jetzigen Schloß teilweise überbaut. Ein ziegelgemauerter Ausguß markiert die Zugehörigkeit zum „heimlichen Gemach" der Geistlichkeit, das sich in der Sakristei befand und durch einen hohlen Pfeiler entsorgt wurde. Das Mauerwerk zeigt die für das Hochmittelalter typische Qualität. Weiter westlich wurde ein nicht ganz rechteckiger Mauervorsprung freigelegt, der von der Südwand überbaut wurde. Die Westwand des Schlosses ruht auf einem Fundament, das die Form eines stumpfwinkligen Dreiecks hat. Die freigelegte Fundamentmauer des Vorgängerbaus läuft im Süden auf die Südwestecke zu und knickt im Norden zur Westwand hin ab. Die Mauer ist innen verputzt, ca. 1 m dick und schließt Ziegelteile mit ein. Der Innenverputz geht in einen Fußboden mit Kalkestrich über. Die Nordwand wurde nur unterhalb der Schloßküche untersucht. Eine Rundmauer und Fundamentreste traten zutage, die im Zusammenhang mit den Fundamenten an der Westwand stehen müssen.

Bedauerlicherweise konnten kaum Funde gemacht werden. Lediglich an der Nordwand kamen ein paar vereinzelte Scherben, Tierknochen und Ofenkachelfragmente zutage. Die Grabungskampagne und die Untersuchungen im Außenbereich des Schlosses ergaben eindeutig, daß drei Bauphasen vorliegen:
1. Der hochmittelalterliche Bau, um 1100, der in Teilen des Amtshauses sowie im östlichen Drittel des heutigen Schlosses nachgewiesen wurde. Die Fundamente sind unter ausschließlicher Verwendung von Kieseln und Kalkmörtel durchweg massiv gemauert und haben eine Breite bis zu 2 m.
2. Die Erweiterung im 14. Jh. nach Westen, unter Ausnutzung des Bergsporns, die durch nur 1 m dicke Mauern gekennzeichnet ist. Die Qualität des Mauerwerks muß schlecht gewesen sein, da dieser Erweiterungsbau lediglich etwa 200 Jahre überdauert hat.
3. Bei dem Renaissancebau des 16. Jhs. wurden die bisherigen Grundrisse bis auf die Nordostecke zugunsten eines schlichten Rechteckbaus aufgegeben.

Die Übernahme der Herrschaft und des Schlosses Achberg durch die Deutschherren sicherte den Bestand des Schlosses bis heute. Nicht nur ihrem tatkräftigen Engagement ist es zu verdanken, daß Streifzüge durch merk- und denkwürdige Plätze in der Gemeinde Achberg noch heute ein Vergnügen sind.

[1] Im Überblick sei auf folgende weiterführende Literatur verwiesen: A. Birlinger, Die hohenzollerischen Ortsnamen, Flurnamen und Waldnamen, in: Alemannia 1 ff., 1873 ff. M. Buck, Oberdeutsches Flurnamenbuch, Stuttgart 1880. K. Ehmert, Unsere Orts- und Landschaftsnamen stammen zumeist von Romanen und Kelten der Römerzeit und nicht von den Alamannen, Nürtingen 1956. F. Eisele, Die ehemalige Herrschaft und jetzige Exklave Achberg, in: SVGB 50, 1922, S. 98-139. Flurnamenbuch. Flurnamenschreibung in amtl. Karten. Hrsg. v. Landesvermessungsamt Baden-Württemberg 1958. Handwörterbuch der Sozialwissenschaften. 12 Bde. Göttingen 1956-65. L. Kinzelmann, Geschichte und heutige Vegetation der Weiher in der Gemeinde Achberg, Landkreis Ravensburg, Dipl.-Arbeit, Stuttgart-Hohenheim 1986. R. Seigel, Die Herrschaft Achberg im 18. Jahrhundert, in: Hohenzollerische Heimat 19, 1969, Nr. 1, S. 10-12. R. Seigel, Aus der Geschichte des Kreisgebietes - Die Herrschaft Achberg, in: Heimat und Arbeit / Der Kreis Sigmaringen, Aalen 1963, S. 57-87.

[2] R. Roth, Die Flurnamen von Achberg. Zulassungsarbeit an der Pädagogischen Hochschule, Weingarten 1970.

[3] *Urbarium oder Kaufregister von dem fürstlichen Stift Lindau an Hans von und zu Sürgenstein über verkaufte Lehenshöfe mit Gülten in Dobratsweiler, Gundratsweiler, Liebenweiler u. Pechtensweiler de dato 9. Januar anno 1601* (FAS).

[4] *Geometrischer Überblick aller in des hohen deutschen Ordens Herrschaft Achberg liegenden Gebäude, gelegte Dorfschaften, Weyler, Hofstetten, Gärten, Äcker, Wiesen, Weinberg, Felder, Waldungen, Weyher, Flüssen, Bächen und Appertinenzien. Nach einer Universal- und in Popular-Mappes eingerichtet* (StASig Dep. 39 K 83, 1727). Sämtliche noch vorhandenen Karten sind in dieser Publikation wiedergegeben.

[5] *Der Poppenackher 1727, in dem Poppenackher, der Boppen Ackher 1601, Boppenärget am Wald, Boppenärget 1727, Poppengarten 1727, im Altengarten 1601, heute Bühl, Knebelbühl, Am Tiefenmoos, Boppenmoos, im Boppenmooß 1727, Boppenloch, im Volksmunde Bobbaloch.*

[6] W. Keinath (Bearb.), Württembergisches Flurnamenbüchlein, Tübingen 1926.

[7] *Geometrischer Überblick ...* (StASig Dep. 39 K 83, 1727).

[8] W. Keinath (Bearb.), Württembergisches Flurnamenbüchlein, Tübingen 1926.

[9] *Urbarium oder Kaufregister von dem fürstlichen Stift Lindau an Hans von und zu Sürgenstein über verkaufte Lehenshöfe mit Gülten in Dobratsweiler, Gundratsweiler, Liebenweiler u. Pechtensweiler de dato 9. Januar anno 1601* (FAS).

[10] R. Roth, Die Flurnamen von Achberg. Zulassungsarbeit an der Pädagogischen Hochschule, Weingarten 1970.

[11] Urs Schwegler, Schalen- und Zeichensteine in der Schweiz, in: Antiqua 22 (Veröffentlichungen der Schweizerischen Gesellschaft für Ur- und Vorgeschichte) Basel 1992.

[12] Terra Grischuna. Graubünden. Zeitschrift für Kultur, Natur und Freizeit 4/1990 und 2/1992.

[13] 1 Klafter = 90-150 Kubikfuß, je nach Seitenlänge. Siehe: Terra Grischuna. Graubünden. Zeitschrift für Kultur, Natur und Freizeit 4/1990 und 2/1992.

[14] Kreis Ravensburg, Gemeinde Kißlegg-Waltershofen, Markung Wengen, Flurstück Nr. 10 d, PK 1825, SO LXXVI/58. Freundlicher Hinweis von Herrn Gletter, Wengen.

[15] Kreis Ravensburg, Gemeinde Kißlegg-Waltershofen, Markung Wengen. PK 1825, SO LXXVI/57. Freundlicher Hinweis von Herrn Berthold Büchele, Ratzenried.

[16] Kreis Ravensburg, Gemeinde Argenbühl-Ratzenried, Markung Tal. SO LXXVI/56.

[17] Kreis Ravensburg, Gemeinde Argenbühl-Ratzenried, SO LXXVII/52.

[18] Kreis Ravensburg, Stadt Wangen, Gemarkung Deuchelried, Flurstück-Nr. 830, SO LXXVII/55.

[19] Kreis Ravensburg, Gemeinde Leupolz, Markung Praßberg, Flurstück Nr. 483, Flur *Iritter Weiden* bzw. *Mühle-Tobel*. Im Primärkataster der Gemeinde Praßberg wird unter der Zubehörliste des "Praßbergerbauhofs" ein Kalkofen mit 2,9 Ruthen genannt. Im Bereich des Bauhofs konnte ich bisher keine Spuren eines Kalkofens entdecken. Flur *Vordere Halde*, Praßberger Bauhof, SO LXXIX/51.

[20] Kreis Ravensburg, Stadtgemeinde Wangen.

[21] Kreis Ravensburg, Gemeinde Wangen-Haslach, Markung Haslach, SO LXXXII/46.

[22] Kreis Ravensburg, Gemeinde Neuravensburg, SO LXXXVI/46.

[23] Kreis Ravensburg, Gemeinde Achberg, Markung Achberg, SO LXXXVI/44.

[24] Kreis Ravensburg, Gemeinde Achberg, Markung Siberatsweiler, SO LXXXVI/43.

[25] Insgesamt scheint mir das alte Wegenetz von der Geschichtsforschung in seiner Bedeutung nicht gebührend gewürdigt.

[26] Auch die Nordostecke des Schlosses weist Fundamentmauern des Vorgängerbaus auf.

[27] Als Archäologischer Beauftragter im Landkreis Ravensburg arbeitete ich unter Mithilfe von Schülern der Anton-von-Gegenbaur-Hauptschule Wangen. Weitere Hilfe kam von der Archäologie-AG des Rupert-Neß-Gymnasiums Wangen unter Studiendirektor Helmut Wollny.

Gruß aus

Esseratsweiler bei Lindau/Bo.

Schloß Achberg

Die älteste Originalurkunde mit der Nennung Achbergs von 1239. Im Leutkircher Vertrag zwischen den Klöstern Kempten und Isny wird unter den adligen Zeugen auch ein „Heinricus de Aheberc" genannt (Zeile 17)

Ach, Berg! – Zur Deutung des Burgnamens Achberg

Von Norbert Kruse

Namenforschung bietet oftmals die Möglichkeit, erste Spuren in der Vergangenheit zu finden und etwas aus einer Zeit zu erfahren, von der schriftliche und selbst archäologische Quellen schweigen: zum Beispiel den Namen des Gründers oder das ungefähre Alter der Siedlung. Das ist jedoch nicht immer so, denn manche Namen sagen recht wenig aus oder nicht das, was man erwarten möchte. Aufgabe der Namenforschung ist es in jedem Fall, alle Deutungsmöglichkeiten methodisch exakt zu verfolgen und vorurteilsfrei abzuwägen. Abenteuerlich wird es dann, wenn die Suche nach den sprachlichen Wurzeln auf Spekulationen gebaut oder von einer einseitigen Absicht geleitet wird. Für solche Vorgehensweisen gibt es zahlreiche Beispiele, die übereifrige Suche nach keltischen Namen gehört auch dazu.[1] Legitim jedoch, häufig sogar notwendig, sind Versuche, vermeintlich Sicheres neu zu befragen und andere Lösungen in Erwägung zu ziehen. So wird auch bei der folgenden Untersuchung des Namens *Achberg* die Frage nach einer möglicherweise verdunkelten Herkunft und Bedeutung gestellt. Erschwert wird die Arbeit zum einen durch das Dunkel um die ältere Geschichte dieses Orts, zum anderen durch die desolate Forschungslage.

Lage und ältere Geschichte

Vor einer sprachwissenschaftlichen Analyse des Namens ist die topographische und historische Sachlage zu prüfen, damit mögliche Einwirkungen auf die Namengebung berücksichtigt werden können. Der topographische Befund[2] zeigt sehr deutlich, daß dieser Ort aufgrund seiner Geländegestalt einen natürlichen Schutzplatz bildet. Der Bergsporn erhebt sich 66 Meter über der Talsohle der vereinigten Argen und fällt nach drei Seiten steil ab; nur an seinem ungeschützten Hals waren künstliche Befestigungen nötig: Dort sind Mauer und Graben aus alter Zeit zu finden. Das Plateau ist so beengt, daß sich der Grundriß des erhaltenen Baus mit einem Knick der südlichen Hangkante anpassen mußte. Zweifellos war das eine sehr geeignete Stelle für eine nicht zu große Wehranlage, die leicht verteidigt werden konnte. Wichtig war auch die Nähe zur Argenfurt am Fuß des Hangs.

Die Baugeschichte Achbergs ist weitgehend unbekannt;[3] ältere Bilddokumente gibt es nicht. Bei der Errichtung des heutigen Gebäudes im 16. Jh. wurden die früheren Anlagen vollständig überbaut, nur noch wenige Reste von ihnen lassen sich in den Fundamenten nachweisen. Dieses alte Mauerwerk, die erste Erwähnung des Namens und auch die Herrschaftsentwicklung im Argenraum[4] lassen alles in allem den Schluß zu, daß die erste Burg um 1100 errichtet wurde.

Die Frage nach älteren Zufluchts- und Verteidigungsanlagen auf dem Sporn ist nicht zu beantworten.

Keine gesicherten Auskünfte konnte bisher die Archäologie über frühe Siedlungsspuren in der Nachbarschaft geben, beispielsweise über den nicht weit entfernten alten Burgstall. Höchst bemerkenswert ist allerdings ein Fund keltischer Münzen in der Umgebung.[5]

Der Name in der schriftlichen Überlieferung

Schriftliche Zeugnisse aus alter Zeit für den Namen *Achberg* sind selten: Bis zum Jahr 1300 gibt es nur drei. Diese beziehen sich allerdings alle auf das in der Burg ansässige Herrengeschlecht. Der Bau wird geraume Zeit später, 1335, erstmals erwähnt.[6] Der Burgname muß jedoch älter sein als der Personenname, denn der Adel nannte sich damals allgemein und auch in diesem Fall nach seinen Sitzen: von Waldburg, von Schmalegg, von Winterstetten, von Hohenzollern, von Achberg. Man kann den Herkunftsnamen ohne Bedenken zur Analyse des Ortsnamens heranziehen.

- In einem Verzeichnis der Vasallen und Ministerialen des Klosters Ottobeuren, niedergeschrieben am Anfang des 13. Jhs., wird unter anderem die Tochter eines Konrad von *Achiberc* aufgeführt. Das Verzeichnis ist auf die Zeit um das Jahr 1194 zu beziehen.[7] Für die Erstnennung *Achbergs* gibt es also nur ein ungefähres Datum, zudem stammt die Aufzeichnung aus etwas jüngerer Zeit.

- In zwei Urkunden, die 1239 anläßlich eines Vertrags zwischen den Klöstern Kempten und Isny ausgestellt wurden, tritt jeweils als Zeuge H. de *Ahberk* beziehungsweise Heinricus de *Aheberc* auf.[8] Beide Urkunden blieben im Original erhalten.

Mangels älterer Zeugnisse muß die Untersuchung des Namens von diesen drei Belegen ausgehen. Die jüngeren Quellen seit dem 14. Jh. bieten, soweit das Material überschaubar ist, keine Formen mit bemerkenswerten Abweichungen.[9] Die uneinheitlichen Schreibungen *Achiberc / Ahberk / Aheberc* sind bedingt durch das unterschiedliche Alter und durch eine nicht vorhandene orthographische Normierung. Sie lassen ohne weiteres auf eine gemeinsame

Älteste Nennung einer Familie von Achberg in einem Verzeichnis der Vasallen und Ministerialen des Klosters Ottobeuren. Erwähnt wird die Tochter eines Konrad von Achiberc

Grundlage schließen. Ein Vergleich von altem und heutigem Namen läßt eine große Konstanz über 800 Jahre hinweg erkennen.

Achberg - 'Berg am Fluß'?

Der Name *Achberg* sieht leicht erklärbar aus: 'Berg am Fluß'. Er besteht offensichtlich aus den Namengliedern *Ach-* und *-berg*, zwei verständlichen Wörtern. Die einschlägige Literatur bestätigt diese Deutung: 'Berg an der Ach'[10] oder 'Wasserberg'[11]. Wenn man von der Argen her zum Schloß emporsteigt, scheint diese Namengebung naheliegend zu sein. Bei genauerer Überlegung allerdings sieht sie nicht mehr ganz so überzeugend aus, es stellen sich Fragen: Warum *Ach* und nicht *Argen*? Warum *Berg* und nicht *Burg*? *Argenburg*[12] wäre doch zutreffender!

Der erste Teil des Namens *-Ach* (*Aach, Ache*) 'Fluß' - kommt im Althochdeutschen seit etwa 800 als *aha* vor: im Mittelhochdeutschen heißt es *ahe*. (Dabei ist das *h* als *ch* zu sprechen.) Die drei Namenbelege des 12./13. Jhs. passen gut hierher. Der zu Grunde liegende germanische Stamm *ahwu* ist im übrigen mit lateinisch *aqua* 'Wasser' verwandt.[13]

Dieses *Ach* begegnet uns in Süddeutschland und den Nachbargebieten häufig in Flußnamen, es kennzeichnet besonders den Hauptfluß einer Landschaft.[14] *Ach* ist auch typisch für Oberschwaben[15]: *Wolfegger* und *Wurzacher Ach, Eschach, Kanzach, Ostrach, Rotach* sowie *Scherzach* sind einige davon; in Ortsnamen wie *Biberach* ist es ebenso zu finden. Kleinere Fließgewässer heißen daneben *Bach* (*Flattbach, Rebbach* etc.). Und nur einige wenige, meist größere Flüsse tragen Namen ganz anderer Art: *Argen, Schussen, Iller*. Diese gehören zu den sogenannten alteuropäischen Gewässernamen und können damit bis zu 5000 Jahre zurückreichen.[16] Sie sind viel älter als die *Ach*-Namen, die erst im Zuge der alemannischen Landnahme und Landeserschließung aufkamen.

Der Fluß am Achberg heißt nun *Argen*[17] und nicht *Ach*. Er wurde auch, soweit sich das feststellen läßt, niemals verallgemeinernd - mit dem Gattungswort - als *Ach* bezeichnet. Der kleine Bach aber, der seitwärts von Schloß Achberg zur Argen fließt, heute *Badtobel* genannt, kommt als Namengeber kaum in Frage. Wieso dann nicht *Argenberg*? Die Frage ist nicht befriedigend zu beantworten.

Die vergleichbaren Ortsnamen nämlich enthalten in der Regel den Namen des Gewässers: *Siegburg* und *Saarburg, Lauterberg, Lauterburg* und *Marburg* (ursprünglich *Markbachburg*). Auch *Rheineck, Lahneck* und *Remseck, Illertissen, Illerkirchberg, Rißtissen* und viele andere sind hier zu nennen.[18] Dagegen kommen Bildungen wie *Flußberg* oder *Flußburg* nicht vor. Allerdings gibt es im Kreis Ravensburg noch einen - unbesiedelten - *Achberg* (683 m), in einer Schleife der

Wurzacher Ach nahe Bad Wurzach gelegen; und in Bayern sind sogar zwei *Achberg*-Orte zu finden, südlich vom Peißenberg (Kreis Weilheim-Schongau) und südlich vom Chiemsee (Kreis Rosenheim).[19] Doch in diesen drei Fällen liegt eine Verbindung mit dem Gewässernamen *Ach* vor. Nur ganz vereinzelt enthalten Ortsnamen eine Allgemeinbezeichnung anstatt des eigentlichen Gewässernamens, so *Wasserburg* am *Inn*.[20] Aus Oberschwaben sind hier zwei Namen als Parallelen anzuführen, allerdings mit anderem Zweitglied: *Achstetten* an der *Rot* sowie *Ahegg* (**Achegg*) an der *Unteren Argen*.[21] Alles in allem sind Ortsnamen, die den Bezug zu einem Gewässer ausdrücken, jedoch nicht den entsprechenden Namen dieses Gewässers nennen, überaus selten.

Auch das zweite Namenglied -*berg* veranlaßt Nachfragen, denn es bezeichnet nicht das von Menschen errichtete Bauwerk, sondern die natürliche Bodenerhebung. So war und ist ein verdeutlichender Namenszusatz nötig: früher *Feste* oder *Burg*, heute meist *Schloß*. Eine Änderung zu **Achburg* oder **Achschloß* wurde wohl nie versucht.

Bei einer Klärung dieser Frage hat man zunächst den sprachlichen und sachlichen Zusammenhang zwischen *Berg* und *Burg* zu berücksichtigen: Beide Wörter sind miteinander verwandt; *Burg* ist eine Variante zu *Berg* mit der alten Bedeutung 'befestigter Platz', besonders 'befestigte Höhe'.[22] Eine Burg wurde in der Regel auf einem Berg errichtet, und bis ins 12. Jh. wurden meist die schon vorhandenen Bergnamen auf die neu errichteten Burgen übertragen.[23] Erst danach setzte eine eigene Namengebung für Burgen ein. Bei einem Vergleich mit entsprechenden Namen zeigt sich, daß sowohl -*burg* (*Augsburg, Freiburg, Regensburg, Würzburg etc.*) als auch -*berg* (*Arnsberg, Bamberg, Frankenberg, Nürnberg etc.*) in den Namen von Orten vorkommen, die auf alten Befestigungsanlagen gründen. Dabei konnten -*berg* und -*burg* durchaus wechseln: Mehrfach ist ein Wandel von -*berg* zu -*burg* anzusetzen oder in den Quellen nachzuweisen, so bei *Siegburg* (1069: in *monte Sigeberge*), *Dillenburg, Warburg* oder auch bei der *Wartburg*.[24] Bei den Burgennamen im Kreis Ravensburg stößt man meist auf -*burg* (*Ravensburg, Schomburg, Trauchburg, Waldburg*). Mit dem Namen *Achberg* zu vergleichen ist *Praßberg*: Die Burg wurde auf einer Anhöhe über der Unteren Argen errichtet und hat den Bergnamen übernommen.[25] Alles in allem kann man aufgrund des Namenglieds -*berg* bei dem Namen *Achberg* vermuten, daß er als Name für den Bergsporn bereits vor dem ersten Burgenbau vorhanden war und somit ein höheres Alter aufweist.

Ein erstes Fazit: Bei der konventionellen Erklärung des Namens *Achberg* als 'Berg am Fluß' bereitet das erste Namenglied Erklärungsschwierigkeiten wegen der Diskrepanz zum Flußnamen. Das zweite läßt sich durch viele vergleichbare Namen stützen; möglicherweise weist es auf einen älteren Naturnamen hin.

Eine andere Erklärung für Ach-?

Nicht zu allen Zeiten scheint die Identifizierung des ersten Namenglieds von Achberg mit dem Wort *Ach* 'Fluß' zufrieden gestellt zu haben. So läßt sich eine Anknüpfung an die Zahl *acht* nachweisen, versinnbildlicht im alten Gemeindewappen mit einem Acht-Berg und einem achtstrahligen Stern.[26] Zwar ist das von sprachwissenschaftlicher Seite aus nicht zu widerlegen, denn ein Konsonant konnte durchaus zwischen zwei anderen ausfallen (*chtb > chb*); aber dieser Deutungsversuch macht keinen rechten Sinn. Ebenso gut könnte man *Ach-* auf althochdeutsch *ahta*, mittelhochdeutsch *ahte* 'Acht, Bann, Verbannung, gerichtliche Verfolgung' oder auf althochdeutsch *ahton*, mittelhochdeutsch *ahten* 'beachten, erwägen, aufpassen' zurückführen; und auch ein altes Wort *achen* 'Jammer, Leid' läßt sich finden.[27] Spekulationen können leicht ins Kraut schießen. Interessant an dem Versuch mit der Zahl *acht* ist jedoch, daß hier einmal eine Ablehnung der gängigen Erklärung zu Tage tritt.

Nicht versucht wurde bisher, *Ach-* als keltisch beziehungsweise gallo-romanisch zu interpretieren, das heißt also: der voralemannischen Bevölkerung zuzuschreiben. Zwei vergleichbare Bergnamen regen eine solche Verknüpfung an: *Achalm* (bei Reutlingen, 707 m) und *Hohe Acht* (Eifel, 747m), die beide auf einen keltischen Wortstamm zurückzuführen sind:

- Die *Hohe Acht* ist erstmals im 10. Jh. als *mons Achon* und als *Accha* belegt. Bei der modernen Namensform ist das *Hohe* als Hinzufügung aus jüngerer Zeit zu erklären, das *t* in *Acht* als Zusatz- oder Sproßkonsant zur Erleichterung der Aussprache.[28]
- Die *Achalm* ist erstmals im 11. Jh. als *Achalmin/Achalmen/Achalm* belegt. Dabei ist *-alm* kein eigenes Namenglied; vielmehr handelt es sich um ein Wortbildungsmittel ohne konkrete Bedeutung, um eine Ableitung mit einem *l*- und einem *m*-Suffix.[29]

Diese Namen werden von der Forschung zu keltisch **akaun-* 'Fels' gestellt. Mehrere europäische Ortsnamen sind davon abzuleiten.[30] Letztlich zu Grunde liegt die indogermanische Wurzel **ak- / *ok-* 'scharf, spitz, kantig, Fels'. Sie ist im griechischen *Akropolis* zu finden und war auch im Lateinischen lebendig: *acus* 'Nadel', *acutus* 'Spitz, scharf', *acuo* 'spitzen, schärfen' oder *acetum* 'Essig' gehören dazu. Davon stammt dann eine größere Zahl von Wörtern in den modernen Sprachen ab, zum Beipiel *akut, Acetat, Azeton* und *Essig*, französisch *acide* sowie englisch *acid* 'sauer'.[31]

Wie kam es nun von **ak-* zu *ach-*? Der Laut *k* veränderte sich vor dem Althochdeutschen (seit etwa 600) durch ein Lautgesetz, die sogenannte „zweite" oder

Das alte Wappen der Gemeinde Achberg. Seit etwa 1900 bis 1969 führte die Gemeinde Achberg dieses Wappen, das in Gold über einem grünen Achtberg einen achtstrahligen schwarzen Stern zeigt

„hochdeutsche" Lautverschiebung, zu *ch*.[32] Sowohl *Achalm* als auch *Acht* zeigen das aus altem *k* entstandene *ch*.

Fraglich ist allerdings, wieweit der *Achberg* mit den beiden genannten, viel markanteren Erhebungen verglichen werden kann. Zunächst ist festzuhalten, daß mehrere herausragende Berge in Südwestdeutschland vorgermanische Namen tragen: *Teck, Neuffen, Twiel, Zollern* oder *Ipf*. Zwar beherrscht der *Achberg* nicht in ähnlicher Weise seine Umgebung, er kann aber durchaus in der Vorzeit eine größere Bedeutung besessen haben. Mit anderen Worten: Rechnet man mit einem keltischen Namen, so ist vorauszusetzen, daß der Bergsporn an der Argen damals und auch in der Folgezeit eine wichtige Rolle für die Bevölkerung spielte, etwa als Fliehburg. In einem solchen Fall erhielt dieser Ort sicher einen Namen, und der konnte dann weitertradiert und schließlich beim Burgbau aufgenommen werden.

Die hypothetische sprachliche Entwicklung läßt sich folgendermaßen skizzieren: Die Alemannen nahmen nach der Landnahme den ursprünglichen Namen *ak-* auf und veränderten einige Zeit später (um 600) die Aussprache zu *ach*. Da sie das fremde Wort nicht mehr verstanden, vor allem neben dem gleichlautenden *ach* 'Fluß' ihrer eigenen Sprache, hängten sie zur Verdeutlichung *-berg* an.[33] So würde der Name aus zwei Elementen verschiedener Sprachen bestehen, beide jedoch mit ähnlicher oder gleicher Bedeutung, also 'Spitz-Berg' oder 'Berg-Berg'. Nur der Bergsporn war wichtig! Auch für solche Bildung aus zwei verschiedenen Sprachen lassen sich Parallelen finden, allein zwei seien hier genannt: Bei dem Bergnamen *Nürburg* (Eifel), 943 *Nore mons*, beruht das erste Element ebenfalls auf einem keltischen Wort, und zwar auf *nor/nür* 'Fels'[34]; und der Ätna heißt in der sizilianischen Volkssprache *Mongibello*, zusammengebildet aus italienisch *monte* 'Berg' und arabisch *djebel* 'Berg'. Die spätere Verbindung des Namens mit *Ach* 'Fluß' wäre dann eine volksetymologische Deutung.

Fazit

Ausgangspunkt der Untersuchung waren Zweifel an der traditionellen Deutung des Namens *Achberg*. Da die Ungereimtheit mit dem Flußnamen - *Ach* statt *Argen* - nicht aufzuhellen ist, wurde eine andere Erklärung versucht. Diese hat allerdings hypothetischen Charakter, sie ist mit Unsicherheiten behaftet. Zu vieles im ganzen Umfeld liegt im Dunkeln, und auch über die Geschichte der regionalen Burgennamen ist zu wenig bekannt.[35] Der neue Vorschlag soll als Alternative bedacht werden und will die Diskussion anregen. Prinzipiell muß dabei eingeräumt werden, daß bei der Suche nach keltischen Namen in Oberschwaben äußerste Vorsicht zu wahren ist: Zu viel ist schon vermutet und behauptet worden, zu wenig nachgewiesen.[36] Zweifellos gibt es hier zahlreiche keltische Siedlungsspuren, doch - schwer zu erklären - kaum einen Namen. Mit dem Vorschlag zum keltischen Ursprung von *Achberg* sollte nicht eine weitere Spekulation in die Welt gesetzt werden.

Der Blick von Süden verrät den Knick in der Schloßflanke - die Erbauer richteten sich nach dem Untergrund

[1] Siehe dazu insgesamt Arno Ruoff, Naive Zugänge zur Namenforschung, in: Ernst Eichler etc. (Hg.), Namenforschung, I, 1995, S. 360-367. Zum Problem der keltischen Ortsnamen siehe weiter unten.

[2] Siehe dazu den Beitrag von Dietmar Schillig in diesem Band.

[3] Siehe dazu den Beitrag von Rudi Sigerist in diesem Band.

[4] Vgl. den Beitrag von Günther Bradler in diesem Band.

[5] Viktor Frnst, in: Beschreibung des Oberamts Tettnang, 1915², S. 164; siehe dazu die Literaturangaben bei Hans Ulrich Rudolf, Der Landkreis Ravensburg im Spiegel des Schrifttums, 1990.

[6] Vgl. die Abbildung bei Günther Bradler. Siehe dazu Friedrich Eisele, Die ehemalige Herrschaft und jetzige Exklave Achberg, in: SVGB 50 (1922) S. 98-139, hier: S. 104.

[7] Staatsarchiv Augsburg, Best. Kl. Ottobeuren Nr. 1, fol. 19 v. Ludwig Weiland (Hg.), Chronicon Ottenburanum, in: Monumenta Germaniae Historica, Scriptores XXIII, S. 609-630, hier: S. 623. Franz Ludwig Baumann, Geschichte des Allgäus, I, 1883, Nachdruck 1971, S. 340, datierte die Eintragung in die Zeit zwischen 1194 und 1227. Seit F. Eisele (wie Anm. 6), S. 101 und 103 f., wird in der Literatur das Jahr 1194 genannt, daneben findet sich auch das Jahr 1197: Die Kunstdenkmäler Hohenzollerns, II, Kreis Sigmaringen, 1948, S. 37 (1194); Das Land Baden-Württemberg, VII, 1978, S. 757 (1197); Günther Bradler, Studien zur Geschichte der Ministerialität im Allgäu und in Oberschwaben, 1973, S. 236 (1197); siehe auch S. 170 f.; Reiner Falk, Schloß Achberg, 1988, S. 3 (1194 oder 1197); Irene Pill-Rademacher, Von der Trutzburg zum Barockschloß - Die Geschichte von Schloß Achberg, in: Schloß Achberg. Ein barockes Kleinod Oberschwabens, 1995, S. 6 und 21 (1194 oder 1197).

[8] Württembergisches Urkundenbuch III, S. 440 und 441 f., Nr. 936 und 937. Siehe die Abbildung am Anfang.

[9] In verschiedenen Regestenzusammenstellungen begegnet der Name nur normalisiert.

[10] Reiner Falk, Achberg. Gemeindewappen aus dem Landkreis Ravensburg (1), in: Im Oberland 1 (1990) H. 1, S. 57 f. So

im Prinzip auch Ernst Förstemann, Altdeutsches Namenbuch, II, 2, Sp. 1480 (Ergänzung zu II, 1, Sp. 38).

[11] F. Eisele (wie Anm. 6), S. 103.

[12] Der Asteriskus (*) dient zur Bezeichnung nicht belegter, rekonstruierter Formen.

[13] Albert L. Lloyd und Otto Springer, Etymologisches Wörterbuch des Althochdeutschen, 1, 1988, Sp. 99-103; Rudolf Schützeichel, Althochdeutsches Wörterbuch, 1995⁵, S. 3; Jacob und Wilhelm Grimm, Deutsches Wörterbuch, I, 1983, Sp. 1349 f.

[14] Adolf Bach, Deutsche Namenkunde, II, 1, 1953, § 188-190.

[15] Hermann Fischer - Hermann Taigel, Schwäbisches Handwörterbuch, 1986, S. 22. Theodora Geiger, Die rechten Nebenflüsse des Rheins von der Quelle bis zur Einmündung des Mains (ohne Neckar), 1963, S. 1 f. (etwa 20 Namen).

[16] Siehe dazu Norbert Kruse, Der Name Isny und die älteste Namenschicht des Kreises Ravensburg, in: Im Oberland 7 (1996) H. 2, S. 21-26, mit der einschlägigen Literatur.

[17] Der Name Argen ist von einer Wurzel *arg- 'klar, glänzend' abzuleiten, zu der auch lateinisch argentum 'Silber' gehört.

[18] Zu den verschiedenen Namen siehe Dieter Berger, Geographische Namen in Deutschland, 1993.

[19] Joachim Müller, Müllers großes deutsches Ortsbuch, 1996²⁶, S. 17.

[20] Anders sieht es bei Wasserburg am Bodensee aus.

[21] Das Land Baden-Württemberg, VII, 1978, S. 471, 748.

[22] Wolfgang Pfeifer (Hg.), Etymologisches Wörterbuch des Deutschen, I, 1989, S. 153 f., 232 f.

[23] Siehe dazu Heinrich Boxler, Burgnamen, in: Ernst Eichler etc. (Hg.), Namenforschung, II, 1996, S. 1596-1600; A. Bach (wie Anm. 14), II, 1, 1953, § 374; II, 2, 1954, § 518; D. Berger (wie Anm. 18), S. 52.

[24] Zu allen Namen siehe D. Berger (wie Anm. 18).

[25] Zur Geschichte der Burg siehe Hans Ulrich Rudolf, Praßberg bei Wangen - Von der Burg zur Ruine, in: Im Oberland 6 (1995) H. 2, S. 48-57; 7 (1996) H. 1, S. 3-10.

[26] Eberhard Gönner, Wappenbuch des Kreises Sigmaringen, 1958, S. 15; Reiner

Falk (wie Anm. 10).

[27] W. Pfeifer (wie Anm. 22), S. 13 f.; Robert R. Anderson etc. (Hg.), Frühneuhochdeutsches Wörterbuch, I, 1989, Sp. 535.

[28] A. Bach (wie Anm. 14), II, 2, § 431; D. Berger (wie Anm. 18), S. 136.

[29] Lutz Reichhardt, Ortsnamenbuch des Kreises Reutlingen, 1983, S. 9-11; so bereits: Michael R. Buck, Oberdeutsches Flurnamenbuch, 1880, 1931², S. 2; Das Königreich Württemberg, III, 1886, S. 357.

[30] Alfred Holder, Alt-celtischer Sprachschatz, I, 1896, Sp. 12 ff.; III, 1907, Sp. 483. Siehe beispielsweise Andrea Schorta, Wie der Berg zu seinem Namen kam, 1988, S. 62 (in der Schweiz: agüz); Inge Resch-Rauter, Unser keltisches Erbe, 1994², S. 96 f. (in Österreich: Aggstein etc.), 472.

[31] Julius Pokorny, Indogermanisches etymologisches Wörterbuch, I, 1959, S. 18-22; siehe auch W. Pfeifer (wie Anm. 22), S. 106 (Axt).

[32] An deutsch-englische Beispiele zu diesem Phänomen wie make / machen, week / Woche oder cook / kochen sei erinnert.

[33] So hatte aha/Ach 'Fluß' die Fähigkeit, sekundär an andere Namen vordeutscher Herkunft zu treten, beispielsweise Aitrach (*oidr) oder Isnyer Ach (*Isinina). Vergleichbar ist hier möglicherweise auch der Name Aggstein (wie Anm. 30).

[34] A. Bach (wie Anm. 14), II, 1, 1953, § 293; D. Berger (wie Anm. 18) S. 31.

[35] Zu einem benachbarten Gebiet siehe die Dissertation von Heinrich Boxler, Die Burgennamengebung in der Nordostschweiz und in Graubünden, 1976.

[36] Bei mindestens 20 Namen im heutigen Kreis Ravensburg ist keltischer Ursprung vermutet worden, eine Zusammenstellung ist hier nicht möglich. Siehe dazu N. Kruse (wie Anm. 16); ein sicheres Urteil findet sich bei Stefan Ott, Bilder aus der Geschichte Oberschwabens, in: ders. (Hg.), Oberschwaben, 1972², S. 81.

Neuravensburg

W. Roßler

Blick von der Burg Neuravensburg auf die Allgäulandschaft

Zur Herrschaftsgeschichte Achbergs im ausgehenden Hochmittelalter – Ein umworbener Topos[1]

Von Günther Bradler

In der Jubiläumsschrift aus Anlaß des 700jährigen Bestehens des unserem Raum benachbarten südlichen Staatswesens „Innerschweiz und frühe Eidgenossenschaft" befassen sich Peter Blickle und Roger Sablonier mit Krisenphänomenen der agrarisch-feudalen Gesellschaft. Sie beleuchten das heutige schweizerische Alpengebiet und dessen nördliche Voralpenlandschaften im 13. Jh., einer von sozialpolitischen Umbrüchen geprägten Zeit.[1] Die Herrschaft Achberg, nordostwärts des Bodensees gelegen, war im frühen und hohen Mittelalter verwaltungs- und kirchenpolitisch dem Argengau zugeordnet.[2] Vor dem Hintergrund der sich bildenden Eidgenossenschaft können im nordöstlichen Bodenseehinterland ebenfalls verbreitet Versuche mehr oder weniger autonomer adeliger Herrschaftsinhaber beobachtet werden, eigene Landesherrschaften zu errichten. Die meisten dieser Projekte scheiterten jedoch. Gleichzeitig blühten Märkte und Städte sowie Klöster auf bei stetig steigender Bedeutung der Geldwirtschaft. Dies führte zur Verdrängung der seitherigen Naturalwirtschaft, der die Mehrheit der adeligen und niederadeligen Herrschaftsinhaber mit ihrem zu kostspieligen feudalritterlichen Lebensstil offenkundig und zu lange verhaftet war. Erkennbar wird dies an den unzähligen, wellenartigen Veräußerungen beziehungsweise Erwerbungen von „Burgherrschaften" vor allem seitens niederadeliger Stadtpatrizier von Ravensburg. Oberschwaben und das Allgäu blieben von diesen sozio-ökonomischen Umstrukturierungen ebenfalls nicht verschont. Die Ansätze eidgenossenschaftlicher Herrschaftsorganisationen der zum Teil eng benachbarten Freienverbände auf der Leutkircher Heide, von Eglofs und im Alpgau blieben stecken. In Leutkirch im Allgäu gelang die Stadtgründung, Eglofs verkümmerte zur Minderstadt.

Mit dem Tod Herzog Welfs VI. am 15. Dezember 1191 auf der Burg zu Memmingen endete im wesentlichen die drei Jahrhunderte dauernde welfische Herrschaftsphase in Ober- und Ostschwaben. Die Versuche seines Neffen, Herzog Heinrichs des Löwen, nach dessen Rückkehr aus der Verbannung noch im Jahr 1194 in seinem einstigen Ravensburger Herrschaftsbereich (bis 1180) überkommene Ansprüche zu beleben, erwiesen sich letztlich als nicht mehr durchsetzbar. Auch während der strittigen Königsherrschaft Ottos IV., einem Sohn Heinrichs des Löwen, insbesondere in den Jahren nach 1208, kam es zu keiner eigentlichen Welfenrenaissance mehr in den früheren bayrisch-schwäbischen Hausmachtgebieten dieser Spitzendynastie. Unterschwellig schwelte der welfisch-staufische Gegensatz aber auf einer anderen Ebene, wenn auch schwer erkennbar, durchaus weiter. Die beiden südwestdeutschen

Landeshistoriker Hansmartin Decker-Hauff und Dieter Mertens weisen dies an der letztlich gegenüber den Staufern erstaunlich erfolgreichen und zähen Taktik der Grafen von Wirtemberg und ihrer diversen Neben- und Seitenlinien, vor allem der Grafen von Grüningen, nach.[3] Die Wirtemberger wichen dem staufischen Druck geschickt in die einst von den Welfen und den ihnen eng verbundenen dynastischen Personenverbänden[4] beherrschten Voralpen- und Alpenräume aus. Von dieser Exil- und „Erholungsposition" aus bereiteten sie listenreich, zuletzt mit massiver päpstlicher Hilfe, schließlich 1246 den für die Staufer vernichtenden Gegenschlag vor.

Auf die Turbulenzen, die mit dem mehrfach mißlungenen und letztlich gescheiterten Projekt zusammenhingen, im nur wenige Kilometer nordostwärts von Burg Achberg im benachbarten Neuravensburg während der staufischen Endphase ein neues, eigenständiges Herrschaftszentrum zu errichten, sei wegen des gleichzeitigen Schweigens der Quellen Achberg betreffend hingewiesen. Der vorübergehend bei den Staufern in Ungnade gefallene hohe Reichsministeriale und Kämmerer Heinrich von Ravensburg versuchte um die Mitte des 13. Jhs. mit der Anlage von Burg und (Minder-)Stadt Neuravensburg ein eigenes Herrschaftszentrum zu begründen. Sein neuer Stammsitz ging in der Anfangsphase des Interregnums auf dem Erbweg an die Reichsabtei St. Gallen. Von St. Gallen aus wurde versucht, Neuravensburg zum „Vorort" der sanktgallischen Herrschaftskomplexe nordostwärts des Bodensees auszubauen. Ihm sollten die Maier- und Kellhöfe von Zell-Kißlegg, Wangen im Allgäu, Weiler im Allgäu und Scheidegg zu- beziehungsweise untergeordnet werden. Wasserburg am Bodensee war ausgenommen, trotz der den sanktgallischen Ministerialen von Kißlegg zustehenden Herrschaftsrechte. Im Spannungsfeld zwischen König Rudolf I. von Habsburg und den Grafen von Montfort um die Vogteirechte und den daraus resultierenden zwiespältigen

Neuravensburg (Allgäu)

Einsetzungen von Äbten bei den Reichsabteien St. Gallen und Kempten wurde Neuravensburg wiederholt zerstört. Graf Hugo von Montfort gründete 1297 zur Sicherung seiner Herrschaft im westlichen Argengau schließlich erfolgreich die Stadt Tettnang.[5]

In diesem konfliktbeladenen territorialpolitischen Szenarium haben wir die wenigen frühen urkundlichen Belege der Herrschaft Achberg und ihrer gleichnamigen edelfreien Herrschaftsinhaber zu analysieren. Franz Ludwig Baumann datiert eine Schenkung der nobilis femina (N.), filia Kunradi de Achberg, in Böhen (südostwärts von Memmingen) an das Kloster Ottobeuren in die Zeit zwischen 1194 und 1227.[6] In diesem Zusammenhang fällt auf, daß in dem Verzeichnis der Vasallen und Ministerialen der Reichsabtei Ottobeuren aus dem Zeitraum um 1170, die mit Klostergütern belehnt wurden, an der Spitze Herzog Welf VI., Graf Gottfried von Ronsberg und sein Bruder Rupert stehen. Danach folgen in der Aufzählung unter anderem Berthold von Ummendorf, Berthold von Trauchburg, Goteschalk und sein Bruder von Wineden[7], Rudolf und sein Bruder Ortolf von Schmalegg, Kuno von Summerau, Hermann und seine Brüder von Musilines[8] und Wilmand (Wildemann?) von Altdorf sowie Hartmann von Liebenau.[9] Ein Blick auf die Karte zeigt, daß die bislang erste zeitlich nicht exakt festzulegende Nennung Achberger Herrschaftsinhaber in dem von ihrem Stammsitz hoch über der Argen relativ weit entfernten Kloster Ottobeuren erfolgt. Ebenfalls deutlich wird, daß Konrad von Achberg als Edelfreier dem damals sowohl in Altdorf-Weingarten und Bergatreute sowie Memmingen residierenden Herzog Welf VI. als Vasall zugeordnet werden kann, wie die im oben zitierten Chronicon Ottenburanum aufgezählten welfischen Ministerialen aus dem Argen- und Schussengau.

Die zweite, genau datierte Quelle stellt der sogenannte „Leutkircher Vertrag vom 3. Dezember 1239 zwischen den Klöstern Kempten und Isny" dar.[10] Unter Vorsitz der hohen Reichsministerialen Konrad Schenk von Winterstetten[11] und Ottobertold Truchseß von Waldburg wird in Anwesenheit des Grafen Wolfrad von Veringen und der Nobiles Marquard und Konrad von Gottramshofen (Gottrazhofen) sowie der Nobiles Brüder Bertold und Rudolf von Trauchburg, Heinrich von Neideck, Heinrich von Achberg unter anderem ein Rechtsstreit zwischen den Klöstern Kempten und Isny gütlich beigelegt. Auch das Nibelgauzentrum Leutkirch als Ort dieser Handlung und die Mehrzahl der beteiligten Persönlichkeiten weisen eine beträchtliche Distanz zu Achberg im Argengau auf. Diese Urkunde beinhaltet offensichtlich eine staufische Auftragsintervention in Gestalt der beiden hohen Reichsministerialen zu Lasten der Grafen von Veringen. Die Veringer waren Inhaber von Grafschafts- und Vogteirechte an der Nahtstelle von Alp- und Nibelgau. Ferner ist diesem Dokument eine - wenn auch vage - Zuordnung[12] des Heinrich von Achberg zu den Nobiles von Neideck, deren Stammsitz sich im Nibelgau über der Unteren Argen befindet, zu entnehmen.

Ein weiteres Indiz für die Verbindungen der im Argengau ansässigen Nobiles von

Gasthof zum weißen Kreuz von Joh. B. Röth

Achberg zu den standesgleichen Personengruppen im Alp- und Nibelgau liefern ex posteriori die Urkunden und Akten des im Hauptstaatsarchiv Stuttgart verwahrten Bestandes „Deutschordenskommende Altshausen": Aus diesen Unterlagen geht hervor, daß besagte Kommende über Kirchenrechte in Urlau (auf der Leutkircher Heide und im Nibelgau gelegen) verfügte, die aus dem Herrschaftsbereich der Nobiles von Neideck herrührten.[13] Die Leutkircher Vertragsurkunde von 1239 beweist in einem anderen Zusammenhang die persönliche Verbindung oder zumindest die persönliche Bekanntschaft zwischen den Nobiles von Neideck und Achberg.

In meiner Dissertation „Studien zur Geschichte der Ministerialität im Allgäu und in Oberschwaben"[14] gelangte ich unter anderem zu dem Ergebnis, daß die welfische wie auch die diese übernehmende staufische Territorialpolitik systematisch die Bestrebungen von Grafen und Nobiles verhinderte, eigenständige Landesherrschaften zu bilden. Gegen solche staufische Maßnahmen konnten sich die eng stammverwandten Grafen von Wirtemberg und von Grüningen unerwartet und überraschend in ihrem neckarländischen Stammgebiet durch Verrat in der Schlacht von Frankfurt am Main 1246 erfolgreich behaupten. Dies geschah trotz des Verlustes der Grafschaft im Alpgau mit deren zentralem Ort Eglofs und den „homines" genannten Freien noch drei Jahre zuvor an den Stauferkaiser Friedrich II. zu Capua. Nutznießer der welfisch-staufischen Territorialpolitik im Allgäu und in Oberschwaben wurden seit Mitte des 13. Jhs. in besonderem Maße die hohen Reichsministerialen von Tanne-Waldburg-Schmalegg-Winterstetten und etwas geringer die Herren von Fronhofen-Königsegg. Dieser Sachverhalt erschließt sich auch aus den Aktivitäten und Interventionen der Schenken von Winterstetten im einstigen welfischen Herrschaftsbereich Tirols, wo sie als anerkanntermaßen hohe Reichsministeriale das Adelsprädikat „nobilis" attestiert erhielten. In dieses Beziehungsgeflecht paßt der seit dem Druck des

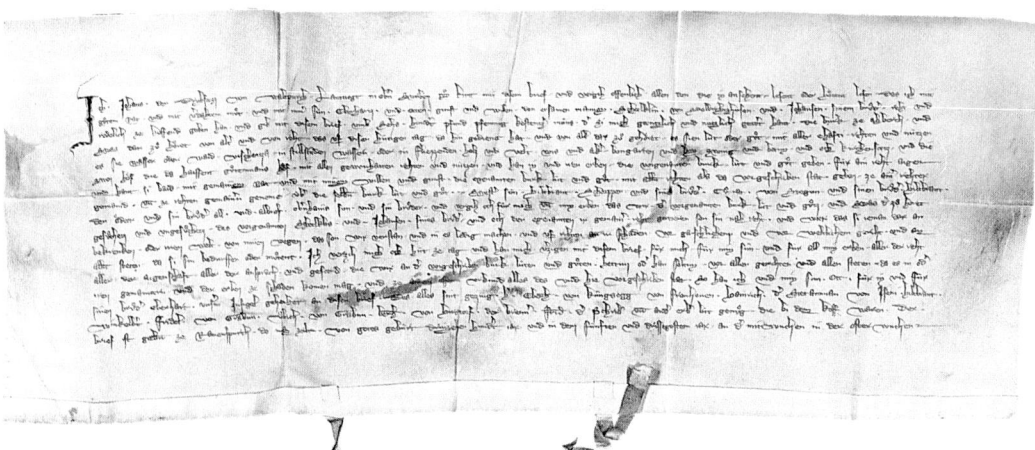

1335 Ersterwähnung einer „Burg zu Achberg" anläßlich des Besitzerwechsels der Herrschaft Achberg von Johannes I. Truchseß von Waldburg an Schelklin von Molpertshaus und dessen Bruder Johann

Tiroler Urkundenbuches[15] etwas in Vergessenheit geratene, jedoch zum 900jährigen Jubiläum des Hauses Württemberg rechtzeitig wiederentdeckte Hermann, Sohn des Grafen von Wirtemberg (1231), und der seither aus Südtirol stammende, im Mittleren Neckarraum ausgebaute und so beliebte rote Trollinger (Tirolinger)-Wein. Fast hundert Jahre später, 1335, erfolgte der Verkauf der Burgherrschaft Achberg seitens Johannes I. Truchseß von Waldburg, seinerzeit Landvogt in Oberschwaben, an den Ravensburger Bürger Hans von Molpertshaus.[16] Bislang ist nicht bekannt, zu welchem Zeitpunkt und unter welchen Bedingungen Achberg von den Waldburgern erworben worden war. Achberg zählt somit offenkundig zu jenen ehemaligen Nobiles-Herrschaften, um deren systematischen Erwerb sich die hohen Reichs-ministerialen aus dem Haus Tanne-Waldburg erfolgreich im Zuge des Ausbaus ihrer eigenen Landesherrschaft bemühten. Seit 1332 übte Johannes I. Truchseß von Waldburg im Auftrag Kaiser Ludwigs des Bayern das Amt des Landvogts über und in Oberschwaben aus. Dies trug sehr wesentlich dazu bei, daß die Truchsessen von Waldburg eine selbständige Landesherrschaft zu errichten und zu festigen imstande waren, weil sie als Vertreter des Königs über Hoheits-rechte des Reiches auch in eigenen Angelegenheiten verfügen konnten. Nicht zu Unrecht bezeichnete Johann von Winterthur die damaligen Wald-burger ebenso wie die wesentlich ranghöheren, da hochadeligen Grafen von Wirtemberg als „domini terrigenae". Der Verkauf der Burgherrschaft Achberg (1335) vollzog sich im Vorfeld der Verpfändung der Grafenburg Zeil mit da-zugehöriger Herrschaft über die Freien auf Leutkircher Heide durch Kaiser Ludwig den Bayern an seinen oberschwäbischen Reichslandvogt Johannes I. Truchseß von Waldburg - höchstwahrscheinlich zur Beschaffung der erheb-lichen finanziellen Mittel seitens des letzteren. Zuvor war die Herrschaft Zeil im Pfandbesitz des Grafen Hugo von Montfort, der sich auch nach Zeil nannte.[17]

In dem hier gegebenen Rahmen würde es zu weit führen, die Nobiles-Verbin-dungen vom 11. bis zum 14. Jh. im Argen-, Alp-, Nibel- und Schussen- sowie Linzgau aufzuzeigen. Exemplarisch seien hier nur Positionen wie Hiltens-weiler und Lampertsweiler (Argengau) sowie Trauchburg, Neideck, Gottraz-hofen etc. (Nibelgau) genannt. Resümiert man die im Vergleich zur Neuravensburg idyllischere Geschichte Achbergs im ausgehenden Hoch-mittelalter, muß man trotz spärlicher Quellenbelege für diesen Zeitraum fest-stellen, daß diese Burgherrschaft keine uninteressante Herrschaftsposition darstellte. Dies bestätigen ebenfalls die späteren Geschicke dieser Burg bezie-hungsweise dieses Schlosses bis hin zur Gegenwart.

[1] Peter Blickle, Friede und Verfassung. Voraussetzungen und Folgen der Eidgenossenschaft von 1291. Roger Sablonier, Innerschweizer Gesellschaft im 14. Jahrhundert. Sozialstruktur und Wirtschaft. Beide Beiträge in: Innerschweiz und frühe Eidgenossenschaft. Jubiläumsschrift 700 Jahre Eidgenossenschaft, Band 1 (1991). Hg. vom Historischen Verein der Fünf Orte.

[2] Das heißt den über den Argengau verfügenden Grafen und Inhabern von Grafschaften zugeordnet.

[3] Hinweise auf die zunehmende Bedeutung der Geldwirtschaft für den Adel ergeben sich neuerdings aus: Dölf Wild, Roland Böhmer, Die spätmittelalterlichen Wandmalereien im Haus „Zum Brunnenhof" in Zürich und ihre jüdischen Auftraggeber, in: Zürcher Denkmalpflege, Stadt Zürich, Bericht 1995/96, Zürich 1997, S. 15-33, S. 122-125.

[4] Hansmartin Decker-Hauff, Die Anfänge des Hauses Wirtemberg, in: 900 Jahre Haus Württemberg, 1984, S. 25-81. Ders., Hie gut Wirtemberg allewege. Einleitung zu Gerhard Raff: Hie gut Wirtemberg allewege. 1988², S. XLV ff. Dieter Mertens, Württemberg. In: Handbuch der baden-württembergischen Geschichte, Band 2, 1995, S. 4 ff. Zu den welfischen Seitenlinien gehörten die Markgrafen von Ursin (Irsee)-Ronsberg, die Grafen von Marstetten und die in Südtirol ansässigen Grafen von Ulten.

[5] Günther Bradler, „Ain statli uf dem berg vor der burg": Konfliktträchtige Gemengelagen um die Herrschaft Neuravensburg nach 1250. In: Jahrbuch des Landkreises Lindau 12 (1997), S. 92-98.

[6] Franz Ludwig Baumann, Geschichte des Allgäus, Band 1 (1881), S. 340. Ders., Forschungen zur schwäbischen Geschichte, 1899.

[7] Michelwinnenden.

[8] Vermutlich Miezlings bei Hergensweiler, Landkreis Lindau.

[9] Chronicon Ottenburanum, in: MGH SS 23, S. 623.

[10] Wirtembergisches Urkundenbuch 3, S. 440 ff. Siehe die Abbildung im Aufsatz von Norbert Kruse in diesem Sammelband.

[11] Rainer Loose, Die Schenken von Winterstetten und Tirol. In: ZWLG 50 (1991), S. 67-86.

[12] Unter den Aspekten von Adelssippen und ihren dynastischen Verknüpfungen.

[13] HStASt B 346 Deutschordenskommende Altshausen, PU 282, 282. Die Deutschordenskommende Altshausen hatte schließlich die Herrschaft Achberg erworben. Einen ungefähren Eindruck von der ursprünglichen Dimension der Burganlage Achberg vermittelt vergleichsweise der derzeit in intensiver denkmalpflegerischer Sicherung befindliche Hof bzw. Burgstall Neideck auf dem nördlichen Steilufer der Unteren Argen (in der heutigen Gemeinde Argenbühl, Landkreis Ravensburg) gelegen. Vgl. hierzu u. a. die Presseartikel aus der Schwäbischen Zeitung/Ausg. Wangen vom 8. Mai 1999/ Nr. 105/Lokalseite 5. Zum topographischen Vergleich eignet sich außerdem der heute noch deutlicher erkennbare Schloßkomplex Königsegg über dem Königseggsee, Gemeinde Guggenhausen, Landkreis Ravensburg.

[14] Günther Bradler, Studien zur Geschichte der Ministerialität im Allgäu und in Oberschwaben, Göppingen 1973 (Göppinger akademische Beiträge Nr. 50), S. 431 ff., 513 ff., 539 ff.

[15] Tiroler Urkundenbuch, Abt. 1, bearb. von F. Huter, Band 3, Innsbruck 1957, S. 14 f., Nr. 950. Über die Frühphase der Freien von Eglofs und im Alpgau sowie der Freien auf Leutkircher Heide, deren Bereiche sich von der kirchlichen Dekanatseinteilung her in einer offensichtlichen Gemengelage befanden, siehe Bradler (wie Anm. 14), S. 84 ff., 97 ff., 101 ff., 225 ff.

[16] HStASt B 343 Urk. 281.

[17] Bradler (wie Anm. 14), S. 543; Benedikt Bilgeri, Geschichte Vorarlbergs, Band 1, 1971, 1976², S. 350 ff.

Schloß, Glockenturm und Amtshaus Achberg, 1980. Nicht nur der Glockenturm trägt vor der Sanierung deutliche Zeichen des Verfalls

Schloß Achberg bei Lindau i. Bod.

SVLTAN Selim
figliuolo di Soliman
Imperator de Tur=
chi. Entro al gouer=
no L'anno 1566·

Sultan Selim II. (reg. 1566–1574). Der Deutsche Orden hatte an den militärischen
Erfolgen der Habsburger gegen die Osmanen gewichtigen Anteil

Schloß Achberg und der Deutsche Orden[1]

Von Udo Arnold

„Tandem felice labore ... arx inclyta surgo, ante sub inculto pulvere spreta jacens." - „Endlich erstehe ich, die berühmte Burg, die zuvor unter ödem Staub verachtet lag, durch glückhafte Arbeit erneut." Als diese Inschrift über

dem Eingang des sogenannten Rittersaals angebracht wurde, hatte sie auf jeden Fall bereits eine zweifache Berechtigung, zum einen für das 16. Jh., zum zweiten für das Ende des 17. Jhs.[2] Die mittelalterliche Burg Achberg ist nur noch in wenigen Substruktionsresten vorhanden: das Parterre des Nordostteiles des Schlosses[3] sowie Teile von Amtshaus und Glockenturm, wie die Bauuntersuchungen ergeben haben. Wir wissen allerdings nicht, ob es sich dabei um die erste Anlage handelt. Der weitgehende Neubau gehört seinem Erscheinungsbild nach in die Renaissancezeit des 16. Jhs.; damals hätte die Burg mit Sicherheit zum ersten Mal Freude über einen Neubau äußern dürfen. Am Ende des 17. Jhs. war sie offenbar wieder heruntergekommen und erfuhr eine gründliche Restaurierung, an deren Abschluß besagte Inschrift stand. Und heute darf das Gebäude erneut auf eine Restaurierung zurückblicken, die eine außergewöhnliche Leistung darstellt. Trotzdem unterscheidet letztere sich von den vorhergehenden Einschnitten in die Bausubstanz von Achberg.

Die mittelalterliche Anlage ist mit Sicherheit ein Wehrbau gewesen, auf einem Bergsporn oberhalb des Tobelbaches angelegt mit einer Verteidigungs- und Wirtschaftszwecken zugedachten Vorburganlage. Das 16. Jh. hat diese Funktion geändert. Es schuf - wahrscheinlich nach dem Besitzerwechsel 1530 an die Herren von Sürgenstein - keine Burg mehr, sondern ein festes, großes Haus. Nach Erfindung der Feuerwaffe konnte die Lage von Achberg nicht mehr den vorherigen Schutz bieten, man baute also den modernen Vorstellungen entsprechend neu. Es entstand ein Haus, das mehr als zuvor dem Wohnen und der Repräsentation diente. Ende des 17. Jhs. blieb diese Grunddisposition offensichtlich erhalten. Auch wenn Achberg sich nunmehr vom Haus zum Schloß wandelte, so wirkte sich das doch nicht grundlegend auf die Baustruktur aus. Giebel und Dach wurden notwendigerweise erneuert, doch der äußere Eindruck blieb erhalten. Der Innenbereich dagegen erfuhr eine eindrucksvolle Erneuerung: Hier wurden zeitgemäße barocke Formen in reichem Ausmaß realisiert, die - von geringen Eingriffen abgesehen - die folgenden drei Jahrhunderte überdauerten. Heute dagegen ist nicht neugebaut und keine grundlegend

Inschrift über der Mitteltür im Achberger Rittersaal, 1693

neue Nutzung von Schloß Achberg angestrebt worden, sondern eine Restaurierung, ein Erhalten des Bauzustandes, wie er vor 300 Jahren geschaffen wurde. Hierin spiegelt sich ein deutliches Umdenken wider, ein anderer Umgang mit dem historischen Baudenkmal, das nicht nur einer jeweils geänderten Nutzung unterliegt, sondern einen Eigenwert repräsentiert, den es zu erhalten und zu schützen gilt. Unsere Vergangenheit, die sich auch in Bauten wie Schloß Achberg darbietet, ist uns kostbarer geworden, vor allem, seit wir verstanden haben, wieviel von dieser Vergangenheit in Kriegs- und Nachkriegszeiten vernichtet wurde. Daher ist jene Freude, die Achberg im Jahr 1701 ausdrückte, erneut berechtigt: „Tandem felice labore ... arx inclyta surgo." - „Endlich erstehe ich, die berühmte Burg, durch glückhafte Arbeit erneut."[4]

Was hier wieder entstand, ist ein kleineres Deutschordensschloß, das der in seiner Landkommende Schloß Altshausen ansässige Landkomtur der Ballei Elsaß-Burgund, Franz Benedikt Freiherr von Baden, 1691/93 erwarb. Damit wurde Schloß Achberg vom Besitztum einer kleineren Adelsfamilie zum Teil eines jahrhundertealten, gesamteuropäischen Ritterordens.[5] Fünfhundert Jahre vor dem Erwerb von Achberg war der Orden als deutsche Hospitalgemeinschaft gegründet worden, während des dritten Kreuzzuges, als die christlichen Truppen die Hafenstadt Akkon belagerten, um mit ihr den Schlüssel zum Heiligen Land von den Moslems zu gewinnen.[6] Als die Stadt nach langer Belagerung endlich fiel, übersiedelte das Zeltspital in ein festes Haus in der Stadt. Die wenige Jahre danach sich auch auf den Mittelmeerraum ausrichtende staufische Reichspolitik sah in diesem Hospital - der einzigen dauerhaften deutschen Institution im östlichen Mittelmeerraum - ein mögliches Hilfsmittel zur Unterstützung ihrer Politik. Sie bewirkte die Umwandlung in eine Rittergemeinschaft nach dem Vorbild der Templer, die jedoch den Hospitaldienst nach dem Beispiel der Johanniter beibehielt. Der Deutsche Orden als Ritterorden war entstanden, wenngleich es auch noch ein Menschenalter dauern sollte, bis er die notwendige Eigenständigkeit und Wirkungsmöglichkeit erhielt.

Dazu gehörte nicht zuletzt der Rückhalt im Deutschen Reich, auf das der Orden durch seine enge Verbindung mit den staufischen Herrschern hinsichtlich Personal- und Finanzressourcen verwiesen war. Der Orden erhielt reiche Schenkungen von den Staufern und ihren Gefolgsleuten, die ihm den Fortbestand auch nach dem Untergang der staufischen Herrschaft in der Mitte des 13. Jhs. sicherten. Um 1200 wurde der Orden ansässig in der Südsteiermark im heutigen Slowenien, in Thüringen, in Südtirol; wenig später folgten Prag und Wien, Häuser in Hessen, Franken, Bayern sowie Gebiete in Griechenland und im heute rumänischen Burzenland. Um 1220 kamen erste Niederlassungen im heutigen Belgien und den Niederlanden hinzu, wenige Jahre später in der heutigen Schweiz und in Frankreich. 1230 hielt der Orden seinen

Einzug in Preußen wie in Spanien, 1237 in Livland als Erbe der Schwert-brüder - vom Atlantik bis zur Düna war er nun präsent. Besonders aus den deutschsprachigen Gebieten des Reiches wuchsen dem Orden neue Brüder zu, bürgerliche und adelige, als Ritterbrüder wie als Priesterbrüder. Sie alle waren dem Heidenkampf an den Grenzen der mittelalterlichen Christenheit im Mittel-meergebiet und im Ostseebereich sowie der Hospitalität verpflichtet. Im nordalpinen Raum lag der wesentliche Kern des römisch-deutschen Kaiser-reiches, in welchem der Orden so großen Besitz hatte erwerben können. Häuser, Wiesen, Äcker, Weinberge, Wald, aber auch bereits bestehende Hospitäler und Kirchen hatte er übertragen erhalten. Krankenpflege, Seelsorge, Landwirtschaft waren dort seine Aufgaben; der Immobilienbesitz ergab Renten und Pachten. Es war eine typische Etappensituation, dort wurden die Hilfsmittel für die Heidenkampffronten erwirtschaftet; Seelsorge und Hospitalität hatten jedoch schon unmittelbare Wirkung am Ort. Der Ordenszweig im Reich darf allerdings nicht nur aus der Heidenkampfsituation, sondern muß als eigenständige Größe gesehen werden. Erst das macht seine Bedeutung innerhalb des Deutschen Reiches erkennbar. Die Ordensbesitzungen stammten zum großen Teil von staufischen Parteigängern. Dabei können wir unterschiedliche Schenker-gruppen feststellen. Zum einen ist es der höhere Adel, der umfangreiche Besitzkomplexe schenkte, wie beispielsweise die Hohenlohe das Mergentheimer Gebiet.[7] Zum andern waren es niedere Adelige, Ministerialen und städtische Patrizier, die dem Orden in ihrer Heimatregion Güter zuwandten. Oft geschah dies anläßlich ihres Eintritts, so daß die Schenkungen gleichzeitig zur Ver-sorgung der neuen Brüder dienten. Somit blieb eine enge Verbindung der Stifterfamilie mit dem Orden bestehen, sie saß im engen Umkreis um die Ordenskommende, sie nutzte sie über die eingetretenen Brüder teilweise auch weiterhin. Der Ordenszweig im Reich lebte von der Region und für die Region, er war Bestandteil der ihn umgebenden Gesellschaft ebenso wie ein Glied der Reichskirche, ähnlich den großen Stiftern und Domkapiteln.

Der Besitz im Reich wuchs seit Beginn des 13. Jhs. rasch an, Überschüsse ermög-lichten Ankäufe, Tauschgeschäfte arrondierten den Besitz. Natürlich blieb es in einem erschlossenen Altsiedelland Streubesitz. Trotzdem ergaben sich größere Komplexe, die als Einheit unter Leitung eines Komturs verwaltet wurden, so-genannte Komtureien oder Kommenden. Mehrere solcher Komtureien wurden zu einer Ballei unter Leitung eines Landkomturs zusammengefaßt; in diesem Raum war das die Ballei Elsaß-Burgund. Der Landkomtur residierte in der Land-kommende, hier also in Altshausen. Eine Landkommende war im Prinzip eine ebensolche Wirtschaftseinheit wie die Kommende, nur eben bedeutender. Innerhalb des Deutschen Reiches gab es zwölf solcher Balleien, über denen der Deutschmeister stand mit Sitz auf Burg Horneck am Neckar. An der Spitze des Gesamtordens, der weitere Schwerpunkte in Preußen, in Livland und im

Mittelmeerraum besaß, stand der ab Beginn des 14. Jhs. auf der preußischen Marienburg residierende Hochmeister; doch jene weitere Struktur soll hier außer Betracht bleiben.[8]

Es gab keine strenge Abgrenzung der Interessengebiete einer Ballei oder einer Kommende. Die Besitzungen überschnitten sich, oftmals hatten zwei oder drei Institutionen des Ordens Besitz in derselben Gegend. Das war für das Mittelalter normal, die Einkünfte entschieden. Erst die Neuzeit entwickelte die Idealvorstellung vom in sich geschlossenen Flächenstaat. Daher war es selbstverständlich, daß die Ordensballeien Territorial- wie Diözesangrenzen übersprangen. Die großen Territorialisierungsvorgänge der Frühen Neuzeit jedoch banden den Orden immer stärker in die Pflichten der Landstände oder innerhalb der Stadt ein. Zwar hatte das die Ausweitung von Schutz und Schirm des Landesherrn auch auf den Orden zur Folge, aber es ging vor allem um Dienstleistungen und Abgaben, zu denen man den Orden heranzog. Für Balleien und Kommenden verlief diese Entwicklung problematisch: Vor Ort waren sie in den landesfürstlichen Territorialisierungsprozeß eingebunden, der Landkomtur verlangte Abgaben für die Balleiebene, der Deutschmeister für die Aufgaben im Reich, der Hochmeister für Preußen. Es kam daher zu einer immer drückenderen Mehrfachbelastung, aus der sich viele Probleme des 15. und 16. Jhs. erklären lassen. Allerdings beteiligte der Orden sich in bescheidenem Rahmen selbst an diesen Territorialisierungsprozessen. So gelang es ihm zum Beispiel, das Mergentheimer Gebiet immer geschlossener zu gestalten, in der Ballei Biesen kaufte der Landkomtur die Herrschaft Gruitrode, und für die Herrschaft Elsen am Niederrhein errang er sogar die unmittelbare Reichsstandschaft. Dies waren Vorgänge des 15. und 16. Jhs., die sich jedoch im 17. und 18. Jh. fortsetzten, sofern sich eine Gelegenheit dazu ergab und das notwendige Geld vorhanden war.

Am Geld konnte es sehr wohl mangeln, denn die spätmittelalterliche Agrarkrise ging auch am Deutschen Orden nicht vorbei. Die Pestwellen seit der Mitte des 14. Jhs. hatten einen erheblichen Rückgang der landwirtschaftlichen Produktion zur Folge. Dies traf vor allem den niederen Adel, dessen Existenz auf Grundbesitz und seinen Erträgen basierte. Da die Ordensstruktur nicht anders war, verliefen die Vorgänge ähnlich. Das bedeutete eine deutliche Einschränkung der Ressourcen, noch dazu in einer Zeit, in der die Ansprüche nach standesgemäßer Versorgung vor allem der Ordensritter stiegen. Ergebnis war eine drastische Senkung der Zahl und die soziale Verengung hinsichtlich zukünftiger Mitglieder: Der Orden wurde zum „Spital des niederen Adels". Erst die zweite Hälfte des 17. Jhs. bot die wirtschaftliche Gesundung nach den Einschnitten von Reformation und Bauernkriegen sowie Dreißigjährigem Krieg. Dies läßt sich noch heute vor allem in der repräsentativen Bautätigkeit ablesen, denken wir etwa an die Neubauansätze für Altshausen oder den Umbau der Mainau,

insgesamt die Bautätigkeit etwa der Baumeisterfamilie Keller oder eines Johann
Caspar Bagnato hier in unserer Region.[9]

Die politischen Umbrüche des 16. Jhs. im Ostseeraum hatten den Ordenszweig
im Reich zum eigentlichen Zentrum der Ordensexistenz werden lassen. Oberhaupt war nunmehr der Deutschmeister, womit auch die Rolle der deutschen
Landkomture wichtiger wurde. Die politische Ausrichtung geschah jetzt noch
stärker auf den Kaiser und damit auf das Haus Habsburg. Die Reformation
hatte die Priester fast zur Bedeutungslosigkeit zurückgestuft, den Ritterzweig
dagegen gestärkt. Der Ritter war inzwischen noch intensiver in die ihn umge-
bende Gesellschaft einbezogen. Können wir bereits im Mittelalter öfter das
Nachziehen von Verwandten in den Orden feststellen, so dürfen wir in der Neuzeit von regelrechten „Ordensfamilien" sprechen. In benachbarten Balleien
läßt sich das auch über die Balleigrenzen hinweg feststellen, wie etwa bei
Franken und Elsaß-Burgund.

Dieser im Zentrum des Ordens stehende, aufgrund seiner in der Regel festgelegten Gelübde geistlich geführte Ritter bedurfte einer Aufgabenstellung: Es
wurde auf den Heidenkampf des Mittelalters zurückgegriffen, in der zeitge-
mäßen Form des Türkenkrieges. Die Regelreform von 1606 schrieb vor, daß es
ohne Teilnahme an mindestens drei Feldzügen im Türkenkrieg kein Ordensamt

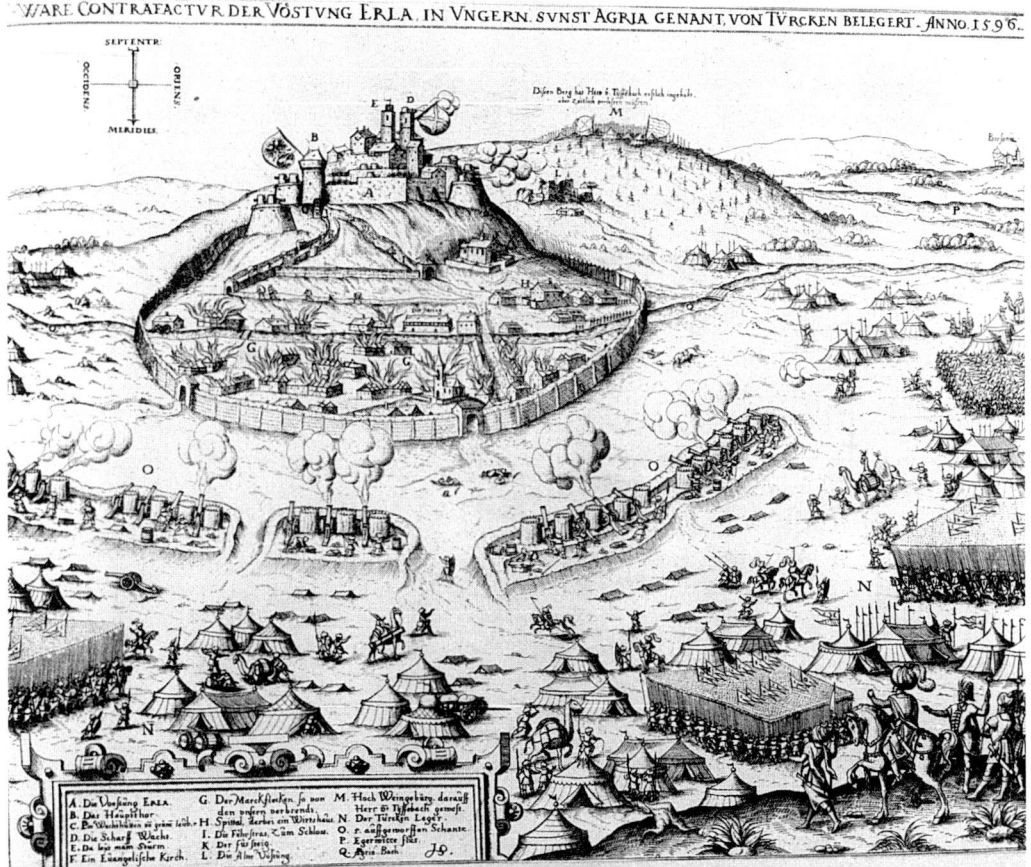

Sultan Mehmet III. (reg. 1595-1603)

- und damit keine standesgemäße Versorgung - mehr geben sollte. Diese erneut existenzbegründende Aufgabe des Ordens entsprach auch den Interessen des Reiches unter Habsburgs Führung, an dessen Südostflanke die Türken eine Dauerbedrohung darstellten. So wird verständlich, daß bis zum Ende des Alten Reiches 1806 der Türkenkampf im Selbstverständnis des Deutschen Ordens eine zentrale Rolle spielte.[10] Im Zusammengehen zwischen dem Kaiserhaus, den damit verschwägerten, in Bayern herrschenden Pfalz-Neuburgern und dem damals ebenfalls unter pfalz-neuburgischer Führung stehenden Deutschen Orden wurde 1696 in Donauwörth ein eigenes Regiment aufgestellt, das später sogenannte Regiment Hoch- und Deutschmeister, dessen militärische Tradition noch heute in Österreich fortlebt.

Damit sind wir in der uns interessierenden Zeit angekommen, der Zeit des Übergangs des festen Hauses Achberg an den Deutschen Orden 1691/93. Es war die Epoche der wirtschaftlichen Gesundung des Ordens nach dem Ende des Dreißigjährigen Krieges. Damit einher ging die ideologische Neubegründung durch die Beteiligung an den Türkenkriegen. Beides schlug sich nieder in der Darstellung des Ordens nach außen, am besten nachzuvollziehen durch Neu- oder Umbauten der Residenzen der Landkomture und Komture, aber auch durch Neugestaltung der dem Orden inkorporierten Pfarrkirchen. Es war die Epoche des Barock. Der Ordensritter lebte in seinem Eigenverständnis im standesgemäßen barocken Umfeld, wie auch seine Verwandten in den Kapiteln der Reichskirche. Dies betraf ebenfalls seine persönliche Lebensführung, im Positiven wie im Negativen. Barocke Repräsentanz lag jedoch nicht nur in der jeweiligen Person oder der Herkunftsfamilie des Ordensritters begründet, sie wurde auch als Verpflichtung gesehen durch die Zugehörigkeit zu einem Ritterorden, dessen Bedeutung innerhalb des Reiches hoch eingeschätzt wurde. Dies bot den Ansporn für den Ordensritter, es in barocker Präsentation seinen weltlichen Familienangehörigen und Standesgenossen zumindest gleichzutun. Deutliches Beispiel ist der Wiederaufbau der Landkommende Altshausen, abgeschlossen durch Landkomtur Franz Benedikt von Baden im Jahr 1690. Das im dortigen Schloß noch erhaltene Porträt des Landkomturs zeigt im Hintergrund genau diese Form.[11]

Wer war dieser Franz Benedikt Freiherr von Baden?[12]
Sein Geschlecht - nicht identisch mit dem der Markgrafen von Baden aus dem heutigen Baden-Baden - stammte aus dem heutigen Badenweiler. Es waren Ministerialen der Zähringer Markgrafen. Die Familie stellte insgesamt vier Söhne dem Deutschen Orden. Zwei von ihnen wurden Landkomture der Ballei

Das Wappenschild von Landkomtur Franz Benedikt von Baden im Rittersaal wird von zwei Putten begleitet; im ersten und vierten Feld steht das schwarze Deutschordenskreuz auf weißem Grund, die anderen Felder führen das schwarz-weiß geschachte Familienwappen

Elsaß-Burgund: die Brüder Johann Friedrich 1683 bis 1688 und Franz Benedikt 1688 bis 1707. Ein Vierteljahrhundert hat also die Familie die Geschicke der Ballei gelenkt, Franz Benedikt allein fast 20 Jahre. Franz Benedikt wurde 1644 geboren und 1670, also relativ spät, in den Deutschen Orden aufgenommen. Schon im nächsten Jahr war er Hauskomtur auf der Mainau, also Stellvertreter des Komturs, und mit den gesamten inneren Problemen, vor allem den wirtschaftlichen Fragen der Kommende beauftragt. 1677 erhielt er die Kommende Freiburg. Das war allerdings mit einer besonderen Aufgabe verbunden. Nachdem nämlich in jenem Jahr Freiburg von den Franzosen erobert und im folgenden Frieden von Nijmwegen 1678 ihnen zugesprochen worden war, machten jene die Vorstädte, Dörfer und Klöster um die Kernstadt dem Erdboden gleich, damit ebenso das Deutschordenshaus, um dort eine Festung anzulegen. So mußte der Komtur versuchen, Gelände und Gebäude für eine neue Ordenskommende anzukaufen, was ihm 1684 auch gelang. Wirtschaften und Bauen hatte er also gelernt, bevor er 1688 Landkomtur wurde. Die standesgemäße bauliche Präsentation bedeutete ihm offensichtlich viel, wie das erwähnte Porträt ausweist, wo er mit Stolz auf den 1690 fertiggestellten Wiederaufbau von Altshausen zeigt.

Aber auch die Wirtschaftsverhältnisse muß Franz Benedikt von Baden gut im Griff gehabt haben. 1690 beendete er die Bauarbeiten in Altshausen, und bereits im nächsten Jahr begannen die Verhandlungen um den Ankauf der Herrschaft Achberg. Der Vorbesitzer, Franz Johann Ferdinand von Sürgenstein, war hoch verschuldet, während der Landkomtur offensichtlich genügend Barmittel besaß, um die Herrschaft aufzukaufen. Bezeichnenderweise zahlte Freiherr von Baden gerade die 64 000 fl, die der Sürgensteiner zum Abtragen seiner Schulden benötigte. Es ist nicht anzunehmen, daß diese Summe genau dem Wert von Achberg entsprach. Wahrscheinlich mußte es unter Marktwert verkauft werden wegen der schlechten Finanzlage des Besitzers, und der Landkomtur nutzte die Situation aus. Die eigentliche Bedeutung des Erwerbs dürfte weniger im festen Haus Achberg als vielmehr im Grund und Boden der Herrschaft mit den Erträgen gelegen haben: Es handelte sich um zwei Dörfer, zwölf Weiler und circa 1 200 ha Fläche, entsprach also in etwa dem Bereich der heutigen Gemeinde Achberg. Der Landkomtur legte somit sein Geld zu einer von ihm erwarteten guten Verzinsung an. Das feste Haus war sozusagen die Dreingabe. Diese Dreingabe bedurfte allerdings erheblicher Zusatzinvestitionen für Sanierung, Umbau und Ausgestaltung. Frater Christoph Gessinger aus dem nahegelegenen Benediktinerkloster Isny wurde als Baumeister beauftragt. Auf ihn gehen Fundamentsanierungen, Innenraumänderungen, Vergrößerung der Fenster sowie Erneuerung der Giebel und des Dachstuhls zurück. Acht Jahre, von 1693 bis 1701, dauerten die Umbauarbeiten. Das Ergebnis: Achberg blieb nach außen ein festes Haus und wurde keineswegs ein barockes Schloß, wie wir es aus dem 18. Jh. gewohnt sind. Nicht Neubau einschließlich Komposition der Landschaft hat offenbar der Auftrag des Landkomturs gelautet, sondern Sanierung der Bausubstanz und Innengestaltung. Wir erkennen dies schon daran, daß der 1727 gezeichnete Plan der Herrschaft zwar das Haus, das Amtshaus als Sitz des Verwalters und die Wirtschaftsgebäude erkennen läßt, den zwischen Amtshaus und Wirtschaftsgebäuden liegenden Barockgarten aber noch nicht aufweist.[13] Den Repräsentationsbedürfnissen genügte nach außen offenbar die exponierte Lage. Das ist verständlich, wenn man bedenkt, daß die eigentliche landkomturliche Residenz, das Zentrum der Ballei und der Repräsentationsort der Ordensmacht in jenem Raum Altshausen war. Es wirft aber gleichzeitig die Frage der Nutzung von Achberg auf. Dafür gibt uns Franz Benedikt von Baden selbst den nötigen Hinweis: Im Jahr 1700 kaufte er dem Inhaber des Gerichtsbezirks Tettnang, zu dem Achberg gehörte, dem Grafen Anton von Montfort, die hohe Gerichtsbarkeit für Achberg ab. Dabei dürfte es ihm weniger um die Rechtsprechung gegangen sein als vielmehr um das damit verbundene Recht der Jagd auf Hochwild. Das einsam gelegene Haus Achberg sollte offenbar Jagdhaus des Landkomturs werden, während die Herrschaft zur Aufbesserung der jährlichen Einnahmen und als Geldanlage gedacht war.

Jagdhäuser hatten im Barock nach außen einfach zu sein, das Repräsentationsbedürfnis zeigte sich der kleinen, aber erlesenen Jagdgesellschaft erst innen. Hier allerdings entwickelte der Bauherr ein ganz besonderes Programm. Bereits am äußeren Eingang wird dies erkennbar: Über dem Tor befindet sich die Wappentrias von Amtswappen des Hochmeisters, allgemeinem Ordenswappen und Personalwappen des Landkomturs. Die Anbringung von Personal- oder Amtswappen über dem Portal war normal. Beim Deutschen Orden war auch die Wappentrias üblich: Hochmeister, Landkomtur, Komtur. Da es hier keinen Komtur gab, sondern Achberg direkt dem Landkomtur unterstand, trat anstelle des Komturswappens das allgemeine Ordenswappen. Ungewöhnlich ist jedoch, daß nur das Amtswappen des Hochmeisters erscheint, nicht jedoch das Personalwappen. Beim zweiten Hinsehen allerdings sehen wir, daß das hochmeisterliche Amtswappen von einem Fürstenhut bekrönt ist. Hochmeister Ludwig Anton von Pfalz-Neuburg, der 1694 starb, trug wie sein ihm nachfolgender Bruder Franz Ludwig den Fürstenhut im Wappen[14], so daß ein Datierungshinweis für das Portal daraus nicht gewonnen werden kann. Bekrönt wird die Wappentrias des Portals von der Gottesmutter Maria mit dem Kind auf dem Arm: Sie ist es, die über den Orden wacht.

Hauptportal von Achberg mit Halbsäulen und Wappentafeln. Löwen halten ein dreifaches Wappen: das Wappen der Deutschordens-Hochmeister, des Deutschen Ordens und des Landkomturs

Für das Innere von Achberg werden mit Recht „die überreichen Stuckarbeiten (...), Meisterwerke barocker Stukkateurkunst" gefeiert. An ihrem Programm ist der Bauherr, Landkomtur Franz Benedikt von Baden, mit Sicherheit maßgeblich beteiligt gewesen, denn hier tritt uns die Programmatik, die Ideologie des Ordens jener Zeit entgegen. In der Eingangshalle, dort, wo der Besucher seine Gangrichtung um 90° drehen muß, zur Treppe hin, begegnet uns das beherrschende Ordenskreuz in seiner allgemeingültigen Ausformung, allerdings mit gleichlangen Schenkeln. Dies ist durch den quadratischen Raum bedingt, bedeutet aber auch, daß den Besucher, unabhängig von der Änderung der Richtung, unabhängig ob er von unten kommt oder von oben das Haus verläßt, dasselbe Kreuz begleitet.

Im ersten Obergeschoß, gegenüber der Treppe, empfängt uns Landkomtur Franz Benedikt von Baden mit seinem Wappen, in dem natürlich das Ordenskreuz in der üblichen Form vorhanden ist, wie wir es schon über dem Eingangsportal sahen. Doch wir halten uns nicht weiter in den Wirtschafts- und Gesindestuben des ersten Obergeschosses auf, sondern steigen in das zweite Obergeschoß. Dort empfängt uns der Orden: Vierzehn Wappenmedaillons der Ritter der Ballei Elsaß-Burgund zieren die Decke des Ganges, voran im Osten der Landkomtur, dann seine acht Komture und die fünf Ritter, die die Ballei zu jener Zeit zählte.[15] Am Ende des Ganges, im Eckraum über dem steilen Geländeabfall mit weitem Blick in die Landschaft, liegt das Zimmer des Landkomturs. Auch hier begegnet uns das - wenn auch stilisierte - Kreuz des Ordens im Deckenstuck, es weist auf den höchsten regionalen Amtsträger hin. Die Ritter des Ordens bis hin zum Landkomtur bilden eine deutlich sichtbare, unter dem Kreuz verbundene Gemeinschaft. Gegenüber der Treppe betreten wir die zum Flur offene Kapelle, den zentralen Ort für den geistlichen Ordensritter. Das Rund des Universums umschließt das Kreuz des Hochmeisters, das Signum Christi und des Ordens.

Die Ordenstrias der Wappen über dem Eingangsportal ist hier in der Vertikalen wiederholt: Im Eingang das einfache Ordenskreuz, im ersten Geschoß das Kreuz des Landkomturs, im zweiten Geschoß das des Hochmeisters - die Räume liegen genau übereinander. Es wird eine offene Frage bleiben, wie sich diese Vertikale fortsetzte: Die Decke des im dritten Obergeschoß gegenüber der Treppe liegenden offenen Raumes hat durch Wassereinbruch so weitgehende Schäden erlitten, daß eine ikonographische Identifizierung des Stucks offenbar nicht mehr möglich war und deshalb bei der Restaurierung eine Freifläche gelassen wurde. In Analogie zum Eingangsportal wäre eine Mariensymbolik möglich, da Maria Hauptpatronin des Ordens war und die beiden anderen Patrone - Elisabeth und Georg - im gesamten Programm in Achberg nicht vertreten sind. Dafür spräche auch das Thema des im Jahr 1700 von Philipp Albert

Zehender gemalten Altarblattes: Gott erteilt dem Erzengel Gabriel den Auftrag der Verkündigung an Maria.[16] Es könnte also auch hier eine Vertikale vorgelegen haben von Portal über Altar zum dritten Obergeschoß, für die Maria als die Hauptpatronin des Ordens in Anspruch genommen worden wäre. Über eine Vermutung kommen wir allerdings nicht hinaus.[17] Der Vertikalgedanke wird ebenfalls deutlich unterstützt durch die Zunahme der Raumhöhe von Geschoß zu Geschoß, was ein Mehr an Licht bedeutet, die im dritten Obergeschoß im fensterreichen Saal ihren Höhepunkt erfährt. Dazu korrespondiert die Zunahme der Stuckintensität: Er wird von Geschoß zu Geschoß stärker ausgeprägt und wandelt sich immer mehr vom modelgeformten zum handgearbeiteten Stuck.[18]

Im dritten Obergeschoß schließlich liegt der sogenannte Rittersaal. Ich möchte ihn lieber als Festsaal bezeichnen, um falsche Burgenromantik zu vermeiden. Hier präsentiert der Landkomtur seinen Orden als Ritterorden, in der Aufgabenstellung, in der der Orden sich in jener Zeit sah.[19] Zentrales Symbol ist auch hier das Kreuz, in mehrfacher Deutung. Zum einen wird die Entstehung des Ordenskreuzes gezeigt. In den vier Ecken des Raumes halten Engel den Wappenschild: rechts hinten das einfache, vom Papst verliehene Kreuz; vorne rechts das vom König zu Jerusalem gegebene aufgelegte Jerusalemkreuz; vorne links die vom französischen König zugefügten Lilien an den Kreuzesenden; hinten links das vom Kaiser um den Reichsadler im Herzschild vermehrte Wappen. Seit der Ordenspriester und Direktor des Mergentheimer Priesterseminars Johann Caspar Venator in seiner Ordenschronik diese wohl schon aus dem 15. Jh. stammende Erklärung des hochmeisterlichen Amtswappens 1680 erstmals im Druck, noch dazu in bildlicher Darstellung bekanntgemacht hatte, gehörte sie in der Folgezeit zum festen Präsentationskanon jeder Kommende in Handschriften, Drucken, Wandteppichen, Fresken oder Stuckierungen.[20] Achberg ist ein frühes Beispiel dafür. Interessant ist allerdings die Abweichung von der bei Venator gegebenen Reihenfolge Papst - König von Jerusalem - Kaiser - König von Frankreich zu Papst - König von Jerusalem - König von Frankreich - Kaiser. Sie ist zwar heraldisch logischer, da auf diesem Wege die drei Ebenen des Kreuzes nacheinander entstehen: einfaches Kreuz - Auflagekreuz - Lilienenden des Auflagekreuzes - Herzschild auf beiden Kreuzen. Doch dürfte diese rationale Erklärung, wenn überhaupt, nur nachgeordnet sein. Wichtiger war die vom Kopfende des Saales zu lesende Symbolik: Kaiser und Papst standen zuoberst für den Orden, sie umschlossen sein Werden und Sein, alles andere wurde zwischen diese beiden Mächte eingebettet.

An den Enden des Festsaales, von wulstigem Eichenblattkranz umgeben, finden wir erneut das Amtskreuz des Hochmeisters, doch um die Evangelistensymbole an den Kreuzesenden unterhalb der Lilien vermehrt. Zwar kennen wir die

Verbindung der Evangelistensymbole mit den Kreuzesenden in vielfältiger Form bei Vortragekreuzen und Reliquiaren, doch in Verbindung mit dem Hochmeisterkreuz ist sie ausgesprochen ungewöhnlich. Hinzu kommt die ebenso ungewöhnliche Zufügung des Fürstenhutes über dem Herzschild; es ist derselbe Fürstenhut, den wir bereits über dem Eingangsportal über dem Amtswappen des Hochmeisters sahen. Ein drittes Moment fällt ebenfalls aus dem gewohnten ikonographischen Rahmen: Der Herzschild trägt nicht den im Hochmeisterwappen üblichen staufischen, das heißt einköpfigen Adler, sondern den habsburgischen Doppeladler. Hier werden erneut allgemeine Symbole der Kirche und des Reiches mit der Ordensgegenwart aufs engste verschmolzen, der Orden ist Teil von Kirche und Reich. Es ist derselbe Gedanke, den wir bereits bei der abweichenden Reihenfolge der Schilde in der Darstellung der Entstehung des Hochmeisterwappens sahen.

Im Schnittpunkt der bisher betrachteten Kreuzessymbolik, im Zentrum von Längsachse und Diagonalen des Saales, ist in ebenso voluminösem Eichenlaubkranz das volle Personalwappen des amtierenden Hochmeisters, Franz Ludwig von Pfalz-Neuburg, angebracht. In ihm verbindet sich am deutlichsten das symbolische Kreuz mit der Gegenwart.[21] Dudik beschreibt das hochmeisterliche Wappen wie folgt: „Den großen Schild theilt das daraufgelegte Hochmeister-Kreuz in vier Hauptfelder. Das erste Hauptfeld, zweimal der Länge nach getheilt, enthält im ersten schwarzen Quartier einen goldenen, roth gekrönten Löwen wegen der Pfalzgrafschaft bei Rhein, im zweiten Quartiere die weiss und blauen Wecken wegen des Herzogthums Baiern, und im dritten in Gold einen schwarzen Löwen wegen Jüllich. Das zweite Hauptfeld, einmal in der Länge getheilt, hat im ersten rothen Felde ein silbernes Schildlein mit acht kreuzweis gelegten, goldenen Lilienstäben wegen Kleve, und im zweiten

Hochmeister Franz Ludwig von Pfalz-Neuburg (reg. 1694-1732); unbekannter Maler um 1720

silbernen einen rothen, blau gekrönten Löwen wegen Berg. Im dritten, gleichfalls der Länge nach getheilten Hauptfelde ist im ersten silbernen Quartier ein blauer Löwe goldgekrönt wegen der Grafschaft Veldenz, und im zweiten ein von Silber und Roth in vier [bzw. drei] Reihen geschachter Querbalken auf goldenem Grunde wegen der Grafschaft Mark. Endlich im vierten in die Länge getheilten Hauptfelde sind in Silber drei rothe Sparren wegen der Grafschaft Ravensburg, und in Gold ein schwarzer Querbalken wegen der Grafschaft Mörs. Der Mittelschild besteht gleichfalls aus vier Feldern; im ersten ... ist das Wappen des Bisthums Worms, nämlich im schwarzen, mit goldenen Spornchen bestreuten Grunde ein schräg links liegender silberner Schlüssel, im zweiten silbernen die Infel von Ellwangen, im dritten (längsgetheilten) ... in Gold den schwarzen schlesischen Adler mit dem überwärts gehörnten Monde und einem silbernen Kreuze auf der Brust, und ... sechs weissen Lilien im rothen Felde wegen des Bisthums Breslau." Dazu korrespondiert der hochmeisterliche Titel: „Administrator des Hochmeisterthums in Preußen, Meister Teutschen Ordens in teutschen und wälschen Landen, Majestät Obrister Hauptmann des Herzogthums Ober- und Niederschlesien." Ordenstradition und reichsfürstliche Gegenwart verbinden sich allen Besuchern des Saales eindrucksvoll in jenem zentralen Wappenfeld der Decke.

Die Gegenwartsaufgabe des Ordensritters füllt mit ihren Attributen die verbleibende, große Fläche der Decke: Rüstungen im Zentrum[22], umgeben von Fahnen, Gewehrpyramiden, Kanonen in den Ecken der Kreuzmedaillons, in den Raumecken Waffenbündel von Gewehren, Spießen, Degen, Hellebarden, Schwertern usw., mit paukenschlagenden sowie fanfare- und dudelsackblasenden Engeln, kurz gesagt eine fantasiereiche Form der Armaria des Ritterordens,

Wappen des Hochmeisters Franz Ludwig von Pfalz-Neuburg im Achberger Rittersaal

wie wir sie häufig bei Selbstdarstellungen des Deutschen Ordens finden[23]. Auch hier bietet das Kreuz wieder die Verbindung, die Fahnen tragen natürlich das Ordenswappen. Eine Eckfigur am Kopf des Saales zeigt deutlich, gegen wen all diese Armaria gerichtet sind: Es ist die Darstellung eines türkischen Bogenschützen.

Der Bereich der Eckfiguren auf der Höhe der Supraporten bildet die Ebene der Überleitung zwischen symbolträchtigem Deckenstuck und dem Besucher des Festsaales. Hier nun finden wir auch Franz Benedikt von Baden, den Landkomtur. Verbirgt er sich über dem Hauptportal noch in der Umschreibung des Restaurierungstextes, bietet die linke Tür als Supraporte das einfache Ordenswappen, so bekrönt die rechte Tür das Wappen des Landkomturs in der üblichen, quadrierten Form von Ordenskreuz und Familienwappen. Da das Deckenprogramm, wie wir bereits sahen, von der Nordseite des Saales aus zu

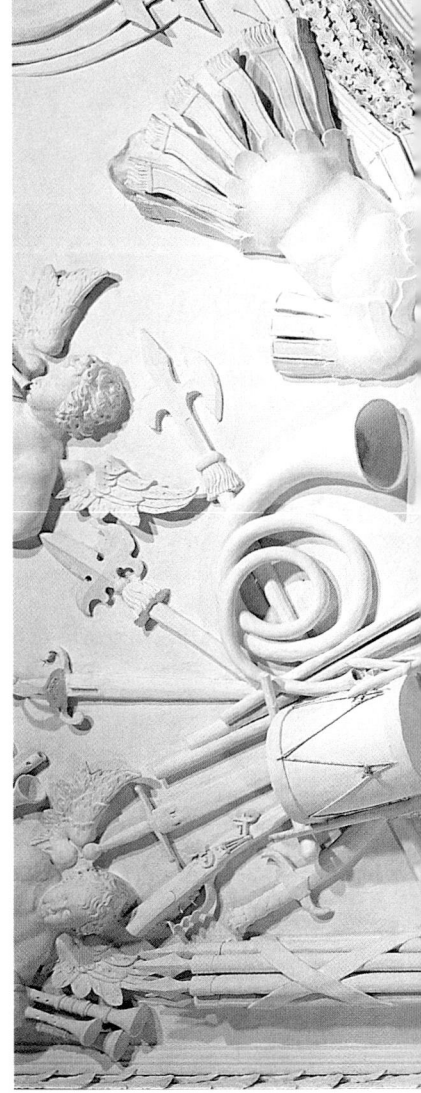

lesen ist, so nimmt denn auch das Landkomturwappen in der vorgegebenen Blickrichtung, im vollen Licht der Fenster gelegen, den hervorragenden Platz ein. Betont wird es noch dadurch, daß es im Gegensatz zur weiß gehaltenen Decke in Gold gefaßt und bekrönt ist, damit die drei wichtigsten Farbtöne des Barock vereinend: Gold, Silber (weiß) und Schwarz. Auf diese Art auf die Person des Bauherrn von Achberg aufmerksam geworden, entdecken wir ihn auch im Symbolbereich der Decke, inmitten der Armaria, teilhabend am ritterlichen Aufgabenfeld seines Ordens: Fanfarentücher und Patronentaschen tragen sein Wappen.

Gleichzeitig bietet die Übergangszone von Decke zu Wand aber auch den Hinweis auf die Funktion von Achberg als Jagdhaus: florale Girlandenmotive, Trauben und Eckfiguren, die nicht aussehen, als befänden sie sich gerade im Türkenkrieg[24] - neben die unübersehbare Präsentation des Ordens tritt die Gegenwart der Nutzung. Das Bindeglied ist der Landkomtur Franz Benedikt von Baden, denn nur bei seiner Anwesenheit gab es auf Achberg auch Gäste.

Diese Interpretation der Innenraumgestaltung von Achberg entspricht voll der barocken

Rittersaal auf Schloß Achberg: auf der Patronentasche in der Mitte das Wappen des Landkomturs Franz Benedikt von Baden

Vorstellungswelt. So ist das Programm der vom Wangener Stukkateur Balthasar Krimmer gestalteten Raumausstattung nicht dem Zufall oder den Vorstellungen des Handwerkers überlassen worden, es verwirklicht die Gedankenwelt des Landkomturs, es zeigt uns, wie der Deutsche Orden im ausgehenden 17. Jh. sich selbst gesehen hat. Er verstand sich wie zu seiner Gründungszeit eingebunden in den göttlichen Heilsplan im Kampf gegen die Feinde der Christenheit, aber auch als das „Spital des deutschen Adels", wo der Ritter nicht nur eine standesgemäße Aufgabe, sondern ebenfalls ein standesgemäßes Auskommen fand. Beides wird in Achberg gezeigt, von einem herausragenden Vertreter des Ordens. Es ist von den Zeitgenossen verstanden worden, denn den damaligen Besuchern war jene Gedankenwelt vertraut.

Wir kennen ein Parallelbeispiel der Darstellung, auch aus der Ballei Elsaß-Burgund, auch unter Franz Benedikt von Baden als Landkomtur. Es ist der

Wandkalender auf das Jahr 1701, in dem Achberg in der offizellen Titulatur des Landkomturs erscheint, gerade zum Zeitpunkt der Fertigstellung des Umbaus.[25] Dieselbe Symbolik, die wir vor allem in der Decke des Festsaales erleben, zeigt uns der Kalender, wenngleich auf komprimiertem Raum: Ordenspatrone, Wappen von Hochmeister, Landkomtur, Ordensrittern, die Armaria, Ansichten der Landkommende und der Kommenden Beuggen und Mainau, um nur einige der vielen Details zu nennen. Einen solchen Kalender verschenkte der Landkomtur zum neuen Jahr an benachbarte geistliche und weltliche Fürsten, an Standesgenossen, denen er das Selbstverständnis seines Ordens auf diesem Weg vermittelte.[26] Kalender und Bau sind zwei grundsätzlich verschiedene Medien, doch beide zeigen uns die Vorstellungs- und Lebenswelt des barocken Ordensritters in eindringlicher Form. Sie gehören deshalb für uns im erklärenden Nachvollzug ebenso zusammen wie seinerzeit für Franz Benedikt von Baden.

Daß wir diese Architektur gewordene Gedankenwelt der Zeit von vor 300 Jahren in solcher Schönheit wieder betrachten können, verdient unser aller Dank. Deshalb stehe am Schluß wieder eine Achberger Bauinschrift: „Ewiger Lohn sei beschieden der Müh, die den Aufbau vollbrachte - sit reparatorum merces aeterna labori!"[27]

[1] Im folgenden handelt es sich um den nur leicht überarbeiteten und mit Nachweisen versehenen Vortrag, den ich anläßlich der Kapellenweihe am 16. September 1995 in Schloß Achberg gehalten habe. Das Manuskript wurde in den Beiträgen zur Kulturgeschichte von Altshausen und Umgebung, hg. von der Gesellschaft für Geschichte und Heimatpflege e.V., 19. Jg., 1996, Nr. 2, S. 6-24, vorab veröffentlicht. Für diese Publikation wurde das Manuskript nochmals überarbeitet.

[2] Die bisherige Literatur über Achberg ist eher spärlich zu nennen: Friedrich Eisele, Die ehemalige Herrschaft und jetzige Exklave Achberg, in: SVGB 50 (1922), S. 98-139; Die Kunstdenkmäler Hohenzollerns, hg. v. Walther Genzmer, Bd. 2: Kreis Sigmaringen, Stuttgart 1948, S. 37-46 und Abb. 144-155; Rudolf Seigel, Die Herrschaft Achberg im 18. Jahrhundert, in: Hohenzollerische Heimat 19 (1969), Nr. 1, S. 10-13 (Edition einer Beschreibung der Herrschaft Achberg von 1708); Reiner Falk, Schloß Achberg. Ein verborgenes Schmuckstück barocker Kunst und Kultur, Ravensburg 1991²; Eva Christina Vollmer, Der Stuck in Schloß Achberg. Ein bisher unbekanntes Werk des Wangener Stukkators Balthasar Krimmer, in: Im Oberland 4 (1993), Heft 2, S. 3-12; Schloß Achberg. Ein barockes Kleinod Oberschwabens, hg. v. Denkmalstiftung Baden-Württemberg, mit Beiträgen von August Gebeßler und Irene Pill-Rademacher, Stuttgart 1995; zuletzt Irene Pill-Rademacher, Neues Leben hinter alten Mauern - Schloß Achberg, in: In Baden-Württemberg 44 (1997), S. 54-57. Das Zitat nach Kunstdenkmäler, S. 43 bzw. Falk, S. 1 f.

[3] Vgl. den Grundriß in Kunstdenkmäler (wie Anm. 2), S. 40: Mauerstärke und geländebedingtes Abknicken der jüngeren, westlichen Bauteile signalisieren den Befund, den die Bauuntersuchung bestätigt.

[4] Nach Kunstdenkmäler (wie Anm. 2), S. 43 bzw. Falk (wie Anm. 2), S. 1 f.

[5] Die Literatur zum Deutschen Orden ist sehr reichhaltig. Für unsere Fragestellung sind vor allem zu nennen: Marian Tumler/Udo Arnold, Der Deutsche Orden. Von seinem Ursprung bis zur Gegenwart, Bad Münstereifel 1992⁵ (einzige Gesamtdarstellung, in populärer Form); 800 Jahre Deutscher Orden (Ausstellungskatalog), hg. v. Gerhard Bott und Udo Arnold, Gütersloh/München 1990 (für die gesamte Ordensgeschichte); Kreuz und Schwert. Der Deutsche Orden in Südwestdeutschland, in der Schweiz und im Elsaß (Ausstellungskatalog), hg. v. Udo Arnold, Mainau 1991; in den Katalogen jeweils Überblicksdarstellungen.

[6] Im folgenden stütze ich mich auf meine Überblicksdarstellungen, die anläßlich des 800jährigen Jubiläums 1990 und später in deutscher, französischer, englischer und niederländischer Sprache an verschiedenen Orten, u. a. den in Anm. 5 genannten Katalogen erschienen, ohne hier zusätzliche Einzelnachweise anzuführen.

[7] Vgl. dazu zuletzt Alois Seiler, Der Deutsche Orden als Stadtherr im Deutschen Reich. Das Beispiel Mergentheim, in: Stadt und Orden. Das Verhältnis des Deutschen Ordens zu den Städten in Livland, Preußen und im Deutschen Reich, hg. v. Udo Arnold (Quellen und Studien zur Geschichte des Deutschen Ordens 44 = Veröffentlichungen der Internationalen Historischen Kommission zur Erforschung des Deutschen Ordens 4), Marburg 1993, S. 155-187.

[8] Zu Preußen vgl. besonders Hartmut Boockmann, Der Deutsche Orden. Zwölf Kapitel aus seiner Geschichte, München 1944⁴.

[9] Vgl. Baukunst und Bauhandwerk des Deutschen Ordens in Südwestdeutschland im 18. Jahrhundert. Baupläne - Karten - Ansichten (Ausstellungskatalog), bearb. v. Alois Seiler u. a., Ludwigsburg 1981; Joachim Hennze, Die Keller. Eine fränkische Baumeisterfamilie des Barockzeitalters in Diensten des Deutschen Ordens (Quellen und Studien zur Geschichte des Deutschen Ordens 39) [erscheint in Kürze]; Hans Martin Gubler, Johann Caspar Bagnato und das Bauwesen des Deutschen Ordens in der Ballei Elsaß-Burgund im 18. Jahrhundert, Sigmaringen 1985.

[10] Vgl. Udo Arnold, Regelentwicklung und Türkenkriege beim Deutschen Orden, in: Dienst für die Geschichte. Gedenkschrift für Walther Hubatsch, hg. v. Michael Salewski und Josef Schröder, Göttingen 1985, S. 25-40; Nachdruck in: Die Regeln des Deutschen Ordens in Geschichte und Gegenwart, hg. v. Ewald Volgger, Lana 1985, S. 125-146.

[11] Siehe die Abbildung im Aufsatz von Walther Rechmann in diesem Band.

[12] Vgl. besonders Kreuz und Schwert (wie Anm. 5), Register, ergänzend die in Anm. 2 genannte Literatur und die Untersuchung von Walther Rechmann in diesem Band.

[13] Siehe die Abbildungen in den Aufsätzen von Sebastian Röttgers und Irene Pill-Rademacher, Zeitraffer, in diesem Band.

[14] Vgl. Beda Dudik, Des hohen Deutschen Ritterordens Münz-Sammlung in Wien, Wien 1858, Nachdruck Bonn 1966 (Quellen und Studien zur Geschichte des Deutschen Ordens 6), S. 215 und 222 sowie die zugehörigen Münzabbildungen.

[15] Aufzählung mit Wappenbeschreibung und Inschrift in Kunstdenkmäler (wie Anm. 2), S. 40-43. Der Stuck allgemein auch beschrieben bei Vollmer (wie Anm. 2), jedoch ohne Deutung inhaltlicher Art. Vgl. dazu auch Helmut Hartmann in diesem Sammelband.

[16] Vgl. Kunstdenkmäler (wie Anm. 2), S. 43.

[17] Vollmer (wie Anm. 2), S. 8 vermutet ein Kaiserwappen als Steigerung vom Wappen des Landkomturs und des Hochmeisters in den darunterliegenden Räumen. Ihr entgeht dabei jedoch die weiterreichende Steigerung vom Erdgeschoß an und sie läßt außer Acht, daß es sich um einen geistlichen Ritterorden handelt, dessen Zeichen das Kreuz war, womit an dieser Freifläche viel eher die Ordenspatronin als ein Kaiserwappen infrage käme, zumal ein Kaiser- oder Reichsbezug in Achberg erst im Festsaal auftaucht, dort aber auch dem Kreuz deutlich untergeordnet ist.

[18] Der Restaurierungsbericht müßte hierzu genaue Aussagen machen.

[19] Eine gute Beschreibung des Stucks bei Vollmer (wie Anm. 2), S. 9 f., wenngleich ihr die Deutung mangels Kenntnis der Deutschordensgeschichte nicht so recht gelingt. Gute Abbildung zuletzt bei Pill-Rademacher, Neues Leben (wie Anm. 2), S. 54 f., vgl. auch

die Abbildung in diesem Band bei Irene Pill-Rademacher, Zeitraffer. Siehe dazu ebenfalls den Aufsatz von Bernd M. Mayer in diesem Band.

[20] Johann Caspar Venator, Historischer Bericht vom Marianisch Teutschen Ritter-Orden, Nürnberg 1680; 800 Jahre (wie Anm. 5), S. 257-259, mit den Abbildungen aus Venator.

[21] Zur Wappenerläuterung vgl. Dudik (wie Anm. 14), S. 222.

[22] Es ist dieselbe Rüstung, die auch im selben Geschoß im sogenannten Fürstenzimmer, dem vornehmsten Gästezimmer, die Gestalt des Hermes trägt.

[23] Ein völlig anderer Funktionsbau des Ordens, die 1729 bis 1733 erbaute Elisabethkapelle der Kommende Sterzing in Südtirol, zeigt ein ähnliches Programm mit ebenfalls ganz deutlicher Betonung der Armaria, dort in Stuck sogar über dem Hochaltar; vgl. St. Elisabeth im Deutschhaus zu Sterzing (Messerschmitt Stiftung. Berichte zur Denkmalpflege V), Innsbruck/Bozen 1989, S. 7 und öfter. Die Beispiele ließen sich vermehren, verdeutlichen jedoch, daß es sich bei dem Deckenstuck von Achberg um den Ausdruck

des im gesamten Orden verbreiteten Selbstverständnisses des 17./18. Jhs. handelt, wenngleich mit einigen Besonderheiten.

[24] Vollmer (wie Anm. 2), S. 10, konstatiert für zwei der Eckfiguren altmodische, das heißt ins 17. Jh. verweisende Trachten. Dies mag zutreffen und kann von mir nicht überzeugend gedeutet werden. Sicher nicht zutreffend ist aber die nicht von der Autorin stammende Vorstellung in der Bildunterschrift S. 11, bei den vier Eckfiguren handele es sich um die vier Glaubensfeinde der katholischen Kirche: Türken, Schweden, Calvinisten und Protestanten. Abgesehen davon, daß die Begrifflichkeit nicht präzise ist - es müßte im Gegensatz zu Calvinisten dann Lutheraner heißen, und Schweden sind keine eigene Gruppe, sondern ebenfalls Lutheraner -, steht sie damit in eklatantem Gegensatz zur damaligen Wirklichkeit des Deutschen Ordens. Seit der Reformation handelte es sich nämlich um einen trikonfessionellen Orden mit Katholiken, Lutheranern und Calvinisten - in einer Ballei, Hessen, sogar alle drei Konfessionen gemeinsam, unter einem katholischen Oberhaupt. Es

dürfte abwegig sein, Franz Benedikt von Baden in seinem Schloß Achberg ein Programm verwirklichen zu lassen, das gegen die eigenen Ordensbrüder gerichtet gewesen wäre.

[25] Zum Wappenkalender vgl. den Aufsatz von Walter Ebner in dieser Publikation. Siehe auch die Abbildungen bei Helmut Hartmann.

[26] Vgl. 800 Jahre (wie Anm. 5), S. 184; Kreuz und Schwert (wie Anm. 5), S. 175 f. (jeweils mit Abbildung).

[27] Zitiert in Schloß Achberg (wie Anm. 2), S. 6.

Sieberatsweiler Achberg

Verkauf der Herrschaft Achberg durch Reichsfreiherr Franz Johann Ferdinand von Sürgenstein an Landkomtur Franz Benedikt von Baden zu Altshausen (3. März 1693)

Liebe auf den ersten Blick – Die Ritterherrschaft Achberg und Landkomtur Franz Benedikt von Baden*

Von Hans Ulrich Rudolf

Schloß Achberg blickt auf eine vielhundertjährige Vergangenheit zurück, jedoch seine heutige Gestalt verweist nahezu ausschließlich in die letzte Phase seiner feudalen Besitz- und Herrschaftsgeschichte, in die Zeit der Deutschordensherrschaft zwischen 1691 und 1805/06. Damals, vor allem aber unter dem ersten Deutschordens-Schloßherrn, Landkomtur Freiherr Franz Benedikt von Baden (1688-1707), erhielten die Innenräume des Schlosses jene frühbarocke Prägung, welche durch die 1995 abgeschlossene Restaurierung wieder zu strahlendem Glanz aufpoliert worden ist.

Der kostspielige Erwerb der Herrschaft und der aufwendige Umbau der Schloßgebäude, aber auch die bemühte Territorialpolitik des Landkomturs zwischen 1693 und 1707, belegen das außerordentlich große Interesse Franz Benedikts von Baden an der Herrschaft Achberg. Aus diesem Grunde vor allem versucht der folgende Artikel, die bisher nur abrißartig erarbeitete Besitz- und Herrschaftsgeschichte[1] Achbergs einmal stärker auf den Deutschordens-Landkomtur Franz Benedikt von Baden zu fokussieren, insbesondere also auf Erwerb, Status und Struktur sowie Ausbau der Herrschaft während seiner Amtszeit.

1. Achberg kommt unter das Deutschordenskreuz (1691-1693)
1.1 Der Abzug der Sürgensteiner

Achberg war 1530 in die Hand der Familie von Sürgenstein gelangt und in der Folge Residenz einer eigenen Linie geworden. Nachdem das Haus Sürgenstein unter Hans von Sürgenstein (ab 1588 ebenfalls zu Amtzell, † 1611) seine größte Ausdehnung erlangt hatte, begann schon bald ein allmählicher Niedergang. Dieser war gekennzeichnet durch wachsende Verschuldung, deren Ursachen sowohl Mißwirtschaft und Verschwendung waren als auch die häufig zahlreichen Kinder, deren standesgemäße Versorgung - nicht nur bei Töchtern - erhebliche Finanzprobleme schufen. Unter dem letzten Sürgensteiner der Achberger Linie, Franz Johann Ferdinand von Sürgenstein zu Achberg, Herrn von Ballhausen, Zöschingen und Dunstelkingen († 1708), erreichte die Verschuldung einen nicht länger tragbaren Grad[2], und der Verkauf von Herrschaftsbesitz wurde unumgänglich. Am 11. Mai 1691 vereinbarte der Reichsfreiherr mit dem Deutschen Orden die Abtretung Achbergs um 64.000 Gulden; der Kaufinteressent war Freiherr Franz Benedikt von Baden, Landkomtur der Ballei Elsaß-Burgund mit Sitz in Altshausen.

Die näheren Hintergründe gehen aus den bisher bekannten Quellen nicht hervor. Zweifellos hätte die benachbarte Linie Sürgenstein-Sürgenstein Achberg angesichts seiner Nähe zur Stammherrschaft Sürgenstein gerne der Familie erhalten, war aber offensichtlich finanziell nicht dazu imstande. Die innerfamiliären Auseinandersetzungen im Rahmen der Verkaufsverhandlungen, insbesondere das Feilschen der Agnaten um Abfindungen, machen offenkundig, daß flüssiges Kapital in der weiteren Familie des Verkäufers ebenfalls rar und an einen Ankauf des kostbaren Objekts nicht zu denken war - zumal da dem letzten Sürgensteiner Schloßherrn zu Achberg so viele dringliche Schuldverschreibungen (nicht zuletzt auch der eigenen Familie) im Nacken saßen, daß Verkäufer und Gläubiger auf einen guten Verkaufspreis angewiesen waren, um auf ihre Kosten zu kommen. Wie die Kontakte zwischen Käufer und Verkäufer zustandegekommen sind, ist im einzelnen nicht bekannt. Nimmt man die Aussage der Verkaufsakten wörtlich[3], dann hätte der Sürgensteiner zu Achberg seine Herrschaft dem Deutschen Orden selbst angetragen; vermutlich war landläufig bekannt, daß der Orden nicht nur stetig die Ausweitung seines Besitzes anstrebte, sondern auch finanziell in der Lage war, einen guten Preis zu zahlen.

1.2 Schwierige Kaufverhandlungen

Der Verkauf selbst ging dann aber keineswegs rasch über die Bühne, sondern dauerte von der ersten Absprache an bis zur Ausstellung der Kaufurkunde etwa zwei Jahre, bis zur Abwicklung aller finanziellen Fragen sogar fast vier Jahre. Der Besitzwechsel einer Herrschaft von der Größe und Bedeutung Achbergs war keine einfache Sache, sondern erforderte zahlreiche vorbereitende und flankierende Maßnahmen:

„Lehnherrliche Consensen"
Der Verkäufer hatte zuvor die Einwilligung der Lehensherren der Herrschaft Achberg und ihrer in den Verkauf einbezogenen Außenbesitzungen einzuholen. Diese Zustimmung, die zugleich die Bereitschaft beinhaltete, den Käufer und neuen Besitzer später auch zu belehnen, wurde offensichtlich sowohl vom Haus Habsburg-Österreich als Lehensherrn Achbergs als auch vom St. Gallener Fürstabt als Lehensherrn des Weinguts Retterschen (Gde. Kreßbronn) und der Weiherstatt in Schwarzenbach (Neuravensburg, Gde. Wangen) anstandslos erteilt.[4] Schwieriger gestaltete sich der Erwerb des *Groß- und Kleinzehnten* der Pfarrei Urlau[5], der ein Lehen vom Hochstift Würzburg war. Dort gab es offensichtlich Bedenken, und man zögerte. Die Zeit verstrich, und so fehlte zum Zeitpunkt der Übernahme Achbergs durch den Orden der fürstbischöfliche Konsens. Der Urlauer Zehnt mußte daher vorerst (bis 1700) in den Händen des Sürgensteiners verbleiben.

„Einwilligung meiner gesamten Herren Agnaten"

Nach altem germanischem Recht mußten jedem Verkauf und jeder Schenkung von Familiengut, Eigentum wie Lehen, alle erbberechtigten männlichen Verwandten des Verkäufers, die sogenannten *Agnaten*, zustimmen, wollte man spätere An- und Einsprüche sowie schwierige Rechtsprozesse ausschließen. Auch dabei erhoben sich nun sofort Schwierigkeiten: Die Vettern (zweiten Grades) des bisherigen Herrn von Achberg, Johann Joachim Franz († 1704), Johann Roman († 1717) und Johann Fidel († 1700), alle von Sürgenstein, sahen zwar wohl grundsätzlich den Verkauf als unvermeidbar an, banden aber ihren Konsens an die Forderung nach Entschädigungen aus der Verkaufssumme. Teilweise handelte es sich dabei um von Franz Johann Ferdinands Vater nicht ausbezahlte Heiratsgelder, teilweise um hypothekarische Schulden sowie um Ansprüche auf den Urlauer Zehnten.

Es kam in der Folge zu mehreren *Conferencen* der Sürgensteinischen Agnaten mit dem Landkomtur, der sich seinerseits energisch um eine zügige Abwicklung des Kaufs bemüht zu haben scheint: Am 11. April 1691 schloß man in Meersburg einen *Receß* (Vertrag), welcher den obengenannten Vettern im Falle des Verkaufs Achbergs an den Deutschen Orden 8.150 fl zusicherte. Die Urlauer Zehntfrage dagegen konnte erst bei zwei weiteren Treffen, in Altshausen (19. Februar 1693) und auf der Mainau (1. Dezember 1693), zur allseitigen Zufriedenheit gelöst werden[6]: Die Agnaten wurden mit weiteren 3.600 fl entschädigt. Dieser Betrag sollte ihnen ausbezahlt werden, obwohl sich gerade damals herausstellte, daß das Urlauer Zehntrecht dem Käufer wegen des fehlenden Lehenskonsenses nicht sogleich ausgehändigt werden würde. Der Landkomtur wollte sich aber durch die Vorauszahlung auf alle Fälle das Anrecht auf den ihm wichtigen Zehnten sichern. Insgesamt gingen schließlich von der Kaufsumme in Höhe von 64.000 fl immerhin 17.183 fl an die Sürgensteiner Verwandten, davon allein 11.750 fl an die *sambtlichen Herren Agnaten*, der Rest an den *Herrn Baron von Sürgenstein*, den Inhaber der Herrschaft Sürgenstein-Sürgenstein.[7]

„Khauff-Brieff umb die Herrschaft Achberg, und was darzue gehörig"

Nach der gütlichen Beilegung aller Auseinandersetzungen konnte der Verkäufer schließlich am 3. März 1693 den endgültigen förmlichen Kaufbrief (siehe Transkription im Anhang, Nr. 2) ausstellen: Schloß und Herrschaft Achberg fielen samt Zugehör für 64.000 fl unwiderruflich an die Ballei Elsaß-Burgund des Deutschen Ritterordens zu Altshausen. Das Verkaufsobjekt wurde im Kaufbrief nicht im einzelnen spezifiziert, sondern hinsichtlich des Umfangs der Herrschaft wurde auf den detaillierten Verkaufsvertrag von 1491 verwiesen (siehe Transkription im Anhang, Nr. 1). Darüber hinaus wurden aber die Herrschaftsobjekte und -rechte einerseits sehr pauschal und andererseits wieder außerordentlich redundant aufgezählt. Einige Beispiele: *mit allen Gebäwen,*

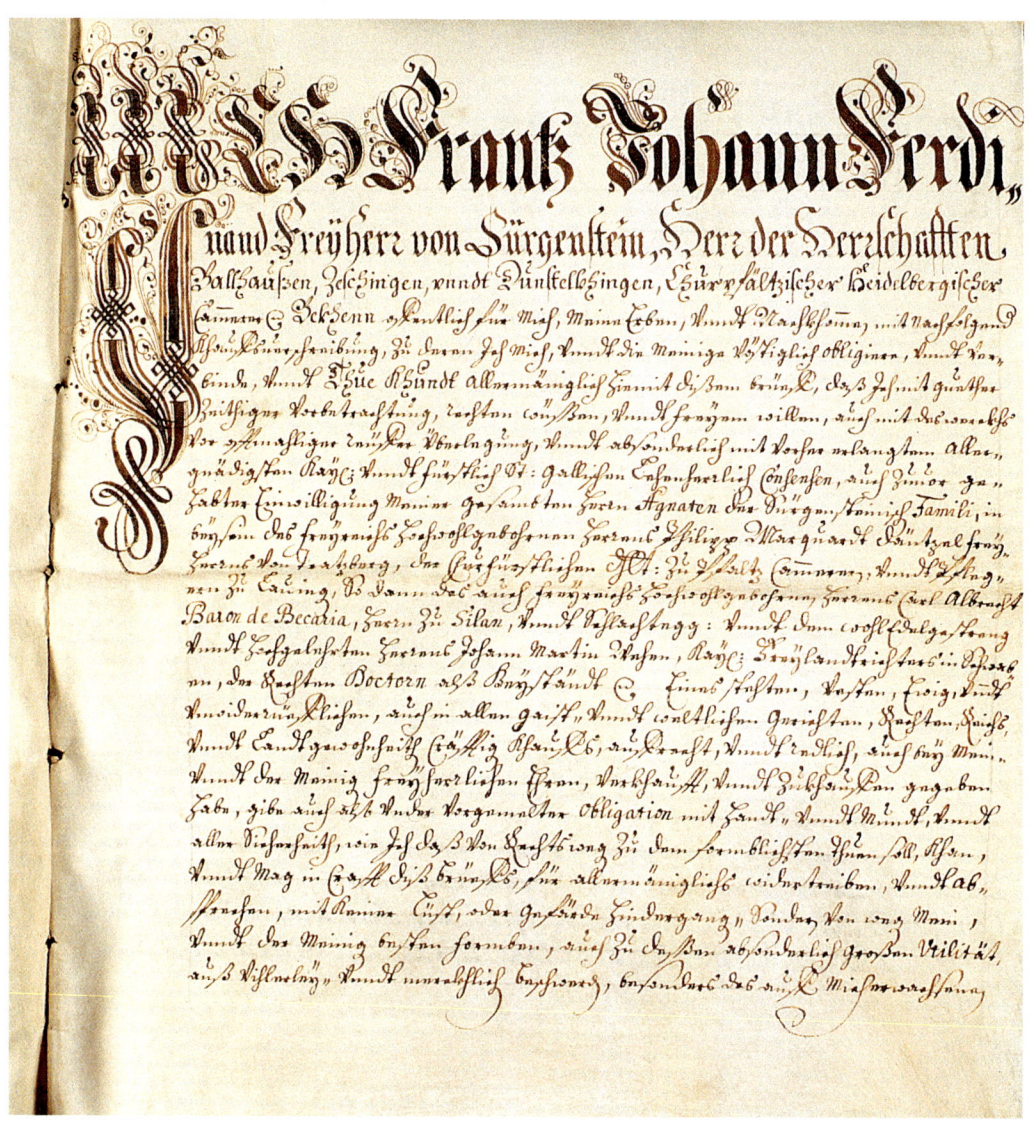

Verkauf der Herrschaft Achberg durch Reichsfreiherr Franz Johann Ferdinand von
Sürgenstein an Landkomtur Franz Benedikt von Baden zu Altshausen (3. März 1693)

Häußern, Städlen und Güetten, Rentten, Gülten, Zünßen, Zechenden, Freveln, Buessen, Straffen, Geföllen, wie die Nahmen haben mögen, oder: mit aller Ein- und Zuegehörungen, wo undt wie die gelegen, so von Recht unndt alter Gewohnheits wegen darzu unndt darein gehördt haben, zu Berg unndt Thall, Grundt unndt Boden, Benandts unndt Unbenandts, Gesuechts unndt Ungesuechts, nichts darvon außgenommen, mit aller Recht unndt Gerechtigkhaiten, in Summa cum omni iure et causa usw. Diese Redundanz entsprang weniger barockem Überschwang oder geschwätziger Weitschweifigkeit als vielmehr juristischer Erfahrung und Tradition: Dahinter verbarg sich die Sorge vor griffelspitzerischen rechtlichen Anfechtungen oder Einsprüchen aller Art. Indem man bei der Beschreibung der Kaufobjekte für ein und dieselbe Sache mehrere gängige Bezeichnungen gebrauchte und die Aufzählung noch durch Pauschalklauseln (*wie die Nahmen haben mögen*) oder durch den Verweis auf die bisherige Herrschaftspraxis des Verkäufers (*so von alter löblicher Gewonheit dartzu gehoerent*[8] oder *wie dan daß alles auff mich obbenandten Verkhäuffern unndt meine Vorfahrer gekhommen*[9]) salvatorisch umfing, suchte man alle Schlupflöcher für eventuelle spätere Einsprüche zu verschließen. Mit derselben Ausführlichkeit wurden ebenso stets *Ansprach und Geferd* (1335) oder *Forderung und Ansprach* beziehungsweise *Clagen und Abgewünnen* (1693), das heißt, alle Möglichkeiten der rechtlichen Infragestellung des einmal erworbenen Besitzes durch wen auch immer, ausgeschlossen und eventuell doch auftauchende Streitfälle samt den daraus entspringenden Ungelegenheiten und Unkosten auf den Verkäufer sowie seine Erben und Nachkommen zurückverwiesen. Solche und andere vielseitig verklausulierten Absicherungen waren durchaus üblich und machten Verkaufsurkunden seit dem Spätmittelalter immer langatmiger und schwerer verständlich.

„Brüeffliche Documenta"

Der Verkauf schloß nicht nur die Auslieferung der Achberger Güter ein, sondern auch *alle überberührt verkhauffte Güetter des adelichen Rütter Gueths Achberg besagende brüeffliche Documenta, ahn Khauffbrüeffen, Saal- unndt Urbar-Büechern, Rödel, Registern, Protocolla, Rechnungen, Verträgen, Kayserlich-Österreichischen unndt Fürstlich St. Gallischen Lehenbrüeffen unndt jede andere brüeffliche Schrüfften, Originalia unndt Copeyen lauth sonderbahrer darumb verfertigter unndt beglaubter Specification.* Das heißt nichts anderes, als daß damals auch das Achberger Archiv mit dem Archivverzeichnis seinen Besitzer gewechselt hat und also - wie es üblich war - grundsätzlich alle die Herrschaft Achberg belangenden Akten und Urkunden in die Obhut des Deutschen Ordens übergeben worden sind.

„Alß paar endtrichtet unndt bezahlt"

Der Kaufpreis sei dem Verkäufer bar entrichtet und bezahlt worden, sagt der Kaufbrief, und fährt dann fort, die Kaufsumme sei zur Befriedigung seiner, des Sürgensteiners, Schuldgläubiger verwandt worden. Jedoch die Akten sprechen klar eine andere Sprache: Tatsächlich händigte der Landkomtur die vereinbarte Kaufsumme dem Verkäufer nicht bar aus, sondern beglich davon zuvor dessen hypothekarische Schulden und sonstige Verbindlichkeiten.[10] Diese finanziellen Transaktionen zogen sich bis zum 21. Dezember 1694 hin. Von dem numerisch recht stolzen Verkaufspreis blieben dem ehemaligen Herrn auf Achberg gerade noch 34 fl und 17 kr; diese, und nur diese, konnten ihm bar ausbezahlt werden! Dabei hatte Landkomtur Franz Benedikt von Baden sogar noch Großmut gezeigt und - in Abweichung vom Verkaufskontrakt von 1693 - freiwillig 1.000 fl zugelegt, als eine Art Verehrung *für die gnädige Fraw von Sürgenstein zu Ball-hausen,* die Ehefrau des Verkäufers, Maria Johanna Charlotte von Lautenbach.[11] Somit belief sich der inoffizielle, aber effektive Kaufpreis am Ende auf 65.000 fl.

Während Reichsfreiherr Franz Johann Ferdinand von Sürgenstein mit seiner Familie in die ihm verbliebene Herrschaft Ballhausen übersiedelte und die Linie Sürgenstein-Altenburg begründete, zog in Achberg Landkomtur Franz Benedikt von Baden ein. Das Schloß über der Argen und die dazugehörige Herrschaft bildeten fortan eine eigene Kommende innerhalb der Ballei Elsaß-Burgund, die der Landkomtur persönlich neben der Kommende Altshausen innehatte.

2. Achberg und Franz Benedikt von Baden (1691-1707)

Franz Benedikt von Baden und Achberg - das scheint große und dauerhafte Liebe auf den ersten Blick gewesen zu sein! Noch 1693 setzte der Landkomtur die aufwendige Erneuerung des Schlosses Achberg in Gang. Bis 1700 ließ er den nicht ganz rektangulären Renaissancebau mit zweifellos hohen, wenn auch numerisch unbekannten Kosten in eine glanzvolle frühbarocke Miniatur-residenz verwandeln.[12] Schloß Achberg wurde sein Lieblingsaufenthaltsort, und als er dort 1707 starb, wurde er - wohl nach seinem ausdrücklichen Willen - in der nahen Pfarrkirche von Siberatsweiler, wo noch heute ein Epitaph an ihn erinnert, beigesetzt.[13] Doch was war es, was den Landkomtur an Achberg so fesselte? Es ist naheliegend, daß er *Gefallen an dem idyllischen Fleckchen Erde* gefunden hatte, aber war es wirklich nur das? Lagen nicht vielleicht der Idee, *dieses so abseits in einem stillen Winkel des Allgäus gelegene Anwesen nun zu einem Sitz des Deutschritterordens auszubauen,* auch politische Überlegungen zugrunde, wie dieselbe Autorin mutmaßt, ohne freilich eine Antwort geben zu können?[14] Lenken wir also in der Folge unseren Blick weg von der so vielgerühmten Schloßanlage und mehr auf das, was zu ihr fundamental und untrennbar gehörte, die Herrschaft Achberg selbst. Wie war sie quantitativ und qualitativ geartet und was hat Franz Benedikt von Baden aus ihr gemacht?

2.1 Burg und Herrschaft bis zum Besitzwechsel 1691/93

Entstehung und Frühzeit (12.-15. Jh.)
Die Herausbildung der Herrschaft Achberg liegt sowohl im Blick auf die Bildung

der Grundherrschaft als auch des Niedergerichtsbezirks im Dunkeln.[15] Man nimmt an, daß sich beim Zerfall des alten Argengaus neben den Herrschaften der Grafen von Montfort (Herrschaft Tettnang) und des Klosters St. Gallen (unter anderem Herrschaft Neuravensburg) gleichfalls die der wohl edelfreien[16] Herren von Achberg herausgebildet hat. Der Vorgang ihrer Entstehung ist mangels Quellen ebenso unbekannt wie ihr ursprünglicher Charakter. Jedoch ist sicher, daß die Herrschaft Achberg als Zubehör der Burg nicht von Anfang an eine fixe Größe war, sondern allmählich entstanden ist und sich Umriß und Charakter im Laufe der Zeit sowohl durch Schrumpfung als auch durch Wachstum wandelten.[17]

In den Quellen erscheint sie erstmals im Jahr 1335, als Truchseß Johannes von Waldburg, zugleich kaiserlicher Landvogt in Schwaben, sie an die Gebrüder Schelklin und Johannes von Molpertshaus (Gde. Wolfegg, Lkr. Ravensburg) verkaufte.[18] Das Verkaufsobjekt wird im Kaufbrief räumlich recht vage beschrieben als *die Burk ze Ahberch und swas darzuo hoeret von alter und von Recht, das uf disen hutigen Tag dahin gedienet hat und von alters darzuo gehoeret, es sien Lut oder Guot.* Ganz offensichtlich wird der Bestand der Herrschaft an Dörfern, Weilern und Einzelhöfen mit ihren Markungen als bekannt vorausgesetzt. Die Herrschaft war wohl bereits ein ziemlich stabiles, rechtlich und politisch unumstrittenes Gebilde. Daran änderte sich auch im Verlaufe der nächsten Jahrhunderte nichts, obwohl Burg und Herrschaft zahlreiche wechselnde Besitzerfamilien sahen: Nach den von Molpertshaus (1335-1366) kamen die vorarlbergischen Öder (1366-1392/1412), danach die von Königsegg zum Königseggerberg (1412-1530) und schließlich die Sürgen von Sürgenstein (1530-1691). Es mag angesichts der zahlreichen Verkäufe Achbergs so scheinen, als sei dieses zum Objekt von Finanzspekulationen verkommen. Doch davon kann keine Rede sein: Sieht man sich die Besitzer Achbergs näher an, dann zeigt sich, daß ihre relativ rasche Abfolge - zumindest von den von Molpertshaus an - bis 1691 durchgehend verwandtschaftlich bedingt war.[19] Fast alle Achberger Herren haben sich also die größte Mühe gegeben, Burg und Herrschaft möglichst im Familienbesitz zu erhalten.

Burg und Schloß

Zentrum des Besitz- und Herrschaftskomplexes war spätestens seit dem 12. Jh. die Burg Achberg, die vermutlich im Rahmen der zweiten Burgenbauwelle Südwestdeutschlands[20], also etwa zwischen 1150 und 1200, errichtet worden ist und nach welcher Herren und Herrschaft in der Folge benannt wurden. Der älteste wenn auch unsichere Beleg ist die Nennung eines *Konrad von Achberg*, die bisher auf das Jahr 1194 datiert wird.[21] Mit ziemlicher Wahrscheinlichkeit müssen wir uns jene erste mittelalterliche Befestigung als *Turmhügelburg* vorstellen, als umfriedeten Bezirk mit einem starken Wohnturm als Kern. Sie stand - worauf

Ich Johans von Holbrechhusen burg ze Rauenspurg vergich und tůn kunt...
...lich und mines mit gůt und gůtiger vorbetrahtunge frilich und unbetwung...
nin mit urkunde ditz offenn brieffs miner lieben swester seligen süne Cůn...
zů lüt und zů gůt und zů allem dem das dar zů gehöret es sige holtz...
ach zů allen rechten nůtzen und gewonhaiten die von recht von alter...
zů gůt gehörent Also das si und all ir erben das alles mit mir...
besetzen und entsetzen versetzen oder verkouffen an mengliches wider red...
der lebendige bin so sol dй benempt veste Achberg mit lüt und mit...
miner swester sünen Cůntzen Bentzen und petern den ödern und allen ir...
nallen sin âny mengliches wider red und sumnůst Ich obgenempt Johans...
mainde und die veste Achberg mit lüt und mit gůt und mit all...
Cůntzen Bentzen und petern den ödern geuertget und in ir hant bracht...
von der es alles lehen ist und von der si es alles mit minem gůten will...
allen reden eben enpfangen hant das ach alles beschehen ist mit worten un...
dingen wie ain solichů gemainde von recht und von gewonhait craft u...
hen an allen stetten gen menglich Und das ach alles das an disem brieff verschr...
und ach craft und macht mug gehan gib ich obgenant Johans von molbr...
den ödern undern und allen ierü erben disen brieff für mich und ander min erb...
man manne fritz holbain statamman ze Rauenspurg und humpis der lang ze de...
und ulrich humpis beid burg ze der obgenempt stat durch min fliзig gett...
für amman und burgmaist obgenant un wir die benempten Cůnrat vonn...
des vorgeschribnen Johansen von molbrechhusen unsers mitburgers hand ze ainer ge...
geschraft und wart dirr brieff geben do sich ergangen hettent von Cristus ge
bauren an sant marien magdalenen tag

en die difen brieff lefent oder hörent lefen. Das ich gefunder
recht vnd redlich ge rechten gemeindern han genomen vn
erzen. vnd peern die öder vnd ist ir erben. zu der vesti achlig
gebuwes oder vngebuwes wie das alles genant ist / vnd
von gewonhait zu der felben Vesti. Achberg zu lit vnd
chter gemeind recht vnd gewonhait fond niesen vnd nützen
mnist. Vnd wenn ich von diser welt fchaide vnd nit me
nd mit allem dem das darzi gigehöret denen benempten
nach recht gemeind recht vnd gewonhait vervallen vnd ange
brechtzhufen burger ge Rauenfpurg han och die obgenanten ge
das dar gigehöret wie das alles genant ist denen benempten
willen vnd funst der durchlüchtigen herfchaft von öfterrich
lehens recht vnd nach recht gemeinde wife inen felber vnd
werben ge den gren vnd anden fleten vn gemainlich mit allen
it fol vnd mag han vff allen getichten gaiftlichen vnd weltli
waur ftat vnd gantz belib von mir vnd vo allen minen erb
denen benempte miner fwefter fünen Cüntzen Bentzen vnd Petern
mit minem aigenem angehenbten Infigel dar zu hand. die Erfa
burgmaifter ge Rauenfpurg. Cüntat vonn graben hans wolffegg
geni Infigel zu ainer gignift befunder gehenbt an difen brieff.
ohans wolffegg vn vlrich humpis burg ge Rauenfpurg durch peter
vnfru aigeni Infigel befunder gehenbt an difen brieff vnd dru
druzehenhundert Jaure dar nach ndem fechs vnd fechtzigoften

Urkunde über den
Verkauf Achbergs
1366 von den von
Molpertshaus an die
Familie Öder

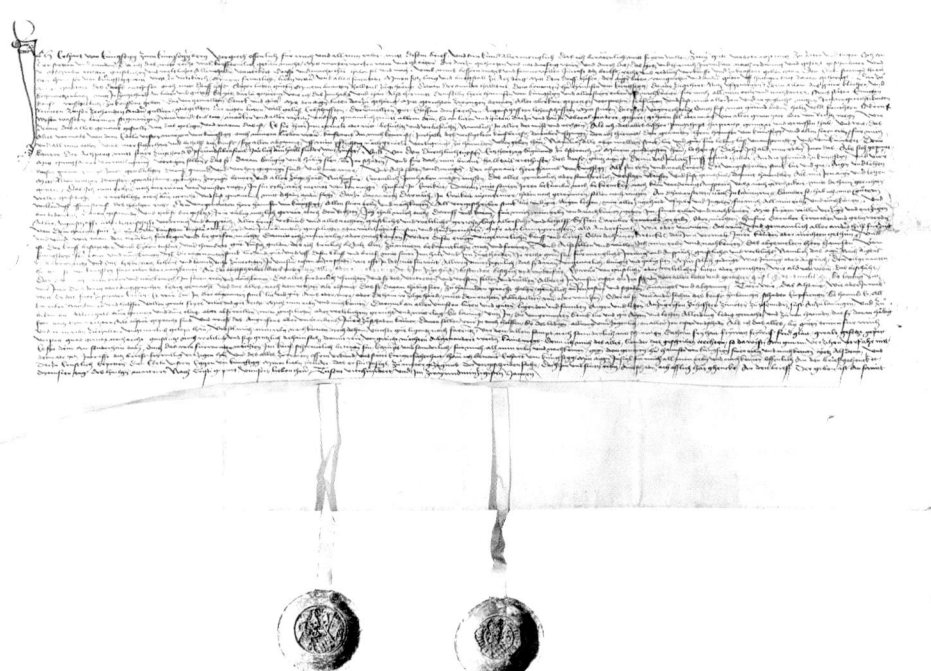

schon F. Eisele hingewiesen hat - vermutlich im Bereich des heutigen sogenannten *Kapellenbühls*, auf einer länglichen Erhebung, deren eine Längsseite steil ins Argental abfällt.[22] Irgendwann zwischen 1366 und 1491 dürfte dann der Herrschaftssitz von dort weg an den heutigen Platz verlegt worden sein.[23] Im 16. Jh. - wohl hauptsächlich zwischen 1530 und 1555 - wurde die Anlage unter Einbezug spätmittelalterlicher Bausubstanz zum Renaissanceschloß umgebaut und erhielt damit im wesentlichen die heutige äußere Gestalt.[24]

Die engere Herrschaft

Die genaue Beschreibung eines *Zugehörs* der Burg, also des räumlichen Umfangs der Herrschaft Achberg, ist uns erstmals in der Verkaufsurkunde von 1491, als Achberg innerhalb der Familie von Königsegg transferiert wurde, überliefert.[25] Bereits damals war ihr Herrschaftsbezirk flächenmäßig außerordentlich geschlossen. Die Kernherrschaft umfaßte, wie die folgende Aufstellung nach der genannten Urkunde von 1491 zeigt, von wenigen Ausnahmen abgesehen, alle diejenigen Orte - Dörfer (D.), Weiler (W.) und Einzelhöfe (H.) -, welche mit ihren Markungen später die Gemeinde Achberg bildeten und diese noch heute bilden:

Verkauf von Schloß und Herrschaft Achberg 1492 innerhalb der Familie von Königsegg

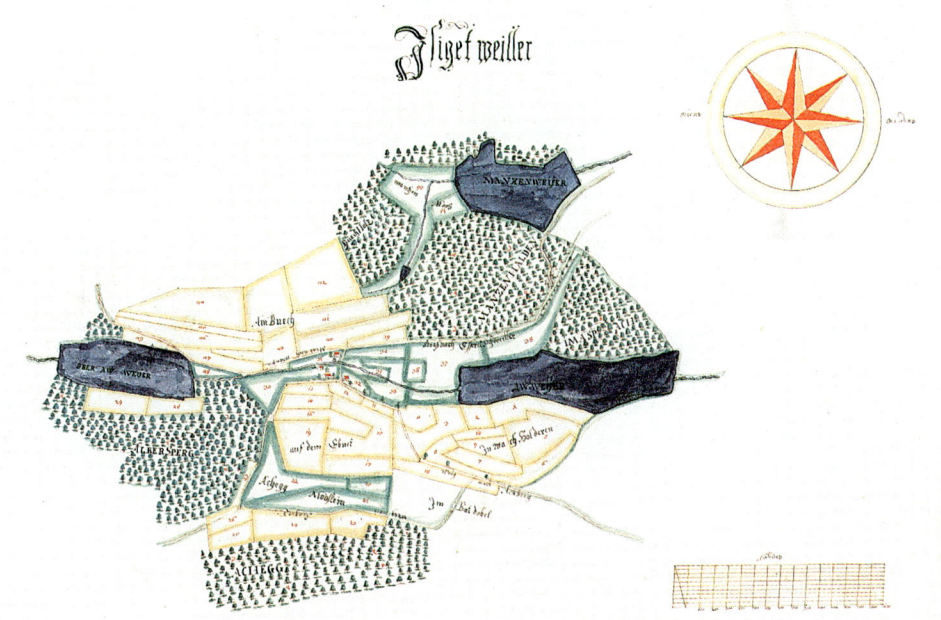

Achberg (Burg, Schloß)
Bahlings (W.)
Baindt (W.)
Bufflings (H.)
Doberatsweiler (W.)
Duznau (H.)
Englitz (H.)
Esseratsweiler (D.)
Gunderatweiler (W.)
Isigatweiler (W.)
Liebenweiler (W.)
Pechtensweiler (W.)
Regnitz (W.)
Saßenweiler (W.)
Siberatsweiler (D.)
Storeute (H.)

Teilkarten der Deutschordensherrschaft
Achberg von Martin Schneider, 1727:
„Geometrischer Überblick aller in des
hohen deutschen Ordens Herrschaft
Achberg liegenden Gebäude, gelegte
Dorfschaften, Weyler, Hofstetten, Gärten,
Äcker, Wiesen, Weinberg, Felder,
Waldungen, Weyher, Flüssen, Bächen und
Appertinenzien"; hier Isigatweiler

Teilkarte von Martin Schneider, 1727; hier
Siberatsweiler

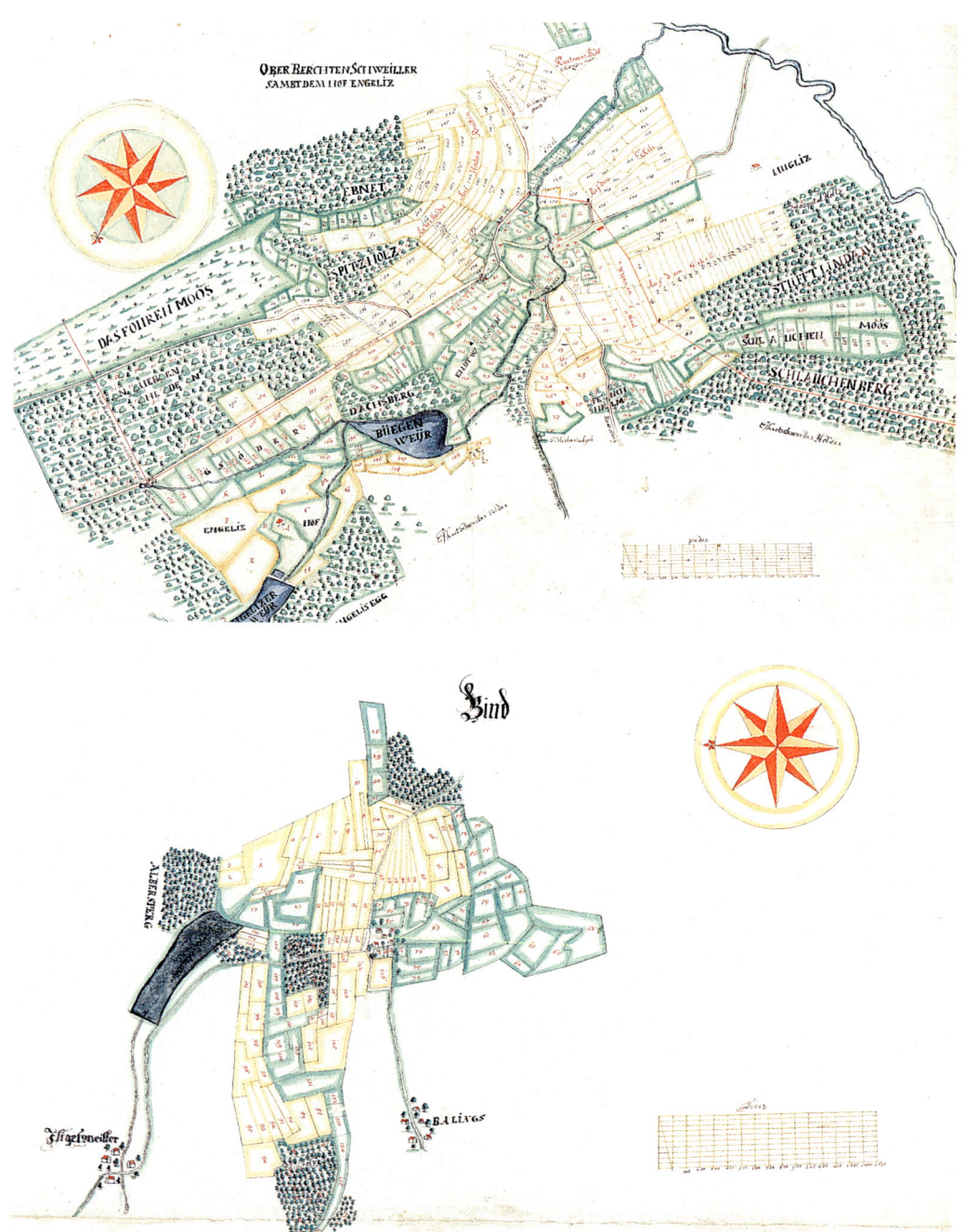

Teilkarte von Martin Schneider, 1727; hier Oberpechtensweiler
Teilkarte von Martin Schneider, 1727; hier Baindt

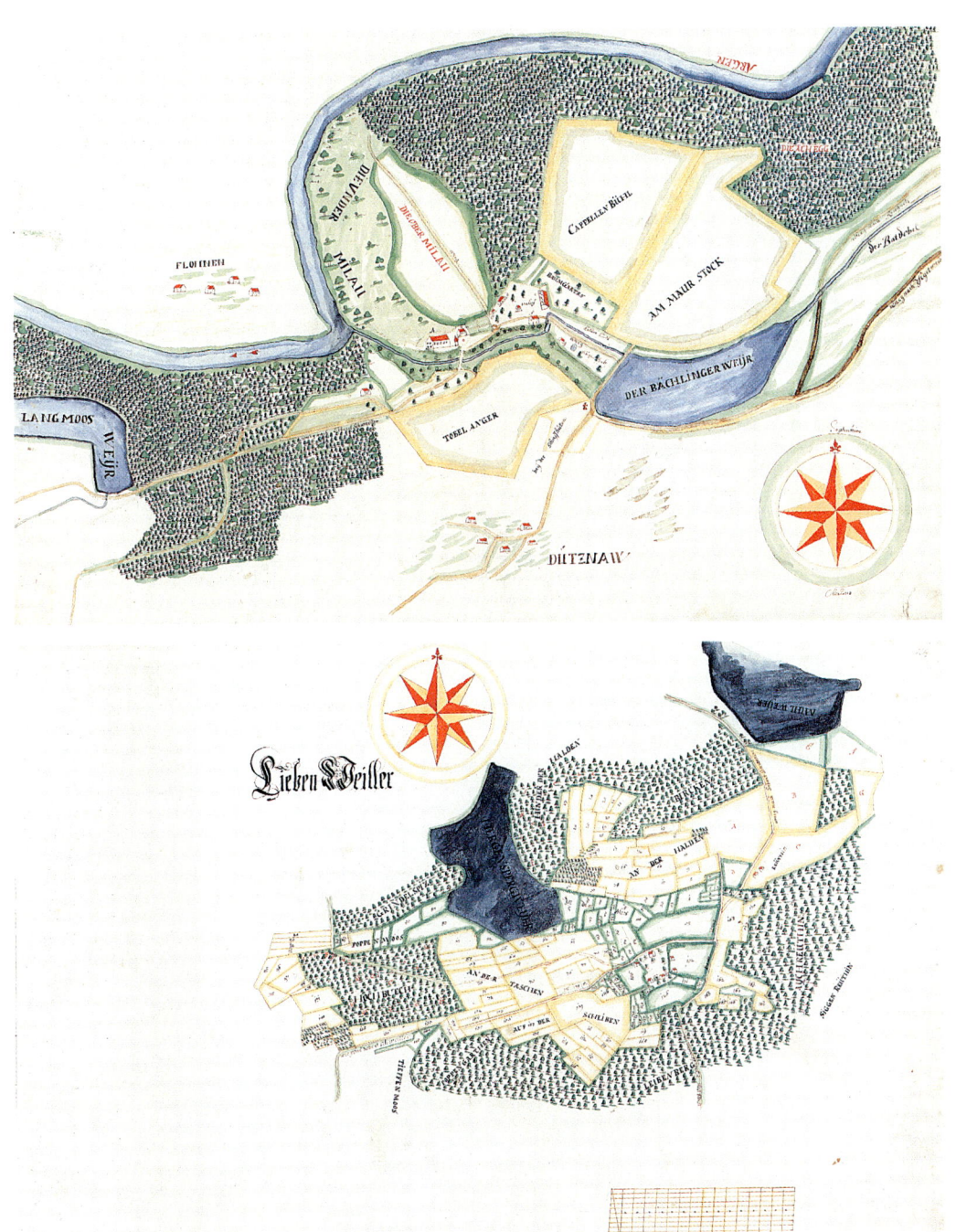

Teilkarte von Martin Schneider, 1727; hier Duznau
Teilkarte von Martin Schneider, 1727; hier Liebenweiler

Teilkarte von Martin Schneider, 1727; hier Esseratsweiler

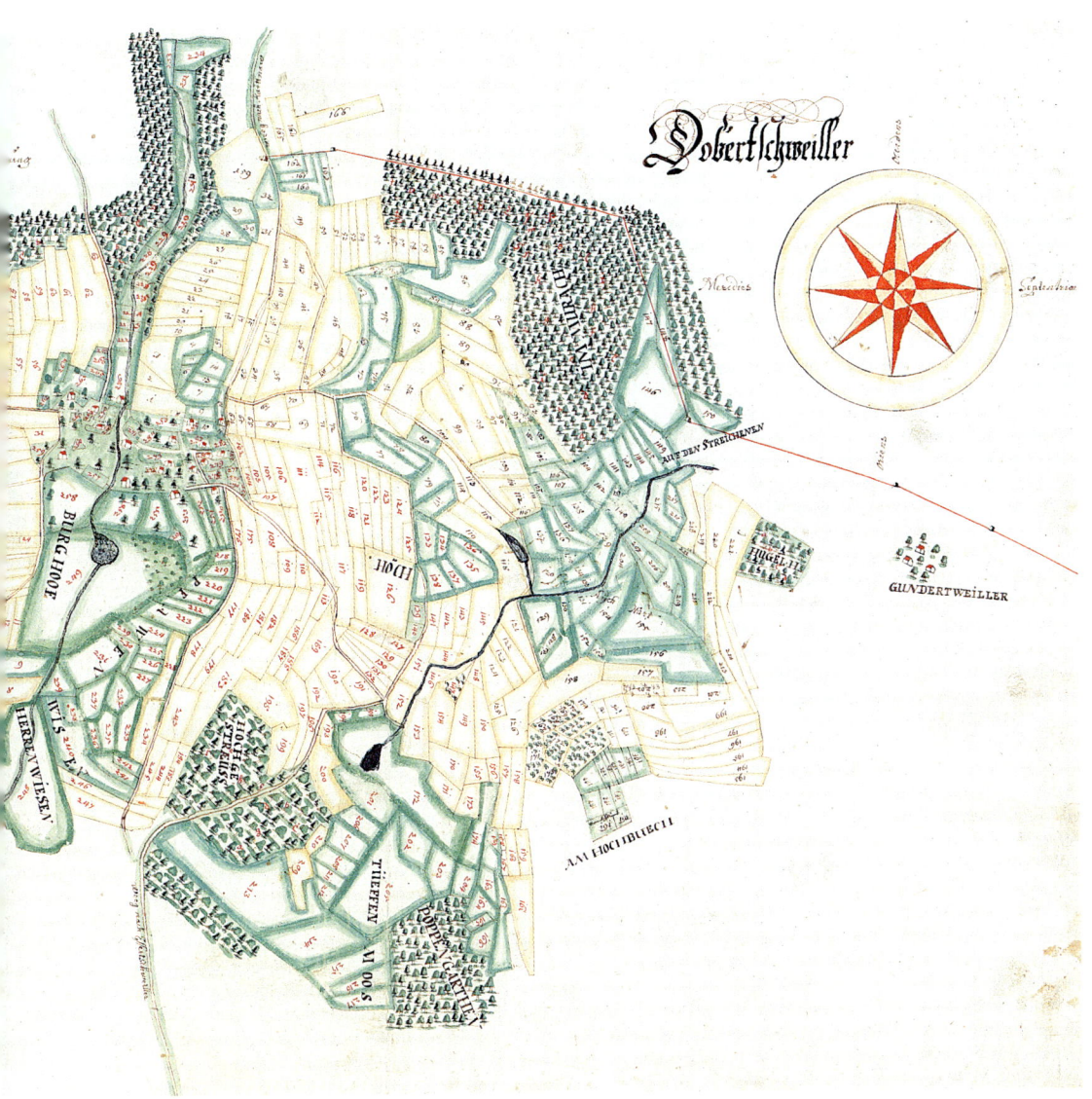

Teilkarte von Martin Schneider, 1727; hier Doberatsweiler

In dieser Aufzählung findet sich nur ein Ort, der heute nicht mehr zur Gemeinde Achberg gehört, nämlich der Weiler *Saßenweiler* (*Sachsenweiler*), der 1389 noch Besitz des Klosters Langnau gewesen war. Da man sich beim Verkauf von 1693 ohne Einschränkung auf die Verkaufsurkunde vom 15. Oktober 1491 bezog, muß Saßenweiler auch damals noch zur Herrschaft gehört haben. Später - vermutlich im Rahmen des Streits mit der Grafschaft Montfort um die hohe Gerichtsbarkeit (16./17. Jh.) - wurde der Weiler aus der engeren Herrschaft ausgegrenzt: Eine *„Kurze Beschreibung über die Herrschaft Achberg"* von 1708[26] bezeichnet die drei Höfe zu Saßenweiler (*Sachsenweiler*)[27], die damals noch von Achberg aus verwaltet wurden, als *außer der Herrschaft* liegend. Wann der Weiler dann zur Gemeinde Oberlangnau (heute Gde. Tettnang) kam, konnte noch nicht ermittelt werden. Andererseits fehlen in der Aufzählung von 1491 die heutigen Gemeindewohnplätze *Frauenreute* (H.), *Rankenbühl* (H.), *Scheibenhof* (H.) und *Siggenreute* (W.): Orte, die erst nach 1491 entstanden sind.[28]

Außenbesitz der Herrschaft

Mit der Herrschaft Achberg im engeren Sinne waren laut Verkaufsakten und -urkunden stets auch andere nahe- oder fernerliegende Besitzungen verbunden. Es handelte sich dabei wohl durchweg um Einzelbesitz, den die jeweiligen Inhaber der Herrschaft von ihrer Familie geerbt oder käuflich erworben hatten und den sie in Personalunion mit Achberg verwalteten. Kam es dann zum

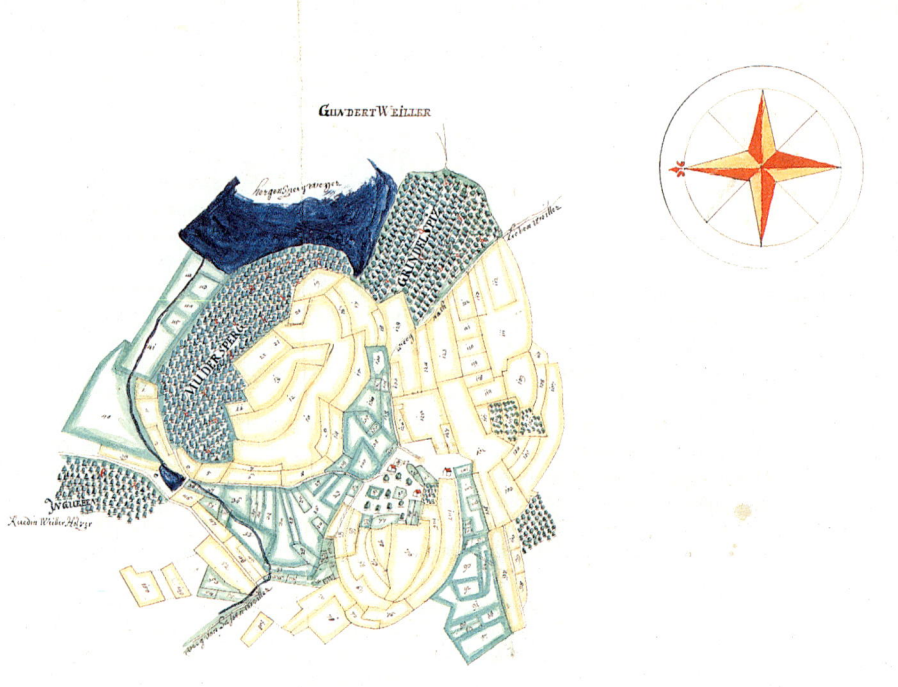

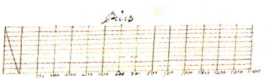

Verkauf Achbergs, so wurde solcher Besitz nicht durchweg mitverkauft, entweder weil er bereits vorher abgestoßen worden war oder weil ihn der Verkäufer zurückbehielt. Werfen wir einen kurzen Blick auf diese Besitzkonturen, die sich - anders als die Herrschaft Achberg im engeren Sinne - in ständiger starker Bewegung oder Veränderung befanden:

- Bereits beim Verkauf von 1335 wurden als Zubehör der Burg Achberg ausdrücklich zwei Höfe genannt, die *Gutemannshöfe* (Weiler Gutmanns, Gde. Bodnegg); jedoch bereits 1366 befanden sie sich in fremdem Besitz.[29]

- In die Verkäufe von 1491 und 1492 innerhalb der Familie Königsegg waren neben der engeren Herrschaft Achberg ebenfalls das halbe Dorf *Riedhausen*, die Höfe *Schwarzenbach* und *Glochen*

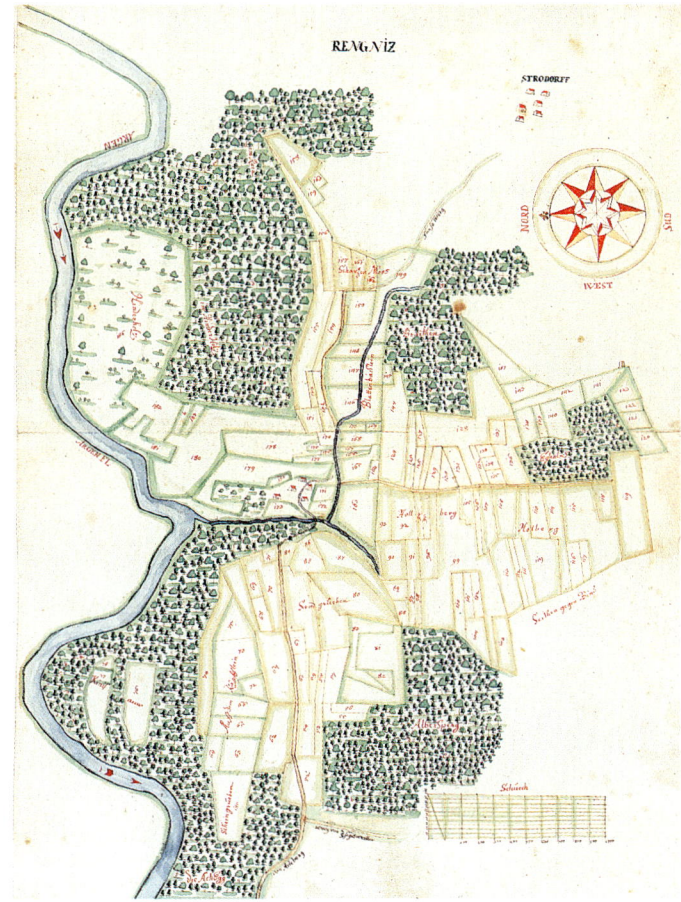

(beide Gde. Boms)[30] sowie ein Rebgarten und eine halbe Torkel in *Retterschen* (Gde. Kreßbronn)[31] eingeschlossen, Königsegger Familienbesitz, der später teilweise andere Wege ging oder bei der Familie von Königsegg verblieb.

- Der letzte Besitzwechsel von 1691/93 schließlich beinhaltete - neben der Herrschaft Achberg im Umfang von 1491 - je einen Rebgarten zu *Retterschen* (Gde. Kreßbronn) und zu *Markdorf*, aber auch die sogenannte *Weiherstatt in Schwarzenbach* (Neuravensburg, Gde. Wangen)[32] sowie die Anwartschaft auf Groß- und Kleinzehnten der Pfarrei Urlau.[33] Bis auf Retterschen, das noch aus den Zeiten der Königsegger stammen könnte, handelte es sich wohl durchweg um Besitz oder Erwerbungen der Familie Sürgenstein. Bei aller Geschlossenheit der engeren Herrschaft Achberg war aber dieser jeweilige Außenbesitz für die Inhaber Achbergs von buchstäblich existentieller Wichtigkeit. Nach F. Eisele hätte nämlich das reguläre Einkommen aus der engeren Herrschaft im 17. Jh. nicht ausgereicht, den Lebensunterhalt der Schloßherren zu sichern.[34]

Teilkarte von Martin Schneider, 1727; hier Gunderatweiler

Teilkarte von Martin Schneider, 1727; hier Regnitz

2.2 Achberg im Reichsverband

Mit dem Verkauf Achbergs durch das Haus Waldburg am 19. April 1335 war die *Herrschaft* Achberg ins hellere Rampenlicht der Geschichte getreten. Nach dem Wortlaut der Urkunde veräußerte sie Truchseß Johannes von Waldburg dem ehrsamen Manne Schelklin von Molpertshaus (Gde. Wolfegg, Lkr. Ravensburg) und seinem Bruder Johannes um 600 Pfund Pfennige Konstanzer Münze als *recht Aigen*.[35] Das Kaufobjekt wäre demnach ein Allod gewesen, was gut zu der vermuteten edelfreien Herkunft[36] der älteren Herren von Achberg passen würde. Um so erstaunlicher erscheint die Handlungsweise des nächsten Burgherrn Hans von Molpertshaus im Jahr 1352: Dieser trug damals Achberg dem Erzhaus Österreich auf, um es als adliges Lehen zurückzuerhalten. Wir können nur darüber mutmaßen, was den von Molpertshaus gerade damals bewog, sich in die feudale Abhängigkeit Österreichs zu begeben. Der bisherigen Adelsfreiheit standen Hof- und Kriegsdienst, die Öffnung der Burg, die Konsenspflicht bei Vererbungen und Verkäufen sowie hohe Lehenstaxen gegenüber, um nur die wichtigsten Lehenspflichten zu nennen; ganz freiwillig dürfte die Lehensauftragung daher wohl nicht erfolgt sein.[37] Wir können ebenso nicht ermessen, ob und inwiefern sich diese Handlungsweise ausgezahlt hat; jedenfalls blieb Achberg von 1352 an bis zum Anfall an Bayern beziehungsweise Hohenzollern-Sigmaringen im Jahr 1805/06[38] ein erzherzoglich-österreichisches Lehen. Daran änderte sich auch nichts, als die Habsburger das deutsche Königtum und römische Kaisertum quasi in Erbpacht nahmen und nicht wenige Lehensverleihungen durch „kaiserliche" habsburgische Erzherzöge erfolgten und wohl deshalb im Kaufbrief von 1693 von den *Kayserl.* (und wenig später auch *kayserlich-österreichischen*) *unndt Fürstlich St. Gallischen lehenherrlichen Consensen* die Rede ist.[39] Andererseits zählte die Herrschaft Achberg trotz der Lehensabhängigkeit von Österreich - spätestens ab 1566 - zur Reichsritterschaft und war ihr kollektabel[40], das heißt, sie entrichtete ihre (im Prinzip freiwilligen) Reichssteuern an den Kanton Allgäu-Bodensee der Reichsritterschaft.

2.3 Franz Benedikt übernimmt eine starke Herrschaft

Eine fast geschlossene Grundherrschaft

Schon früh waren die Herren Achbergs die dominierenden Grundherren in den Grenzen ihrer Herrschaft geworden; der im Frühmittelalter sicher beträchtliche St. Gallische sowie freie Besitz war weitgehend verschwunden.[41] Die wenigen anderen auswärtigen Grundherren, das Stift und das Spital Lindau[42], das Kloster Langnau[43], die Pfarrkirche Oberreitnau[44] und andere, konnten im Laufe der Zeit zum großen Teil ausgekauft werden. So erwarb zum Beispiel am 9. Januar 1601 Hans von Sürgenstein († 1611) um 2.250 fl alle Besitzungen und Rechte des Stifts Lindau in Doberatsweiler, Gunderatweiler, Liebenweiler und Pechtensweiler.[45] Die Bauernlehen waren seit dem Spätmittelalter in wachsendem Maße in sogenannte *Schupflehen* umgewandelt worden. Diese waren anfangs nur auf einen Leib, das heißt, auf Leib und Leben des Beliehenen, ausgegeben; im 18. Jh. setzte sich dann zunehmend die Leihe auf zwei Leiber (Beliehener und Ehefrau) durch. Im Unterschied zu den Erblehen, die automatisch vom Vater auf den Sohn übergingen, konnte der Herr somit bei jedem Schupflehenfall (Tod des Lehenträgers) neu entscheiden, wem er das Lehen geben wollte, und dabei sowohl die Besitzwechselgebühr (*Ehrschatz*) als auch die Abgaben neu definieren. In der Tat waren die Abgaben von Schupflehengütern meist etwas höher als die der Erblehen.[46] Konkret bedeutete die Monopolstellung des Grundherrn in der vor allem agrarisch strukturierten Welt Achbergs natürlich die absolute Kontrolle über Landleben und Landwirtschaft. Die Organisation der Feldflur bestimmte er ebenso wie Anbaumethoden und Art der Feldfrüchte, einmal über die Lehensstruktur und dann über die geforderten Abgaben. Änderungen des Systems, wie sie etwa im ausgehenden 18. Jh. die Vereinödungen mit sich brachten, waren nur mit seiner Zustimmung möglich. Bodenschätze und Rohstoffe aller Art, *zu Berg unndt Thall, Grundt unndt Boden, Benandts unndt Unbenandts, Gesuochts und Ungesuochts, in Summa cum omni iure et causa* (1693), waren ihm gleichfalls reserviert.

Überwiegend leibeigene Untertanen

Die Herren Achbergs waren Leib- oder Halsherren der überwiegenden Mehrzahl ihrer Untertanen. Seit dem Spätmittelalter verliehen sie nur demjenigen ein Lehen, der ihr Leibeigener war oder wurde. Auch wer von auswärts in die Herrschaft herein zog, beispielsweise um zu heiraten, mußte, ob Mann oder Frau, in ihre Leibeigenschaft eintreten. Die damalige Leibherrschaft bedeutete im Widerspruch zu manch landläufiger Ansicht noch eine äußerst starke herrschaftliche Bindung. Sie war zudem mit finanziell einträglichen und politisch wertvollen Abgaben und Verpflichtungen verbunden, vor allem
- der *Leibsteuer*, einer kleinen jährlichen Anerkennungsgebühr in Form eines Huhns (*Leibhenne*) oder einer Geldsumme, die 1608 zum Beispiel 7 kr betrug;
- dem *Todfall*, einer Abgabe im Falle des Todes, bestehend aus dem *Haupt-* oder *Leibfall* (beim Mann das beste Pferd, bei der Frau die beste Kuh oder ein entsprechender Geldbetrag) sowie dem *Häs-* oder *Kleiderfall* (bei Mann und Frau das beste Gewand des Verstorbenen), auch *Schlauf* genannt;
- der sogenannten *Leibledigung*. Wollte jemand die Herrschaft verlassen, beispielsweise um auszuwandern oder um außerhalb der Herrschaft einzuheiraten, so mußte er vorher um Entlassung aus dem Leibeigenenverband, also um die *Manumission*, einkommen und dafür eine Gebühr zahlen. Bei Auswanderung mußte zudem noch die sogenannte *Nachsteuer* (10 % des mitgeführten Vermögens) entrichtet werden.

Neben den Achberger Leibeigenen und einigen fremden Zinsern gab es in der Herrschaft noch eine Anzahl freier Bauern auf Allod (Eigentum). 1694/95 zum Beispiel, als man in Achberg 51 Schupflehen zählte, bebauten 14 Personen eigene oder Erblehengüter.[47] Alle Untertanen hatten beim Aufzug einer neuen Herrschaft die *Erbhuldigung* zu leisten, das heißt, eidlich zu versprechen, gehorsam und treu zu sein und alle Verpflichtungen zuverlässig zu erfüllen. Der Wortlaut des Achberger Untertaneneids wurde bisher leider noch nicht aufgefunden.

Aufsicht über Kirchen und -vermögen
Schon 1335 war der *Kirchensatz* von Siberatsweiler, einer der beiden Pfarrkirchen Achbergs, in den Händen der Burgherren gewesen. Natürlich unterstand diesen ebenfalls die vor 1491 gestiftete Kaplanei in der Burg Achberg mit ihrem Stiftungsgut. Im Jahr 1587 konnte Hans von Sürgenstein dann auch noch dem Kloster Petershausen das Präsentationsrecht für Esseratsweiler, die andere Achberger Pfarrei, abkaufen. Die Herrschaft hatte aufgrund der Patronatsrechte entscheidenden Einfluß auf die Besetzung der Pfarreien (Präsentationsrecht) und die Verwaltung des Kirchenvermögens. Ohne ihre Erlaubnis konnten weder Geistliche in ihr Amt investiert noch Kirchengüter verkauft oder vertauscht noch kirchliche Bauten errichtet werden. Auch über die Besetzung des Mesneramts bestimmte die Herrschaft, wie schon in der Verkaufsurkunde von 1491 zu lesen ist, später, zur Zeit des Deutschen Ordens, ebenso über den Organistendienst und seine Einkünfte.[48]

Zahlreiche Befugnisse durch das Niedergericht
Die Herren Achbergs besaßen in ihrem Territorium - wenn auch nicht zu allen Zeiten ganz unangefochten[49] - die niedere Gerichtsbarkeit. Das Niedergericht war zuständig für bürgerliche Streitigkeiten wie um Geld, Käufe, Güter, Weiderechte und Marken, aber auch für leichtere Straffälle, wie zum Beispiel Forstfrevel, Schmähungen, gotteslästerliche Reden, Schlägereien, uneheliche Schwängerung, Fleischgenuß an Fasttagen, Wirtshausbesuch während der Sonn- oder Feiertagsmesse sowie Unfug in der Kirche. Der Niedergerichtsherr verhängte vor allem Geldstrafen (Bußen), aber auch Gefängnis (Turmstrafen), Fronarbeit, Beichten und Rosenkranzbeten. Die diesbezügliche Rechts- und Strafordnung wurde den Untertanen einmal jährlich verlesen, häufig an Georgi (23. April) oder am 1. Mai; leider ist kein solches *Maiengebot* erhalten oder bisher aufgefunden worden.

Darüber hinaus besaß der Niedergerichtsherr *Zwing unndt Poenen* [*Bann*] sowie *Gebott und Verbotte*. Durch diese Berechtigung, Gebote und Verbote aller Art auszusprechen und unter Strafe zu stellen, kontrollierte er weite Teile des öffentlichen Lebens. Insbesondere bestimmte er über die sogenannten *Ehaften* das gesamte - wie spurenhaft auf dem Land auch immer entwickelte - Handwerks- und Gewerbeleben, indem er zum Beispiel über die Einrichtung und

Verleihung von Badstuben, Mühlen, Schmieden, Wirtschaften (Tafernen) und Weinpressen (Torkeln) entschied. Das Niedergericht umfaßte schließlich gleichfalls alle freiwilligen Rechtsgeschäfte, also zum Beispiel Kauf, Verkauf oder Verpfändung von Gütern, Schuldurkunden, Heiratsabreden, Testamente, Hinterlassenschaften sowie die Fürsorge für Waisen.[50]

Wald und Jagdrecht

Seit alters - schriftlich bereits in den frühen Verkaufsurkunden - waren *Holz und Velt* (1335) beziehungsweise das *holtz* (1491), also die Wälder und die Holzrechte, Herrschaftsrecht. Die jeweiligen Herren Achbergs bestimmten damit Maß und Modus der Waldnutzung (Weide, Bau- und Brennholzbezug) durch die Lehensbauern. Meist waren mit den Lehen Waldstücke verbunden. Doch regelte eine strenge Waldordnung die Entnahme von Holz, insbesondere von Bauholz, um Raubbau zu verhindern.[51] Verbrechen innerhalb der Forste waren der Achberger Herrschaft entzogen und wurden vom Inhaber der Forsthoheit oder Forstgerichtsbarkeit, dem Grafen von Montfort, geahndet. Diesem unterstanden auch Jagd und Wildbann, wofür die Achberger Untertanen an Montfort Abgaben, zum Beispiel den Forsthaber, zu entrichten und Frondienste zu leisten hatten. 1575 gelang es, die Montforter wenigstens zur Abtretung des kleinen Waidwerks zu bewegen. Nun durfte die Achberger Herrschaft die Jagd auf Niederwild betreiben.[52] Das Hoch- oder Schalenwild war dagegen weiterhin - sehr zum Verdruß der Achberger - den Gräflich Montfortischen Jägern vorbehalten.

Gewässer und Fischereirechte

Wie über Wald und Jagd gebot der Achberger Herrschaftsinhaber ebenfalls über die Gewässer und ihre Nutzung. Schon 1335 wurden mit Burg Achberg auch *Wasser oder Waid, Vischentza in stillstaeden Wazzern oder in fliezenden* verkauft.[53] Genaueres erfahren wir im Verkaufsbrief von 1491, wo alle sieben Fischweiher der Herrschaft sowie eine Fischgrube (Kalter?) namentlich aufgezählt werden, außerdem die *Vischentz an der Argen und all annder Bäch und Wasser darzue gehörend*. Die in beiden Urkunden angesprochene Nutzung der Bäche wird konkreter aus einem Verbot von 1622, im Bache bei Siberatsweiler weder zu fischen noch zu *krebsen* (Krebse zu fangen).[54] Daß diese umfassende Verfügung über alle Gewässer gleichfalls mit anderen wirtschaftlichen Fragen zu tun hatte, etwa mit dem Bau und Unterhalt von Mühlen oder Fischteichen und dem Recht, Steine (Baumaterial) aus der Argen zu lesen, braucht nicht besonders erläutert zu werden.

Frondienste: Ansprüche auf die Arbeitskraft

Vielfältig konnten die Achberger Herren die Arbeitskraft ihrer Untertanen direkt nutzen. Frondienste schuldeten diese der Herrschaft vor allem unter dem

Rechtstitel von Grund- und Leibherrschaft. Aber auch auf Burg und Schloß als Sitz der Gerichtsherrschaft waren Fronen bezogen, zum Beispiel Brennholzmachen und Holzfuhren, vermutlich ebenfalls Arbeiten an Graben und Mauern. Geringe Fronen hatte auch die Forstliche Obrigkeit (kleines Waidwerk und hohe Jagd) zur Folge. Insgesamt werden die Achberger Frondienste von F. Eisele als nicht allzu drückend eingeschätzt. Da ungemessene (nicht limitierte) Fronen eine seltene Ausnahme waren, dürften die Achberger Leheninhaber im Durchschnitt zwei Wochen pro Jahr gefront haben.[55]

Es fehlen Stock und Galgen

Nicht unter das Niedergericht fielen alle diejenigen Verbrechen, auf denen Leibes- oder gar Lebensstrafen standen, insbesondere also schwerer Diebstahl und Raub, Brand, Entführung und Notzucht sowie Körperverletzungen bis zu Totschlag und Mord. Diese Kriminalfälle wurden vor dem Hochgericht verhandelt, für das seit alters die Grafen von Montfort zuständig waren. Den Achberger Herren war dieser Zustand ein Dorn im Auge, nicht nur weil die Montforter so immer wieder in die inneren Angelegenheiten der Herrschaft eingreifen konnten, sondern auch, weil gerade damals die Hochgerichtsbarkeit als Ausdruck der vollen ungeschmälerten Landesherrschaft galt. Die Territorialherren von Achberg waren daher schon früh bestrebt, die Hohe Gerichtsbarkeit gleichfalls in ihren Besitz zu bringen. Am 10. Juli 1507[56] glaubten sie sich endlich am Ziel ihrer Wünsche: Kaiser Maximilian I. (1493-1519) übertrug Hans von Königsegg urkundlich (siehe Transkription im Anhang) das *Halß-Gericht* und erlaubte ihm, in Duznau *Stock und Galgen aufzurichten*, die Instrumente und Symbole der hohen Gerichtsbarkeit, sowie *nach übelthätigen, verleümbdten Personen greiffen, die peinlich* [das heißt, unter Anwendung der Folter] *fragen*. Jedoch die Grafen von Montfort fochten diese Verleihung als rechtswidrige Schmälerung ihrer eigenen Herrschaftsrechte an und erhoben Klage beim Reich. Das Urteil des Rottweiler Hofgerichts ließ bis 1534 auf sich warten, sprach dann aber tatsächlich Montfort die hohe, dem Freiherrn Hans Ulrich von Sürgenstein zu Achberg - nun immerhin unbestreitbar - die niedere Gerichtsbarkeit zu.[57] Auch nach einem Vergleich im Jahr 1578, als die Montforter ihrerseits den Sürgensteinern ausdrücklich das Achberger Niedergericht bestätigten und ihnen außerdem das kleine Waidwerk, die Jagd auf Niederwild, überließen[58], belasteten immer wieder Auseinandersetzungen über Fragen der Rechtsprechung das Verhältnis zu den benachbarten Grafen von Montfort. Nach dem Wortlaut der Leiheurkunde von 1778 hätte Kaiser Ferdinand II. (1619-1637) Hans Ulrich von Sürgenstein 1621 erneut Hochgericht und Blutbann verliehen, doch sei auch dieser Versuch am Widerstand Montforts gescheitert.[59]

2.4 Schwerpunkte von Franz Benedikts Territorialpolitik

Die Bemühungen Franz Benedikts konzentrierten sich dagegen intensiver auf den inneren Ausbau der Herrschaft und die Stärkung ihrer staatsrechtlichen Stellung.

Grundherrschaftliche Abrundung

Eines seiner Hauptziele scheint die Homogenisierung oder Intensivierung des grundherrschaftlichen Bereichs gewesen zu sein. Er (und auch seine beiden nächsten Nachfolger) erwarben zwischen 1692 und 1712 insgesamt etwa 28 Höfe und Höfchen sowie eine Anzahl einzelner Grundstücke, wofür sie insgesamt rund 15.000 fl aufwandten.[60] Dadurch verringerten sie die Präsenz auswärtiger Grund- und Leibherren entscheidend und bewirkten eine Steigerung der Einnahmen. Gegen Ende der Feudalzeit Achbergs, zu Beginn des 19. Jhs., gab es dann abgesehen von der Pfarrei Oberreitnau keine auswärtigen Grundherren mehr in Achberg.

Stärkung der Kommende Achberg

Es fällt auf, daß nach 1693 kaum noch Außenbesitz erworben wurde. Die Urlauer Zehnten, die Franz Benedikt im Jahr 1700 schließlich doch noch als Lehen und 1701 dann als Eigentum erwerben konnte[61], waren ja kein wirklicher Neuerwerb, sondern nur eine verspätete Frucht des Kaufs von 1693. Am Ende der Amtszeit des Landkomturs Franz Benedikt unterstanden Achberg nach Aussage der *„Kurze[n] Beschreibung über die Herrschaft Achberg"* von 1708[62] außerhalb der Herrschaft nur noch drei Höfe zu Saßenweiler (*Sachsenweiler*)[63], zwei Güter zu Retterschen (Gde. Kreßbronn) und eines zu Feurenmoos (Gde. Tettnang). Andererseits wuchs unter Landkomtur Franz Benedikt und seinen Nachfolgern die Bedeutung Achbergs als Verwaltungszentrum innerhalb der Ballei Elsaß-Burgund des Deutschen Ordens. So wurde mit Achberg rasch die Verwaltung der sogenannten *Alt-St. Gallischen Lehen*, darunter auch der Herrschaft Ellhofen[64], verknüpft: Als „Alt-St. Gallisch" galten diejenigen Lehen des Klosters im Allgäu, die schon vor der Erwerbung Achbergs mit dem „Neu-St. Gallischen Besitz" Retterschen und der Weiherstatt in Schwarzenbach in den Händen des Deutschen Ritterordens zu Altshausen gewesen waren.[65] Spätestens ab 1708 wurden die alten und neuen Lehen in getrennt spezifizierten Lehensbriefen zusammengefaßt und dem jeweiligen Landkomtur beziehungsweise seinem Lehensträger (ab 1708 dem Obervogt in Achberg) verliehen.[66]

Komplettierung der staatlichen Hoheitsrechte

Landkomtur Franz Benedikt von Baden scheint von Anfang an auch konsequent die staatsrechtliche Abgrenzung Achbergs gegenüber der Grafschaft Tettnang betrieben zu haben. Seinen Bestrebungen dürfte die in jener Zeit wachsende Geldnot und Verschuldung des gräflichen Hauses Montfort zu Tettnang und

Langenargen zum Erfolg verholfen zu haben. Jedenfalls trat am 13. Februar 1700 Graf Anton III. von Montfort (1686-1733), der spätere Erbauer des heutigen Schlosses Tettnang, dem Deutschen Ritterorden zu Altshausen um 7.400 fl alle Montforter Hoheitsrechte in der Herrschaft Achberg ab. Wie schon 1507 betraf dies neben der Forsthoheit und dem Geleit insbesondere das *Hohe Gericht, Stock und Galgen.*[67] Ein Richterkollegium von *zwölf aufrechten, unversprochenen Mannen als Urthelsprechern* unter Vorsitz der Herrschaft oder ihres Vertreters sollte die Urteile finden. Da dieses Gericht auch Leibes- und Lebensstrafen verhängte, wurden erneut Stock (Pranger) und Galgen (1708 erstmals erwähnt) errichtet, diesmal auf dem *Galgenbühl* bei Esseratsweiler. Ein eigener Scharfrichter wurde erstmals 1736 angestellt; bis dahin hatte man sich im Bedarfsfalle des Altshauser Henkers bedient.[68] Damit besaß Franz Benedikt nun ein - zumindest erstinstanzlich - fast uneingeschränktes Gerichtsmonopol in der Herrschaft Achberg. Abgesehen von den Fällen des geistlichen Gerichts richteten er oder sein Stellvertreter künftig über sämtliche Verstöße und Vergehen seiner Untertanen. Bei auswärtigen Gerichten durften diese freilich nur mit seiner ausdrücklichen Erlaubnis klagen, und wenn sie selbst auswärts verklagt wurden, hatte ihnen der Gerichtsherr das *Geleit*, Schutz und Unterstützung, zu geben. Mit der Hochgerichtsbarkeit erwarb der Landkomtur 1700 ebenso die hohe forstliche Obrigkeit mit der hohen Jagd. Der Landkomtur besaß nun auch die uneingeschränkte Verfügung über alle seine Wälder und das Wild. Über die konkreten Rechte und Ansprüche hinaus verschaffte der Erwerb der Hoheitsrechte der Herrschaft Achberg und ihrem Inhaber ein höheres Prestige. Der Herr Achbergs mußte künftig nämlich direkt vom Kaiser mit dem Malefizgericht und dem Blutbann belehnt werden.[69] Die Hohe Gerichtsbarkeit bewirkte also - trotzdem Achberg ein Lehen des Erzhauses Österreich war - einen stärkeren Bezug Achbergs und seines Inhabers zum Heiligen Römischen Reich deutscher Nation.

Eine bezeichnende Reform des Niedergerichts

Besonders aufschlußreich hinsichtlich politischer Denkweise und Ziele Franz Benedikts von Baden erscheint die Reform des Niedergerichts: Dieses Gericht, das im 17. Jh. nach Bedarf und auf Antrag im Wirthaus von Esseratsweiler zusammentrat, bestand über Jahrhunderte aus dem Gerichtsammann, der das Gericht leitete, dem Waibel, der staatsanwaltliche (Anklage) und polizeiliche Funktionen (Vollstreckung des Urteils) ausübte, sowie zwölf oder 14 Richtern, die das Urteil zu finden hatten. Ammann und Waibel ernannte die Herrschaft, die Richter wurden von der

Verleihung der Hochgerichtsbarkeit, 1700: Urkund ahm Kayserl. Cammergericht confirmirter transaction zwischen [dem Haus Montfort und dem Deutschen Orden]

Gemeinde gewählt und von der Herrschaft bestätigt. Mit dem Herrschafts-
antritt des Deutschen Ordens, unter Landkomtur Franz Benedikt von Baden,
wurde das alte Gericht abgeschafft beziehungsweise nicht mehr berufen. Stattdessen wurde nun der Vogt oder - wie er bald hieß - Obervogt als *studierter
Jurist der ausschließliche und alleinige Richter, der auf der Kanzlei in Achberg die Entscheidung gab.*[70] Als Beisitzer oder Berater konnte er den Ammann und einen
aus dem ehemaligen Gremium der Richter hinzuziehen; trotzdem aber fällte
der Obervogt das Urteil allein.

3. Auf der Spur des Absolutismus – Versuch eines Fazits

Auskauf auswärtiger Grund- und Leibherrren in Achberg, Erwerb der letzten
noch fehlenden staatlichen Hoheitsrechte Hochgericht, Forsthoheit und Geleit!
Einschränkung der Mitwirkung von Untertanen bei der Rechtsprechung im
Niedergericht! Nein, Landkomtur Franz Benedikt Freiherr von Baden wollte
mit Achberg vermutlich nicht nur ein anmutig gelegenes Lustschloß, eine
idyllische Sommerfrische erwerben; Achberg war für ihn *ein wesentlicher*, wenn
nicht gar *der Mittelpunkt* seiner Amtszeit![71]

Seine Politik bezweckte die staatliche Konzentration Achbergs auf den Landkomtur als Landesherrn, zielte darauf, aus der Herrschaft Achberg - ganz im
Sinne damals „moderner" Vorstellungen - einen politisch und administrativ
straffen sowie wirtschaftlich
effektiven zentralisierten
Kleinstaat zu machen. Keine
Frage, der Landkomtur stand
im Banne absolutistischer
Staatsgedanken.[72]

Als erstrebenswertes Ideal
galt damals im Zeitalter des
Barock aus dem Blickwinkel
von Königen, Fürsten und
anderen Adligen der absolu-
tistisch strukturierte Staat:
Der Landesherr wollte in den
festen Grenzen seines Herr-
schaftsbezirks über das gesamte gesellschaftlich-staat-
liche, kirchlich-religiöse sowie
agrar- und gewerblich-wirt-
schaftliche Leben gebieten,
ganz ohne rechtliche oder

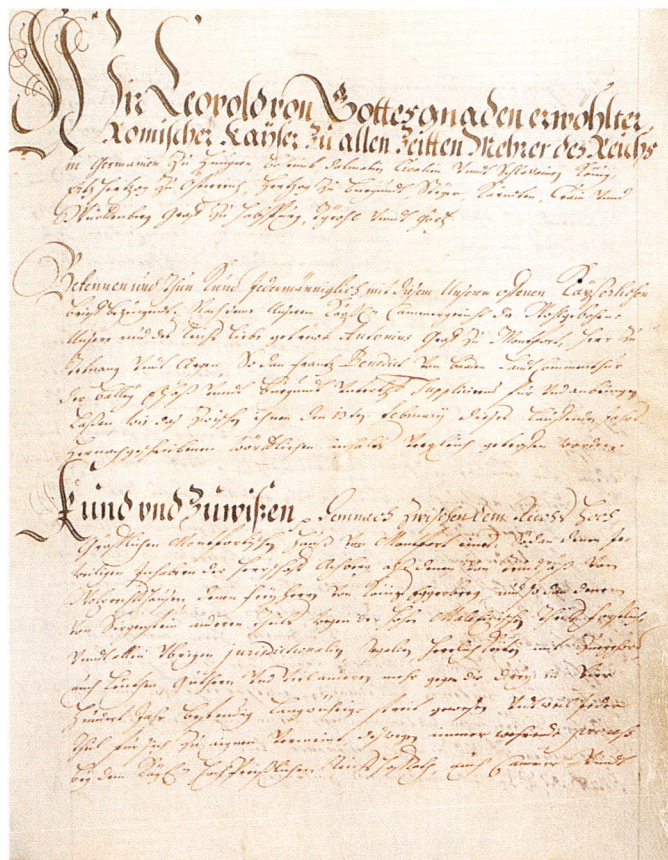

Verleihung der Hochgerichtsbarkeit, 1700

territoriale Einschränkungen und ganz ohne die Mitwirkung anderer Herren oder gar seiner Untertanen.

Und war Franz Benedikt von Baden in der Herrschaft Achberg nicht fast ein solcher absoluter Fürst? Fürstlichen Rang besaß er als Landkomtur der Ballei Elsaß-Burgund sowieso. In Achberg herrschte er quasi absolut. Von Fragen der „Außenpolitik", des Kriegs- und Militär- sowie des Steuerwesens abgesehen,

regierte er dort praktisch uneingeschränkt. Stein- und gipsgewordener Ausdruck dieser zweifellos auch stark fiktionalen politischen Vorstellungen ist der repräsentative Ausbau Schloß Achbergs im frühbarocken Stile zwischen 1693 und 1700 mit der vor Selbstbewußtsein strotzenden Bauinschrift und der *verschwenderische*[n] *Anbringung seines* [Franz Benedikt von Badens] *Amtswappens*".[73]

Quellenanhang mit transkribierten Urkunden

Zur Erleichterung von Lektüre und Verständnis wurden bei der Transkription folgende Vereinfachungen vorgenommen: Die Groß-/Kleinschreibung wurde nach den heute geltenden Maßstäben abgeändert, ebenfalls die Interpunktion. Seitenwechsel wurde in eckigen Klammern angemerkt. Fußnoten kommentieren ausgewählte Namen und Begriffe.

Zur Verkaufsurkunde von 1693 gehörende Unterschrift von Franz Benedikt von Baden

1. Kaufvertrag vom 15. Oktober 1491
(HStASt B 343 Bü 42)

[fol. 1] Abschrift

Wir disnach genanten Mitnamen Marx von Kinttsegk, Marquart unnd Hanns bayd Ritter, auch Egk, all drey Gevettern von Kinttsegk[74], deß gedachten Marxen unnsers lieben Vettern, von andern sein Freinden geordnet, gegeben wissenhafftig Vögt und Pflegere, in Vogt- und Pflegers Weyse[75], bekennen offennlich und thund kundt allermenniklichen mit disem Brieffe, Namlich:

Ich Marx für mich und mein Erben, und wir die anndern von Kinttsegk sein Vögt und Pfleger in Vogt- und Pflegersweyse für uns und unser Nachkommen Vögt und Pfleger, das wir mit Rath, Hilff und Zuthun, der edeln, frommen und vesten Wilhelms, deß gedachten Marxen lieben Schwäher, Veyten und Hilprannden, der Siergen von Siergenstain[76], und Hannsen Halders von Mollemberg des Eltern, unser lieben Schwäger und gutem Freinden, [fol. 2] den Stät[77] deß gemelten Marxen, dagegen die Nutzung seiner Güttere, und das an die zu verweisen uß vilerlay unnd merklichen Beschwärden und Ursachen, besonndir auch dero Abgang, und die merklichen Schulden, so vor Augen gewest, die von Jar zu Jar uff in und sine Gütter bisher gewachsen und gemeret sind, das wir solchs zuverkommen, daruß ihn zu verhelfen, ihn und sein Kind vor ganntzem Verderben in rüwig nutzlich Leybsnarung zu setzen, mit nichts dann allain dieser nachfolgenden Maynung mit allem und höchstem Fleys hierum erwägen und gerathschlaget, nachdem wir deß von Natur gesizter Freundschaft, unnserm Stamm und Nahmen besonnder als Vögt und Pfleger schuldig sind, zu Hertzen genommen und bedacht, und darumb mit zeytlicher Vorbetrachtung gesund der Leyber, vernünftiger guter Sinnen vor Rath, und zu den Zeyten und Tagen, do wir das [fol. 3] wohl gethun mochten, besonder daß es in und usser den bayden gaistlichen und weltlichen Rechten und allenthalben allerbeste vollkommen gut Kraft, Macht und ewig Hanndtvest[78] hat, haben soll und mag, recht und redlich verkoufft haben, und ains handtvesten, stäten, ewigen, ymmerwehrenden und unwiderruffelichen Kaufs zu kaufen geben, dem Edeln, vesten Erharten von Kinttsegk zum Kinttsegker Berg, allen sinen Erben und Nachkommen, unserm lieben Vetter und Bruder.

Dem des obgemelten Marxen von Kinttsegk Burg, Burggesäß Achberg, mit allen und yeden Dörffern, Weylern und Höfen, namlich Tutznow, Sibrechtschweyler, Esserschweyler, Toboltschweyler, Sachsenweyler, Ysigatweyler, Lichtweyler, Gunterweyler, Bechtramschweyler, in der Rieti, zum Bufflis, zum Engelis, zum Prinn, zum Balldings, zum Rettnoltz[79], auch (m)einen Tayl an Riethusen dem [fol. 4] Dorf mit den Höfen Klochen und Schwartzenbach[80], unnd besonders Riethusen mit hohen, und die [andern] alle mit nidern Gerichten, Zwingen, Pennen, Gebotten, Verbotten, Frävlinen, Bußen, Vällen, Gelässen, Ungnossammen, auch mit allen und yeden Leuten und Güter, so darzu und darbei gehörn, und von Recht und alter Gewonhayt wegen gehören sollen, können oder mögen, und besonder alle Zeins, Renndt, Nutz und Gült zu der Burg Achberg, auch dem Tayl zu Riethusen gehörig nach Lut und Innhalt zweyer pergamentin besigelten Register ihm deshalb überantwurt; und diese nach-geschriben Weyer und Wasser: Item den Wyer Laugenmos, item den Weyer genannt Mülweyer zu Sibrechtschweyler, item den Weyer bey der Herg, item den Weyer zu P[Y]sygattwyler, item den Weyer genannt Horweyer under Tutznow gelegen, item den Urweyer, item den Wasenweyer, item die Visch-gruben, item die Vischentz an der Argen und all annder [fol. 5] Bäch und Wasser darzu gehörend, item den Wingarten und halben Dreykel enannt Rett-wischer[81], item den Wingartin zu Sibrechtschweyler, item die Höltzer genannt Buchhald, Dachegk, und all annder Wälder und Höltzer, item und och alle und yede geystlichen und weltlichen Pfrunden und Lehen zu Achberg und Riethusen gehörig. Unnd darzu alles das zu der obgemelten Burg Achberg ouch dem Tayl zu Riethusen gehört, gehören sol und mag, es sey an Dörffern, Weylern, Höfen, Aytten oder Vogtleuten, Frawen, Mannen, Dochtern, Kinder, jung und alt, Hindersässen, Güter, Zeinsen, Renndten, Nutzen und Gulten, Stewren und [NB] Zehenden, Holz und Nidern Gerichtten, Zwingen, Bennen, Botten, Verbotten, Fräflinen, Bussen, Ungnossammen, völlen Geläß, mit Husern, Höfen, Hofraytinen, Dorckeln, Schuren[82], mit Wein-, Bom- und Krut-garten, Painden, Veldern, Wamen[83], Wayden, mit Höltzern, Ackern, [fol. 6] Wisen, mit Holtzrechten, Holtz und anndern Marcken, mit Newreitinen, gemain Märken, mit Rietern, Rietboschen, Bestan, Diensten, Dienstgelten, mit Vogteyen, Vogtrechten, Ammann, Waybel und Mesner, Ämpter, Hirtenstäb, Weintäfrinen, Mülwüre, Mülinen, Mülhoffstetten, Badstuben, Mül- und Badrechten, mit Wasser, Wasserflüssen und Laytinen, Vischentzen, mit zwier Innstelliner, Wasen, Zweyer Stäg, Weg und gemainlich mit allen und yeden, ir aller und ir yetlichs allain und besonnder Rechten Ein- und Zugehörden, es sye an der Burg, Burggesäß, Dörffern, Weylern, Höfen, benempten und unbenempten, be-suchten und unbesuchten, gefundnen und ungefundnen, unnder unnd ob der Erd[84], klain und gros, inner- oder usserhalb der Gerichten, ganz nichts ußge-nommen, vorbehalten noch hindangesetzt, wie das alles und yetlichs besonder an im [fol. 7] selbs yetz ist, unnd noch künftigklich werden mag, für ganntz frey, ledig, los und unverkümbart, dann das die Burg Achberg vom Haus Österreich Lehen ist, nach laut der Lehenbrief, und an die Pfründ zu Sibrechtschweyler ab dem Garten daselbs ain halb Fuder Wein zur Zeyt, und ab dem Tayl zu Riethusen achtzehendhalb Pfund Haller järlichs Zeins gut [gibt?] und sust ganntz nichts mer. Unnnd ist der ewig redlich ymmerwernd unnd unwiderrüffelich Kouff beschehen und gethan umb fünff Tusent acht-hundert und achtzig alles guter und genähmer Rinischer Gulden, dero ich obgenannter Marx und wir die anndern von Kinttsegk, sein Vögt und Pfleger, in Vogt- und Pflegerweyse alß berayt an barem guetem Geld angenommen, empfangen, und damit mir gemelten Marxen mit Rath der obgemelten meiner Vögt, Pfleger [fol. 8] unnd andrer miner guten Freund meinen merklichen täglichen unnd wachsenden Schaden mit Bezalung unnd Ablösung der Zeins und Schulden abgewenndt und fürkommen, unnd mit der anndern Summ, meinen scheinbaren Nutz und Frommen mit Anlegung gewisser järlicher Gült unnd Nutzung damit gefürdert haben. Darumb ich obgemelter Marx für mich und mein Erben, unnd wir sein Vögt unnd Pfleger für uns und unser Nachkommen in Vogt- und Pfleger Weyse, den obgedachten Erharten von Kinntsegk und sein Erben solcher obgedachter Summ Gulden gänzlich und allerdings quitt, frey, ledig und los gezelt und gelassen haben. Unnd also söllen und mögen der obgemelt Erhart von Kinttsegk, sein Erben und Nachkommen solch Burg, Burggesäß zu Achberg, auch den Tayl zu Riethusen, die anndere Dörfer, Weyler, Höf, Leut und Gut, Gericht, Zwing unnd Benn, [fol. 9] hoh und nider, Gebott, Verbott, Zeins, Renndt, Nutz und Gült, und gemainlich alle und yede Stück und Gut, so an disem Brief obgeschriben stand. Und ob ettwas hierum vergessen und nit geschriben wär und doch darzu und darein gehörten, und mein obgemelten Marxen Vatter, auch mein Bruder sälig und ich, es wäre durch Taylung oder in annder Weg an uns kommen ist, und wir inngehept hetten, das auch darzu mit ällen ihren Rechten, Ein- und Zugehörden innemmen, innhaben, brawchen, nutzen, niessen, besetzen, entsetzen, verleyhen, versetzen, verkouffen, und damit als ihrem aygentlichen und Lehensgute handeln, schaffen, werben, thun und lassen, nach allem ihrem Gefallen, und wie Inen allerbest füget, von uns, unsern Erben und Nachkommen ganntz und in allweg unverhindert, [fol. 10] ungesompt und ungewört; Dann wir uns für uns, unsre Erben und Nachkommen der obgedachten Burg, Dörfer, Wyler, Höf, Stuck und Gütter aller und yeder, mit ir aller und yedes allain und besonnder, aller Irer Anhäng, Gerechtigkayt, Ein- und Zugehörd, wie obbegriffen ist, gänntzlich und in allweg verzigen, entzigen und begeben, und daruff gelopt und versprochen haben, wider disen Kouff und alle Innhalt diß Briefs nimmer nichts zureden, zutragen, zu Fierwort haben, sonnder das alles getrewlich halten und dem nachkommen. Auch ich obgemelter Marx für mich und mein Erben diß Kouffs deß gemelten Erharten von Kinttsegk und seiner Erben recht Wären und Dröster sein, und in deß vor allen und yetlichen gaistlichen und weltlichen Leuten Recht, Richter und Gerichten, da si des ymmer be- [fol. 11] dürffen und notdurfftig werden, gegen allermängklichem gut Trostung und Wärschafft thun, Lehen nach Lehens-, Aygen nach Aygen- und nach gemainen Landtsrechten und den Rechten für allen Abgang, Mindrung, Infall, Verhindrung, Mängel und Gebresten, da si des ymmer bedürffen und notdurfftig werden, allwegen in mein deß gedachten Marxen und meiner Erben, und one Erharten von Kinttsegks und siner Erben Lasten und Schaden. Vor dem allem und yedem besonnder mich obgemelten Marxen von Kinttsegk noch mein Erben noch unns sin Vögt und Pfleger noch unnser Nachkommen ganntz nichts friden, fryen noch beschirmen soll, dehain Freyhayt, Gnad, Gelayt, Gebott, Verbott, Ainung, Püntnuß, Gesellschaft, Burgrecht der Fürsten, Herren, Stett noch Lennder, noch sust gar nichtzit [fol. 12] unnd besonnder die Recht, so gemainer Verzeyhung und dem Kouff umb mer dann ainen halben Tayl aine rechten Kouffs übernommen haben, widersprechend, dann wir unns der aller hiemit entzigen und begeben haben, und hiemit verzeyhen, alles wissentlich, getrewlich unnd ungefärlich. Unnd des alles zu wahrem und offen Urkund und Bevestigung diß Kauffs, so hab ich obgedachter Marx von Kinttsegk als Verköffer min aygen Insigel für mich und min Erben offennlich gehengkt an disen Brief, und zu aller Vollkommenhayt und Gezeugknuß darzu mit Flyß ernstlich gebetten unnd erbetten die obgemelten mein lieb Vettern Vögt und Pfleger von Kinttsegk, auch minen lieben Schwäher, Schwäger und gut Freind, die Siergen von Siergenstain, und [fol. 13] Halder von Mollemberg, das Ir yetlicher sein aygen Insigel auch an disen Brief gehengkt hat, das wir obgenannten Marquart und Hanns, bayd Ritter und Egk, all drey von Kinttsegk, als Vögt und Pfleger in Vogt- und Pflegerweyse, für uns und unser Nachkommen Vögt und Pfleger, nachdem das wie vorstät mit unserm Rat, Gunst, Wissen und Willen zugangen und beschehen ist, und wir gerürten Wilhelm, Veyt und Hilprand, die Siergen von Siergenstain, Gevettern, ouch Hanns Halder von Mollemberg, als die so hierzu von deß gemelten unsers Dochtermanns Schwagers und guten Freind wegen, das so vorgeschriben stät, für In und sin Erben dabey- und mitgewesen sein, darzu getrewlich geraten und geholffen haben, bekennen hiemit alle Acht von Kinttsegk, Siergenstain und Mollemberg, unnser aygen Insigel, doch unns unnd unnsern Erben [fol. 14] ohnschädlich, unns alle darumb zu besagen also offenlich gehenckt haben an disen Brief, der geben ist an Sambstag vor Sankt Gallenstag, nach Christi Geburt Vierzehenhunndert Neuntzig unnd ain Jahr. L.S.   L.S.   L.S.   L.S.   L.S.   L.S.   L.S.   L.S. Marchß von Khinseckh, Marquart undt Hannß, baide Ritter, auch Egkh:alle drey Vöttern von Khinsekh, alß erst gemeltß Marchßen von Khinsekh von der Freundtschaft verornette Vorminder, verkhauffen Achberg, das halb Dorff Rietthausen, Khloch, den Hoff Schwarzenbach, mit hoher undt nidern Gerichten, Erharten von Khinseckh, Samstag vor S. Gallendag [15. 10.], Anno 1491.[85]

2. Kaufvertrag vom 3. März 1693
(FAS Dep. 39 DS 25, R. 75, 27)

[fol. 1] Ich Frantz Johann Ferdinand Freyherr von Sürgenstein, Herr der Herrschafften Ballhausen, Zeschingen[86] unndt Dunstelkhingen[87], Churpfältzischer Heidelbergischer Cammerer etc. Bekhenn offentlich für mich, meine Erben unndt Nachkhommen mit nachfolgender Khauffsverschreibung, zu deren ich mich unndt die Meinige vöstiglich obligiere unndt verbinde, unndt thue khundt allermäniglich hiemit dißem Brüeff, daß ich mit guether zeitliger Vorbetrachtung, rechten Wüssen, unndt freyem Willen, auch mit des Werckhs vor offtmahliger reüffer Überlegung unndt absonderlich mit vorher erlangtem allergnädigsten Kayserlicher unndt Fürstlich St. Gallischen Lehenherrlichen Consensen, auch zuvor gehabter Einwilligung meiner gesambten Herren Agnaten der Sürgensteinischen Famili[88], in Beysein des Freyreichs hochwohlgebohrnen Herrens Philipp Marquardt Däntzel, Freyherrns von Tratzberg, der Churfürstlichen Majestät zu Pfaltz Cammerern unndt Pflegern zu Lauingen, so dann des auch Freyreichs hochwohlgebohrnen Herrens Carl Albrecht, Baron de Becaria, Herrn zu Silan unndt Schlachtegg, unndt dem wohledelgestreng unndt hochgelehrten Herrens Johann Martin Wehen, Kayserlichen Freylandtrichters in Schwaben, der Rechten Doctorn, alß Beyständt etc., eines stehten, vesten, ewig unndt unwiderrüefflichlichen, auch in allen gaist- unndt weltlichen Gerichten, Rechten, Reichs- unndt Landtgewohnheithen cräfftigen Khauffs, auffrecht unndt redlich, auch bey mein- unndt der Meinigen freyherrlichen Ehren, verkhaufft unndt zukhauffen gegeben habe, gibe auch also under vorgemelter Obligation mit Handt unndt Mundt unndt aller Sicherheith, wie ich daß von Rechts wegen zu dem formblichsten thuen soll, khan unndt mag in Crafft diß Brüeffs, für allermäniglichs Widertreiben unndt Absprechen, mit keiner Lüst oder Gefärde, Hindergangen, sondern von wegen mein unndt der Meinigen besten Formben, auch zu dessen absonderlich großen Utilität, auß vihlerley unndt merckhlichen Beschwerden, besonders des auff mich erwachsenen [fol. 2] großen Schuldenlasts halber, verkhaufft unndt zukhauffen gegeben dem hochwürdig hochwohlgebohrnen Herrn Frantz Benedict von Baden, der Römischen Kayserlichen Mayestät Rath, Landtcommenthur der Balley Ellßäs unndt Burgundt, Commenthur zu Altshaußen, Teütsch Ordens Rüttern etc. unndt dessen Successorn bey dem Rütterlichen Orden, namblich daß von meinen Voreltern wohlseeligen Angedenckhens ahn mich ererbtes adeliche Rüttergueth unndt Herrschafft Achberg unndt deren darunder begrüffenen Kayserlich-Österreichischen unndt Fürstlich St. Gallischen Lehen, mit aller Zugehör unndt einverleibten Dorffschafften, Höffen, Weyern, Fischentzen, Wun, Waiden, Gärtten, Wißen, Äckhern, Zwing unndt Pöenen, zu Holtz unndt Veldern, mit aller obrigkheitlichen Gebott unndt Verbotten, auch denen wohlhergebrachten alten Gebräuchen, Beneficien unndt Freyheithen, mit allen Gebäwen, Häußern, Städlen unndt Güetten, Rentten, Gülten, Zünßen, Zechenden, Freveln, Buessen, Straffen, Geföllen, wie die Nahmen haben mögen, neben beeden Rebgärtten zu Reterschen[89] unndt Marckhdorff, zusambt dem *Jure Patronatus*[90], auff beeden Pfarreyen Esseratschweyler unndt Sibertschweyler, auch der Disposition über die Schloßcaplaney=Stüfftung[91] zu Achberg, mit aller Ein- unndt Zugehörungen, wo unndt wie die gelegen, so von Recht unndt alter Gewohnheits wegen darzue unndt darein gehördt haben, zu Berg unndt Thall, Grundt unndt Boden, Benandts unndt Unbenandts,

Gesuechts unndt Ungesuechts, nichts darvon außgenommen, mit aller Recht unndt Gerechtigkhaiten, *in Summa cum omni Jure et Causa*[92], wie dan daß alles auff mich obbenandten Verkhäuffern unndt meine Vorfahrer gekhommen, alles lauth Königseggischen Khauffbrüeffs, so geben auff Sambstag vor St. Gallen Tag, Anno 1491. Sodan des von ihme Herrn Verkhäuffern außgelüfferten Ahnschlags=Proiect. Unndt ist dißer [fol. 3] Khauff hierumben ergangen unndt beschehen für unndt umb vierunndtsechsig Tausent Gulden in guether Reichs- unndt des Landts Schwaben gangbahrer Wehrung, jeden Gulden zu fünffzehen Batzen oder Sechsig Etschkreutzer[93] geraith[94], welche vorstehende Haubtsumma des Khauffschillings[95] er, Herr Khäuffer, mir, dem Verkhäuffer, bey Auffrichtung dißes Brüefs alß paar endtrichtet unndt bezahlt hat, auch solche Summa zu meinen auff diß Gueth verhypothecirt gewesten, maist von meinen Voreltern[96] herrührenden Schuldtgläubigern verwendet, darmit dieselbe ab= unndt außgewißen worden, alßo das er, Herr Khäuffer, mich des obgemelten Khauffschillings, namblich der Vierunndtsechsig Taußent Gulden[97], gäntzlich vergnüegt unndt befridiget hat. Derowegen dann wohlge- dachter Herr Khäuffer dessen Rütterorden, Landt- unndt Commenthur zu Altshaußen, ich für mich, meine Erben unndt Nachkhommen, hierumben unndt in Crafft diß Brüefs, in bester unndt zierlichster Formb, was von Rechts unndt Gewohnheits wegen am cräfftigsten geschehen khan, frey, quit, leedig unndt loos sage unndt zelle thue, alles mit der Maas, unndt Beschaiden- heith, auch mit dißer außtruckhenlichen Erläutherung: ob Sach wäre, das sich etwas Beschwehrlicheres weiter dann die vierunndtsechsig Taußent Gulden Khauffschilling belauffen, es wäre von Schulden, Bürgschafften, Versatzung, ledigen Ahnfahl von deß Herrn Verkhäuffers Befreündten oder anderem, wie das Nahmen haben möchte, über kurtz oder lang, auff solchem verkhaufftem Gueth eraignen solten oder sich diejenige Sachen, die ich vermög Receß unndt Specification ahn gewißen Geföllen khäufflich übergeben, nit befinden wurden, daß alßdan selbige dem Herrn Khäuffer unndt seinen Nachkhümbling durchaus ahn dißem Khauff den wenigsten Mangel nit bringen, sondern ich, der Verkhäuffer, meine Erben unndt Nachkhommen, die schuldige *Eviction*[98] unndt Schadloßhaltung, außer der Lehenschafften, jedoch daß selbe liquid ahn die Handt gegeben werden, auff meinen übrigen Güettern[99], ohne sein des Herrn Khäuffers unndt seinen Nachkhümbling bey dem hohen Rütter [fol. 4] Orden Costen unndt Schaden zu praestirn unndt zu laisten obligirt sein, hierumben so sollen unndt mögen mehr wohlgedachter Herr Khäuffer, dessen anvertrawte Teütsch Ordens Balley Ellßas unndt Burgundt solch jetzt erkhaufftes Rütter Gueth Achberg unndt Apertinentien[100] mit allen obbe- stümbten Recht unndt Gerechtigkeiten oberermelter Maßen, mit allen denen Herrligkheiten [alles Inhalts der alten Khauffbrüeffen], Gebotten unndt Verbotten, Nutzungen unndt Geföllen[101], sambt allen aignen Güettern, Ein= unndt Zugehörungen, zu Marckh, Höffen, Holtz, unndt Waldt fürohin ruhig

innhaben, besitzen, besetzen, endtsetzen, gebrauchen, nutzen, nüeßen, verleyhen, verkhauffen unndt in allweg darmit schaffen, handlen, thuen unndt
lassen, nach ihrem selbst aignen Willen unndt Gefallen, ohnverhindert mein
des Verkhäuffers, meiner Erben unndt Nachkhommen, auch sonsten mänig-
lichen von meinetwegen, dan ich mich für mich, meine Erben unndt und
Nachkhommen aller der vorgeschribenen Stuckh, Besitzung, Nutzung,
Gerechtigkheiten, Aigenschafften, Forderung unndt Ansprach, so ich oder
jemandt anders von meinetwegen zu unndt ahn deren inßgesambt oder
sonderlich gehabt, mit genuegsamben Bedacht unndt auch mit scheinbahrem
mein- unndt der Meinigen Nutzen, dessen allem, wie eingangs gemelt, verzügen,
endtsetzt, endtwehrt, endtladen unndt endtschlagen, unndt dargegen wohl-
gemelten Herrn Khäuffern, dessen Balley unndt Nachkhommen, in recht,
redlich, aigen unndt nutzlichen Besitz, Gewaldt unndt Gewehr, gemeinlich
unndt ohnverschaidenlich, gesetzt, gestelt unndt gelaßen: Unndt deßen zu
mehrerer Bestättig= unndt Becräfftigung so habe ich der Verkhäuffer in Handen
unndt Gewaldt mehr wohlbesagt des Herrn Khäuffers wüssentlich übergeben,
unndt zugestelt alle überberührt verkhauffte Güetter des adelichen [fol. 5]
Rütter Gueths Achberg besagende brüeffliche Documenta, ahn Khauffbrüeffen,
Saal- unndt Urbar Büechern, Rödel, Registern, Protocolla, Rechnungen,
Verträgen, Kayserlich-Österreichischen unndt Fürstlich St. Gallischen
Lehenbrüeffen unndt jede andere brüeffliche Schrüfften, Originalia unndt
Copeyen, lauth sonderbahrer darumb verfertigter unndt beglaubter
Specification, mit dem getrewen Versprechen, wan über kurtz oder lang deßhalber weither was darzu gehörig gefunden werden solte, dieselbe wohlgedachtem Herrn Khäuffer, deßen anvertrawter Ordens Balley unndt Nachkhommen gleichfahlß ohne Widerred unndt fideliter zu extradiern, unndt
zuübergeben, unndt ob die schon gefunden, von mir dem Verkhäuffer oder
meinen Erben unndt Nachkhommen hinderhalten wurden, sollen sie doch
mir noch den Meinigen zu keinem Nutzen unndt Vorthell oder einiger
Gerechtigkheit zu Schmehlerungen oder Abruchs dißes Khauffs, weder in=
noch außerhalb Rechtens, wider den Herrn Khäuffern unndt deßen
Nachkhommen, fürträg= noch dienlich sein. Inmaßen dann ich für mich,
meine Erben unndt Nachkhommen die darzu gehörige Underthanen, so ich
obbeschribner Maßen verkhaufft, aller Ihrer Glübt, Aydt unndt Pflichten, darmit sie mir bißanhero verbunden unndt zugethan geweßen seind, ab= unndt
nachgelassen, relaxirt unndt endtschlagen unndt sie deren sambt derowegen
gehabter Ansprach unndt Gerechtigkheit frey, leedig gezelt unndt gesagt,
unndt ahn mehr wohlermelten Herrn Khäuffern, deßen Balley unndt Nachkhommen fürters zuhuldigen, geloben, schwehren unndt mit Raichung alles
daß, so sie mir bißanhero schuldig geweßen, auch aller anderer Dienst-
bahrkheiten, Schuldigkheiten unndt Verbündtligkheiten underthänig, dienst-
lich, gehorsamb, unndt gewärtig zu sein, gewißen haben, wie dan ich der

Verkhäuffer bey meinen Ehren unndt Cavalliers Parrollen[102] für mich unndt meine Nachkhommen versprochen unndt zugesagt, dißen Khauff unndt alles daß, was hierinen vor- unndt nachgeschriben stehet, in allweeg vöst unndt unverbrüchig zuhalten unndt hierwider nimmermehr zureden, zuthuen noch zuhandlen, auch niemandts anders zugestatten, dz darwider gehandlet [fol. 6] noch geredt werde, sondern wohlgedachtem Herrn Khäuffern dißen Khauff unndt Verkhauff für alles Clagen unndt Abgewünnen für unbeschwehrt unndt unverfangen, außer der Lehen, sonsten für frey, leedig unndt recht aigen zufertigen, vertretten unndt zuversprechen, vor allen Leüthen, Richtern, unndt Gerichten, gaist- unndt weltlichen, unndt sonst von allermäniglichen, wo, wann, wie offt ich dessen von erwentem Herrn Khäuffern unndt deßen Nachkhommen ersuecht unndt gemahnet werde, unndt sonderlich alles das zuthuen, was zu einer erbarn, redlichen, ungefährlichen, auffrechten Wehrschafft gehördt, alles in meinem Costen, ohne sein Herrn Khäuffers, dessen anvertrawter Balley Nachkhommen Schaden unndt Costen. Wo aber ich der Verkhäuffer, meine Erben unndt Nachkhommen, solches nit thätten noch werckstellig machte, so haben mehr wohlermelter Herr Khäuffer, deßen Balley unndt Nachkhommen alß dann vollen Gewaldt unndt ergeben Recht, mich, den Verkhäufern, meine Erben unndt Nachkhommen, darumb mit Kayserlichen Cammer=, Hoff=, Landt= oder anderen Gerichten, sowohl gaist= alß weltlichen, wie die Nahmen haben mögen, alß in einer liquidirten, mit Urthel unndt Recht erkhanter Khauffs=fertigung unndt Wehrschaffts=Sach zu procedirn, vorzunemmen, auch deßhalber alle Proceß unndt Executiones außzuüeben, immer so lang unndt vihl, biß ihme Herrn Khäuffern, dessen Ordens Balley unndt Nachkhommen, die vorbestümbte Stuckh, inmaßen würr solche bißhero Inn= unndt angehabt, genutzt unndt genossen, gantz nichts abgesöndert, genuogsamb völliglichen unndt gar gefertiget, richtig unndt unansprüchig gemacht, unndt alles daß, daran sie billich Mangell unndt Gebrächen hetten, erstattet unndt aller deßwegen erlüttener Schäden gar= unndt gäntzlich bezahlt, außgericht unndt vernüeglich angelegt werden sein, ohne allen ihren [fol. 7] Abgang, Verlurst, Costen unndt Schaden, dann von dem allem soll mich den Verkhäuffern, meine Erben unndt Nachkhommen, nit schürmen noch schützen, einig gaist- oder weltlich, päpstlich, kayserlich, königlich, fürstlich noch andere obrigkheitliche Freyheiten, Privilegien, Exceptiones, Gnad, Recht noch Gericht, kein Obrigkheith, Gebott oder Verbott, Bündtnus, Satzung, Statuten, Ordnung noch Gewohnheith, Frid, Tröstung, noch glaidt noch sonsten kein andern fündt, Lüst, Untrew noch Gefärde, die ich hierwider erdenckhen unndt namlich sprechen möchte, daß ich umb obgemelten Khauffschilling der Vierunndsechsig Tausent Gulden nit bezahlt oder aber über den halben Thaill des billichen Werths überforthelt oder der mehrern in mein, meiner Erben unndt Nachkhommen scheinbarn Nutzen unndt Fromben nit verwendt unndt gelegt, oder daß deßwegen kein Tractatus vorhero gepflogen oder der Consensus[103] von denen Sürgensteinschen Herrn Agnaten nit außgewürckht unndt formblich erthailt worden, dan wür unß aller ewigen Einred, Behelff, Freyheithen, Gnad unndt Sachen, wie die genandt unndt erdacht werden, auch unß unndt unßern Nachkhommen oder anderen erdenckhlichen Ursachen wegen, zu guethem Gedewen möchten, *in specie* auch des *Beneficii Restitutionis in integrum Laesionis* unndt anderen erdenckhlichen Rechten, Exceptionen unndt Wohlthatten, sambt dem Rechten gemainer Verzeühung ohne vorgehende Sönderung widersprechendt, wüßentlich, wohlbedächtlich unndt gäntzlich verzügen unndt begeben haben. Unndt thue solches in bester Formb, gaist= unndt weltlichen Rechtens, unndt zwar in Crafft diß Brüeffs, alles unndt jedes bey Chevalliers Parrollen, getrewlich unndt ohngefährlich. Zue deßen wahrem, stehtem unndt unverbrüchlichen Urkhundt, so hab ich anfangs ermelter [fol. 8] Verkhäuffer mich aigenhändig underschriben, mein angebohren neben meiner Herrn Beyständen unndt der Mitinteressirten Sürgensteinischen Herrn Agnaten gleichmäßiger Mitverfertigung Insigel henckhen laßen ahn dißen Brüeff, so geben unndt beschehen nach Christi heylsamber Geburth den dritten Monaths Tag Martii, im sechzehenhundert dreyunndtneynzigisten Jahrs.

Frantz Johann Ferdinandt Freyherr von Sirgenstein/Franz Johann Roman von und zu Sirgenstein/Johann Joachim von und zu Sirgenstein/Johann Fideliß von Sürgenstein/Philipp Marquard Täntzel Freyherrn von Tratzberg/ Carl Albert Clodomir Baron Beccaria de Silan auf Schlachtegg/

Weilen vor Ausförttigung dißes Brieffs Herr Johann Martin Koch, Königlicher Frey= Landtrichter in Ober- und Nidern Schwaben, dißes Zeitliche gesegnet, thue an dessen Statt ich, Jacob Mußgün, u. d. 2t. Hochfürstlich Constanzischer Consistorial= Advocat und Fabricpfleger alß erbetener Sirgensteinischer Beystandt dißen Kauffbrieff underschreiben und mein gewohnlich Pöttschafft anhänckhen. [fol. 9]

Transfixum[104]

Weylen in dem Contextu dieses Brüeffs neben dem Königseggischen Kauffbrüeff auch die Sirgensteinische brüderliche Thaylung de dato Ellwangen, den 28. feb:, 1612[105], item Mörspurgischen Receß de dato 11ten Aprilis Anno 1691 und Maynauwischen Receß de dato 1ten Decembris Anno 1693, nach welcher Innhalt undt mit andersster gedachter Kauff ergangen, hätten sollen specificierlich exprimiert werden, alls[o] thue ich Kaüffer ein sothannes hiemit, alls währe es im Brieff begriffen etc., Transfixum ersetzen, so mit meiner aigenen Handt und Ordens auch angebohrenem Pettschafft bescheinen undt becräfftigen. Alts[c]haußen, den 2. Martii deß sechzehenhundert fünffundtneünzigisten Jahres.

Frantz Benedict von Baden / Landtcomenthur[106]

3. Leihe des Malefizgerichts und des Blutbanns 1507/1778
(AHW DO U 173)

[fol. 1] Wir Joseph der Andere[107] von Gottes Gnaden Erwehlter Römischer Kayser, zu allen Zeiten Mehrer des Reichs, in Germanien und zu Jerusalem König, Mit=Regent und Erb=Thronfolger der Königreiche Hungarn, Böheim, Dalmatien, Croatien und Slavonien, Ertz=Herzog zu Österreich, Herzog zu Burgund und zu Lothringen, Groß=Herzog zu Toscana, Groß=Fürst zu Sieben-bürgen, Herzog zu Mayland und Bar, gefürsteter Graf zu Habsburg, Flandern und Tyrol etc. etc.
Bekennen öffentlich mit diesem Brief und thun kund allermänniglich, daß uns der [fol. 2] ehrsame unser lieber andächtiger und des Reichs Getreüer, Beat Conrad Philipp Friderich Reüttner von Weil[108], Teütsch-Ordens Ritter, Land-Commenthur der Balley Elsaß und Burgund, Commenthur zu Altschausen, in Unterthänigkeit zu vernehmen gegeben, was maßen Franz Benedict von Baaden gedachter Balley zum Besten, das Ritter=Guth und Herrschafft Achberg, samt zugehörigen Dorffschafften, Weylern, Fischenzen, Wuhn, Weyden und Äckern mit allen Obrigkeiten, Gebott= und Verbotten, und dem Reichs= Lehenbaren Blutbann daselbst, und also mit allen zu dieser Herrschafft gehörigen Appertinentien, nichts davon ausgenommen, von Franz Johann Ferdinand von Sirgenstein[109] an sich und seine Nachkommen, Commenthuren zu Altschausen, erkaufft, und darüber weilen wegen denen bey dieser [fol. 3] Her-schafft haftenden Hohen Malefizischen, theils Forstlichen und aller übrigen Jurisdictionalien, Regalien und Herrlichkeiten zwischen der gräflichen Familie von Montfort eines= sodann denen jeweiligen Innhabern ermelter Herrschafft Achberg als denen von Truchsäß von Welprechtshausen[110], denen von Königseggerberg und sodann denen von Sirgenstein andern Theils, viele Saecula durch immerdar große Strittigkeiten sich ereignet hätten, mit obge-dachter gräflichen Familie sich in Güte verglichen, welcher Vergleich auch von weyland Kayser Leopoldo[111], glorwürdigsten Andenckens, beym Kayser-lichen Cammergericht confirmiret worden, und dahero nun nach tödlichem Hintritt seines nächsten Vorfahrers, weyland Christian Moritz[112], des Heiligen Römischen Reichsgrafens von Königsegg=Rothenfels, Teütsch=Ordens Ritters, Land=Commenthurs der Balley [fol. 4] Elsaß und Burgund, Commenthurs zu Altschausen, ihme obliegen wolle, solchen bey mehrgedachter Herrschafft Achberg hafftenden Blutbann, so von uns und dem Heiligen Reich zu Lehen rühret, auch weyland Hanß Ulrich von Sirgenstein[113] von weyland Kayser Ferdinand dem Andern, Höchstseeligster Gedächtnus, den Sechzehenden Septembris Ein Tausend Sechshundert einundzwanzig zu Lehen empfangen und getragen, von daran aber wegen obberührten Strittigkeiten bey jeweiligen Fällen, ehender nicht, als von obbenannten Franz Benedict von Baaden requi-riret worden, und zulezt von uns vorersagter Land-Commenthur, Graf von

Königsegg und Rothenfels, unterm Fünfften Augusti Siebenzehenhundert sechsundsechzig zu Lehen empfangen. Von uns als jezt regierenden Römischen Kayser, hinwiederum vonneüem zu Lehen zu suchen, und zu empfangen, [fol. 5] maßen auch schon ehevor von weyland Maximilian dem Ersten[114], Römischen Kayser, glorwürdigen Angedenckens, weyland Hannßen von Königsegg, nach Annullir= und Cassirung des zwischen den von Sonnenberg, gewesten Landvogten in Schwaben, und gräflichem Familie von Montfort aufgerichteten nachtheiligen Vertrags, solche Hohe Gericht, Stock und Galgen aufzurichten, vermög ertheilten Briefs de Dato Costanz, den zehenden Julii, Eintausendfünffhundert und Siebenden Jahrs, vergönnet und erlaubet, welcher Brief von Wort zu Wort hiernach geschrieben stehet und also lautet:
Wir Maximilian von Gottes Gnaden Römischer Kunig, zu allen Zeiten Mehrer des Reichs, zu Hungarn, Dalmatien, Croatien Künig etc. Erz=Herzog zu Österreich, Herzog zu Burgund und Valenz, Grave etc. [fol. 6] Bekennen offentlich mit diesen Brief und thun kund allermänniglich, daß uns unser und des Reichs lieber Getreüer, Hannß von Königsegg[115], unser Rath, fürgebracht hat, wie das Schloß Achberg mitsamt denen Dörffern, Weylern, Höffen und allen Zugehörungen von seinen Vordern Unserem Hauß Oesterreich zu Lehen gemacht, und dieselbe seine Vordern und er das von Unserem Vorfahrern, Erzherzogen zu Oesterreich, und unserem Reiche allwegen zu Lehen empfangen und getragen hätten, und aber nachmahls durch den Edlen unseren und des Reichs lieben Getreüen, Johannnes Grafen von Sonnenberg[116], als der Zeit Unseren Landvogt in Schwaben, mit dem Edlen, unserm und des Reichs lieben Getreüen, Ulrichen, Grafen von Montfort[117], auf desselben von Sonnenberg unterrichten, darinnen er dann die Gericht, Zwang, Bänn und andere Obrigkeit gefährlich verschwiegen und nit [fol. 7] allein einen gemeinen Forst, darinnen kein Gewildt, dann Füchß und Haaßen wären, angezeigt habe, einen Vertrag uns zu unserer Obrigkeit und Herrlichkeit großen Abbruch der Landvogtey Schwaben und ihme zu mercklichem Nachtheil seines Lehen aufgericht und gemacht seyn, wie dann das etliche Kundschaffter glaubwürdig bezeügt, und die zu ewiger Gedächtnus verfasset seyn, klärlich ausweisen, und uns darauf demüthiglich angeruffen und gebeten, daß wir ihme zu dem beruhrten Schloß Achberg, und denen Dörfern und Höfen darzu gehörig, die Hohe Gericht zu verleihen und Stock und Galgen aufzurichten und zu vergönnen gnädiglich geruheten. Das haben wir, angesehen demüthig fleißige Bitte, auch die angenehme Dienst, auch getreüen Nutzen, so uns und dem Heiligen Reich und unserm Hauß Oesterreich der genannte von [fol. 8] Königsegg bishero in mannigfältiger Weise gethan hat, und sich hinführo zu thun williglich erbiethet. Und darum mit wohlbedachtem Muth, gutem Rath und rechten Wissen ihme gnädiglich vergönnet und erlaubt, vergönnen und erlauben ihme auch hiemit von Römischer Küniglicher Macht, wissentlich in Krafft dieses Briefs, also, daß er ohnangesehen obgemelten Vertrags in seinen Dörfern

Dutznau[118] zu bemeltem Schloß Achberg gehörig ein Halß=Gericht, Stock und Galgen, aufzurichten, nach übelthätigen verleümbdten Personen greiffen, die peinlich fragen[119], auch ein Gericht machen und das einem Ehrbahren und vernünftigen Mann als ein Richtern oder Schulthaißen und zwölf aufrechten unversprochenen Mannen als Urthelsprechern besetzen und ihnen bey ihren Eyden, so er darum von ihnen nemmen, befehlen solle, gegen dem Reichen als dem Armen und dem Armen als dem Reichen [fol. 9] nach Ordnung des Rechtens und ihrer besten Verständnüs zu richten, und darinn nicht anzusehen weder Gaab, Gunst, Forcht, Freündschafft noch Feindschafft, noch sonst kein andere Sach, als sie das an dem jüngsten Tag des lezten Gerichts gegen Gott dem allmächtigen verantworten wollen, doch uns und dem Heiligen Reiche und unserem Hauß Oesterreich an Unserer Obrigkeit und männiglich an seinen Rechten und Gerechtigkeiten ohnvergriffen und unschädlich. Und der genannt von Königsegg und seine Lehens=Erben sollen auch hinführo solch Lehen, Hoch- und Halß=Gericht, auch den Blutbann, über das Blut zu richten, von uns und dem Heiligen Reich, so oft das zu Fall kommt, zu Lehen, wie sichs gebühret, empfangen und tragen, und uns davon gewöhnlich Pflicht und Eyd thuen, als sich von solcher Lehen wegen gebühret zu thun ungefährdte.

Mit Urkundt dieses Briefs, besiegelt mit Unserm Küniglichen Insiegel an= [fol. 10] hangend, geben zu Costanz, den Zehenden Tag des Monats Julii, nach Christi Geburth Fünffzehenhundert und im Siebenten, Unserer Reichen des Römischen in zweyund zwanzigsten, und des Hungarischen in achtzehenden Jahren. Und uns darauf oberwehnter Land=Commenthur Reutner von Weyl gehorsamest angelanget und gebetten, daß wir ihme das Malefiz=Gericht, auch Stock und Galgen, inmaßen es die von Sirgenstein vorhin innengehabt und zu Lehen getragen, wiederum von neüem allergnädigst leihen wolten.

Das haben Wir, angesehen solch= sein demüthigstes Bitten, und darum mit wohlbedachtem Muth, guten Rath und rechten Wissen [fol. 11] ihme, Reutner von Weil, ein solch Halß=Gericht, Stock und Galgen, auch den Bann über das Blut zu richten, in sein und seines Ordens zu der Herrschafft Achberg gehörigen Dörffern, Weylern und Höffen, Zierk[120] und Gebiet, zu Lehen gnädiglich verliehen. Leihen ihme auch solches von Römisch=Kayserlicher Macht, wissentlich, in Krafft dieses, was wir ihme daran von Rechts und Billigkeit wegen verleihen können und mögen, also daß nun hinführo obgemelter Reuttner von Weyl als Lehentrager, und dessen nachkommende Land=Commenthurn, der Balley Elsaß und Burgund, solches Halß=Gericht, Stock und Galgen, samt dem Bann über das Blut zu richten, von uns und dem Heiligen Reich in Lehensweis innenhaben, gebrauchen und aufrichten, und solches mit zwölf ehrbaren Männer besetzen, nach verleumbten Personen greiffen, sie peinlich fragen und solch Gericht, so offt vonnöthen und [fol. 12] gut bedunckt, besetzen, und ihren Unterrichtern oder Schultheißen ferner zu richten befehlen, und daß alsdann dieselbe Richter, oder Amtsleuthe, alle übelthätige, argwöhnische und verleümbdte

Leüthe, die in vorgemelter Herrschafft Achberg zugehörigen Dörfern, Weylern, Höffen, Zierk und Gebieth begriffen, oder mißhandlen werden und auf genugsame Indicia und Vermuthungen; und auf jede selbst eignen Bekanntnuss, oder von selbst offenbarer Mißhandlung der Überzeugnus nach des Heiligen Reichs Recht und Loblichen wohlhergebrachten Gebräuchen und Gewohnheiten, und sonderlich unser und des Reichs aufgerichten Halßgerichts=Ordnung nach, jedes Verwürckung, öffentlich strafen und richten laßen sollen und mögen, von allermänniglich ohngehindert, doch uns und dem Heiligen Römischen Reich an Unsern und sonst männiglich an ihren Rechten unvergriffen und unschädlich, [fol. 13] auch also, daß derselbe Beat Conrad Reüttner von Weyl und seine jeweiligen Nachfolgern und Nachkommen an besagter Land=Commenthur der Balley Elsaß, den obbemelten Bann, über das Blut zu richten, so offt es zu Fällen kommt, wie sich gebührt, von uns und Unseren Nachkommen Römischen Kaysern und Königen, und dem Heiligen Reich, von neüem zu empfangen, zuerkennen und davon gewöhnlich Gelübd und Eyd zu thun, schuldig seyn sollen, maßen uns auch vorernannter Reüttner von Weyl durch seinen vollmächtigen Anwaldt, Unsern und des Reichs lieben Getreüen Christian Wilhelm Klerf, Agenten von Unserm Kayserlichen Hof in Kraft seines überreichten schrifftlichen Gewalts, gewöhnlich Gelübd und Pflicht gethan hat; Er und seine [fol. 14] nachkommende Land=Commenthurn der Balley Elsaß und Burgund, Innhabern offtgemelter Herrschafft Achberg zugehörigen Dörffern, Weyler, Höffen, Zierk und Gebiethen, sollen auch fürters von ihren Amtleuten, den sie denselben Bann, über das Blut zu richten, befehlen werden, gleichen Eyd nehmen, zu handlen und zu vollfahren als gleich ohnpartheyische Richter, gegen den Armen als den Reichen und den Reichen als den Armen, und da nicht anzusehen, weder Lieb, Leyd, Muth, Gaab, Gunst, Forcht, Freündschafft, Feindschafft, noch sonst kein andere Sache, dann allein gerechtes Gericht und Recht, als sich gebühret und sie gegen Gott dem Allmächtigen am jüngsten Gericht verantworten wollen getreulich und ungefahrlich.

Mit Urkund dieses Briefs besiegelt mit Unserm kayserlichen anhangenden Insiegel, der geben ist zu Wien, den zweyund [fol. 15] zwanzigsten Tag Monats Decembris, nach Christi Unsers lieben Herrn und Seeligmachers gnadenreichen Geburt, im Siebenzehnhundertachtundsiebenzigsten, Unsers Reichs im Fünffzehenden Jahre.

[Unterschrift]

Ad Mandatum Sacrae Caesareae Majestatis proprium.

* Angesichts der Zeitknappheit bei der Entstehung dieses Beitrags im März 1999 schuldet der Autor besonderen Dank all denen, Institutionen und Personen, die seine Arbeit engagiert gefördert und unterstützt haben, insbesondere dem Kreisarchiv Ravensburg und seiner Leiterin, Frau Dr. Irene Pill-Rademacher, dem Haus Württemberg zu Altshausen und seinem Archivar, Herrn Eberhard Fritz, sowie dem Hauptstaatsarchiv Stuttgart und dem Stadtarchiv Ravensburg.

[1] Bei der Forschungsliteratur ist in erster Linie als wegweisende und bis heute unverzichtbare Arbeit zu nennen: Friedrich Eisele, Die ehemalige Herrschaft und jetzige Exklave Achberg, in: SVGB 50 (1922), S. 98-139; einschlägig ist auch die Textedition von Rudolf Seigel, Die Herrschaft Achberg im 18. Jh., in: Hohenzollerische Heimat 19 (1969), 1. S. 10-13. Die zahlreichen überblicksartigen Abrisse der Burg- und Herrschaftsgeschichte, die meist alle sehr eng auf Eisele fußen, werden hier aus Raumgründen nicht einzeln aufgeführt. Es wird verwiesen auf: Hans Ulrich Rudolf, Der Landkreis Ravensburg im Spiegel des Schrifttums: eine Kreisbibliographie, 2. verb. u. verm. Auflage, Ravensburg 1999, s. l. „Achberg".

[2] Nach Ludwig Zenetti (Die Sürgen: Geschichte der Freiherren von Syrgenstein, Augsburg 1965, S. 117) stammten die Sürgensteiner Schulden wesentlich vom Vater des letzten Schloßherrn, Johann Gottfried von Sürgenstein (1636-84), und resultierten teils aus nicht erfüllten Verpflichtungen bei der Heiratsausstattung von weiblichen Verwandten, teils aus seinem eigenen verschwenderischen Leben.

[3] Vgl. die Akten HStASt B 343 Bü 42.

[4] Um 1700 scheint man diese St. Gallener Lehen auf zwei Lehensfälle, also auf Ableben von Lehensherr und -mann, verliehen zu haben. Das garantierte dem Reichsgotteshaus St. Gallen nicht nur eine Kontrolle des Lehensbandes, sondern brachte auch nicht unbedeutende Taxen und Besitzwechselabgaben (*Ehrschatz*) ein, die allein im Falle des Weinguts Retterschen den stattlichen Betrag von 500 fl betrugen. Wie wichtig dem Reichsgotteshaus die Ritualien waren, erhellt aus Akten, welche den Ablauf der Belehnung folgendermaßen beschreiben: 1. Lehensrequisition durch den (neuen) Besitzer. - 2. Ausstellung des *Muttscheins* (vorläufige Belehnung). - 3. Wirkliche Lehensinvestitur mit Ausstellung der Lehensurkunde. - Ab etwa 1700 scheint stets der Oberamtmann oder Obervogt der Herrschaft Achberg in Vertretung des Landkomturs, das heißt, als Lehenträger, die Belehnung erhalten zu haben.

[5] Zum Meersburger Vertrag vom 11. 04. 1691 vgl. L. Zenetti (wie Anm. 2) S. 91.

[6] Vgl. den von Landkomtur und Agnaten gemeinsam besiegelten Mainauer Originalrezess vom 01. 12. 1693: HStASt B 343 Bü 43.

[7] Berücksichtigt man die freiwillige Gratifikation an die Ehefrau des Verkäufers (1.000 fl) und das bei der Reichsritterschaft deponierte Heiratsgut (4.200 fl), dann betrug der gesamte Sürgensteinische Anteil sogar 22.383 fl.

[8] Verkaufsurkunde von 1487: HStASt B 343 U 283.

[9] Verkaufsurkunde von 1693: siehe Transkription im Anhang.

[10] Erhalten ist uns ein sowohl vom Käufer als auch vom Verkäufer besiegeltes *Verzeichnuß, was wegen deß verglichenen Achberger Kauffschillings der 65.000 fl denen Sirgensteinischen Herren Creditoribus und sonsten zue Altschausen bezalt worden. 1694.* Das Verzeichnis führt 22 Verbindlichkeiten auf:
- 1. Jude Lazarus Günzburger für H. von Berndorff zu Landsberg: 3.150 fl
- 2. Obervogt zu Markdischingen: 2.700 fl
- 3. Baron von Sürgenstein: 4.773 fl
- 4. Landrichter von Weingarten für Baron von Schindlin: 3.300 fl
- 5. Fiskalamt Innsbruck: 1.000 fl
- 6. Landrichter: 1.217 fl
- 7. Jude Lazarus Günzburger: 2.000 fl
- 8. Dr. Rheinhard von Innsbruck: 410 fl
- 9. Anton Vogl, Gegenschreiber zu Günzburg: 200 fl
- 10. Verschiedene Diskretionen: 390 fl
- 11. Frau von Sürgenstein zu Ballhausen: 1.000 fl
- 12. Landrentmeister zu Neuenburg über Jude L. Günzburger: 11.000 fl
- 13. Baron von Sürgenstein: 660 fl
- 14. Gebühren für österreich. Lehenskonsens: 1.207 fl 43 kr
- 15. Sürgensteiner Agnaten: 8.150 fl
- 16. Frau Idiagnezin zu Biberach: 1.000 fl
- 17. Baron von Schellenberg: 12.000 fl
- 18. Johann Raab von Haxhausen für Margarethe Concordia von Sürgenstein: 3.000 fl
- 19. Sürgensteinische Agnaten wegen der Urlauer Zehntrechte: 3.600 fl
- 20. Laudemien an St. Gallen f. Retterschen: 500 fl
- 21. Freiherr von Ow: 4.000 fl
- 22. Heiratsgutdifferenz bei Reichsritterschaft deponiert: 4.200 fl. Die Aufstellung findet sich im AHW DO Bü 441.

[11] AHW DO, ebd.

[12] Grundlegend die Beschreibung in: Kreis Sigmaringen / bearb. von Friedrich Hossfeld; Hans Vogel; Walther Genzmer; mit zahlreichen Beiträgen, Stuttgart 1948, S. 37-46 (Die Kunstdenkmäler Hohenzollerns, hg. v. Walther Genzmer 2); Schloß Achberg - Ein barockes Kleinod Oberschwabens, hg. v. der Denkmalstiftung Baden-Württemberg; mit Beiträgen von August Gebeßler und Irene Pill-Rademacher, Stuttgart 1995. - 36 S.: Ill. - Vgl. auch die kunstgeschichtlichen Beiträge in diesem Band.

[13] Vgl. Kreis Sigmaringen, bearb. von Friedrich Hossfeld; Hans Vogel; Walther Genzmer; unter Mitarbeit von [versch.], Stuttgart 1948, S. 54 (Die Kunstdenkmäler Hohenzollerns 2).

[14] Irene Pill-Rademacher (wie Anm. 12) S. 8.

[15] F. Eisele (wie Anm. 1) S. 102.

[16] Vgl. die Argumente und Belege bei F. Eisele (wie Anm. 1) S. 104 und Anm. 33.

[17] So gehörte zum Beispiel der Weiler Saßenweiler (*Sachsenweiler*) noch 1389 nicht zu Achberg, sondern zum Kloster Langnau (vgl. Das Land Baden-Württemberg, Amtliche Beschreibung nach Kreisen und Gemeinden, Bd. VII: Regierungsbezirk Tübingen, hg. v. der Landesarchivdirektion Baden-Württemberg, Stuttgart 1978, S. 605). Ein anderes Beispiel ist Doberatsweiler (Burg, Meierhof und Vogtrecht), das bis 1350 im Besitz der Herren von Lochau gewesen war und erst danach an die Öder, denen

damals Achberg gehörte, verkauft wurde; vgl. F. Eisele (wie Anm. 1) S. 102, Anm. 27.

[18] Verkaufsbrief vom 19. 04. 1335 (HStASt B 343 U 281; abgebildet im Aufsatz von Günther Bradler). Dazu sehr knapp und ohne weiterführende Informationen Joseph Vochezer, Geschichte des fürstlichen Hauses Waldburg in Schwaben, Bd. 1, Kempten 1888, S. 337 f.

[19] Am 22. 07. 1366 übertrug Hans von Molpertshaus Achberg den Söhnen seiner Schwester, Kunz, Wenz und Peter Öder. Salesia, die Tochter Schelklin Öders, brachte 1412 Achberg an ihren Mann Albrecht von Königsegg. Am 29. 10. 1530 ging dann die Herrschaft an Hans Ulrich von Sürgenstein, den Schwestersohn (R. Seigel, wie Anm. 1, S. 10, irrtümlicherweise „Schwiegersohn") des letzten Achberger von Königsegg, Hans Dionysius von Königsegg. Wenn man dann noch berücksichtigt, daß Achberg zwischen 1487 und 1492 strenggenommen dreimal innerhalb der Familie Königsegg verkauft worden ist, dann zeigt dies eher das Bestreben, die Herrschaft möglichst in der eigenen agnatischen (das heißt männlichen) oder - wenn das nicht möglich war - wenigstens in der kognatischen Familie festzuhalten. Vor allem der Kauf Achbergs durch Erhard von Königsegg 1491 erweckt angesichts des raschen Wiederverkaufs 1492 an seinen Vetter Hans den Eindruck eines familienpolitischen „Festhalte-" oder Rettungskaufs.

[20] Vgl. Hans-Martin Maurer, Die Entstehung der hochmittelalterlichen Adelsburg in Südwestdeutschland, in: ZGO 117 (1969), S. 321 ff.

[21] Der Beleg 1194 findet sich - soweit momentan ersichtlich - erstmals bei F. Eisele (wie Anm. 1) S. 103 f. und konnte bisher noch nicht verifiziert werden; er ist insofern etwas fragwürdig. Gesicherter ist ein Beleg von 1197, wonach die nobilis femina (N.) filia Kunradi de Achberg ein Gut an das Kloster Ottobeuren geschenkt habe (MGH SS 23, S. 623), und unzweifelhaft trat 1239 ein H. de Achberg im Gefolge Graf Wolfrads von Veringen als Zeuge auf. Vgl. dazu auch Günther Bradler, Ministerialität im Allgäu und in

Oberschwaben, Göppingen 1973 (Göppinger akademische Beiträge Nr. 50), S. 170 f. - Zum Ortsnamen Achberg, von F. Eisele (wie Anm. 1, S. 103) noch als Wasserberg gedeutet, vgl. die neue ortsnamengeschichtliche Untersuchung von Norbert Kruse in diesem Band.

[22] Nach F. Eisele (wie Anm. 1) S. 103 ist der Kapellenbühl mit dem Burgstall identisch, der beim Verkauf von 1491 und öfter neben der Burg genannt wird. Noch heute sind im Forstflurstück Kapellenbühl, auf einer bewaldeten Erhöhung parallel zum Argental, unzweifelhafte Spuren einer mittelalterlichen Festungsanlage zu sehen: ein künstlich vom übrigen Bühl abgegrabener erhöhter Hügel mit einer ca. 6 x 5 m großen Grube, welche einst die (inzwischen ausgegrabenen und verbauten) Fundamente des beherrschenden Turmes barg; östlich vor dem Turmhügel ein leicht abfallendes Plateau mit Mauerresten, wohl der Raum der einstigen Vorburg; westlich des Turmhügels Bodenfundamente einer (Sperr- oder Zwinger-?)Mauer. - Zum frühen oberschwäbischen Burgentyp der Turmburg vgl. Hans-Martin Maurer, Bauformen der hochmittelalterlichen Adelsburg in Südwestdeutschland, in: ZGO 115 (1967), S. 71 ff.

[23] Diese Hypothese steht im Widerspruch zur Darstellung in: Kreis Sigmaringen (wie Anm. 12) S. 38, wonach das jetzige Schloß an der Stelle der bereits 1335 genannten Burg stehe. - Die Gründe für das Verlassen der alten Burg kann man nur vermuten: Vielleicht waren sie dynastischer (neue Burg für Nebenlinie), vielleicht aber auch strategisch-fortifikatorischer Natur: Der Platz des heutigen Schlosses war, da auf einer nach drei Seiten steil (etwa 66 m) ins Argental abfallenden nur etwa 30 m breiten Zunge gelegen - besser geschützt, der Zugang war einfacher und doch leicht zu sichern, der Überblick über das Argental besser. - Vielleicht erfolgte die Neugründung im 14./ 15. Jh.: In den Verkaufsbriefen von 1335 (HStASt B 343 U 281) und 1366 (HStASt B 343 U 282, siehe Abbildung der Urkunde) ist noch ausschließlich von Burk

beziehungsweise Vesti Achberg die Rede; beim Verkauf von 1491 heißt es dann Burg, Burgsaß Achberg (Papierabschrift: HStASt B 343 Bü 42) beziehungsweise in einem frühen Regest derselben Urkunde Sitz, Burg und Burgstall (AHW DO Bü 458), und der Verkaufsbrief von 1492 nennt minen Sytz, Burg und Burgstall zü Achberg, mit dem Dorff ... (HStASt B 343 U 284; siehe Abbildung).

[24] F. Eisele (wie Anm. 1, S. 103, Anm. 29) brachte den Renaissanceumbau der mittelalterlichen Burg in Zusammenhang mit dem Erwerb Achbergs durch Hans Ulrich von Sürgenstein (1530-1555) im Jahr 1530, dessen Sitz Achberg wurde. Vgl. dazu F. Eisele (wie Anm. 1) S. 108. - Als Indiz für den damaligen Umbau aufgrund der gewachsenen Bedeutung Achbergs dürfte auch die Stiftung einer Kaplanei für die Schloßkapelle des hl. Onuphrius im Jahr 1542 zu deuten sein.

[25] Abschrift der Verkaufsurkunde vom 15. 10. 1491 (HStASt B 343 Bü 42).

[26] Praesens Status der Herrschaft Achberg (FAS Depositum Bestand Herrschaft Achberg R. 75, 22). Der Text ist von Rudolf Seigel (wie Anm. 1) S. 10-13 herausgegeben und kommentiert worden.

[27] Es ist mehr als wahrscheinlich, daß es sich bei Sachsenweiler, das auch schon beim Verkauf von 1491 genannt worden ist, um Saßenweiler (Langnau, Gde. Tettnang) handelt und nicht um Sackweiher (Gde. Neukirch), wie R. Seigel (wie Anm. 1) S. 12, Anm. 11 meinte, nicht nur wegen der Nähe Saßenweilers zur Herrschaft Achberg, sondern auch, weil Sackweiher nur ein Hof war und erst im 18. Jh. entstanden sein soll. Vgl. Das Land Baden Württemberg (wie Anm. 17) S. 612.

[28] Siggenreute wird erstmals 1620 und 1632 genannt; Frauenreute, 1626 erstmals erwähnt, geht angeblich auf Rachel, die Frau Hans Ulrich von Sürgensteins († 1551) zurück und der Scheibenhof vielleicht auf die 1601 erwähnte Scheibe, einen Schießstand. Vgl. dazu F. Eisele (wie Anm. 1) S. 100.

[29] Die in der Verkaufsurkunde von 1335 (HStASt B 343 U 281) erwähnten beiden Höfe werden bereits 1366, beim Verkauf

Achbergs durch die von Molpertshaus an die vorarlbergische Familie Öder, nicht mehr genannt (HStASt B 343 U 282).

[30] Beim Verkauf von 1492, als Achberg von Erhard an Johannes von Königsegg gelangte, wird deutlich, daß das Dorf *Riethausen* mit den Höfen Glochen und Schwarzenbach aus dem Königsegger Familienbesitz stammte und so aufgeteilt gewesen war, daß eine Hälfte dem Verkäufer Erhard und die andere dem Käufer Johannes (Hans) gehört hatte.

[31] Das Dorf *Retterschen* gehörte seit alters überwiegend zum Kloster St. Gallen, von dem alle Höfe lehnbar waren. Seit Anfang des 15. Jhs. befand es sich großteils im Lehensbesitz Lindauer Bürger. 1492 wurde ein Hof zu Retterschen an die Sürgenstein verkauft, der dann 1530 zur Herrschaft Achberg kam und erst 1934 von der Gemeinde Achberg nach Nonnenbach umgemeindet wurde. Vgl. Das Land Baden-Württemberg (wie Anm. 17) S. 560 ff. Die hier genannten Güter zu Retterschen sind aber wohl nicht identisch mit denen, die Veit von Sürgenstein am 23. 02. 1490 von Kaspar von Randeck um 1.000 fl erworben hatte (AHW DO Bü 419).

[32] Es handelt sich dabei nicht - wie man aufgrund der Achberger Besitzgeschichte zu vermuten geneigt ist - um das königseggische *Schwarzenbach* (Gde. Boms), sondern um den bei Neuravensburg gelegenen Pfarrweiler. Das geht zweifelsfrei aus späteren Akten hervor, in denen einmal von der *Weiherstatt in Ravensburg* die Rede ist (*Copia* von der Fürstlich St. Gallischen Belehnung vom 25. 05. 1697: AHW DO Bü 443), ein andermal aber beschrieben wird, daß diese Weiherstatt an einen Hof Neuravensburgs stößt (*Abenderungen nach denen Deütschordischen Lehensbriefen, St. Gallen den 28ten August 1782*: AHW DO Bü 449). 1577 waren die Sürgensteiner zu Achberg vom Reichsstift St. Gallen mit dem Vogtrecht zu Schwarzenbach belehnt worden. Die Herkunft dieser Lehen erhellt auch aus einem St. Gallischen Lehensbrief vom 26. 07. 1719 (AHW DO U 160), wo es heißt: „*dz Gueth Rätherschen mit Hauß, Hoff, Äckhern, Wisen, Kleingärthen, Holz und Feldern.*

Item die Weyerstatt zue Schwarzenbach ... mit allen ihren und jeden Gerechtigkeiten, und alles nach der in unserer Lehenkammer befindlichen Beschreibung und wie solches die Freyherrn von Sirgenstein zuevor besessen. Vgl. dazu auch August F. Pauly, Beschreibung des Oberamts Wangen / hg. v. kgl. statist.-topograph. Bureau, Stuttgart-Tübingen 1841, S. 221. - Das Weingut zu Retterschen und die Weiherstatt zu Schwarzenbach waren zusammen erkauft worden und sollten daher auch in einem gemeinsamen Lehensbrief zusammengefaßt werden (*Memoriale* von 1708: AHW DO Bü 443).

[33] Der Urlauer Zehnt war von den Sürgensteinern als Lehen des Bischofs von Würzburg erworben worden. 1693 gehörte er zwar zur Verkaufsmasse, aber weil der Lehenskonsens des Würzburger Bischofs ausstand, konnte er nicht dem Deutschen Orden nicht gleich übertragen werden. Doch Franz Benedikt von Baden sicherte sich das Vorkaufsrecht, indem er den Kaufpreis im voraus entrichtete. Im Jahr 1700 nahm er dann das Zehntnrecht mit dem Präsentationsrecht und dem Zehntstadel tatsächlich in Empfang, nun als Eigentum, nachdem das Würzburger Hochstift für sein Lehenrecht abgefunden worden war.

[34] Vgl. F. Eisele (wie Anm. 1) S. 131.

[35] Die betreffende Passage in der Verkaufsurkunde lautet: *Und han in* [Ihnen, das heißt, den beiden Käufern] *und irn Erben die vorgenamten Burk, Lut* [Leute, Untertanen] *und Guot geben fur ain reht Aigen* (HStASt B 343 U 281).

[36] In einem gütlichen Vergleich zwischen den Äbten von Isny und Kempten um Wald- und Wiesennutzung im Jahr 1239 firmiert ein *Heinrich de Aheberc* mitten unter den adligen Zeugen: *Testes huius rei sunt hii: Comes Wolfradus de Vergen* [Veringen], *Bertoldus et Rudolfus, fratres de Druchburc* [Trauchburg], *Ruodolfus de Minstern* [Münster bei Donauwörth], *Heinricus de Nidegg* [Neideck], *Heinricus de Aheberc, Marquardus et Cunradus de Goteramshoven* [Gottrazhofen], *hii nobils. Ex ministerialibus ...* (zitiert nach WUB Bd. 3, Nr. 437, S. 441).

Ähnlich auch in einer anderen Urkunde von 1239 zu demselben Streit (WUB Bd. 3, Nr. 436, S. 440). Siehe dazu die Abbildung im Aufsatz von Norbert Kruse in diesem Band.

[37] Die Gründe dürften ökonomischer oder (und) politischer Natur gewesen sein: Vielleicht war die wirtschaftliche Basis Achbergs zu schmal, und die Herren von Molpertshaus versprachen sich von der Lehensauftragung ein größeres Wohlwollen des Erzhauses, das sich in der Begünstigung von Familienabkömmlingen im habsburgischen oder im Reichskirchendienst oder auch in der Gewährung weiterer Lehen äußern konnte. Vielleicht reagierten sie durch diese Lehensauftragung auch auf territorialpolitischen Druck von Nachbarn oder gar der Habsburger selbst.

[38] Der Preßburger Frieden vom 26. 12. 1805 hatte dem Deutschen Orden aufgrund Art. 12 diejenigen Besitzungen gewährleistet, die er am 01. 01. 1806 noch innehaben würde. Dagegen verfügte Kurfürst Maximilian Joseph von Bayern am 01. 11. 1805, alle ritterschaftlichen Besitzungen - und eine solche war Achberg -, die innerhalb seiner schwäbischen Besitzungen lagen oder an sie grenzten, unter seine Landeshoheit zu ziehen. Am 30. 12. ließ er daher Achberg militärisch besetzen; am 17. 01. folgte die Zivilbesitzergreifung unter Anbringung des bayerischen Wappens. Durch die Rheinische Bundesakte vom 12. 07. 1806 erhielt dann aber der Fürst von Hohenzollern-Sigmaringen die Herrschaft Achberg zugesprochen, so daß Bayern die Herrschaft am 04. 09. 1806 zurückgeben mußte. Vgl. F. Eisele (wie Anm. 1) S. 111 f.

[39] F. Eisele (wie Anm. 1) S. 105-111 erwähnt ca. 18 Belehnungen und fast ebensoviele Lehensbriefe, leider ohne sie einigermaßen inhaltlich zu analysieren und zu zitieren. Die Untersuchung des achbergischen Lehensverhältnisses ist ein Desiderat; dem Autor war es angesichts des Zeitdrucks bei der Bearbeitung leider nicht möglich, diese Lehensbriefe einzusehen und auszuwerten.

[40] 1566 hatte Kaiser Maximilian II. (1564-1576) verfügt, daß die zur Reichsritterschaft gehörigen Güter eine Körperschaft

bilden sollten. Vgl. F. Eisele (wie Anm. 1) S. 127.

[41] F. Eisele (wie Anm. 1) S. 113. Siehe dazu auch den Aufsatz von Sebastian Röttgers in diesem Band.

[42] Schon 1383 und 1394 verbürgt. Siehe F. Eisele (wie Anm. 1) S. 113.

[43] Bei der Auflösung des Klosters 1786/87 gehörten ihm drei Schupf- und acht Erblehenhöfe in Achberg. Vgl. F. Eisele, ebd.

[44] Güter in Lieben- und Doberatsweiler, die beide früher nach Oberreitnau eingepfarrt gewesen waren; siehe F. Eisele, ebd.

[45] F. Eisele (wie Anm. 1) S. 113.

[46] F. Eisele (wie Anm. 1) S. 115.

[47] F. Eisele (wie Anm. 1) S. 114.

[48] Zu Einzelheiten der Achberger Kirchenherrschaft vgl. F. Eisele (wie Anm. 1) S. 127-130.

[49] Ansprüche der Grafschaft Montfort auf das Niedergericht wurden erst 1534 durch ein Urteil des Rottweiler Hofgerichts definitiv abgewiesen. Das Urteil spricht andererseits der Grafschaft Montfort die Hochgerichtsbarkeit zu. Das Original befindet sich im HStASt B 346 U 294.

[50] Die Frage des Niedergerichts verkürzt nach F. Eisele (wie Anm. 1) S. 121-126.

[51] Näheres bei F. Eisele (wie Anm. 1) S. 114 f.

[52] F. Eisele (wie Anm. 1) S. 122.

[53] Verkaufsbrief von 1335: HStASt B 343 U 281.

[54] F. Eisele (wie Anm. 1) S. 118.

[55] F. Eisele (wie Anm. 1) S. 116-118.

[56] AHW DO, Insert in U 173.

[57] Vgl. Anm. 49.

[58] Vertrag zwischen den Grafen von Montfort-Tettnang und Johann von Sürgenstein wegen der hohen und niedrigen Obrigkeit sowie Forst und Jagen von 1578: HStASt B 343 Bü 45 U 295.

[59] AHW DO U 173.

[60] Die Aufrechnung nach F. Eisele (wie Anm. 1) S. 113 konnte zwar bisher anhand der Quellen noch nicht verifiziert werden, dürfte aber zuverlässig sein.

[61] Der Erwerb des Eigentumsrechts an den Urlauer Groß- und Kleinzehnten, an der Pfarrkollatur, am Vogtrecht und am Zehntstadelplatz kostete weitere 1.000 fl. Der Kaufbrief Freiherr Franz Ferdinands von Sürgenstein vom 30. 04. 1701 beläuft sich, wie 1693 festgelegt, auf 3.000 fl (HStASt B 343 Bü 44). - Der

Lehensbrief des Bischofs von Würzburg von 1700 liegt im AHW DO Bü 44 U 291, die Akten zum Verkauf ebenfalls AHW DO Bü 44. Ein Interimsrezeß für den Verkauf vom 16. 07. 1699 liegt im HStASt B 343 Bü 44.

[62] *Praesens Status der Herrschaft Achberg* (FAS Depositum Bestand Herrschaft Achberg R. 75, 22). Der Text ist von Rudolf Seigel (wie Anm. 1, S. 10-13) herausgegeben und kommentiert worden.

[63] Vgl. zur Frage Schwarzenbachs Anm. 32.

[64] Ellhofen war bereits 1577 vom Deutschen Orden in Altshausen erworben worden. Siehe AHW DO Bü 46a U 297.

[65] Nach einer Bestandsaufnahme von 1708, ein Jahr nach dem Tode Landkomtur Franz Benedikts, zählten dazu fünf Höfe im Dorf Ellhofen, zwei Höfe in Ober- und Niedermatzen, je ein Hof in Albris und in Deuchelried, die Hagmühle (Papiermühle) sowie ein Weinberg im Rheintal: Lehensbrief vom 21. 12. 1708: AHW DO Bü 443.

[66] Vgl. die Lehensbriefe Abt Leodegars von St. Gallen vom 21. (Alte Altshauser Lehen) und vom 31. 12. 1708 (neue Lehen), in: AHW DO Bü 443.

[67] Die sehr ausführliche (132 schöngeschriebene Seiten!) *Urkund ahm Kayserl. Cammergericht confirmirter transaction zwischen* [dem Haus Montfort und dem Deutschen Orden] befindet sich im HStASt B 346 U 296.

[68] F. Eisele (wie Anm. 1) S. 126.

[69] F. Eisele (wie Anm. 1) S. 124, Anm. 67. - Leider war es dem Autor aus Zeitgründen nicht mehr möglich, die betreffenden Lehensbriefe einzusehen und zu berücksichtigen.

[70] F. Eisele (wie Anm. 1) S. 125. Am 15. 10. 1700 wurde dem Oberamtsverwalter und späteren Obervogt Georg Adam Wocher ausdrücklich die Justizadministration übertragen.

[71] Der biographische Beitrag von Walther Rechmann in diesem Band geht mehr auf genealogische Fragen, kaum aber auf Persönlichkeit und Politik Franz Benedikts ein.

[72] Diese hier etwas kurz und apodiktisch formulierte Hypothese muß zweifellos durch weitere quellenorientierte Detailstudien, insbesondere durch vergleichende Untersuchungen, welche den

gesamten Amts- und Herrschaftsbereich des Landkomturs, also die gesamte Ballei Elsaß-Burgund, einbeziehen, überprüft werden.

[73] Irene Pill-Rademacher (wie Anm. 1) S. 8.

[74] Es handelt sich hierbei im einzelnen um Marx von K. (erstmals genannt 1460 bis ca. 1518, Sohn Johanns von K., † 1460); Marquard von K. (?); Hans von K. (erwarb 1492 Achberg, † 1515, Sohn Georgs von K., † 1497) Vogt zu Feldkirch); Egg von K. (genannt vor 1476 bis 1517, Sohn Erhards von K., genannt bis 1480).

[75] Vögte und Pfleger: Sie handelten also als Vormünder.

[76] Es handelt sich hierbei nach L. Zenetti (wie Anm. 2, S. 27, 28 und 32) im einzelnen um Wilhelm von Sürgenstein (gen. 1437-1492); Veit von S. (genannt 1461 bis 1511); Hiltprand von S. (genannt 1441 bis 1498).

[77] *Stät* (von Status?) meint hier wohl: Vermögensstand, -lage.

[78] Recht, Rechtsgültigkeit.

[79] Heutige Ortsnamen (in der Reihenfolge): *Duznau, Siberatsweiler, Esseratsweiler, Doberatsweiler, Sachsenweyler* (id. mit *Saßenweiler bei Langnau, Gde. Tettnang), Isigatweiler, Liebenweiler, Gunderatweiler, Pechtensweiler, Storeute, Bufflings, Englitz, Baindt, Bahlings, Regnitz,* soweit nicht anders angemerkt alle Gde. Achberg, Lkr. Ravensburg.

[80] Es handelt sich (in der Reihenfolge) um das Dorf *Riethausen* (Gde. Riedhausen, Lkr. Ravensburg) sowie die Weiler *Glochen* und *Schwarzenbach* (beide Gde. Boms, Lkr. Ravensburg).

[81] Es handelt sich wohl um einen halben Torkel (Kelter) in Retterschen (Gde. Kreßbronn).

[82] Scheuern (Stadel).

[83] Gemeint sind wohl *Gewanne* als Untergliederung der Flur.

[84] Die letzten drei Formulierungen meinen vergrabene Schätze, aber auch Bodenschätze und Rohstoffe.

[85] Regest: *Marx, Marquart unnd Hanns Ritter auch Egkh, Geveteren von Künsekh alls Vögt, geben mit Hilff des Edlen Frommen und Vesten Wilhelms Veiten, und Hilbrandts Syrgen von Syrgenstein, alts Marxen von Künsekh, Schweher und Schwägeren, wegen großen*

Schulden, Erharten von Künßekh, die Burg und Burgsass Achberg, mit Dörffen, Weilen, Höffen etc. Entznaur, Siberetschweiler, Essenschweiler, Toboltschweiler, Saxenschweiler, Ysigatweiler, Leibenweiler, Gunderetweiler, Behrenschweiler, in der Reitin, zum Bufflings, zum Engelitz, zum Binn, zum Balings, zum Regnolz, den Theil ahn Riethaußen. Zehenden und Hoch Obrigkheit vide intus. Item Weyer, Argen, Behi [Bäche?], Heltzer etc. umb 5.880 Reinischer Guldin. Sumbstag vor St. Gallen Tag.

[86] Die Dörfer beziehungsweise Herrschaften Ballhausen und Zöschingen (beide Lkr. Dillingen) gehörten einst zur schwäbischen Herrschaft der Familie Westerstetten um die Burg Altenberg und waren über Maria Anna von Westerstetten, die zweite Gemahlin Hans von Sürgensteins (1551-1611) und Urgroßmutter des Verkäufers, an die Familie Sürgenstein gelangt. Vgl. dazu L. Zenetti (wie Anm. 2) S. 107 ff.

[87] Dorf und Herrschaft Dunstelkingen waren 1637 von Hans Jakob von Sürgenstein (1607-1662), dem Großvater des Verkäufers, käuflich erworben worden. Vgl. L. Zenetti (wie Anm. 2) S. 108.

[88] Diese Agnaten, das heißt, die lebenden männlichen erbberechtigten Mitglieder der Familie Sürgenstein, bekräftigen die Abmachung mit ihren Siegeln: Franz Johann Roman von und zu Sürgenstein (gen. 1652-1717), Johann Joachim von Sürgenstein (gen. 1653-1704) und Johann Fidelis von Sürgenstein (1655-1700).

[89] Weiler (Gde. Kreßbronn) mit fünf Höfen, alle Lehen des Reichsstifts St. Gallen.

[90] Patronatsrecht, also das Recht der Präsentation (Vorschlag) eines Geistlichen an den für die Kollation oder Übertragung des Benefiziums zuständigen kirchlichen Oberen.

[91] Nach F. Eisele (wie Anm. 1) S. 128 wurde die gestiftete Schloßkaplanei bereits Ende des 15. Jhs. erstmals erwähnt und 1542 neu dotiert.

[92] Das heißt insgesamt, mit allem Recht und Grund.

[93] Etschkreuzer (Name geht auf Tiroler Kreuzer zurück). Bedeutet hier aber einfach Kreuzer nach dem geltenden Reichsmünzfuß.

[94] geraith = gerechnet.

[95] Kaufsumme.

[96] Wie Anm. 2.

[97] Die tatsächliche - und in den Akten auch zumeist genannte - Kaufsumme betrug 65.000 und nicht 64.000 fl. Die Differenz erklärt sich aus einer freiwilligen „Verehrung" (Gratifikation) von 1.000 fl, welche Landkomtur Franz Benedikt zur wirtschaftlichen Absicherung der Ehefrau des Verkäufers auf den eigentlichen Verkaufspreis schlug.

[98] Entwehrung, Entziehung einer Sache durch Gerichtsurteil.

[99] Dem Verkäufer verblieben die in der Urkundentitulatur genannten Dörfer oder Herrschaften Ballhausen, Zöschingen und Dunstelkingen, wohin er dann auch zog.

[100] Zubehör, Zugehörde.

[101] Gefälle, indirekte Abgaben, Steuern.

[102] Ehren-, Ritterwort.

[103] Bei wichtigen Besitzgeschäften, vor allem also bei Schenkungen oder Verkäufen, mußte der Verkäufer stets die Zustimmung aller lebenden Agnaten (das heißt der männlichen Anverwandten), m. a. W. aller potentiell Erbberechtigten einholen, um spätere Einsprüche und Ersatzansprüche an den Käufer zu unterbinden.

[104] Transfix (oder Annex) nennt man eine Urkunde, die mit einer anderen - hier mit der Verkaufsurkunde - so fest verbunden ist, daß eine Abtrennung ohne Verletzung des (gemeinsamen) Siegels unmöglich ist.

[105] Abkommen unter den Sürgensteinischen Erben. Es änderte das frühere Abkommen (1571), das den Gesamtbesitz unter die beiden Brüder Hans Ulrich († 1621) und Hans Jakob († 1659) aufgeteilt und dadurch die beiden Linien Sürgenstein-Sürgenstein und Sürgenstein-Achberg geschaffen hatte, geringfügig ab. Vgl. dazu L. Zenetti (wie Anm. 2.) S. 82 und 94 f.

[106] Das Regest lautet: Khauffbrieff: Umb die Herrschafft Achberg, und was darzue gehörig, mit Lehen und Aigenthumb, wie ein solches des Herrn LandtCommenthurs von Baaden Hochwürden geworden. Von Herren Frants Ferdinand Freyherren von Sirgenstain etc. per 64.000 fl, den 30. Martij Anno 1693 nach besag Königseggischen Kauffbrüeffes de Anno 1491. Archivalische Vermerke: Nr. 9, in fasc: 1, lat: 22 Cist: C: Altshausen Achberg.

[107] Joseph II., Röm. Kaiser (1764-1790).

[108] Beat Konrad Philipp Friedrich Reuttner von Weyl, Landkomtur (1774-1803).

[109] Letzter Sürgensteiner auf Achberg, Herr von Ballhausen, Zöschingen und Dunstelkingen, verkaufte 1691 Achberg an Franz Benedikt von Baden, Landkomtur (1688-1707).

[110] Gemeint ist die Familie Molpertshaus, die Achberg zwischen 1335 und 1366 besaß.

[111] Leopold I., Röm. Kaiser (1658-1705).

[112] Christian Moritz von Königsegg-Rothenfels, Landkomtur (1757-1774).

[113] Hans Ulrich von Sürgenstein († 1551), Sohn Veits, erwarb 1530 Achberg.

[114] Maximilian I., Röm. Kaiser (1493-1519).

[115] Hans von Königsegg zum Königseggerberg († 1519), Kaiserlicher Rat, Vogt zu Feldkirch, erwarb 1492 Achberg.

[116] Graf Johann von Waldburg-Sonnenberg († 1510), Sohn Eberhard I. (1483-1510).

[117] Graf Ulrich VII. von Montfort-Tettnang († 1520).

[118] Hier muß ein Abschreibfehler vorliegen: Duznau ist kein Dorf, sondern nur ein Einzelhof. Die Mehrzahl „in seinen Dörffern Duznau" gibt daher keinen Sinn.

[119] peinlich fragen: entsprechend der Reichs-Halsgerichtsordnung unter Anwendung der Folter befragen, um ein Geständnis zu erzielen.

[120] Bezirk.

Esseratsweiler, Hohenzollern'sche Lande, (b. Lindau i. Bod.)

IST ALLES EITEL VND EITEL AVSSER
GOTT LIEBEN VND IHME ALLEIN DIENEN.

Epitaph von Landkomtur Franz Benedikt Freiherr von Baden in der Katholischen
Stadtpfarrkirche St. Mariä zu Lindau

Franz Benedikt von Baden (1644–1707)[1]

Von Walther Rechmann †

Die Lindauer Pfarrkirche St. Mariä Himmelfahrt beherbergt im nördlichen
Querschiff ein aufschlußreiches Zeugnis der Deutschordensgeschichte: ein
Epitaph des auf Schloß Achberg verstorbenen Landkomturs Franz Benedikt
Freiherr von Baden. Als Mediziner fesselte mich eine rätselhafte Inschrift auf
diesem Grabmal: „Ein kleiner Stain schlagts Herzband ein, endet mein edles
Leben." Dieser Spruch veranlaßte mich, den Lebensspuren von Franz Benedikt
von Baden nachzugehen.[2]

Die Familie von Baden[3]

Als Stammsitz der zu den ältesten breisgauischen Ministerialen gehörenden
von Baden wird die Burg Mannsberg bei Kirchheim/Teck genannt.[4] Eine Linie
dieses Geschlechtes kam als Burgvögte der Zähringer zur Burg Baden, dem
heutigen Badenweiler. Wahrscheinlich nahmen sie von diesem Ort den Namen
an. 1130 erscheint erstmals der Namen „de Baden".[5] 1324 liest man von Dietrich
von Baden als „Edelknecht". Dessen Sohn Heinrich (Heinzelin) wurde von
Graf Konrad von Freiburg 1336 als Vogt von Liel eingesetzt. Die Grafen von
Urach nannten sich nach dem Aussterben der Zähringer im Jahr 1236 als
deren Erben Grafen von Freiburg und waren die zuständigen Lehnsherren.[6]
1411 trat das Haus Österreich als Lehnsherr in Erscheinung: Es belehnte einen
Adelberg von Baden, den Bruder von Heinrich, mit der Vogtei Liel.[7] 1430 wurde
er Kastenvogt[8] über das Dorf Liel und 1433 als Statthalter des abwesenden
Markgrafen Wilhelm von Hachberg-Sausenberg genannt. Das Kartäuserkloster
in Basel verkaufte für 1800 fl seine Besitzungen um den Ort Liel im Jahr 1469
an die Herren von Baden.[9] Diese erwarben im Lauf der Zeit das gesamte Gebiet
um Liel (mitsamt der Vogtei) und das Dorf Liel. Das Geschlecht zählte zum
landsässigen Adel Vorderösterreichs. Ende des 17. Jhs. wurde den „von Baden"
der Reichsfreiherrntitel zuerkannt.[10]

Bis zum Reichsdeputationshauptschluß 1803 und der Gründung des Groß-
herzogtums Baden war das Gebiet um Liel mitten in der Markgrafschaft eine
selbständige Herrschaft. Zu ihr gehörten die Dörfer Liel, Hertingen, Ried-
lingen, Feuerbach, Kandern, Sitzenkirch, Ober- und Niedereggenen sowie
Feldberg.[11] Mit dem Tod von Karl Freiherr von Baden im Jahr 1830 starb das
Geschlecht aus. Durch die Schwester Karls von Baden, Maria Elisa Freiin von
Baden, vermählt mit Christian Friedrich Freiherr von Türckheim zu Altdorff,
Herr zu Orschweier, Liel und Au, wurde dem Allodialerben am 31. Dezember
1833 vom Großherzog von Baden die Genehmigung erteilt, Namen und
Wappen beider Geschlechter zu vereinigen und den Namen Freiherr von

Türckheim genannt von Baden zu führen.[12] Das Wappen der von Baden, zuerst erwähnt 1266, zeigt einen schwarz und silbern geschachten Schild und auf dem Helm einen offenen schwarz-silbern geschachten Flug, die Helmdecke ebenfalls schwarz-silbern.[13]

Die Deutschordensritter aus der Familie von Baden

Der Eintritt in den Deutschen Orden besaß bei der Familie von Baden Tradition. So stiftete 1384 Edelknecht Götzmann von Baden Burg Wildenstein an das Deutschordenshaus Beuggen. Er fiel in der Schlacht von Sempach 1386.[14] 1384 erschien in der Ballei Elsaß-Burgund zu Beuggen ein Marquard von Baden. Er war Hauskomtur, später Komtur, dann 1394 Statthalter der Ballei und ist nach 1413 als Komtur zu Beuggen gestorben. Der vermutlich ebenfalls zur Familie gehörende Arnold von Baden wird 1390 erwähnt und war beim Orden in Preußen als „Kompan" im Stab des Hochmeisters, später Ordensvogt in Gotland 1407 und in Neumark 1408 bis 1410. Er fiel bei den Abwehrkämpfen gegen die Polen unmittelbar nach der Schlacht von Tannenberg in Südpomerellen.[15] Im 17. Jh. profilierten sich die Brüder Johann Friedrich und Franz Benedikt von Baden im Deutschen Orden. So wurde 1653 Franz Benedikts älterer Bruder Johann Friedrich in die Ballei Elsaß-Burgund aufgenommen. Er amtierte in der Folge als Komtur zu Straßburg, Freiburg, Beuggen, war auch Ratsgebietiger der Ballei und schließlich ab 1683 bis zu seinem Tod 1688 Landkomtur.[16] Ein Großneffe der beiden, Philipp Friedrich, wurde 1720 in die Ballei aufgenommen und starb 1751 als Komtur der Mainau und Ratsgebietiger.[17]

Die Biographie des Franz Benedikt von Baden

Franz Benedikt Freiherr von Baden zu Liel wurde vermutlich 1644 in Liel als zweiter Sohn des Johann Friedrich von Baden (belehnt 1621 und 1639) und seiner Ehefrau Maria Eva, Truchseß von Wohlhausen, geboren.[18] Sein ältester Bruder Gervasius Protasius (1640-1677) war mit Maria Ursula zu Rhein verheiratet. Die Quellen erwähnen noch eine jüngere Schwester: Maria Franziska Sabina (alias Salome 1660), die mit Georg Christoph von Andlau vermählt war.[19]

Noviziat und Aufnahme in den Deutschen Orden

Am 28. Januar 1669 erhielt der Landkomtur der Ballei Elsaß-Burgund, Johann Hartmann von Roggenbach, auf seinen Antrag, Franz Benedikt Freiherr von Baden als Novizen aufnehmen zu dürfen, die Antwort des Hoch- und Deutschmeisters Johann Kaspar von Ampringen aus Mergentheim: Der von Baden solle sich als Novize bei der Ballei Franken bewerben, da dort derzeit sehr wenige Ordensanwärter wären und sich auf Michaelis einfinden.[20] Der Hinweis des Hoch- und Deutschmeisters auf die Ballei Franken beruhte darauf, daß Franz Benedikts älterer Bruder Johann Friedrich bereits Ritter in der Ballei

Landkomtur Franz Benedikt von Baden (reg. 1689-1707), hier im Porträt von 1690;
im Hintergrund das Deutschordensschloß Altshausen

Elsaß-Burgund war. Es war im Orden nicht üblich, Brüder gemeinsam in eine Ballei aufzunehmen. Warum Franz Benedikt dennoch in seiner Heimatballei Elsaß-Burgund als Novize eintreten konnte, muß besondere Gründe gehabt haben.[21] Als Zeugen der Ritterbürtigkeit amtierten Johann Franz Gold von Lampoding und Benedikt Hanns Caspar Kempf von Angret. Am 9. April 1670 erfolgte dann die Bewilligung des Meisters zur Aufnahme in die Ballei Elsaß-Burgund.[22] Aufschwörer[23] bei der Aufnahme waren Johann Friedrich von Roggenbach, Obervogt von Zwingen, und Franz Heinrich Schenk von Castell, die dem Landkomtur Johann Hartmann von Roggenbach den vorgeschriebenen Revers ausstellten.[24]

Das erste Amt Franz Benedikts im Deutschen Orden war das des Hauskomturs unter Komtur Johann Hartmann von Roggenbach 1671 in der Kommende Mainau.[25] Die jungen Ritter, Franz Benedikt war bei der Ernennung zum Hauskomtur 27 Jahre alt, amtierten zur Überprüfung ihrer Fähigkeiten und zum Erlernen der mit einer Komtureiführung verbundenen Verwaltungsarbeiten zunächst als Hauskomtur, ehe sie eine eigene Kommende erhielten. Im Jahr 1677 finden wir Franz Benedikt von Baden als Komtur in Freiburg im Breisgau. Der Deutschordensritter war zu dieser Zeit 33 Jahre alt. Es scheint, daß Landkomtur und Ordensbrüder seine Persönlichkeit und seine Fähigkeiten trotz des jugendlichen Alters schätzten und dies durch seine Ernennung zum Komtur anerkannten. Franz Benedikts Statthalter und dann Nachfolger als Komtur war bis zu seinem Tod 1705 Johann Reichard Gold von Lampoding. Von 1705 bis 1707 hatte Franz Benedikt die Stelle des Komturs wieder inne.[26] Unter der erfolgreichen Ägide von Franz Benedikt von Baden konnten trotz der Kriegszeiten und der damit verbundenen Kontributionen und sonstigen Belastungen noch Güter und Höfe für den Orden erworben werden.

In diplomatischen Diensten
Im Jahr 1679 rief Ludwig XIV. die Reunionskammern ins Leben.[27] Die Einrichtung dieser Kammern fußte auf den im Friedensvertrag von Münster 1648 festgelegten Matrikeln. In diesem Vertrag wurden die Verbindlichkeiten und Freiheiten fixiert, die das Haus Österreich an den König von Frankreich abzutreten hatte.[28] So kamen das ganze Oberelsaß an Frankreich, dazu Teile des Unterelsaß. Die zuständige Reunionskammer für das Elsaß (Conseil souverain d'Alsace) hatte seit 1680 ihren Sitz in Altbreisach.[29] Unter Reunion verstanden Ludwig XIV. und die französische Regierung die Zurückgewinnung ehemaliger Lehen durch die Krone Frankreichs. Dies wurde für die Bistümer Toul, Metz und Verdun 1552 ohne Schwierigkeiten erreicht. Die Reunionskammer in Metz veranlaßte die Bischöfe, ehemaliges lehnspflichtiges Gebiet anzugeben, damit der König von Frankreich Besitzansprüche anmelden konnte.[30] Die von der Kammer gefällten Urteile waren sofort rechtskräftig, und die Gebiete gehörten von

da an zum französischen Staatsgebiet. Im Elsaß interpretierte der französische Hof den Münsteraner Vertragstext zu seinem Vorteil, da der Vertrag zahlreiche Unklarheiten enthielt, die im Zweifelsfall zu Gunsten des Königs von Frankreich ausgelegt werden konnten. In Münster wurden nur die Besitztümer und Rechte des Hauses Österreich abgetreten. Die Franzosen besetzten die Landgrafschaft Unterelsaß, abgeleitet von einem bedeutungslosen Titel des Bischofs von Straßburg. Der Irrtum der Franzosen bestand darin, daß mit diesem Titel kein Territorialbesitz verbunden war.

Dem deutschen Kaiser fehlten Geld und Soldaten, um Einhalt zu gebieten. So besetzten die Franzosen als erstes die zehn Reichsstädte, die Dekapolis, im Elsaß und schleiften die Festungswerke. Dazu gehörten die Reichsstädte Schlettstadt, Colmar, Hagenau mit dem Sitz der Landvogtei, Weißenburg, Landau, Oberehnheim, Rosheim, Münster im Georgental, Kaisersberg und Türckheim.[31] In allen diesen Gebieten lagen erhebliche Besitzungen des Deutschen Ordens. Die Reunion wurde praktisch 1681 mit der Okkupation Straßburgs abgeschlossen. Im Gegensatz zum schwedischen König, der abgetretenes Gebiet als Lehen vom Kaiser erhielt und dadurch Reichsfürst wurde, nahm der französische König das Terrain in seinen Besitz und erklärte es zu französischem Staatsgebiet.[32]

Eine Überlebensfrage für den Deutschen Orden stellte die Anordnung Ludwigs XIV. dar, dessen Besitzungen dem französischen St. Lazarus-Orden zu inkorporieren. So wurden Anfang der 1680er Jahre die Deutschordensherren praktisch aus ihren Niederlassungen vertrieben, und die meisten gingen nach Beuggen.[33] Auf Betreiben des Landkomturs der Ballei Elsaß-Burgund schickte der Orden den Ritter und Capitain von zu Rhein bereits Mitte 1682 nach Paris, um direkt in Versailles am Hof des französischen Königs zu intervenieren. Der Hoch- und Deutschmeister sowie der Landkomtur wurden beim Kaiser vorstellig, der über den immerwährenden Reichstag zu Regensburg eine offizielle Beschwerde nach Paris sandte.[34] Franz Benedikt von Baden erhielt von seinem Landkomtur den Auftrag, den Fortgang der Verhandlungen in Paris zu überprüfen. Am 9. Februar 1683 schrieb Franz Benedikt an seinen „Hochwürdig hochwohlgebohrnen, gnädigen Herrn Landt Comenthur undt Oberen", daß er sich nach Basel begebe und von dort sofort nach Paris weiterreise. Am 21. Februar 1683 mit Zwischenstationen in Mömpelgard (heute Montbeliard), Besançon und Dijon meldete er seine Ankunft in Paris.[35] Franz Benedikt kam sehr bald zu der Erkenntnis, daß der Prozeß und die Verhandlungen immer wieder verzögert wurden und keine Fortschritte brachten. Die französischen Advokaten versuchten angeblich ihr Bestes. Franz Benedikt von Baden berichtete in realistischer Einschätzung der Lage an Hoch- und Deutschmeister sowie Landkomtur, die Verhandlungen könnten seiner Meinung nach nur noch auf höherer Ebene geführt werden. Allein über den kaiserlichen Hof via immerwährenden Reichstag zu Regensburg sei noch etwas zu erreichen. Im März 1683 empfahl er, man solle die Direktverhandlungen in Paris abbrechen, da sie zwecklos seien und nur unnötige Kosten verursachten.[36] Die Reunionskammern arbeiteten weiter. Der am 15. Januar 1685 in Mergentheim als Hoch- und Deutschmeister inthronisierte Ludwig Anton von Pfalz-Neuburg glaubte, durch direkte Verhandlungen und persönliche Beziehungen zum französischen Hof - Ludwig XIV. war das Patenkind von Ludwig Anton -, etwas erreichen zu können.[37] Der Hoch- und Deutschmeister entsandte daher im März 1685 zwei Abgeordnete, die Komture Kaspar Freiherr Schenk von Nideggen und Karl Gottfried Freiherr von Loe zu Wissen, an den Hof nach Versailles, die jedoch keine Audienz bei Ludwig XIV. erhielten. Vielmehr wurde den Abgesandten mitgeteilt, der Orden sei nicht berechtigt, eigene Gesandte zu schicken. Den beiden wurde nahegelegt, französisches Territorium möglichst umgehend zu verlassen.[38] Ludwig Anton ersuchte auch den Papst um Intervention am französischen Hof. Im Oktober 1685 appellierte der Papst an Ludwig XIV., die beschlagnahmten Gebiete an den Deutschen Orden zurückzugeben. Zwei päpstliche Protestschreiben blieben jedoch ohne Erfolg.

Erst 1697 im Frieden zu Den Haag und Rijswijk kamen die Besitzungen, nach zwölf Jahren Beschlagnahme, wieder an den Deutschen Orden.[39] Der Vertragstext verlautet, daß diese Besitzungen weiter „unter Aufrechterhaltung des französischen Dominiums restituiert werden".[40] Somit bestand für den Deutschen Orden im Elsaß ein Sonderstatus. Die Mitglieder des Ordens blieben bis 1789 der Disziplinargewalt von Landkomtur beziehungsweise Hochmeister unterstellt. Sie genossen die Vorrechte des landsässigen Adels und unterstanden staatsrechtlich der Krone Frankreichs. Die Ordensuntertanen unterlagen in Jurisdiktion und Steuerangelegenheiten den französischen Behörden.[41] Der Orden bemühte sich, für die zwölf Jahre Zwangsverwaltung eine Entschädigung zu bekommen. Franz Benedikt von Baden, mittlerweile Landkomtur der Ballei Elsaß-Burgund, ließ eine Aufstellung anfertigen, die die entgangenen Einnahmen, beschädigte und zerstörte Gebäude sowie vernichtetes Inventar enthielt. Diese Schadensübersicht ergab für die betroffenen Kommtureien die gewaltige Summe von 249 117 fl.[42]

Franz Benedikt von Baden als Landkomtur der Ballei Elsaß–Burgund

Im Jahr 1688 starb Johann Friedrich Freiherr von Baden, Landkomtur der Ballei Elsaß-Burgund, Franz Benedikts Bruder. Hoch- und Deutschmeister Ludwig Anton von Pfalz-Neuburg bestellte am 17. Juni 1688 nach Vorliegen der Todesmeldung Franz Benedikt zum Statthalter der verwaisten Ballei. Auf diese Ernennung durch den „Administrator des Hochmeistertums und Meisters

in Deutschen und Welschen Landen", wie die offizielle Bezeichnung des in Mergentheim residierenden Hoch- und
Deutschmeisters lautete, gingen am 18. Juni 1688 und nochmals im September desselben Jahres Protestbriefe in Mergentheim ein.[43] Die Kritiker pochten auf ihr vermeintliches
Recht, daß in den Regeln und Satzungen des Ordens eine
Amtsbestätigung nur nach der Wahl durch das Balleikapitel
stattfinden dürfe. In seinem Antwortschreiben an die pro-
testierenden Kapitularen der Ballei konstatierte der Hoch-
und Deutschmeister, die 'aller Enden sich ausbreitende Kriegs-
konjunktur rechtfertige die Kofirmation'.[44] Die offizielle Einführung des Komturs von Freiburg im Breisgau als
Landkomtur der Ballei Elsaß-Burgund erfolgte am 4. Februar
1689.[45] In der Regierungszeit von Franz Benedikt als Land-
komtur gehörten zum Orden die Kommenden Altshausen,
Andlau, Basel, Beuggen, Freiburg im Breisgau, Gebweiler,
Hitzkirch, Kaisersberg, Mainau, Mülhausen im Elsaß, Rufach
und Straßburg. Bei der Auflösung des Ordens durch
Napoleon zählten noch sechs Ordenshäuser zur Ballei:
Altshausen, Beuggen, Mainau, Freiburg, Hitzkirch und
Rohr-Waldstetten.[46] Auch in dieser Position bewies Franz
Benedikt seine diplomatischen, organisatorischen und ökonomischen
Fähigkeiten. Nach dem Tod des Hoch- und Deutschmeisters Ludwig Anton
von Pfalz-Neuburg folgte dessen Bruder Franz Ludwig. Die Aufnahme in den
Orden fand am 11. Juli 1694 statt. Den Ritterschlag erteilte Landkomtur
Franz Benedikt von Baden.[47]

Der Streit des Deutschen Ordens mit Preußen

Im Jahr 1688 starb der Große Kurfürst. Ihm folgte als Kurfürst von Brandenburg Friedrich III., der 1695 mit kaiserlicher Genehmigung die Führung des
Titels „Herzog von Preußen" zugestanden bekam.[48] Bis zu diesem Zeitpunkt war
dem Kurfürsten dieser Titel mit Rücksicht auf den Deutschen Orden versagt
gewesen. Die Unterstützung des Kaisers in militärischer und diplomatischer
Hinsicht durch den Kurfürsten von Brandenburg ließ die bisherigen
Bedenken jedoch fallen. Der Hoch- und Deutschmeister legte gegen diese kaiser-
liche Maßnahme Protest ein. Er wurde dabei von den Landkomturen von
Franken und Elsaß-Burgund unterstützt.[49] Als dann auch noch der Kurfürst
von Brandenburg und Herzog von Preußen sich in Königsberg zum „König in
Preußen" krönen ließ, erfolgte nochmals ein heftiger Widerspruch des Hoch-
und Deutschmeisters, sämtlicher Landkomture, Statthalter und Kapitularen.
Der Kaiser antwortete, daß aufgrund seiner Maßnahmen der Orden „in seinen
Rechten, Prärogativen und Investitionen ohne Schaden und Nachteil sein

Selbstbewußter Repräsentant des Barockzeitalters: Landkomtur Franz Benedikt
Freiherr von Baden

sollte". Der Hoch- und Deutschmeister schaltete gleichfalls Papst Innozenz XI. und Clemens XI. ein. Schreiben gingen an sämtliche katholischen Könige und Fürsten, an den Dogen von Venedig, an die Verwaltungen der katholischen Kantone der Schweiz sowie an alle Erzbischöfe und Bischöfe, die Königswürde des „ketzerischen Fürsten" in Anbetracht der uralten Anrechte des Ordens auf das preußische Land nicht anzuerkennen. Bis zum Jahr 1788 ignorierte die Kurie den Königstitel.[50] Landkomtur Franz Benedikt setzte sich intensiv in Sachen „Rekuperation Preußens und Livlands sowie wegen des Preußischen Herzogtitels" ein und legte seine Meinung wegen der „Remonstratio" an den Kaiser in einem Brief für die Mergentheimer Regierung dar.[51]

Franz Benedikt als „Reichslandkomtur"

Aber auch innerhalb des Deutschen Ordens ergaben sich Titelveränderungen. Franz Benedikt von Baden verkaufte am 11. Juli 1698 die Kommende Sumiswald für 36 000 Reichstaler zu 30 Batzen an Bern. Bei der Unterzeichnung des Kaufvertrages benutzte Franz Benedikt die Bezeichnung eines „Reichslandkomturs".[52] Um diesen „Titel" einzuordnen, muß auf die Stellung der Ballei Elsaß-Burgund im Verband des Deutschen Ordens eingegangen werden. Elsaß-Burgund gehörte ursprünglich zu den dem Deutschmeister unterstehenden Balleien, ebenso wie die Balleien Franken, Hessen, Biesen, Westfalen, Sachsen, Lothringen, Thüringen und Utrecht. Anfang des 16. Jhs. kam für diese Balleien

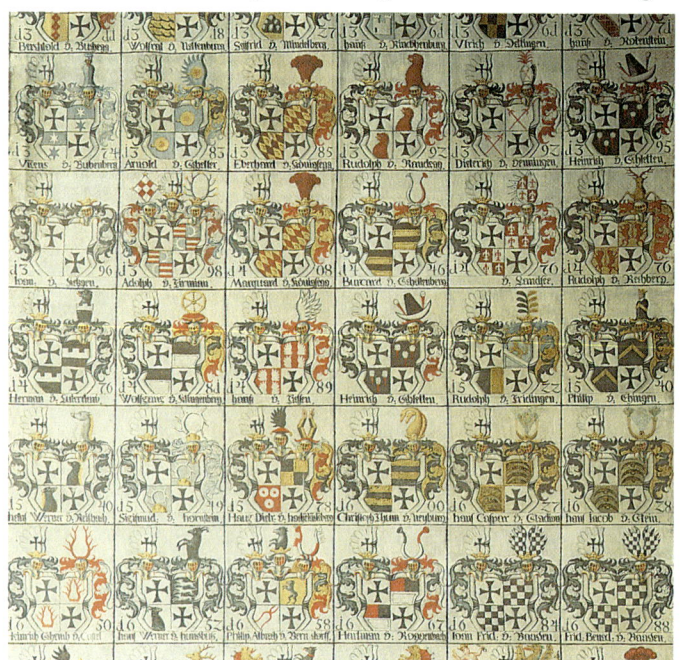

die Bezeichnung „unter deutschen Landen" auf. Zu den „Balleien preußischen Gebietes", die dem Hochmeister unterstanden, gehörten neben Preußen die Besitzungen in Österreich, dann Koblenz und die Ballei „An der Etsch und im Gebirge". Diese wurden auch als Kammerballeien bezeichnet.[53] Am 8. April 1383 verpfändete der Deutschmeister für 60 000 fl die Ballei Elsaß-Burgund an den Hochmeister. Die Ballei gehörte fortan zu den Kammerballeien und blieb beim Hochmeister. Die Gebietiger der Ballei bevorzugten es, dem fern in Preußen regierenden

Schloßkirche Altshausen mit Wappentafel der Landkomture (Ausschnitt); unten die Wappen der beiden Freiherren von Baden

Hochmeister als der nahegelegenen Aufsicht des Deutschmeisters zu unterstehen. Die Ballei sorgte Ende 1443 nochmals für eine festere Bindung an den Hochmeister, indem sie dem Hochmeister 20 000 fl zu Lasten des Deutschmeisters zahlte.[54] Als hochmeisterliche Kammerballei verselbständigte sie sich immer mehr. Etwa ab 1530 zählten die ehemalige Grafschaft Altshausen und die Kommende Mainau zu den reichsunmittelbaren Gebieten. Der Landkomtur behauptete durch diese Besitzungen seinen Platz unter den Reichsprälaten, als Komtur von Altshausen saß er auf der Grafenbank des Schwäbischen Reichskreises an erster Stelle und hatte damit auch Anteil an der Kuriatstimme der schwäbischen Grafen auf dem Reichstag.[55]

Die Benutzung des Titels „Reichslandkomtur" bei dem Verkauf von Sumiswald an Bern demonstriert die Verselbständigung der Ballei und wohl auch die Selbsteinschätzung des Landkomturs. In dem Schreiben des Hoch- und Deutschmeisters wird Franz Benedikt aufgefordert, den Grund für das Führen des „Prädikats eines Reichs-Land-Commenthurs" mitzuteilen. Franz Benedikt antwortet, daß es ihm „wohl hertzlich Laidt ist" bei seinem „gnädigsten Herrn" in Ungnade gefallen zu sein. Dann legt er dar - vielleicht auch mit einem Blick auf den Kommenden-Status von 1530 -, daß die meisten Prälaten und Grafen im Schwäbischen Kreis, an erster Stelle der Abt von Weingarten, den Vorspann „Reich" ihren sonstigen Titeln beisetzen würden. In seinem Schreiben vom 2. Januar 1699, in dem er „zuförderst" alles Gute zum neuen Jahr wünscht, vertritt Franz Benedikt die Ansicht, daß dieser Titel dem Orden zur Ehre gereicht habe.[56]

Das Lebensende Franz Benedikts von Baden

Das Zentralarchiv des Deutschen Ordens zu Wien bewahrt zwei aufschlußreiche Schreiben auf, die beide als Exequienzettel aufzufassen sind. Das erste enthält die Meldung an den Hoch- und Deutschmeister in Mergentheim über das Ableben des Landkomturs Franz Benedikt von Baden, das zweite Schreiben geht von Mergentheim an alle Ordensbrüder.[57] Der erste Brief verlautet: 'Von den Kapitularen der Ballei Elsaß kam die zuverlässige Nachricht, daß der Hochwürdige und Wohlgeborene Franz Benedikt Freiherr von Baden, des Hohen Deutschen Ordens Ritter, Landkomtur der Ballei Elsaß-Burgund, Komtur zu Altshausen und Achberg, der Heiligen Römisch-kaiserlichen Majestät sowie hochfürstlich hoch- und deutschmeisterlicher Geheimer Rat, nach neuntägiger geduldig ertragener Krankheit mit schmerzhaften Nierensteinkoliken und hinzugekommenem Gehirnschlag mit Bewußtlosigkeit, wohlversehen mit den heiligen Sterbesakramenten und ergeben in Gottes Willen, am 2. November kurz nach Mittag, im Alter von 64 Jahren, nach fast zwanzigjähriger Regierung als Landkomtur aus dieser Zeitlichkeit, in der Hoffnung auf die ewige Seligkeit, abgerufen wurde. Pflichtgemäß geben wir das Ableben allen

Ordensbrüdern bekannt und bitten um Kenntnisnahme, damit der abgeleibten Seele zu Trost die Exequien gehalten werden und jeder Ordensbruder im Gebet des Verstorbenen gedenke.' Auch das zweite Schreiben wiederholt die Krankheit des „Laidig Grieß", die bei Franz Benedikt schon längere Zeit bestanden haben mußte.

Unter dieser Bezeichnung versteht man heute Nierengrieß oder Nierensteine. Beim Abgang von Grieß oder Steinen entsteht eine Nierensteinkolik. Es verwundert, daß in den zahlreichen Mitteilungen Franz Benedikts nirgendwo ein Hinweis auf seine schwere Krankheit zu finden ist. Ein langjähriges Steinleiden führt durch Entzündungen der Harnwege und Rückstau von Harn allmählich zum Zugrundegehen des Nierenparenchyms. Dadurch entsteht ein hoher Blutdruck, die nephrogene Hypertonie, in der damaligen Zeit eine nicht zu beherrschende Erkrankung. Der hohe Blutdruck führt dann in Verbindung mit einer erneuten Kolik und einer eventuellen fieberhaften Nierenbeckenentzündung zum Hirnschlag (Apoplexia) und mit der damit verbundenen Bewußtlosigkeit (Lethargie) zum tödlichen Ausgang des Leidens.

Das Epitaph in der Lindauer Pfarrkirche
Das Epitaph des Freiherrn von Baden in der Kirche St. Mariä Himmelfahrt zu Lindau im Bodensee befindet sich an der Wand im nördlichen Querschiff. Bei

der vor Jahren vorgenommenen Reinigung und farblichen Auffrischung ist ein Restaurierungsfehler unterlaufen: Statt des schwarz-silbern geschachten Wappenfeldes sieht man nun das Wappen in rot-silber gehalten.

Detail des Epitaphs von Franz Benedikt von Baden in der Katholischen Stadtpfarrkirche St. Mariä zu Lindau

In den drei gegeneinander abgestuften Rundbögen im Epitaphgiebel liest man im obersten Bogen folgenden Spruch:

MEIN GROSSER NAMM FORNEMER STAMM
HAT MIR KEIN SCHIRM GEGEBEN

im mittleren Bogen:

EIN KLEINER STAIN SCHLAGTS HERZBAND EIN[58]
ENDET MEIN EDLES LEBEN

im unteren Bogen:

O LIEBSTER LESER BETT FÜR MICH
ICH MAINS GAR WOHL UND WARNE DICH
DICH GOTT ALLEIN ZERGEBEN

Unterhalb des Landkomturwappens, das wie üblich viergeteilt im ersten und vierten Feld das Deutschordenskreuz, im zweiten und dritten Feld das Familienwappen von Baden zeigt, folgt der Satz aus der „Devotio moderna", den Thomas von Kempen anführt:[59]

IST ALLES EITEL UND EITEL AUSSER
GOTT LIEBEN UND IHME ALLEIN DIENEN

Im Mittelteil des Epitaphs stehen in einer typischen Barockkartusche der Todestag und die Titel des Verstorbenen. Den unteren Abschluß der Kartusche bilden ein Totenkopf und gekreuzte Oberschenkelknochen.
„DEN 7. NOVEMB. A 1707 ist zu Achberg in Gott entschlafen und zu Sieberathsweiler begraben worden Der Hochwürdige Reichs-Hochwohlgeborene herr herr FRANZ BENEDIKT Freyherr von Baden der Röm. Kay. Maj. auch hochfürst. hochdeutschmeist. Respective Geheimer Rath Landkomthur der Balleien Elsas und Burgund Comenthur zu Altshausen und Achberg Teutschordens Ritter auch des Fürst: Stiffts Lindau gewester Kay. Conservator etc. etc. Deme Gott gnaedig sein wolle. Amen."

Der Hinweis auf das Amt des kaiserlichen Konservators des Fürststifts Lindau nimmt Bezug auf die besondere Funktion der Landkomture der Ballei Elsaß-Burgund für das geistliche Institut: Auf die Bitte von Äbtissin Maria Rosina Brümsi von Herblingen (1676-1689) wurde durch Kaiser Leopold ein Konservator des Stifts ernannt. Für diese Aufgabe waren die Landkomture der Ballei bestimmt. Die katholischen Stiftsdamen lebten mitten im reformierten Lindau und hatten unter Schikanen und Übergriffen auf ihre Rechte zu leiden. Es war sogar vorgekommen, daß die Stiftsdamen keinen eigenen Gottesdienst abhalten durften, sondern am evangelischen Gottesdienst teilnehmen mußten.[60] Die Landkomture in Altshausen sollten als Nächstsitzende im Bedarfsfall Schutz bieten und der Willkür des Rats der freien Reichsstadt Lindau Einhalt gebieten.

Das Epitaph in der Kirche zu Siberatsweiler

In der Kirche von Siberatsweiler unweit von Schloß Achberg fand Franz Benedikt seine letzte Ruhestätte. Die Grabstelle ist unbekannt. Sein Herz brachte man alter Tradition entsprechend in einer silbernen Dose in die Gruft der Landkomture nach Altshausen. Sein Epitaph befindet sich an einem Pfeiler links vor dem Chor. Die deutsche Übersetzung der lateinischen Inschrift lautet[61]: Franz Benedikt Freiherr von Baden, der geheiligten kaiserlichen Majestät und des durchlauchtigsten Fürsten, des Hochmeisters des Deutschen Ordens, Rat, Landkomtur von Elsaß und Burgund, durch dessen vorzügliche Geschäftsführung die Herrschaft Achberg von dem Geschlecht Sürgenstein erworben in den Besitz des Deutschen Ordens überging. Gottgefällig gestorben am 2. November. Dem fromm abgeschiedenen Erwerber ist Gutes zu wünschen.

Epitaph von Franz Benedikt von Baden in der Pfarrkirche St. Georg von Siberatsweiler; der Leichnam des 1707 verstorbenen Deutschordensherrn wurde in dieser Pfarrkirche bestattet, sein Herz nach Altshausen überführt

[1] Frau Ingeborg Rechmann sei auch an dieser Stelle für die freundliche Druckerlaubnis des Manuskriptes ihres verstorbenen Gatten herzlich gedankt. Das Manuskript wurde in einer ersten Fassung in den Beiträgen zur Kulturgeschichte von Altshausen und Umgebung, hg. von der Gesellschaft für Geschichte und Heimatpflege e.V.,

18. Jg., 1995, Nr. 6, S. 139-149, veröffentlicht. Für die vorliegende Publikation wurde das Manuskript von der Herausgeberin nochmals überarbeitet. Vereinzelt konnten Literatur- und Quellenhinweise des Autors nicht verifiziert werden.
[2] Der Autor hat folgende Archivbestände eingesehen:

- DOZA: Ri 20, Nr. 75 (Nr. 4 ad 46, Nr. 11 ad 46, Nr. 14 ad 46, Nr. 25 ad 46, Nr. 26 ad 46, Nr. 69 ad 45, Nr. 76 ad 45). EL 369/1, 373/1, 374/1, 375/1, 379/6, 379/7, 381/5, 383/1, Nr. 2 ad 46. Varia 1156, 1733, 2949. Or. 621/3, 622/4.
- HStASt: Bestand Altshausen, Landkommende B 343-346, 641 und 642.

- GLAK: Nr. 4/320, Nr. 21/30, 171, 344, 451 [der Autor gibt hier keine genaueren Angaben].
- HHStAW: Fasc. 394 fol. 227-269, 277/278, 242-255 [der Autor gibt hier keine genaueren Angaben].

[3] Herrn Pater Dr. Bernhard Demel O.T. möchte ich an dieser Stelle für seine freundliche Unterstützung danken.

[4] F. Fischer, Aus der Geschichte des Dorfes Liel, o. O. 1952, S. 20.

[5] J. Kindler von Knobloch, Oberbadisches Geschlechterbuch, Bd. I, Heidelberg 1898, S. 27-31; A. Krieger, Topographisches Wörterbuch des Großherzogtums Baden, Heidelberg 1909, Bd. I, Sp. 108 f.

[6] A. Krieger, Topographisches Wörterbuch des Großherzogtums Baden, Heidelberg 1909, Bd. II, Sp. 73.

[7] J. Kindler von Knobloch, Oberbadisches Geschlechterbuch, Bd. I, Heidelberg 1898, S. 28.

[8] Kastenvogt = Verwalter von Eigenbesitz des Lehnsherrn, auch von Besitz eines Kirchenvermögens.

[9] F. Fischer, Aus der Geschichte des Dorfes Liel, o. O. 1952, S. 15.

[10] Freundliche Mitteilung von Prof. Dr. Udo Arnold, Universität Bonn.

[11] F. Fischer, Aus der Geschichte des Dorfes Liel, o. O. 1952, S. 25; A. Eisele, Die Freiherrn von Baden und der Karlshof in Liel, in: Das Markgräflerland, Heft 1 (1970), S. 37 f.

[12] F. Fischer, Aus der Geschichte des Dorfes Liel, o. O. 1952, S. 23; A. Krieger, Topographisches Wörterbuch des Großherzogtums Baden, Heidelberg 1909, Bd. I, Sp. 108.

[13] J. Kindler von Knobloch, Oberbadisches Geschlechterbuch, Bd. I, Heidelberg 1898, S. 31. Die Zahl der geschachten Felder wechselt öfters.

[14] Ebd., S. 28.

[15] Illegitime Kinder der Markgrafen von Baden führten, falls sie als Abkömmlinge anerkannt waren, den einfachen Adelstitel „von Baden". Es ist daher in den mittelalterlichen Urkunden nicht mehr ersichtlich, zu welcher Linie der Namensträger gehörte. Bei Angehörigen des Deutschen Ordens war aber die eheliche Geburt Voraussetzung.

[16] DOZA EL Nr. 2 ad 46.

[17] J. Kindler von Knobloch, Oberbadisches Geschlechterbuch, Bd. I, Heidelberg 1898, S. 30. Zwischen 1600 und 1800 finden wir die Angehörigen der von Baden zu Liel auch als Malteser-Ritter (insgesamt fünf).

[18] Ebd., S. 31.

[19] Ebd., S. 30. Ihr Geburtsjahr ist nicht im Stammbaum vermerkt.

[20] DOZA Ri, Karton 20, Nr. 75, BZ.

[21] Freundliche Mitteilung von Prof. Dr. Udo Arnold, Universität Bonn.

[22] DOZA Ri, Karton 20, Nr. 4 ad 46.

[23] Bürgen für den in den Orden Aufzunehmenden, die seine Ritterbürtigkeit und Deutschstämmigkeit bezeugen konnten; neu festgelegt unter dem Hoch- und Deutschmeister Maximilian 1606 zu Mergentheim.

[24] DOZA Ri, Karton 20, Nr. 75, 82.

[25] StAL, Bestand B 236, Nr. 146 (Liste D. O. R. 1671).

[26] A. Hermann, Der Deutsche Orden unter Walter von Cronberg (1525-1543), Bd. 35, Bonn-Bad Godesberg 1974, S. 18; R. Keller, Die historische Aussage und die Bedeutung der Deutschordenskommende im Stadtbild von Freiburg, in: Nachrichtenblatt der Denkmalpflege in Baden-Württemberg 1 (1958), S. 32; E. Hennig, Die Statuten des Deutschen Ordens nach dem Original-Exemplar, Königsberg 1806, S. 275 und S. 281; J. Buck (Hg.), Das Jahrzehnt der Teutschritter in Hitzkirch, in: Der Geschichtsfreund (Mitteilungen des historischen Vereins der fünf Orte Luzern, Uri, Schwyz, Unterwalden und Zug), 11 (1855), S. 92-108; GLAK 4/320, 21/17 und 21/344; DOZA Or. 621/3 und 622/4.

[27] [Als neueste Veröffentlichung zu diesem Thema wäre zu nennen: Bernhard Demel O.T., Der Deutsche Orden und die Krone Frankreichs in den Jahren 1648-1789, in: Der Deutsche Orden und die Ballei Elsaß-Burgund. Die Freiburger Vorträge zur 800-Jahr-Feier des Deutschen Ordens, hg. v. Hermann Brommer, Bühl/Baden 1996 (Veröffentlichungen des Alemannischen Instituts Freiburg i. Br. Nr. 63), S. 97-188.]

[28] Dies stand hauptsächlich in den Paragraphen 73, 74, 87 und 88.

[29] M. Immich, Geschichte der Europäischen Staatensysteme von 1660 bis 1789, Darmstadt 1967, S. 99; H. Ritter von Sbrik, Wien und Versailles 1692-1697, München 1944, S. 16 ff.; HHStAW, Fasc. 394, fol. 227-269.

[30] A. Overmann, Die Abtretung des Elsaß an Frankreich im Westfälischen Frieden, in: ZGO NF (1904), S. 434-478; M. H. d'Arbois de Jubainville, Possessions anciennes en France, Paris 1861, S. 420-430.

[31] A. Schulte, Ludwig Wilhelm von Baden und der Reichskrieg gegen Frankreich 1693-1697, 1. Bd., Heidelberg 1901, S. 455; H. Mangold, Elsaß, Burgund und Deutschritterorden, in: Straßburger Monatshefte 6 (1942), S. 314.

[32] Der mit Reichsland belehnte schwedische König, er stammte aus dem Haus Pfalz-Zweibrücken, wurde Reichsfürst. Wäre Ludwig XIV. mit dem Reichsland Elsaß belehnt und dadurch Reichsfürst geworden, hätte er die Möglichkeit gehabt, bei einer Kaiserwahl als Kandidat aufzutreten. Diese Möglichkeit wurde von den Habsburgern abgelehnt, wie auch von den meisten Reichsfürsten. Der schwedische König protestierte als einziger Reichsfürst gegen die Okkupation der Stadt Straßburg im Jahr 1681. A. Overmann, Die Abtretung des Elsaß an Frankreich im Westfälischen Frieden, in: ZGO NF (1904), S. 255; G. Tumbült, Wie wurde Elsaß französisch?, in: Historisches Jahrbuch der Görresgesellschaft, Bd. 26 (1905), S. 508-548; B. Erdmannsdörfer, Deutsche Geschichte vom Westfälischen Frieden bis zum Regierungsantritt Friedrichs des Großen 1648-1740, 1. Bd., Berlin 1892, S. 627 f.

[33] J. Klentschi und E. Zeller, Das Deutschordenshaus Beuggen einst und jetzt, 1246-1894, Basel 1894, S. 7; HHStAW, Fasc. 394, fol. 277/278; DOZA EL 373/7.

[34] DOZA EL 373/1; DOZA EL 373/4.

[35] Th. Walter, Zur Geschichte des Deutschen Ordens im Oberelsaß, in: Jahrbuch für Geschichte, Sprache und Literatur Elsaß-Lothringen, XIV. Jg., Straßburg 1898, S. 17; DOZA EL 373/2; DOZA EL 373 (26. 1. 1683).

[36] DOZA EL 373/3; DOZA EL 373/5.

[37] B. Demel, Der Deutsche Orden und seine Besitzungen im südwestdeutschen Sprachraum vom 13. bis 19. Jahrhundert, in: ZWLG 31 (1973), S. 16 ff., hier S. 61.

[38] HHStAW, Fasc. 394, fol. 275; DOZA EL 373/6.

[39] Artikel 11 des Vertrages vom 30. 10. 1697.

[40] M. Braubach, Um die „Reichsbarriere" am Oberrhein - Zur Frage der Rückgewinnung des Elsaß, in: ZGO 89, NF 50 (1936), S. 231-267; M. Braubach, Vom Westfälischen Frieden bis zur Französischen Revolution, München 1985 (Handbuch der deutschen Geschichte 10), S. 87-101; G. A. Süß, Geschichte des oberrheinischen Kreises und der Kreisassoziation in der Zeit des spanischen Erbfolgekrieges (1697-1714), in: ZGO 104 (1956), S. 145-224.

[41] B. Demel, Der Deutsche Orden und seine Besitzungen im südwestdeutschen Sprachraum vom 13. bis 19. Jahrhundert, in: ZWLG 31 (1973), S. 16 ff., hier S. 64.

[42] A. Faber, Europäischer Staats-Cantzley, Anderer Theil, Nürnberg 1697, S. 524 ff.; DOZA EL 373/116.

[43] DOZA EL Nr. 26 ad 46; J. König (Hg.), Die Statuten des Deutschen Ordens nach der Revision des großen Ordenskapitels in Mergentheim 1606, in: Freiburger Diözesan-Archiv 15 (1882), S. 124-126; K. Militzer, Die Entstehung der Deutschordensballeien im Deutschen Reich, Bd. 16, Bonn-Bad Godesberg 1970, S. 7 und S. 25; E. Graf von Mirbach-Harff, Beiträge zur Personalgeschichte des Deutschen Ordens, in: Jahrbuch der k.u.k. heraldischen Gesellschaft „Adler" XVI-XVII (1889-1890); Neudruck 1892, S. 14; K. A. Busl, Über das alte und neue Schloß in Altshausen und des letzteren feierliche Grundsteinlegung, in: Diözesan-Archiv von Schwaben 17 (1969); K. Wieser (Hg.), Acht Jahrhunderte Deutscher Orden, Bonn-Bad Godesberg 1967, S. 415 und S. 435; B. Rueß, Die Gruftkapelle der ehemaligen Landkomture zu Altshausen, in: Rottenburger Monatsschrift für praktische Theologie 17 (1933/34); B. Rueß, Das vormals Landkomturliche jetzt herzogliche Schloß in Altshausen, in: Rottenburger Monatsschrift für praktische Theologie 13 (1929/30) und in: Schallwellen 34 (1930), Schussenried 1930.

[44] DOZA EL Nr. 23 ad 46 und Nr. 25 ad 46. Kapitel X der Statuten des Ordens setzt fest, daß für eine Ernennung zum Statthalter und zum Landkomtur die nachträgliche schriftliche Zustimmung des Wahlkapitels der zuständigen Ballei eingeholt werden muß.

[45] DOZA EL 381/1 (Landkomturei Ellingen).

[46] E. Graf von Mirbach-Harff, Beiträge zur Personalgeschichte des Deutschen Ordens, in: Jahrbuch der k.u.k. heraldischen Gesellschaft „Adler" XVI-XVII (1889-1890); Neudruck 1892, S. 2; M. Tumler und U. Arnold, Der Deutsche Orden, Bonn-Bad Godesberg 1974, S. 74.

[47] DOZA, Urkunde vom 11. 7. 1694.

[48] M. Braubach, Der Aufstieg Brandenburg-Preußens 1640-1815, Freiburg i. Br. 1933, S. 169-285; W. Habermann, 450 Jahre Deutscher Orden in Bad Mergentheim 1219-1669, Bad Mergentheim 1969, S. 36.

[49] K. Wieser, Nordosteuropa und der Deutsche Orden, Bd. 27, Bonn-Bad Godesberg 1972, S. 186, S. 194, S. 196, S. 208 f.

[50] M. Braubach, Vom Westfälischen Frieden bis zur Französischen Revolution, München 1985 (Handbuch der deutschen Geschichte 10), S. 87; G. Mentz, Ludwig XIV., sein Reich und seine Zeit (Zeittafel), Bonn und Leipzig 1922, S. 295.

[51] K. Wieser, Nordosteuropa und der Deutsche Orden, Bd. 27, Bonn-Bad Godesberg 1972, S. 186 (Nr. 3946).

[52] E. Graf von Mirbach-Harff, Beiträge zur Personalgeschichte des Deutschen Ordens, in: Jahrbuch der k.u.k. heraldischen Gesellschaft „Adler" XVI-XVII (1889-1890); DOZA EL Nr. 67 ad 45.

[53] B. Dudik, Des hohen Deutschen Ritterordens Münzsammlung, Bd. 6, Bonn-Bad Godesberg 1966, S. 151; K. H. Frhr. Roth von Schreckenstein, Einige Urkunden zur Geschichte der Deutschordensballei Elsaß-Burgund, in: ZGO 24 (1872), S. 22-27; R. Wolf, Bibliographie zur Geschichte der Deutschordens-Balleien, in: Deutsche Geschichtsblätter 16, 1915, S. 76-98, hier S. 88; B. Demel, Der Deutsche Orden und seine Besitzungen im südwestdeutschen Sprachraum vom 13. bis 19. Jahrhundert, in: ZWLG 31 (1973), S. 16 ff., hier S. 22 und S. 32.

[54] A. Hermann, Der Deutsche Orden unter Walter von Cronberg (1525-1543), Bd. 35, Bonn-Bad Godesberg 1974, S. 75; J. Voigt, Geschichte des Deutschen Ritter-Ordens in seinen zwölf Balleien in Deutschland, 2 Bände, Berlin 1857/59, hier Bd. 2, S. 430 ff.

[55] A. Hermann, Der Deutsche Orden unter Walter von Cronberg (1525-1543), Bd. 35, Bonn-Bad Godesberg 1974, S. 151 und S. 155; B. Demel, Der Deutsche Orden und seine Besitzungen im südwestdeutschen Sprachraum vom 13. bis 19. Jahrhundert, in: ZWLG 31 (1973), S. 16 ff., hier S. 53 f.

[56] DOZA Nr. 62 ad 45 und Nr. 69 ad 45.

[57] DOZA Varia 1733 und 2949.

[58] Wir haben hier ebenfalls einen Hinweis auf die Erkrankung des Verstorbenen.

[59] Th. von Kempen, Nachfolge Christi, Augsburg o. J., S. 10.

[60] H. Jordan, Landkomture des Deutschen Ordens als Konservatoren in Lindau, Bodensee-Heimatschau 1928, S. 36; Stiftskirche Lindau, hg. v. Katholischen Stadtpfarramt der Stiftskirche im Bodensee, Lindau 1973, S. 12.

[61] Die lateinische Inschrift lautet: FRANC: BENED: LB De Baden S.C.X: M: et sermi Princ: Supr Magri ord Teut: Consil: Als et Burg: Com M cuius Providia oeconomica Dynastia Achberg a Familia Sirgenstein Domino ordinis TeuT: Accessit. Pie obiit Die 2 Nov. EMPtorI Ple DefVnCto bene PreCare. Die hervorgehobenen Buchstaben sind gleichzeitig römische Zahlen und ergeben als Chronogramm (MDCCVII) das Sterbejahr 1707.

Ergänzt lautet der lateinische Spruch: Franc(iscus): Bened(ictus): L(iber) B(aronus) De Baden S(acrae) C(aesareae) atque S(acrae) M(aiestatis): et ser(enissi)mi Princ(ipis): Supr(emi) Mag(istri) ord(ini) Teut(onici): Consil(iarius): Als(atiae) et Burg(undiae) Com(mendator) M(agnus) cuius Providia oeconomica Dynastia Achberg a Familia Sirgenstein Domino ordinis Teut(onici) Accessit. Pie obiit Die 2 Nov(embris). EMPtorI Ple DefVnCto bene PreCare.

Schloß Achberg bei Lindau i. Bod.

Achberg im Dezember 1994 kurz vor Abschluß der Restaurierungsarbeiten

Christoph Gessinger – Baumeister von Schloß Achberg

Von Rudolf Reinhardt

1691 kaufte der Landkomtur der Ballei Elsaß-Burgund, Franz Benedikt Freiherr von Baden, die Herrschaft Achberg. Bald nach der Huldigung der Untertanen (26. Februar 1693) und der Ausfertigung des „eigentlichen Verkaufbriefes" (3. März 1693) ließ er mit dem Umbau des Schlosses in Achberg beginnen. Als Architekt diente ihm dabei Bruder Christoph Gessinger, der 1691 in der Benediktinerabtei Isny die Profeß abgelegt hatte. Friedrich Eisele kommt das Verdienst zu, in seiner Untersuchung über die Geschichte der Herrschaft Achberg - mit einigen Fehlern zwar - als erster auf Gessinger hingewiesen zu haben.[1] Die Profeßurkunde von 1691[2] und die Notizen über Gessingers Arbeiten in Achberg sind die frühesten Zeugnisse zum Leben des Benediktinerbruders. So wissen wir nicht sicher, wann er geboren wurde. Falls wir der Totenrodel von Oberdießbach bei Bern, wo Gessinger gestorben ist,[3] glauben dürfen, hat er um das Jahr 1664 das Licht der Welt erblickt. Über Geburtsort und Herkunft gibt es nur Gerüchte. Gessinger selbst nennt in der Profeßurkunde das Erzstift Köln, näherhin eine Pfarrei St. Peter, als seine Heimat. Der Meersburger Stadt-pfarrer Hans Nikolaus Bahr (Baer) hingegen berichtete 1733 dem Nuntius in Luzern: Nach Meinung der einen stamme Gessinger, dessen Taufname Johannes gewesen sei, von Bauern im Moseltal zwischen Trier und Koblenz ab. Andere hingegen wollten wissen, der Vater sei ein geistlicher Kurfürst gewesen. Zu-nächst sei Gessinger im evangelischen Glauben erzogen worden. Als Beruf er-lernte er Schreiner, um sich dann der Architektur zuzuwenden. Aus der Bemerkung, Gessinger sei „illiteratus" gewesen, darf wohl geschlossen werden, daß er nicht studiert hatte.[4] Für viele Adelige, Grafen und Fürsten in Ober-schwaben habe er „aedificia seu palatia", also Häuser und Schlösser, gebaut. Dann sei er ins Kloster gegangen. Dabei habe er mit Abt und Konvent verein-bart, auch fernerhin als Architekt arbeiten zu dürfen. Daß Gessinger schon einen Beruf hatte, als er Klosterbruder wurde, war damals nichts Ungewöhn-liches. Dies zeigen auch die Profeßlisten der oberschwäbischen Klöster (Wein-garten, Zwiefalten, Isny, Petershausen), die Pirmin Lindner veröffentlicht hat.[5]

Trotz dieser Hinweise bleiben noch immer Fragen: Warum ging er, der aus dem Rheinland oder aus dem Trierischen stammen soll, gerade nach Ober-schwaben, um hier zu arbeiten? Warum trat er, der Architekt, nicht in eines der großen, angesehenen Stifte des Landes wie Ottobeuren, Weingarten, Ochsen-hausen oder Zwiefalten ein? Warum wählte er das kleine, unbedeutende Isny? Und schließlich Fragen, die unsere Aufmerksamkeit wieder auf den Umbau von Schloß Achberg und dessen Stellung in der Kunstgeschichte lenken: Für welche Adelige hat Gessinger vor 1691 gearbeitet? Welche Schlösser des

Landes hat er gebaut? Und vor allem: Wo und von welchem Meister war er in die Kunst des Bauens eingeführt worden?

Der Landkomtur scheint mit Gessinger zufrieden gewesen zu sein. Deshalb wurde der Architekt auch später wiederholt vom Deutschen Orden beschäftigt. 1710 wußte der Amtmann der Ulmer Kommende, Johann Georg Heinisch, zu berichten, Gessinger arbeite zur Zeit in Altshausen, also im Schloß des Land-komturs. Heinisch kannte Gessinger persönlich. Dieser hatte nämlich für die Kommendenkirche in Ulm drei Altäre und die Kanzel gefertigt (vor 1710). Gessinger war damals mit einer sechsköpfigen Kolonne (Schreiner, Stuk-kateur, Bildhauer, Maler) nach Ulm gekommen; er war also „Unternehmer" geworden. Den Herren dort sagte er zu. Heinisch meinte, er sei „sonsten ein gar traktabler und komportabler Mann, hat hin und wieder schöne und kost-bare Arbeiten gemacht, auch große Gebäu geführt". Überdies wußte er zu

berichten, daß Gessinger für die Kirche der Würzburger Kommende einen Altar ge-schaffen habe.

Der Grund, weshalb Johann Georg Heinisch so ausführ-lich über Gessingers Arbeiten berichtete, war eine Anfrage aus Ellwangen gewesen. Die Wallfahrtskirche auf dem Schönenberg[6] war im Jahr 1709 teilweise ausgebrannt. Der Fürstpropst Franz Ludwig von Pfalz-Neuburg, gleichzeitig Hoch- und Deutschmeister des Deutschen Ordens, Bischof von Breslau und Worms, wollte sie wieder mit Altären und Stukkaturen versehen lassen. Für diese Arbeiten wurde ihm auch Gessinger empfohlen. Er beauftragte deshalb die Regierung in Ellwangen, sich in Ulm zu erkundigen. Gessinger selbst nannte für weitere Referenzen den Bischof von Konstanz, Franz Schenk von Stauffenberg, und den neuen Landkomtur in Alts-hausen, Marquard Franz Leopold von Falkenstein, für den er gerade arbeitete.

Eine wichtige Wende im Leben Gessingers hatte das Jahr 1705 gebracht. Der im vorausgegangenen Jahr gewählte Bischof von Konstanz, Franz Schenk von Stauffenberg, holte ihn an den Meersburger Hof. Hier arbeitete der Benedik-tinerbruder zunächst als Architekt. Sein erstes größeres Werk war der „Neue Bau", der nach Stauffenbergs Tod (1740) zur neuen Residenz umgebaut wer-den sollte. Der „christophelische Bau" war spätestens 1712 vollendet.[7] 1710 bis

Kameralhof von Achberg mit Wohnhaus und Stallungen von Südosten, 1970

188

1719 und wieder 1727 baute Gessinger das Schloß Wilflingen (heute Land-kreis Biberach) um; zusammen mit seinen vier Brüdern hatte der Bischof die gleichnamige Herrschaft und das Schloß geerbt.[8] Für Wilflingen läßt sich Gessinger noch einmal in den Jahren um 1728 nachweisen; damals wurden die Kirche im unteren Dorf und ein Amtshaus neu gebaut.

Eine weitere größere Arbeit im Auftrag des Bischofs war das Priesterseminar in Meersburg, dessen Bau 1725 begann. Wo Gessinger sonst noch in diesen Jahren für den Bischof gearbeitet hat, wissen wir nicht. Denkbar ist zum Beispiel seine Mithilfe beim Umbau des Alten Schlosses in Meersburg. Mit Sicherheit hat er für die Kathedrale von Konstanz einen Altar gestaltet, der Ende 1710 errichtet wurde.

In all diesen Jahren hatte Gessinger auch für andere Herren gebaut. 1708/09 arbeitete er einen Entwurf für den Turm seines Heimatklosters Isny aus. Um dieselbe Zeit, 1709, begann der Bau der neuen Kirche in Frauenzell (Fürststift Kempten). Im genannten Jahr legte der Abt von Isny, Alfons Torelli (1701-1731), den Grundstein. Planung und Bauleitung lagen in den Händen Gessingers.[9] Es gibt Anzeichen, daß Gessinger auch am Bau der Pfarrkirche in Langenargen beteiligt war; hierfür wurde 1718 der Grundstein gelegt, 1721 war Kirchweihe. Ein besonders aufwendiges Werk war das Schloß in Tettnang,

das er nach 1722 für den Grafen von Montfort entwarf.[10] Hier wirkten Eindrücke nach, die Gessinger auf einer Reise nach Wien im Jahr 1712 ge-wonnen hatte. Damals hatte ihn sein Dienstherr, Bischof Stauffenberg, in die Metro-pole mitgenommen.

Diese Tätigkeit als Architekt war nur eine Seite von Ges-singers Hofleben. In Meers-burg wurde er nämlich auch

Kammerrat, das heißt Mitglied der obersten Finanzverwaltung des Hochstifts, die Stauffenberg wieder eingerichtet hatte. In dieser Funktion machte der Benediktinerbruder wiederholt Vorschläge für eine Reform der maroden Verwaltung. Auch außerhalb der bischöflichen Residenz wurden seine ein-schlägigen Erfahrungen und sein Rat gesucht. 1717 übertrug ihm die frei-herrliche Familie von Enzberg die Verwaltung der hochverschuldeten Herrschaft Mühlheim bei Tuttlingen.[11] Zwei Jahre lang versuchte Gessinger

Amtshaus, 1980 (Blick von Westen). Das Amtshaus bildete das Zentrum der herrschaft-lichen Verwaltung

die Finanzen in Ordnung zu bringen und eine geordnete Administration einzurichten. Er scheiterte aber schließlich an der Aufgabe, und zwar deshalb,
weil die finanzielle Misere der Freiherren zu groß war und er selbst zunächst die
Schwierigkeiten unterschätzt hatte.

Doch stellte der Benediktiner seine Erfahrungen in Verwaltung und Wirtschaft
nicht nur Bischof Stauffenberg und anderen Herren des Landes zur Verfügung,
er arbeitete auch auf eigene Rechnung. Bekannt wurden Geschäfte mit Immo-
bilien und im Weinhandel. Als er 1730 Hals über Kopf Meersburg verlassen
mußte, fand man in seinen Gemächern ein Barvermögen von 30 000 fl. Dies
war eine bedeutende Summe für einen Beamten, dessen Gehalt im Jahr nur
300 bis 350 fl betragen hatte. Gessingers Handelsgeschäfte sind eine plausible
Antwort auf die Frage, woher das viele Geld gekommen war. Der hohe gesellschaftliche Rang, den Gessinger in jenen Jahren am Meersburger Hof einnahm,
kam auch dadurch zum Ausdruck, daß er nach einer Notiz aus dem Jahr 1715
an der fürstlichen Tafel, also zusammen mit dem Bischof, dem Hofmarschall,
vier Herren vom Adel, dem Hofkaplan, dem Beichtvater und einem Hofrat
speiste. Zudem hielt sich der Klosterbruder aus Isny einen eigenen Diener.[12]

„Höhepunkt" in der Karriere Gessingers war ohne Zweifel seine Tätigkeit als
Diplomat. Wenn nicht alles täuscht, stammte von ihm auch der Vorschlag, den
Bischof von Speyer, Damian Hugo Kardinal von Schönborn, zum Koadjutor in
Konstanz wählen zu lassen (1722).[13] Auf die politischen Hintergründe können
wir hier nicht eingehen. Doch war das Ganze ein geschickter Schachzug, um die
im Reich und am kaiserlichen Hof einflußreiche Familie Schönborn für das
Hochstift am Bodensee zu interessieren. Um die Sache in die Wege zu leiten,
reiste Gessinger, zusammen mit dem Hofmarschall Graf von Reichenstein, im
Jahr 1722 zu Lothar Franz von Schönborn, dem Kurfürsten von Mainz. Bei
dieser Gelegenheit kam auch die Absicht Damian Hugos zur Sprache, Koadjutor
des Fürstabtes von Kempten zu werden.[14] Diese diplomatische Mission war nur
ein äußerer Hinweis auf die einflußreiche Stellung, die Gessinger in jenen
Jahren am Meersburger Hof einnahm. Es gab Zungen, die behaupteten,
Stauffenberg unternehme nichts ohne Gessingers Rat; der Benediktinerbruder sei das „alter ego" des Bischofs.

Dies alles mag zusammengeholfen haben, um Gessingers Sturz vorzubereiten.
Sowohl dem Domkapitel in Konstanz als auch dem Hofadel in Meersburg wurde
Gessingers Einfluß unheimlich. Im Jahr 1730 war es dann soweit. Um sich
einer Visitation des Bauwesens am Priesterseminar und einer Untersuchung
über das gesamte Kameralwesen des Hochstifts zu entziehen, floh Gessinger in
die Schweiz. Dort trat er offen zur reformierten Kirche über. Ob der Sturz überraschend kam oder in Raten erfolgt war, bleibt unklar. Ein Hinweis auf die

zweite Möglichkeit ist die Tatsache, daß Gessinger 1726 nicht mehr an der fürstlichen Tafel gespeist, sondern mit einem Platz an der Offizierstafel, also bei der mittleren Beamtenschaft, hatte Vorlieb nehmen müssen.[15] Nachzutragen bleibt noch, daß Gessinger in seiner Meersburger Zeit regelmäßig Bibelstunden für einen Kreis von Protestanten am bischöflichen Hof gehalten hat. Die Texte seiner Ansprachen sind erhalten[16]; nach der Flucht nahm Franz Schenk von Stauffenberg die Manuskripte an sich. Die Bibelstunden in Meersburg offenbaren, daß der Übertritt zur reformierten Kirche nach der Flucht in die Schweiz keineswegs der Schritt eines Opportunisten war; hiermit endete eine lange Entwicklung.

Gessingers Flucht wirkte auf die Betroffenen (Bischof, Abt) recht peinlich. Wiederholte Anläufe, ihn nach Meersburg oder Isny zurückzubringen, hatten keinen Erfolg. Selbst der Versuch einer gewaltsamen Entführung in Mellingen (Kanton Aargau) scheiterte.[17] Im Juni 1733 nahmen ihn die Herren von Wattwyl (Oberdießbach bei Bern) auf. Hier starb Gessinger am 28. Oktober 1734.[18] Am darauffolgenden Tag wurde er begraben.

So ist die Baugeschichte von Achberg mit der Biographie dieses begabten, vielseitig tätigen, aber doch rätselhaften Mannes verbunden. Die Forschung der vergangenen Jahre konnte einige Facetten seines Lebens erhellen; doch bleiben noch immer Fragen.

Hauptfassade von Schloß Achberg mit Glockenturm und Nebengebäuden, 1980. Im Vordergrund der Garten

1 Friedrich Eisele, Die ehemalige Herrschaft und jetzige Exklave Achberg, in: SVGB 50 (1922), S. 98-139, hier S. 103, Anm. 29. Eisele las den Namen des Architekten als „Gefinger" und gab als Herkunftsort Bregenz, „wohl aus der Mehrerau", an. Die Kunstdenkmäler Hohenzollerns, bearbeitet von W. Genzmer (Sigmaringen 1948), folgten Eisele (Band 2, S. 38).

2 Rudolf Reinhardt, Christoph Gessinger. Mönch, Baumeister, Stukkateur, Kammerrat, Apostat. Neue Quellen zu einer ungewöhnlichen Karriere am bischöflichen Hof in Meersburg im 18. Jahrhundert, in: ZGO 128 (1980), S. 293-326, hier S. 320 f. Soweit nichts anderes angegeben, folgen wir den in diesem Aufsatz genannten Daten.

3 Auszug aus der Totenrodel des Zivilstandesamtes Oberdießbach bei Bern, 1734 Nr. 42. Eine Kopie stellte Herr Dr. Martin Welke vom Deutschen Zeitungsmuseum in Meersburg zur Verfügung. Hierfür sei ihm auch an dieser Stelle gedankt.

4 Eine Durchsicht der Matrikel aller deutschsprachigen Universitäten zeigte, daß Johannes (Christoph) Gessinger in der Tat nicht immatrikuliert war.

5 Fünf Profeßbücher süddeutscher Benediktinerabteien. Beiträge zu einem Monasticon-benedictinum Germaniae. Kempten/München 1909/1910. Übrigens erscheint Gessinger nicht im Profeßbuch von Isny; dies war eine damnatio memoriae, angesichts seines späteren Schicksals durchaus verständlich.

6 Zur Baugeschichte der Kirche vgl. die einschlägigen Beiträge in: Wallfahrt Schönenberg, 1638-1988. Festschrift zum 350jährigen Jubiläum der Kirchengemeinde Schönenberg. Hg. von Hans Pfeifer. Ellwangen 1988 (mit weiterer Literatur).

7 Dazu: Gesamtarchiv Schenk von Stauffenberg, Herrschaft Wilflingen. Urkundenregesten 1366-1805. Bearbeitet von Otto H. Becker (Inventare nichtstaatlicher Archive in Baden-Württemberg 17) Stuttgart 1981, vor allem S. 12, S. 144 und öfter.

8 Otto H. Becker, Zur Geschichte des Orts und der Herrschaft Wilflingen, in: Wilflingen. 900 Jahre Geschichte, Wilflingen 1989, S. 11-48, hier S. 21 f.; Karl Werner Steim, Das Schloß in Wilflingen, ebd. S. 49-58.

9 Reinhardt, Gessinger (oben Anm. 2), S. 326, nach Mitteilungen von Herrn Dr. Hugo Schnell.

10 Hermann Eggart, Der Fürstbischöflich-Konstanzische Baumeister Christoph Gessinger, in: ZGO 92 (1940), S. 502-523.

11 Hansmartin Schwarzmaier, Das Archiv der Freiherren von Enzberg und der Aufbau ihrer Herrschaft, in: ZWLG 37 (1967), S. 62-78.

12 Eberhard Achtermann, Wege und Abwege des Bruders Christoph Gessinger, in: 1735-1985 Seminar Meersburg. Beiträge zur 250-Jahrfeier, hg. v. Staatlichen Aufbaugymnasium Meersburg, Meersburg 1985, S. 21-34.

13 Rudolf Reinhardt, Die Beziehungen von Hochstift und Diözese Konstanz zu Habsburg-Österreich in der Neuzeit. Zugleich ein Beitrag zur archivalischen Erforschung des Problems „Kirche und Staat" (Beiträge zur Geschichte der Reichskirche in der Neuzeit 2), Wiesbaden 1966, S. 107-119.

14 Reinhardt, Gessinger (oben Anm. 2), S. 322.

15 Achtermann, Wege und Abwege (oben Anm. 12), S. 26.

16 Rudolf Reinhardt, „Die Anbetung des Vaters im Geist und in der Wahrheit". Die evangelischen Bibelstunden des Benediktinerbruders Christoph Gessinger am bischöflichen Hof von Meersburg, in: Rottenburger Jahrbuch für Kirchengeschichte 4 (1985), S. 223-229.

17 Konrad Kunz, Abenteuer des Isnyer Benediktinerbruders und Apostaten Christoph Gessinger in Mellingen 1732, in: Zeitschrift für schweizerische Kirchengeschichte 17 (1923), S. 304-306.

18 Oben Anm. 3.

Esseratsweiler

W. Roeßler

1696 10/

Eigenhändiges Schreiben Balthasar Krimmers an den wolfeggischen Amtmann Kolb

Balthasar Krimmer, Schöpfer des Stucks auf Schloß Achberg –

Einige Schnörkel zur Ergänzung eines längst nicht vollendeten Porträts

Von Bernd M. Mayer

Schloß Achberg, idyllisch auf einem Bergsporn über der Argen gelegen, tritt nach außen architektonisch bescheiden auf und erinnert mit seinem einfachen Grundriß und dem steilen Giebel eher an das spätmittelalterliche Wohnhaus eines wohlhabenden städtischen Bürgers als an den repräsentativen Sitz eines hohen Würdenträgers. Seinen Prunk stellt es erst im Inneren zur Schau. Nachdem das Gebäude nahezu völlig seiner ursprünglichen Einrichtung beraubt ist - man hat sich die Räume und Gänge üppig mit Teppichen, Möbeln, Gemälden, Skulpturen und Gobelins dekoriert vorzustellen -, ist der Stuck das einzige, was von der verschwenderischen Ausstattung der Zeit um 1700 übrig geblieben ist.

Bis in die jüngste Vergangenheit war der Schöpfer dieser kunstreichen Deckenzier nicht bekannt. Erst den bei der Sanierung des Schlosses tätigen Restauratoren fiel die Ähnlichkeit zwischen verschiedenen Motiven in Achberg und solchen in Schloß Wolfegg auf, wo sie wenige Jahre zuvor einige Räume des zweiten Obergeschosses wiederhergestellt hatten. Nachdem der Gestalter des Stucks in Wolfegg dank der im Fürstlichen Archiv erhaltenen Bauakten und Rechnungsbücher namentlich bekannt war, konnte man dem Achberger Anonymus endlich einen Namen geben: Balthasar Krimmer. Zwar sind bis heute keine Unterlagen, seien es Verträge, Entwürfe oder Kostenvoranschläge zutage gekommen, die ein Vertragsverhältnis zwischen dem Achberger Bauherrn Franz Benedikt von Baden und Krimmer dokumentieren würden, doch läßt ein stilistischer Vergleich, bei aller gebotenen Vorsicht, kaum einen anderen Schluß zu: Der Stuck in Achberg und Wolfegg stammt von demselben Künstler.

Der Bilthauer und Gypser aus Wangen

Unser Wissen über Krimmer ist dürftig.[1] Weder kennen wir den genauen Zeitpunkt seiner Geburt noch seinen Geburtsort. Aus dem 1681 in Tölz in Bayern anläßlich seiner Übersiedelung nach Wangen im Allgäu für den jungen Bildhauer ausgestellten Frei- und Geburtsbrief erfährt man, daß seine Eltern etwa 1652 geheiratet haben. Geht man davon aus, daß Balthasar deren ältestes Kind war, dürfte er etwa um 1653 das Licht der Welt erblickt haben.[2] 1682 beantragte und bekam er das Bürgerrecht in Wangen, wo er zwei Jahre später den Auftrag zur Herstellung von zwölf Apostelfiguren für die St. Martins-Kirche erhielt.[3] In den Jahren bis 1690 schuf er noch weitere monumentale Skulpturen für verschiedene Kunden in der engeren und weiteren Heimat. Seine Erfahrung in der Produktion von plastischen Bildwerken mag der

Schütze im Rittersaal

Grund gewesen sein, daß er 1691 mit dem bis dahin größten Auftrag betraut wurde, der Stukkierung der Repräsentationsräume auf Schloß Wolfegg und der Ausstattung des Rittersaals mit überlebensgroßen Ahnenfiguren aus Holz. Krimmer unterhielt eine Werkstatt mit einer kleinen Zahl von Mitarbeitern, die je nach Größe des bestellten Werkes aufgestockt wurde. Sein engster Mitarbeiter war sein Sohn Christoph, der als Bildhauer kein eigenes Profil entwickelt hat, da seine Arbeiten stilistisch eng denen seines Vaters verpflichtet sind. Albert Scheurles Meinung, die wirtschaftlichen Verhältnisse Balthasar Krimmers und seines Sohnes seien nicht günstig gewesen,[4] mag vielleicht für die ersten Jahre nach der Niederlassung in Wangen gegolten haben, doch wird sich die Lage mit den Großaufträgen von Wolfegg und Achberg ab 1690 entscheidend gebessert haben. Krimmers früher Tod 1702 setzte der fruchtbaren Tätigkeit der Wangener Bildhauer- und Stukkatorenwerkstatt ein jähes Ende.

Krimmer in Wolfegg – Der furiose Auftakt

Kurz vor Ende des Dreißigjährigen Krieges war das nach 1578 in Wolfegg erbaute Renaissanceschloß durch die Truppen des schwedischen Generals Wrangel in Brand gesteckt worden.[5] Dabei wurde 1646 vor allem das zweite Obergeschoß, das sogenannte *piano nobile*, mit den gräflichen Wohnzimmern und den grossen Prunk- und Repräsentationsräumen ein Raub der Flammen. Da die finanzielle Lage der Wolfegger Grafen infolge des Krieges außerordentlich desolat

war, konnte die schwer beschädigte Anlage nur notdürftig gesichert werden. Zeitweise trug sich Truchseß Max Willibald sogar mit dem Gedanken, das Schloß dem Verfall preiszugeben, doch gelang es seinem Statthalter, ihn davon abzubringen. Allerdings konnte man sich erst über vierzig Jahre nach Ende des Krieges an den Innenausbau machen. Die entscheidende Phase der Neuausstattung des *piano nobile* fiel in die Jahre zwischen 1692 und 1701. Die Verantwortung für das Bauwesen lag in den Händen der „hochgräfl. vormundts= herrschaft", Gräfinwitwe Maria Ernestine (1657-1723), die die Geschäfte anstelle ihres noch minderjährigen Sohnes und Erben der Herrschaft, Ferdinand Ludwig (1678-1735), führte.

Schloß Wolfegg, Bankettsaal im 2. Obergeschoß

Mit der künstlerischen Leitung der Ausstattung wurde Balthasar Krimmer betraut, der in den Rechnungsbüchern als „Bilthauer und Gypser" bezeichnet wird. Grundlage für die Auftragsvergabe an Krimmer war ein auf den 26. Dezember 1691 datierender schriftlicher Vertrag, in dem er seine Überlegungen über die Stukkierung des „hiesigen großen Saals, der daran befindtlichen großen Stube" und des „Saaletel" darlegte. Der dem Kontrakt beigefügte Riß hat sich leider nicht erhalten, doch erläutert er in seinem Schreiben ausführlich seine Vorstellung von der Ausgestaltung des Hauptsaales mit „Inwendigen 2 grossen Porthal worauf 2 Leuen [Löwen] das Truchsässische Wappen halten sollen, dan 26 Manns größe Truchsässische Statua Maistens mit Harnisch mit Ihren Wappen, und unden mit einem Schildt zue underschrift".[6] Krimmer zeigte sich also nicht nur als ausführender Künstler, sondern trug auch Gedanken zum Programm der Räume bei. Das heißt, man darf davon ausgehen, daß der Entwurf der Dekoration in den Räumen des *piano nobile* auf ihn zurückgeht. Für seine Arbeiten im Rittersaal erhielt er am 29. August 1693 den Rechnungsbüchern zufolge den beträchtlichen Betrag von 1000 fl.[7] Der größte Teil der Truchsessenskulpturen sind bei dieser hohen Summe sicherlich Werke Krimmers und seiner Werkstatt. Im gleichen Jahr bezahlte man ihm weitere 300 fl für die Stukkierung des Bankettsaals, 1695/96 für nicht genau bestimmte „gibß arbeith" noch einmal 400 fl und schließlich 1698/99 für die Arbeiten im Bilderzimmer, der „Cammer neben der Tafelstuben" und den „Gang, gegen der Höllwerths gelegen" 318 fl. Kleinere Beträge wurden noch bis 1701 an den „Bildhauer in Wangen" ausbezahlt. Über die Ausgestaltung der übrigen Räume im zweiten Obergeschoß, die aufgrund stilistischer Ähnlichkeit ohne Zweifel ebenfalls ein Auftragswerk Krimmers waren, erfährt man im einzelnen aus den Rechnungsbüchern nichts.

Stichvorlagen - Eine unerschöpfliche Motivquelle

Krimmer zeigt sich, soviel sei vorweggenommen, sowohl in Wolfegg als auch in Achberg als ein wenig origineller Künstler. Als „inventor" [Erfinder] spielte er eher eine bescheidene Rolle. Diese Feststellung ist nicht als Abwertung zu verstehen, war es doch durchaus üblich, sich seine Motive aus Musterbüchern zusammenzusuchen. Von den massenhaft in allen bedeutenden Druck- und Verlagsorten Europas hergestellten und über den Kunsthandel und die Messen in ganz Europa verbreiteten Kupferstichfolgen ließ man sich inspirieren.[8] Auf diese Weise konnten sich auch die hiesigen Auftraggeber - in erster Linie der Adel und die Klöster - ein Stück der großen weiten Welt nach Oberschwaben holen.

Erfindungskraft war nicht Krimmers Stärke, doch hatte er die Gabe, die aus Vorlagen und durch persönliche Anschauung gewonnenen Eindrücke und Anregungen zu einer Synthese von hoher Qualität, eigenwilligen und ausdrucksstarken Formen zu verarbeiten - und dies mit meisterlichem handwerklichem

Geschick. Der Künstler hatte das Glück, in Wolfegg auf einen unvergleichlichen Fundus von Vorlagen zurückgreifen zu können: auf die von Truchseß Max Willibald (1604-1667) einige Jahrzehnte zuvor in seiner Bibliothek zusammengetragene Sammlung von Vorlageblättern und Architekturtraktaten.[9] Geht man den Bestand an Ornamentstichen durch und vergleicht ihn mit den von Krimmer in Wolfegg entworfenen Stuckdecken, tritt offen zutage, daß er sich an den Arbeiten französischer Hofkünstler aus der Zeit von

Ludwig XIII. (reg. 1610-1643) und Ludwig XIV. (reg. 1643-1715) orientiert und geschult hat. Als wahre Fundgrube erweist sich das 1640 erschienene, 22 Blätter umfassende Werk „Livre de divers ornemens pour plafonds" des Hofmaler Jean Cotelle (1607-1676), eines gefragten Deckenmalers.[10] Die Vorlagenblätter boten den Interessenten eine reiche Palette unterschiedlicher, aus figürlichen und pflanzlichen Motiven komponierte Deckenentwürfe. Balthasar Krimmer wußte sich dieses reichhaltigen Angebots zu bedienen. Sowohl in den Repräsentationsräumen wie Bankett- und Gobelinsaal sind Cotelles Motive zu finden, ebenso in den Wohnräumen des *piano nobile.*

Krimmer richtete seinen Blick jedoch nicht nur auf den französischen Hof, auch Vorlagen aus den gerade im 16. und 17. Jh. künstlerisch außerordentlich produktiven Niederlanden zog er für seine Arbeit heran. Der Künstler, der am meisten Einfluß ausgeübt hat, ist Hans Vredeman de Vries (1527-um 1606), ein Baumeister und Ornamentzeichner, der zudem als Maler perspektivischer Architekturansichten hervorgetreten ist. Aus der um 1565 entstandenen, 16 Blätter umfassenden Folge „Caryatidum"[11] hat Krimmer das Motiv der Herme mit dem verschlungenen, schlangenförmigen Unterkörper

Jean Cotelle, Blatt 7 aus dem „Livre de divers ornemens pour plafonds" (Detail)
Jean Cotelle, Blatt 4 aus dem „Livre de divers ornemens pour plafonds" (Detail)

Schloß Wolfegg, Gobelinzimmer, Detail der Decke
Schloß Wolfegg, ehemalige gräfliche Wohnung, Detail der Decke

entlehnt. Beiderseits des Hauptzugangs zum Rittersaal auf Schloß Wolfegg hat er zwei auf Sockeln stehende Karyatiden-Hermen plaziert, die den gesprengten Giebel über der Eingangstüre tragen. Vredeman de Vries werden wir, wenn wir uns mit dem Achberger Rittersaal näher beschäftigen, noch einmal begegnen. Ein Werk, dessen Kenntnis für Architekten und Stukkatoren, also auch für Krimmer, vorausgesetzt werden darf, sind die „Curieuses recherches de plusieurs beaus morceaus d'ornements antiques et modernes, tant dans la Ville

de Rome ..." von Adam Philippon (* 1606), dem Lehrer Jean Le Pautres.[12] Das 1645 erschienene, etwa 30 Blätter umfassende Werk bietet den Interessierten in der Art eines Musterbuchs eine Fülle von Motiven, die Philippon während seines Romaufenthalts zusammengetragen hatte.

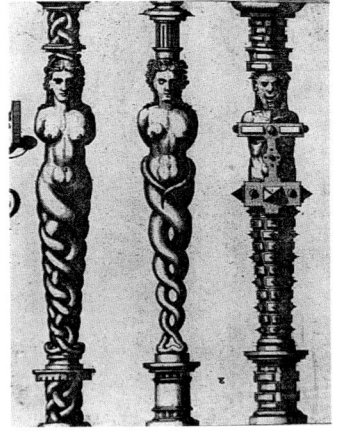

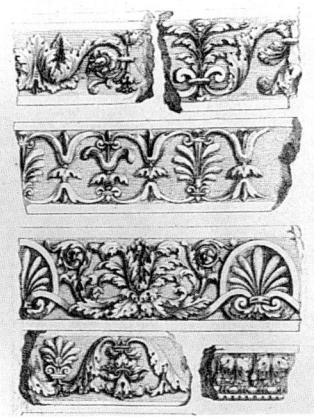

Johan Vredeman de Vries, Blatt Nr. 8 aus der Serie „Caryatidum" (Detail)
Adam Philippon, Blatt 8 aus den „Curieuses recherches"

Schloß Wolfegg, Eingangstüre zum Rittersaal
Adam Philippon, Blatt 27 aus den „Curieuses recherches"

Eine barocke Inszenierung par excellence – Der Stuck auf Schloß Achberg

Ein Vertrag zwischen Balthasar Krimmer und Landkomtur Franz Benedikt von Baden ist, wie schon bemerkt, nicht erhalten, oder zumindest nicht bekannt, doch dürfte sein Inhalt dem Kontrakt zwischen dem Künstler und seinen Auftraggebern in Wolfegg entsprochen haben. In diesem Schriftstück ist präzise geregelt, welche Leistungen der Bauherr zu übernehmen und welche der Auftragnehmer zu erbringen hatte. Ein Blick in den Wolfegger Vertrag illustriert anschaulich die damaligen Gepflogenheiten: „... Neben dem [der Bezahlung mit barem Geld] solle Ihme [Krimmer] alle Materialien ahn gybß, Holz, Latten, Negel, Kübl und Bemsel ahn handt geben zumahlen ein handtlanger von Herrschaft wegen mit speyß und lohn underhalten werden, sich und seine Leydt aber hat er selbsten mit Cost, Trankch, zimmer lagerstatt und all anderem ... zu versehen ... mit der arbeith soll er dem Martium 1692 anfang und darmit ohn außgesetzt mit sovil Leydt continuiren daß solche arbeith in dem Sommer fertig werde“.[13] Krimmer erhielt den Achberger Auftrag mit Sicherheit aufgrund seiner in Wolfegg bewiesenen handwerklichen Fertigkeiten.

Nachdem Franz Benedikt von Baden 1691/93 Schloß und Herrschaft Achberg erworben hatte, war wohl die vordringlichste Aufgabe die Sicherung und Sanierung des Gebäudes. An die Stukkierung der Räume kann man sich nicht vor 1698/99 gemacht haben, war doch Krimmer mit seinen Mitarbeitern an Wolfegg gebunden, wo er in diesen Jahren in den Repräsentationsräumen beschäftigt war. Frühestens im Sommer des Jahres 1699 dürfte er mit seinem Sohn und weiteren Mitarbeitern in Achberg eingetroffen sein und dort seine Werkstatt eingerichtet haben. Die in den Wolfegger Rechnungsbüchern noch bis 1701 nachgewiesenen kleineren Arbeiten haben allem Anschein nach seine Mitarbeiter erledigt.

Man darf davon ausgehen, daß Krimmer in Achberg nach einem von seinem Auftraggeber bestimmten Programm vorging, das heißt, für jeden Raum muß ein bestimmtes Dekorationsschema vorgelegen haben. Die Anordnung des Stucks in Schloß Achberg folgt der Hierarchie der Stockwerke. Wie in Schloß- oder Repräsentationsbauten der Renaissance- und Barockzeit üblich, gibt es auch auf Achberg eine Rangordnung innerhalb der Geschosse. Den höchsten Rang beansprucht das *piano nobile* oder die *Béletage*, alle anderen Stockwerke haben sich, was die feste und bewegliche Ausstattung anbelangt, diesem unterzuordnen. In der Regel nahm die ranghöchste Stellung das erste Obergeschoß ein, Ausnahmen, wie zum Beispiel die Bamberger Residenz oder Schloß Wolfegg, bestätigen diese Gesetzmäßigkeit: Dort spielt das zweite Obergeschoß die wichtigste Rolle. Achberg bildet einen Sonderfall, die Ausnahme von der Ausnahme. Im Sinne einer barocken, auf wachsende Spannung angelegten Inszenierung beginnt der Stuck im Eingangsgeschoß verhalten und steigert sich in den darüberliegenden Stockwerken, um in einem furiosen Finale im dritten Obergeschoß, dem *piano nobile*, im größten und dem am prächtigsten ausgestatteten Raum des Schlosses, dem sogenannten Rittersaal, seinen Höhepunkt zu erreichen. Auch am Außenbau läßt sich die hervorgehobene Stellung dieses Stockwerks ablesen: Die Fenster sind höher, wie überhaupt die Höhe der einzelnen Geschosse nach oben hin zunimmt.

Krimmer bediente sich bei seinen Arbeiten in Achberg des gängigen Formenkanons seiner Zeit, der vor allem dank des Wirkens der sogenannten Wessobrunner Schule[14] im gesamten süddeutschen Raum verbreitet war. Auf die Bedeutung und Funktion von Vorlageblättern beim Entwurf von Dekorationsschemata wurde bereits oben hingewiesen. Eine formale Analyse des Stucks hat Eva Christina Vollmer an anderer Stelle geleistet.[15] Hier sollen einige Gedanken zur Frage des Programmentwurfs, zur Funktion, zum Inhalt und zu den Quellen verschiedener plastischer Motive folgen. Wie wir gesehen haben, war Krimmer in der Lage, Deckensysteme auf der Basis von graphischen Vorlagen zu komponieren. Doch im Gegensatz zu Wolfegg, wo die Dekoration aus Akanthusblättern, Eierstäben, Festons, Girlanden, figürlichen Versatzstücken und anderem mehr vordringlich das ästhetische Bedürfnis befriedigen mußte, war in Achberg die Aufgabenstellung eine anspruchsvollere. Der Stuck hatte Träger einer ordensspezifischen Ikonographie zu sein, mit dessen Hilfe man den Besuchern des Schlosses die Ideologie der Rittergemeinschaft des Deutschen Ordens präsentieren wollte.[16] Da die Ausgestaltung eines solchen Programms eine hohe Bildung und eine intime Kenntnis der Ordensgeschichte und -philosophie vorausgesetzt hätte, kommt Krimmer kaum als Programmentwerfer in Betracht. Somit stellt sich die Frage nach dem Autor. Um darauf eine Antwort zu erhalten, ist ein Blick auf die Entstehungsgeschichte des barocken Ordenskalenders auf das Jahr 1701 hilfreich, dessen Wappenfolge sich an der Decke im Gang des zweiten Obergeschosses auf Schloß Achberg in Stuck geformt wiederfindet.

Die Umstände, unter denen dieser erste, von Landkomtur Franz Benedikt von Baden initiierte Wappenkalender der Ballei Elsaß-Burgund entstanden ist, hat ausführlich Joachim Hotz dargestellt.[17] Er konnte nachweisen, daß der Auftraggeber sämtliche Phasen der Entstehung dieses repräsentativen Kalenders vom Entwurf bis zur Ausführung bestimmt hat. Konnte er einmal nicht höchstpersönlich die Kontrolle ausüben, bestimmte er dazu Vertrauensleute aus dem Orden. So war sichergestellt, daß der Maler Christoph Lienhardt, der mit dem Entwurf betraut war, und der ausführende Kupferstecher Johann Georg Sailer stets im Sinne des Landkomturs handelten. Der genaue Zeitpunkt der Auftragsvergabe ist nicht bekannt, doch muß er den Quellen zufolge vor dem 23. Juni 1700 erfolgt sein, denn auf diesen Tag ist der Kostenvoranschlag von

Schloß Achberg, Decke des Rittersaals

Lienhardt datiert. Franz Benedikt von Baden und seine Ordensbrüder nahmen starken Anteil an der Konzeption des Kalenders und trieben in enger Abstimmung mit den Künstlern seine Realisierung voran. Bereits Anfang 1699 hatte Lienhardt vom Konstanzer Domkapitel den Auftrag erhalten, als Ersatz für den seit spätestens 1691 verwendeten Wappenkalender einen neuen zu entwerfen. Dieser Kalender, der sich seinerseits deutlich an seinen Vorgänger anlehnt, nimmt viele Details des wenig später entstandenen Kalenders der Ballei Elsaß-Burgund vorweg, woraus man folgern kann, daß Lienhardt zumindest in formalen Fragen eine entscheidende Rolle spielte.[18] Ein vergleichbarer Prozeß spielte sich wohl bei der formalen und inhaltlichen Gestaltung der Decken auf Schloß Achberg ab: Der Bauherr gab das ikonographische Programm vor, Krimmer steuerte aus seinem reichen Erfahrungsschatz und dem ihm zur Verfügung stehenden Fundus von Skizzen, Ornamentstichen und Vorlagebüchern Vorschläge bei, deren Umsetzung schließlich Vertrauensleute des Landkomturs vor Ort überwachten.

Die Decken in den Räumen des Erdgeschosses tragen einfachen, mit Hilfe von Modeln geformten geometrischen Felderstuck aus Eierstab- und Wasserlaubleisten von geringer Plastizität. Eine leichte Steigerung in der Vielfältigkeit der Formen erfährt das Deckenrelief im ersten Obergeschoß, das im wesentlichen aus Schmuckbändern gebildet ist: Eierstäbe, Perlschnüre und Wasserlaubleisten sind angereichert um Akanthusornamente, Eichenkränze und andere florale Elemente. Im folgenden Geschoß wird der Stuck üppiger. An der Decke des Mittelgangs sind Kartuschen mit den Wappen der 14 Ritter der Ballei Elsaß-Burgund zu sehen, beginnend mit dem des Landkomturs im Osten, gefolgt von denen der acht Komture und der fünf Ritter.[19] Die Wappenmedaillons sind entsprechend der strengen Ordenshierarchie angeordnet, übrigens in derselben Reihenfolge wie auf dem Kalender von 1701, auf dem in diesem Jahr allerdings noch ein Feld frei war. Auf der Kalenderausgabe des Jahres 1702 ist die 14. Kartusche mit dem Wappen des Johann Sebastian Vogt, Freiherr von Altensummerau und Praßberg, gefüllt, der im Verlauf des Jahres 1701 als Ritter in den Orden aufgenommen worden war.[20]

Schloß Achberg, Landkomturszimmer, Detail der Decke

Schloß Wolfegg, Südgang, Detail der Decke

Auch die übrigen Zimmer dieses Stockwerks besitzen reichen Deckenzierrat. Im sogenannten Landkomturszimmer dekorierte Krimmer die Zwickel, die ein Deutschordenskreuz bilden, mit einem Blumenmotiv, das er aus Wolfegg mitgebracht hat. In der Fülle des floralen Stucks fällt eine allegorische Figur im Gastzimmer gegen die Argen auf, die Halbfigur der Ceres, die einen Früchtekorb auf dem Kopf trägt. Diese Göttin hat ein Pendant im diagonal entgegengesetzten südöstlichen Eckzimmer des dritten Obergeschosses, den Gott Merkur. Es kann kaum ein Zufall sein, daß wir ausgerechnet diesen beiden antiken Gottheiten im Landschloß Achberg begegnen. Ceres gilt als Schutzpatronin für Viehwirtschaft, Acker- und Weinbau, die für die agrarisch ausgerichtete Herrschaft Achberg als Wirtschaftsfaktor von großer Bedeutung waren. In der Antike wurde sie als Mutter Erde, Göttin der Fruchtbarkeit und des Ackerbaus verehrt. Joachim von Sandrart schreibt in seiner „Iconologia Deorum", „daß sie den Menschen das Säen/erndten und Brodbacken zuerst gelehrt habe". Schon bei Vergil gilt sie als diejenige, die die Saat sprießen, die Rebstöcke gedeihen und die Bäume üppig Früchte tragen läßt.[21] Der Götterbote Merkur ist auch der Gott des Handels, der Beschützer der Künste und wurde um gute Gewinne angefleht. Sandrart zitiert aus Plautus' „Amphitrion": „Nam vos quidem id jam scitis concessum & datum/ mihi esse ab Diis aliis, nuntiis praesim & lucro", übersetzt: „Ich weiß/ihr wissts/ wie ich hierzulande bestellt bin/zu seyn der Botten Gott/und wo man sucht Gewinn".[22] Der Achberger Merkur nimmt jedoch eine Funktion wahr, die über den rein materiellen Bezug hinausgeht. Die Stuckfigur präsentiert in ihrer Rechten einen mit zwei Schlangen umwundenen Stab, den sogenannten caduceus - neben den geflügelten Schuhen und dem Flügelhut das ständige Attribut des Gottes -, der als Zeichen des Friedens galt. Der Lorbeerkranz in seiner Linken ist für Merkur ungewöhnlich, man kennt ihn eher als Attribut Apolls, des Musengottes, dem der Lorbeerbaum geweiht ist. In Achberg wird mit dem Lorbeerkranz vermutlich auf die Siegesgöttin Victoria angespielt, die den Helden solche Kränze zu überreichen pflegt. Somit stellt Merkur in seiner Eigenschaft als Friedensbote mit dem Attribut des Sieges die Verbindung zum Rittersaal im dritten Obergeschoß her, dessen Stuck ja nichts anderes ist als eine hymnische Allegorie auf das Thema Sieg und Frieden.

Schloß Achberg, „Ceres" an der Decke des Gastzimmers gegen die Argen

Schloß Achberg, „Merkur" an der Decke des Fürstenzimmers

Die Besucher, die über das auffällig zurückhaltend dekorierte Treppenhaus in das *piano nobile* gelangen, werden dort über den Gang mit seiner reichdekorierten Decke in den Rittersaal geleitet, den End- und Höhepunkt der Raumfolge des Schlosses. Die Deutschordensikonographie, die dem Programm der typisch barocken, streng achsial gegliederten Decke zugrundeliegt und in deren Zentrum als Hauptmotiv das Kreuz in seinen verschiedenen Ausformungen steht, hat Udo Arnold an anderer Stelle erläutert.[23] Die Flächen zwischen den Kreuzen füllte Krimmer mit militärischen Attributen, Musikinstrumenten und Putten. Stilbildend für derartige Kombinationen von Schilden, Waffenbündeln und Rüstungen war die 1572 entstandene Vorlagenfolge „PANOPLIA" von Vredeman de Vries.[24] Die Kreuz- und Rundmedaillons der Decke sind eingefaßt von Girlanden aus Eichenblättern, die sich als Symbole von Tugend und Stärke[25] schlüssig in die Sieg- und Friedensallegorie einfügen, ebenso wie das Stuckband aus Lorbeerblättern, das die Wand umläuft. Befremdlich mutet auf den ersten Blick der Fries aus Weinblättern und Weintrauben an, scheint er doch nur wenig mit dem so schwergewichtigen militärischen Gehalt der Rittersaaldecke zu tun zu haben. Tatsächlich ist die Kombination von Militärmotiven und Weinlaub nur auf den ersten Blick ungewöhnlich.

In der Wolfegger Sammlung wird der Stich eines unbekannten Künstlers aufbewahrt,[26] der ein Marmorrelief mit militärischen Trophäen zeigt, darunter mit Lorbeerkränzen und Weinranken geschmückte Schilde. Eine Erklärung für das Auftauchen dieses Motivs findet

Johan Vredeman de Vries, Blatt 8 aus der Vorlagenfolge „Panoplia"
Unbekannter Stecher des 17. Jhs., Relief mit den Trophäen Octavians

sich in einer Rede Jesu an seine Jünger, die der Evangelist Johannes überliefert. In dieser Rede bezeichnet sich Christus als wahren Weinstock und seine Zuhörer als Reben, und wörtlich: „Mein Vater wird dadurch verherrlicht, daß ihr reiche Frucht bringt und meine Jünger werdet."[27] Der Weinstock als Christussymbol auf einem Schild rundet das Bild eines Ritterordens ab, der zu Zeiten der Kreuzzüge gegen die Heiden gegründet wurde, verstanden sich doch die Ordensangehörigen in der Nachfolge Christi als Beschützer der Kirche. Mit dem Schild schützten sie gewissermaßen ihre Glaubensgemeinschaft vor den anstürmenden Feinden.

Johan Vredeman de Vries, Blatt 15 aus der Vorlagenfolge „Panoplia"

Vor diesem Hintergrund fügen sich auch die so auffälligen, weil ungewöhnlichen plastischen Schützen in den Raumecken schlüssig in das Programm der Decke ein. Die Haltung der drei Ordenssoldaten richtet sich gegen den mit einem Bogen bewaffneten Türken,[28] spielt also eindeutig auf die eben siegreich zu Ende gegangenen Türkenkriege an, in denen der Deutsche Orden eine bedeutende Rolle gespielt hat. Die Folge von Räumen auf Schloß Achberg findet somit ihren End- und Höhepunkt im heutigen Rittersaal mit seiner Allegorie des Sieges über die Türken.[29]

Schloß Achberg, Rittersaal, Türke mit Pfeil und Bogen
Schloß Achberg, Rittersaal, Soldat in Uniform des frühen 17. Jhs.

1 Der Familienname wurde entsprechend den zeittypischen Gepflogenheiten Crinner, Chrimmer, Kremler oder Khreiner geschrieben. In unserer Zeit hat sich die Schreibweise Krimmer eingebürgert.

2 Albert Scheurle, Kriegs- und Notzeiten, Brauchtum und Kunst in der ehemaligen Reichsstadt Wangen im Allgäu, Wangen 1973, S. 34 ff. (Wangener Hefte 3), auch zum folgenden.

3 Dicse Skulpturen gelangten nach der Regotisierung der Kirche 1913 nach Lindenberg im Allgäu.

4 Scheurle (wie Anm. 2), S. 36.

5 Hierzu und zum folgenden Bernd M. Mayer, Die Truchsessen als Tugendhelden. Das Bildprogramm des Rittersaales in Schloß Wolfegg, in: Im Oberland, Heft 2 (1995), S. 3 ff.

6 Gesamtarchiv der Fürsten zu Waldburg-Wolfegg, Schloß Wolfegg, WoWo 16928.

7 Gesamtarchiv der Fürsten zu Waldburg-Wolfegg, Schloß Wolfegg, „Rechnungsbücher der Grafschaft Wolfegg über alles Einnemen undt Ausgeben ahn früchten undt Geldt von Georgi Anno 1693 biß wider Georgi 1694, Nro. 244".

8 Einen knappen Überblick über dieses Phänomen gibt Geoffrey Beard, Stuck. Die Entwicklung plastischer Dekoration, Zürich 1988, S. 23.

9 Zur Person Max Willibalds siehe Peter Eitel, Truchseß Max Willibald, der Begründer des Kupferstichkabinetts auf Schloß Wolfegg, in: Von Schongauer zu Rembrandt. Meisterwerke der Druckgraphik aus der Sammlung der Fürsten zu Waldburg-Wolfegg, Austellungskatalog, Ostfildern 1996, S. 20 ff.; zur Sammlung Max Willibalds Bernd M. Mayer, Costbahr Stuckh und Rariteten. Das Kupferstichkabinett des Truchsessen Max Willibald, ebd. S. 9 ff.

10 Siehe den Artikel zu Cotelle von J. de Lacroix-Vaubois in: Allgemeines Künstler-Lexikon (AKL), München/Leipzig 1999, S. 502 f.

11 Peter Fuhring, Vredeman de Vries 1555-1571, Rotterdam 1997, Teil I, Nr. 231 (= Hollstein's Dutch & Flemish Etchings, Engravings and Woodcuts 1450-1700, Volume XLVII, hg. von Ger Luijten).

12 Zu Philippon vgl. Peter Jessen, Der Ornamentstich. Geschichte der Vorlagen des Kunsthandwerks seit dem Mittelalter, Berlin 1920, S. 199.

13 Gesamtarchiv der Fürsten zu Waldburg-Wolfegg, Schloß Wolfegg, WoWo 16928.

14 Norbert Lieb u.a., Wessobrunn, Geschichte, Bedeutung, München 1953.

15 Eva Christina Vollmer, Der Stuck in Schloß Achberg. Ein bisher unbekanntes Werk des Wangener Stukkators Balthasar Krimmer, in: Im Oberland, Heft 2 (1993), S. 5 ff.

16 Vgl. hierzu den Beitrag von Udo Arnold in diesem Band.

17 Joachim Hotz, Ein barocker Wappenkalender der Deutschordensballei Elsaß-Burgund um 1700, in: ZGO, Bd. 121, N.F. 82 (1974), S. 125 ff.; auch zum folgenden. Siehe gleichfalls den Beitrag von Walter Ebner in diesem Band.

18 Joachim Hotz, Die barocken Wappenkalender des Hoch- und Domstiftes Konstanz, in: Jahrbuch der Staatlichen Kunstsammlungen in Baden-Württemberg 10 (1973), S. 21 ff., mit Abb.

19 Namentlich aufgelistet bei Walther Genzmer (Hg.), Die Kunstdenkmäler Hohenzollerns, II. Band, Kreis Sigmaringen, Stuttgart 1948, S. 40 ff. Beachten Sie auch den Beitrag von Helmut Hartmann in diesem Band.

20 So Walter Ebner in diesem Band.

21 Joachim von Sandrart, Iconologia Deorum, oder Abbildung der Götter, welche von den Alten verehret worden, Nürnberg 1680, pag. 79.

22 Ebd., pag. 111.

23 Siehe Udo Arnold in diesem Band.

24 Fuhring (wie Anm. 11), Teil II, S. 9 ff.

25 Sandrart (wie Anm. 21), S. 211.

26 Kunstsammlungen der Fürsten zu Waldburg-Wolfegg, Kupferstichkabinett, Bd. 29, Nr. 500. Dieses antike Relief und das dazugehörige Pendant befanden sich ursprünglich an der Acqua Giulia in Rom und wurden unter Papst Sixtus V. auf das Kapitol verbracht. Diese sogenannten Trophäen Octavians sind jüngeren Forschungen zufolge Teile eines Monuments für Kaiser Domitian. Vgl. hierzu Corinna Höper in: Giovanni Battista Piranesi. Die poetische Wahrheit, Ostfildern-Ruit 1999, S. 160 ff. (Ausstellungskatalog Staatsgalerie Stuttgart 1999, Kat. Nr. 9).

27 Johannes 15, 8.

28 Die Kleidung der Soldaten mag zwar veraltet sein, so Vollmer (wie Anm. 15), S. 11, was daran liegen kann, daß Krimmer, wie gezeigt wurde, teilweise auf ältere Vorlagen zurückgegriffen hat. Pfeil und Bogen waren bis zum Ende des 17. Jhs. die gängige Angriffswaffe der türkischen Armee, vgl. Ernst Petrasch, Bogen, Pfeile, Köcher, in: Die Karlsruher Türkenbeute, Ernst Petrasch (Bearb.) u.a., München 1991 (Ausstellungskatalog Karlsruhe 1991), S. 217 ff.

29 Diese Interpretation schon bei Irene Pill-Rademacher, Neues Leben hinter alten Mauern. Schloß Achberg, in: In Baden-Württemberg, Heft 4 (1997), S. 56 f. Nach Beendigung der Türkenkriege wurde Ende des 17. Jhs. im Reich auf vielfältige Weise des Sieges gedacht. Eines der eindrucksvollsten Zeugnisse ist der gewaltige Kaisersaal in Schloß Troja bei Prag, siehe Helena Smetáckova-Cizinská, Der Kaisersaal im Schloß Troja in Prag, in: Österreichische Zeitschrift für Kunst und Denkmalpflege 28 (1974), S. 145 ff.

Gruss aus Esseratsweiler.

Schloss Achberg.

Gasthof u. Brauerei v. Jos Lanz.

Handlung v. C. Schmid.

Ottmar Zieher, München,

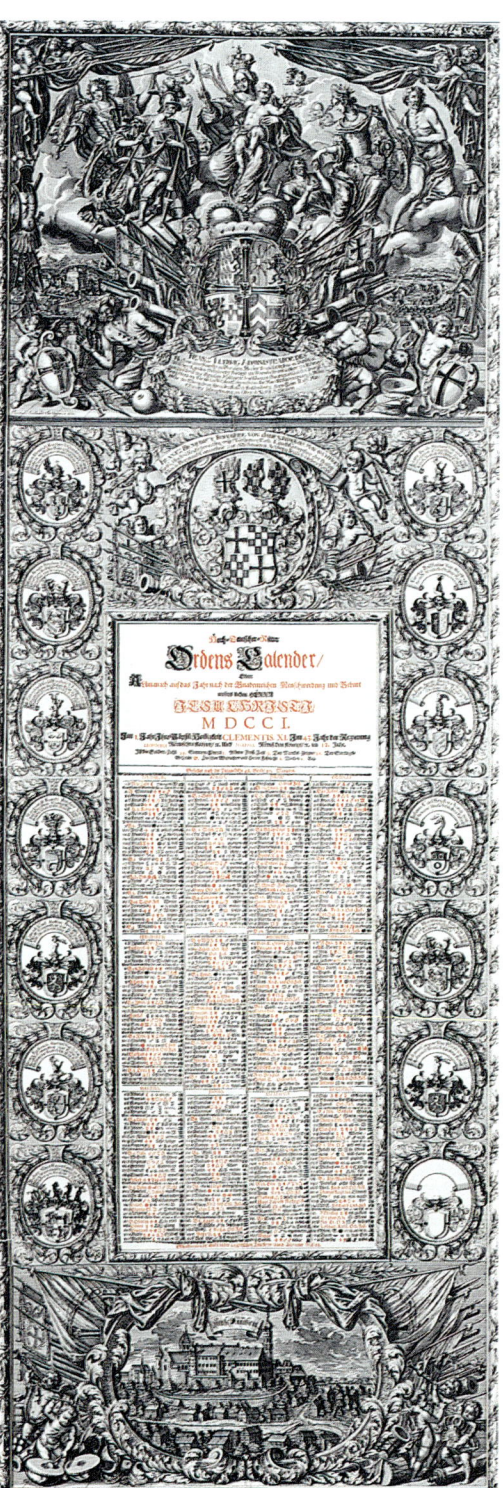

Wappenkalender der Ballei Elsaß-Burgund
für das Jahr 1701, von Landkomtur Franz
Benedikt von Baden in Auftrag gegeben

Das Kalenderblatt des Franz Benedikt von Baden auf das Jahr 1701

Von Walter Ebner

Mit dem Ankauf des Schlosses Achberg oberhalb der Argen durch den Landkreis Ravensburg im Jahr 1988 ist der Altshauser Landkomtur Franz Benedikt
von Baden erstmals einem breiten Publikum bekannt geworden. Dieser
Landkomtur erlangte einige Berühmtheit durch die Einführung von großfor-
matigen Kalenderblättern für seine Ballei - repräsentativen Zeugnissen des
Barockzeitalters.[1] Der Auftraggeber demonstrierte mit solchen Kalenderblättern Rang und Anspruch. Den Zusammenhang zwischen Schloß Achberg
und dem Kalenderblatt auf das Jahr 1701 verdeutlicht die stilistische Verwandt-
schaft: So erinnert die Stuckdecke im Rittersaal des Schlosses Achberg stark
an das Kalenderblatt von 1701. Zudem finden sich im Flur des zweiten
Stockwerks von Achberg die Wappenmedaillons derjenigen Deutschordensritter wieder, die um das Jahr 1700 in der Ballei Elsaß-Burgund aufgenommen
waren und die auch auf dem Kalenderblatt von 1701 festgehalten sind. [2]

Ausführende Künstler des Kalenderblattes waren der Maler Christoph Lienhardt
aus Überlingen und der Kupferstecher Johann Georg Seiller aus Schaffhausen.[3]
Der aufschlußreiche Briefwechsel zwischen dem Altshauser Landkomtur
Franz Benedikt und dem Überlinger Künstler ist erhalten. Das Kalenderblatt
weist mit seinen 100 x 50 cm im Vergleich zu seinem Nachfolger von 1777[4]
zwar bescheidenere, aber doch noch beachtliche Ausmaße auf. Kalendarium
und Wappen wurden getrennt hergestellt und eingefügt; das große Rahmen-
blatt konnte so viele Jahre unverändert beibehalten werden. Da es Kupferplatten mit einer solchen Größe nicht gab, mußten verschiedene Blätter
untereinander gereiht werden, wobei die Nahtstellen sichtbar blieben.

Das Bildfeld im oberen Viertel des Kalenders war im Bereich des ganzen
Deutschen Ordens zu verwenden und zeigt den „Deutschordenshimmel" sowie
das Wappen des Hochmeisters. In der Mitte des Himmels thront die Madonna
mit dem Kind, die „protectrix ordini teutonici", die Beschützerin des Deutschen
Ordens. Rechts und links von der Madonna stehen der Hl. Georg für die
Tapferkeit und die Hl. Elisabeth für die Caritas. Beide Deutschordens-Patrone
werden auch heute noch im Deutschen Orden verehrt. Der Hl. Georg deutet
mit seiner Linken auf seinen Brustpanzer mit dem Deutschordenskreuz. In
seiner rechten Hand hat er den Speer, mit dem er den Drachen durchbohrt
hat. Das Jesuskind hält in seiner rechten Hand, zum Hl. Georg hin, einen
Palmzweig, in seiner linken einen Lorbeerkranz, den er der Hl. Elisabeth zu
reichen scheint.

Die Heiligen werden vom Erzengel Michael und dem Hl. Sebastian flankiert.
Sebastian ist als ritterliche Gestalt mit Pfeilen und Schild dargestellt, Michael
mit Flammenschwert und Seelenwaage. Direkt unterhalb der Madonna prangt
das Hochmeisterwappen. Es ist geschmückt mit dem Fürstenhut, umgeben
von Lorbeerblättern und Kriegsgerät. Hinter dem Hochmeisterwappen, nur
teilweise sichtbar, kreuzen sich Bischofsstab und Schwert - Zeichen für die
geistliche und weltliche Macht des Hochmeisters. Zwischen den Kanonenrohren
und dem Hochmeisterwappen sind auch Fahnen zu sehen: heraldisch rechts
eine Fahne mit dem Hochmeister-Kreuz, links eine Fahne mit dem einfachen
Deutschordens-Kreuz. Darunter findet sich der mit Akanthusblättern umrahmte
Titel des Hochmeisters. Rechts und links davon sieht man gefangene Türken
mit gekrümmtem Rücken, ein damals beliebtes Motiv: Der Wiener Sieg gegen
die Türken von 1683 war noch in frischer Erinnerung, und jeder Deutschordensritter mußte an Feldzügen gegen die Osmanen teilnehmen. 1696 stellte der
Orden dem Kaiser sogar ein eigenes Regiment, das Regiment „Hoch- und
Deutschmeister", zur Verfügung. Der hier eindrucksvoll wiedergegebene militärische Aufwand ist also ordensgeschichtlich begründet. In den vier Ecken
dieses Bildfeldes entdecken wir Putti: die beiden oberen mit Spießen bewehrt,
mit denen sie einen Vorhang zur Seite gezogen haben, der nun den Blick auf
den Himmel freigibt, die beiden unteren mit Schilden, die rechtsseitig wieder
das Hochmeister-Kreuz, links das einfache Deutschordens-Kreuz zeigen.

Detail aus dem Wappenkalender der Ballei Elsaß-Burgund, 1701, mit dem Wappen von
Hochmeister Franz Ludwig von Pfalz-Neuburg

Das Feld oberhalb des Kalendariums wird dominiert vom Wappen des Altshauser Landkomturs Franz Benedikt von Baden, wiederum umgeben von Kriegsgerät, Akanthusblättern und musizierenden Putti. Sogar ein bewaffneter Putto ist dabei. Insignien von Macht und Herrlichkeit sind reichhaltig vertreten. Auf den rechtsseitigen Fahnen erkennt man das Deutschordens-Kreuz, den doppelköpfigen Reichsadler und die drei schwarzen schreitenden Löwen, das heraldische Zeichen für Schwaben. Die Ballei Elsaß-Burgund gehörte zum schwäbischen Reichskreis und hatte die Verpflichtung, zu dessen Truppen ein Kontingent zu stellen. Unter dem Wappen des Landkomturs sieht man nun das Kalendarium, mit 61 x 27 cm im Gegensatz zu dem Klauberschen Kalenderblatt relativ groß ausgefallen. Sein Titel lautet: „Hoch-Teutscher-Ritter Ordens Kalender oder Allmanach auf das Jahr nach der Gnadenreichen Menschwerdung und Geburt unseres lieben Herrn Jesu Christi MDCCI".[5]

Neben dem Wappen des damaligen Hochmeisters Franz Ludwig von Pfalz-Neuburg sind auf diesem Wappenkalender sämtliche Deutschordensritter der Ballei Elsaß-Burgund von 1701 aufgeführt. Zu beiden Seiten des Landkomturwappens, rechts und links des Kalendariums, finden sich untereinander je sieben ovale, mit Blütenketten und Akanthus verzierte Wappen der Deutschordensritter der Ballei. Hotz verweist darauf, daß es für die Rangfolge der Dignitäten innerhalb der Ordensballei aufschlußreich ist, wie die Wappen angeordnet

Detail aus dem Wappenkalender der Ballei Elsaß-Burgund, 1701, mit dem Wappen des Landkomturs Franz Benedikt von Baden

sind. „Die linke Seite ist sieben Komturen vorbehalten, von denen die beiden ersten auch Ratsgebietiger sind, also eine besondere Rechtsposition innerhalb der Ballei einnehmen. Rechts erscheinen ein Komtur und sechs Ritter. Die beiden Reihen stehen also hinsichtlich der Rangfolge nicht gleichwertig parallel, sondern die linke Gruppe ist der rechten komplett vorangestellt.“[6] Das letzte Wappenmedaillon (heraldisch links unten) ist leer geblieben. Im Kalenderblatt für 1702 ist dieses Feld ausgefüllt.[7] Im Lauf des Jahres 1701 wurde also ein Ritter aufgenommen: Es war Johann Sebastian Vogt, Freiherr von Altensummerau und Praßberg.

Für Kalendarium und Wappenmedaillons der Ordensritter waren zwei Kupferplatten erforderlich. Die vierte Platte ganz unten diente der Darstellung der Residenz von Altshausen. Schloß und Dorf Altshausen sind von einem ovalen Rahmen eingefaßt, um den sich Akanthusblätter sowie zwei Fahnen mit dem Hochmeister- und Deutschordens-Kreuz schlingen. Rechts und links davon sind wieder Kriegsgerät und musizierende Putti. Bei der Abbildung von Altshausen handelt es sich um die zweitälteste Ansicht.[8]

Dieser barocke Wappenkalender ist also nicht nur ein eindrucksvolles Zeugnis zeitgemäßer barocker Repräsentation, sondern ein wertvolles und seltenes Dokument der Deutschordensgeschichte.[9] Die Vertreter der Ballei Elsaß-Burgund sind hier augenfällig wiedergegeben. Ihre Wappen sind Teil einer würdigen Reihe, die uns gleichfalls im Stuck von Schloß Achberg wiederbegegnet.

Detail aus dem Wappenkalender der Ballei Elsaß–Burgund, 1701, mit dem Schloß Altshausen

[1] Vgl. im folgenden den grundlegenden Aufsatz von J. Hotz, Ein barocker Wappenkalender der Deutschordensballei Elsaß-Burgund um 1700, in: ZGO 121 (1974), S. 125-134. Ein Kalenderblatt von 1701 befindet sich im Besitz der Volksbank Altshausen.

[2] Siehe dazu ausführlich den Aufsatz von Helmut Hartmann in diesem Band.

[3] Seiller war Schüler des angesehenen Stechers und Verlegers Philipp Kilian in Augsburg.

[4] Der vom Hofmaler der Fürstabtei Kempten, Franz Georg Herrmann, entworfene Kalender erschien im Augsburger Verlag der Gebrüder Klauber. Auftraggeber war der Altshauser Landkomtur Christian Moritz von Königsegg-Rothenfels. Ein Exemplar des Kalenderblatts besitzt das Städtische Museum Bad Waldsee.

[5] Vgl. G. Ebner, Das Kalendarium des Kalenderblattes von 1701, in: Beiträge zur Kulturgeschichte von Altshausen und Umgebung, 4/1989. Siehe auch J. Hotz, ZGO 121 (1974), S. 125 ff.

[6] Hotz, ebd., S.127.

[7] Dieses Kalenderblatt von 1702 befindet sich im Besitz des Zentralarchivs des Deutschen Ordens in Wien.

[8] Die Sepiazeichnung von 1580 war als Vorlage für einen Stich gedacht, der dann allerdings nicht ausgeführt worden ist.

[9] Siehe dazu auch den folgenden Aufsatz von Helmut Hartmann, der die Mitglieder des Deutschen Ordens nach dem Wappenkalender der Ballei Elsaß-Burgund von 1701 beschreibt.

Gruß aus Siberatsweiler.

Sägmühle. Schloss Achberg. Gasth. z. Adler.

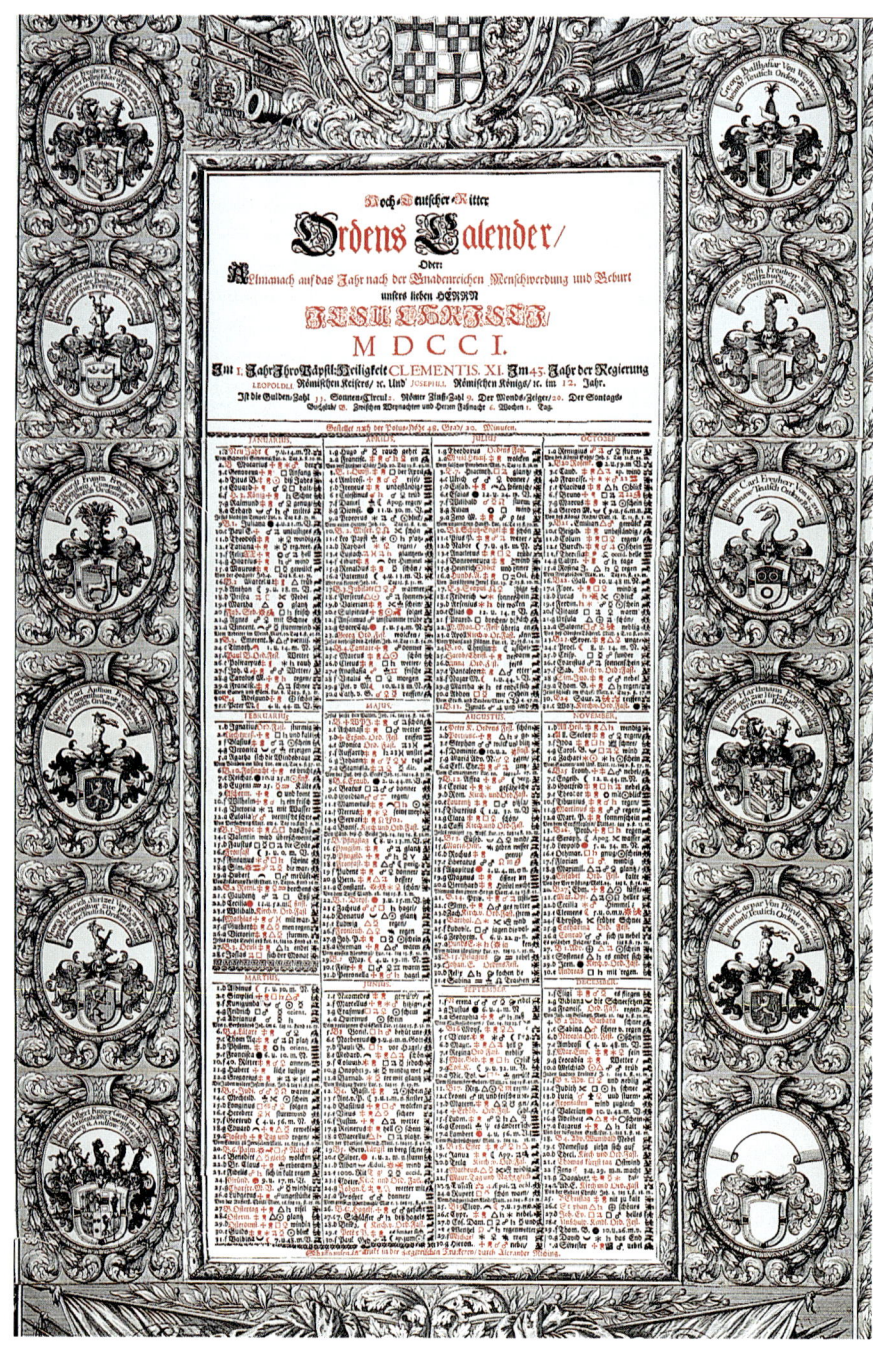

Detail aus dem Wappenkalender der Ballei Elsaß-Burgund, 1701

216

Die Mitglieder des Deutschen Ordens nach dem Wappenkalender der Ballei Elsaß-Burgund 1701

Von Helmut Hartmann

Dem Besucher des Deutschordensschlosses Achberg fällt im zweiten Stock-
werk eine bemerkenswerte Wappenreihe mit vierzehn Medaillons ins Auge.[1]
Angeführt von dem Wappen des Hochmeisters des Deutschen Ordens in der
Schloßkapelle schließt sich im Flur eine Wappenserie an. Sie beginnt mit dem
auf dem Schloß ständig wiederkehrenden Wappen des Landkomturs Franz
Benedikt von Baden. Ihm folgen die Wappenmedaillons derjenigen Deutschordensritter, die um das Jahr 1700 zur Ballei Elsaß und Burgund gehörten
und die auch auf einem weitbekannten Kalenderblatt des Jahres 1701 festgehalten sind.[2]

Detail aus dem Wappenkalender der Ballei Elsaß-Burgund, 1701, mit dem Wappen des
Landkomturs Franz Benedikt von Baden

1. Franz Ludwig Pfalzgraf von Neuburg, Jülich und Berg[3]

a) Name und Titel, wörtlich übernommen vom Kalenderblatt 1701:

FRANZ LUDWIG ADMINISTRATOR des Hochmeisterthumbs in Preissen, Meister Teutsch Ordens in Teutsch u. Welschen Landen. Postulierter Bischoff zu Wormbs, Probst u. Herr zu Ellwangen, Bischoff zu Breslau, Pfalzgraff bey Rhein, in Bayrn, zu Gülch[4], Cleve u. Berg Herzog, Graff zu Veldenz, Sponheim, der Marckh, Ravenspurg u. Mörs, Herr zu Ravenstein[5], Freudenthall[6] u. Eullenberg[7], dero Röm: Kays: Maj: Obrister Hauptmann in Ober u. Nider Schlesien.

b) Lebensdaten:

Geboren 1664 VII 24 (VII 18) als Sohn Philipp Wilhelms, Pfalzgraf von Neuburg, Jülich und Berg, seit 1685 Kurfürst und Pfalzgraf bei Rhein, und dessen zweiter Gemahlin Elisabeth Amalie Magdalena, Landgräfin von Hessen-Darmstadt, einer Konvertitin. Franz Ludwig war Onkel Kaiser Karls VI. Gestorben 1732 IV 18 zu Breslau, begraben im Dom zu Breslau

c) Ordenslaufbahn:

Investiert 1694 VII 11 zu Mergentheim

Hochmeister des Deutschen Ordens 1694 VII 13 als Nachfolger seines V 4 verstorbenen Bruders Ludwig Anton

Sonstige geistliche Würden:

in Olmütz Domherr 1678 bis 1683

in Straßburg Domherr

in Breslau Domherr 1683, Bischof 1683 VI 30 bis 1732 IV 18 †

in Köln Domherr 1683 XI 3, zum Kapitel 1687 VIII 22, resigniert 1730

in Münster Domherr 1687 bis 1720 resigniert

in Lüttich Domherr 1694 V 18 bis 1728 resigniert

in Ellwangen Fürstpropst 1694 VI 8 als Nachfolger seines † Bruders Ludwig Anton, bis 1732 IV 18 †

in Worms Bischof 1694 VII 3 als Nachfolger seines † Bruders Ludwig Anton, bis 1732 IV 18 †

in Mainz Domherr 1695 bis 1710/11, erzbischöflicher Koadjutor 1710 XI 4, Erzbischof und Kurfürst 1729 IV 7 bis 1732 IV 18 †

in Trier Domherr 1699, Erzbischof und Kurfürst 1716 II 20 bis 1729 IV 7 resigniert

d) Verwaltungsdienste:

Kaiserlicher Oberster Hauptmann des Herzogtums Ober- und Niederschlesien 1683 bis 1716 resigniert

e) Wappen:

Schild: in der 1694 bis 1716 gültigen Kombination, geviert mit Herzschild, darüber das Hochmeisterkreuz und das Adlerschildchen des Deutschen Ordens

1. Feld: zweimal gespalten

Spaltfeld: ein goldener, rotgekrönter und -bewehrter Löwe, in schwarz: PFALZGFT. BEI RHEIN

Spaltfeld: von silber und blau schräg gerautet: HZM. BAYERN

Spaltfeld: ein schwarzer, goldgekrönter

Löwe, in gold: HZM. JÜLICH

2. Feld: gespalten

heraldisch rechts: ein goldener Lilien-
haspel, belegt mit silbernem Schildchen,
in rot: HZM. CLEVE

heraldisch links: ein roter, blaugekrönter
Löwe, in silber: HZM. BERG

3. Feld: gespalten

heraldisch rechts: ein blauer, goldgekrönter Löwe, in silber: GFT. VELDENZ

heraldisch links: ein rot-silber in drei
Reihen geschachter Balken, in gold:
GFT. MARK

4. Feld: gespalten

heraldisch rechts: drei rote Sparren, in
silber: GFT. RAVENSBERG

heraldisch links: ein schwarzer Balken, in
gold: GFT. MÖRS

Herzschild: geviert

1: ein schrägliegender silberner Schlüssel,
begleitet von fünf goldenen Schindeln, in
schwarz: BISTUM WORMS

2: eine goldene Mitra, in silber:
PROPSTEI ELLWANGEN

3: ein schwarzer Adler, belegt mit einem
goldenen Kleestengel, in gold:
HZM. SCHLESIEN

4: sechs goldene Lilien (3,2,1), in blau:
BISTUM BRESLAU

Helmzier: Fürstenhut

Bemerkung: Die Schraffuren des Kalender-
Wappens weichen öfter von den traditionellen Farben ab

f) **Tätigkeiten:**

Während seiner langen Regierungszeit als
Hoch- und Deutschmeister hat sich Franz
Ludwig besonders um die Mehrung des
Ordensbesitzes verdient gemacht. Er er-
warb für den Orden die Herrschaften
Busau und Rothölhütten in Mähren
(1698), Burg und Herrschaft Namslau in
Schlesien (1703) sowie den Distrikt der

Jazygen und Kumanen in Ungarn (1702).
Einer effizienten Verwaltung der ihm an-
vertrauten Länder, nicht zuletzt der
Ordensstaaten, galt seine besondere Fürsorge. Als eifriger Bauherr und großzügiger
Kunstmäzen hat er in all seinen Residenz-
städten - Breslau, Worms, Ellwangen, Mergentheim, Trier und Mainz - Bedeutendes
hinterlassen.

2. Franz Benedikt Freiherr von Baden zu Liel[8]

a) **Name und Titel, wörtlich übernommen vom
Kalenderblatt 1701:**

FRANTZ BENEDICT FREYHERR VON
BADEN: RÖM: KAYS: MAY: AVCH HOCH
Fürstl. Hoch u. Teutschmeister resp. Ge-
heimer Rath, Landt Comenthur der Balley
Elsaß u. Burgund Comenthur zue Altschau-
sen u. Achberg. Teutsch Ordens Ritter

b) **Lebensdaten:**

Geboren ca. 1644 als Sohn des Johann
Friedrich von Baden und der Maria Eva
Truchseß von Wohlhausen. Gestorben
1707 XI 2 zu Achberg, beigesetzt in der

Kirche zu Siberatsweiler

c) Ordenslaufbahn:

Investiert 1670 XI 6 zu Altshausen
Hauskomtur zur Mainau 1671 bis 1672
Deutschordensritter ohne Amt 1677 II 22
Komtur zu Freiburg i. Br. 1677 bis 1688
Statthalter der Ballei 1688 VI 17
Konfirmiert als Landkomtur 1689 II 4
Landkomtur 1689 II 4 bis 1707 XI 2 †
Komtur zu Altshausen 1692 bis 1707 †
Komtur zu Achberg 1699 bis 1707 †

d) Zivildienste:

Kaiserlicher Rat 1692 bis 1707 †
Hoch- und deutschmeisterlicher Geheimer
Rat 1699 bis 1707 †
Kaiserlicher Konservator des Reichsstifts
Lindau

e) Wappen:

Schild: schwarz und silbern geschacht
Familienwappen der Freiherren von Baden:
ein von silber und schwarz „in vier Reihen,
je zu vier Feldern" geschachter Schild
Geviertes Amtswappen: 1. und 4. Feld:
Deutschordenskreuz, 2. und 3. Feld: ge-
schachtes Familienwappen
Helmzier: geschachter offener Flug

3. Melchior Heinrich Freiherr von Grandmont
(Grammont), Herr zu Randegg[9]

a) Name und Titel, wörtlich übernommen vom
Kalenderblatt 1701:

Melchior Heinrich Freyherr V. Grandmont, Rathsgebietiger der Balley Elsas
u. Burgund Comenthur zue Maynaw.
Teutsch Ordens Ritter.

b) Lebensdaten:

Geboren 1641 als Sohn des Johann Nikolaus Freiherrn von Grandmont (öster-
reichischer Hauptmann der vier
Waldstädte und Kommandant zu
Rheinfelden) und der Maria Franziska
Freiin von Schönau. Gestorben 1709 I 3
zu Altshausen

c) Ordenslaufbahn:

Investiert 1666 I 28 zu Altshausen
Administrator zu Andlau/Straßburg/
Kaysersberg 1669
Komtur zu Rufach 1670 bis 1671
Komtur zu Straßburg 1671 bis 1677 II 22
Komtur zu Andlau bis 1671
Komtur zu Kaysersberg 1671
Komtur zu Rufach 1675 bis 1681
Komtur zu Mülhausen und Basel 1685
Komtur zu Basel 1685 bis 1694
Komtur zur Mainau 1688 bis 1709 †
Ratsgebietiger der Ballei Elsaß und Bur-
gund 1692 bis 1699
Statthalter der Ballei 1707
Konfirmiert als Landkomtur 1708 VIII 31
Landkomtur bis zu seinem Tod 1709 I 3

d) Wappen:

Schild: drei gekrönte, gold bekleidete weibliche Büsten, in blau
Helmzier: goldene Krone, oben mit goldenem Reichsapfel, seitlich ein schwarzer
Flug

4. Johann Franz Freiherr von Reinach zu Munzingen[10]

a) Name und Titel, wörtlich übernommen vom Kalenderblatt 1701:

Johann Frantz Freyherr V. Rheinach, Rathsgebietiger der Balley Elsas u. Burgund Comenthur zue Beiggen, T. O. Ritter.

b) Lebensdaten:

Geboren 1651 als Sohn des Beat Melchior von Reinach und der Maria Katharina Blarer von Wartensee. Gestorben 1730 IV 28 auf Schloß Achberg

c) Ordenslaufbahn:

Investiert 1676 II 21 zu Altshausen
Komtur zu Andlau 1679 bis 1683
Komtur zu Straßburg 1682 XII 19 bis 168[?]
Komtur zu Rufach und Gebweiler 1683 bis 1688 VI 18
Komtur zu Hitzkirch 1688 VI 18 bis 1688 XII 17
Komtur zu Beuggen 1688 XII 17 bis 1718
Komtur zu Basel 1690 bis 1692
Ratsgebietiger der Ballei Elsaß und Burgund 1692 bis 1717
Statthalter der Ballei 1717
Konfirmiert als Landkomtur 1719 IV 14
Komtur zu Altshausen 1721 bis 1730 IV 28 †
Komtur zu Achberg 1721 bis 1730 IV 28 †
Landkomtur 1730 IV 28 †

d) Wappen:

Schild: geviert mit gekröntem Herzschild. Darin gekreuzt schräglinks ein silbernes Schwert mit goldenem Griff, an dessen Spitze ein silberner Karpfen hängt, und schrägrechts eine silberne Lanze, die eine silberne Drossel an der Spitze hängen hat Im 1. und 4. Feld des Schilds ein roter Löwe, mit blauer Kappe über Kopf und Hals, in gold, im 2. und 3. Feld drei schrägrechte rote Balken in gold
zwei Helmzieren: ein wachsender goldener Löwe mit rotem Rückenkamm, dessen fünf Spitzen mit Pfauenfedern besteckt sind, und ein wachsender silberner Wolf mit Halsband

5. Johann Reinhard Gold Freiherr von Lampoding[11]

a) Name und Titel, wörtlich übernommen vom Kalenderblatt 1701: Joh. Rheinhardt Gold, Freyherr V. Lampodingen, Rathsgebietiger der Balley Elsas u. Burgund. Comenthur zue Freyburg. T. O. Ritter.

b) Lebensdaten:

Geboren ca. 1652 als Sohn des N. Gold von Lampoding (Adel des Erzstifts Salzburg, aus Laufen a. d. Salzach) und der N. von Neuenstein. Gestorben 1705 VI 20. Begraben in der (abgebrochenen) Augustiner-Eremitenkirche zu Freiburg i. Br.

c) Ordenslaufbahn:

Investiert zu Altshausen 1679 XI 26
Komtur zu Mülhausen 168[?] bis 1688
Statthalter zu Freiburg i. Br. 1688 VI 18
Komtur zu Hitzkirch 1688 XII 17 bis 1698 XII 20
Komtur zu Freiburg i. Br. 1692 bis 1705 VI 20 †
Ratsgebietiger der Ballei Elsaß und Burgund 1692 bis 1705 VI 20 †

d) Wappen:

Schild: silber-rot geteilt, oben zwei rote Hifthörner mit goldenen Spangen und Schnüren, unten ein silbernes Hifthorn mit goldenen Spangen und Schnüren
Helmzier: wachsend ein Mannsrumpf, die Kleidung silber-rot längs geteilt, eine goldene Krone, aus der ein rotes und ein silbernes Büffelhorn hervorgehen, auf dem Haupt und mit der linken Hand ein rotes Hifthorn an den Mund setzend

6. Marquard Franz Leopold Freiherr von Falkenstein[12]

a) Name und Titel, wörtlich übernommen vom Kalenderblatt 1701:

Marquardt Frantz Freyherr Von Falckhenstein, Comenthur zue Basel, Teutsch Ordens Ritter.

b) Lebensdaten:

Getauft 1680 IV 15 im Münster zu Freiburg i. Br. Sohn des Joh. Erhard Freiherr von Falkenstein und der Anna Franziska Freiin von Mercy. Gestorben 1717 IX 7 zu Altshausen, an den Folgen einer schweren Krankheit, die er sich 1716 bei der Belagerung der türkischen Feste Temesvar zugezogen hatte

c) Ordenslaufbahn:

Investiert 1683 IV 20 zu Altshausen
Komtur zu Mülhausen 1692
Komtur zu Basel 1699
Komtur zu Rohr und Waldstetten 1701 bis 1709
Komtur zu Altshausen 1709 bis 1717 IX 7 †
Komtur zu Achberg 1709 bis 1717 IX 7 †
Konfirmiert als Landkomtur 1709 XI 30
Landkomtur 1709 XI 30 bis 1717 IX 7 †

d) Zivildienste:

Kaiserlicher Kämmerer und Rat 1715 bis 1717

e) Militärdienste:

Kaiserlicher Obristwachtmeister im Kürassier-Regiment „Prinz Commercy" 1692
Kaiserlicher Kommandierender Obristleutnant des Kürassier-Regiments „Prinz Commercy" 1699
Kaiserlicher Oberst-Inhaber des Kürassier-Regiments „Falkenstein" (bis dahin „Prinz Commercy") 1702 bis 1717 †
Kaiserlicher Generalfeldmarschall-Leutnant 1715
Kaiserlicher General der Kavallerie 1717 †

f) Wappen:

Schild: auf goldenem Grund ein nach rechts schreitender goldener Hirsch in blau Helmzier: ein goldenes Doppelhenkelgefäß, aus dem Blumen und Gräser wachsen

7. Konrad Karl Anton Freiherr von Pfürdt[13]

a) Name und Titel, wörtlich übernommen vom Kalenderblatt 1701:

Conrad Carl Anthon Freyherr Von Pfirdt Comenthur zue Mühlhausen, Teutsch Ordens Ritter.

b) Lebensdaten:

Geboren ca. 1656 als Sohn des Hans Reinhard Freiherr (seit 1660) von Pfürdt zu Karsbach (im Sundgau) und der Maria Franziska Freiin von Sickingen zu Hohenburg. Gestorben 1735 IX 12 zu Basel

c) Ordenslaufbahn:

Investiert 1684 II 14 zu Beuggen während des Provinzkapitels (letzte Investitur zu Beuggen)
Komtur zu Rufach und Gebweiler 1689 bis 1697
Komtur zu Rixheim 1699 bis 1723
Komtur zu Mülhausen 1699 bis 1723
Komtur zu Waldstetten 1715

Komtur zu Beuggen 1721 bis 1735 †
Komtur zu Basel 1722
Ratsgebietiger der Ballei Elsaß und Burgund 1715 bis 1735 †

d) Zivildienste:

Unterhändler des Deutschen Ordens am französischen Hof 1703

e) Militärdienste:

Als Kaiserlicher Offizier 1685 in türkischer Gefangenschaft, während der Belagerung der türkischen Feste Neuhäusel (Slowakei)
Hauptmann im schwäbischen Kreisregiment zu Fuß „Graf Öttingen-Katzenstein" 1689
Fürstlich würzburgischer Oberstleutnant des Dragoner Regiments „Aufseess" 1692
Fürstlich würzburgischer Oberstleutnant des Dragoner Regiments „Wartensleben" 1694
Fürstlich würzburgischer Generalwachtmeister und Oberst-Inhaber des Dragoner Regiments „Pfürdt" 1699 bis 1701

f) Wappen:

Schild: ein doppeltgeschweifter goldgekrönter silberner Löwe, in schwarzem Feld Helmzier: ein unbekleideter gold-gekrönter Jungfrauenrumpf mit zwei von der Krone nach links abfliegenden Bändern, eines silber und eines schwarz

8. Georg Friedrich Stürtzel von Buchheim[14]

a) Name und Titel, wörtlich übernommen vom Kalenderblatt 1701:

Georg Friderich Stirtzel Von u. zue Buech-heimb, Comenthur zue Rufach und Geb-weyler, Teutsch Ordens Ritter.

b) Lebensdaten:

Geboren ca. 1656 als Sohn des Johann Wilhelm Stürtzel von Buchheim (im Breis-gau) und der Salome von Baden zu Liel. Gestorben 1721 V 29 zu Freiburg i. Br., begraben in der (abgebrochenen) Augu-stiner-Eremitenkirche zu Freiburg i. Br.

c) Ordenslaufbahn:

Investiert 1685 V 10 zu Altshausen
Komtur zu Andlau 1692 bis 1697
Komtur zu Straßburg und Kaysersberg 1695 bis 1697
Komtur zu Rufach und Gebweiler 1698 bis 1711 VII
Komtur zu Hitzkirch 1711 VII bis 1716 X
Komtur zu Freiburg i. Br. 1719 bis 1721 †

d) Wappen:

Schild: ein silbernes gold-gekröntes Pan-tier (Löwe mit Greifenkopf) mit goldenen Klauen, in rotem Feld
Helmzier: das Pantier wachsend

9. Tiberius Albrecht Fugger, Graf zu Kirchberg und Weißenhorn[15]

a) Name und Titel, wörtlich übernommen vom Kalenderblatt 1701:

Thybery Albert[16] Fugger Graff zu Kirch-berg u. Weissenhorn, Comenthur zue Strasburg u. Andlow. T. O. R.

b) Lebensdaten:

Geboren 1666 VIII 11 als Sohn des Al-brecht Fugger Graf zu Kirchberg und Weißenhorn (Raimunds-Hauptlinie, Ast zu Weißenhorn) und seiner ersten Frau Maria Franziska Fugger Gräfin zu Kirch-berg und Weißenhorn (Antons-Hauptlinie, Ast zu Mickhausen und Grönenbach). Gestorben 1710 V 30 in der Johanniter-kommende zu Colmar auf einer Reise ins Bad, begraben zu Colmar

c) Ordenslaufbahn:

Investiert 1686 IV 25 zu Altshausen
Deutschordensritter ohne Amt 1692
Komtur zu Straßburg und Andlau 1699 bis 1710 †

d) Militärdienste:

Rittmeister im Kaiserlichen Regiment „Ge-neral Graf Bronckhorst zu Gronsfeld" 1692
Rittmeister bei den schwäbischen Kreis-truppen 1697

e) Wappen:

Schild: geviert

1. Feld: zweimal gespalten
1. Spaltfeld gold-blau gespalten, mit zwei Lilien in gewechselten Farben (FUGGER)
2. Spaltfeld ein goldener gekrönter Löwe, in rot
3. Spaltfeld ein halber schwarzer Adler am Spalt, in silber

2. Feld: gespalten
heraldisch rechts: ein schwarzer Balken, belegt mit einer roten Figur in silber
heraldisch links: eine schwarzgekleidete gold gekrönte Mohrin mit abfliegendem Zopf eine rote Mitra in der rechten Hand haltend, in weiß (KIRCHBERG)

3. Feld: gespalten
heraldisch rechts drei silberne, goldbereifte Hifthörner übereinander, in rot (WEISSENHORN)
heraldisch links drei rote Rosen (2.1), in gold

4. Feld: gespalten
heraldisch rechts ein schwarzer, goldgehörnter Widder, in silber
heraldisch links blau-gold gespalten, mit zwei Lilien in gewechselten Farben (FUGGER, spiegelbildlich)

Helmzier:

1. ein goldenes und ein blaues Büffelhorn, dazwischen eine blau-gold gespaltene Lilie (FUGGER)
2. wachsend ein goldener gekrönter Löwe
3. wachsend ein schwarzer goldgekrönter Widder
4. ein schwarzer goldgekrönter Adlerkopf und -hals
5. ein schwarz gekleideter Mohrinnenrumpf, auf dem Kopf eine silberne Mitra mit nach links abfliegenden Bändern (KIRCHBERG)

10. Johann Jakob Christoph Stürtzel von Buchheim[17]

a) Name und Titel, wörtlich übernommen vom Kalenderblatt 1701:
Iohann Iacob Stirtzel Von und zue Buechheim, Comenthur zue Hitzkirch, Teutsch Ordens Ritter.

b) Lebensdaten:
Geboren ca. 1666 als Sohn des Johann Wilhelm Stürtzel von Buchheim (im Breisgau) und der Salome von Baden zu Liel, Bruder des Georg Friedrich Stürtzel (Nr. 8). Daß zwei Brüder gleichzeitig einer Ballei angehörten, ist eine große Ausnahme, denn nach den Gewohnheiten des Ordens sollten leibliche Brüder in verschiedene Balleien eingegliedert werden. Gestorben 1711 I 16 zu Hitzkirch

c) Ordenslaufbahn:
Investiert 1690 IV 2 zu Altshausen
Deutschordensritter ohne Amt 1692
Komtur zu Hitzkirch 1698 XII 20
bis 1711 I 16 †

d) Militärdienste:
Hauptmann im schwäbischen Kreisregiment zu Fuß „General Graf Öttingen" 1692

Hauptmann im schwäbischen Kreisregiment zu Fuß „General Würtz von Rudenz" 1697 bis 1699

e) Wappen:

siehe Georg Friedrich Stürtzel, Nr. 8

11. Georg Balthasar Bechtold Freiherr von Weitersheim[18]

a) Name und Titel, wörtlich übernommen vom Kalenderblatt 1701:

Georg Balthassar Von Weittersheimb, Teutsch Ordens Ritter.

b) Lebensdaten:

Geboren 1666, getauft X 25 als Sohn des Bechtold von Weitersheim (aus Wittersheim bei Hagenau, Unter-Elsaß) und dessen zweiter Frau Clementia von Rotberg. Gestorben 1720 IV 5 auf der Mainau

c) Ordenslaufbahn:

Ordensnovize 1690
Investiert 1691 V 1 zu Altshausen
Hauskomtur zu Freiburg i. Br. 1706
Komtur zu Freiburg i. Br. 1707 bis 1716
Komtur auf der Mainau 1716 IV 9
bis 1720 IV 5 †

d) Zivildienste:

Statthalter des Landkomturs zu Alts-

hausen 1710

e) Militärdienste:

Fähnrich 1688
Kaiserlicher Hauptmann im Regiment „Baron Stadl" 1692
Kaiserlicher Oberstwachtmeister im Regiment „Graf Löwenburg" 169[?]
Kaiserlicher Oberstleutnant im Regiment „Landgraf von Hessen-Darmstadt" 1697
Teilnahme am Feldzug gegen die Franzosen in Katalonien 1697
Oberstleutnant und Kommandeur des pfalz-zweibrückischen Regiments zu Fuß 1699 (in Barcelona) bis 1700

f) Wappen:

Schild: schwarz silbern gespalten, rechts mit einem silbernen Sechs-Stern belegt
Helmzier: ein schwarzer Spitzhut mit silbernem Aufschlag, oben ein goldener Knauf besetzt mit sechs Hahnenfedern

12. Joh. Adam Gottfried Speth, Freiherr von Schülzburg[19]

a) Name und Titel, wörtlich übernommen vom Kalenderblatt 1701:

Adam Speth Freyherr Von und zue Schiltzburg. Teutsch Ordens Ritter.

b) Lebensdaten:

Geboren ca. 1662 als Sohn des Adam Freiherr Speth von Schülzburg (Württemberg) und der Maria Susanne Eleonore Freiin von Thurn und Taxis. Gestorben 1715 II 23 zu Altshausen

c) Ordenslaufbahn:

Investiert 1693 I 24 zu Altshausen

Deutschordensritter ohne Amt 1699 bis 1708

Hauskomtur auf der Mainau 1709 bis 1715 †

d) Militärdienste:

Kurbayrischer Leutnant im Kavallerie Regiment „Graf de la Tour" 1692 bis 1699

Kaiserlicher Leutnant

e) Wappen:

Schild: drei schrägliegende silberne Dietriche übereinander mit dem Griff nach unten, in rot

Helmzier: ein Mannesrumpf, gekleidet wie das Schildbild, auf dem Kopf eine silberbeaufschlagte Zipfelmütze ebenfalls mit dem Schildbild

13. Johann Franz Karl Freiherr von Schönau[20]

a) Name und Titel, wörtlich übernommen vom Kalenderblatt 1701:

Iohann Carl Freyherr Von u. zue Schönaw Teutsch Ordens Ritter.

b) Lebensdaten:

Geboren 1667 als Sohn des Johann Friedrich Freiherr von und zu Schönau, Herrn zu Stein und Wehr, und der Maria Barbara von Bernhausen zu Roggwil. Gestorben 1746 IX 4 zu Beuggen

c) Ordenslaufbahn:

Investiert 1693 V 31 zu Altshausen

Deutschordensritter ohne Amt 1699

Hauskomtur zu Altshausen 1709

Hauskomtur auf der Mainau 1711 bis 1715

Komtur zu Rohr 1715

Komtur zu Hitzkirch 1716 X 7 bis 1727 III 3

Statthalter auf der Mainau 1720 bis 1721

Komtur zu Rufach und Gebweiler 1727 III 3 bis 1731

Komtur zu Andlau, Straßburg und Kaysersberg 1728 bis 1729

Komtur zu Beuggen 1737 bis 1746 IX 4 †

Jubilar und Ballei-Senior 1746 IX 4 †

d) Militärdienste:

Hauptmanns-Verwalter im fränkischen Kreis-Regiment zu Fuß „Schönbeck" 1699

Hauptmann im fränkischen Kreis-Regiment zu Fuß „Schnewli" 17[?]

e) Wappen:

Schild: schwarz-gold geteilt, oben zwei goldene Ringe nebeneinander, unten ein schwarzer Ring

Helmzier: zwei rechtsgekehrte Schwanenhälse, der vordere rot, der hintere silbern

14. Franz Hartmann Freiherr von Reinach[21]

a) Name und Titel, wörtlich übernommen vom Kalenderblatt 1701:

Frantz Harttmann Freyherr Von Rheynach zue Hirtzbach Teutsch Ordens Ritter.

b) Lebensdaten:

Geboren 1668, getauft III 18 zu Pruntrut[22] als Sohn des Johann Diepold Freiherrn von Reinach zu Hirzbach und der Anne Marie Eva von Reinach zu Oberstein-bronn. Gestorben 1722 XII 15 oder 1723 I 7 zu Andlau und dort begraben. Stücke der Grabplatte liegen noch im Boden vor der „Commanderie"

c) Ordenslaufbahn:

Investiert 1698 XI 10 zu Altshausen Deutschordensritter ohne Amt 1699 (zu Altshausen)
Hauskomtur zu Altshausen
Komtur zu Straßburg, Andlau und Kaysersberg 1715 bis 1722 XII 15 †
Ratsgebietiger der Ballei Elsaß und Burgund bis 1722 XII 15 †

d) Wappen:

siehe Johann Franz von Reinach, Nr. 4

15. Johann Kaspar von Pfürdt[23]

a) Name und Titel, wörtlich übernommen vom Kalenderblatt 1701:

Iohann Caspar Von Pfirdt zue Zillisheimb, Teutsch Ordens Ritter

b) Lebensdaten:

Geboren ca. 1670 als Sohn des Philipp Jakob von Pfürdt zu Zillisheim und der Maria Anna von Schönau zu Oeschgen. Gestorben 1716 I 22 zu Rufach, begraben in der ehemaligen Franziskanerkirche zu Rufach. Grabstein noch vorhanden

c) Ordenslaufbahn:

Investiert 1700 I 10 zu Altshausen
Hauskomtur zu Rufach 1710 bis 1716 †
Komtur zu Gebweiler 1714 bis 1716 †

d) Wappen und Helmzier:

wie Konrad Karl Anton von Pfürdt (Nr. 7)

[1] Aufzählung mit Wappenbeschreibung und Inschrift in: Die Kunstdenkmäler Hohenzollerns, hg. v. Walther Genzmer, Bd. 2: Kreis Sigmaringen, Stuttgart 1948, S. 37-46 und Abb. 144-155, hier S. 40-43. Siehe dazu auch die Aufsätze von Udo Arnold und Bernd M. Mayer in diesem Buch.

[2] Zum Kalenderblatt des Jahres 1701 siehe den Aufsatz von Walter Ebner in diesem Band. Zur Lebenswelt der Angehörigen des Deutschen Ritterordens siehe Helmut Hartmann, Hochmeister, Deutschmeister, Landkomtur, Komtur, Hauskomtur, Ritter, Priester - Ämter und Lebensweise der Deutschordensangehörigen (bis etwa 1809), in: Der Deutsche Orden und die Ballei Elsaß-Burgund. Die Freiburger Vorträge zur 800-Jahr-Feier des Deutschen Ordens, hg. v. Hermann Brommer, Bühl/Baden 1996 (Veröfflichungen des Alemannischen Instituts Freiburg i. Br. Nr. 63), S. 73-96.

[3] Quellenangaben: F. Varrentrapp, Neues Genealogisches Reichs- und Staats-Handbuch auf das Jahr 1752, Frankfurt a. M. 1752, S. 387. B. Dudik, Des hohen Deutschen Ritterordens Münzsammlung in Wien, Wien 1858, S. 220/222 (*1664 VII 18). L. Nedopil, Deutsche Adelsproben aus den Deutschen Ordens-Centralarchive, I, Wien 1868, Nr. 1736 (16 Ahnen). J. de Theux, Le Chapitre de Saint Lambert à Liège, Brüssel 1871, Bd. III, S. 366. H. H. Roth, Das kölnische Domkapitel 1501-1803, in: Der Dom zu Köln, Festschrift Köln 1930, S. 281. W. Diepenbach und C. Stenz, Die Mainzer Kurfürsten, Mainz 1935, S. 92 f. N. Geisberg, Die Mitglieder des Münsterischen Domkapitels 1553-1811, Münster 1920/23, Nr. 324. W. K. Prinz von Isenburg, Europäische Stammtafeln I, Marburg 1960, Taf. 34 (*1664 VII 24). S.-M. Gräfin zu Dohna, Die ständischen Verhältnisse am Domkapitel zu Trier, Trier 1966, Nr. 11 und S. 81.

[4] Gülch = Jülich.

[5] Ravenstein in den Niederlanden.

[6] Freudenthal in Schlesien.

[7] Eulenberg in Mähren.

[8] Quellenangaben: DOZA, Ordensstandsverzeichnisse 1677 II 22, 1692, 1699. DOZA Or. 621/3, 622/4. P. A. Breitenbach, Kollektaneen (zur Personalgeschichte des Deutschen Ordens), ca. 1830, Manuskript im StAL, Repertorium JL 425. StAL, Bestand B 236 Nr. 146. W. Polzer, Register der im Deutschen Orden aufgeschworenen Geschlechter, 1789, Manuskript im DOZA, Litt. E. Nr. 58. J. C. Venator, Historischer Bericht über den marianischen Deutschen Ritter-Orden, Nürnberg 1680, S. 14. J. W. Imhoff, Notitia S. R. S. G. Procerum 1699, S. 90/92. J. Voigt, Geschichte des Deutschen Ritter-Ordens in seinen zwölf Balleien in Deutschland, 2 Bände, Berlin 1857/59, hier: Band I, S. 668, Band II, S. 641. H. Kneschke, Neues allgemeines Deutsches Adels-Lexicon ..., Leipzig 1859, Bd. I, S. 158. L. Nedopil, Adelsproben I, Nr. 295 (16 Ahnen). K. H. Frhr. Roth von Schreckenstein, Insel Mainau, Karlsruhe 1873, S. 193, S. 195. J. Kindler von Knobloch, Oberbadisches Geschlechterbuch, Bd. I, Heidelberg 1898, S. 30 f. A. Krieger, Topographisches Wörterbuch des Großherzogtums Baden, Heidelberg 1909, Bd. I, Sp. 639. Schnell und Steiner, Kirchenführer Stiftskirche Lindau, München 1939, S. 13. Schnell und Steiner, Kirchenführer Pfarrkirche Althausen, München 1940, S. 10. Kunstdenkmäler Stadt und Landkreis Lindau, München 1954, S. 54. W. Rechmann, Franz Benedikt Freiherr von Baden zu Liel (1644-1707), in: Beiträge zur Kulturgeschichte von Althausen und Umgebung, hg. von der Gesellschaft für Geschichte und Heimatpflege e.V., 18. Jg., 1995, Nr. 6, S. 139-149 (siehe auch den Aufsatz von Walther Rechmann in diesem Band).

[9] Quellenangaben: DOZA, Ordensstandsverzeichnisse 1677 II 22, 1692, 1699. DOZA Or. 621/3, 622/4. StAL, B 236 Nr. 146: Liste der Deutschordens-Ritter 1671. W. Polzer, Register der im Deutschen Orden aufgeschworenen Geschlechter, 1789, Manuskript im DOZA, Litt. E. Nr. 58. J. Voigt, Geschichte des Deutschen Ritter-Ordens in seinen zwölf Balleien in Deutschland, 2 Bände, Berlin 1857/59, hier: II, S. 656. L. Nedopil, Adelsproben I, Nr. 2055 (8 Ahnen). K. H. Frhr. Roth von Schreckenstein, Insel Mainau, Karlsruhe 1873, S. XVIII, S. 191 f. und 197. Ph. A. Grandidier, Nouvelles Oeuvres inédites, Colmar 1899 ff., Bd. V, S. 107 und 111. A. Krieger, Topographisches Wörterbuch des Großherzogtums Baden, Heidelberg 1909, Bd. II, Sp. 129 (Mainau).

[10] Quellenangaben: DOZA, Ordensstandsverzeichnisse 1692, 1699, 1715. DOZA Or. 621/3, 622/4. W. Polzer, Register der im Deutschen Orden aufgeschworenen Geschlechter, 1789, Manuskript im DOZA, Litt. E. Nr. 58. StAL, B 236 Nr. 146: Jo. Seifert, Liste der Deutschordens-Ritter 1721. D. H. von Hattstein, Hoheit des Teutschen Reichs-Besitzes, Bd. I, Fulda 1729, S. 434. J. Voigt, Geschichte des Deutschen Ritter-Ordens in seinen zwölf Balleien in Deutschland, 2 Bände, Berlin 1857/59, hier: Bd. I, S. 679. A. Krieger, Topographisches Wörterbuch des Großherzogtums Baden, Heidelberg 1909, Bd. I, Sp. 177. J. Kindler von Knobloch, Oberbadisches Geschlechterbuch, Bd. III, Heidelberg 1919, S. 425 und 453. F. R. Wey, Die Deutschordens-Kommende Hitzkirch, Luzern 1923, S. 167. H. M. Gubler, Johann Caspar Bagnato und das Bauwesen des Deutschen Ordens in der Ballei Elsaß-Burgund im 18. Jahrhundert, Sigmaringen 1985. D. Schwennicke, Europäische Stammtafeln, N. F. XI, Marburg 1986, Tafel 107.

[11] Quellenangaben: DOZA, Ordensstandsverzeichnisse 1692 und 1699. DOZA Or. 621/3, 622/4. P. A. Breitenbach,

Das letzte Wappenmedaillon ist leer geblieben. Im Kalenderblatt für 1702 ist dieses Feld ausgefüllt, es ist also im Lauf des Jahres 1701 ein Ritter aufgenommen worden

Kollektaneen (zur Personalgeschichte des Deutschen Ordens), ca. 1830, Manuskript im StAL, Repertorium JL 425. StAF, Handschriften, B 1/51, S. 32 f.: Epitaph-Inschrift (freundliche Mitteilung von Herrn Prof. Dr. Hermann Brommer, Merdingen). L. Nedopil, Adelsproben I, Nr. 2035 (16 Ahnen). F. R. Wey, Die Deutschordens-Kommende Hitzkirch, Luzern 1923, S. 168.

[12] Quellenangaben: DOZA, Ordensstandsverzeichnisse 1692, 1699, 1715. DOZA Or. 621/3, 622/4. P. A. Breitenbach, Kollektaneen (zur Personalgeschichte des Deutschen Ordens), ca. 1830, Manuskript im StAL, Repertorium JL 425. D. H. von Hattstein, Hoheit des Teutschen Reichs-Adels, Bd. II, Fulda 1740, S. 101. L. Nedopil, Adelsproben I, Nr. 1625 (16 Ahnen). G. Tessin, Die Regimenter der europäischen Staaten im Ancien Régime, Teil 1, Osnabrück 1986, S. 38.

[13] Quellenangaben: DOZA, Ordensstandsverzeichnisse 1692, 1699, 1715. DOZA Or. 622/4. P. A. Breitenbach, Kollektaneen (zur Personalgeschichte des Deutschen Ordens), ca. 1830, Manuskript im StAL, Repertorium JL 425. L. Nedopil, Adelsproben II, Nr. 4635 (16 Ahnen). K. H. Frhr. Roth von Schreckenstein, Insel Mainau, Karlsruhe 1873, S. 195. J. Kindler von Knobloch, Oberbadisches Geschlechterbuch, Bd. I, Heidelberg 1898, S. 82. Ph. A. Grandidier, Nouvelles Oeuvres inédites, Colmar 1899 ff., Bd. V, S. 107. E. Zeller, Aus sieben Jahrhunderten der Geschichte Beuggens, 1246-1920, Wernigerode 1921. G. Tessin, Die Regimenter der europäischen Staaten im Ancien Régime, Teil 1, Osnabrück 1986, S. 333.

[14] Quellenangaben: DOZA, Ordensstandsverzeichnisse 1692, 1699, 1715. DOZA Or. 621/3, 622/4. P. A. Breitenbach, Kollektaneen (zur Personalgeschichte des Deutschen Ordens), ca. 1830, Manuskript im StAL, Repertorium JL 425. StAF, Handschriften, B 1/51, S. 38 f.: Epitaph-Inschrift (freundliche Mitteilung von Herrn Prof. Dr. Hermann Brommer, Merdingen). L. Nedopil, Adelsproben II, Nr. 6655 (16 Ahnen). Ph. A. Grandidier, Nouvelles Oeuvres inédites, Colmar 1899 ff., Bd. V, S. 111. A. Krieger,

Topographisches Wörterbuch des Großherzogtums Baden, Heidelberg 1909, Bd. I, Sp. 639 f. F. R. Wey, Die Deutschordens-Kommende Hitzkirch, Luzern 1923, S. 168 f. H. E. Walter, Das Buch von Buchheim 769-1969, S. 129.

[15] Quellenangaben: DOZA, Ordensstandsverzeichnisse 1692, 1699. DOZA Or. 621/3, Or. 622/4. P. A. Breitenbach, Kollektaneen (zur Personalgeschichte des Deutschen Ordens), ca. 1830, Manuskript im StAL, Repertorium JL 425. F. Varrentrapp, Neues Genealogisches Reichs- und Staats-Handbuch auf das Jahr 1770, Frankfurt a. M. 1770, S. 64. L. Nedopil, Adelsproben I, Nr. 1855 (16 Ahnen). Ph. A. Grandidier, Nouvelles Oeuvres inédites, Colmar 1899 ff., Bd. V, S. 95. G. Nebinger, A. Rieber, Genealogie des Hauses Fugger von der Lilie, Stammtafeln, Tübingen 1978, Tafel 15a.

[16] Die Verwendung des Vornamens Albrecht und Albert wechselt.

[17] Quellenangaben: DOZA, Ordensstandsverzeichnisse 1692 und 1699. DOZA, Or. 621/3, Or. 622/4. P. A. Breitenbach, Kollektaneen (zur Personalgeschichte des Deutschen Ordens), ca. 1830, Manuskript im StAL, Repertorium JL 425. L. Nedopil, Adelsproben II, Nr. 6658 (16 Ahnen). F. R. Wey, Die Deutschordens-Kommende Hitzkirch, Luzern 1923, S. 168.

[18] Quellenangaben: DOZA, Ordensstandsverzeichnisse 1692, 1699, 1715. DOZA Or. 621/3, 622/4. P. A. Breitenbach, Kollektaneen (zur Personalgeschichte des Deutschen Ordens), ca. 1830, Manuskript im StAL, Repertorium JL 425. L. Nedopil, Adelsproben II, Nr. 7638 (16 Ahnen), Nr. 7641 (Taufdatum). K. H. Frhr. Roth von Schreckenstein, Insel Mainau, Karlsruhe 1873, S. 197. J. Kindler von Knobloch, Das goldene Buch von Straßburg II, in: Adler-Jahrbuch XV, 1885, S. 69.

[19] Quellenangaben: DOZA, Ordensstandsverzeichnisse 1692, 1699. DOZA, Or. 621/3, 622/4. P. A. Breitenbach, Kollektaneen (zur Personalgeschichte des Deutschen Ordens), ca. 1830, Manuskript im StAL, Repertorium JL 425. L. Nedopil, Adelsproben II, Nr. 6244 (16 Ahnen). K. H. Frhr. Roth von Schreckenstein, Insel Mainau, Karlsruhe 1873, S. 196.

[20] Quellenangaben: DOZA, Ordensstandsverzeichnisse 1699, 1715, 1740. DOZA Or. 622/4. P. A. Breitenbach, Kollektaneen (zur Personalgeschichte des Deutschen Ordens), ca. 1830, Manuskript im StAL, Repertorium JL 425. L. Nedopil, Adelsproben II, Nr. 5847 (16 Ahnen). K. H. Frhr. Roth von Schreckenstein, Insel Mainau, Karlsruhe 1873, S. 197 f. E. Graf von Mirbach-Harff, Beiträge zur Personalgeschichte des Deutschen Ordens, in: Adler-Jahrbuch XVI, 1889, S. 24. F. R. Wey, Die Deutschordens-Kommende Hitzkirch, Luzern 1923, S. 169.

[21] Quellenangaben: DOZA, Ordensstandsverzeichnisse 1699, 1715. DOZA Or. 621/3 († 1723 I 7), 622/4 († 1722 XII 15). P. A. Breitenbach, Kollektaneen (zur Personalgeschichte des Deutschen Ordens), ca. 1830, Manuskript im StAL, Repertorium JL 425 († 1723 I 7). L. Nedopil, Adelsproben II, Nr. 4996 (16 Ahnen).

[22] = Porrentruy, Kanton Jura.

[23] Quellenangaben: DOZA, Ordensstandsverzeichnisse 1715. DOZA Or. 621/3, 622/4. P. A. Breitenbach, Kollektaneen (zur Personalgeschichte des Deutschen Ordens), ca. 1830, Manuskript im StAL, Repertorium JL 425. L. Nedopil, Adelsproben II, Nr. 4636 (16 Ahnen). A. Gatrio, Die Abtei Murbach im Elsaß, Straßburg 1895, Bd. I, S. 383 (Grabschrift). J. Kindler von Knobloch, Oberbadisches Geschlechterbuch, Bd. I, Heidelberg 1898, S. 80. Ph. A. Grandidier, Nouvelles Oeuvres inédites, Colmar 1899 ff., Bd. V, S. 111.

Gruss aus Pechtensweiler Achberg.

J. G. Aichelberger.

Wirtschaft zur Eiche

Mariahaus

Blumenstilleben von J. B. Braun, um 1660

Bratspieße und Blumenbilder – Das Inventar von Schloß Achberg aus dem Jahr 1708

Von Reiner Falk

Das im Hauptstaatsarchiv Stuttgart überlieferte Inventar von Schloß Achberg aus dem Jahr 1708 ist für die Geschichte des herrschaftlichen Gebäudes besonders interessant, da es dicht an die glanzvollste Zeit des Schlosses heranführt.[1] Es erlaubt einen aufschlußreichen, detaillierten Blick in die gehobene adlige Lebenswelt. Der Landkomtur der Deutschordensballei Elsaß-Burgund mit Sitz in Altshausen, Freiherr Franz Benedikt von Baden[2], hatte sich seit 1691 um den Ankauf des ziemlich heruntergekommenen Schlosses und der zugehörigen Herrschaft Achberg bemüht. Nach dem erfolgreichen Abschluß der Kaufverhandlungen ließ er den Bau in den Jahren 1693 bis 1700 grundlegend instandsetzen und fast alle Innenräume mit prachtvollem Stuck ausgestalten. Auch dem herrschaftlichen Jagdvergnügen auf Hoch- und Niederwild stand künftig nichts mehr im Weg, da Franz Benedikt dem Tettnanger Grafen Anton von Montfort die hohe Gerichtsbarkeit über die Herrschaft Achberg abkaufen konnte. Der Landkomtur hatte offenbar einen besonderen Gefallen an der Achberger Gegend gefunden. Vor allem in den Jahren 1700 bis 1702 und 1705 bis 1707 mußte die Küche auf Schloß Achberg zeigen, was sie konnte. Hier im Schloß ist Franz Benedikt von Baden am 2. November 1707 gestorben.

Nach dem Tod des Landkomturs wurde 1708/09 von der Zentralregierung des Deutschen Ordens unter dem Hoch- und Deutschmeister Franz Ludwig von Pfalz-Neuburg (1694-1732) in Mergentheim eine Generalvisitation der Ballei Elsaß-Burgund angesetzt, verbunden mit einer Inspektion der Privat- und Balleikassen.[3] In diesem Zusammenhang ist das Inventar von Schloß Achberg entstanden, außerdem ein „Summarischer Extract" über alle Einnahmen und Ausgaben der Herrschaft Achberg in den Jahren 1699 bis 1707. Als Ergänzung zu dem 40 Seiten umfassenden Aktenheft wurde auch eine „Kurze Beschreibung über die Herrschaft Achberg de Anno 1708" angefertigt, deren Wortlaut schon an anderer Stelle veröffentlicht wurde.[4]

In dem auf das Inventar folgenden „Summarischen Extract" über alle Einnahmen und Ausgaben der Herrschaft Achberg in den Jahren 1699 bis 1707 sind deutliche Schwankungen in den finanziellen Aufwendungen für die Küche („Zue der Kuchel") feststellbar.[5] Vor allem die in ganz Schwaben besonders verheerenden Auswirkungen des Spanischen Erbfolgekrieges im Jahr 1703 schlagen sich deutlich nieder. Unter den 20 verschiedenen Ausgabeposten wurde für die Jagd relativ wenig Geld ausgegeben. Eine auffallende Zunahme bei den Verwaltungsausgaben („Auff Canzley- und Post-Gelter") ist in den

Jahren 1704 bis 1706 zu verzeichnen, parallel zu den steigenden Küchenausgaben. Möglicherweise wurde in diesen Jahren auf Schloß Achberg intensiv an Rechts- oder Verwaltungsgeschäften gearbeitet.

Das Schloßinventar selbst umfaßt 20 Seiten in Folioformat und ist inhaltlich nach Sachgruppen gegliedert (Silbergeschirr, Zinngeschirr, Kupfergeschirr usw.). In der Rubrik „Sessel, Teppiche, Umhänge und Holzwerk" findet sich

zusätzlich eine Untergliederung nach den Innenräumen des Schlosses („Im Saal", „Fürstenzimmer", „Gastzimmer daneben" etc.), die einen genaueren Einblick in die damalige Nutzung des Schlosses erlaubt. Aber auch die einzelnen Gegenstände können eine gewisse Vorstellung vom vergangenen Glanz unter den barocken Stuckdecken vermitteln. In der Küche im Erdgeschoß wurde in Kesseln und Tiegeln, in Töpfen und Pfannen aus Kupfer, Messing und Eisen eifrig gesotten und gebraten, gebacken und geschmälzt.[6] Das Hauptstück inmitten des vielfältigen Küchengeräts war der große Bratspieß mit automatischem Bratenwender („Federbräter"), einer Bratspießuhr.[7] Am Spieß und auf dem Rost wurde aber nicht nur Fleisch zubereitet. Für Fisch gab es ein extra „Fischschäufelein", und für die in der Barockzeit so beliebten Pasteten hatte man zwei spezielle Pastetenbleche zur Hand, eines aus Kupfer und eines aus Eisen. Gewürzt wurde mit frischgemahlenem Pfeffer aus einer eisernen Pfeffermühle. Auch für süße Gelüste war vorge-

Federbräter

sorgt: Mit „Straubentrichtern" konnte man den dünnen Teig ins siedende Fett laufen lassen[8], aus dem man dann die Strauben mit den „Küchelspiessen" wieder herausfischte, eventuell zusammen mit anderen schmalzgebackenen „Küchle" oder Krapfen.

Mittlerweile durften sich die geladenen Gäste in der „Tafelstube" im ersten Stock an den dort aufgehängten Ölgemälden ergötzen. Die Betrachtung der „11 Küchen- und Fruchtstücke", also opulenten Stilleben mit einschlägigen Motiven, ließ schon vor Beginn der eigentlichen Speisefolge das Wasser im Mund zusammenlaufen. Auch der Anblick der gedeckten Tafel war wohl sehr erfreulich. Acht Tafeltücher und 115 Tischservietten aus Damast gab es im Haus, von dem Vorrat aus einfacheren Stoffen gar nicht zu reden. Zwölf Bestecke und große

Küchengewölbe in Schloß Achberg

Straubenherstellung

234

Tischbecher aus Silber konnten aufgedeckt werden, alle mit dem Wappen des Hausherrn verziert[9], dazu unter anderem Teller und Platten aus Zinn, silberne Leuchter und Salzbüchsen, eine ziervergoldete Suppenschüssel und als Prunkstück schließlich ein großer silberner Becher, worauf das Schloß und die Herrschaft Achberg abgebildet waren. Luxuriös glitzerten aber auch die wenigen ausgesuchten Kristallgläser, manche rot verziert, teils mit, teils ohne Glasschnittdekor. Diese Stücke zeigten, daß man auch auf Schloß Achberg die neuesten Entwicklungen des Kunsthandwerks zu schätzen wußte. Denn das Kristallglas war erst im 17. Jh. soweit verbessert worden, daß es sich für den Glasschnitt eignete. Seit der Erfindung des Bleikristalls in England (1674) wetteiferte man in anderen europäischen Ländern mit dieser englischen Produktion. Im Deutschen Reich wurde seit dem Ende des 17. Jhs. vor allem in Böhmen, Sachsen und Schlesien durch den Zusatz von Kreide ein bleifreies Kristallglas hergestellt („Böhmisches Glas"). Zum Zentrum für die kunstvolle Verzierung dieser Gläser mit Glasschnitt entwickelte sich Nürnberg, wo vor allem die Arbeiten Georg Schwanhardt des Älteren (1601-1677) führend waren.[10]

Nur ein kleiner, ausgewählter Kreis von Gästen konnte auf Schloß Achberg bewirtet werden, denn die zwölf kompletten Silbergedecke reichten zum Beispiel nicht aus, um alle 15 „Teutsch-Ordens-Ritter" der Ballei Elsaß-Burgund an der Tafel zu versorgen.[11] Vielleicht kamen nur die eine Vorrangstellung einnehmenden Komture in den Genuß, zusammen mit anderen hochgestellten Gästen zur Tafelrunde auf Schloß Achberg geladen zu sein. Auch die Anzahl der aufgelisteten Tischbecher und Nachttöpfe deutet darauf hin, daß die Gastereien für maximal zwölf Personen ausgelegt waren. Wird die barocke Freude an symbolischen Anspielungen mit in Betracht gezogen, so drängt sich - gerade bei einem Ritterorden - der seit dem 13. Jh. durch die französische Graalsdichtung verbreitete Gedanke an zwölf Ritter der arturischen Tafelrunde auf, der sein Vorbild wiederum im christlichen Motiv der zwölf Jünger beim letzten Abendmahl hatte.[12]

Nach beendeter Festlichkeit warteten sechs Himmelbetten und sechs einfachere Bettladen auf die schläfrige Gesellschaft. Alle diese Betten konnten mit Matratzen ausgestattet werden, ein Komfort, der noch 150 Jahre später in so gut wie keinem Bauernhaus anzutreffen war.[13] Zur Nachtruhe verteilte man sich auf die beiden obersten Stockwerke. Die vornehmste Unterkunft, das „Fürstenzimmer", war wohl hochrangigen Gästen wie zum Beispiel dem Hoch- und Deutschmeister oder anderen Fürsten vorbehalten. Womöglich bezieht sich diese Bezeichnung aber auch auf die Porträts des Kaisers, der Kaiserin, der Fürstäbtissin von Lindau und des Landkomturs als Hausherrn, die über den Schlummer des hier Einquartierten wachten. In den beiden anderen Gastzimmern des obersten Stockwerks, wo sich auch der repräsentative Rittersaal befindet, konnte sich je ein weiterer Gast zur Ruhe begeben. Der Rest der Geladenen mußte zu zweit oder zu dritt in den beiden Räumen im zweiten Obergeschoß unterkommen, wo auch das Zimmer des Landkomturs lag („Gnädiger Herrschaft Zimmer"). Franz Benedikt von Baden ließ seinen Schlaf von Heiligenbildern bewachen (St. Franziskus und St. Judith); er war aber auch ein Freund von Blumenbildern und anderen Gemälden. Selbst der Kammerdiener nebenan mußte nicht auf eine Blumendarstellung an der Wand verzichten. Auffallend an der sonst recht detaillierten Beschreibung des Inventars ist, daß keinerlei Schränke oder Truhen erwähnt werden. Mußten die Gäste mit den mitgebrachten voluminösen Reisetruhen vorliebnehmen als Ergänzung zu den wenigen eingebauten Wandschränken, die als unbewegliche Einbauten, wie etwa auch die Öfen, nicht in das Verzeichnis aufgenommen wurden?

Wohl versehen war schließlich auch die Kapelle, das geistliche Herzstück im Schloß. Samt und Seide, Brokat und goldene Borten charakterisieren die kostbaren Paramente, die in allen notwendigen liturgischen Farben für das ganze Kirchenjahr vorhanden waren. Altargerät und Kirchenschmuck sorgten auch hier für eine dem Landkomtur angemessene Umgebung. Barockes Lebensgefühl vermittelte ein „Salzburger Kindl", eine prachtvolle Darstellung des gekrönten Jesuskinds, das hier anstelle des ähnlichen „Prager Jesuleins" verehrt wurde.

Meßgewand mit Wappen Franz Benedikts von Baden, 1690

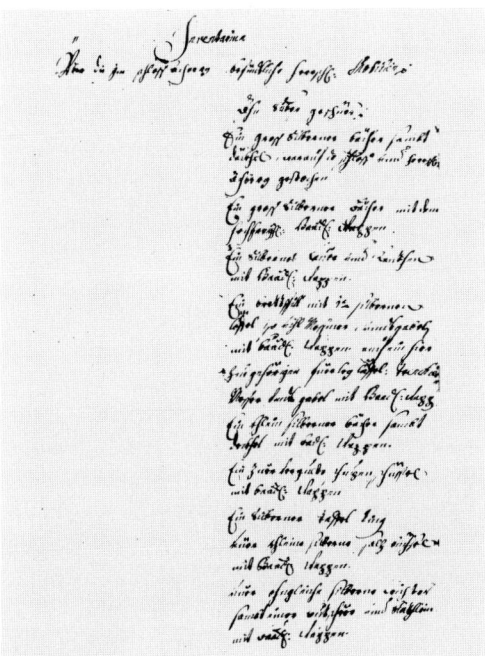

„Inventarium" von 1708 (Ausschnitt)

Inventarium[14]
über die im Schloss Achberg befindlichen
herrschaftlichen Mobilien

An Silber-Geschirr

- Ein grosser silberner Becher samt Deckel,
  worauf d[as] Schloss und [die] Herrschaft Achberg gestochen
- Ein grosser silberner Becher mit dem hoch
  freiherrlich badischen Wappen[15]
- Ein silbernes Lavor[16] und Kanten[17] mit
  badischem Wappen
- Ein Brettspiel[18] mit 12 silbernen Löffeln,
  so viel Messern und Gabeln, mit badischem
  Wappen, auch ein hierzu gehöriger
  Vorleglöffel, Tranchier-Messer und -Gabel
  mit badischem Wappen
- Eine ziervergoldete Suppenschüssel mit
  badischem Wappen
- Ein silberner Tafelring
- Vier kleine silberne Salzbüchsel mit
  badischem Wappen
- Vier ungleiche silberne Leuchter samt
  einer Putzschere und Plättlein[19] mit badi-
  schem Wappen
- Zwei Leuchter mit weissem Kupfer
- Ein Tranchiermesser und -gabel mit
  beinernem Heft
- Eine Putzschere und Plättlein mit
  badischem Wappen
- Ein halbes Dutzend ziervergoldete
  Becherlein mit badischem Wappen
- Ein Dutzend grosse Tischbecher samt
  einem Deckel mit badischem Wappen
- Ein Präsentierteller ohne Wappen
- Ein godroniertes[20] silbernes Lavor samt
  Kanten und zwei dergleichen Leuchter,
  auch Lichtputz[schere] und Plättlein
- Zwei dergleichen Salzbüchsel, innen
  vergoldet
- Ein silbernes Weichbrunnkessele[21]

An Zinn-Geschirr

18 grosse Platten
18 dergleichen kleinere
2 Deck-Plättlein
5 Suppenschüsseln, darunter 2 kleine
3 Salzbüchsen
38 grosse neue Teller
34 ordinari[22] Teller
11 bediente[23] Teller
11 Tischbecher, worunter ein kleines
  Becherle
6 gleiche Lichtstöck[24]
4 Weichbrunnkessele
1 Giessfass samt Handbecken
1 Flasche zu zwei Maß[25]
1 dergleichen Flasche zu einem Maß
2 Präsentierteller
1 kleines Käntel
3 Schankgeschirre
12 s. v. Nachtgeschirre[26]
1 fünfmassige Kanten

2 dreimassige Kanten
2 zweimassige Kanten
3 einmassige Kanten
2 Leuchter

Kupfer-Geschirr
 - Ein Schwenkkessel
 - Fünf kupferne Häfen[27], der grössere mit
   einem Deckel
 - Vier Tiegel samt zwei Deckel
5 Schüsseln
2 Senn[28]- und Waschkessel
2 Pfannen
1 Bettpfanne[29]
1 Durchschlag[30]
1 Wasserschapf[31]
1 Pastetenblech
1 zweimassige Kantel
       6 Tiegel, 4 mit Deckel und 2 mit
         Casserol-Pfannen
       1 grosser Hafen mit einem
         messingenen Hang[32], zu dem
         Schwenkkessel gehörig
       1 Fischschäufelein

Messing-Geschirr
 - Drei Pfannen
 - Vier Lichtstöckel

Öhren-Hafen und Geschirr[33]
1 Hafen
1 Mörser
3 Dipletin [Töpfchen?] samt Deckel

Eisen-Geschirr
12 grosse und kleine Pfannen
5 grosse und kleine Spiesse
1 Federbräter[34]
2 Roste
3 Zurichtlöffel
3 Schaumlöffel

2 Kiechelspiesse[35]
2 Schragen zum Bräter[36]
4 Leuchter
7 grosse und eine kleine Putzschere
2 Glutpfannen[37]
2 Schnellwaagen
1 Pfeffermühle
1 Bügeleisen
1 Dreifuss
1 Haumesser
2 Hafendeckel
1 Feuerhaken
1 Schaufel
1 Pastetenblech

Sturz-Geschirr[38]
2 Salz- oder Mehltruhen
1 Strauben-Trichterl[39]
  Eines dergleichen ohne Stiel
1 grosse Baumölflasche[40]
1 kleines Ölkäntel

An Weissgewand
Tischservietten
 - damastene 115
 - bildete[41] 50
 - neu-trülchene[42] 38
   203

Tafeltücher
 - damastene 8
 - anstöss[43] 4
 - bildete und gemeine 22
 - grobe, grosse und kleine 15
   49

Handtücher
 - damastene 2
 - bildete 7
 - glatt-flachs reustene[44] 12
 - ehewerkene[45] 22
   43

Kochtopf   Wärmpfanne   Lichtputzschere mit Plättlein

Straubentrichter

Bettziechen[16]
- flachs- und reustene 16
- kölsche[47] 1
- ehewerkene 20
    37

Pfulbenziech[48]
- flachsreustene 15
- ehewerkene 12
    27

Leichtücher[49]
- flachs- und reustene 41
- ehewerkene 18
    59

Kissenziechel
- summarisch samt 2 Magenkissel 61

An Bett-Gewand
- Ober- und Unterbetten, worunter ein lidernes[50] mit blauem Überzug 28
- Pfulben 19
- Kissen 39
- Magenkissen 1
- Von Conton[51], Decken 4
- Dergleichen wollene 2

Bettmatratzen
- kölsche 5
- weisse 5
- neue halbkölsche 4
    19 [sic !]

Pfulbenmatratzen
- kölsche 3
- weisse 3
    6

Strohsäcke
- davon sind vorhanden 15
- Strohpfulben 9

An Gläser
- Drei geschnittene samt Deckel mit badischem Wappen
Kristallene[52] grosse ohne Füsse
- geschnittene 4
- dergleichen glatte 2
- geschnitten mit roten Steinen 1
- Dergleichen mit roten Strichen 1
- Glatt blau 1
- Geschnittene niedere 2
- Dergleichen kleinere 2
Hohe kristalle mit Füssen samt Deckel,
- oben und unten rote Köpf 6
Hohe und niedere samt Deckel,
- geschnittene 7
- Geschnittenes ohne Deckel 1
- Mit Füssen geschnitten ohne Deckel 1

An Sessel, Teppich, Umhäng und Holzwerk
Im Saal
Zwei grosse Spiegel, ein Teppich, ein Schreibtisch mit badischem Wappen, eine Spanische Wand

Fürstenzimmer
Zwei Schreibtische, 3 Tische und einen Himmel und niedere Bettlade, gar schöner Bettumhang, mit s. v. Nachtstuhl samt kupfernem Hafen, ein großer Spiegel, beider Majestäten... Kaiser und Kaiserin, Königin in Spanien, Konterfei[53], auch Ihrer Fürstlichen Gnaden zu Lindau[54] und [der] gnädigen Herrschaft Porträt[55], Zwei Blumenstücke[56], ein Kruzifix, ein Spieltisch mit grünem Tuch überzogen

Gastzimmer daneben
Zwei Teppiche, grüngestreifter Umhang, ein Schreib[tisch] und 2 andere Tischel, eine Himmelbettlade, ein Gemälde

Stuhl mit Wappen von Franz Benedikt von Baden, 1701

Gastzimmer am Saal

Zwei Teppiche, eine Bettlade, 2 Tischel und ein mit weissen Strichen [gemusterter] grüner Umhang, zwei Landschäfftel[57]

Capuziner-Stübel

Ein Tisch, 2 niedere Bettladen und ein Gemälde

In diesem Gang über den Türen

 - 8 Landschäfftel

Im mittleren Gang
Gnädiger Herrschaft Zimmer

Drei Teppiche, 2 Schreibtische, 2 andere Tische, eine Himmel- und andere Bettlade, ein Spiegel, St. Franziscus, St. Judith, gnädiger Herrschaft Bruders hochseeligen Angedenkens Konterfei[58], 2 Blumenstücke, 2 andere Täffelein und ein grosser gestreiffelter Bettumhang

Kammerdiener- und Lakaienzimmer

Ein Tisch, 2 Bettladen und ein Blumenstück

Gastzimmer gegen die Argen

Zwei rot gestreiffelte Umhänge, ein Schreibtisch, 2 andere Tische, 2 Himmel- und eine andere Bettlade, den David[59], ein Landschäfftel, ein Kruzifix

Gastzimmmer gegen die Brücke

Ein Teppich, ein grün gerächleter[60] Umhang, ein Schreibtisch, ein anderes und steinernes Tischel, eine Himmel- und andere Bettlade, den David, 2 Landschäfftel

[Im] mittleren Gang ob den Zimmern

befinden sich 4 Landschäfftel

[Im] unteren Gang

drei kleine Landschäfftel

Kelch mit Wappen von Franz Benedikt von Baden, 1689

Tafelstube

Zwei Teppiche, 2 Tafel- und ein Spieltisch, 11 Küchen- und Fruchtstücke[61]

Beschliesserei- und Beamtenzimmer

Ein Tisch und vorbeschriebenes Weissgewand, 2 Bettladen und 2 kleine Tischel

Gesindestube

Ein Tisch, drei Bettladen

Sessel

 - Zwei rote plüschene[62] Leinensessel und 18 dergleichen kleine
 - Ein blau plüschener Leinensessel und 10 dergleichen kleine
 - Drei grosse rote Sessel mit weissen Blumen und 15 dergleichen kleinere
 - Wollene gleiche Sessel 12 und andere dergleichen 3
 - Leinenstühle 30

Zugehör [der] Kapelle

 - Ein Meßgewand von weißem[63] Brokat[64] mit goldenen Strichen, samt Manipel[65] und Stohl[66]
 - Ein rot[67]-sametes[68] mit goldenen Borten
 - Ein blau[69]-atlenes[70]
 - Ein weiß-damastenes[71]
 - Ein grün-gemeines[72]
 - Ein weiß-gemeines
 - Zwei schwarz[73]-gemeine
 - Ein schwarzes mit goldenen Strichen
 - Ein dergleichen von unterschiedlichen Farben
 - Zwei Corporal[74]
 - Ein silberner und zinnener Kelch[75] samt Paten[76]
 - Silberne und zinne Altar-Käntle[77] samt Plättlein[78]

Meßgewand, Altshausen 1667

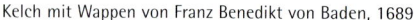

- Ein messenes Glöckel[79]
- Ein schwarzes, 1 grünes, 1 blaues, ein rotes, ein weisses Kelchtüchlein von Taffet[80]
- Drei Alben[81] samt zwei Humeral[82] und Gürtel, 2 Handtüchel, ein Kissen, ein kupferner Weichbrunnkessel[83], 2 zinnene Lichtstöck[84]
- Ein silbernes und hulzines[85] Kruzifix[86]
- 2 Altartücher mit Spitzen

- Ein Messingleuchter samt Löschhörnlein[87]
2 geschnitzte Bilder S[ancti] Franc[isci] und Antoni, 4 Gemälde, ein gefaßtes Salzburger Kindel[88], 2 Täfelein und ein Gemälde S[anctae] M[ariae] Magdalenae, ein großes [Gemälde] Christus am Ölberg und 2 weiße große Umhäng.

[1] HStASt, Bestand 344 (Deutschordensballei Elsaß-Burgund und Landkommende Altshausen), Bü 56 (Beilagen zur Generalvisitation, 1708). Zur Veröffentlichung vgl. Anm. 14. Bäuerliche Inventare wurden für unseren Raum bereits häufig behandelt und herangezogen, um die vergangenen Lebensumstände auf dem Land zu illustrieren: Vgl. K. F. Eisele, Fischerhaus, Haus Lauben und Haus Füssinger ..., in: Wolfegger Blätter 1, S. 5-37 (insbesondere S. 27-37); Ders., „... Und gar nit mit der Blehen oder Windmille ...", in: Wolfegger Blätter 2, S. 73-78; P. Sachs, Von Karren, Kübeln und Kommoden ..., in: Wolfegger Blätter 3, S. 47-73; H. Dettmer, Zur Möblierung Westallgäuer Bauernhäuser ..., in: Wolfegger Blätter 3, S. 74-85.

[2] Zur Biographie von Franz Benedikt von Baden siehe den Aufsatz von Walther Rechmann in dieser Publikation. Zum Wappen vgl. Anm. 9.

[3] HStASt B 344, Bü 47-48, 50-51, 56.

[4] R. Seigel, Die Herrschaft Achberg im 18. Jahrhundert, in: Hohenzollerische Heimat, 19. Jg. 1969, Nr. 1, S. 10-13.

[5] Die Beträge für die drei genannten Ausgabeposten sind in dem beigefügten Diagramm wiedergegeben, zur Vereinfachung jedoch mit auf den vollen Guldenbetrag (fl) abgerundeten Summen; die Kleinbeträge in Kreuzern und Hellern bleiben dabei also unberücksichtigt. Die jährlichen Gesamtausgaben schwankten zwischen 1560 fl (1702) und 1192 fl (1703).

[6] Vgl. M. Barczyk, Essen und Trinken im Barock, Sigmaringen 1981.

[7] Eine solche Bratspießuhr ist beispielsweise im Tiroler Volkskunstmuseum in Innsbruck zu sehen. H. Gschnitzer und H. Menardi, Tiroler Volkskunstmuseum, Essen und Trinken - Feuer und Licht, Innsbruck 1983, S. 5 f. (vor allem Kat.-Nr. 4/ Inv. Nr. 6177).

[8] Vgl. J. und W. Grimm, Deutsches Wörterbuch, Nachdruck München 1984, Bd. 19, Sp. 941 („Straube") und Sp. 955 („Straubenteig", mit Erwähnung des Straubentrichters). Das Gebäck war demnach in Süddeutschland weit verbreitet. Ein Rezept findet sich in dem von der in Württemberg allseits bekannten „Löfflerin" herausgegebenen

„Oekonomischen Handbuch für Frauenzimmer, Ersten Bandes, welcher das Kochbuch enthält, Erste Abtheilung" (7. verb. Auflage, Stuttgart 1824, S. 453 f.). Neuerdings ausführlich beschrieben und abgebildet bei Irene Krauß, Chronik bildschöner Backwerke, Stuttgart 1999, S. 160-164.

[9] Das gevierte Amtswappen als Landkomtur des Deutschen Ordens ließ Franz Benedikt Freiherr von Baden in Achberg gern und häufig anbringen: im und am Schloß, am Amtshaus und am Wirtschaftshof. Zum Wappen von Franz Benedikt siehe auch den Aufsatz von Helmut Hartmann in diesem Band.

[10] A. Seling (Hrsg.), Keysers Antiquitäten-Lexikon für Sammler und Kunstliebhaber,

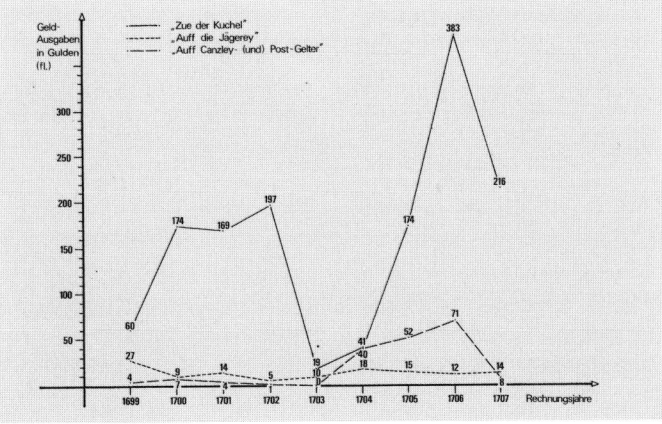

München 1977, S. 85 („Glasschnitt"), S. 123 („Kristallglas") usw.

[11] Ein im Jahr 1701 entstandener Wappenkalender führt ihre Namen und Wappen in rangmäßiger Reihenfolge auf, allen voran Franz Benedikt Freiherr von Baden, Landkomtur zu Altshausen. Vgl. J. Hotz, Ein barocker Wappenkalender der Deutschordensballei Elsaß-Burgund um 1700, in: ZGO 121 (1974), S. 125-134. Zum Wappenkalender von 1701 siehe den Aufsatz von Walter Ebner, zu den 15 Rittern der Ballei Elsaß-Burgund von 1701 die Untersuchung von Helmut Hartmann in diesem Band.

[12] Zur Tafelrunde vgl. Lexikon des Mittelalters, München 1977, Bd. VIII, Sp. 421.

[13] Vgl. P. Sachs (wie Anm. 1), S. 66.

[14] Lagerort und Signatur vgl. Anm. 1. Der Text wurde zum besseren Verständnis fast durchgehend der modernen Schreibweise angepaßt, unter Anwendung der „Richtlinien für die äußere Textgestaltung bei Herausgabe von Quellen zur neueren deutschen Geschichte" (In: Richtlinien für die Edition landesgeschichtlicher Quellen, hrsg. v. W. Heinemeyer, Marburg und Köln 1978, S. 25-36). Dabei mußte die teilweise stark irritierende mundartliche Färbung zugunsten des besseren Verständnisses eliminiert werden, was vor allem Dehnungen, Umlaute, weiche Anlaute und verkürzte Auslaute betraf, zum Beispiel: „Ahn Silber geschüer" = an Silber-Geschirr, „bächer sambt däckhl" = Becher samt Deckel, „Bastettenbläch" = Pastetenblech, „Buzscheer" = Putzschere. Wo die Normalisierung jedoch eine zu starke Veränderung des Wortes bedingt hätte (wie bei den Verkleinerungsformen), wurde die nur leicht normalisierte Wortform beibehalten, zum Beispiel: „Salzbüchsel" = kleine Salzbüchsen, „Weichbrun-Kässele" = „Weichbrunnkessele" = kleiner Weihwasserkessel, „Käntel" = kleine Kante = Kanne, „Landschäfftel" = Landschaftsbild. Irreführende oder unsichere Stellen wurden mit ... ausgelassen, entsprechende Ergänzungen mit [ ] eingefügt. Das Manuskript umfaßt insgesamt 10 Doppelblätter (= 40 Seiten), davon enthalten die Seiten 1-20 das „Inventarium über die im Schloss

Achberg befündliche Mobilien etc. ... d[e] d[a]to d[es] 19t[en] July 1708 / Exhibit[um] Achberg ad Commiss[arium] Visitat[ionis] d[en] 29. July 1708" (Vermerk auf S. 20, die Seiten 16-19 sind leer geblieben), auf den Seiten 21-39 ist der „Sum[m]arische Extract der Hochen Ritterlichen Teutsch-Ordens-Herrschaft Achberg Jahrs-Rechnungen über alles Einnehmen und Außgeben von Annis 1699 bis 1707 inclusive" (Titelblatt auf S. 21) eingetragen, wobei die Doppelseite 38/39 nur eine nicht ausgefüllte Spalteneinteilung mit Angabe der Jahreszahlen 1699-1707 und der Währungsabkürzungen (fl = Gulden, xr = Kreuzer, hl = Heller) in der Kopfzone enthält. Die letzte Seite 40 ist als Rückumschlag leer geblieben.

[15] Vgl. Anm. 9.

[16] Schwäbisch „Lavor" für französisch „Lavoir" = Waschbecken, hier wohl eine Waschschüssel mit Wasserkrug („Kanten"). Vgl. H. Fischer, Schwäbisches Wörterbuch, Tübingen 1904-1936, Bd. 4 (1914), Sp. 1067.

[17] Kante, Kanten = Kanne, Krug, Metallgefäß mit Ausguß. Vgl. J. und W. Grimm (wie Anm. 8), Bd. 11, Sp. 172 und H. Fischer (wie Anm. 16), Bd. 4 (1914), Sp. 195.

[18] Schwäbisch „Brettspil" (Brettspiel) = Behälter für Tischbesteck (alte, bereits um 1900 nicht mehr gebrauchte Bezeichnung). Vgl. H. Fischer (wie Anm. 16), Bd. 1 (1904), Sp. 1411.

[19] Plättlein = kleines Tablett als Untersetzer und Ablage der Lichtputzschere. Vgl. H. Gschnitzer (wie Anm. 7), S. 112 f.

[20] Godroniert = verziert durch repoussierte Randleisten mit kleinen Kugel-, Oliven- oder Zungenformen, von französisch „Godron" = Eierstab, Falte. Vgl. R. Seling (wie Anm. 10), S. 174 („Repoussieren").

[21] Weichbrunnkessele = kleiner Weihwasserkessel, da „Weichbrunnen" = Weihbrunnen = Weihwasser. Vgl. J. und W. Grimm (wie Anm. 8), Bd. 28, Sp. 653.

[22] Ordinari = gewöhnlich, von lateinisch „ordinarius" = ordnungsgemäß, in der normalen Reihe stehend.

[23] Bedeutung unklar. Vielleicht Servierteller zum Vorlegen der Speisen oder Platzteller, auf den die Speiseteller der einzelnen Gänge plaziert wurden. Daß

Teller für das Personal, die „Bedienten"= Bediensteten gemeint sind, erscheint im Zusammenhang der Aufzählung eher unwahrscheinlich.

[24] Lichtstock = Leuchter, Untersatz für einen Lichttiegel. Vgl. H. Gschnitzer (wie Anm. 7), S. 98 ff.

[25] Maß = Maßeinheit für Flüssigkeiten (vor allem für Getränke, insbesondere Wein), bis ins 19. Jh. von Herrschaft zu Herrschaft verschieden, wie zum Beispiel: Bayern 1,069 Liter, Österreich 1,415 Liter, Baden 1,5 Liter, Württemberg 1,84 Liter. Vgl. Brockhaus' Conversationslexikon, Leipzig 1885[13], Bd. 11, S. 507 und H. Kahnt, Lexikon alter Maße, Münzen und Gewichte, Mannheim ... 1987, S. 180 f.

[26] s. v. = Abkürzung für lateinisch „salva venia" = mit Verlaub (gesagt), Verzeihung! Es ist eine Entschuldigung für die Nennung eines in diesem Zusammenhang als unanständig oder unfein empfundenen Wortes beziehungsweise Gegenstands, hier das Nachtgeschirr = Nachttopf.

[27] Hafen = oberdeutsche Bezeichnung für Topf, jede Art von Geschirr in Topfform, auch ganz allgemein für Gefäß. Vgl. J. und W. Grimm (wie Anm. 8), Bd. 10, Sp. 120-123 und H. Fischer (wie Anm. 16), Bd. 3, Sp. 1018-1021.

[28] Sennkessel = Kessel zur Milchverarbeitung (Herstellung von Sahne, Butter und Käse). Vgl. J. u. W. Grimm (wie Anm. 8), Bd. 16, Sp. 598-603.

[29] Bettpfanne = Metallbehälter zum Anwärmen des Bettes, bestehend aus zwei abgeflachten, aufklappbaren Halbkugelschalen mit einem langen Stiel. In diese Wärmpfanne gab man glühende Holz- oder Kohlestückchen. Damit das Bett nicht in Brand geriet, mußte man die Wärmpfanne in ein Holzgestell zwischen Matratze und Bettdecke einschieben. Vgl. H. Gschnitzer (wie Anm. 7), S. 119.

[30] Durchschlag = Küchengerät zum Durchseihen, Durchsieben. Vgl. J. und W. Grimm (wie Anm. 8), Bd. 2, Sp. 1668.

[31] Schapf = Schöpfgefäß mit Stiel, hier speziell zum Wasserschöpfen. Vgl. H. Fischer (wie Anm. 16), Bd. 5, Sp. 691.

[32] Hang = (hier wohl) Henkel, ähnlich wie Hangel, Hängel: Instrument zum Aufhängen eines Gegenstands. Vgl. J. und

W. Grimm (wie Anm. 8), Bd. 10, Sp. 439.

[33] Öhren = mit Ohren (Henkel, Griff) beziehungsweise einem Öhr versehen. Vgl. J. und W. Grimm (wie Anm. 8), Bd. 13, Sp. 1253.

[34] Federbräter = Bratspießuhr, vgl. Anm. 7.

[35] Kiechelspieß, Küchelspieß, Küchelspitz = spitzes Eisen, womit die gebackenen Küchle aus dem siedenden Fett geholt werden. Vgl. J. und W. Grimm (wie Anm. 8), Bd. 11, Sp. 2496.

[36] Schragen zum Bräter = vermutlich ein Bratspießständer. Schragen bezeichnet ursprünglich ein Gestell mit kreuzweise gestellten Füßen, dann auch jede Art von Tisch-, Bett-, Bankgestell usw. In der Hauswirtschaft zum Beispiel auch Stangengestell am Ofen zum Trocknen von Wäsche. Vgl. J. und W. Grimm (wie Anm. 8), Bd. 15, Sp. 1620.

[37] Glutpfanne, auch Glutkessel, Gluthafen = Behälter für glühende Kohlen zur Raumheizung anstelle eines Ofens. Vgl. H. Fischer (wie Anm. 16), Bd. 3 (1911), Sp. 721.

[38] Sturz = (auch) Gefäße, Trichter, Öffnungen, in die hinein oder mit denen etwas geschüttet oder gegossen wird. Vgl. J. und W. Grimm (wie Anm. 8), Bd. 20, Sp. 685 („Sturz", Bedeutung II.1).

[39] Straubentrichter, Straubentrachter, im Text „Strauben-Trächterl" = Blechröhre, durch die der Straubenteig in das siedende Fett gepreßt wird (vgl. Anm. 8).

[40] Baumöl = minderwertiges, aus der letzten Pressung gewonnenes Olivenöl, wurde unter anderem zur Beleuchtung in Öllampen verwendet. Vgl. J. und W. Grimm (wie Anm. 8), Bd. 1, Sp. 1194 und L. Röhrich, Lexikon der sprichwörtlichen Redensarten, Freiburg i. Br. 1973/77, Bd. 1, S. 108.

[41] Bedeutung unklar. Vielleicht gemusterte oder verzierte Stoffe, nach freundlicher Mitteilung von Frau Traudl Härle in Königseggwald.

[42] Trülchene = aus Drillich. Schwäbisch „Drilch" = mit dreifachem Faden gewobene und daher grobe Leinwand. Vgl. H. Fischer (wie Anm. 16), Bd. 2 (1908), Sp. 381.

[43] Anstöß = in Muster und Form aneinanderpassende Tischtücher zur Verlängerung der Tafel. Nach freundlicher Mitteilung von Frau Traudl Härle in

Königseggwald (Familientradition). Findet sich in dieser speziellen Bedeutung nicht bei J. u. W. Grimm (wie Anm. 8) oder H. Fischer (wie Anm. 16).

[44] Flachs-Reusten = gute und feine Sorte unter den vielen, verschiedenartigen Leinengeweben. Vgl. Traudl Härle, Wörterbüchle für Stoff- und Kleiderbezeichnungen aus oberschwäbischen Inventur- und Teilungsakten von 1800 bis 1845, maschinenschriftlich [Königseggwald, um 1995], Bl. 8 und A. Bischoff-Luithlen, Der Schwabe und sein Häs, Stuttgart 1982, S. 136.

[45] Bedeutung unklar. Vielleicht Leinwand von einfacher, aber solider Machart, im Sinne von „ehrlich" fabrizierter Qualität.

[46] Schwäbisch „Ziech[en]" = sackartiger Überzug für Betten und Kissen. Vgl. H. Fischer (wie Anm. 16), Bd. 6 (1924), Sp. 1175.

[47] Kölsch (auch kalbkölsch) = eine in Köln gefärbte, weit verbreitete Barchentart (Mischgewebe aus Baumwolle und Leinen) mit blauen Streifen. Vgl. A. Bischoff-Luithlen (wie Anm. 44), S. 128.

[48] Schwäbisch „Pfulbe[n]" = Kissen. Im Bett das große, über die ganze Breite des Betts reichende Kissen, worauf das kleinere Kopfkissen zu liegen kommt. Sonst auch für Sitzkissen. Vgl. H. Fischer (wie Anm. 16), Bd. 1 (1904), Sp. 1083.

[49] Leichtücher (hier wohl) = Leintücher.

[50] Bedeutung unklar. Nach J. und W. Grimm (wie Anm. 8) Bd. 12, Sp. 895 ist „lidern" = ledern, aus Leder gemacht beziehungsweise dicht anschließend.

[51] Conton (wohl) = Cotton, Baumwolle.

[52] Zum Kristallglas vgl. Anm. 10.

[53] Porträts vermutlich von Kaiser Leopold I. (geb. 9.6.1640 in Wien, gest. 5.5.1705 in Wien) und seiner ersten Gemahlin Margarita Teresa (geb. 12.7.1651 in Madrid, gest. 12.3.1673 in Wien), der zweiten Tochter König Philipp IV. von Spanien, zugleich Cousine und Nichte Leopolds. Franz Benedikt von Baden hatte wohl in einer gewissen persönlichen Beziehung zu Kaiser Leopold I. gestanden, da er 1692 zum Kaiserlichen Geheimen Rat ernannt worden war und auch in der barocken Türinschrift im Rittersaal von Schloß Achberg darauf anspielen ließ: „... Leopoldum confiliisque juvans ... Intimus Auxilio Consiloque

manens ..." (... er half mit seinen Söhnen dem Leopold und ... blieb sein Vertrauter mit Rat und Tat).

[54] Porträt vermutlich der Lindauer Fürstäbtissin Maria Magdalena von Hallweil (1689-1720). Franz Benedikt von Baden versah zusätzlich das Amt eines „Konservators" des Damenstifts Lindau und mußte sich daher auch mit den vielfältigen Streitigkeiten zwischen dem Stift und der Stadt Lindau beschäftigen. Im nördlichen Querschiff der Lindauer Stiftskirche befindet sich deshalb ein Epitaph für Franz Benedikt.

[55] Porträt des Hausherrn Franz Benedikt.

[56] Blumenstück = in Öl gemaltes oder in Kupfer gestochenes Blumenbild. Deutlich zum Beispiel in „Gnädiger Herrschaft Zimmer": „2 Blumenstücke [und] 2 andere Täfelein". Vgl. J. und W. Grimm (wie Anm. 8), Bd. 20, Sp. 215 („Stück", Bedeutung II C 17 a = Gemälde, Zeichnung, Kupferstich).

[57] Landschäfftel = Landschaftsbild.

[58] Porträt vermutlich des älteren Bruders von Franz Benedikt Freiherr von Baden, Johann Friedrich (geb. um 1627, gest. 26.4.1688 in Altshausen), der ebenfalls Deutschordensritter und Landkomtur der Ballei Elsaß-Burgund in Altshausen (1683-1688) gewesen war. Zur Quellenangabe vgl. Anm. 2.

[59] Vermutlich ein Bild mit der Darstellung des Jünglings beziehungsweise jüdischen Königs David aus dem Alten Testament.

[60] Gerächlet evtl. von schwäbisch „g[e]rechtle[n]" = reinigen, ausbessern. Vgl. H. Fischer (wie Anm. 16), Bd. 3 (1911), Sp. 398.

[61] Küchen- und Fruchtstücke (wohl) = in Öl gemalte Stilleben mit Früchten, erlegtem Wild oder anderen Nahrungsmitteln. Vgl. Anm. 56.

[62] Plüsch = Florgewebe (zum Beispiel hochfloriger Samt) für Möbelbezüge und anderes, aus Wolle, Schappeseide, Baumwolle, Leinen oder anderen Materialien. Vgl. Brockhaus Enzyklopädie in zwanzig Bänden, Wiesbaden 1972[17], Bd. 14, S. 698.

[63] Weiß = liturgische Farbe für die Feste des Herrn (zum Beispiel Weihnachten), Marias und der heiligen Jungfrauen, symbolisiert das Licht, die Reinheit, den Glanz und hochfestliche Freude. Kann

auch durch Gold oder Silber ersetzt werden. Die anderen festgelegten liturgischen Farben sind Rot, Grün und Schwarz oder Violett. Vgl. LThK, Freiburg i. Br. 1931, Bd. 3, Sp. 955 f.

[64] Brokat = mit Gold- oder Silberfäden durchwirkter, reich gemusterter Stoff. Vgl. A. Bischoff-Luithlen (wie Anm. 44), S. 118.

[65] Manipel = Seidenstreifen, den der Priester bei der Messe über dem linken Unterarm trägt. Diente ursprünglich als Handtuch („Schweißtuch"), um die heiligen Geräte nicht mit bloßer Hand zu berühren. Vgl. A. Seling (wie Anm. 10), S. 140.

[66] Stola = aus der spätrömischen Tracht hervorgegangener Teil des Meßornats, ein langes, an den Enden breiter werdendes Band. Vgl. LThK (wie Anm. 63), Bd. 9, Sp. 808.

[67] Rot = liturgische Farbe für die Leidensfeste des Herrn, die Märtyrerfeste (zum Beispiel des Hl. Stephanus am 26. Dezember) und das Pfingstfest, symbolisiert Blut und Feuer, die übernatürliche Liebe und die Wirkung des Heiligen Geistes. Kann auch durch Gold ersetzt werden. Vgl. LThK (wie Anm. 63), Bd. 3, Sp. 955 f.

[68] Samt = Gewebe aus Seide, Wolle, Baumwolle oder Leinen mit feinhaariger Oberfläche. Vgl. T. Härle (wie Anm. 44), S. 12.

[69] Blau = ältere liturgische Farbe, die zwar seit Papst Pius V. (Missale Romanum von 1570) in fast allen katholischen Kirchen und Orden im allgemeinen nicht mehr zulässig war, im süddeutschen Raum jedoch traditionell noch bis um 1830/40 bei Marienfesten verwendet wurde (nach freundlicher Mitteilung von Herrn Jürgen Hohl, Eggmannsried). Symbolisiert Himmel, Luft und Wasser, die Wahrheit und die Treue zu ihr. Blau gilt auch als die Farbe des Mantels Mariens, der Patronin des Deutschen Ordens und der Prämonstratenser. Entsprechend ist in der berühmten, von den Prämonstratensern erbauten Wallfahrtskirche St. Peter und Paul in Steinhausen (Lkr. Biberach) eine blaue Kasel aus dem 19. Jh. erhalten. Vgl. LThK (wie Anm. 63), Bd. 3, Sp. 955 f., Gerd Heinz-Mohr, Lexikon der Symbole, Freiburg i. Br. 1991⁵, S. 107 f. und Jürgen Hohl, Exponatbesch. Nr. 90, in: Kostbare historische Paramente und Kult-

geräte im Landkreis Biberach, Ausstellungskatalog, Biberach 1990, S. 62.

[70] Aus Atlas, einem ursprünglich aus Arabien stammenden, glatten, feinen und glänzenden Seidengewebe in spezieller Machart (sogenannte Atlasbindung). Vgl. A. Bischoff-Luithlen (wie Anm. 44), S. 113 und A. Seling (wie Anm. 10), S. 20.

[71] Aus Damast, einer nach der Stadt Damaskus benannten Gewebeart mit verschiedenen Bindungen und im Licht deutlich hervortretendem Muster. Vgl. A. Bischoff-Luithlen (wie Anm. 44), S. 120 und A. Seling (wie Anm. 10), S. 54.

[72] Grün = liturgische Farbe für Sonntage außerhalb der Festkreise zum Beispiel von Epiphanie (6. Januar, Hl. Drei Könige) bis Septuagesima (neunter Sonntag vor Ostern und Beginn der Vorfastenzeit) und von Dreifaltigkeit (Sonntag nach Pfingsten) bis zum Advent (die vier Sonntage vor Weihnachten, Beginn des Kirchenjahrs). Gilt als mittlere und vermittelnde Farbe, symbolisiert die Hoffnung und das Paradies. Vgl. LThK (wie Anm. 63), Bd. 3, Sp. 955 f. und Gerd Heinz-Mohr, Lexikon der Symbole, Freiburg i. Br. 1991⁵, S. 108. Gemein = aus einfachem, üblichem Stoff.

[73] Schwarz = liturgische Farbe für die Advents- und Fastenzeit sowie Totengottesdienste, symbolisiert Nacht und Tod, Buße und Trauer. Wurde nach und nach von Violett als gemilderter Bußfarbe verdrängt. Vgl. LThK (wie Anm. 63), Bd. 3, Sp. 955 f. und Gerd Heinz-Mohr, Lexikon der Symbole, Freiburg i. Br. 1991⁵, S. 108.

[74] Korporale = geweihtes Leinentuch, das während der Messe auf dem Altar als Unterlage für die Hostie (Corpus Christi) dient und somit auch das Grabtuch symbolisiert. Vgl. LThK (wie Anm. 63), Bd. 6, Sp. 214 und Jürgen Hohl, Glossar, in: Kostbare historische Paramente und Kultgeräte im Landkreis Biberach, Ausstellungskatalog, Biberach 1990, S. 72.

[75] Kelch = Gefäß zur Weihe des Meßweins am Altar, daher notwendigstes und mit der Patene (vgl. Anm. 76) vornehmstes liturgisches Kultgerät bei der Messe. Vgl. LThK (wie Anm. 63), Bd. 5, Sp. 918.

[76] Patene = flache Hostienschale, die als Altargerät bei der Messe dient und bis

zur Opferung auf dem Kelch aufgelegt ist. Vgl. LThK (wie Anm. 63), Bd. 7, Sp. 1027.

[77] Käntle = kleine Kante, Kanne (vgl. Anm. 17), hier wohl die paarweise für Wein und Wasser zusammengehörigen Meßkännchen („ampulla") des Altargeräts. Vgl. LThK (wie Anm. 63), Bd. 7, Sp. 130.

[78] Plättlein = Tablett „Platte", „pelvicula") der Meßkännchengarnitur. Seit Pius V. (1570) fester Bestandteil zum Aufstellen der Meßkännchen und zum Auffangen des beim liturgischen Händewaschen abfließenden Wassers. Vgl. LThK (wie Anm. 63), Bd. 7, Sp. 130.

[79] Glöckchen aus Messing = hier wohl die Altarschelle („Tintinnabulum") zur Anzeige bei der Wandlung. Vgl. LThK (wie Anm. 63), Bd. 10, Sp. 170.

[80] Taft = Seidenstoff in Leinenbindung. Vgl. A. Seling (wie Anm. 10), S. 132.

[81] Albe = aus der römischen Tunika entstandenes weißes, geistliches Gewand, das in allen Weihegraden zum Meßornat gehört. Vgl. A. Seling (wie Anm. 10), S. 10 und 145.

[82] Humerale, auch Amikt oder Schultertuch = viereckiges Leinentuch, das der Priester als erstes liturgisches Gewand anlegt. Vgl. LThK (wie Anm. 63), Bd. 1, Sp. 363.

[83] Weihwasserkessel, vgl. Anm. 21.

[84] Kerzenleuchter, vgl. Anm. 24. Hier sind wohl die Altarleuchter gemeint.

[85] Hulzines = hölzernes, aus Holz gemacht.

[86] Hier wohl das Altarkreuz.

[87] Glocken- beziehungsweise hier wohl hornförmiges Gerät zum Löschen der Kerzenflamme.

[88] Farbig bemalte Nachbildung des „Gnadenreichen Loretokindl" in Salzburg, das als barockes Wallfahrtsbild in der 1648 vollendeten Loretokirche des Klarissinnenklosters aufgestellt ist. Reichgeschmückte Elfenbeinfigur des aufrecht stehenden, gekrönten Jesuskindes mit Szepter und Kreuz, ähnlich dem „Prager Jesulein" aus Holz und Wachs. Vgl. E. Knorr-Anders, Salzburg, München 1991, S. 188 und 290, U. Pfistermeister, Wachs, Volkskunst und Brauch, Nürnberg 1983, Bd. 2, S. 221 f. sowie W. Metzger u. a., Volkskultur, in: Barock in Baden-Württemberg, Karlsruhe 1981, Bd. 1, S. 689-693.

Esserafsweiler.

Esseratsweiler mit Schloß Achberg im Hintergrund von L. Fehr, Feder und Tusche auf Papier, 1907 (Ausschnitt)

Vertrauen ist gut, Kontrolle ist besser – Die Visitationen der Herrschaft Achberg

Von Irene Pill-Rademacher

Seit der Spätantike bedienen sich komplexe Organisationen wie Kirche und Staatswesen zur internen Revision eines besonderen Instrumentariums: der Visitation. Die moderne Managementtheorie würde von Controlling sprechen. Die Überwachung reicht weit: So wird auch die kleine Herrschaft Achberg als Verwaltungseinheit im Deutschen Orden kontrolliert. Die Visitationsakten des Ordens[1] in Wien und Stuttgart ermöglichen nicht nur Einblicke in die Struktur der Deutschordensherrschaft. Sie liefern ebenso wertvolle Antworten auf Fragen der Alltags-, Mentalitäts- und Wirtschaftsgeschichte: Inventare und Protokolle informieren über Besitz und Alltagsprobleme, Leben und Streben – Schloß Achberg beginnt zu atmen.

Bevor konkret die Achberger Verhältnisse behandelt werden, sollen in gebotener Kürze Visitationen allgemein und die organisatorischen Verschränkungen im Deutschen Orden betrachtet werden. Visitationen sind periodische Kontroll-besuche legitimierter Kommissare, um Mißstände festzustellen und zu beseitigen. Sie finden in unterschiedlichen Ausprägungen statt: Unter anderem gibt es Landes-, Kirchen-, Ordens- und Universitätsvisitationen[2]. Diese unterschied-lichen Visitationsformen weisen Gemeinsamkeiten auf hinsichtlich Zielsetzung und Methode, Intention des Verfahrens, Organisationsstruktur, ja sogar bei der Terminologie. Die Kontrollbesuche betreffen immer Orte, Institutionen und Personen. Gemeinsam ist ihnen auch der herrschaftliche Impetus, eine möglichst weitgehende Überwachung - und damit natürlich Einfluß - durch-zusetzen: Visitationen machen undurchsichtige Vorgänge und Kompetenz-bereiche transparent. Sie schaffen die Basis für strukturelle und konzeptionelle Verbesserungen im Sinne des jeweils übergeordneten Interesses.

Visitationen des Deutschen Ordens

Auch die Visitationen des Deutschen Ordens illustrieren den Aspekt der Ein-flußnahme und Machtpotenzierung. Dieses institutionalisierte Kontrollorgan der Ordensspitze entwickelt sich in Zeiten sich konsolidierender Territorial-herrschaften, der Reformation und des Absolutismus zu einem elementaren Medium, um die politische wie religiös-kirchliche Ordnung zu sichern. Für die Zeit des Absolutismus also geradezu typisch greift eine zentral gelenkte, durch-organisierte Kontrolle in Politik, Alltagsleben, Wirtschaft und Kultur der visi-tierten Stellen ein. Bei dieser großen Bedeutung von Visitationen und der Fülle des gebotenen Aktenmaterials ist es erstaunlich, daß die Geschichte der Visita-tionen des Deutschen Ordens im Gesamtzusammenhang und -vergleich noch nicht geschrieben ist.[3] So kann dieser Aufsatz lediglich ein erster Ansatz sein, Visitationen am Beispiel einer Deutschordensherrschaft ein wenig zu erhellen, um Interesse für das Thema insgesamt und den Quellenbestand zu wecken.

Organisatorischer Ablauf der Visitation

In die Visitation ist das gesamte Staatswesen des Deutschen Ordens involviert - angefangen beim Hoch- und Deutschmeister und dem Generalkapitel über die Balleien bis hin zu deren Bezirkseinheiten, den Kommenden. Generalvisitationen des Deutschen Ordens werden vom Hoch- und Deutschmeister angestoßen und betreffen alle Balleien, von diesen wiederum gehen die Provinzialbeziehungsweise Balleivisitationen sämtlicher Kommenden und Herrschaften einer Ballei aus.[4] Das Generalkapitel, das Generalvisitationen in Auftrag gibt, ist die beschlußfassende Versammlung des Gesamtordens. In Preußen, aber auch später in Mergentheim und Wien bilden die Gebietiger das Generalkapitel, das einmal im Jahr unter Vorsitz des Hoch- und Deutschmeisters zusammentritt. Dieses Generalkapitel kann bis heute für den ganzen Orden verbindliche Bestimmungen genehmigen. Es gibt und verlangt Rechenschaft über die Amtsführung der Gebietiger, aber auch der Ordensangehörigen in allen anderen Bereichen. Das Generalkapitel besitzt die Kompetenz, über die Ernennung oder Absetzung von Würdenträgern des Ordens zu entscheiden.

Konzentrierte Ruhe vor einem Konzert

Die vom Generalkapitel initiierten Balleivisitationen betreffen sämtliche Ordens-häuser, sind teilweise aber auch auf eine einzige Ballei beschränkt. Anlaß zur Visitation lediglich einer Ballei bildet häufig der Tod eines Landkomturs.[5] Intendiert ist eine Übersicht über den gesamten inneren Zustand des Ordens. Die Kontrollbesuche treten auch einem allzu großen Selbständigkeitsstreben seitens der Ballei entgegen. Schon allein das Erscheinen der Visitatoren erin-nert die Balleimitglieder sichtbar an ihre gesamtkorporativen Verpflichtungen. In der Regel ernennt der Hoch- und Deutschmeister ein bis drei Ordensmit-glieder zu Visitatoren, bisweilen ihm vertraute Landkomture oder Komture, aber auch Ordenspersonen, die sich in lokaler Nähe zur visitierenden Ballei befinden. Die Kommissare erhalten vom Ordensoberhaupt eine schriftliche Vollmacht zur Visitation und Rechnungsabhörung, eine ausführliche Instruk-tion über das Visitationsverfahren und einen Katalog ausformulierter Fragen, die sie jedem Balleimitglied stellen müssen. Nach Beendigung der Visitation übersenden die Kontrolleure das Protokoll der Antworten an den Hoch- und Deutschmeister. Zusätzlich verfassen einige Kommissare noch einen Bericht, der ihre Eindrücke komprimiert und über ihre Tätigkeit Rechenschaft ablegt. Die visitierte Ballei muß die Kosten des Verfahrens aufbringen. Widerstände sind für die Ballei Westfalen im 16. Jh. überliefert: Die Landkomture und Komture sehen in den Visitationen nur lästige Unterbrechungen ihrer eige-nen Verwaltungstätigkeit, und sie suchen durch kontraproduktive Winkelzüge die Visitation zu erschweren.[6]

Mittels regelmäßiger, umfassender Untersuchungen gewinnt also der Hoch- und Deutschmeister Einsicht und öffnet sich Wege, seine Autorität geltend zu machen, um die Balleien nach seinen Intentionen zu formen. Sein ausge-prägtes Kontroll- und Mitsprachebedürfnis offenbart sich in einer Verfügung aus Mergentheim von 1700, die in strengem Ton die Visitationsverfahren organisiert: So solle wenigstens jedes zweite Jahr visitiert werden und zwar „ordentlich und mit vermeidung aller unnötigen spesen"[7]. Es sei festzustellen, daß von vielen „die visitationes aus allerhandt vorgeschüzten ursachen gar under-laßen" werden; wichtig jedoch sei es, so der Hochmeister, „mißbräuch und mängel" zu erforschen.[8] Jeder Landkomtur muß eine Verpflichtung unter-schreiben, so auch Franz Benedikt von Baden, der die Herrschaft Achberg für den Deutschen Orden erworben hat. Anläßlich seiner Ernennung zum Land-komtur der Ballei Elsaß-Burgund unterzeichnet er am 13. Februar 1689 ein voluminöses Gelöbnis, das unter anderem fixiert, daß „auch eines jeden Jahrs allein undt besonder, oder wo das aus ehehafften nit wohl seyn könt, je über zwey jahr" die nachgeordneten Balleihäuser zu visitieren seien.[9] Zwar steht die Forderung von mindestens zweijährlichen Visitationen im Raum[10], doch sieht die Umsetzung völlig anders aus: Visitationen haben wesentlich seltener statt-gefunden. Dies kann kaum verwundern, zieht man den enormen Aufwand in

Betracht, den ein Kontrollbesuch für Visitatoren wie Visitierte mit sich führt[11]: So bringt beispielsweise eine für 1772 anberaumte Visitation allein für die kleine Herrschaft Achberg im Vorfeld ein Konvolut von über 120 Seiten mit sich, wobei die hoch- und deutschmeisterliche Visitation dann nicht einmal durchgeführt wird.[12]

Für das ausgehende 17. und das 18. Jh. sind in der Ballei Elsaß-Burgund folgende Visitationen und Verhandlungen im Zusammenhang mit Visitationen bekannt: die Generalvisitation von 1651[13], die Generalvisitation von 1691[14], die Generalvisitation von 1708 mit Unterlagen zur Visitation der Herrschaft Achberg[15], die Visitation der Ballei Elsaß-Burgund 1715[16], die Visitation von 1718[17], der Status der Landkommende Altshausen, der der hoch- und deutschmeisterlichen Visitationskommission 1719 übergeben wird[18] und der Balleikapitelbeschluß vom 27. Mai 1719[19], die Balleivisitation von 1725/27[20], die Generalvisitation von 1734[21], die Balleivisitation von 1746/47[22], die Visitation auf Achberg 1759[23], die angeordnete und wieder abbestellte Generalvisitation von 1772, die auch Achberg betraf[24], die Instruktion des Landkomturs von 1773 für den Visitator[25], die Generalvisitation von 1778 mit Visitationsakten für Achberg[26], die künftige Balleivisitation von 1785[27] sowie die Provinzialvisitation von 1803/05[28]. Diese ergänzungsbedürftige Quellenübersicht macht summarisch deutlich, daß der Abstand zwischen einzelnen Visitationen viele Jahre betrug. Bemerkenswert ist zudem, daß noch bis 1805, also bis kurz vor Auflösung des Deutschen Ordens, visitiert wurde.

Zusammensetzung und Aufgaben der Visitationskommission

Über die Dauer der Visitation und die Zusammensetzung der Kommission - und von einer Kommission ist bisweilen die Rede - lassen sich bislang keine generellen Aussagen treffen, nennen doch die Akten, wenn überhaupt, selten Namen.[29] Belegt sind sowohl Visitationen mit einem Kommissar als auch mit zweien. So wissen wir, daß 1708 die Generalvisitation dreieinhalb Monate dauert, vom 1. Mai bis zum 14. August, und durch Freiherr von Hornstein, Komtur zu Öttingen und Donauwörth, geleitet wird.[30] Am 1. Mai 1773 gibt Hochmeister Karl Alexander von Lothringen „dem Herrn Visitator" einen Bericht nebst

Ausstellungseröffnung „Schubert 200", 1997

Entscheidungen und Vollmacht mit auf den Weg.[31] Als Visitator ist hier Beat Konrad Philipp Reuttner von Weyl genannt, damals Koadjutor des Landkomturs Christian Moritz von Königsegg-Rothenfels und 1774 selbst Balleioberster. Von zwei Kontrolleuren erfahren wir 1719: Es sind der Landkomtur von Franken und der Komtur zu Ellingen und Würzburg. Für die Achberger Visitation von 1759 sind ebenfalls zwei Kommissare nachzuweisen: der Balleisyndicus und Oberamtmann sowie der Rentmeister. Sie sind volle zwei Tage mit der Kontrolle der Herrschaft beschäftigt.

Aufgabenkomplexe wie Überwachung, Kontakt, Vermittlung und Hilfe charakterisieren vornehmlich die Arbeit der Kontrollkommission. Den Kommissaren unterliegen, wie die Visitationsakten veranschaulichen, sämtliche Bereiche des Ordenslebens. Von der Küche bis zum Keller, von den Waldungen bis zu den Bücherschränken ist alles Gegenstand durchleuchtenden Interesses. Niemand kann sich auf Nichtwissen berufen, denn klar ist geregelt, was im Orden zu tun beziehungsweise zu unterlassen ist. Allgemeine Richtschnur des Handelns sind natürlich die Ordensregeln, große Bedeutung haben jedoch stets auch die Kapitelbeschlüsse, die bei einer vorausgegangenen Visitation immer besonders ausführlich sind.[32]

Typisch für den Visitationsverlauf sind Ankündigungsschreiben und Terminvereinbarungen, in denen über die Ankunft der Kontrollkommission informiert und der Befehl zur Bereithaltung gegeben wird, verbunden mit Ermahnungen, die Visitatoren bei ihrer Arbeit tatkräftig zu unterstützen.[33] Nach einem ausgefeilten, schriftlich fixierten Frageschema werden dann sämtliche Bereiche der Deutschordensherrschaften durchleuchtet und die Ergebnisse in detaillierten Visitationsberichten festgehalten. Mit den „observationes et quaestiones ac exhibenda, die bei einer provinzialvisitation zu beachten"[34] liegt uns in akkurater Handschrift eine Art Gebrauchsanweisung für Visitatoren vor, die für die gesamte Ballei Gültigkeit hat. Dieser Themenkatalog ist unterteilt in Fragen für Priester und Ritter, Fragen nach Politik und Kirche. Mittels Interview sowie Einsichtnahme in Einrichtungen und schriftliche Unterlagen verschaffen sich die Visitatoren ein möglichst realistisches Bild des Alltags. Inspiziert werden insbesondere die moralische Integrität, die Einhaltung von Ordnungen und Statuten sowie das Finanzgebaren.

Aus einem Balleikapitelbeschluß vom 27. Mai 1719 wird das weitere Visitationsprocedere ersichtlich[35]: Nach erfolgtem Kontrollbesuch wird die bevorstehende Besprechung der Visitation angekündigt. Dazu werden die „Herren Capitulares" durch Boten zur Visitationskommission nach Altshausen gerufen. Balleikapitelversammlungen beschäftigen sich häufig mit Visitationsergebnissen. Das Kapitel einer Ballei, also die Gemeinschaft von Ordensbrüdern zur Beratung und Beschlußfassung, tagt unter dem Vorsitz des jeweiligen Landkomturs; es ordnet die Visitation seiner Kommenden und Herrschaften an. Die Unterlagen einer Kapitelversammlung sind ausgesprochen umfangreich, wenn Visitationen thematisiert werden, anderenfalls sinkt der Umfang bisweilen auf ein Viertel. Die Beanstandungen der Visitationskommissare werden in der Kapitelversammlung sorgfältig durchgesprochen.[36] Die schließlich aus den Visitationen resultierenden „Rescripta", die Erlasse, werden vor versammelter Mannschaft „in pleno" verlesen, wobei diensteifrig versichert wird, diese jetzt und in der Zukunft einzuhalten.[37] Der nächsten Visitation obliegt es dann, dies zu überprüfen.

Visitationen der Herrschaft Achberg

Werfen wir einen detaillierten Blick auf die Herrschaft Achberg und verfolgen den Verlauf von Visitationen - angefangen bei den Instruktionen für die Visitatoren, über Fragenkataloge und Protokolle, Berichte und Beilagen bis hin zu den Relationen und abschließenden Balleikapitelbeschlüssen. Kontrollbesuche werden während der gesamten Deutschordenszeit auf Achberg unternommen.[38] Gerade Visitationsakten sind, was die Geschichte der Deutschordensherrschaft Achberg nach dem Tod des Landkomturs Franz Benedikt von Baden 1707 anlangt, eine wichtige Quelle für das Alltagsleben in einer kleinen Herrschaft des 18. Jhs.

Organisatorischer Ablauf der Visitation

Die Visitation läuft auch auf Achberg nach dem festgefügten Schema ab. Der Hochmeister beziehungsweise der Landkomtur gibt eine Instruktion mit auf den Weg und damit eine exakte Beschreibung des „modus visitandi" mit Aufgabendefinition und Fragenkatalog.[39] Nach dem präzisen Fragebogen wird dann die Deutschordensherrschaft durchleuchtet, und die Ergebnisse werden in Visitationsberichten festgehalten. Die Visitationsprotokolle, die den Verlauf der Untersuchung mit allen Antworten aufzeichnen[40], sind für die Achberger Herrschaft in beachtlichem Umfang vorhanden. Der Fragenkatalog strukturiert das Protokoll: Die Antworten adaptieren die Numerierung des Kataloges. Die „Interrogatoria" oder „Fragstücke", die den „Herren Beamten" zu stellen waren, sind über Jahrzehnte hinweg bei den verschiedenen Achberger Visitationen - und sicherlich innerhalb der gesamten Ballei - nahezu buchstabenidentisch.[41]

Das Tagebuch einer Kontrolle - Der Visitationsbericht

Den Verlauf einer Visitation illustriert der auf Achberg niedergelegte tagebuchartige Visitationsbericht von 1759.[42] Am Samstag, den 10. November 1759, treten der Balleisyndicus und Oberamtmann Lengst sowie Rentmeister Kleich die Reise an und kommen abends unter Glockengeläut im Schloß an. Am Sonntag, den 11. November, in der Frühe, beginnen sie mit der Besichtigung des Getreides auf der Schütte. Dann begutachten sie im Keller den alten und neuen Wein. Tags darauf wird Obervogt Günzer in die Tafelstube bestellt, und es werden ihm die gewöhnlichen Interrogatoria gestellt. Dem Obervogt wird der Befehl des „gnädigen Herrn Landkomtur" vorgetragen: 'Günzer möge sich des Jagens gänzlich bemüßigen, weil man von Herrschafts wegen die Forst nach Möglichkeit zu hegen suche'. Sprich: Der Landkomtur will sich das Jagdvergnügen höchstselbst vorbehalten. Danach begeben sich die Kommissare in die Kanzlei und konstatieren, daß sich die Protokolle, Urbare und die gesamte Registratur in gepflegtem Zustand befinden. Ebenfalls gut sei das Inventar der Effecti, der Wertpapiere. Die Paramente in der Schloßkapelle werden bis auf ein schwarzes Meßgewand und eine Alba für ordentlich befunden. Dann erhält ein Bauer aus Unterreitnau Gelegenheit, vor den Visitatoren eine Beschwerde vorzutragen, weil er sich übervorteilt fühlt. Der Obervogt muß dazu Stellung nehmen, wobei ihm recht gegeben wird.

Farbe bekennen – Das Ausfüllen des Fragebogens

Die Achberger Schloßdienerschaft muß anhand des Fragebogens Rechenschaft über ihre eigene Amtsführung, aber auch über die des Komturs ablegen. Die gesonderte Befragung jedes Einzelnen entspricht dem Prinzip des prozessualen Zeugenverhörs. Im folgenden werden die Achberger Fragenkataloge

von 1759 und 1778 verglichen, um Fortschritte oder Stagnation zu eruieren. Beide sind jeweils zehn Seiten stark. Für 1759 liegt das ausgefüllte Formular mit den „gewöhnlichen Interrogatoria" vor, das der in die Tafelstube bestellte Obervogt Günzer beanwortet.[43] Sie betreffen zunächst Name, Herkunft und ausgeübte Ämter. Frage vier zielt darauf ab, von wem der Bedienstete in das Amt aufgenommen worden ist und welche Besoldung er erhält. Die Visitation von 1759 verzeichnet im Katalog als Antwort, daß die Instruktion zwar die Besoldung festlege, der befragte Beamte jedoch seit zehn Jahren (!) ohne

Fragebogen von 1778, der bei Visitationen beantwortet werden mußte (Ausschnitt)

Besoldung sei. Dem Diensteid gilt der nächste Punkt: 1759 antwortet der Obervogt, er habe in der Kanzlei zu Altshausen nach Versammlung des Kapitels den Eid abgelegt. Die sechste Frage behandelt die Gottesdienste, speziell, wie die Messen gehalten werden und ob die Bediensteten daran teilnehmen. Sie werden „recht wohl versehen", lautet der Kommentar 1778. „Sind einige Clagen wider die hiesige oder andere Herren Ordensbeneficiaten vorhanden?", wollen die Visitatoren wissen. Die knappe Antwort 1759 wie 1778 lautet: „wisse keine" beziehungsweise „negative". Die weiteren Fragen werden schlicht bejaht: so, ob das ewige Licht vor dem Sakrament erhalten werde, ob und wie die Jahrtage, „die gestiften Jahr- und Quatemberzeiten", eingehalten würden.

Das von den Deutschherren geförderte Schulwesen ist gleichfalls Gegenstand der Kontrolle: „Werden auch zu Trost der Pfarrkinder die Schulen fleißig angeordnet und von den Geistlichen visitiert?", lautet Frage zehn. War die Einschätzung der Schulsituation 1759, übrigens zum ersten Mal bei dieser Befragung, negativ, so heißt es dann 1778, daß nun die Schule ordentlich gehalten werde und sie kostenlos sei, da der Obervogt hierzu 500 fl gestiftet habe. Die Sozialfürsorge spielt bei allen Visitationen eine wichtige Rolle: 'Wird auch den Sondersiechen und anderen Armen das Almosen gegeben, wie viel täglich oder wöchentlich?', will man wissen. 15 fl seien jährlich vorgesehen und würden auch ausgeteilt. Zwei Pfarreien zu Esserats- und Siberatsweiler gehörten zur Herrschaft, lautet die Antwort auf den nächsten Punkt. Danach wird der Beamte - vergeblich - angehalten, einen Ort zu nennen, wo der Gottesdienst fehle oder wo es sonst an etwas mangele. Auf die Erkundigung hin, ob die Ordensfesttage eingehalten oder an diesen Tagen Fleisch gegessen werde, antworten unisono die visitierten Beamten von 1759 und 1778: „Cessat", „entfällt". Werden die Paramente an allen Orten sauber, zudem die Kirchen baulich instandgehalten? „Ja, in schönster Ordnung", lautet die positive Nachricht 1778. Auch die Frage nach den Kirchenrechnungen wird mit Zufriedenheit beantwortet: Alljährlich werden sie abgehört, wird 1759 vermerkt.

Die Beachtung von Sitte und Moral hat bei jeder Visitation hohe Priorität. Geradezu ein Dauerbrenner ist das Fahnden nach „Weibspersonen".[44] Pikant sind die Fragen 17 und 19, ob sich denn keine „verdächtigen Personen" hier im Schloß oder anderwärts aufhielten und ob inner- und außerhalb des Hauses ein „ehrbarer Wandel geführt" werde. Die Achberger Befragten jedenfalls sind ahnungslos. Der eine Beamte verneint 1778, der andere weiß 1759 von nichts. Daß die Fragen nicht unberechtigt sind, verdeutlicht ein Kapitelbeschluß vom 9. April 1716, der ausdrücklich ermahnt, durch die Bediensteten weiblichen Geschlechts sollte die Reputation des Ordens und seiner Häuser keinen Schaden nehmen.[45] Überliefert ist auch eine Mitteilung der Generalvisitationskommission an die „Herren Kapitularen" vom 3. Oktober 1717, daß „auff denen

Landt- und Commenthur-Häusern einig adeliche befreündte weibspersohnen, als domestiquen (welche je zue zeiten sich dess regiments in oeconomicis, auch anderen ordensaffairen gern einzumischen pflegen) aus dess ordens revenuen"[46] nicht unterhalten werden sollen, sondern übler Nachrede wegen abzuschaffen seien.[47] Der Kapitelbeschluß vom 27. Mai 1719 konstatiert, es sei „die Abstellung adelicher befreündten weibspersohnen auff denen Commenden" vor ziemlicher Zeit wirklich geschehen, nichtsdestoweniger wird dieser Aspekt zur Sicherheit nochmals aufgenommen.[48] Sollten sich die Zustände gebessert haben? Jedenfalls verweist der Altshauser Kapitelbeschluß vom 9. April 1745 unter Punkt 23: „Weiß man von keinem Frauenzimmer auf der Kommende unter dem Namen einer Anverwandtschaft, so sich allda aufhalten".[49] Den lukullischen Genüssen gilt die Frage, ob bei der Kommende nicht „übermäßige Gastereyen und Zehrungen angestellt werden". Auch hier wird verneint. Bemerkenswert ist die Schlußerkundigung, ob der Herr Komtur einen Überfluß an Kleidern und Pferden treibe - der Schloßbedienstete wird ganz explizit nach dem Lebenswandel seines Herrn befragt. „Cessat" heißt es wieder, wie von einem Abhängigen kaum anders zu erwarten.

Es folgt nun die zweite Fragerunde, die „classis secunda". Die Interrogatoria zielen darauf ab, ob im Schloß eine feste Zeit beim Essen sowie Auf- und Zusperren eingehalten werde, ob man friedlich im Hause lebe und ob dem Herrn Komtur Gehorsam erwiesen werde. Was die Ordensgeschäfte anlangt, verlautet man, daß jeden Dienstag und Freitag Verhörtage abgehalten und auch die anderen Aufgaben fleißig verrichtet werden. Weitere strenge Recherchen schließen sich an: Steht der Herr Komtur dem Hause wohl vor? Werden die Gebäude instandgehalten? 1759 wird der Giebel am Schloß erwähnt, der besser zu versorgen sei; 1778 steht es besser: Das Nötige werde repariert, ist zu hören. Werden die Kontributions-, auch Pflegschafts- und Kirchenrechnungen ordentlich geführt und abgehört und die vorgefundenen Mängel behoben? Werden die Gerechtigkeiten, Renten und Gülten in acht genommen und bezogen? Wird das Eingebrachte recht verwendet? Ja, wie die Rechnung es darlegt, lauten die Antworten. Bestehende Schulden seien nicht vorhanden, betont man.

In der abschließenden „tertia classis" erkundigt sich die Kommission zuerst nach den Bediensteten im Hause, deren Aufgaben und Besoldung. Beide befragten Beamten verweisen auf die vorgelegten Rechnungen und Zustandsbeschreibungen. Die zweite Frage in dieser Kategorie zielt auf die Namen der Nachbarn ab und das Verhältnis zu ihnen. Montfort, St. Gallen, Landvogtei und Bregenz werden 1778 genannt, und es gebe keine Rechtshändel. Die Vernehmung geht dann dem Problem nach, was das Haus schuldig sei, was an Prozenten bezahlt werde und von wem solche herrührten. 'Nichts, wie oben' verlautet es knapp. Die Visitatoren thematisieren die Möglichkeit, mehr Geld einzuziehen: 'Wäre bei hiesiger Domestication nicht ein Sonderes für des Ordens besseren Nutzen mehrers einzuziehen?' Die Beamten halten sich jedoch bedeckt. Dann wird, in einem Atemzug, gefragt, ob nicht etwa überflüssige Bedienstete, Pferde und Hunde gehalten würden. Nein, lautet der knappe Kommentar beider. Werden ordentliche Amtstage in Gegenwart des Herrn Komturs gehalten, und wird ein ordentliches Protokoll verfaßt? Ja, im allgemeinen Dienstags und Freitags. Dann kommt die Registratur an die Reihe: 'Ob die Dokumente in ihr gut aufbewahrt seien.' Der Befragte verweist hier auf die Kanzlei. Der letzte Punkt gilt dem 'Abtrag und der Untreue', ob dies im Haus, in der Küche, im Keller oder anderswo zu verspüren und wie der Veruntreuung abzuhelfen sei.[50] Die Interrogatoria von 1778 wollen es noch genauer wissen: Es folgen weitere vier Fragen, so zum Beispiel, ob die Vormünder der Waisen auf ihre Aufgaben verpflichtet werden. Den Lebensverhältnissen der Achberger gilt die weitere Sorge: 'Wie stehen die Untertanen im Vermögen und wie ernähren sie sich meistenteils?', heißt es. Sie seien „mittelmäßige" Untertanen und würden vornehmlich Hafer und „Kernen"[51] zu sich nehmen, ist die Antwort. Der Befragte betont außerdem, daß er zwar keine Einkommensverbesserungen der Herrschaft benennen könne, jedoch stets bestrebt sei, ihren Vorteil zu befördern. Ob sonst noch etwas zum Nutzen der Kommende zu erwähnen sei, wollen die Visitatoren zum Abschluß hören. „Wisse nichts", antwortet der Beamte.

Die Visitationen von 1759 und 1778 spiegeln deutlich die Problematik von Einzelbefragungen wider. Mißstände kommen hier nur selten offen zur Sprache. Wer wollte denn schon freiwillig Kritik üben und dabei Gefahr laufen, sich Schwierigkeiten einzuhandeln? Die Befragten reagieren auf die Situation individuell. Der Bedienstete von 1778 antwortet stets knapp und weiß meist von nichts. Der Obervogt von 1759 gibt sich zugänglicher; er bietet detailliertere Informationen, verweist bisweilen aber auch auf seinen ungenauen Kenntnisstand. Der Fragenkatalog der Visitatoren mutet wenig strukturiert an; vom Fleischessen an Feiertagen über saubere Paramente bis zu verdächtigen Personen geht es bunt durcheinander. Aber dennoch: die Befragungen zeigen Wirkung. Zusammen mit der Auswertung der vielen, detailreichen und zahlengespickten Visitationsbeilagen ergibt sich zum Schluß des Kontrollbesuchs durchaus ein facettenreiches Bild einer Deutschordensherrschaft mit ihren Alltagssorgen und -themen.

Eine Herrschaft wird transparent – Die Visitationsbeilagen
Die voluminösen Visitationsakten der Achberger Kontrollbesuche bieten präzise Aufstellungen, die bürokratisch den Zustand der Herrschaft fixieren. So enthalten beispielsweise die Aktenbeilagen zur Achberger Visitation von 1746 eine Fülle an Informationen:[52] ein Protokoll mit den Antworten der Befragten, ein In-

ventar über die Kirchenornate zu Esseratsweiler, ein Inventar über die Fabrik[53] zu Siberatsweiler, die Fruchtrechnung, einen Bericht über die Pfarrherren und deren Einnahmen, ein Inventar über Mobilien im Schloß, eine Aufstellung der Extantien, also der ausstehenden Gelder, eine Übersicht über verzinsliche Kapitalien und eine Specification, also eine Auflistung, des herrschaftlichen „s. v.[54] Viehs". Eine besonders interessante Specification von 1746 informiert über die Achberger Bediensteten, deren Tätigkeit und Besoldung: Aufgelistet werden die Geld- und Naturaleinnahmen für den Beamten[55], den Ammann, der als Assessor bei den Amtstagen fungiert, den Amtswaibel[56], den Jäger und Holzwart, den Freimann, also den Henker, und zuletzt den Gerichtsknecht.

Die Visitation von 1759 mündet in einen auf Achberg niedergelegten tagebuchartigen Bericht, der den Verlauf eines Kontrollbesuches typisiert.[57] Dem Protokoll und ausgefüllten Fragebogen schließt sich in dem mächtigen Aktenbüschel ein reichhaltiges Inventarverzeichnis an. Hier wird ausdrücklich darauf verwiesen, daß sich die Auflistungen der Ornate und Paramente von Esserats- und Siberatsweiler nicht von denjenigen der Visitation von 1746 unterscheiden. Auch die Aufstellung der Beamten und Bediensteten, ihre Funktion und ihre Besoldung gehe mit der von 1746 konform. Die Specification der Einnahmen durch Pfründe sei bis auf die Namen der beiden Pfarrer ebenfalls gleichgeblieben. Nach den Einnahmen und Ausgaben der Herrschaft folgen höchst interessante und bis in letzte Einzelheiten gehende Aufzeichnungen des inner- und außerhalb des Schlosses befindlichen Inventars.[58] Man scheut sich nicht, sogar funktionsuntüchtige Gegenstände zu notieren. Bemerkenswerte Ausstattungsgegenstände sind hier sicherlich eine Goldwaage, eine alte Schnellwaage, ein Nachtgeschirr, ein unbrauchbarer Stielkessel, sechs Matratzen, eine alte spanische Wand, blaue alte Vorhänge für fünf Fenster, grüne Bettüberwürfe, ein rotes Tuch, das man bei der Urteilsverkündigung über einen Delinquenten gebraucht, immerhin 37 Sessel, dazu 18 unbrauchbare, drei Schreibtische aus Nußbaum, 14 Kästen, acht Betten, 17 Tische, vier Reisetruhen, ein Wildpretkarren sowie insgesamt 20 Fässer[59]. Dann wird jedes Handwerkszeug auf Schloß Achberg aufgelistet: für Fischer, Maurer, Zimmermann und Schmied, selbst die fünf Flinten des Jägers. Die Ausstattung der Kapelle schließt das Inventar ab.

Ein Blick in Achberger Bücherschränke
Eine Visitationsbeilage, die über politische, kulturelle und religiöse Bildung und Vorlieben Auskunft gibt, hat uns der Kontrollbesuch von 1778 hinterlassen: das Achberger Bücherinventar. Die Quelle belegt erneut, daß Visitationsakten nicht nur über Fragen und Antworten, sondern auch durch ihre Bestandsaufnahmen wertvolles Wissen liefern. Die in den Visitationsakten des Zentralarchivs des Deutschen Ordens Wien aufbewahrte Übersicht über die Bibliothek von Schloß Achberg verrät nicht nur Zeitgeschmack und Pflichtlektüre.[60] Das

Bibliotheksverzeichnis ist ein sicherer Beleg dafür, daß der 1778 amtierende Landkomtur Beat Konrad Philipp Reuttner von Weyl ausgesprochen bibliophil war. Er pflegte seine Bibliothek in der Zentrale zu Altshausen so intensiv, daß sie „täglich neuen und beträchtlichen Zuwachs erhält"[61].

Die Bücher auf Achberg waren 1753 von dem ehemaligen Obervogt Georg Adam Wocher vermacht worden. Auf 18 dicht beschriebenen Seiten werden rund 640 Titel, darunter teilweise mehrbändige Werke, aufgeführt. Die Literatur ist in fünf Abteilungen und dann wiederum nach den Buchformaten Folio, Quart, Oktav und Duodez aufgelistet: „Juristen", „Publicisten", „Historien", „Theologie" und „Miscellanei" lauten die fünf Bereiche.[62] Innerhalb der Unterteilungen sind die Bücher alphabetisch nach Autor oder Titel registriert, wobei oft die Autorennamen fehlen und die Titel stark abgekürzt sind. Die Zuordnung zu den fünf Abteilungen ist nicht immer logisch, inbesondere die „Miscellanei" vermitteln tatsächlich einen Eindruck der Mischung.

Wie bei adligen Deutschordensrittern zu erwarten, steht in Schloß Achberg eine reiche Auswahl juristischer, historischer und theologischer Fachliteratur bereit. Die Juristische Abteilung bildet zusammen mit den Miscellanei den umfangreichsten Teil. Damit spiegelt auch die Achberger Bibliothek die Entwicklung wider, die den Deutschen Orden insgesamt prägte: Die ehemals führende Stellung der Deutschordenspriester wird besonders nach dem Verlust des Deutschordenslandes Preußen 1525 zurückgedrängt. Der Orden sucht sich neue Ziele und Aufgaben, sein Selbstverständnis wandelt sich grundlegend.[63] Dominant werden die Ordensritter, die sich als Komture, in den Hof- und Regierungsämtern inner- und außerhalb des Ordens sowie in militärischen Diensten profilieren. Diese Entwicklung findet auch ihren Niederschlag in der bevorzugten Literatur: An Bedeutung gewinnen praxisbezogene Publikationen über Jurisprudenz, Politik, Kameralistik, Verfassung und Geschichte, Militärdienst und Administration, Nachschlagewerke für eine gediegene Allgemeinbildung und auch Sprachbücher. Nicht übersehen dürfen wir die breit bestückte Abteilung der Miscellanei, die die Interessen und Vorlieben adliger, weltzugewandter Lebemänner offenbaren.

In der Fachgruppe der „Juristen" sind die Rechts- und Staatswissenschaften breit vertreten. Es stehen selbstverständlich Deutschordensprivilegien, Reichsabschiede, Kirchenrechtssammlungen wie das Corpus Iuris Canonici, Reichsritterschaftliche Privilegien und Peinliche Hochgerichtsordnungen ein. Ebenso finden sich das Corpus Iuris Civilis und Hugo Grotius' epochales Hauptwerk „De iure belli ac pacis". Standardliteratur berühmter Juraprofessoren wie Besold und Harprecht aus Tübingen steht in der Achberger Bibliothek ein. Handels- und Finanzrecht, eine Untersuchung über Grenz- und Marksteine sowie die

Behandlung der „Guten Pollicey" sind weitere Fachgebiete. Auch Spinettos „Politische Schnupftabakdose" und Thomasius' „Von der Zauberei" warten im Achberger Schloß auf Leser.

Die kleine Fachabteilung der „Publicisten" hält Literatur zum Staatsrecht bereit. Politische Themen, unter anderem zum Westfälischen Frieden und zu den Reichskreisen, sind hier literarisch aufgearbeitet. Bei den „Historici" sind Martin Crusius mit seiner „Schwäbischen Chronik" und die Werke des jüdischen Geschichtsschreibers Josephus Flavius vertreten. Historische Lexika, Sebastian Münsters „Cosmographia", aber auch Biographien wie die der Bischöfe von Konstanz, der Könige von Frankreich und der Päpste stehen in den Bücherschränken. Mehrere Veröffentlichungen beschäftigen sich mit den Osmanen: Informationen über den türkischen Hof, ein „Reichstheatrum wider die Türken" von 1716 oder der Bericht einer Gesandtschaft an den Sultan sind auf Achberg zu haben. Aber auch eine Beschreibung, was sich unter Kaiser Leopold I. in der ganzen Welt zugetragen, und ein indianisches Missionsgedicht stehen ein.

Die im Gegensatz zur Jurisprudenz und den Miscellanei recht bescheidene Abteilung der Theologen umfaßt natürlich die Bibel und das protestantische Glaubensbekenntnis. Werke von Abraham a Sancta Clara, die Confessio Augustana, Bücher über das Tridentinische Konzil, über „Luther, den Tugend-

Esseratsweiler mit Schloß Achberg im Hintergrund von L. Fehr, Feder und Tusche auf Papier, 1907

samen" und dessen Tischreden sowie eine „Untersuchung zur Übereinstimmung des Papsttums mit dem Heidentum" können hier gelesen werden.

Die Miscellanei bilden wahrlich ein Sammelsurium und dokumentieren das
Interesse der in Schloß Achberg weilenden Deutschordensherren an der
Belletristik eindrucksvoll. Auch hier sind Werke zu Politik, Geschichte und Philo-
sophie aufgestellt: beispielsweise die Gravamina der Ritterschaften gegen den
Schwäbischen Kreis (et vice versa) oder eine „Fürstenkunst, wonach ein Regent
sich groß und seine Untertanen glücklich machen könne". Der Bogen spannt
sich hier von Erasmus von Rotterdams lehrreichen Gesprächen, einem Werk
über den „Hof- und Weltmann", der Geschichte Frankreichs über eine Frei-
maurer-Verordnung, „Gedanken von der Religion, Kirche und Glückseligkeit
der Engländer" bis zum „Türkischen Spion" und dem „Politischen Glücks-
schmied". Breit ist das Angebot an Lexika und Unterweisungsliteratur: Wir
finden ein Antiquitätenlexikon, ein Planeten- und Wappenbuch, Publikationen
über Münzen, eine „Imnauer Sauerbrunnenbeschreibung", ein Werk von
Theophrastus Paracelsus, Seuters „Ross Arzney", die „Gründliche Anleitung
zum Gebrauch der Erd- und Himmelskugeln", Informationen zur
Militärarchitektur, Bücher über Kräuter, Viehseuchen, Kanarienvögel, zum
Gartenbau und über Blumen. Belehrend sind ebenfalls das ABC von 100
Sprachen, französische und deutsche Sprachbücher, eine Studie über Sonnen-
uhren und Sprichwörter sowie Veröffentlichungen zur Genealogie. Eine hohe
Gewichtung besitzt die Magie mit zahlreichen Untersuchungen über Zaubereien
und Zauberinnen sowie „Geheimnisse oder allerhand magische Hausstücke".
Wincklers „Mathematischer Beweis, daß die sichtbare Welt am Jüngsten Tag
nicht untergehen werde" und die „Nachricht von einem sehr frühzeitig gelehrten
Kind" stehen neben moralisch-erbaulicher Literatur wie den Publikationen
über eines „Wucherers und eines Spitzbubens Gespräch im Reich der Toten",
über „Cartouche, des französischen Diebs Ankunft in dem Reich der Toten"
oder die Betrachtung „Von der Zufriedenheit". Bei der belletristischen Lektüre
kommen die Deutschordensherren nicht zu kurz: Hier finden sich „Anmutige
Schriften für die lange Weil nebst Verliebten Gedichte", „Lustige Begebenheiten
einiger französischer Offiziere in Bayern und Böhmen", auch Komödien
Molières, „Vergnügliche Stunden, worin 200 Merkwürdigkeiten ausländischer
Monarchen", ein „Lyrum, Larum 550 Geschichten" und ein „Königlicher Zeitver-
treib, worin verschiedene lustige Historien und Erzählungen, auch Beschreibung
vieler Stätten". Bücher über Frauen lassen sich gleichfalls ausmachen: „Das
Leben einer schönen und weitgereisten Tirolerin", „Aventiuren der bösen Wei-
ber", die „Belagerte und entsetzte Venus", „Hauswirtin, die Fromme", „Eröff-
netes Cabinet großer Frauen", „Freders Frage, ob ein Mann sein Weib schlagen
dürfe", „Leben zweier gereister Jungfrauen" und die „Galanteriekrankheiten
männlich und weiblich Geschlecht" sind in Achberg nachzulesen.

Das Visitationsergebnis

Die konkreten Ergebnisse einer Visitation auf Achberg lassen sich am Beispiel des Kontrollbesuchs von 1778 veranschaulichen, durchgeführt während der Regentschaft von Landkomtur Beat Konrad Philipp Reuttner von Weyl.[64] Die Achberger Akten enthalten den Visitationsbericht, der am 12. August 1778 niedergeschrieben wurde. In der 'untertänig-gehorsamsten Visitationsrelation' läßt der Verfasser, Rentmeister und rechte Hand des Landkomturs J. B. Streicher von Altshausen, den Zustand der Herrschaft Achberg nochmals Revue passieren. Zunächst stellt er präzise in drei Punkten die wirtschaftliche Situation dar. Er spricht zuerst vom herrschaftlichen Hof: von einem großen und guten Baumgarten beim Schloß, von verstreuten, mittelmäßigen Wiesen, von bergigen, jedoch guten Äckern. Die Gebäude sind seiner Ansicht nach „commod". Die Fischweiher zählt er dann im einzelnen auf, gibt die Stückzahl an Karpfen an und hält fest, sie seien „ziemlich verwachsen" oder „von gutem Ertrag". Dann referiert er über die Lagerfässer im herrschaftlichen Keller, die in einen besseren Stand gesetzt werden müßten, und empfiehlt, ein weiteres Faß anzuschaffen.

Daran schließt sich der Bericht über die herrschaftlichen Waldungen an. Jacob Allmayer, Oberjäger zu Altshausen, legt am 11. August 1778 in Achberg die Situation dar. Waldstücke beschreibt er detailliert unter den Blickwinkeln Besitzverhältnisse, Baumbewuchs, Lage und Ertrag. Tannen, Föhren und Buchen, auch das sogenannte Stangenholz, dazu noch ganz vereinzelt Erlen und Birken, sind genannt. Ein wichtiges Kriterium für Allmayer ist, ob das Holz als Baumaterial zu gebrauchen ist. Er beklagt, daß wenig ausgewachsene Tannen für Bretter und Dachschindeln vorhanden seien und empfiehlt zur Abhilfe, den Holzeinschlag unbedingt zu reduzieren.

Ein anschauliches Beispiel für die penible Behandlung von Problemen ist die nachfolgende abschließende Visitationsrelation, am 27. August 1778 in Altshausen verfaßt. Sie geht in sechs Punkten auf die Mängelliste der vorausgegangenen Berichterstatter ein und spricht konkrete Empfehlungen aus. So solle, was das Hofgut anlangt, auf einen höheren Ertrag für den Deutschorden geachtet werden. Die Fischweiher seien in ihrem Zustand und ihrer Nutzbarkeit zu optimieren: Man müsse die Weiher ablassen, sie durch die Untertanen wenigstens zwei bis drei Jahre unentgeltlich neu einpflanzen lassen und dann wieder mit Fischen besetzen. Lediglich alle vier Jahre dürften sie ausgefischt werden. Punkt drei reglementiert, daß die Weiherwehre, der besseren Haltbarkeit wegen, nicht mehr aus Holz, sondern aus Stein gebaut werden sollen. Die Lagerfässer im herrschaftlichen Keller seien auszubessern, und ihre Stückzahl sei zu erhöhen. Der rote, nicht haltbare Rheintaler Wein sei möglichst schnell zu verkaufen. Damit sich der Zustand der Achberger Waldungen wieder verbessere, empfiehlt der abschließende Punkt die

Schonung des Bestandes beispielsweise durch reduzierte Abgabe von Brennholz an die Untertanen. Die Häuser sollten mit Ziegeln und nicht mehr mit Schindeln gedeckt werden.[65]

Und die Moral von der Geschicht? – Konsequenzen der Visitation

Zeitigten die zahlreichen, ausführlich und umständlich erhobenen Informationen Konsequenzen? Welche tatsächliche Wirkung hatten die Kontrollbesuche vor Ort? Eine Zusammenkunft des Balleikapitels im April 1716 in Altshausen macht deutlich, daß die Visitationsverfahren durchaus ernst genommen wurden. Die Visitation des Vorjahres findet hier im Kapitelbeschluß ihren endgültigen Abschluß. Die Quelle läßt uns wissen, daß endlich, nach erfolgtem Friedensschluß mit den Franzosen, der Landkomtur der Ballei Elsaß-Burgund, Marquard Franz Leopold Freiherr von Falckenstein, 1715 eine Visitation durchführen lassen konnte.[66] Von Juli bis Oktober hatte in allen Häusern eine Provinzialvisitation stattgefunden. Sie basierte auf den Ordensstatuten und fand nach dem in den „recessibus generalibus" festgehaltenen Modus statt. Der Kapitelbeschluß vom 9. April 1716 faßt an erster Stelle, bevor er auf andere Fragen des Ordenslebens eingeht, die wichtigsten Visitationsthemen zusammen und schwört die anwesenden Komture auf Besserung ein. Die während der Visitation festgestellten „Monita" werden den in Altshausen versammelten Ordensautoritäten verlesen, das heißt, die an jedem Ort von der Kommission vorgefundenen „Bedenklichkeiten" werden nun in aller Breite offengelegt. Der Kapitelrezeß wird dann zweifach ausgefertigt: Ein Exemplar geht an den Hoch- und Deutschmeister nach Mergentheim, das zweite verbleibt im Balleihauptarchiv zu Altshausen.

Hervorgehoben werden in dem Kapitelbeschluß die Ermahnungen zum fleißigen Besuch der Gottesdienste in den Ordenshäusern, zum Unterhalt des Ewigen Lichts, zur Sauberkeit der Kirchen, zur Sorge um die ordentlichen Paramente sowie Messelesen für 'Guttäter' des Ordens und verstorbene Ordensangehörige. Ebenfalls wichtig sind die 'wegen der leidigen Kriegsconjunktur an einigen Orten fast etwas in Abgang gekommenen Schulen zu Unterrichtung der minderjährigen und zarten Jugend', die Kircheneinkommen, die nicht zum Überfluß, sondern zur Vermehrung des Besitzes zu verwenden seien,

Ausstellung „Schubert 200", 1997: Biedermeier im „Gastzimmer gegen die Bruck"

und die intensive Sorge um die Armen und Gebrechlichen. In den folgenden Abteilungen „Politica" und „Oeconomica" findet jeder noch so kleine Mißstand schriftlichen Niederschlag. „Keine Saumbsal verspüren zu lassen", „fleissige Verrichtung", „ehrbare Ausführung" - das sind die häufigsten Schlagwörter. Im Bereich der Wirtschaftsführung wird festgehalten, daß dem Landkomtur jedes Vierteljahr oder doch zumindest jedes halbe Jahr eine exakte Rechnungs-übersicht mit Ausgabebelegen und Einnahmen zugesandt werden solle, dazu an Georgii neben den Rechnungen Abschriften der wichtigsten Dokumente. Zudem solle dem Überfluß an Pferden und Hunden Einhalt geboten werden - ein Indiz dafür, daß dieses Problem nur schwer anzugehen war.

Wie wirkungsvoll und von welcher Dauer die einzelnen Beschlüsse der Ordens-herren waren, läßt sich bei dem heutigen Stand der Forschung nicht pauschal beantworten. Daß die Funktionäre jedoch die aufwendigen Visitationen immer wieder angeordnet haben, ist schwerlich nur der Tradition zuzu-schreiben. Die Visitation als Institution legt die gröbsten Mißstände offen, macht durch die Kontrolle Einfluß geltend und stützt damit letztlich die gesamte Hierarchie des Ordens. Controlling als Instrument effizienten Managements hat jahrhundertelange Tradition.

[1] Das DOZA in Wien ist, was Visitations-berichte für Achberg anlangt, eine wahre Fundgrube. Wichtige Bestände für die Ballei Elsaß-Burgund sind vor allem: DOZA EL 382/2 und EL 382/4 sowie HStASt B 347 Bü 313 ff. „General-visitationen".

[2] Zu Universitätsvisitationen siehe: Irene Pill-Rademacher, „... zu nutz und gutem der loblichen universitet". Visitationen an der Universität Tübingen. Tübingen 1993 (Werkschriften des Universitäts-archivs Tübingen, Reihe 1: Quellen und Studien, Bd. 18). Im folgenden: Pill-Rademacher.

[3] Nur wenige Einzeluntersuchungen liegen bislang zu diesem Aspekt vor; siehe dazu Karl H. Lampe, Bibliographie des Deutschen Ordens bis 1959, bearbeitet von Klemens Wieser, Bonn-Bad Godes-berg 1975 (Quellen und Studien zur Geschichte des Deutschen Ordens, Bd. 3), Nr. 2078, 3337, 3338, 3401 und 3780. Vgl. auch den Aufsatz von Hans J. Dorn, Die deutschmeisterlichen Visitationen der Ballei Westfalen im 16. Jahrhundert, in: Von Akkon bis Wien. Studien zur Deutschordensgeschichte vom 13. bis zum 19. Jahrhundert, Marburg 1978 (Quellen und Studien zur Geschichte des Deutschen Ordens, Bd. 20), S. 209-219; im folgenden: Dorn.

[4] Wie sich das organisatorische Zusam-menspiel zwischen Generalvisitationen und Balleivisitationen im Detail gestaltet, bedarf noch genauer wissenschaftlicher Untersuchung.

[5] Folgendes nach Dorn, S. 210 ff. Vgl. ebenso Johannes Voigt, Geschichte des Deutschen Ritter-Ordens in seinen zwölf Balleien in Deutschland, Bd. 1, Berlin 1857, S. 196-216 mit vereinzelten Hinweisen auf die Visitationsverfahren.

[6] Dazu Dorn, S. 217 f.

[7] DOZA GK 730. 1700 Juli 12.

[8] DOZA GK 730. 1700 Juli 12. Nach Dorn, S. 217 f. wurde die westfälische Ballei im 16. Jh. dreimal visitiert, andere Balleien wurden noch seltener von den deutsch-meisterlichen Visitatoren aufgesucht.

[9] DOZA Ri 20,75.

[10] DOZA GK 730, 1700 Juli 12, Mergent-heim.

[11] Die Diskrepanz zwischen Anspruch und Wirklichkeit läßt sich ebenfalls im Bereich der Universitätsvisitationen fest-stellen. So sollten die Visitationen dort mindestens einmal pro Jahr durchgeführt werden, vgl. Pill-Rademacher, S. 40; die chronologische Übersicht der tatsäch-lich praktizierten Visitationen (dazu S. 535 ff.) weist einen Abstand zwischen ein und sechs Jahren auf.

[12] Die für eine geplante Visitation zusam-mengestellten Beilagen von 1772 wei-chen in einem Punkt vom üblichen Schema ab. Es befindet sich darunter auch eine bedeutsame Beschreibung des zur Herrschaft Achberg gehörenden Amtes Ellhofen mit den dazugehörigen zwei Alpen: DOZA EL 382/4. Auch die fast 90 Seiten umfassende Zusammen-stellung der Ein- und Ausgaben in einem Status über neun Jahre hinweg von 1762 bis 1770 (inklusive des Amtes Ellhofen) ist aufschlußreich.

[13] Beobachtungen und Fragen, die bei Generalvisitationen gemacht zu werden pflegen mit hoch- und deutschmeister-scher Generalvisitation von 1651 durch Johann Konrad von Lichtenstein, Komtur zu Kapfenburg: HStASt B 347 Bü 313 und 314.

[14] HStASt B 347 Bü 315.

[15] Generalvisitation vom 1. Mai bis 14. August 1708: HStASt B 347 Bü 316. Die Kommission der Generalvisitation legt den in Altshausen versammelten Kapitularen der Ballei Elsaß-Burgund am 30. März 1708 eine Deklaration vor: DOZA EL 360/3.

[16] DOZA BK 10. Interessant ist hier der Kapitelbeschluß vom 9. April 1716 in Altshausen, wo die Einzelprobleme der vorausgegangenen Visitation thematisi-ert werden. Siehe dazu auch Beob-achtungen und Fragen, die bei General-visitationen gemacht zu werden pfle-gen, 1715, in HStASt B 347 Bü 314.

[17] Der Kapitelbeschluß vom 26. August 1722 verweist ausführlich auf die Visitation von 1718 und deren Resolutionen.

[18] HStASt B 347 Bü 317.

[19] DOZA BK 10.

[20] HStASt B 347 Bü 389, dazu die an den Hoch- und Deutschmeister erstattete Relation und dessen Resolutionen.

[21] HStASt B 347 Bü 318: unvollständige Akten der Generalvisitation von Früh-jahr 1734.

[22] DOZA EL 382/4. Siehe auch HStASt B 347 Bü 390: Schreiben von Altshausen aus, daß Achberg gleichfalls visitiert werden soll, 23. September 1746. Vgl. die hierüber an den Hoch- und Deutsch-meister erstattete Relation und dessen Resolutionen mit der Visitation auf Achberg 1746/47.

[23] DOZA EL 382/4.

[24] DOZA EL 382/4. HStASt B 347 Bü 319.

[25] HStASt B 347 Bü 393: Instruktion, 'Wie der Visitator sich verhalten und was er machen soll'.

[26] DOZA EL 382/2. Mit Berichten über die Ökonomie, die herrschaftlichen Waldungen, Visitationsresolutionen, Rechnungsaufstellung mit Ein- und Ausgaben, Fragenkatalog zur Visitierung der Beamten, Bücherinventar, Kirchen-inventare. Dazu gehören auch die detaillierten Verzeichnisse der Kirchen-paramente zu Siberats- und Esserats-weiler sowie der sogenannten Kapelle bei der Bildeich von Mai 1777.

[27] HStASt B 347 Bü 320.

[28] HStASt B 347 Bü 394. Akten über Achberg sind hier nicht enthalten. Allerdings lassen sich Arnegger Visitationsakten von 1804/05 finden (siehe auch ebd. Bü 395).

[29] Zum Vergleich: Die Universität Tübingen wurde jeweils von drei bis vier hohen herzoglichen Kanzleiräten rund eine Woche lang visitiert.

[30] HStASt B 347 Bü 316. Dazu auch DOZA EL 360/3.

[31] HStASt B 347 Bü 393.

[32] Siehe dazu: Die Regeln des Deutschen Ordens in Geschichte und Gegenwart, hg. von Ewald Volgger, Lana bei Meran 1985. Wichtige Anleitung war für die Ballei Elsaß-Burgund auch die „Haus-ordnung des hohen deutschen Ritter-ordens Reichslandkomturei Altshausen"; dazu DOZA EL 377/4 (in diesem Büschel sind die Hausordnungen von 1624 bis 1803 zu verfolgen): Dieses interessante Regelwerk enthält unter anderem Auf-listungen aller Bediensteten mit genauer Aufgabenbeschreibung. Um dem jeweili-gen Gedächtnis nachzuhelfen, mußte die Hausordnung alle Jahre am Vorabend der Christferien verlesen werden. Vgl. auch Michael Barczyk, Wiener Quellen zur Neueren Geschichte der

Deutschordenskommende Altshausen als Hauptort der Ballei Elsaß-Burgund, Tübingen 1972 (masch.) mit seiner Edition der Hausordnung des Deutschordensschlosses Altshausen 1803, S. 168 ff.; im folgenden: Barczyk.

[33] Für die Herrschaft Achberg konnten noch keine Ankündigungsschreiben ausgemacht werden.

[34] HStASt B 347 Bü 395a: o. D., wohl nach 1737.

[35] DOZA BK 10. Siehe auch Barczyk und darin seine Edition des Balleikapitels von 1580, S. 127 ff., die einen instruktiven Einblick in die alltäglichen Sorgen, die Integration der Landkommende in die oberschwäbischen Herrschaftsstrukturen und die Stellung zu wichtigen reichspolitischen Ereignissen wiedergibt.

[36] Dazu auch DOZA BK 10, 1774 September 4, Altshausen.

[37] DOZA BK 10.

[38] Siehe dazu den Bericht einer Generalvisitation der Ballei Elsaß-Burgund durch die Zentralregierung des Deutschen Ordens von 1708 in HStASt B 347 Bü 316, vgl. ebenfalls DOZA EL 360/3. Die kurze Beschreibung über die Herrschaft Achberg ist in Auszügen veröffentlicht bei Rudolf Seigel, Die Herrschaft Achberg im 18. Jahrhundert, in: Hohenzollerische Heimat 19 (1969) Nr. 1, S. 10-13.

[39] Vgl. die „observationes et quaestiones ac exhibenda, die bei einer provinzialvisitation zu beachten" (HStASt B 347 Bü 395a: o. D., wohl nach 1737). Wie akribisch ausgefeilt eine solche Instruktion im universitären Bereich sein konnte, verdeutlicht die Instruktion von 1556: Siehe dazu Pill-Rademacher, S. 428-444, Quelle 21.

[40] Das Visitationsprotokoll einer Universität beispielsweise umfaßt rund 150 Folien: HStASt A 274 Bü 3, fol. 561-708, 1593. Diese tagebuchartigen Aufzeichnungen lassen bis in kleinste Einzelheiten den Gesamtablauf der Visitation Revue passieren.

[41] Dies ergibt ein Vergleich der Fragen von 1746 (DOZA EL 382/4), 1759 (DOZA EL 382/4) und 1788 (DOZA EL 382/2). Eine umfangreiche Visitationsakte der wie Achberg zur Ballei Elsaß-Burgund gehörenden Kommende Beuggen 1746 offenbart deutliche Parallelen zum Achberger

Quellenmaterial: HStASt B 347 Bü 390. Aufbau und Erscheinungsbild dieser Bestandsaufnahme sind identisch mit den Visitationsakten von Achberg. Nach einer Einleitung zur Visitation in Beuggen folgen die Interrogatoria mit Responsio, also die Fragen mit den Antworten: Der Kommandeur muß zuerst Stellung nehmen zu Kirchenangelegenheiten, die „Ecclesiastica" (24 Fragen), zur Ökonomie (20 Fragen), zu „Politica" (13 Fragen) und über Priester (22 Fragen). Dann kommt der „Herr Beamte" an die Reihe mit 20 Fragen, der zweite Beamte mit elf Punkten und zuletzt der dritte Beamte mit acht Fragen. Es folgen eine Resolution über die Visitation und Beilagen. Diese Beilagen umfassen Aufzeichnungen über Einnahmen, Ausgaben, Inventare, Werkzeug der Handwerker und - wie in Achberg - die Bibliothek. Ein gutes Beispiel sind auch die Akten der Visitationen von 1759, 1772 und 1777 für Arnegg (1772 hat jedoch die Visitation nicht stattgefunden): HStASt B 347 Bü 391. Deckblatt und Inhalt der Akte mit den gestellten Fragen entsprechen dem Achberger Verfahren. Ein Beispiel für die Visitation der Ballei Franken findet sich in HStASt B 347 Bü 392 von 1751/58: Auch hier ist der obligatorische Fragenkatalog; der Aufbau scheint aber im Vergleich zu den Fragen der Ballei Elsaß-Burgund etwas zu differieren. Zu untersuchen wären ebenfalls die unvollständigen Akten der im Frühjahr 1734 durch den Landkomtur der Ballei Franken vorgenommenen Generalvisitation in HStASt B 337 Bü 318.

[42] DOZA EL 382/4, 1759 November 11.

[43] DOZA EL 382/4, 1759 November 12, Beilage A. Die Fragenkataloge von 1759 und 1778 sind zu finden in DOZA EL 382/4 und 382/2.

[44] Dieses Problem scheint verbreitet gewesen zu sein. 1618 wurden im Frankfurter Generalkapitel die Landkomture streng angehalten, bei Visitationen darauf zu achten, daß die Kommenden und Ordenshäuser „von allen verdächtigen Weibspersonen reingehalten würden": Hanns Hubert Hofmann, Der Staat des Deutschmeisters - Studien zu einer Geschichte des Deutschen Ordens im Heiligen Römischen Reich Deutscher

Nation, München 1964 (Studien zur bayerischen Verfassungs- und Sozialgeschichte Bd. 3), S. 260.

[45] DOZA BK 10.

[46] Revenuen = Einnahmen.

[47] DOZA BK 10, 1717 Oktober 3. Siehe dazu auch Dorn, S. 214.

[48] DOZA BK 10, Paragraph 11.

[49] DOZA BK 10.

[50] 1746 und 1759 endet der Fragenkatalog hier.

[51] Lesung nicht eindeutig. Kernen = entspelzter Vesen.

[52] DOZA EL 382/4. Bei der Aufzählung wird ausdrücklich darauf verwiesen, daß die Beilagen der Visitation von 1759 mit denen von 1746 gleichlauten.

[53] Fabrik, auch Kirchenfabrik = der Kirchenbau sowie die zu seiner Instandhaltung bestehende Kasse.

[54] salva venia = mit Verlaub.

[55] Er erhält beispielsweise 150 fl an Geld sowie unter anderem einen halben Zentner Karpfen im Wert von 7 fl, Veesen, Hafer, Futter für zwei Pferde und sechs Milchkühe.

[56] Auch zuständig für Malefizangelegenheiten, ausgenommen die Aufgaben des Freimannes, was gleichfalls beim Jäger vorkommen konnte.

[57] DOZA EL 382/4, 1759 November 11.

[58] DOZA EL 382/2, Inventar vom 15. November 1753 (sic!). Reiner Falk analysiert in diesem Band das Inventar, das während der Visitation von 1708 erstellt wurde. Ein Vergleich der Visitationsinventare von 1708, 1746, 1759 und 1772 wäre sicherlich lohnend, um Entwicklungen aufzuzeigen. Besonders interessant bei dem Inventar anläßlich der Visitation von 1746 ist, daß häufig die genauen Standorte von Möbeln, Bildern etc. - vom Fürstenzimmer über die Tafelstube und das Laboratorio bis zur Kanzlei im Amtshaus unter Einschluß auch der Kammerdienerzimmer - mit aufgenommen sind; ausführlicher bei Irene Pill-Rademacher, Die Geschichte von Schloß und Herrschaft Achberg im Zeitraffer, in dieser Veröffentlichung.

[59] Im unteren Schloßkeller zehn große Fässer zu je 36 Fuder, im oberen Keller sieben Fässer zu je 14 Fuder und im Amtshauskeller drei Fässer zu je 1 Fuder.

[60] Siehe Magda Fischer, Die Bibliothek der

Deutschordenskommende Altshausen, in: Gesellschaft für Geschichte und Heimatpflege, Beiträge zur Kulturgeschichte von Altshausen und Umgebung, Nr. 9 (1985), S. 118-122; im folgenden: Fischer. Zum Größenvergleich: Nach Fischer, S. 120 beherbergt die Altshauser Hausbibliothek etwa 3200 Bände, die Mergentheimer Bibliothek soll um die 20 000 Bücher umfaßt haben. Bereits im Inventar von 1772 wird an erster Stelle der Aufzählung die Bibliothek als solche in Schloß Achberg genannt: DOZA EL 382/4.

[61] Zur Bibliothek der Landkommende Altshausen unter Landkomtur Beat Konrad Philipp Reuttner von Weyl vgl. die Miszelle von P. Beck, in: Diözesan-Archiv Schwaben, 20. Jg., Nr. 7 (1902), S. 96.

[62] Hier kann nur eine kleine Auswahl aus diesem interessanten Dokument zur Mentalitäts- und Geistesgeschichte geboten werden. Dieses Bücherverzeichnis würde sicher eine eingehendere Auswertung verdienen.

[63] Dazu Fischer, S. 118.

[64] DOZA EL 382/2.

[65] Dieser Visitationsrelation schließt sich noch eine „Summarische Rechnung" an, was zu Achberg von Mai bis August eingenommen und wieder ausgegeben wurde. Einnahmen erzielt man durch Todesfälle, Abzug und Nachsteuer, Leibsentlassung, Ehehaften, Einkaufung, Strafen und die Jägerei. Ausgaben verursachen die Handwerker, die Zehrung, das Postgeld, Eisenware, die Schloßkapelle und Almosen. Informativ sind gleichfalls die anläßlich der Visitation von 1759 aufgezeichneten Einnahmen und Ausgaben: DOZA EL 382/4.

[66] DOZA BK 10. Siehe dazu auch Beobachtungen und Fragen, die bei Generalvisitationen gemacht zu werden pflegen, 1715, in HStASt B 347 Bü 314. Den Kapitelbeschluß siegeln Landkomtur von Falkenstein, die Ratsgebietiger Johann Paul von Reinach, Carl von Pfürdt, die Komture Georg Balthasar von Weittersheim, Johann Franz Carl Freiherr von und zu Schönau, Franz Hartmann Freiherr von Reinach und Johann Sebastian Freiherr von Aßmannsburg.

Dampfziegelei
Esseratsweiler
(ACHBERG.)
Besitzer Boeckeler.

LIT. A. ULRICH RAVENSBURG.

Karte 1: Das Territorium der ehemaligen Deutschordensherrschaft Achberg im Jahr 1857

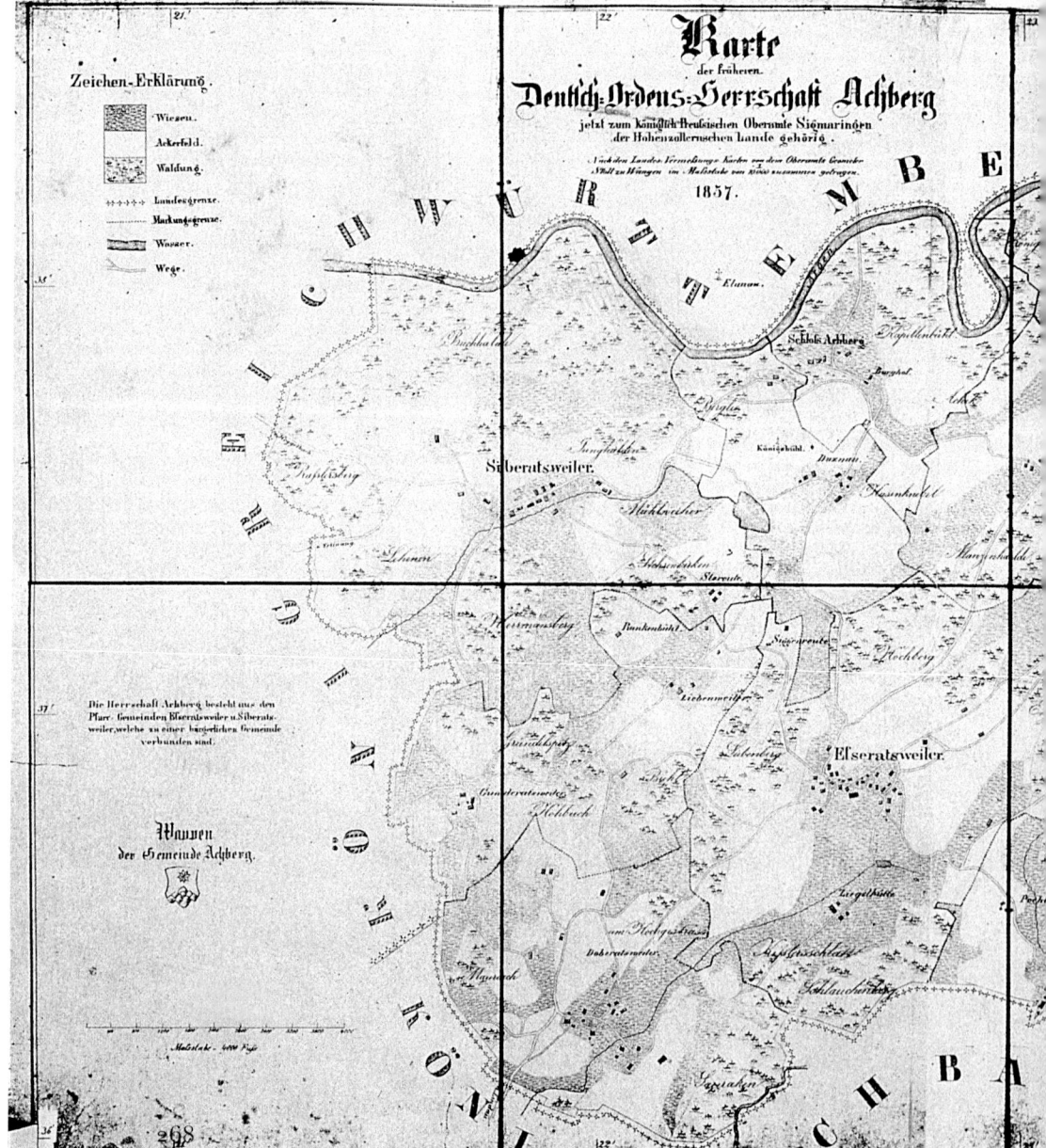

Zur Wirtschaft der Herrschaft Achberg und zu ihrer Bedeutung für die Deutschordenskommende Altshausen

Von Sebastian Röttgers

Einleitung

Schloß Achberg wurde in der bisher erschienenen Literatur vor allem unter kunst- und kulturhistorischen Aspekten beleuchtet, während die Wirtschafts- und Sozialgeschichte der zugehörigen Deutschordensherrschaft kaum

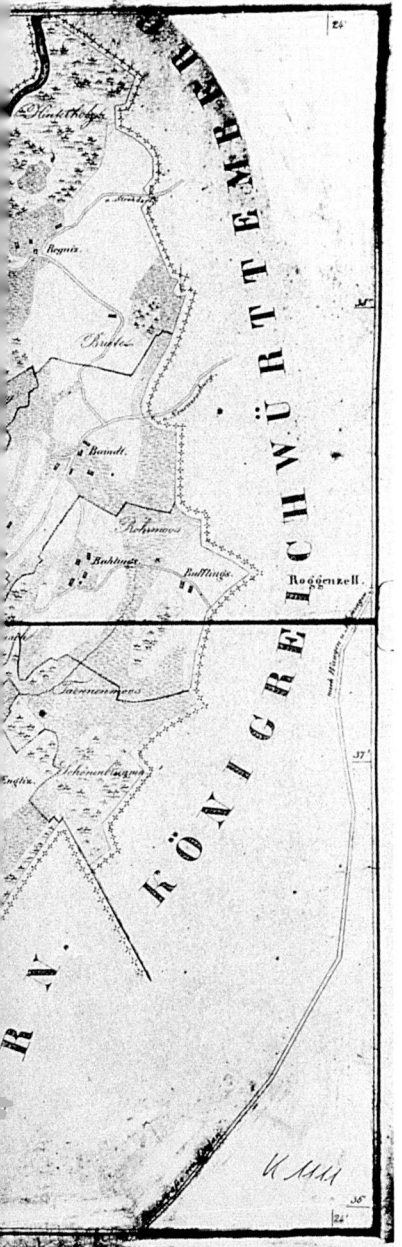

Beachtung fand.[1] Wer sich für die wirtschaftlichen Strukturen und für die innere Verwaltung der Herrschaft interessierte, war daher weiterhin vor allem auf den grundlegenden Aufsatz von Pfarrer Friedrich Eiscle aus dem Jahr 1922 angewiesen, der die Geschichte Achbergs von den Anfängen bis zur damaligen Gegenwart behandelt hatte.[2] Daneben boten die Kreisbeschreibung Sigmaringen von 1963[3] und die Edition des Status, der Zustandsbeschreibung, der Herrschaft von 1708 durch Rudolf Seigel Informationen über die inneren Strukturen der Deutschordensherrschaft[4]. Der folgende Beitrag soll nun eine Würdigung der Wirtschafts- und Sozialgeschichte nachholen.[5]

Nachfolgend werden zunächst grundlegende Wirtschafts- und Verwaltungsstrukturen der Herrschaft Achberg aufgezeigt, anschließend wird der Frage nach ihrer wirtschaftlichen Bedeutung für die Landkommende Altshausen nachgegangen. Dabei stütze ich mich teilweise auf Erkenntnisse und Vorarbeiten meiner noch unveröffentlichten Promotionsarbeit[6] sowie auf Quellen der Staatsarchive in Stuttgart und Sigmaringen[7], ferner des Archivs des Hauses Württemberg in Altshausen. Material des Deutschordenszentralarchivs in Wien ist hingegen nur indirekt auf der Grundlage einer Magisterarbeit von Michael Barczyck ausgewertet.[8] Das Quellenmaterial der besuchten Archive konnte nicht immer im Original durchgearbeitet werden, weswegen teilweise die Archivalienbezeichnungen in den Repertorien herangezogen werden. Im Hinblick auf eine künftige gründlichere Wirtschaftsgeschichte sei an dieser Stelle angemerkt, daß Urbare im eigentlichen Wortsinn hierfür nicht zur Verfügung stehen[9], mit Ausnahme von zwei Exemplaren des Jahres 1788, die den Zustand in der Herrschaft Achberg nach der Vereinödung wiedergeben[10]. Ein in einem Sigmaringer Kartenbestand lagernder *Geometrischer Überblick* über die Herrschaft Achberg von 1726/27 durch Martin Schneider[11] stellte sich bei genauerer Betrachtung als ein Werk heraus, das für jede Achberger Gemeinde sämtliche Grundstücke samt Größenangaben unter den jeweiligen Besitzern aufführt und die mit Nummern versehenen Grundstücke auf beiliegenden Markungskarten der Gemeinden abbildet. Aufgrund dieser Struktur wurde das Werk höchstwahrscheinlich wie ein Urbar benutzt und zwar in Verbindung mit einem Amtsbuch[12], das die im *Geometrischen Überblick* fehlenden Abgaben enthielt. Karte 1 zeigt einen Überblick über die geographische Ausdehnung der ehemaligen Deutschordensherrschaft Achberg im Jahr 1857.[13] Diese Karte ist die früheste erhaltene Abbildung des gesamten Territoriums.[14]

1 Verwaltungsstrukturen

1.1 Herrschaft Achberg

Sitz der herrschaftlichen Verwaltung war das vor 1708 neu errichtete Amtshaus, wo auch die niedere Gerichtsbarkeit untergebracht war.[15] Nach Eisele spricht einiges dafür, daß im 16. Jh. der Gerichtsammann als Vorsitzender eines Schöffengerichts in seiner gleichzeitigen Funktion als Hausvogt zu Achberg Besitz und Einkünfte des Junkers (mit-)verwaltet hat. Zu Beginn des 17. Jhs. hat, so Eisele, der jeweilige Vogt von Achberg die Besitzverwaltung übernommen, während die Richterfunktion zunächst dem Ammann verblieben war.[16] Demnach besaß der auch im Status von 1690 erwähnte Gerichtsammann[17] bis zum Ende des 17. Jhs. eine ähnliche Funktion wie sein Amtskollege in Altshausen.

Nach dem Übergang der Herrschaft Achberg an die Landkommende 1691/93 und dem Erwerb der Hoch- oder Blutsgerichtsbarkeit im Jahr 1700 verwaltete ein Obervogt die Geschicke der Herrschaft. Eisele hat an Hand von Instruktionen der Obervögte überzeugend das Ende des Schöffengerichtes in seiner alten Form als Folge der Verleihung der Hochgerichtsbarkeit dargelegt.[18] Der Obervogt fungierte bei den wöchentlich anzusetzenden Verhörtagen als Richter beziehungsweise in hohen Gerichtsfällen als Untersuchungsrichter. Der Ammann als Gehilfe und ein Vertreter aus dem Gericht unterstützten den Obervogt. Die acht namentlich aufgeführten Gerichtsgeschworen im Status von 1805 widersprechen dieser Erkenntnis nicht. [19]

Der Obervogt sandte regelmäßig Berichte an die Altshauser Konferenz, einem 1666 eingerichteten Beratungsgremium des Landkomturs für Angelegenheiten der Ballei und der Landkommende, wobei die Konferenz und der Landkomtur zusammen die Altshauser Regierung bildeten.[20] Von ihr erhielt der Achberger Obervogt seine Weisungen. Der Orientierung mag nachstehende Liste der Obervögte der Herrschaft Achberg dienen:

Oberamtsverwalter: Schmidt, Franz Anton (1697; 1699)[21]
Wocher, Georg Adam (1700-1753)[22]
Günzer, Johann Augustin (1753-1780)[23]
Mandele, Joseph (1780-1791[24]; Vereidigung erst Ende 1781[25])
Bagnato, Johann Nepomuk von (1791-1798)[26]
Schaeffer, Johann Jakob (1798-1814)[27]

Die Zustandsbeschreibung von 1708 führt als besoldetes Personal außer dem Obervogt *(Beambten)* noch einen Unterbedienten und einen Jäger auf. Unklar dabei ist, ob mit dem *Unterbedienten* der Ammann gemeint ist, der nach einer Instruktion von 1792 das Amt eines Gehilfen des Obervogtes hatte[28] oder der (Gerichts-)Waibel, der nach Eisele unter dem Deutschen Orden die Funktionen eines Kanzleidieners, eines herrschaftlichen Aufsehers und eines Polizeiorgans ausfüllte[29]. Vollständige Angaben über das Personal der Herrschaft enthalten die Jahresrechnungen. Im Rechnungsjahr 1723/24 wurden insgesamt 253 fl an Besoldungen einschließlich Zulagen gezahlt, die sich auf den Obervogt (171 fl), den Ammann (17 fl), den Jäger *(Holzwarth*: 24 fl), den Waibel (29 fl), das Wartgeld für den Küfer (10 fl) und ein Entgelt für das Uhrenrichten für Gotthard Stor (1,5 fl) verteilten.[30]

Nur der Scharfrichter, der im Jahr 1736 als Folge der Erlangung der Blutsgerichtsbarkeit angestellt wurde, fehlt in dieser Übersicht. Obwohl die Hochgerichtsbarkeit bereits im Jahr 1700 verliehen worden war, erfolgte die Anstellung eines eigenen Henkers erst 1736.[31] Der Status von 1805 führt den Scharfrichter *(Freymann)* Johann Georg Deigendesch auf: Dieser lebt von seiner Besoldung und seinem Verdienst; sein Wohnhaus zu Siggenreute wurde dieser Zustandsbeschreibung zufolge erst 1799 unter der Bedingung neu erbaut, daß es *zur Unterbringung einiger heimatlosen armer Unterthanen in der Herrschaft* dienen solle. Die isolierte Lage seiner Behausung entspricht übrigens ebenso wie die Verpflichtung zur Aufnahme der Wohnungslosen der damals noch herrschenden Vorstellung von der Unreinheit seines Berufes.[32]

Die Landschaft Achberg wird im Zusammenhang mit der Vereinödung der Herrschaft 1783 ausdrücklich mehrfach erwähnt.[33] Im Grunde bedeutete der spätestens 1695 vollzogene Zusammenschluß der vorher - und nachher - nachweisbaren Einzelgemeinden zur *Gemeinde Achberg* die Bildung einer Landschaft,

da nach Eisele ihre Hauptaufgabe im 18. Jh. die Steuererhebung für die Ritterkasse zu Wangen im Allgäu war[34] und die Steuererhebung bekanntermaßen zu
den essentiellen Funktionen der in der frühen Neuzeit entstehenden Landschaften zählte[35].

1.2 Amt Ellhofen

Nach dem Erwerb der Herrschaft Achberg durch den Deutschen Orden verwaltete der Achberger Obervogt auch das seit 1629 bestehende Amt Ellhofen
bei Weiler im Allgäu. In jenem Jahr war das Dorf *Ellenhofen* von Eberhard von
Weiler über die Herren von Hornstein an die Landkommende gekommen.[36]
Das Dorf war Lehen des Klosters St. Gallen und lag inmitten des Bregenzer
Territoriums. Zum Amt gehörten außer dem Dorf, wo der Orden bis 1786 nur
innerhalb des Etters die Niedergerichtsbarkeit ausübte, lediglich Splitterbesitz
vor allem in Ober- und Niedermatzen. Vor Ort war der Ammann von Ellhofen
der Vertreter der Herrschaft und zugleich der dortigen Gemeinde.[37] Der Übergang der Ammannstelle samt einem Lehenhaus mit herrschaftlichem Konsens
im Jahr 1788 von Johann Elgas an seinen Sohn Dominikus[38] macht deutlich,
daß es sich um ein herrschaftliches und gewohnheitsrechtlich erbliches Amt
handelte.[39] Der Achberger Obervogt soll einmal pro Jahr das Amt besuchen und
dann im Amtshaus, dem heutigen Gasthof Adler, residiert haben.[40] Für die
Verhöre des Amtes wurde am Ende des 18. Jhs. eine eigene Protokollreihe
geführt.[41] Ellhofen war eine kleine Herrschaft, die nach einer Schätzung des
Jahres 1800 nur 250 Seelen zählte.[42]

2 Wirtschaftliche Strukturen

Die früheste Quelle zur Wirtschaftsgeschichte der Deutschordensherrschaft
Achberg ist eine Beschreibung sämtlicher Einnahmen, die im Vorfeld des
Erwerbs durch die Kommende wohl noch im Auftrag der Herren von Sürgenstein angefertigt wurde. Jener undatierte, 1690 verfaßte *Ohngefährliche Ahn-
schlag undt Beschreibung der gantzen Herrschaft Achberg*[43] enthält unter anderem
Hinweise zur Eigenwirtschaft Achbergs, zum eigenen und Lehenbesitz der Herrschaft sowie zur Bevölkerung und deren Abgaben- und Dienstpflichten einschließlich einiger Berufsangaben. Der Anschlag führt getrennt jährlich gleiche
(1411 fl) und jährlich schwankende Einnahmen (1998 fl) auf, multipliziert
diese ohne Erwähnung oder Berücksichtigung von Ausgaben mit dem Faktor
35 beziehungsweise 25, addiert einen Pauschalbetrag von 3000 fl für die Jagd-
und Fischereirechte und gelangt auf diese Weise zu einem Wert der Herrschaft
in Höhe von 102.355 fl. Der tatsächliche Kaufpreis für die Herrschaft drei
Jahre später betrug hingegen nur 64.000 fl.[44]

Im folgenden wird der Anschlag von 1690 jeweils zur Beschreibung der Situation
beim Übergang an die Landkommende 1691/93 herangezogen und dabei der

Einfachheit halber als Status von 1690 bezeichnet.[45] Die Entwicklung des jeweiligen Wirtschaftszweiges unter der Herrschaft des Deutschen Ordens wird anschließend an Hand weiterer Quellen nachgezeichnet, insbesondere der erwähnten knapperen Zustandsbeschreibung von 1708 sowie des ausführlichen Status von 1805.

2.1 Ehemalige Eigen- beziehungsweise Pachtwirtschaft

Von Schloß und Bauhof Achberg am Ende des 17. Jhs., vor den Baumaßnahmen unter Franz Benedikt von Baden, besitzen wir keine Ansicht, sondern sind auf den Status von 1690 angewiesen. Dieser nennt neben dem Schloß ein Amtshaus innerhalb der Schloßummauerung, einen außerhalb der Mauer daran angrenzenden Marstall und einen Krautgarten auf einer schönen Ebene. Erst für die Zeit danach zeigt ein Einzelblatt des erwähnten *Geometrischen Überblicks* von 1726/27 die unmittelbare Umgebung des Schlosses und die Wirtschaftsflächen des Bauhofs.[46] Diese sind auch auf der aus dem Jahr 1789 stammenden Karte 2 zu sehen, ebenso der Zustand der Schloß- und Wirtschaftsgebäude.[47] Entgegen den Richtungsangaben auf der Karte und der heutigen kartographischen Praxis zeigt ihr Kopf nach Süden. Die eigentlichen Wirtschaftsgebäude, also Bauhof, Sennhof, *Schmidtstatt unndt Städl* grenzen dem Bericht zufolge an jenen Krautgarten. Diese gemäß dem Status von 1690 mit Bäumen und weiteren Krautgärten umgebenen Gebäude bildeten mit

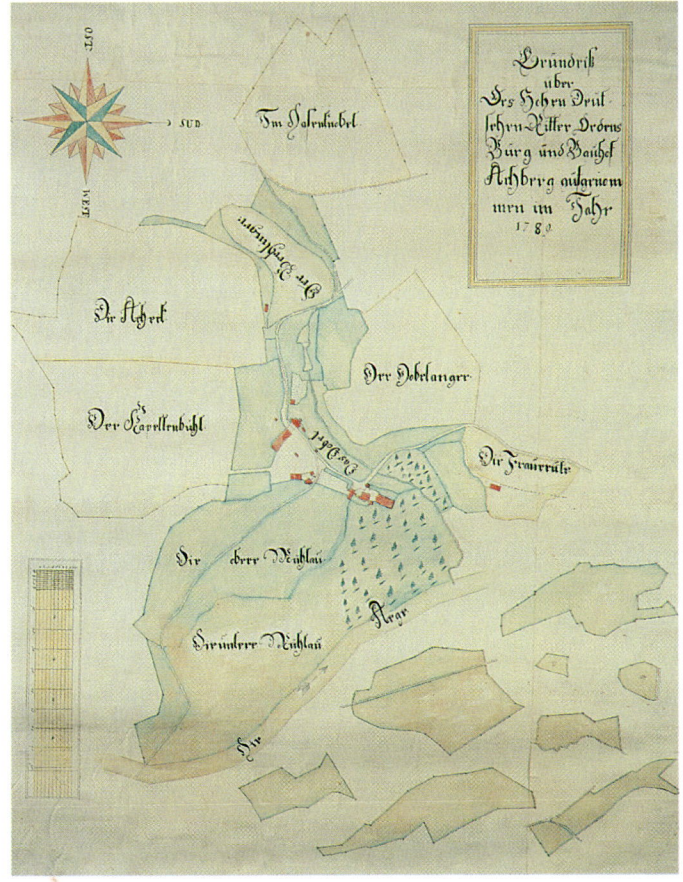

Ausnahme der Schmiede eine wirtschaftliche Einheit: Der Flächenbesitz dieses Hofs wird mit 79 J Acker[48] und ebensoviel überwiegend zweimahdigen Wiesen angegeben. Diese Einheit, zu der außer den erwähnten Flächen noch ungemessene Baum- und Krautgärten gehörten und die im Jahr 1690 insgesamt etwa 159 J (= 70 ha) maß, soll künftig als Achberger Bauhof bezeichnet werden. Dieser war mit aller seiner Zugehörung bereits bei der Erstellung des Status von 1690 *bestandtsweis*, das heißt gegen eine jährliche Pacht von 450 fl, ausgegeben. Der Zustandsbeschreibung

Karte 2: Schloß und Bauhof Achberg im Jahr 1789

von 1708 zufolge war der Bauhof dann zu 300 fl jährlich verpachtet. Ein Grund für diese Reduktion mag gewesen sein, daß er *gleich alle Gueter in der Herrschaft rauch, müehsamb und kostbar zue pauen* wäre. 1756 gar ließ der Achberger Obervogt einen neuen Pächter in der Herrschaft und in den Nachbarterritorien suchen. Dieser sollte während der neunjährigen Pachtzeit mehr als 200 fl jährlich bezahlen, die der bisherige Pächter und Ammann Johann Mesmer hierfür entrichtet hatte.[49] Offensichtlich waren diese Bemühungen des Obervogtes erfolglos, denn Mitte August empfahl er, den Bauhof dem bisherigen Inhaber für nur 170 bis 180 fl in den ersten fünf Jahren zu verpachten, damit er nicht Verlust machen würde wie seine Vorgänger. Die Altshauser Konferenz überließ die Angelegenheit einer künftigen Entscheidung des Landkomturs.[50] Dieser setzte den Pachtzins auf jährlich alternierend 200 und 180 fl fest und verfügte, daß die Landkommende auf Fehljahre künftig keine Rücksicht mehr nehmen solle.[51]

2.1.1 Ackerbau

Zum Achberger Bauhof gehörten laut Status von 1690 79 J Acker. Nach dem *Geometrischen Überblick* von 1726/27 waren es nur 51,5 J (22,8 ha), von denen etwa 10,4 J auf der Nachbarmarkung Duznau lagen.[52] Am Ende der Ordensherrschaft umfaßte der Bauhof nach der Zustandsbeschreibung von 1805 über 121 J Acker, von denen in jedem der vier Ösche 3 J dem Obervogt *(zeitlichen Beamten)* zur Nutzung vorbehalten waren, sofern er selbst Landwirtschaft betreiben wollte.

Die Lage der im Status von 1805 als solche bezeichneten vier Zelgen des Bauhofes, also Flurteile im Rahmen der damals üblichen Fruchtfolgewirtschaft, kann aus Karte 2 von 1789 entnommen werden. Die Zelgen hießen *Kapellenbichel, Ahegg* (1726/27: *Am Mauer Stock*)[53], und *Dobel* (1726/27: *Tobelanger*[54]; 1789: *Dobelanger*), der *Hasenknobel* befand sich auf der Markung Duznau[55]. Sämtliche Lehenhuber der Herrschaft waren nach der Zustandsbeschreibung von 1690 zur Leistung von Acker- und Pflugdiensten auf dem Bauhof verpflichtet, konnten sich dieser Pflicht jedoch durch Zahlung eines Surrogats in Höhe von 2 fl 24 kr entziehen. Die Produktion von Hanf und Flachs auf einem Teil der Äcker des Achberger Bauhofs wird in der Fronpflicht zum Hanf- und Flachsrätschen im Status von 1690 erwähnt. Vermutlich bestand dabei die Pflicht zur Ableistung eines Tagwerkes lediglich für einen Teil der Bevölkerung, vielleicht nur für die ärmeren Frauen.[56]

2.1.2 Vieh- und Wiesenwirtschaft

Zum Achberger Bauhof gehörten nach dem Status von 1690 außerdem 79 J ein- beziehungsweise zweimahdige Wiesen, dem Bauhof war ein Sennhof angeschlossen, der auf die Produktion von Käse hinweist. Der *Geometrische Überblick* von 1726/27 gibt insgesamt 35,8 J Wiese (15,82 ha) an, von denen nur knapp 11 J auf Achberger Markung lagen, während der Rest sich vorwiegend auf die Markungen von sechs Einzelgemeinden verteilte. Die Weidefläche betrug 1726/27 über 14,14 J (6,25 ha), da zu einer herrschaftlichen Wiese in Siberatsweiler keine Fläche angegeben ist. Das Acker-Grünland-Verhältnis des Bauhofes 1726/27 entsprach in etwa dem von 1690, allerdings bei nur 44,8 ha (statt 70 ha) landwirtschaftlicher Nutzfläche. Der Status von 1805 weist über 43 J Wieswachs und knapp 25 J Weide auf. Die gesamte Grünlandfläche hatte also gegenüber 1690 um 11 J abgenommen. Rechnet man die dem Obervogt reservierten über 6 J Wieswachs mit ein, betrug der Rückgang sogar 17 J. Die dem Bauhofpächter tatsächlich zur Verfügung stehenden Ackerflächen von 112 J und seine effektiven Grünlandflächen von 62 J zeigen mit einem Acker-Grünland-Verhältnis von rund 1 : 0,5 gegenüber denjenigen von 1690 und 1726/27 eine markante Verschiebung der Wirtschaft zugunsten des Ackerbaus. 1789 lag übrigens nach Ausweis von Karte 2 der größere Teil der Grünflächen des Bauhofes nördlich der Argen außerhalb des Territoriums.

Die Viehwirtschaft und damit verbunden die Käseherstellung spielte insgesamt eine bedeutende Rolle in der Eigenwirtschaft der Landkommende, das heißt, in der von der Herrschaft mittels besoldeten Verwaltern betriebenen Landwirtschaft. 1669 beispielsweise betrug der Bestand an Hornvieh der eigenwirtschaftlich betriebenen Altshauser Sennerei einschließlich Kälbern und Stieren 60 Stück, auf dem Hof Lichtenfeld in der Nähe von Altshausen 126 Stück.[57] Die Landkommende beschäftigte gerne Schweizer Senner für ihre eigenwirtschaftlichen Sennereien in Altshausen und Arnegg. Das Vieh der Herrschaft Altshausen weidete den Sommer über regelmäßig auf den wohl 1679 erworbenen Almen Hirschgund und Rindberg bei Sibratsgfäll im Bregenzer Wald. Die alpine Almwirtschaft der Kommende unterstand zwar teilweise der Aufsicht des Achberger Obervogtes, ihre Erträge und Kosten gingen aber nicht in die Achberger Jahresrechnungen, sondern direkt in die Altshauser Rentamtsrechnungen ein.

2.1.3 Holzwirtschaft
Das Holz aus dem herrschaftlichen Wald, den der Status von 1690 als *ahnsehnlich Gehültz mit Eschen, Tannen, Espen, Buchen und Birken* beschreibt, erbringt neben dem nötigen Brenn- und Bauholz, dem Rohmaterial von Wein- und Fischfässern und anderem herrschaftlichem Küchengeschirr beim Verkauf einen jährlichen Gewinn von 110 fl. Der *Geometrische Überblick* von 1726/27 beziffert den herrschaftlichen Wald mit insgesamt 198,3 J (87,7 ha), wovon 32 J (14,1 ha) auf die Markung Achberg entfielen.[58] Da zwei Waldstücke außerhalb Achbergs ohne Flächenangabe aufgeführt sind, lag die tatsächliche Gesamtfläche darüber. Der genaue Umfang des herrschaftlichen Waldes geht auch

aus dem ausführlichen Status von 1805 nicht hervor. Diesem zufolge ist eine im Jahr 1727 aufgenommene sogenannte *Sirgensteinsche Mappa* der einzige Nachweis über den Umfang der Waldungen. Tatsächlich zeige sich jedoch vielfach, daß die wirkliche Gesamtfläche etwa doppelt so groß wäre, wie die darin angegebenen 190 J. Wenn dies zutrifft, so hat die gesamte Waldfläche 168 ha betragen.

Eisele hat auf die Lehenwaldungen als Besonderheit der Achberger Lehenherrschaft hingewiesen: Im Jahr 1615 hatten seinen Angaben zufolge 37 Lehensleute solche inne gehabt, 1789 besaß jeder Lehensbauer Waldungen, wobei nach einem von Eisele angeführten Bericht des Obervogtes Mandele aus dem gleichen Jahr die Herrschaft schon vor vielen Jahren ihre Nutzung an sich gezogen hatte und sie inzwischen gleich den eigenen behandeln würde.[59] Schon der *Geometrische Überblick* von 1726/27 führt für jeden Lehenhuber des Territoriums unter Angabe der Fläche und Lage eine oder mehrere Lehenwaldungen auf. Möglicherweise verfügten auch ansonsten Unbelehnte (Beisitzer oder Alte) über Lehenwaldungen, oder die Lehenwaldungen wechselten von Zeit zu Zeit.[60] Anders als bei Wiesen und Äckern besaßen in der Regel nur Ortsansässige Lehenwaldungen auf der jeweiligen Markung.[61] Der ungeklärte Ursprung der Lehenwaldungen könnte daher mit früheren Nutzungsrechten an Gemeindewäldern zusammenhängen, welche die Herrschaft von finanziell in Bedrängnis geratenen Gemeinden erworben haben könnte.[62] Ein Teil der Lehenwaldungen im Territorium wurde anscheinend 1793 zusammen mit den damals gekauften acht Erb- und drei Schupflehengütern[63] des aufgehobenen Klosters Langnau vom damaligen k.u.k. Oberamt Tettnang erworben[64].

Der Verkauf aus einer Waldnutzung lieferte seit 1737 zwei Drittel der Schulgelder für die armen Kinder der Herrschaft Achberg, insgesamt 18 bis 20 fl; ein Drittel trug die Geistlichkeit des Territoriums bei.[65] Mit dieser Regelung, die aufgrund einer Anfrage des Achberger Obervogts von der Altshauser Regierung beschlossen worden war, vermied der Landkomtur weitere Ausgaben aus seiner persönlichen Hauskasse, aus welcher der größte Teil der Schulgelder für arme Kinder in den Herrschaften Altshausen und Hohenfels bis zum Ende der Landkommende beglichen wurden.[66] Schulen bestanden im Achberger Territorium im 18. Jh. in Esseratsweiler und zeitweilig in Siberatsweiler, den beiden Pfarrorten der Herrschaft.[67]

2.1.4 Fischerei

Der Herrschaft gehörten nach dem Status von 1690 14 Weiher sowie *zwei Laichweiher unndt Grueben* zur Aufzucht der Jungfische. Ein weiterer Weiher in Schwarzenbach war bereits in eine Wiese verwandelt worden, weshalb ein Lehenhuber dort eine Abgabe von 7 ½ fl an die Herrschaft zahlte. Die Weiher wurden in Eigenwirtschaft umgetrieben, denn die damalige Zustandsbeschreibung gibt jeweils den Gewinn ohne einen Anteil für einen etwaigen Pächter an. Den durchschnittlichen Ertrag aus den Weihern setzt der Status bei 46 Zentner oder 552 fl an, wobei die Fischart nicht genannt wird; vermutlich sind jedoch Karpfen gemeint. Denn der Gewinn aus dem Fang von Hechten, Schleien, Forellen und *allerley geschmeten Fischen* sowie der Vorrat an Fischen in der Hofküche wird gesondert mit 30 fl angegeben. Außerdem führt der Status einen Geldwert von 130 fl durch die Aufzucht der Jungfische in den Laichgruben auf, wodurch der Einkauf von Setzlingen eingespart wurde. Zusammengenommen würde das einen jährlichen Gewinn von 712 fl bedeuten.

Im Rechnungsjahr 1723/24 erzielte die Herrschaft aus dem Verkauf von Fischen einen Bruttogewinn von 278 fl und wendete für Unterhalt und Betrieb der Weiher 31 fl auf.[68] Der tatsächliche Gewinn aus der Weiherwirtschaft scheint somit wesentlich geringer als 1690 angegeben. Am Ende des 18. Jhs. hatte man für einen Großteil der Weiher keine Verwendung mehr. Eine Ende 1781 diskutierte Trockenlegung der Hälfte von ihnen wurde auf Empfehlung der Altshauser Konferenz allein deshalb nicht durchgeführt, weil nach einer Trockenlegung nur ein geringer Bodenertrag zu erwarten wäre.[69]

Der Status von 1805 führt innerhalb des Territoriums noch zehn Weiher auf, von denen zwei trockengelegt und verpachtet und sechs weitere zum Betrieb der Schupflehenmühle in Siberatsweiler unerläßlich waren. Die Weiher wurden damals jeweils nach drei Jahren abgefischt, und der Ertrag wurde zum Profit der Herrschaft verkauft. Nur der in der Herrschaft Neuravensburg gelegene zwei starke Jauchert große Schwarzenbacher Weiher, welcher früher zum Achberger Bauhof gehört hatte, war nun zur besseren Nutzung an einen Schwarzenbacher Bürger verpachtet. Der Weiher, der als St. Galler Lehen 1691/93 vom Orden miterworben worden war[70], wurde allerdings - wir sahen es - bereits 1690 als Wiese genutzt.

Die Fischerei in der Argen war nach dem Status von 1690 an einen Fischer gegen 16 fl Pachtzins jährlich vergeben. Vielleicht war damit außerdem die Verpflichtung zur unentgeltlichen Bewirtschaftung der Achberger Weiher verbunden, für die kein Personal aufgeführt wird. Nach der Zustandsbeschreibung von 1805 reichte das ausschließliche Fischereirecht von Dametsweiler *(Dammertsweiler)*[71] im Neuravensburger Territorium bis zum Alberstock unterhalb von Sumerau. Gegen Ende des Status von 1690 wird außer dem Fischereirecht in der Argen auch dasjenige in der Ach erwähnt und dieses *sambt allen Grundel und Krebß Bächen* zusammen mit dem Jagdrecht auf pauschal 3000 fl veranschlagt. Einzelheiten der Nutzung jener Gewässer werden aus dieser Angabe leider nicht ersichtlich.

2.1.5 Weinbau

Der Weingarten im Retterschen - *ein Hof und Söld zu Rerterschen, mit einem sehr großen Zeehendten-, unndt Steyrfreyen Rebgartten* - wurde laut dem Status von 1690 in Eigenregie der Bauleute bewirtschaftet, wobei diese nach dem Bericht ein Drittel der Ernte behalten durften. Der Ertrag für die Herrschaft bestand aus den anderen zwei Dritteln sowie dem *Torgl Wein*. Bei diesem scheint es sich um eine Abgabe für die Benützung eines herrschaftlichen Torkels, also einer Weinpresse, durch benachbarte Untertanen Achbergs gehandelt zu haben, für die der Weinbau *(das Wimblen)* selbst abgabenfrei war. Die auf diese Weise jährlich der Herrschaft zufließende Menge von 12 Fuder *besten Gländts Wein* ergab laut dem Status von 1690 bei einem Fuderpreis von 40 fl einen jährlichen Reingewinn von 480 fl und mußte von den Bauern kostenlos nach Achberg transportiert werden.

An dieser Verpflichtung der Untertanen zur Leistung von Weintransportfahrten nach Achberg, der an anderer Stelle in dem Status von 1690 aufgeführten Verpflichtung zur kostenlosen Abgabe von Dung und zum Transport desselben in den Weingarten im Retterschen sowie an seiner Zehnt- und Steuerfreiheit läßt sich eine frühere eigenwirtschaftliche Betriebsweise des Weinguts noch erkennen, das - wir sahen es - um 1690 stattdessen gegen zwei Drittel der Ernte ausgegeben war. Da das Weingut 1691/93 bei der Übernahme durch den Deutschen Orden als St. Galler Lehen erworben worden war[72], hatte es wohl früher einmal zur Eigenwirtschaft der St. Galler Herrschaft Neuravensburg gehört.

Der Status von 1708 führt als jährlichen Ertrag aus dem Rebgarten im Retterschen 6, 12 bis 16 Fuder an, ohne Umrechnung in Gulden. Im Rechnungsjahr 1723/24 erbrachte der herrschaftliche Weingarten im Retterschen selbst nur 6 Fuder 15 Eimer 2 Quart, hinzu kamen 4 Eimer Weinzins von Jakob Schädler zu Retterschen für ein anderes ihm verliehenes Gut sowie 1 Eimer 1 Quart aus dem Torkel nach Abzug von 1¼ Eimer für die *PP. Capuziner*, wohl der Ravensburger Kapuzinerkonvent, welcher der Landkommende bei der Seelsorge behilflich war. Zusammen ergab dies einen Bruttoertrag aus dem Retterschen von 6 Fuder 15 Eimer 3 Quart oder rund 7,5 Hektolitern.

Das Weingut zu Markdorf wurde nach dem Status von 1690 wahrscheinlich als eigenwirtschaftlicher Betrieb genutzt, wie sich aus der Formulierung des jährlichen Ertrages schließen läßt. Denn nach Abzug aller Kosten - *über alle Costen* - brachte es der Herrschaft jährlich mindestens 1¼ Fuder Wein beziehungsweise 60 fl Reingewinn. Die Zustandsbeschreibung von 1708 gibt als durchschnittlichen jährlichen Ertrag ebenfalls 1¼ Fuder an, wiederum ohne Umrechnung in Gulden. Der tatsächliche Ertrag kann für das 18. Jh. schon aufgrund der

Quellenlage nicht angegeben werden[73], sofern das Weingut überhaupt im Besitz der Landkommende blieb[74]. Aus dem Kommentar bezüglich beider Weingüter im Status von 1708 - *deren pauerlohn aber ist costpar* - läßt sich entnehmen, daß zu jenem Zeitpunkt beide Güter eigenwirtschaftlich gegen Lohn bestellt wurden.

Nach der Zustandsbeschreibung von 1690 betrug der Reingewinn aus den Weingütern Markdorf und Retterschen mit Torkel somit insgesamt von den 13½ Fuder Wein 540 fl, während die ungenaue Formulierung der Erträge im Status von 1708 diese Beträge nicht direkt bestätigt. Wie oben an Hand der willkürlich herausgegriffenen Jahresrechnung 1723/24 im Fall von Retterschen verdeutlicht wurde, blieben zuweilen die wirklichen Erträge deutlich hinter den 1690 im Hinblick auf den Kaufpreis der Herrschaft zusammengestellten Zahlen zurück, zumal ja wegen des Eigenverbrauchs für die Küche, Besoldungen usw. nicht der gesamte produzierte Wein zum Verkauf zur Verfügung stand.

Der Herrschaft flossen aber noch weitere Einnahmen aus dem Weinbau zu, die in den Zustandsbeschreibungen von 1690 und 1708 jedoch nicht erscheinen. Aus einem eigenwirtschaftlich geführten Weingut in *Brändle* bei Berneck im schweizerischen Rheintal südlich von St. Margarethen, das als St. Galler Lehen schon beim Erwerb durch den Deutschen Orden zur Herrschaft Achberg gehört hatte[75], erhielt diese im Rechnungsjahr 1723/24 an Rot- und Weißwein 1 Fuder 18 Eimer 1 Quart[76], außerdem im gleichen Jahr 2 Eimer sogenannten *Baumwein* zu Doberatsweiler. Hierbei handelte es sich wohl um den Wein, den die Untertanen dort für die Benützung des herrschaftlichen Torkels abgaben, welchen damals Hans Stor für die Herrschaft gegen 1½ fl Verdienst einschließlich einiger *Notwendigkeiten* betrieb. Der bei Eisele für das 17. Jh. erwähnte Torkel zu Siberatsweiler[77] bestand hingegen nicht mehr.

Ohne den Übertrag aus der Vorrechnung, den sogenannten *Recess*, betrugen 1723/24 somit die Gesamteinnahmen an Wein 8 Fuder 6 Eimer 4 Quart.[78] Dies scheint ein unterdurchschnittlicher Ertrag gewesen zu sein, worauf der Recess von 30 Fuder 18 Eimer 13 Quart hinweist. Die Differenz der Wein-Gesamtausgaben in Höhe von 15 Fuder 29 Eimer 11½ Quart und der Ausgaben für verkauften Wein in Höhe von 13 Fuder 2 Eimer 4 Quart, die in der Geldrechnung als Einnahme in Höhe von 408 fl unter Angabe eines nur ungefähr zutreffenden Fuderpreises von 30 fl verbucht sind, ergibt den Eigenverbrauch der Herrschaft. Dieser relativ konstante Eigenverbrauch für die herrschaftliche Küche, Besoldungen, Gäste, Boten und sonstiges betrug damals 2 Fuder 27 Eimer 7½ Quart oder rund 3,36 Hektoliter.

1723/24 waren die Ausgaben für den Rebgarten im Retterschen in Höhe von 168 fl und für den Weinbau im Rheintal von 57 fl die größten Posten: Ausgaben waren hauptsächlich Fuhrlöhne der Untertanen sowie Abgaben für das Einbringen und Tragen von Dung. Wenn wir nun zur Einschätzung des Reingewinns der Herrschaft aus dem Weinbau diese Ausgaben plus die oben angeführten Ausgaben für den Torkel in Doberatsweiler von den Geldeinnahmen aus dem Weinverkauf abziehen, so gelangen wir zu einem ungefähren Betrag von 180 fl, der wegen der großen Menge des in jenem Jahr verkauften Weins sicherlich über dem durchschnittlichen Reingewinn liegt.

Nach dieser Übersicht über den Weinbau der Herrschaft Achberg innerhalb und vor allem außerhalb des Territoriums werfen wir einen genaueren Blick auf das Weingut im Retterschen, das wie erwähnt 1708, anders als noch 1690, als herrschaftlicher Eigenbetrieb geführt wurde. Nach einer aufgrund der Quellenbelege nur zu erschließenden Phase des Niedergangs um die Mitte des 18. Jhs. bemühten sich der Achberger Obervogt und die Altshauser Regierung von 1780 an, dort den Weinbau neu zu beleben.[79] Unklar bleibt, inwieweit die Abtretung der Grafschaft Tettnang samt der Herrschaft Schomburg durch die Grafen von Montfort an Österreich in jenem Jahr einen äußeren Anlaß hierzu bot.[80] Das Weingut kam dadurch unter österreichische Landeshoheit.[81] Aus dem direkt und indirekt in Form von Konferenzprotokollen überlieferten Schriftverkehr[82] erfahren wir, daß zu Beginn der 1780er Jahre in Ermangelung eines ordentlichen *Aufsehers* oder Rebmanns der Inhaber des Bauernlehens im Retterschen zeitweise provisorisch das Weingut leitete und daß das nunmehrige k.u.k. Oberamt Tettnang ein Vorschlagsrecht für die Besetzung der Rebmannstelle besaß. In dieser Zeit wechselten die Stelleninhaber zunächst in rascher Folge. Dann unternahm die Landkommende verstärkte Anstrengungen, indem sie den Torkel wohl im Frühjahr 1784 instandsetzen ließ[83], ein neues *Rebhaus* für knapp 560 fl im Verlauf des Jahres 1785 baute[84] und im März des folgenden Jahres nach einem Bericht des Achberger Obervogtes Kühe für *die Rebleute* im Retterschen anschaffte[85]. Aufgrund dieser Investitionen scheinen sich die Bedingungen für die Rebleute gebessert zu haben, und die Fluktuation bei der Rebmannstelle hörte spätestens 1790 auf. Seit jenem Jahr stand der außerhalb des Oberamtbezirks Langenargen stammende Anton Maurer dem Rebgut vor und wurde 1799 als Rebmann bestätigt, wobei er erst dann eine ordentliche Instruktion erhielt.[86]

Die Bestimmungen dieser Instruktion, die nachfolgend zusammengefaßt werden, galten wahrscheinlich bereits seit 1790, einzelne vielleicht schon früher. Angesichts der Größe des Rebgartens ist es dem *Hauptrebmann* Maurer erlaubt, sich einen Gehilfen zu nehmen. Jährlich sollte er 1¼ Fuder Dung von einer von der Herrschaft Achberg gestellten Kuh in den Rebgarten ausbringen, zusätzlich zu dem von den Untertanen dieser Herrschaft angelieferten Dung. Beide Bestimmungen klären die oben erwähnte Anschaffung von Kühen für *die Rebleute* im Jahr 1786 auf. Sein Lohn bestand aus einem ohne Angabe der Höhe aufgeführten *Rebbauerlohn* in Geld, Getreidefrucht als Naturalzulage, dem Ertrag der erwähnten Kuh mit Ausnahme des Dungs, freier Wohnung, dem Ertrag der ihm verliehenen Baum- und Krautgärten, von welchem er *alle landesherrlichen Abgaben* - in diesem Fall an das Oberamt Langenargen - bestreiten müßte, sowie aus dem Gras am Rande des Rebgartens und dem beim Weinbau anfallenden Kleinholz. Schließlich sollte er für jedes *Stück Reben einzulegen* einen Pfennig erhalten. Hierbei handelt es sich wohl um seinen an anderer Stelle in der Instruktion genannten *billigen Lohn* für den Betrieb des herrschaftlichen Torkels während der Weinlese.[87]

Unter der Leitung Maurers scheint das Weingut der Herrschaft zufriedenstellende Gewinne erbracht zu haben, sonst wäre er nicht nach Ablauf von neun Jahren ordentlich angestellt worden. Die Höhe dieser Gewinne sind nicht bekannt, da nach dem bisherigen Wissensstand Achberger Weinrechnungen aus dieser Zeit nicht erhalten sind.[88] Heute erinnert in dem Weiler Retterschen nur noch der Straßenname *Achberger Weg* an das ehemalige Weingut und den Transportweg dorthin.

2.1.6 Säg- und Schleifmühle

Dem Status von 1708 zufolge war eine solche *wohlerpaute* Einrichtung in unmittelbarer Nähe zum Schloß, aber außerhalb der Ummauerung, gegen 7 fl Zins jährlich an den Achberger Schmied verpachtet. Da der Status von 1690 die Säg- und Schleifmühle noch nicht kennt, entstand sie vermutlich erst im Zusammenhang mit dem Umbau des Schlosses unter Landkomtur Franz Benedikt von Baden. Im Rechnungsjahr 1723/24 erzielte die Herrschaft aus dem Betrieb der Sägmühle keinen Gewinn, zahlte aber rund 4½ fl für deren Bauunterhalt sowie für deren Fertigprodukte *Latten, Bretter und dergl.*[89] Die Sägmühle wurde also in Eigenregie ihres Betreibers bewirtschaftet. Sie scheint sich später nicht mehr rentiert zu haben, denn zu Beginn der 1780er Jahre mußte sie neu errichtet werden[90], als Reparaturen am Schloß und an seinen Nebengebäuden anstanden[91]. Die Zustandsbeschreibung von 1805 führt weder eine Säge noch einen Sägmüller auf - ein Hinweis dafür, daß die Sägmühle ihren Betrieb erneut eingestellt hatte.[92]

2.1.7 Ziegelhütte mit Kalkofen

Ähnlich wie die Sägmühle hatte die im Status von 1708 genannte Ziegelhütte im *inneren Hof* der Schloßummauerung ihren Ursprung wahrscheinlich im Schloßumbau des Landkomturs von Baden. Der 1708 vorhandene Vorrat von 9000 Stück Ziegelware unterschiedlicher Art und 50 Fässern gebrannten

Kalks ist nicht zwangsweise ein Beweis für eine hohe Kapazität der Hütte, sondern kann auch mangelnden Absatz der Produkte nach Abschluß der Bauarbeiten anzeigen. Im Rechnungsjahr 1723/24 wurden für den Ziegler und für den Kauf seiner Fertigprodukte - gebrannter Kalk, Ziegelstein, Gips und *Stein* - 19 fl ausgegeben, dagegen erzielte die Herrschaft aus dem Verkauf von Ziegelware und gebranntem Kalk keinen Gewinn.[93] Die Ziegelhütte wurde damals also durch den Ziegler in Eigenregie betrieben, wobei die Herrschaft selbst kaum noch ihrer Produkte bedurfte. Ähnlich wie die Sägmühle scheint diese Ziegelhütte um die Mitte des 18. Jhs. ihren Betrieb eingestellt zu haben.

Im Lauf des Sommers 1781 wurde bei Esseratsweiler eine neue Ziegelhütte samt einem Wohnhaus für den Ziegler errichtet: Der Bau wurde nach einem Vorschlag der Altshauser Konferenz[94] unter Leitung eines von dem Altshauser Baumeister Johann Anton Bagnato[95] beauftragten Baliers, also eines Bauaufsehers, und eines Zimmermanns aus Siberatsweiler von Tagelöhnern ausgeführt. Der Altshauser Baumeister überwachte den Fortgang der Arbeiten bei mehreren Ortsbesichtigungen.[96] Anfang August 1781 konnte der Achberger Obervogt der Konferenz berichten, daß die Ziegelhütte und die Zieglerwohnung funktionstüchtig und erste Versuche mit der Ziegelware erfolgversprechend wären, wenn auch die Ziegelhütte mangels Dachplatten bisher nur provisorisch abgedeckt sei und die Maurerarbeiten an einem zweiten *Luftbrand* (Brennofen?) andauern würden.[97]

Als Ziegler wurde nach Abschluß der Bauarbeiten Ende Dezember 1781 Lorenz König, der Sohn des Altshauser Zieglers, ernannt, wobei die Bestallungsurkunde eine Haftung des Vaters für seinen Sohn sowie die Verpflichtung des Vaters enthielt, seinen Sohn mit Rat und Tat in dessen Amt zu unterstützen.[98] Den ordentlichen Betrieb nahm die Ziegelhütte im folgenden Jahr auf: Ende April wurde der erste Kalkbrand von 48 Faß gemäß dem Bericht des Achberger Obervogtes erfolgreich durchgeführt, wozu ihm die Konferenz gratulierte. Sie ordnete zugleich an, ausreichende Vorräte an gebranntem Kalk, Bauziegel *(Stein)* und Dachplatten für bevorstehende Bauarbeiten am Lindauer Stift, aber auch für den eigenen Bedarf anzulegen.[99] Ende Juli desselben Jahres wurde einem weiterem Bericht des Obervogtes zufolge der erste ordentliche Ziegelbrand erfolgreich durchgeführt und die von der Herrschaft nicht benötigte Ware sofort verkauft.[100] Da die Ziegelhütte nun profitabel arbeitete, genehmigte die Altshauser Regierung Ende Januar des folgenden Jahres eine Angleichung des Zieglerlohns an denjenigen seines Altshauser Kollegen mittels einer Naturalzulage.[101] Die Landkommende erhielt 1783 als Reingewinn aus dem Betrieb der Ziegelhütte 1061 fl.[102] Derartig ungewöhnlich hohe Gewinne wurden zu Beginn des 19. Jhs. nicht mehr erzielt: Im Rechnungsjahr 1802/03 betrug der Reingewinn noch 165 fl, 1803/04 nur 81 fl, 1804/05 wieder 203 fl und 1805/06 gerade einmal 13 fl.[103]

Zur Beurteilung dieser Zahlen dient eine Analyse der Ziegelrechnung von 1802/03. Der Ziegler war zur unentgeltlichen Leistung einer bestimmten Anzahl von Bränden verpflichtet. Von jedem weiteren *eigenen* Brand zahlte der Ziegler 20 fl Rekognition, also eine Gebühr, für seine vier Bränden zusammen 80 fl. Der Bedarf für herrschaftliche Gebäude, Ziegelware im Wert von 291 fl und gebrannter Kalk mit 41 fl, wurde ganz durch die Pflichtbrände gedeckt.[104] An die Untertanen wurde Ziegelware im Gesamtwert von 374 fl verkauft; davon erscheinen 173 fl im *Summarium* der Ausgaben für Schupflehenhäuser. Die Herrschaft erwirtschaftete somit aus dem Verkauf von Ziegelware an die Untertanen nur die Differenz beider Beträge, also 201 fl brutto, und zwar von den Pflichtbränden, während der Ziegler hierdurch 173 fl brutto verdiente. Für die Herrschaft gingen noch die Bilanzen der Rohmaterialien und die Ausgaben für die Ziegel- und Kalkbrände, die *Ziegelnotwendigkeiten*, Handwerkslöhne, Tag- und Fuhrlöhne in die Rechnung ein. Der Ziegler mußte von seinem Bruttogewinn die erwähnte Rekognition begleichen. Nach auswärts wurde in jenem Jahr nichts verkauft.

Kalksteine konnten im Bett der Argen gesammelt werden, wozu die Herrschaft nach dem Status von 1805 das Recht in demjenigen Teil der Argen hatte, in dem sie auch das Fischereirecht besaß, das heißt auf ganzer Breite von Dametsweiler bis Sumerau.[105] Das Sammeln der Steine und deren Transport erledigten die Untertanen des Territoriums in Fron.[106] Ebenso waren das Holzmachen[107] und der Holztransport zur Ziegelhütte[108] organisiert, darüber hinaus verrichteten die Untertanen gelegentlich Handfronen[109] in der Ziegelhütte. Zum Ausgleich für ihre Fronen konnten die Untertanen Ziegelware zumindest zeitweise zu günstigen Konditionen kaufen. Dem *Bericht* der Ziegelrechnung 1804/05[110] zufolge ist den Untertanen 1781 beim Bau der Ziegelhütte als Anreiz zur Leistung der Fronen ein Preis von 10 fl pro 1000 Stück *rote Ware* versprochen worden. 1796 wurde der Preis auf 13 fl 20 kr, bei der Revision der Rechnung 1802/03 auf 16 fl angehoben. Da nun eine Lindauer Ziegelhütte nach dem erwähnten Bericht mindestens ebenso gute Ware herstellte und Lindauer Untertanen in der Stadt für die gleiche Menge 14 fl, auf dem Land 15 fl zahlten, so wurde für das laufende Rechnungsjahr den Achberger Untertanen ebenfalls nur 15 fl pro 1000 Stück berechnet, allerdings vorbehaltlich der landkomturlichen Genehmigung.

Die verbilligte Abgabe von Ziegelware sollte offenbar den Bau von Ziegelhäusern als Ersatz für feuergefährdete Holzhäuser fördern. Von dem Angebot wurde reger Gebrauch gemacht. Unter der freilich nicht realistischen Annahme, daß nur die erwähnte rote Ziegelware abgenommen wurde, und bei Unterstellung eines Preises von 16 fl pro 1000 Stück wären 1802/03 somit 23.375 Stück an Untertanen verkauft worden.[111] Die Gebäude der Ziegelhütte südlich von

Esseratsweiler wurden laut Auskunft einer Ortsbewohnerin in den 1930er Jahren abgerissen.

2.2 Bäuerliche Bevölkerung und Landwirtschaft

Vor einer Betrachtung der Bevölkerungs- und Wirtschaftsentwicklung der Herrschaft Achberg in Bezug auf die Untertanen müssen wir uns zunächst einen Überblick darüber verschaffen, welche Orte beziehungsweise welcher Besitz damit gemeint sind.

2.2.1 Territorium und Besitz der Herrschaft

Es sei hier nochmals auf Karte 1 verwiesen, die den Zustand des Territoriums nach dem Übergang an Sigmaringen-Hohenzollern im Jahr 1857 zeigt. Die Grenzen des Territoriums haben sich zwischen 1805 und 1857 allenfalls geringfügig verändert, wie der Vergleich mit dem Status von 1805 ergibt. Danach umfaßte das Territorium die damaligen Pfarrbezirke Siberatsweiler (der Pfarrort, Schloß, Bauhof, Frauenreute, Duznau, Stohreute) und Esseratsweiler (der Pfarrort, Pechtensweiler, Englitz, Buflings, Bahlings, Baindt, Regnitz, Isigatsweiler, Siggenreute) sowie die Filialen von Oberreitnau: Doberats-, Lieben- und Gunderatweiler. Bei nachfolgender Erörterung der Wirtschafts- und Bevölkerungsentwicklung ist zu bedenken, daß das im Anhang zum Status von 1805 enthaltene *Tabellarische Verzeichnis* über die Bevölkerung und ihre wirtschaftlichen Verhältnisse ausschließlich für das soeben beschriebene Territorium erstellt wurde.

Im Gegensatz zu Karte 1 und dem Status von 1805 unterscheidet die Zustandsbeschreibung von 1690 nicht klar zwischen Gerichtsherrschaft und Territorium auf der einen sowie Grundbesitz auf der anderen Seite, was an einem noch nicht abgeschlossenen Territorialisierungsprozeß liegen mag. Laut diesem Status gehörten zu der *Herrschaft* Achberg die Dörfer Esserats-, Siberats-, Doberats-, Pechtens-, Isigats- und Gunderatweiler, Regnitz, Duznau und Baindt sowie drei Höfe in Hasenweiler, einer in Englitz, der Hof *Puflings*, das ist

Buflings bei Bahlings, ein Hof- und ein Seldgut im Retterschen, wo sich der Weinberg befand, sowie ein Hof zu *Rithi*. Bei Rithi handelt es sich entweder um Frauenreute bei Achberg oder um Stohreute bei Liebenweiler[112] und wahrscheinlich nicht um Reute bei Schwarzenbach[113]. In dieser Aufstellung fehlt der später im Status aufgeführte Weinberg in Markdorf. Außer diesem waren es neun Dörfer, sechs zusätzliche Hofgüter und eine zusätzliche Selde.

Bis Mitte des 18. Jhs. gehörten der Rebgarten im entfernten Markdorf und die drei Höfe in Hasenweiler nicht mehr zum Besitz. Im Sinne einer Arrondierung hatte die Kommende inzwischen nahegelegenen Besitz in Liebenweiler und den Hof Bühlmüller erworben.[114] In der Herrschaft Montfort hatte Achberg nun nicht nur in Retterschen Güter, sondern auch in Saßenweiler, Hüttmannsberg und Feurenmoos.[115] Der Besitz in dem zwischen Liebenau und Tettnang gelegenen Feurenmoos reicht in das 15. Jh. zurück und umfaßte um 1690 ein damals noch von Altshausen aus verwaltetes Leiblehen auf Lebenszeit. Der in diesem Abschnitt genannte Besitz gehörte nach Ausweis von Karte 1 und laut dem Status von 1805 mit Ausnahme von Liebenweiler eindeutig nicht zum Achberger Territorium.

2.2.2 Bevölkerungsentwicklung innerhalb des Territoriums

Nach einer Schätzung des Status von 1690 gehörten etwa 400 Menschen mit Leibeigenschaft nach Achberg, was anscheinend für die Bevölkerungsmehrheit zutraf: Die Zustandsbeschreibung bezeichnet an einer Stelle sogar *alle, welche in der Herrschaft sitzen*, als nach Achberg leibeigen. Die herrschaftliche Einnahme von insgesamt 2 fl an *Schirm- und Schutzgelt* deutet jedoch an, daß ein geringer Teil der Bevölkerung als Fremde ohne Achberger Leibuntertänigkeit geduldet wurde. Nach einer unbelegten, wahrscheinlich der Jahresrechnung entnommenen Angabe bei Eisele hätten im Jahr 1694 zehn Familien und fünf einzelne weibliche Personen Beisitz- oder Schirmgeld gezahlt.[116] Aus dieser Angabe läßt sich allerdings selbst dann nicht ersehen, ob die Zahlungspflichtigen der Landkommende leibeigen waren oder nicht, wenn die Regelung der Abgaben für diese Personenkreise derjenigen der zentralen Herrschaft Altshausen entsprochen hätte.[117] Wahrscheinlich mußten, wie dies in der Herrschaft Altshausen der Fall war, prinzipiell alle Inhaber herrschaftlicher Lehen und deren Familien der Landkommende leibeigen sein.[118] Die Unbelehnten und deren Familien, für welche die Altshauser Leibeigenschaft wahrscheinlich nicht obligatorisch war, scheinen in der zweiten Hälfte des 18. Jhs. nur eine kleine Minderheit gebildet zu haben. So machten in Siberatsweiler 1781 die Beisitzer, die sämtlich als Tagelöhner arbeiteten, nur 3,6 % der Bevölkerung aus.[119]

Die Bevölkerung verteilte sich im Jahr 1690 auf 108 Haushalte, von denen nur 90 ein Lehen besaßen.[120] Wäre die Schätzung von 400 Menschen vollständig, so ergäbe sich eine für die damalige Zeit geringe durchschnittliche Haushaltsgröße von nur 3,7 Personen. Wenn wir diese Zahlen mit den im Jahr 1783 gezählten 94 Herdstellen in der Herrschaft[121] und den für 1800 veranschlagten[122] und im Status von 1805 nachgewiesenen 530 Seelen vergleichen, so lesen wir aus diesen Angaben ein lediglich mäßiges globales Bevölkerungswachstum während der Deutschordensherrschaft ab. Dabei muß außerdem bedacht werden, daß der im Jahr 1805 26 Seelen zählende Ort Liebenweiler 1690 noch nicht zum Territorium gehörte. Für Siberatsweiler enthalten ein Verzeichnis von 1781[123] und der Status von 1805 fast identische Zahlen, nämlich 56 und 55. Die erwähnten 530 Seelen im Jahr 1805 konzentrierten sich in fünf Orten des Territoriums: 118 in Esserats-, 78 in Pechtens-, 71 in Doberats-, 55 in Siberats- und 21 in Isigatsweiler.

Als Gründe für das insgesamt bescheidene Wachstum kommen sowohl wirtschaftliche Strukturen als auch restriktive herrschaftliche Maßnahmen in Frage. Was die Wirtschaftsstrukturen anlangt, sei auf die nachfolgenden Kapitel verwiesen. Zu den einschränkenden herrschaftlichen Maßnahmen zählten für gewöhnlich Heiratsschranken und Zuzugsbeschränkungen. An letzteren nennt Eisele ein seit 1728 erhobenes Einzugsgeld von 6 fl und ein durch ein Statut des Obervogts Wocher gefordertes Mindestvermögen von 150 fl bei Einzug in die Herrschaft.[124] Bei Heiratskonsensen orientierte sich der Obervogt wahrscheinlich an Bestimmungen und der Rechtspraxis des Oberamtes Altshausen, das für Achberg die Zweitinstanz darstellte. Ähnlich wie in der Herrschaft Altshausen dürfte das herrschaftliche Kontrollrecht über Wohnraum und Hofteilungen größere demographische Wirkung als Heiratsschranken und Zuzugsbeschränkungen gehabt haben. Eine 1740 geltende Achberger Hausordnung, die dem Obervogt durch eine damals vom Landkomtur erlassene Handwerksordnung[125] in Erinnerung gebracht wurde, enthielt offenbar restriktive Bestimmungen hinsichtlich der Schaffung neuen Wohnraums und Hofteilungen. Laut dieser Ordnung war dem Obervogt die Genehmigung zusätzlicher Gebäude oder Anbauten auf Hofreuten nur dann gestattet, wenn die Bewohner der Neubauten aus ihrem Gut *in Mueß und Broth* zu erhalten wären. Die *übrigen*, das sind die nicht durch Neubauten und Hofteilungen zu versorgenden Kinder, wären zur Erlernung eines Handwerks oder zur Annahme eines Dienstverhältnisses innerhalb des Territoriums anzuhalten. Tatsächlich scheint die fast statische Entwicklung der Hofstellen zwischen 1726/27 und 1805 eine konsequente Einhaltung der Hausordnung in dieser Hinsicht zu belegen (vergleiche Tabelle 1). Die erkennbare strenge obrigkeitliche Haltung hinsichtlich Neubauten und Hofteilungen mag auch zur Konservierung der Anerbensitte beigetragen haben.[126]

Die Wirkung der sonstigen oben genannten herrschaftlichen Verfügungen ist hingegen gering einzuschätzen. Denn die einschlägige Auswertung der

Altshauser Verhörprotokolle hat für die dortige Herrschaft ergeben, daß obrigkeitliche Heiratsschranken oder Zuzugsbeschränkungen zwar aufgestellt wurden, in der Praxis aber bald keinen Bestand mehr hatten und wieder von Fall zu Fall entschieden wurde. Insofern wäre erst an Hand der Achberger Verhörprotokolle nachzuweisen, inwieweit beispielsweise das Mindestvermögen von 150 fl in der Praxis auch tatsächlich bei Einzug in die Herrschaft vorhanden sein mußte.

Tabelle 1
Vergleich der Hofstellenzahlen 1726/27 und im Jahr 1805 ohne Achberg[127]

Ort	1726/7	1805	Bilanz
Esseratsweiler	23	24	+1
Doberatsweiler	14	15	+1
Pechtensweiler/ Englitz[128]	13	15	+2
Siberatsweiler	11	10	-1
Regnitz	6	5	-1
Baindt	5	5	0
Liebenweiler/ Stohreute/ Siggenreute[129]	5	9	+4
Bahlings/ Buflings	5	5	0
Duznau	4	5	+1
Isigatsweiler	3	3	0
Gunderatweiler	3	3	0
Summe	92	99	+7

2.2.3 Grundherrschaft und bäuerliches Besitzrecht

Nach dem Status von 1690 muß der überwiegende Teil der Lehen gegen einen festen *Zünß oder Gült* ausgegeben gewesen sein. Denn jährlich, heißt es, werden 20 Malter 12 Viertel 2 Metzen Vesengült[130] sowie knapp 48 Malter Habergült eingenommen, im Gesamtwert von mindestens 308½ fl. Ferner werden jährlich 7 Viertel ¾ Metzlein Kernen[131] im Wert von knapp 6 fl eingenommen. Als Getreidemaß ist für diese Angaben ein *Lindauer Mess* genannt, das Malter zu 18 Viertel.[132] Jenes Malter zu 18 Viertel wurde bald nach dem Übergang an den Orden nicht mehr in der Herrschaft Achberg verwendet, denn der Status von 1708 gibt Getreidefrucht *in Lindawer und zwar kleinigste mess* an, nun mit Viertel, Imi und Viertele als Unterteilungen.[133] Diese Einteilung entspricht einem aus der Literatur bekannten Schema des Bodenseeraumes[134] und einschlägiger zeitgenössischer Veröffentlichung im Lindauer Stadtarchiv[135]. Da das Viertel im Bodenseeraum das eigentliche Grundmaß war und das Malter beziehungsweise Scheffel jeweils nur abgeleitete Recheneinheiten[136] darstellten, ist anzunehmen, daß das Viertel selbst bei den in den Zustandsbeschreibungen von 1690 und

1708 vorkommenden unterschiedlichen Lindauer Maltergrößen gleich war. Unter dieser Voraussetzung hatte das im Status von 1690 angegebene Malter ein 2,25 mal größeres Volumen als das im 18. Jh. in der Herrschaft übliche, das als kleinstes Lindauer Mess bezeichnet wird. Das Malter des Status von 1690 maß ca. 371 Liter, dasjenige zu Beginn des 18. Jhs. nur 165 Liter. Dies ist bei einem Vergleich der Getreidemengen zu bedenken.

In geringem Umfang waren nach dem Status von 1690 Lehen auch gegen Zahlung anderer Naturalien als Getreide ausgegeben. Hierauf deutet die jährliche Einnahme von 26 Käselaiben zu 20 kr pro Stück, insgesamt 8 fl 40 kr, sowie von 2 Viertel ½ Imi Muß[137] im Wert von 51 kr. Von zwei Seldgütern in Siberatsweiler bezog die Herrschaft um 1690 statt der Getreidegült einen Geldzins in Höhe von jeweils 8 fl.[138] Der Wagner in Frauenreute, ein Hof bei Schloß Achberg, zahlte um 1690 für sein *Gütlein* wohl einschließlich seiner Werkstatt jährlich 14 fl.

Neben der Grundherrschaft Achbergs muß es beim Erwerb durch den Deutschen Orden bäuerliches Eigen in größerem Umfang gegeben haben. Denn der Status von 1690 führt eine Kapitalbelastung *der Und(er)thanen aigenthumblich () Gütteren* in Höhe von 259 fl auf, die der Herrschaft einen jährlichen Zinsertrag von knapp 13 fl erbringen.[139] Im Vergleich zu den anderen Markungen war 1726/27 auf der Markung Doberatsweiler auffallend viel Eigen vorhanden.[140] Die Landkommende war bestrebt, das bäuerliche Eigen durch Kauf möglichst zurückzudrängen. Auf den Aufkauf von 28 verganteten, also in Konkurs gegangenen, oder gantgefährdeten Hofgütern im Zeitraum zwischen 1693 und 1712 durch die Landkommende wies bereits Eisele hin.[141] Beim Kauf von nicht verganteten und daher teureren Hofgütern verhielt sich die Kommende vorsichtig. Hierauf deutet die Reaktion der Altshauser Regierung auf das Kaufangebot von Johann Buschorn von Pechtensweiler Ende 1781 über sein eigentümliches und nicht vergantetes Gut mit zwei Roßbau (ca. 18 J Acker) und einigem Wald.[142]

Die Motive der Herrschaft, bäuerliches Eigen und besseres Besitzrecht durch Kauf möglichst zurückzudrängen, äußerte der Achberger Obervogt Wocher im Zusammenhang mit dem von ihm betriebenen Aufkauf bäuerlichen Eigens im Amt Ellhofen ziemlich unverblümt. In einem der beiden von ihm samt Ertragsrechnungen nach Altshausen eingesandten Gutachten, die sich jeweils auf ein bisher zu Eigen besessenes Bauerngut als Kaufobjekt bezogen, argumentierte er: Der Orden wäre stets bestrebt gewesen, derartige Eigengüter für das Amt Ellhofen zu kaufen und anschließend als Schupflehen wieder auszugeben, *damit die Unterthanen desto mehrer in schuldiger Devotion gegen den h. Orden gehalten werden möchten.* Im konkreten Fall wäre der Preis wegen der Verschuldung des Inhabers sehr günstig, außerdem wäre dem jetzigen Inhaber der Verkauf durch die Verleihung der Bäckergerechtigkeit gegen 1 Pfund Denar (Pfennige) bereits schmackhaft gemacht worden. Schließlich könnte die jetzt noch auf dem Hofgut haftende Abgabepflicht von 1 Malter Haber gegenüber dem Amt Weiler, zu welchem ein Teil des Hofgutes lehnbar wäre, im Lauf der Zeit mit Abgaben aus jenem Amt an das eigene ausgetauscht werden.[143] Der Landkomtur folgte dem Gutachten der Konferenz und ordnete den Kauf an, da dadurch höhere Abgaben erzielt werden könnten.[144] Am gleichen Sitzungstag genehmigte die Altshauser Regierung außerdem den bereits erfolgten Kauf eines anderen *völlig eigenen* Gutes in Ellhofen, das nach Angaben des Achberger Obervogtes bei der künftigen Ausgabe als Schupflehen 13½ fl Gült mehr als die bisherigen 8 fl einbringen würde.[145] Um drei Dinge ging es also der Landkommende bei den Aufkäufen von bäuerlichem Eigen (und Erbgerechtigkeiten): größere Abhängigkeit der Untertanen, Erhöhung der Abgaben und Arrondierung des Besitzes.

Trotz dieses Bestrebens der Kommende existierten in der Herrschaft Achberg auch am Ende der Ordensherrschaft bäuerliches Eigen und Erblehen noch in beachtlichem Umfang. Der Status von 1805 führt unter dem Abschnitt *Lehengerechtigkeit* innerhalb des Territoriums detailliert auf: 70 Schupflehen einschließlich der drei 1793 vom ehemaligen Kloster Langnau erworbenen, 14 Erblehen einschließlich 8 vom Kloster Langnau erworbenen (2 Schupflehen durch Kauf verteilt), 20 einzelne Erblehengrundstücke. In dem im Status enthaltenen *Tabellarischen Verzeichnis* über die Einwohner der Herrschaft sind ferner 13 Eigentümer von Hofgütern verzeichnet, 6 weitere besaßen jeweils nur ein Haus mit Garten oder Baind oder einen Teil ihres Gutes zu Eigen. Durch diesen bis zur Ende der Ordensherrschaft bestehenden großen Umfang an Erblehen und bäuerlichem Eigen unterschied sich die Besitzstruktur der Herrschaft Achberg wesentlich von derjenigen der zentralen Herrschaft Altshausen, wo die Bauern und Seldner bereits um 1693 fast ausschließlich Schupflehen besaßen.

2.2.4 Besitzgrößenverteilung und bäuerliche Sozialstruktur

Die Besitzgrößenverteilung der landwirtschaftlichen Lehen läßt sich an den Fron- und Abgabenpflichten im Status von 1690 ungefähr ablesen. Der gesamte Lehenbesitz an Ackerland der *gantzen* und *halben* Lehenbauern betrug 684 J.[146] Der Lehenbesitz an Acker aller Lehenhuber ließ sich für 1690 nicht ermitteln.[147] Die *übrigen Lehen und Leibeigenen* waren nach dem Status von 1690 zu insgesamt 41 Diensten verpflichtet oder zahlten hierfür stattdessen 12 kr. Da hier keine Differenzierung wie bei den halben und ganzen Lehenbauern *nach Proportion* des Besitzes angedeutet ist, kann eine einheitliche Dienstpflicht dieser Personengruppe angenommen werden. Unter dieser Voraussetzung betrug die Zahl der Seldner, Häusler und leibeigenen Beisitzer zusammen 41, was immerhin knapp 38 % der 108 Haushaltsvorstände entspricht. Im Umkehrschluß bedeutet

dies, daß 67 Haushaltsvorstände (rund 62 %) zu den ganzen oder halben Lehenbauern gehörten und daß nur 23 Seldner- beziehungsweise Häuslerlehen
existierten, also knapp 26 % aller Lehen. Wenn die oben für die Gruppe der
67 halben und ganzen Lehenhuber überschlagsmäßig errechnete Gesamtjauchertzahl einigermaßen korrekt ist, betrug deren durchschnittlicher
Ackerbesitz rund 10 J. Weitere Angaben zu ihren landwirtschaftlichen Flächen
und denjenigen der übrigen Lehenhuber sind an Hand des Status von 1690
nicht möglich.

Die genaue bäuerliche Besitzstruktur könnte nur eine hier nicht zu leistende
EDV-Auswertung des *Geometrischen Überblicks* von 1726/27 und der Urbare von
1788 aufzeigen. Ersatzweise enthält Tabelle 2 eine grobe Übersicht über die
Verteilung der Ackerfläche im Jahr 1805. Sie basiert auf dem im damaligen
Status enthaltenen *Tabellarischen Verzeichnis* der Einwohner mit Angabe der
jeweiligen Roßbauzahl. Die dritte Zeile der Tabelle ist eine Hochrechnung der
jeweiligen Gesamtgröße der landwirtschaftlichen Fläche, das heißt ohne die
Lehenwaldungen. Da der Ackeranteil für 1805 nicht bekannt ist, wurden hierfür 60 % unterstellt. Die Hochrechnung ist freilich nur dann richtig, wenn der
Ackeranteil bei allen Hofgütern des Territoriums im Jahr 1805 etwas geringer
als 1726/27 in Duznau war, wo dieser damals 63,6 % ausmachte.[148] Dank dieser
Hochrechnung läßt sich nun mit der Tabelle abschätzen, daß rund 23 % der
Güter eindeutig nicht zur Ernährung einer Familie ausreichten, ca. 21 % wahrscheinlich in etwa hierfür groß genug waren und nur die restlichen rund 56 %
eine ausreichende Betriebsgröße aufwiesen, um für den Markt produzieren zu
können. Zum Vergleich: In dem insgesamt trockeneren und teilweise im fruchtbaren Schussental gelegenen Klosterterritorium Weingarten waren im 18. Jh.
rund 8 ha zur Ernährung einer Bauernfamilie notwendig.[149] Als Subsistenzgrenze eines bäuerlichen Betriebes in dem von steinigen Böden und für den
Getreideanbau ungünstigen feuchten Sommern geprägten Achberger Territorium reichten die angenommenen 8 ha wahrscheinlich nicht aus. Selbst wenn
wir dies unterstellen, so bewegte sich die zweite Gruppe von Hofgütern an der
Subsistenzgrenze, während die drei Gruppen von größeren Gütern sicherlich
darüber lagen.

Tabelle 2
Ungefähre Besitzgrößenverteilung im Achberger Territorium 1805 (Ackerfläche)[150]

Ackerfläche in Jauchert	unter 9	unter 18	unter 27	unter 36	36 u. mehr
Ackerfläche in ha	unter 4,0	unter 8,0	unter 11,9	unter 15,9	15,9 u. mehr
*Fläche ohne Wald in ha	unter 5,6	unter 11,2	unter 16,7	unter 22,3	22,3 u. mehr
Anzahl der Hofgüter	24	22	30	17	10
Prozent aller Hofgüter	23,3	21,4	29,1	16,5	9,7

2.2.5 Flächen- und Fruchtsortenverteilung

Detaillierte Aussagen über die Flächennutzung als Indikator der bäuerlichen Landwirtschaft können bis zu einer EDV-Auswertung des *Geometrischen Überblicks* von 1726/27 und der Urbare von 1788 nicht gemacht werden. Im Rahmen dieses Beitrages soll eine exemplarische Beschreibung der Flächenverteilung des nur vier Hofgüter umfassenden Ortes Duznau um 1726/27 genügen. Einen ersten Eindruck von dieser Verteilung gewährt Karte 3.[151] Die gelb markierten Ackerparzellen und die grünen Wiesenparzellen sind separat numeriert. Die auf dem Beiblatt aufgeführten Rebflächen sind auf der Markungskarte als Ackerparzellen dargestellt. In den Waldbezirken *Aych Reuthin* am unteren und *Bezenburg* am linken Kartenrand sind Buchstaben eingetragen, die auf dortige Lehenwaldungen hinweisen. Herrschaftlicher Wald war auf der Markung nur in geringem Maß vorhanden: Der auf den Markungen Achberg und Isigatsweiler gelegene Waldbezirk *Ahegg* ragte mit einem kleinen Stück auf Duznauer

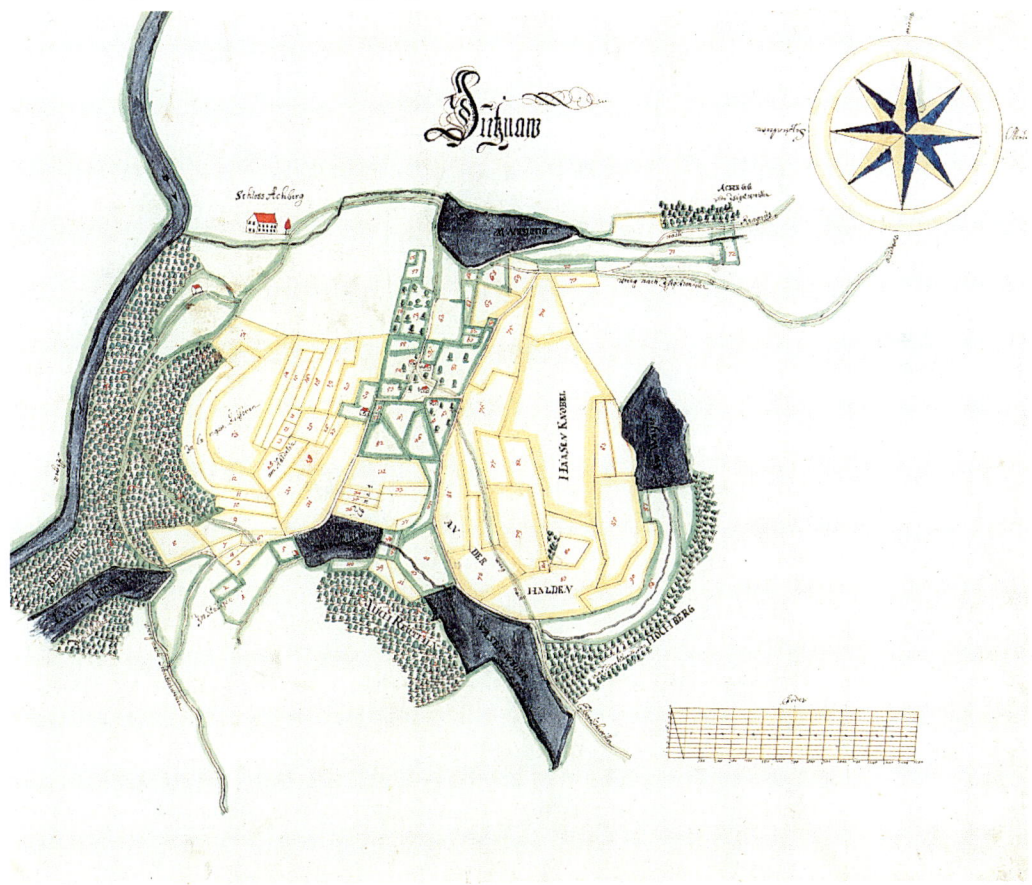

Karte 3: Flächennutzung der Markung Duznau 1726/27, Teilkarte von Martin Schneider

Markung, ebenso wie dies der Esseratsweiler Waldbezirk *Hochberg* mit einem etwas größeren Streifen tat.[152] Weitere Flächen nahmen die fünf herrschaftlichen Weiher ein (heute nur der Bächlingerweiher).

Die Flächennutzung der vier Hofgüter - einschließlich 1,3 ha außerhalb der Markung - kann aus Tabelle 3 ersehen werden. Nicht enthalten sind 5,4 ha der Markungsfläche, die sich auf die Herrschaft und Auswärtige verteilten.[153] Die Markungsfläche umfaßte außer den sich hieraus ergebenden 48,51 ha noch die erwähnten Weiher, deren Fläche nicht angegeben ist, sowie den ebenfalls bereits genannten herrschaftlichen Wald. Das hier wiedergegebene Acker-Grünland-Verhältnis von ca. 1 : 0,44 ist ein Hinweis darauf, daß die bäuerliche Wirtschaft trotz der für den Getreideanbau ungünstigen feuchten Sommer[154] damals noch wesentlich mehr hierauf ausgerichtet war als die damalige Wirtschaft des verpachteten Bauhofes mit dem erwähnten Acker-Grünland-Verhältnis von etwa 1:1. Die Markung Esseratsweiler 1726/27, und damit im Vergleich zur Karte von Duznau die Flächennutzung in einem größeren Ort des Territoriums, gibt Karte 4 wieder.[155]

Tabelle 3
Flächennutzung der Duznauer Hofgüter 1726/27 in Hektar[156]

Hofgut	A	B	C	D	gesamt	% der Fläche	% ohne Wald
Hofreute und Garten	0,4	0,7	0,3	0,3	1,7	3,8	4,6
Acker	4,0	8,5	6,6	4,3	23,4	52,7	63,6
Wiese	1,9	2,6	4,0	1,7	10,2	23,0	27,7
Reben	0,05	0,06	0,13	1,27	1,51	3,4	4,1
Wald	1,6	1,7	2,8	1,5	7,6	17,1	
gesamt	7,95	13,56	13,83	9,07	44,41	100	100

Bei den Ackerparzellen ist keine Zelgeinteilung gekennzeichnet. Wahrscheinlich aber bildeten die Stücke, die zwischen dem Weg von Duznau nach Siberatsweiler und dem Waldbezirk *Bezenburg* lagen, eine Zelge, also Flurteile innerhalb der Fruchtfolgewirtschaft. Das unterhalb des Ortsbereichs befindliche *Ebnet* war vermutlich die zweite und das rechts des Ortsbereichs liegende große birnenförmige Gebilde die dritte Zelge. Der *Geometrische Überblick* nimmt auf den Beiblättern zu den Markungskarten eine Zelgeinteilung der Parzellen, was Äcker und Wiesen anlangt, nur für Baindt, Doberatsweiler, Gunderatweiler und Bahlings vor. Die dritte Zelge von Gunderatweiler war identisch mit einer Zelge der Nachbarmarkung Doberatsweiler, wo die Einwohner von Gunderatweiler Grundstücke besaßen. Bei allen übrigen Markungen, insbesondere den grösseren von Esseratsweiler (23 Hofgüter), Pechtensweiler[157] (13 Hofgüter) und Siberatsweiler (11 Hofgüter), ist keine Zelgeinteilung angegeben, war jedoch wahrscheinlich vorhanden.[158]

An Getreidefrucht wurden im gesamten Achberger Territorium in der ersten Hälfte des 18. Jhs. hauptsächlich Vesen, eine Dinkelart, und Hafer angebaut. Roggen und Gerste spielten hingegen allenfalls eine untergeordnete Rolle. Im Rechnungsjahr 1723/24 wurde an Schupflehenzins eingenommen: 100 Sch Vesen und 153 Sch Hafer, an Roggen und Gerste hingegen nichts. Die einzigen Fruchtverkäufe jenes Rechnungsjahres waren 80 Sch Vesen und 14 Sch Hafer.[159]

Karte 4: Die Markung Esseratsweiler 1726/27, Teilkarte von Martin Schneider. Die Karte zeigt die Flächennutzung in einem größeren Ort des Territoriums

Der Weinbau als bäuerlicher Nebenerwerb beschränkte sich nach dem *Geometrischen Überblick* von 1726/27 auf wenige Orte. In Doberatsweiler, wo sich
der noch verbliebene Torkel befand[160], verfügten zwei Hofgüter über zwei Reb-
stücke, sechs jeweils über ein und sechs weitere, einschließlich einer Selde,
über kein Rebstück. In Siberatsweiler, wo im 17. Jh. ein Torkel stand, besaß auf
der Markung nur noch der Pfarrer 1,5 ha Rebfläche. Ein anderer Siberatsweiler Bürger hatte auf der Markung Liebenweiler 0,2 ha Rebfläche. Im nahe bei
Siberatsweiler gelegenen Duznau bewirtschaftete wie erwähnt jeder der vier
Lehenhuber Rebflächen, zusammen 1,51 ha. Ein Liebenweiler Bürger besaß
von dem damals aufgeteilten Einzelhof Stohreute (*Reuthin*) 2,5 ha Fläche, auf
dem er teilweise Weinbau betrieb. Auf den übrigen neun Markungen einschließlich derjenigen von Achberg selbst fand kein Weinbau statt.[161]

Wahrscheinlich führte die dramatische Klimaverschlechterung im Zeitraum
von 1688 bis 1701 zur Aufgabe des noch im 17. Jhs. vorhandenen Torkels in
Siberatsweiler. Der bescheidene Umfang des bäuerlichen Weinbaus 1726/27
offenbart den Rückgang dieses Wirtschaftszweiges im Territorium. Die Klimaverschlechterung bildete den Höhepunkt der sogenannten Kleinen Eiszeit
und brachte den stärksten Temperatursturz im Zeitraum von 1500 bis heute,
wobei von allen Jahreszeiten nur die Sommer gleich warm waren wie heute,
jedoch wesentlich feuchter.[162] In dem rund 500 m hoch gelegenen Gebiet, in
dem auch heute die mittlere Niederschlagsmenge während der Vegetations-
phase von Mai bis Juli 400 bis 500 mm beträgt[163] und sich die Jahresnieder-
schläge wie im nahen Allgäu besonders in den Sommermonaten häufen[164],
entwickelten sich die natürlichen Bedingungen für den Weinbau am Ende des
17. Jhs. sicherlich ungünstig.

2.2.6 Die Vereinödung der Herrschaft (1781–1788)

Ein weiteres Problem beschäftigte die bäuerliche Bevölkerung: Zahlreiche herrschaftliche Waldsperren zu Beginn der 1780er Jahre führten dazu, daß die
Weideflächen für das Vieh der Untertanen nicht mehr ausreichten. Hierüber
beschwerten sich in einer Supplik an den Landkomtur von Juni 1782 *sämtliche*
Untertanen der Herrschaft und beantragten als Ausgleich die Benützung eines
herrschaftlichen Waldstücks mit Namen *Viehweyd* zumindest alle drei Jahre.[165] Der
Achberger Obervogt, von dem die Regierung daraufhin eine Stellungnahme
erbeten hatte, beschrieb in seinem Bericht die Situation folgendermaßen: Die
Untertanen wären angesichts ihrer kleinen Güter zur Bebauung der Brachfelder
- mit Klee und anderem - gezwungen, wodurch sich die Weideflächen verringern
würden und die vorhandenen Waldsperren den Untertanen hart fielen.[166] Die
Waldsperren müßten jedoch zur Schonung der Pflanzungen noch einige
Jahre bestehen bleiben, und von einer Freigabe der *Viehweyd* wäre auch abzu-
sehen. Die Regierung ordnete daraufhin den Fortbestand der Waldsperren an.

Die Weideflächen müssen damals tatsächlich gering gewesen sein, bedenkt man, daß sie nur für einen geringen Viehbestand Nahrung bieten mußten. Dieser stand noch auf dem gleichen bescheidenen Niveau, den Eisele bereits für das 17. Jh. angibt.[167] So kamen 1781 auf die insgesamt 16 Roßbau (144 J beziehungsweise rund 64 ha) Acker der elf Häuser in Siberatsweiler zusammen 49 Stück Großvieh, also rund drei pro Roßbau.[168] Unter diesen 49 befanden sich neun Pferde, zwölf Stiere und 28 Melkkühe, wobei die Großviehzahlen bei Hofgütern mit gleicher Roßbauzahl teilweise unterschiedlich waren und sich verschieden zusammensetzten.

Allmendflächen als Weideflächen hätten nach einer unbelegten Aussage Eiseles, der die *Gemeinde* Achberg ja nicht als Landschaft erkannte, nicht zur Verfügung gestanden.[169] Im folgenden wollen wir an Hand des *Geometrischen Überblicks* von 1726/27 die weitergehende Behauptung Eiseles überprüfen, im Achberger Territorium sei kein kommunaler Grundbesitz vorhanden gewesen. Tatsächlich ist auf keinem der Beiblätter zu den Markungskarten eine Gemeinde als Grundbesitzer aufgeführt. Tabelle 4, die auf der genannten Quelle basiert, enthält dennoch für die meisten Achberger Einzelgemeinden deutliche Hinweise auf kommunalen Besitz. Während die in der zweiten Spalte aufgeführten Grundstücke mit großer Sicherheit um 1726/27 Allmenden waren, können die in der dritten Spalte erscheinenden Flur- beziehungsweise Waldbezirksnamen auch auf früheren Gemeindebesitz hinweisen. Besonders hervorzuheben ist, daß der Regnitzer Waldbezirk *Braithen* als Lehenwald unter den örtlichen Lehenhubern aufgeteilt war. Auch die wechselweise Nutzung der Duznauer Wiese *Im Bryel* durch den Achberger Bauhof verdient Beachtung. In diesem Zusammenhang sei an den großen Flächenanteil erinnert, den der Achberger Bauhof bei seinen Wiesen-, Weide- und Ackerflächen außerhalb der Achberger Markung besaß. Zahlreiche dieser Flächen waren vermutlich ebenfalls ehemalige kommunale Grundstücke, welche die Herrschaft vielleicht von in Finanznot geratenen Gemeinden erworben hatte. Immerhin soll die *Gemeinde* Achberg, also der Zusammenschluß der Einzelgemeinden in der Landschaft, im Jahr 1695 2000 fl Schulden gehabt haben.[170] Die nach Spalte vier sortierte Tabelle läßt im übrigen keinen signifikanten Zusammenhang zwischen der Größe der jeweiligen Gemeinde und der Existenz aktueller oder früherer Allmendgrundstücke erkennen.

Mangel an Weidemöglichkeiten scheint der Hauptgrund dafür gewesen zu sein, daß die ursprünglich vom Fürststift Kempten ausgehende Vereinödungsbewegung[171] zu Beginn der 1780er Jahre auch die Herrschaft Achberg erreichte. Schon im Herbst 1749 war der dortige Obervogt bereits einmal mit dem Phänomen konfrontiert worden[172], und bis 1780 hatten einige Orte in

Tabelle 4

Hinweise auf kommunalen Grundbesitz 1726/27

Gemeinde	Grundstücke ohne Besitzerangabe	Flurname/Waldbezirk	Höfe
Esseratsweiler	*Briel* im Dorfzentrum		23
Pechtensweiler	großes *Fohrenmoos*		13
Doberatsweiler	große Grünfläche im Dorfzentrum		13
Siberatsweiler			11
Regnitz		Waldbezirk *Braithen*	6
Baindt			5
Liebenweiler			5
Bahlings			5
Duznau		Wiese *Im Bryel*	4
Isigatsweiler		*Bruylacker*	3
Gunderatweiler	Baumwiese in Ortsmitte		3

Nachbarterritorien diese Flurbereinigung tatsächlich vornehmen lassen[173]. Mitte Dezember 1781 behandelte dann die Altshauser Konferenz einen schriftlich und mündlich vorgebrachten Antrag des Achberger Obervogtes, die Vereinödung in seiner Herrschaft durchzuführen.[174] Die Bedenken der Konferenz werden nachfolgend zitiert. Sie offenbaren eine lange Zeit geltende obrigkeitliche Haltung in Bezug auf die Vereinödung und andere Maßnahmen zur Agrarmodernisierung in der Landkommende; dies betrifft gleichfalls die zentrale Herrschaft Altshausen. Der vermeintliche Nutzen der Vereinödung sei, so glaubte man, vielfach nicht eingetreten. Dem Vernehmen nach müßten neun Häuser mit hohen Kosten hinausgebaut werden. Die Vereinödung könnte daher auf solche Orte beschränkt werden, in denen kein Hinausbau notwendig wäre. Die Regierung selbst sei stets der Auffassung gewesen, daß ein geschickter Tausch von Grundstücken eine sinnvolle Alternative zur Vereinödung darstellen würde, da er übermäßigen Hagholzverbrauch vermeiden könnte. Im übrigen sollten statt der üblichen vielen kleinen Einschlagungen auf der Brache zum Anbau von Klee und anderem lieber größere Areale von der Brachweide ausgenommen werden. Außerdem müßte der Obervogt zunächst einen Plan und einen Kostenvoranschlag vorlegen.

Im Mai 1782 behandelte dann die Altshauser Konferenz ein Schreiben des Achberger Obervogtes, dem zufolge einige *Gemeinden* der Herrschaft Achberg sich *einhellig* dazu entschlossen hätten, ihre *Gemeinheiten* aufzuheben. Der Achberger Obervogt hatte seinem Schreiben einen entsprechenden Kostenvoranschlag beigefügt und aus folgenden Gründen das Vereinödungsprojekt befürwortet: Die geographische Lage, so konstatierte er, wäre hierzu *bequem*, der Futtermangel groß, insbesondere wegen der gebannten Wälder. Und eine

296

Versetzung von Häusern wäre nur einmal in Doberatsweiler notwendig.[175] Die dem Antrag beigefügte Liste der zur Vereinödung entschlossenen Gemeinden umfaßte Pechtensweiler, Liebenweiler, Isigatsweiler, Baindt, Bahlings, Regnitz und Duznau. Die Formulierung deutet darauf hin, daß es den Untertanen nicht zuletzt um die Verteilung der Allmenden der Einzelgemeinden ging. Sie scheint damit die Behauptung von Eisele zu widerlegen, der zufolge in der Herrschaft Achberg keine Allmenden existiert hätten. Die Entscheidung des Landkomturs teilte die Konferenz am 9. Juni 1782 Obervogt Mandele mit: Er solle seinen ersten Kostenvoranschlag schriftlich erläutern. Ein Höchstbetrag von 1 fl 12 kr pro J würde genehmigt. Bei der Vereinödung sollten zugleich herrschaftliche Grundstücke und Waldungen vermessen werden. Außerdem erhalte Mandele die Zuständigkeit für die Durchführung der Vereinödung und die Anlegung eines Urbars.[176] In dem Altshauser Schreiben nach Achberg von jenem Tag wird ferner ausdrücklich die grundsätzliche Zustimmung des Landkomturs festgehalten, der sich derzeit auf der Mainau aufhielt.[177] Bei einem undatierten und unsignierten Kostenvoranschlag zur geplanten Vereinödung in einem Altshauser Aktenbüschel scheint es sich um die von Mandele geforderte Erläuterung seines ersten Kostenvoranschlages zu handeln. Er enthält zusätzlich zu den oben genannten Gemeinden die Orte Doberats- und Gunderatweiler sowie Stohreute *(Reute)*.[178] Das hier wiederum aufgeführte Isigatsweiler wurde also nicht erst, wie Eisele meinte, 1830 vereinödet.[179]

Nach der grundsätzlichen Zustimmung vom 9. Juni 1782 dauerte es ein weiteres Jahr, bis die Vereinödung konkret in Angriff genommen werden konnte. Wie aus einem umfangreichen Schriftverkehr und den Altshauser Konferenzprotokollen hervorgeht[180], bestand die Ursache dieser Verzögerung hauptsächlich in dem Bestreben der Regierung, die entstehenden Kosten der Landschaft Achberg aufzubürden, zugleich aber die herrschaftlichen Grundstücke und Wälder mitvermessen zu lassen. Nachdem die Landschaft auch hierfür einen Beitrag zugesichert hatte, genehmigte die Regierung am 21. Juni 1783 den zwischen der Landschaft und dem Obervogt zu Achberg ausgehandelten Vertrag. Der Landschaft wurde zugestanden, daß nur solche herrschaftliche Grundstücke auf Kosten der Landschaft mitvermessen werden sollten, die im Bereich der zu vereinödenden Flächen lägen.[181]

Die Vorgehensweise bei der Achberger Vereinödung schildert Obervogt Mandele ausführlich, als er sich im November 1784 in einem Schreiben an den Landkomtur gegen den Vorwurf der Parteilichkeit zur Wehr setzt. Joseph Mayer von Isigatsweiler hatte den Angaben von Mandele zufolge diesen Vorwurf verbreitet. Grund war dessen Behandlung und die seiner Nachbarn bei der zurückliegenden Vereinödung der Hofgüter.[182] Folgende Schritte sind laut Mandele stets bei der Vereinödung eingehalten worden: Vor einer Neu-

verteilung hatte zuerst die Einteilung aller Grundstücke in Güteklassen stattgefunden, und zwar zunächst durch die Betroffenen selbst, dann durch die
Nachbarn und durch *verständige* andere Gemeinden. Anschließend erhielten
die Mitgemeinder Gelegenheit für Einwände. Schließlich räumte man allen
betroffenen Gemeinden nach Abschluß der Schätzung ein Vierteljahr Ein-
spruchsfrist bis zum tatsächlichen Vollzug *(Liquidation)* ein. Das Verfahren
scheint allgemeine Zustimmung der Beteiligten gefunden zu haben; zumindest
enthalten die konsultierten Akten und Protokolle keine weiteren Beschwerden.[183]

Die Vereinödung der Herrschaft, die Mandele nach dem Tod des Hauptmanns
und Feldmessers Stemmer am 12. Januar 1786 allein fortsetzte[184], wurde mit der
Erstellung der Urbare von 1788 abgeschlossen[185]. Welche Auswirkungen die
Vereinödung hatte, ob sie zur baldigen Aufhebung des Flurzwangs, zur Stei-
gerung des bis dahin bescheidenen Viehbestandes[186] und der Erträge führte, kann
nicht abgeschätzt werden. Auch in dem seit 1693 von Achberg aus verwalteten
Amt Ellhofen bei Weiler im Allgäu führte im Jahr 1786 Obervogt Mandele mit
Unterstützung des Altshauser Renovators Bollstetter eine Vereinödung durch.[187]

2.3 Gewerbe außerhalb der Eigen- beziehungsweise Pachtwirtschaft

Die Quellenlage ermöglicht sichere Aussagen über den Umfang der nicht landwirtschaftlichen Tätigkeiten erst ab den 1780er Jahren.[188] Für das Ende des
17. Jhs. und den überwiegenden Teil des 18. Jhs. sind wir auf die Beschreibungen
von 1690 und 1708 sowie ergänzende Angaben aus den Jahresrechnungen angewiesen. Nachfolgend werden drei Gruppen von Gewerbebetrieben behandelt.
Zuerst wird die Gruppe der ehaften Gewerbe geschildert, für die eine herrschaftliche Konzession erforderlich war; sie war in der Regel an ein Grundstück
gekoppelt, und deren Anzahl wurde deshalb nur ausnahmsweise erhöht.
Zweitens werden die Tätigkeiten der Professionisten vorgestellt, die zur Ausübung ihres Berufes eine ordentliche Lehre absolvieren mußten. Über-
schneidungen zwischen diesen beiden Gruppen kommen dabei vor. Zuletzt
folgen weitere gewerbliche Tätigkeiten, für die weder ehafte Gerechtigkeiten
noch ordentliche Ausbildungen notwendig waren.

2.3.1 Ehafte Betriebe

Im Achberger Territorium ist der gewerbliche Sektor im Status von 1690 nur
in geringem Umfang erkennbar. Es handelt sich durchweg um Betriebe zur
bäuerlichen Grundversorgung, die überwiegend an ehafte Gerechtigkeiten
gebunden scheinen. Zu dieser Gruppe gehört der Bader in Esseratsweiler, der
um 1690 für seine Badstube jährlich 6 fl zahlte. Die Badstube, die nach Eisele
im Jahr 1690 gerade neu besetzt worden war[189], erwähnen die Beschreibungen
von 1708 und 1805 nicht mehr. Der im Status von 1805 genannte Chirurg Xaver
Feyerle in Esseratsweiler, der nach Eisele zudem Schröpf- und Schwitzbäder

durchgeführt haben soll[190], ist daher nicht unbedingt auch als Inhaber der früheren ehaften Gerechtigkeit anzusprechen. Ebenfalls zu den ehaften Betrieben gehörte der Müller in Siberatsweiler, der um 1690 jährlich 35 fl für die Mühle zinste.[191] Diese ist auch nach Ausweis der Zustandsbeschreibungen von 1708 und 1805 die einzige Mühle in der Herrschaft. Für die bei Eisele genannte Mühle in Pechtensweiler[192] findet sich für die Zeit unter dem Deutschen Orden kein Beleg. Gastwirtschaften *(Tafern)* führt der Status von 1690 nicht einzeln auf, sondern gibt lediglich die Gesamteinnahme aus dem dreizehnten Maß als Umgeld, eine Ausschanksteuer, mit 75 fl an. Darin sind jedoch auch die Umgeld-einnahmen bei Hochzeiten und *anderer Schenkung* enthalten. Nach dem Status von 1805 beschränkte sich die ehafte Taferngerechtigkeit der Herrschaft tatsächlich auf das Wirtshaus *zum Kreutz* in Esseratsweiler. Schließlich ist hier die 1805 aufgeführte Bäckerei in Esseratsweiler zu nennen, die einzige in der Herrschaft.[193] Außer dem Müller betrieben damals sämtliche Inhaber ehafter Betriebe zugleich Landwirtschaft.

2.3.2 Professionisten

Diese Gewerbetreibenden, die landläufig als Handwerker bezeichnet werden, mußten zur Ausübung ihrer Tätigkeit eine ordentliche Ausbildung vorweisen. In diesem Zusammenhang stellt sich die Frage, inwieweit Ausbildung und Zulassung zu diesen Berufen durch eine Zunft oder eine zunftähnliche Organisation geregelt war. Eisele vermutet, daß aufgrund der geringen Zahl von Professionisten keine eigene Handwerkerzunft bestand, sondern *in früherer Zeit* einzelne Handwerker mit Tettnang verbunden waren und unter dem Deutschen Orden die Meister der Herrschaft an die Altshauser Zunft angeschlossen wurden.[194] Festzuhalten ist, daß Kaiser Ferdinand III. 1648 ein Zunftprivileg allein für den Ort Altshausen ausgestellt hatte. Dann wurde dieser Zunftzwang schrittweise durch spätere Altshauser Bestimmungen auf weitere Gebiete der Landkommende und der Kommende Mainau ausgedehnt. Tatsächlich bestand im Achberger Territorium bis 1740 kein Zunftzwang. 1737 sind jedoch eigene Handwerksbestimmungen der Herrschaft erwähnt, die der Landkomtur zur Einsichtnahme anforderte und die *zur Vermeidung von zuviel Handwerkern eines Berufes in einem Ort* eine sechsjährige Wanderschaft vorsahen - abweichend von der Altshauser Zunftordnung[195], die lediglich eine dreijährige Wanderschaft vorschrieb. Da im allgemeinen wandernde Handwerksgesellen ohne Zunftzugehörigkeit vor allem in Städten und Territorien mit Zunftzwang nicht akzeptiert wurden, wird die Achberger Wanderschaftsvorschrift schon damals die Mehrheit der Handwerker dazu bewogen haben, sich bei einer Zunft der Nachbarterritorien oder der Altshauser Zunft einzukaufen. Die Handwerksbestimmungen selbst, die weiteren Aufschluß über die Situation ergeben könnten, sind zumindest in direkter Form nicht erhalten.[196]

In den ersten 40 Jahren des 18. Jhs. waren manche Handwerker in der Altshauser Zunft organisiert[197], während wahrscheinlich die Mehrheit Tettnanger Zünften angehörte. Auf letzteres deutet die schriftliche Zusicherung der Tettnanger Schuhmacherzunft im Jahr 1710 an den Obervogt zu Achberg: Untertanen seiner Herrschaft, die bei dieser Zunft aufgedingt, also bei Abschluß der Lehre als Geselle gemeldet worden wären, *sollen allzeit passiert werden*, damit als zünftig anerkannt und in ihrer Arbeit nicht behindert werden.[198] Die üblicherweise mit Gebühren verbundene Aufdingung durch eine Tettnanger Zunft, wie wohl auch später die Einkaufung als Meister in ihr, eröffnete demnach zumindest Achberger Schuhmachern und Bäckern das Montforter Territorium als Absatzmarkt für ihre Produkte.

Allerdings versuchte gelegentlich das Tettnanger *Leichte Handwerk*[199] den Kreis der zum Montforter Absatzmarkt zugangsberechtigten Achberger Handwerker unabhängig von ihrer Zunftzugehörigkeit auf diejenigen zu beschränken, die in Tettnang aufgedingt worden waren. Hiervon erfahren wir aus einem Protestschreiben des Achberger Obervogtes an seinen Tettnanger Kollegen im Jahr 1731, in dem er sich über das Vorgehen des dortigen *Leichten Handwerks* und des Oberamtes gegen Sebastian Mesmer, den Bäcker zu Esseratsweiler, beschwert.[200] Mesmer sei von Bäckern in Oberreitnau beklagt worden, Brot in Montforter Territorium hineinzutragen, wozu er gemäß der Klage nicht berechtigt gewesen sei, weil dessen Schwiegersohn in Altshausen aufgedingt worden sei. Der Achberger Obervogt erklärte nun gegenüber seinem Tettnanger Kollegen, daß die dortigen Zunftvorgesetzten formell nicht berechtigt gewesen wären, Klage gegen Mesmer zu erheben. Diese Klage sei sachlich unbegründet, da der Betreffende sich ordentlich in *die Lade* - wohl die Tettnanger - eingekauft hätte. Als zuvor im Jahr 1724 der Montforter Oberbeamte zu Tettnang gegenüber seinem Achberger Amtskollegen die Zusicherung erneuert hatte, daß die Achberger Bäcker und Schuster in der Tettnanger Zunft aufgedingt werden könnten[201], war damit keine Erklärung über den Zugang zum Montforter Territorium verbunden gewesen wie in der zitierten Erklärung der Tettnanger Schuhmacherzunft von 1710.

Landkomtur Philipp Graf von Froberg erließ dann am 3. Juli 1740 eine Handwerksordnung für die Herrschaft Achberg, die den Altshauser Zunftzwang praktisch auf das Achberger Territorium ausdehnte, ohne dies formell zu erklären.[202] In der Vorgeschichte der Ordnung begründet Froberg ihren Erlaß mit verschiedenen *Misbräuchen* der Achberger Handwerker in der Vergangenheit. So hätten sich zahlreiche Meister ohne herrschaftlichen Konsens in fremde Zunftläden eingekauft, und vielfach wären Gesellen ohne Wanderschaft zu Meistern erklärt worden. Diese Mißbräuche hätten dazu geführt, daß die Achberger Handwerker außerhalb des Territoriums nicht als solche anerkannt würden. Zur Verbesserung der geschilderten Situation bestimmte nun die Ordnung, daß die Achberger Lehrjungen bei Abschluß der Lehre prinzipiell durch die Altshauser Zunft aufgedingt und lediggesprochen, das heißt, formell aus der Lehre entlassen werden müßten. Soweit Kriegsläufte dies nicht verhinderten, müßten die nunmehrigen Gesellen ein bis zwei Monate später ihre Wanderschaft antreten - und zwar nicht nur im Schwäbischen Kreis, sondern auch in entfernte Territorien, jedoch mit katholischer oder wenigstens paritätischer Konfession. Ihre abgeschlossene dreijährige Wanderschaft hätten die Gesellen dann vor der Altshauser Zunft nachzuweisen, eine Prüfung abzulegen und hierfür ein Meisterstück abzuliefern. Der sechste und letzte Paragraph der Ordnung ist an die Adresse des Achberger Obervogts Wocher und seiner Nachfolger gerichtet: Sie sollten darauf achten, daß Eltern ihre Söhne *(Kinder)* nicht von der Wanderschaft abhielten; außerdem brachte dieser Paragraph die bereits erwähnte Achberger Hausordnung in Erinnerung.[203]

Die Handwerksordnung band prinzipiell die Achberger Handwerker an die Altshauser Zunft und ließ eine Zugehörigkeit zu einer anderen Zunft nur noch mit Ausnahmegenehmigung zu. Daß damit praktisch der Altshauser Zunftzwang auf das Achberger Territorium ausgedehnt wurde, zeigt die Behandlung einer Klage der Altshauser Zunft gegen den Sattler Johann Strodler von Pechtensweiler durch das Altshauser Oberamt im Jahr 1787.[204] Die Zunft hatte Strodler beklagt, sich weder in die Altshauser Lade eingekauft noch eine Wanderschaft absolviert zu haben. Das Altshauser Oberamt wies nun als Entscheidung den Obervogt in Achberg an, Strodler zum Einkauf in die Altshauser Lade oder wenigstens zu einem Kompromiß mit der dortigen Zunft aufzufordern. Die Ausübung einer handwerklichen Tätigkeit ohne Zugehörigkeit zur Altshauser Zunft rief also zünftigen und obrigkeitlichen Widerstand hervor. Vermutlich provozierte sie auch solchen der zünftig organisierten Mitmeister und dürfte aufgrund dieser Widerstände kaum mehr möglich gewesen sein.

Eine Achberger Nebenlade der Altshauser Zunft nennt die erneuerte Altshauser Zunftordnung von 1788 nicht. Für 1801 erfahren wir aber indirekt von der Existenz einer Nebenlade und von Vorgesetzten einer Achberger Teilzunft. Damals sandte das Oberamt Altshausen eine neu erlassene Altshauser Handwerksordnung[205] an den Obervogt zu Achberg und begründete dies damit, daß die Ordnung zur Abstellung von *Misbräuchen* nicht nur für die Hauptlade, sondern auch für die *Viertelsladen* gelten sollte[206]. Die Ordnung, die kurz zuvor auch zur Mainau und nach Blumenfeld geschickt worden war, mahnte bessere Ausbildungsbedingungen für die Handwerker an. Vor allem sollten Lehrjungen zu keinen berufsfremden Tätigkeiten angehalten werden dürfen. Wanderschaftsdispense dürften nur in außergewöhnlichen Fällen erteilt werden. Die Wanderschaften sollten in entfernte Städte und Länder führen, und anschließend müßte eine Prüfung durch die Zunftmeister und die Ablegung eines

Meisterstückes vor ihnen erfolgen. Die Wirkung dieser strengen Ordnung darf nicht überschätzt werden, denn für die Herrschaft Altshausen konnte nachgewiesen werden, daß schon bald nach dem Erlaß wieder ohne Not Wanderschaftsdispense gegen Rekognitionsgebühr erteilt wurden.

Mit der praktischen Ausdehnung des Altshauser Zunftzwangs auf das Achberger Territorium im Jahr 1740 endete freilich auch der Zugang von Achberger Handwerkern zum Montforter Absatz- und Arbeitsmarkt, sofern sie nicht einer Tettnanger Zunft angehörten. So gab der Montforter Oberamtsverwalter zu Tettnang 1755 in letzter Instanz einer Klage statt, die Joseph Schindinger & Co. gegen einen Achberger Maurermeister wegen dessen Tätigkeit im Montforter Territorium angestrengt hatte.[207] In dem Schreiben, in welchem der Oberamtsverwalter diese Entscheidung seinem Achberger Amtskollegen mitteilte, warnte er diesen vor der Ergreifung weiterer juristischer Schritte. Ihm wäre nämlich das *Überkommen de ao. 1724* nicht bekannt. Der Achberger Obervogt hatte wohl in einem Schreiben an seinen Tettnanger Amtskollegen auf die Tettnanger Zusicherung jenes Jahres angespielt, die sich freilich weder auf Maurer bezogen hatte noch die Freizügigkeit der damals genannten Handwerksberufe im Montforter Territorium erklärt hatte.

Bei der folgenden Betrachtung des Umfangs an Professionisten sollen die bereits oben aufgeführten Inhaber ehafter Gerechtigkeiten ausgespart bleiben, auch wenn für die Herrschaft Altshausen der Zunftzwang im Lauf des 18. Jhs. ebenfalls auf sie ausgedehnt wurde. Von den im Status von 1690 genannten Handwerkern stand der schon erwähnte Wagner in Frauenreute wahrscheinlich außerhalb der ehaften Gewerbe: Der Status von 1805 führt in Frauenreute keinen Wagner mehr auf, stattdessen nennt er jeweils einen in Esserats- und in Pechtensweiler, deren *Profession* ausdrücklich erwähnt wird.[208] Insbesondere die personelle Vermehrung und die Ortsungebundenheit deuten darauf hin, daß der Wagnerberuf im Achberger Territorium nicht aufgrund einer ehaften Gerechtigkeit ausgeübt wurde.

Außerdem zahlte nach dem Status von 1690 ein Schmied jährlich 10 fl für die Nutzung seiner Werkstatt, die sich beim Achberger Bauhof befand. Zu dieser Zeit gehörte die Schmiede somit nicht zur Eigenwirtschaft Achbergs, sondern wurde in Eigenregie des Schmieds betrieben. 1738 ist von der Verleihung der Schmiede zu Achberg[209], 1779 von der Verleihung der Lehenschmiede die Rede[210]. Der Status von 1805 kennt keinen Schmied in Achberg mehr, wohl aber die an den *Burg- oder Bestandshof* angebaute Schmiede. Stattdessen gab es in Esseratsweiler den vollberuflichen Schmied Peter Nueber und in Pechtensweiler einen Kollegen namens Franz Joseph Knecht, der außerdem ein einrössiges Schupflehen umtrieb. Vermutlich stand diesen nun die Werkstatt beim Bauhof zur Verfügung, wenn sie Auftragsarbeiten für die Herrschaft erledigten. Zu dieser Zeit war der Beruf offenbar nicht mit einer ehaften Gerechtigkeit verbunden, sondern galt im Unterschied zum Wirt, Bäcker und Müller als *Profession*.[211]

Insgesamt enthält der Status von 1805 23 Professionisten, die mehrheitlich zudem Landwirtschaft betrieben: außer den bereits genannten beiden Wagnern und zwei Schmieden noch fünf Weber, drei Schuhmacher, zwei Küfer, zwei Sattler, zwei Zimmerleute, einen Schreiner, einen Glaser, einen Buchbinder, einen Goldschmied und den Ziegler zu Esseratsweiler. Dies waren rund 22 % der Hausinhaber. Der prozentuale Anteil an den Familienvorständen lag darunter, da das *Tabellarische Verzeichnis* des Status auf eine Unterscheidung eventuell vorhandener weiterer Haushalte in den Häusern verzichtet. Das hierin genauere Verzeichnis von 1781 führt für den Ort Siberatsweiler wie erwähnt 55 statt 56 Seelen im Jahr 1805 auf.[212] Von diesen gehörten als allein lebende Personen ein Knecht und fünf Mägde, und damit 14 % der Bevölkerung, nicht den Familien der elf Hausinhaber an. Ferner gab es zwei Tagelöhner *(Huber)* als Beisitzer.

2.3.3 Sonstiges Gewerbe

Außer den Inhabern von ehaften Gerechtigkeiten und den Professionisten scheinen um 1690 weitere Personen Tätigkeiten außerhalb der Landwirtschaft betrieben zu haben. Nach dem Status von 1690 verfügten 18 der insgesamt 108, also knapp 17 % aller Haushalte der Herrschaft, über kein Lehen.[213] Wahrscheinlich verdingte sich jener Bevölkerungsanteil teilweise als Taglöhner und verbrachte die übrige Zeit vor allem im Winter mit Heimarbeit. Am Ende der Ordenszeit enthält der Status von 1805 allerdings nur vier Tagwerker im Territorium.

Gewohnheitsrechtlich schenkten außer dem Inhaber der Taferngerechtigkeit auch die Geistlichen der Herrschaft Wein gegen Geld aus, wie 1732 aus einem Bericht des Achberger Obervogts nach Altshausen hervorgeht. Er beklagte darin das Überhandnehmen dieser Nebentätigkeit und erbat den Erlaß eines herrschaftlichen Mandates, das den Geistlichen den Ausschank gegen Geld verbieten sollte.[214] Die Konferenz beschloß daraufhin die Absendung eines Schreibens an die Ordensritter auf der Mainau, die beim Bistum Konstanz *(bey Costanz)* erreichen sollten, daß der Geistlichkeit in der Herrschaft Achberg der Ausschank verboten würde, ähnlich wie es bereits in Allmansdorf[215] und anderswo geschehen wäre.

An wahrscheinlich konzessionspflichtigen, nicht ehaften Gewerben nennt der Status von 1805 den Weinschank des Amtswaibels in Duznau, einen kleinen Weinhandel eines Bürgers zu Siberatsweiler, zwei Kramereien zu Esseratsweiler, von denen die eine vom Wagner betrieben wurde, sowie eine Apotheke des Chirurgen Feyerle zu Esseratsweiler. Inwieweit die Näherei einer Witwe zu Doberatsweiler konzessionspflichtig war, ist nicht zu sagen. Selbst wenn dies der Fall gewesen sein sollte, wären lediglich sechs nicht auf ehafte Gerechtigkeiten bezogene Konzessionen vorhanden gewesen. Ähnlich wie die Professionisten betrieben auch die konzessionspflichtigen Gewerbetreibenden mehrheitlich zugleich Landwirtschaft.

2.4 Unterstützung von Armen

Seit Bestehen des Deutschen Ordens zählte die Verteilung von Almosen als Bestandteil der Hospitalität zu seinen zentralen Pflichten. An der zur Erfüllung dieser Aufgabe eingerichteten Altshauser Hausarmenkasse der Landkommende war auch die Herrschaft Achberg beteiligt, wie wir anläßlich einer Beitragszahlung von 1781 erfahren.[216] Im Verlauf des Jahres 1783 wurde die Armenfürsorge in der Landkommende im Zusammenhang mit der Einführung eines allgemeinen Bettelverbotes grundlegend reformiert, wobei die für das Selbstverständnis des Ordens wichtigen Almosen trotz Beibehaltung ihres Namens tatsächlich im Sinne der damaligen Auffassung von gesellschaftlicher Ordnung in eine Art Sozialhilfe umgewandelt wurden. Im Zuge dieser Neuordnung schickte im November jenes Jahres auch der Achberger Obervogt das angeforderte Gutachten darüber ein, wie die *einheimischen* Armen der Herrschaft künftig versorgt werden könnten.[217] Zur Unterstützung der *ganz und halbbedürftigen* Armen erbrachte das Gutachten einen jährlichen Bedarf von 330 fl. Nach dem Vorschlag des Obervogtes sollte zur Versorgung der Bedürftigen von jedem Roßbau ein Gulden, von jedem Beisitzer ein halber Gulden erhoben werden, was zusammen mit Beiträgen von milden Stiftungen bereits 387 fl ergeben würde. Hinzu kämen insgesamt 72 fl von den Geistlichen sowie weitere Beiträge von ihm selbst und der Witwe des verstorbenen Obervogtes. Die Regierung sah diese Finanzierung als solide an und genehmigte die Realisierung der Vorschläge, ebenso die Weiterzahlung des bisherigen Beitrages des Landkomturs zur Versorgung der Armen in der Herrschaft Achberg. Für die gerade entstandene Allgemeine Armenkasse in Altshausen als zentraler Kasse waren Einzelkassen der angeschlossenen Landschaften vorgesehen. Die Genehmigung des Achberger Vorschlages hatte die Einrichtung einer ordentlichen Armenkasse für die Herrschaft zur Folge.[218] Zur Fürsorge für die Bevölkerung im weiteren Sinn gehörte auch die Führung der Achberger Waisenkasse, deren Rechnungen von 1748 bis 1799 vorliegen.[219] Wahrscheinlich war diese Kasse nach dem Vorbild der Altshauser Waisenkasse eingerichtet, die der Versorgung der Waisen aus ihrem Erbe diente und gegenüber Dritten Darlehen verlieh.

Unabhängig von der herrschaftlichen Armenversorgung wurde 1787 ein Armenhaus auf Kosten der Gemeinde Siberatsweiler in einem baufälligen Lehenhaus der Herrschaft eingerichtet, nachdem der bisherige Inhaber verstorben war.[220] In ihrer Genehmigung hierzu beschränkte die Altshauser Regierung den Kreis der Aufnahmeberechtigten auf Untertanen und riet dem Achberger Obervogt, auf eine Entschädigungszahlung der Gemeinde für die vom bisherigen Inhaber zurückgelassene Tochter hinzuwirken.[221]

Zur Unterstützung von Armen im weiteren Sinn gehörte auch die Ausbildungsförderung. Oben haben wir bereits eine Regelung von 1737 kennengelernt, wonach Schulgelder armer Kinder aus dem Ertrag eines Waldes beglichen wurden. Die sogenannte Wocher'sche Stiftung ging auf den 1745 verstorbenen Achberger Obervogt Georg Adam Wocher zurück[222], der selbst 2350 fl gestiftet hatte[223]. Einem Konferenzprotokoll von Ende 1781 zufolge dienten die Zinsen von damals 2500 fl Kapital zur Armenfürsorge, zur Anschaffung von Aussteuern für Mädchen, zur Finanzierung von Handwerkslehren für Jungen sowie für schulische Zwecke.[224] Die Regierung beschloß nun, die Unterstützungssätze nach der in Tabelle 5 dargestellten Weise zu reduzieren, da sich der Zinssatz des Kapitals ebenfalls reduziert hatte. Eventuelle Überschüsse, die sich daraus ergeben könnten, daß der nun beschlossene Unterstützungssatz für Arme immer noch zu hoch angesetzt sei, sollten der Kapitalerweiterung dienen.

Tabelle 5
Unterstützungssätze der Wocher'schen Stiftung

Unterstützungssätze für	bis 1781	nach 1781
Arme	35 fl	28 fl 26 kr
Mädchen / Buben	75 fl	61 fl 20 kr

Diese Angaben dienen im folgenden einer überschlagsmäßigen Schätzung der Armenzahlen. Vorausgesetzt, daß sich 1783 der erwähnte Bedarf von 330 fl auf gleich viele Empfänger der ganzen und halben Unterstützungen verteilte, wären insgesamt 220 fl für ganze und 110 fl für halbe Unterstützungen gezahlt worden. Unter der weiteren Voraussetzung, daß der Gesamtbedarf und die Unterstützungssätze zwischen 1781 und 1783 gleich blieben, wären rechnerisch 7,7 Personen Empfänger von ganzen Unterstützungen und gleich viele Empfänger von halben Unterstützungssätzen gewesen. Diese auf den ersten Blick gewagt erscheinende Rechnung gibt zumindest die Größenordnung des Armutsproblems korrekt wieder, soweit es die *einheimischen* Armen betraf. Dies zeigt der Vergleich mit Tabelle 6, die sich auf eine EDV-Auswertung des *Tabellarischen Verzeichnisses* im Status von 1805 stützt. Sie drückt freilich in erster Linie die herrschaftliche Einschätzung der Vermögensverhältnisse aus, die vielleicht auf einer Befragung der 103 Hausinhaber hinsichtlich ihres Geldbesitzes beruht.[225]

Tabelle 6

Vermögensverhältnisse in der Herrschaft Achberg im Jahr 1805

	arm	gering bemittelt	bemittelt	mittelm. bem.	wohl bem.	reich
Hausinhaber	7	23	25	35	12	1
Seelen	45	132	116	184	50	3
% der Bevölkerung	8,5	25	21,9	34,7	9,4	0,6

3 Resümee

Nachdem nun grundlegende wirtschaftliche Strukturen und Verhältnisse der Deutschordensherrschaft Achberg zumindest in Umrissen sichtbar wurden, soll noch die wirtschaftliche Bedeutung der Herrschaft für die Landkommende Altshausen untersucht werden. Zur Beantwortung dieser Frage wird eine schwierige Einschätzung der Reingewinne der Herrschaft unternommen. Der Status von 1690 hatte dem Käufer jährlich beständige Bruttoeinnahmen in Höhe von 1411 fl und unbeständige in einer Größenordnung von 1998 fl in Aussicht gestellt, zusammen also rund 2600 fl.[226] Anschließend soll daher speziell geklärt werden, inwieweit die durch den Status von 1690 geweckten Erwartungen für den damaligen Kaufinteressenten in Erfüllung gingen, das heißt, sich der Kauf der Herrschaft Achberg in wirtschaftlicher Hinsicht für die Landkommende gelohnt hatte.

An Hand der Zustandsbeschreibung von 1708 ist die Höhe des Reingewinns schwer zu ermitteln, da dieser nur einen Teil der beständigen Einnahmen in Geld ausdrückt, die beständigen Naturaleinnahmen an Getreide weit höher als 1690 sind und der Status hinsichtlich der unbeständigen Einnahmen und Ausgaben keine Durchschnittsbeträge, sondern Bandbreiten angibt. So kann aus dem Status von 1708 nur bei Unterstellung jeweils mittlerer Beträge für unbeständige Einnahmen und Ausgaben Gesamteinnahmen an Geld in Höhe von 1703 fl, Gesamtausgaben an Geld in Höhe von 782 fl und somit ein Reingewinn an Geld von 921 fl herausgelesen werden. Darin sind die Naturalüberschüsse, die bei Vesen über 67 Sch und bei Hafer ca. 105 Sch ausmachten, nicht enthalten.

Bei Eisele finden sich einige auf Jahresrechnungen beruhende Zahlen, von denen uns nur eine korrekt erscheint, nämlich 512 fl im Rechnungsjahr 1690/91. Eiseles Methode, den Reingewinn der Herrschaft für die Rechnungsjahre 1710/11 und 1787 aus der Differenz der Gesamteinnahmen und -ausgaben zu bilden, wodurch er zu Beträgen von 1854 fl und 2312 fl gelangt, führt in die Irre. Ebenso scheint uns die bei Eisele zitierte Angabe von 5000 fl im Jahr 1805 nicht den tatsächlichen Reingewinn wiederzugeben. Die Skepsis in

Bezug auf diese Zahlen - mit Ausnahme derjenigen für 1690/91 - fußt auf einer eigenen Analyse der Jahresrechnung 1723/24. Man könnte der Methode Eiseles und dem Verfahren der Geldrechnung entsprechend von den 4178 fl Einnahmen an Geld die Gesamtausgaben an Geld von rund 1617 fl abziehen und so zu einem Betrag von 2561 fl gelangen. Hierbei handelt es sich jedoch nicht um den Reingewinn jenes Jahres. Die Rechnung zieht von dem zuletzt genannten Betrag 1623 fl an ausstehenden Geldern *(Extanzen)* ab und gelangt so zu einem Endbetrag von 938 fl, dem sogenannten *Recess.* Extanzen und Recess wurden dann jeweils in der folgenden Rechnung übertragen. Dieses Verfahren läßt wegen der Schwankung der Beträge die Subtraktion der Gesamtausgaben von den Gesamteinnahmen zur Berechnung des Reingewinns problematisch erscheinen. Eiseles eigene Bedenken kommen hinzu. Wesentlich größere Aussagekraft hat meiner Einschätzung nach die Höhe des tatsächlich an das Altshauser Rentamt abgeführten Kapitals, das 1723/24 lediglich 249 fl betrug.

Die reellen Einnahmen der Landkommende reduzierten sich zumindest in der Mitte des 18. Jhs. noch weiter, nachdem Österreich zur Bestreitung von Kriegskosten seit 1741 von allen österreichischen Lehen, so auch von *Burg und Veste Achberg* - nur ein Teil des Territoriums -, ein Viertel aller Einnahmen forderte. Diese Forderung befriedigte die Landkommende ab 1763 einseitig mit einem Fünftel der Einnahmen, nämlich mit 82 fl. Dieser Angabe zufolge lagen also die Einnahmen allein aus dem österreichischen Lehenteil des Territoriums bei 480 fl, wobei unklar ist, ob es sich um Einnahmen oder Reingewinne handelt.

Daß die erwähnte Zahlung von 249 fl an das Altshauser Rentamt 1723/24 der tatsächlichen Größenordnung des Reingewinns entspricht, zeigt der Vergleich mit einem sogenannten *Etat* der Herrschaft Altshausen und seiner auswärtigen Herrschaften, der 1806 nach dem Ende der Landkommende an Hand von Rentamtsrechnungen der zurückliegenden zehn Jahre und der heute verlorenen Weinrechnungen des gleichen Zeitraums angefertigt wurde.[227] Dieser führt als durchschnittlichen Reinertrag der Herrschaft Achberg *(Hittmannsberg)* der zurückliegenden zehn Jahre die Summe von 323 fl an.[228] Dies ist ein bescheidener Reinertrag verglichen mit der Herrschaft Arnegg (5132 fl), dem von dort aus verwalteten Amt Illerrieden (781 fl), dem viel kleineren Amt Ellhofen (3235 fl) und sogar mit den landkomturlichen Gefällen in der zur Kommende Mainau gehörenden Herrschaft Blumenfeld (920 fl).[229] Nach Ausweis der gleichen Quelle war auch der Beitrag sämtlicher äußerer Herrschaften mit 9632 fl gegenüber demjenigen der zentralen Herrschaft Altshausen in Höhe von 43.060 fl bescheiden.

All diesen Einzelangaben und Rechnungen zufolge blieben die tatsächlichen Reingewinne der Landkommende aus der Herrschaft - am ehesten an deren

Zahlungen an das Altshauser Rentamt ablesbar - weit hinter den im Status von 1690 geweckten Erwartungen zurück. Zur Amortisierung des oben angeführten Kaufpreises von 64.000 fl hätte ohne Berücksichtigung der sich aus der notwendigen Kapitalaufnahme ergebenden Zinsbelastung und etwaiger Zinseinnahmen aus vorher vorhandenem Kapital die Herrschaft in den 112 Jahren unter dem Orden einen durchschnittlichen Reingewinn von mindestens 571,4 fl erbringen müssen. Die tatsächlichen Zahlungen an das Rentamt bewegten sich jedoch eher bei 300, denn bei 500 fl. Somit hat sich in wirtschaftlicher Hinsicht der Kauf der Herrschaft für die Landkommende nicht gelohnt.

In anderer Hinsicht hatte sich der Kauf sehr wohl gelohnt. Denn Landkomtur Franz Benedikt von Baden schuf durch seine Baumaßnahmen an Schloß Achberg einen prachtvollen Rahmen nicht nur für seinen persönlichen Altersruhesitz, sondern auch für würdevolle Jagdaufenthalte. Für den im 18. Jh. in der Realität von seiner ursprünglichen Lebensform, seinen tradierten Aufgaben und Gelübden weit entfernten Deutschen Orden[230] scheint Achberg in erster Linie eine Möglichkeit adeliger Prachtentfaltung dargestellt zu haben, wobei der Gesichtspunkt der Ökonomie anscheinend nur eine untergeordnete Rolle spielte. Angesichts der um ein Vielfaches höheren Gewinne der zentralen Herrschaft Altshausen konnte es sich die dortige Regierung leisten, bei der kleinen Herrschaft Achberg nicht so genau auf Wirtschaftlichkeit zu achten.

Eingangshalle von Schloß Achberg

1 Eine Auswahl: Reiner Falk, Schloß Achberg. Ein verborgenes Schmuckstück barocker Kunst und Kultur, Ravensburg 1991²; ders., Von „Zollerns schönstem Edelstein" - Schloß Achberg ist gerettet, in: Im Oberland 1993, Heft 1, S. 3-6; Rudolf Reinhardt, Christoph Gessinger - Mönch, Baumeister, Stukkateur, Kammerrat, Apostat, in: ZGO 128. Bd. NF 89 (1980), S. 293 ff.; Eva Christina Vollmer, Der Stuck in Schloß Achberg. Ein bisher unbekanntes Werk des Wangener Stukkators Balthasar Krimmer, in: Im Oberland 1993, Heft 2, S. 3-12. Denkmalstiftung Baden-Württemberg (Hg.), Schloß Achberg. Ein barockes Kleinod Oberschwabens. Mit Beiträgen von August Gebeßler und Irene Pill-Rademacher, Stuttgart 1995.

2 Friedrich Eisele, Die ehemalige Herrschaft und jetzige Exklave Achberg, in: SVGB 50 (1922), S. 98-139 (fortan zitiert als: Eisele, Achberg). Diese insgesamt verdienstvolle Arbeit leidet darunter, daß vor allem die Quellenverweise sehr dürftig sind.

3 Der Kreis Sigmaringen, Aalen/Stuttgart 1963, S. 93 f.

4 Rudolf Seigel, Die Herrschaft Achberg im 18. Jahrhundert, in: Hohenzollerische Heimat 19 (1969) Nr. 1, S. 10-13.

5 Zuvor sei auf den Beitrag von Reiner Falk in dieser Publikation hingewiesen, der das Inventar des Schlosses aus dem Jahr 1708 im Hinblick auf die gehobene adelige Lebenswelt und die Achberger Hauswirtschaft beleuchtet.

6 Als Titel der von Prof. Dr. Frank Göttmann, Paderborn, betreuten Arbeit ist geplant: Wirtschafts- und Sozialgeschichte der Landkommende Altshausen von 1648 bis 1806. Dort finden sich Belege zu denjenigen Aussagen dieses Beitrages, die ohne Quellenverweis stehen.

7 Die Archivalien in Sigmaringen sind geteilt in die Bestände: (StASig) Ho 159, Dep. 39 des Staatsarchivs, sowie (FAS) DS 25 des Fürstlichen Archivs Sigmaringen im gleichen Gebäude (freundliche Auskunft von Josef Adam, StASig).

8 Michael Barczyk, Wiener Quellen zur Neueren Geschichte der Deutschordenskommende Altshausen als Hauptort der Ballei Elsaß-Burgund, Tübingen 1972

9 In den Staatsarchiven Stuttgart und Ludwigsburg sind keine Urbare der Deutschordensherrschaft Achberg oder Ellhofen vorhanden, ebensowenig im Zentralarchiv des Deutschen Ordens in Wien, den Staatsarchiven Augsburg und München, dem Geheimen Staatsarchiv Preußischer Kulturbesitz in Berlin sowie dem Tiroler Landesarchiv in Innsbruck.

10 StASig Ho 159, Repertorium Bd. 2, Bde. 46 und 47 (mit Güteeinteilung der Grundstücke, ohne Risse).

11 Die Einbandaufschrift lautet: *Geometrischer Überblick aller in die hohen deutschen Ordens Herrschaft Achberg liegenden Gebäude, gelegte Dorfschaften, Weyler, Hofstetten, Gärten, Äcker, Wiesen, Weinberg, Felder, Waldungen, Weyher, Flüssen, Bächen und Appertinenzien. Nach einer Universal- und in Popular-Mappes eingerichtet.* Die erwähnte Universalkarte des Territoriums fehlt heute. Der Innentitel lautet: *Chorograph et Geometrische Abbildung [...]*. Es folgen eine der Einbandaufschrift ähnliche Aufzählung und Datumsangaben: 27. Aug. 1726 - 9. Dez. 1727 sowie die Unterschrift von Martin Schneider, wobei die Berufsangabe verblaßt und unleserlich ist (StASig Dep. 39 K 83). Der Titel *Chorograph* meint hier vermutlich eine nach Orten gegliederte Geographie des Territoriums. Sämtliche noch vorhandenen Karten des *Geometrischen Überblicks* sind in dieser Publikation wiedergegeben.

12 Da Zins- oder Gültbücher der Herrschaft Achberg nicht erhalten sind, wäre zu prüfen, inwieweit ein Lehenbuch des 17. Jhs. hierfür weiterbenutzt wurde (StASig Ho 159, Repertorium Bd. 2, Bd. 8).

13 Vorlage StASig (StASig Dep. 39 K 1111), Aufnahme HStASt.

14 Vgl. Anm. 11.

15 Rudolf Seigel, Die Herrschaft Achberg im 18. Jahrhundert, in: Hohenzollerische Heimat 19 (1969) Nr. 1, S. 12. Es wird fortan unter Verzicht auf weitere Fußnoten hierauf im Text mit Status von 1708 verwiesen.

16 Eisele, Achberg, S. 131.

17 Wie Anm. 43.

18 Auch für das folgende: Eisele, Achberg, S. 125 f.

19 StASig Ho 159, Repertorium Bd. 1, Bü 141, hier: *Tabellarische Übersicht über die Seelenzahl [...]*.

20 Der in den Quellen für die Konferenz ebenfalls verwendete Begriff *Balleirat* wird hier bewußt vermieden, da er zu Verwechslungen mit einer gleichlautenden Bezeichnung für einen Ordensbeamten führen kann; zu dem ganzen wie Anm. 6.

21 Als *Oberamtsverwalter* zu Achberg (AHW DO U 155, 1697 Mai 7); für 1699: Eisele, Achberg, S. 135.

22 Eisele, Achberg, S. 132; Einzelbelege: AHW DO Bd. 5, 1726 Mai 22; Bd. 7, 1737 Juli 18.

23 Eisele, Achberg, S. 132. Einzelbelege: StASig Ho 159, Repertorium Bd. 1, Bü 75: Beschwerden der Untertanen gegen Obervogt Günzer, 1761, und Bü 79: Erledigung der Besorgungen auf Ableben des Balleirats und Obervogts Günzer, 1780; *Verzeichnis der in der hochlöbl. Balley Elsaß und Burgund befindlichen Herren Ordenkavalliers, derselben Stands und Aufenthalts, dann der Ordenspriester und Beamten und Officianten verfertigt für das Jahr 1777 zu Altshausen den 1. Christmonat 1776* (DOZA Or 628).

24 Achberger Verhörprotokolle, geführt von Joseph Mandele: StASig Ho 159, Repertorium Bd. 2, Bd. 18 (1780-1784) und Bd. 19 (1785-1791).

25 Vereidigung in der Altshauser Konferenz nach einem Jahr provisorischer Amtsführung in Achberg (HStASt B 347, Bü 558, 1781 Dezember 29).

26 Eisele, Achberg, S. 132. Einzelbeleg: Achberger Verhörprotokoll, geführt von Obervogt Bagnato: StASig Ho 159, Repertorium Bd. 2, Bd. 20 (1792-1798); Die Amtsvorsteher der Oberämter, Bezirksämter und Landratsämter in Baden-Württemberg, hg. v. Arbeitsgemeinschaft der Kreisarchivare beim Landkreistag Baden-Württemberg, Stuttgart 1996, S. 161.

27 Eisele, Achberg, S. 132. Einzelbelege: Achberger Verhörprotokolle, geführt von Obervogt Schaeffer: StASig Ho 159, Repertorium Bd. 2, Bd. 21 (1798-1802) und Bd. 22 (1802-1806); Die Amtsvorsteher (wie vorherige Anm.), S. 485.

28 Eisele, Achberg, S. 126.

[29] Eisele, Achberg, S. 125.

[30] Sämtliche Zahlen in dieser Untersuchung werden stets gerundet wiedergegeben. StASig Dep. 39 DS 95, Jahresrechnung 1723/24. Die in jenem Bestand vorhandenen Jahresrechnungen stammen hauptsächlich aus dem 17. Jh. und reichen bis 1739/40; eine isoliert liegende Rechnung von 1690/91 in: FAS (Herrschaft Achberg) DS 25. Hingegen konnte die bei Eisele, Achberg, S. 120 erwähnte Jahresrechnung von 1787 in den Repertorien beider Bestände und des Bestandes StASig Ho 159 nicht ausfindig gemacht werden.

[31] Eisele, Achberg, S. 126. Der bei ihm fehlende Quellennachweis ist: StASig Ho 159, Repertorium Bd. 1, Bü 422 - Annahme und Bestallung von Hans Michael Ritter als Scharfrichter für die Herrschaft Achberg durch den Landkomtur von Altshausen, 1736.

[32] Das Haus in Siggenreute baute nach Eisele bereits der 1736 angestellte Scharfrichter Ritter, vgl. Eisele, Achberg, S. 126, Anm. 66.

[33] Beispielsweise: Konzept eines landkomturlichen Schreibens an den Obervogt zu Achberg, Exp. Bobleter, Altshausen 1785 Juni 16 (AHW DO Bü 450). Siehe auch den Status von 1805.

[34] Eisele, Achberg, S. 136-138.

[35] Vgl. beispielsweise Reinhard Tietzen, „Landschaften" und Landschaftskassen in den Klosterherrschaften Ochsenhausen und Zwiefalten, in: ZWLG 52 (1993), S. 179-225, vor allem S. 190-192 und 207 ff.

[36] Auch für das folgende: Barczyk, Wiener Quellen, S. 59.

[37] Vgl. StASig Ho 159, Repertorium Bd. 1, Bü 152: Abrechnung mit dem herrschaftlichen Ammann Ellgas zu Ellhofen für 1790 über Einnahmen an Zinsen und Gülten sowie Ausgaben; sowie ebd. Bü 156: Korrespondenz mit Ammann Ellgas 1805. Zur Ausweitung der Niedergerichtsbarkeit anläßlich der Vereinödung: AHW DO, Bü 450.

[38] HStASt B 347, Bü 558, 1788 Februar 27.

[39] Weiterer Aufschluß über die Struktur der Ellhofer Gemeinde ist von einer Auswertung einer Gemeindeordnung des Jahres 1764 zu erwarten (FAS DS 25, Herrschaft Achberg, Bü 1: Dorf-Brief; Gemeindeordnung von Ellhofen, Ellhofen 1764).

[40] Freundliche Auskunft von Gerd Zimmer, Weiler im Allgäu.

[41] Amts- und Verhörprotokoll der Teilherrschaft Ellhofen, 1781-1807 (StASig Ho 159, Repertorium Bd. 2, Bd. 41).

[42] Wie Anm. 122.

[43] Der undatierte und unsignierte Status führt die Gesamteinnahmen aus Manumissionen und Todfällen jeweils für 1689 auf, die Angabe der Gerichtsgefälle bezieht sich ausdrücklich auf *das negst verschinen 89isten Jahr*. Vermutlich handelt es sich um das *Anschlag Project*, welches Franz Johann Ferdinand von Sürgenstein beim Verkauf der Herrschaft Achberg am 3. März 1693 erwähnt (beides: HStASt B 347, Bü 425).

[44] Kaufbrief von 1693 März 3 in HStASt B 347, Bü 425.

[45] Vgl. Anm. 43.

[46] Siehe die Abbildung im Aufsatz von Hans Ulrich Rudolf.

[47] Vorlage: Archiv des Hauses Württemberg, Altshausen; Aufnahme: Fotoatelier Schneider, Saulgau (*Grundriß über des Hohen Deutschen Ritter Ordens Burg und Bauhof Achberg aufgenommen im Jahr 1789*. Anonym, AHW DO unverzeichnet). Vgl. die Ansicht des *Geometrischen Überblicks* von 1726/27 in dieser Publikation.

[48] 1 Achberger Jauchert (J) = 0,44206 ha. Dies wurde auf folgende Weise ermittelt: Im Vorwort von StASig Dep. 39, K 83 von 1726/27 habe ich den dort abgebildeten *Nürnberger Statt Schuh* mit 31,0 cm abgemessen. Es handelt sich um den größeren Nürnberger Werkschuh, den Göttmann, Altes Maß, Tabelle 5, beruhend auf Albrecht Dürers Angaben, mit 30,3600 cm beziffert. Nun liegt die aus beiden Angaben ergebende Differenz von 0,64 cm in einer Größenordnung, die sich durch eine Veränderung zwischen dem 16. Jh. und der ersten Hälfte des 18. Jhs. erklären läßt. Für den Quadratschuh (QS) ergibt sich bei Zugrundelegung der 31,0 cm Seitenlänge ein Wert von 0,0961 qm. Da nach dem erwähnten Vorwort der Achberger Karte 1 QR (Quadratrute) = 100 QS und 1 J = 460 QR, ergibt sich der oben genannte Wert für den Achberger J. Dieser liegt sämtlichen Hektarangaben im Text zugrunde. Kraus, wie Anm. 132, S. 141, verweist für Flächen- und Gewichtsmaße auf sein Kapitel Hohenzollern-Sigmaringen, stellt dort (S. 142) aber ohne Zuordnung Achbergs vier verschiedene Jauchertgrößen vor, die 1820 im Fürstentum gegolten hätten.

[49] Besprechung eines am 26. Juli angeforderten Berichtes des Achberger Obervogtes auf der Altshauser Konferenz (AHW DO Bd. 16, 1756 August 1).

[50] Ebd., 1756 August 15.

[51] Ebd., 1756 September 12.

[52] Nämlich nicht nur die bei der Auflistung der Ackerflächen des Bauhofs unter Plan Duznau aufgeführten 690 QR *Bey der Schießhütten*, sondern auch der unter Achberg aufgeführte *Haaßenknobel* mit 4100 QR, der mit identischer Flurbezeichnung und Flächenangabe auf dem Beiblatt zur Markungskarte Duznau als der Herrschaft gehörig geführt ist. Alle Flächenangaben des *Geometrischen Überblicks* in QR, die mittels Division durch 460 in Achberger J umgerechnet wurden.

[53] Wie Anm. 11.

[54] Ebd.

[55] Vgl. Anm. 52.

[56] Für jedes *Tagwerkh* setzt der Status 12 kr an und gelangt zu einer Summe von 10 fl. Aus der Gleichung 10 x 60/12 ergibt sich eine Zahl von 50 Tagwerken, es gab jedoch 90 Lehenhuber und 108 Haushalte; vgl. Anm. 213.

[57] HStASt B 344, Bü 44 Besoldungsliste *(Designation)* der Landkommende Altshausen, 1669 Dezember 24, hier: Anhang über den Viehbestand.

[58] Wie Anm. 11.

[59] Eisele, Achberg, S. 114 f.

[60] Zur Erklärung muß näher auf die Struktur des *Geometrischen Überblicks* eingegangen werden, was hinsichtlich der landwirtschaftlichen Flächen bereits in der Einleitung geschehen ist. Die Lehenwaldungen sind im Gegensatz zu den landwirtschaftlichen Flächen nicht mit Nummern gekennzeichnet. In den Aufstellungen der jeweiligen Lehengrundstücke wird stattdessen der Name des Waldbezirks und die Fläche angegeben. Auf der Markungskarte Duznau beispielsweise erscheinen die Kleinbuchstaben a bis d in den bei den

Lehengrundstücken genannten Waldbezirken. Außerdem weist die Markungskarte die Buchstaben e und f auf, die wohl nicht den Großbuchstaben E (Herrschaft) und F (Fremde) zuzuordnen sind, da Lehenwaldungen weder unter E oder F aufgeführt sind, noch die im Beiblatt für Achberg aufgeführte Aufstellung des herrschaftlichen Waldes inner- und außerhalb der Markung ein Waldstück in Duznau enthält. Die in der Markungskarte Duznau in Waldbezirke eingetragenen Buchstaben e und f scheinen sich somit auf weitere ortsansässige Inhaber von Lehenwaldungen zu beziehen, ebenso wie die dort vorkommenden Buchstaben g, h, i, [kein j], k, l. Dies wären sieben weitere Kleinbuchstaben, die nicht unmittelbar auf die ortsansässigen Lehenhuber zu beziehen sind.

[61] Auf allen Beiblättern zu den Ortsmarkungen sind Lehenwaldungen jeweils nur bei den ortsansässigen Lehenhubern aufgeführt, nicht jedoch bei den meist unter F aufgeführten Grundstücken von Ortsfremden. Auf dem Beiblatt für Gunderatweiler sind jedoch einige Lehenwaldungen auf den Markungen Liebenweiler und Doberatsweiler aufgeführt. Ebenso enthält das Beiblatt für Duznau jeweils einen Lehenwald auf den Markungen Regnitz und Isigatsweiler.

[62] Zu den Schulden der Landschaft Achberg im Jahr 1695 siehe das Kapitel 2.2.6.

[63] Außerdem neun einzelne Erblehengrundstücke. Der Kaufbrief datiert laut dem Status von 1805: Altshausen, den 23. und Ulm, den 25. November 1793.

[64] Hierauf weist: FAS DS 25 (Herrschaft Achberg), Bü 18: *Verzeichnis der denen ehemals Langnauischen Erb und Schupflehengütern zugehörigen Waldungen*, ca. 1800.

[65] AHW DO Bd. 7, 1737 November 25.

[66] Ebd.

[67] Eisele, Achberg, S. 138 f. Zur Ergänzung die bei ihm fehlenden Quellennachweise für das Achberger und Ellhofer Schulwesen: StASig Ho 159, Repertorium Bd. 1, Bü 586-589.

[68] StASig Dep. 39 DS 95, Jahresrechnung 1723/24.

[69] Die anstehenden Reparaturarbeiten bei den Weihern sollten auf Anordnung der Regierung gestreckt werden (HStASt B 347, Bü 562, 1781 Dezember 15, Verhandlungsgegenstand III).

[70] Nach einem *Bericht* im Status von 1805.

[71] Nordöstlich von Achberg auf dem Bergrücken südlich des Argenzusammenflusses; heute nicht mehr bewohnt, Gebäude aber noch vorhanden.

[72] Nach einem *Bericht* im Status von 1805.

[73] Da der Ertrag des Markdorfer Weingutes in der Achberger Weinrechnung von 1723/24 nicht enthalten ist, ist anzunehmen, daß ihr Ertrag (inzwischen) aus praktischen Gründen in den landkomturlichen Keller auf der Mainau geliefert wurde und in den dort geführten Weinbaurechnungen der Landkommende verrechnet wurde. Diese Rechnungen waren zu Beginn des 19. Jhs. noch für die Jahre 1672 bis 1803 vorhanden, wurden aber 1825 als wertlos eingestuft und zusammen mit anderen Archivalien des Balleiarchivs zum Verkauf an Papiermühlen oder als Makulatur empfohlen. Die *Rechnungen über den Ertrag der landkommenthurischen Reben [...] und über den im landkommthurlichen Keller zu Mainau eingekellerten Wein* sind unter Angabe der Jahrgänge erwähnt in: AHW HKA 2, Bü 1093 - alt: M 20 -, *Königliches Hofcameralamt Altshausen. Bezeichnung der [...] als unbrauchbar erscheinenden Acten*, Altshausen 1825 Dezember 17, gez. Vogel. Außerdem: ebd., *Das Hofcameralamt berichtet über den Stand der Auflösung des teutschordenschen Archivs [...]*, Datum und Unterschrift gleich. Vgl. auch die Bemerkung von Eisele, daß der Wein von Markdorf nicht zu den Einkünften der Herrschaft gehört habe (Eisele, Achberg, S. 130, Anm. 73).

[74] Der Status von 1708 ist der letzte mir bekannte Beleg für diesen Besitz.

[75] Nach einem *Bericht* im Status von 1805.

[76] StASig Dep. 39 DS 95, Jahresrechnung 1723/24, hier Weinrechnung.

[77] Eisele, Achberg, S. 134.

[78] StASig Dep. 39 DS 95, Jahresrechnung 1723/24, hier Weinrechnung.

[79] Siehe Anm. 82.

[80] Regierungsübernahme Österreichs am 20. August 1780. Langenargen bildete vorher und nachher ein eigenes Oberamt (Franz Quarthal/Georg Wieland, Die Behördenorganisation Vorderösterreichs von 1735 bis 1805, Bühl/Baden 1977. Veröffentlichung des Alemannischen Instituts Freiburg i. Br. Nr. 43, S. 84 u. 77).

[81] Laut dem Status von 1805 lag das Weingut im k.u.k. Kameralamt Langenargen.

[82] Dies und das folgende ist die summarische Zusammenfassung weitschweifiger Verhandlungen und Korrespondenz: Schreiben der Regierung nach Achberg, Altshausen 1780 Oktober 30 (AHW DO Bü 450); HStASt B 347, Bü 558, 1782 Februar 27; ebd., 1782 Juni 9; ebd. 1783 Mai 22.

[83] Verhandlung einer schriftlichen Bitte des Achberger Obervogtes um Reparierung des baufälligen Torkels durch die Altshauser Konferenz, die in ihrem Gutachten einen baldigen Baubeginn bei sparsamer Ausführung empfahl. Ein Nachtrag über die Protokollesung am 16. November enthält jedoch die Resolution des Landkomturs, der zufolge vor der Genehmigung der Obervogt einen mit den Handwerkern erstellten Kostenvoranschlag einschicken sollte (HStASt B 347, Bü 558, 1783 November 14). Für die rechtskräftige Genehmigung der Renovierung fehlt der Beleg.

[84] Die Altshauser Regierung genehmigt einen vom Achberger Obervogt eingeschickten Kostenvoranschlag und übergibt diesen an den Altshauser Baudirektor (HStASt B 347, Bü 558, 1785 Januar 15); Übergabe der Notamina des Baudirektors hierüber an die Konferenz und Resolution der Regierung, den Achberger Obervogt mit dem Beginn der vorbereitenden Baumaßnahmen zu beauftragen (ebd., 1785 Januar 19); Bericht des Achberger Obervogtes über den Fortgang der Bauarbeiten, wobei die Fuhrwerke unentgeltlich von den Untertanen geleistet würden und lediglich noch 10 bis 12 fl am Kostenvoranschlag nachzutragen wären (ebd., 1785 Februar 9).

[85] Erwähnung dieses Berichtes in HStASt B 347, Bü 558, 1786 März 10.

[86] Für den gesamten folgenden Abschnitt: *Anstellungsdekret und Instruktion ...*, Achberg 1799 Januar 3, unterzeichnet Obervogt Schaeffer *Ex mandato*

Excellentissimi (HStASt B 347, Bü 567a).

[87]Diesen Teil seines Lohnes enthält Paragraph 3b) der Instruktion ohne Angabe darüber, wo hinein er die Reben legen sollte, während ein vorausgehender Hauptteil des Paragraphen 3) den *billigen Lohn* für den Betrieb des Torkels ohne Angabe der Lohnhöhe aufführt (ebd.).

[88]Auf die in der Jahresrechnung 1723/24 enthaltene Achberger Weinrechnung wurde schon hingewiesen.

[89]StASig Dep. 39 DS 95, Jahresrechnung 1723/24.

[90]StASig Ho 159, Repertorium Bd. 19, Bü 464: Ziegelhüttenbau ..., Bau einer Sägmühle, 1780-1783.

[91]Details enthält: StASig Ho 159, Repertorium Bd. 1, Bü 462: Reparatur des Schlosses, des Amtshauses und des Gefängnisses, 1780.

[92]*Tabellarisches Verzeichnis* im Anhang des Status (StASig Ho 159, Repertorium Bd. 1, Bü 141).

[93]StASig Dep. 39 DS 95, Jahresrechnung 1723/24.

[94]Das Gutachten wurde einem Nachtrag in dem Achberger Konferenzprotokoll zufolge am 13. April zum Landkomtur nach Mergentheim geschickt (HStASt B 347, Bü 558, 1781 April 11).

[95]Der Sohn des bekannteren Vaters Caspar. Zu beiden vgl. Hans Martin Gubler, Johann Caspar Bagnato (1696-1757) und das Bauwesen des Deutschen Ordens in der Ballei Elsaß-Burgund im 18. Jahrhundert, Sigmaringen 1985.

[96]Bericht des Baudirektors an die Konferenz über seine Ortsbesichtigung, bei der er den Bauplatz und die Ziegelware als geeignet befunden hatte und bei der er den bereits erfolgten Baubeginn hatte feststellen können. Im Sommer wollte er noch eine Ortsbesichtigung vornehmen (HStASt B 347, Bü 558, 1781 April 26).

[97]Ebd., 1781 August 6.

[98]Nach einem Altshauser Konferenzprotokoll (ebd., 1781 Dezember 29). Ein zuvor von der Konferenz unterstützter Vorschlag des Achberger Obervogtes, den Altshauser Ziegler selbst mit der Achberger Ziegelhütte zu betrauen, war damit nicht zur Anwendung gekommen (HStASt B 347, Bü 562,

Verhandlungsgegenstand I).

[99]HStASt B 347, Bü 558, 1782 Mai 1.

[100]Ebd., 1782 August 1.

[101]Ebd., 1783 Januar 30.

[102]*Nachtrag zu dem Auszug deren im Jahr 1783 zu Achberg gebrannten Ziegelware*, 16. November 1783 (HStASt B 347, Bü 564).

[103]Der theoretische Reinertrag von 1805/06 reduzierte sich wegen Extanzien sogar auf rund 8 fl (StASig Ho 159, Repertorium Bd. 1, Bü 143: Achberger Ziegelrechnungen 1802/03-1805/06).

[104]Denn beides erscheint sowohl bei den Geldeinnahmen als auch bei den Geldausgaben und die Summe beider im *Summarium aller Ausgab Geld*, bei der Rubrik *die herrschaftlichen Gebäud*.

[105]Siehe das Kapitel 2.1.4.

[106]Register über geleistete Kalksteinfuhren aus der Argen zur herrschaftlichen Ziegelhütte, 1804 Mai 4, 5, 7, 8 (Einlage in der Zweitschrift der Ziegelrechnung 1804/05, wie Anm. 103).

[107]Register über Holzmachen für die herrschaftliche Ziegelhütte, 1804 (ebd.).

[108]Register über Holzfuhren zur herrschaftlichen Ziegelhütte, 1804 (ebd.).

[109]Register über Handfronen in der herrschaftlichen Ziegelhütte, 1804 (ebd.).

[110]Für den gesamten Abschnitt wie Anm. 103. Der *Bericht* wie die Rechnung 1804/05 sind inhaltlich in der Erst- und Zweitschrift gleich.

[111]Dies ergibt die Division der erwähnten Einnahme aus dem Verkauf an Untertanen durch den Preis.

[112]Der *Geometrische Überblick* von 1726/27 bezeichnet Stohreute als *Reuthin* (wie Anm. 11).

[113]Die Ortsnamen als *Eßratschweyler, Sybratschweyler [auch: Sibenschweyler, Sybenschweyler], Tobatschweyler, Pettenschweyler, Ißigatschwyler, Deutznau, Grundtratschhyler, Bundt, Regnitz, Haßwenwöyler, Englitz, Rerterschen.* Bezüglich der Identifizierung von *Rithi* führen die Nennungen eines Bestäders zu Schwarzenbach und des Gütleins des Wagners in der *Frauen Riti* bei den ständigen Einnahmen im Status von 1690 ebenfalls nicht weiter.

[114]Barczyk, Wiener Quellen, S. 58. Bei dem von Barczyk aufgeführten *Reute* handelt

es sich sicherlich um das bereits 1690 genannte Frauenreute in unmittelbarer Nähe zu Schloß Achberg. Liebenweiler liegt 1 km nordwestlich von Esseratsweiler und Bühlmüller 1 km östlich von Regnitz.

[115]Barczyk, Wiener Quellen, S. 58.

[116]Eisele, Achberg, S. 133.

[117]Dort war 1679 nach dem Dreißigjährigen Krieg erstmals ein Hintersassengeld eingeführt worden, ohne Unterscheidung zwischen Leibeigenen und nicht Leibeigenen. Eine differenzierte Regelung trat dort erst 1696 in Kraft.

[118]Die Suche nach spezifischen Bestimmungen in den Achberger Verhörprotokollen war im Rahmen dieses Beitrages nicht möglich.

[119]*Verzeichnis sämtlicher in der Herrschaft Achberg befindlichen Untertanenschaft, deren Besitzungen, Gewerbe, Nahrungsstand, Alter, aufgenommen im Jahre 1781* (FAS DS 25, Herrschaft Achberg, Bü 80).

[120]Vgl. Anm. 213.

[121]Besprechung des vom Achberger Obervogt im Hinblick auf den Achberger Beitrag zum Ravensburger Zucht- und Arbeitshaus angeforderten Feuerstättenverzeichnisses in der Altshauser Konferenz (HStASt B 347, Bü 558, 1783 November 23).

[122]Barczyk gibt die in der Quelle genannten Seelenzahlen der verschiedenen Bestandteile der Landkommende ohne den notwendigen Hinweis wieder, daß es sich wegen der in allen Zahlen mit Ausnahme derjenigen des Amtes Illerrieden als letzte Ziffer enthaltenen Null um Schätzungen handeln muß (Barczyk, Wiener Quellen, S. 53 aufgrund von DOZA Mei 498/10).

[123]*Verzeichnis sämtlicher in der Herrschaft Achberg befindlichen Untertanenschaft, deren Besitzungen, Gewerbe, Nahrungsstand, Alter, aufgenommen im Jahre 1781* (FAS DS 25, Herrschaft Achberg, Bü 80).

[124]Hierzu: Eisele, Achberg, S. 121.

[125]Siehe unten das Kapitel 2.3.2.

[126]Auf die Ertragfähigkeit des Bodens sowie die Haltung der Territorial- und Grundherrschaft als Einflüsse auf die Erbsitte, neben den siedlungsgenetischen

Ursachen, weist Frank Göttmann, Getreidemarkt am Bodensee, Konstanz 1985, S. 596, hin.

[127] Aufgrund des *Geometrischen Überblicks* von 1726/27 (wie Anm. 11) und des *Tabellarischen Verzeichnisses* im Anhang des Status von 1805. Da aus letzterem nicht hervorgeht, ob der Obervogt selbst Landwirtschaft betrieb, wurde Achberg in der Tabelle weggelassen.

[128] Das Hofgut Englitz war 1726/27 unter Lehenhubern von Pechtensweiler aufgeteilt und ist für diesen Zeitpunkt nicht mitgezählt.

[129] Das Hofgut Stohreute hieß 1726/27 *Reuthin*, war unter Lehenhubern von Liebenweiler aufgeteilt und ist daher für diesen Zeitpunkt nicht mitgezählt; Siggenreute exestierte damals nicht

[130] Feste Getreideabgabe eines Lehengutes in Vesen, einer Dinkelart.

[131] Entspelzter Vesen.

[132] Über das in der Herrschaft Achberg geltende Getreidemaß finden sich unterschiedliche Angaben: Kraus gibt das Viertel Rauh- oder Glattfrucht unter Bezug auf das Jahr 1811 mit 20,6298 l an (Johann Adam Kraus, Ehemalige Maße und Gewichte im heutigen Hohenzollern und seiner Umgebung, in: Hohenzollerische Jahreshefte 3 (1936), S. 120 ff., hier 128). Nach Göttmann lag das Lindauer Viertel etwas über diesem Wert, nämlich mit 21,41 l genau beim Durchschnitt aller von ihm angegebenen Getreideviertel (Frank Göttmann, Altes Maß und Gewicht im Bodenseeraum - Systeme und Kontinuitäten, in: SVGB 48 (1989), S. 25- 68, hier Abbildung 2).

[133] Als authentische Angabe zu dem im 18. Jh. in der Herrschaft Achberg geltenden Getreidemaß kann ergänzend die Angabe des Schupflehenzinses an Vesen des Jerg Büchelmayers in Ravensburger Mess (6 Sch) und in Lindauer Mess (6 Sch 4 Vrtl 2 Imi 2 Mezle) gelten: StASig Dep. 39 DS 95, Jahresrechnung der Herrschaft Achberg 1723/24, hier Fruchtrechnung, Rubrik (Einnahmen Vesen) *Ahn Schupflehenzins*. Für das Ravensburger Viertel lege ich nun die an Hand der württembergischen Reduktionstabellen von 1806 errechnete Größe von 22,97 l zugrunde (HStASt E 30 Bü 1685, Hauptband fol. 101). Unter der

Voraussetzung, daß das nun in Achberg geltende Lindauer Malter in 8 Viertel eingeteilt wurde und der im Bodenseeraum zu dieser Einteilung gehörigen weiteren Untereinteilung folgte, ergibt sich nach der Umrechnung der angegebenen Mengen in kleinste Größen aus dem angegebenen Mengenverhältnis ein Umrechnungsfaktor vom Lindauer zum Ravensburger Mess von 0,9121 (768/842). Daraus folgt für das Lindauer Viertel eine Größe von 0,9121 mal 22,97 = 20,95 l. Zur Überprüfung der Lindauer Viertelsgröße dient schließlich eine Umrechnungsübersicht einer Lindauer Zoll- und Maßordnung für das dortige Kornhaus Mitte des 17. Jhs. Hiernach entsprachen 12 Lindauer Viertel 9 Memminger, 11 Biberacher, 9 Ochsenhauser, 8 ½ Wangener, 10 Überlinger, 9 Meersburger oder 11 Waldseer Vierteln (StadtA Lindau RA, Bü 54,2, darin: Anweisung des Rats zur Zolleinnahme im Kornhaus von 1654 Dezember 4, renoviert 1657 März 7, Dorsalvermerk: *Ordnung derer Zoll, Mess, Ablad, Absez, und Abfaß-Geldter im Kornhaus ao. 1654 [...] auch Unterschid der Maße betreffend*). Die Auswertung dieser Vergleichstabelle mittels bekannter Viertelsgrößen für Biberach 21,4 l (Sieglerschmidt, wie nächste Anm.), Überlingen 25,1 l und Waldsee 23,1 l (Göttmann) ergab für das Lindauer Viertel Werte von 19,6; 20,9; 21,2 l. Aus diesen und dem oben an Hand der Achberger Jahresrechnung erschlossenen Wert von 20,95 l beträgt der Durchschnitt 20,6 l. Diesen unabhängig von der sich widersprechenden Literatur gefundenen Wert wird der Berechnung des Malters im Wissen um die schwankenden Größenangaben zugrundelegt.

[134] Göttmann, Altes Maß, S. 28 und Jörn Sieglerschmidt, Maß, Gewichte und Währungen am westlichen und nördlichen Bodensee um 1800, in: SVGB 105 (1987), S. 75-91, hier 79.

[135] StadtA Lindau: Kornbüchlein von Jacob Otto, Lindau 1735 (Lit 93), unterteilt das Lindauer Malter in 8 Viertel; ebenso Johann Jakob Thomanns's Haus- und kaufmännisches Rechenbuch, Lindau 1830⁹, oder in 32 Vierling beziehungsweise Imi oder in 128 Meßle. Für diese

kleinste Größe finden sich in der Literatur auch die Bezeichnungen Viertelein und Mezle.

[136] Göttmann, Altes Maß, S. 29 f.

[137] Getreidemus spielte eine wichtige Rolle bei der menschlichen Ernährung.

[138] [...] *Der Geiger* [nachgetragen: *unndt Heckhelbacher*] *von Sybenschweyler alljährlich von seinem Gütl Bestand Gelt 8 fl* [...] *Der Heckhelbacher daselbst gibt auch alleriährlich Zünnß von seinem Lehenguth, oder Söld 8 fl* [...].

[139] Dies entspricht einem Zinssatz von 5 %.

[140] Wie Anm. 11.

[141] Eisele, Achberg, S. 135.

[142] Die Altshauser Regierung beauftragte vor einer Kaufentscheidung den Achberger Obervogt mit einer Ortsbesichtigung und einem Gutachten (HStASt B 347, Bü 562, Verhandlungsgegenstand XXIV).

[143] Der Kaufpreis für dieses Hofgut von Jos. Vogt würde 291 fl statt 900 fl betragen (AHW DO Bd. 10, 1747 Juli 29).

[144] Ebd.

[145] Es handelte sich um das Gut von Franz Baader, das für 500 fl gekauft wurde. Bei Angabe der Gült wurden die Beträge von mir gerundet (ebd., 1747 Juli 29).

[146] Diese mußten laut dem Status jeweils sechs Jahre lang ungemessene Spanndienste verrichten oder jährlich nach Proportion von jedem *4 rössigem Bau* 10 fl bezahlen, was einem Gesamtwert von 190 fl entspräche. Ein vierrössiger Bau entspricht 4 x 9 = 36 J und 190/10 x 36 J = 684 J. Wenn in dieser Gruppe nur vierrössige Hofgüter bestanden hätten, hätte dies 19 vierrössigen Hofgütern entsprochen. Durch den im Status folgenden Eintrag über die Acker- und Pflugdienste dieser Gruppe von Lehenhubern wird der theoretische Umfang von 19 vierrössigen Hofgütern bestätigt. Meine Schätzung kann die unten erwähnten bäuerlichen Eigen, deren Umfang nicht genannt wird, nicht berücksichtigen.

[147] Folgende Angaben der Fronpflichten verschweigen die Beteiligung von Lehenhubern ohne Acker oder gar von Leibeigenen ohne jeden Lehenbesitz: *Jeder 4 rössige Lehenpauer undt and()e nach Proportion* mußten jährlich zwei weitere

Transportfahrten außerhalb der Herrschaft leisten oder für jede dieser Fahrten 45 kr zahlen, was insgesamt einem Wert von 39 fl 22 kr 4 hl entspricht. Wären nur Lehenhuber mit Ackerbesitz zu diesen Diensten verpflichtet gewesen, ergäbe hieraus sich eine Gesamtjauchertzahl von 945: (39 x 60 + 22,5 kr)/(2 x 45 kr/4 x 9 J) = 944,8 J. Dies würde zu dem absurden Schluß führen, daß die Gruppe der Klein- und Kleinstlehenbesitzer durchschnittlich mehr Acker zur Verfügung hatten (11,34 J) als die Gruppe der halben und ganzen Lehenbauern (10,21 J). Noch offensichtlicher ist die Beteiligung von Personen ohne Acker- und vielleicht überhaupt ohne Lehenbesitz bei folgender Dienstpflicht: Der Status setzt fest, daß außerdem jeder *vier rössige* Lehenbauer zu 7 Handdiensten verpflichtet ist und für jeden nicht benötigten dieser Dienste 10 kr zahlen muß, was insgesamt 242 Tagwerken *(Täg)* oder einem Wert von 40 fl 20 kr entspricht. Hieraus ergibt sich eine absurd hohe Gesamtjauchertzahl von 1.245: (40 x 60 + 20 kr)/(10 x 7 kr/4 x 9 J) = 1.244,57 J. Dies würde im Widerspruch zu unserer nachfolgenden Beobachtung stehen, daß rund 26 % aller Lehen Seldner- beziehungsweise Häuslerlehen waren.

[148]Siehe unten Tabelle 3.

[149]Peter Scherer, Reichsstift und Gotteshaus Weingarten im 18. Jahrhundert, Stuttgart 1969, S. 32.

[150]Unter der Annahme, daß - wie für die Herrschaft Altshausen nachgewiesen - 1 Roßbau = 9 J.

[151]Vorlage: StASig, Aufnahme: HStASt (StASig Dep. 39 K 83, wie Anm. 11).

[152]Obwohl weder das Beiblatt zur Markungskarte Duznau noch dasjenige zur Markung Achberg herrschaftliche Waldflächen auf der Markung Duznau aufführt, waren solche vorhanden, da die Markungskarte sie sonst nicht darstellen würde. Diese verweist bei Waldstücken *Hochberg* und *Ahegg* jeweils mit *vide* auf die Markungskarte Esseratsweiler beziehungsweise Isigatsweiler. Die enthaltene Karte von Achberg beschränkt sich nicht auf die zugehörige Markung, sondern stellt auch einige Flächen anderer Markungen dar, die zu

den Achberger Wirtschaftsflächen gehörten: so auch den Duznauer Waldbezirk *Bezenburg* - obwohl dieser als Duznauer Lehenwald aufgeteilt war - und den nur teilweise Achberger Waldbezirk *Achegg*.

[153]Nämlich 0,3 ha herrschaftliche Wiese, 3,0 ha herrschaftlicher Acker, 0,1 ha Rebfläche des Pfarrers zu Siberatsweiler, 0,6 ha Acker desselben, 1,4 ha eines auswärtigen Lehenhubers.

[154]Zu den klimatischen Bedingungen siehe den letzten Abschnitt in diesem Kapitel.

[155]Vorlage: StASig, Aufnahme: HStASt (StASig Dep. 39 K 83, wie Anm. 11).

[156]Sämtliche Ergebnisse der Umrechnungen wurden auf eine Stelle hinter dem Komma gerundet, mit Ausnahme der Rebflächen, die auf die zweite Stelle hinter dem Komma gerundet wurden, da A und B sehr kleine Werte aufweisen. Bei der Auswertung war zu beachten, daß die Rebflächen in den Flächenaufstellungen im Falle der Hofgüter A und B separat, im Falle der Hofgüter C und D aber unter den Ackerparzellen, jeweils mit Hinweis auf Reben, aufgeführt sind. Quellengrundlage wie Anm. 11.

[157]In der Quelle als *Oberberchtenschweiler*.

[158]Aus der agrarhistorischen Literatur ist bekannt, daß in Deutschland um diese Zeit neben der vorherrschenden Dreifelderwirtschaft auch andere Fruchtfolgen und Markungen ohne Flurzwang existierten. Dennoch ist anzunehmen, daß das Fehlen der Zelgeinteilung bei diesen Orten wahrscheinlich nur an der inkonsequenten Darstellungsweise der Quelle liegt.

[159]StASig Dep. 39 DS 95, Jahresrechnung 1723/24, hier Fruchtrechnung.

[160]Zu den Torkeln siehe Kapitel 2.1.5.

[161]Unter der Voraussetzung, daß der bei Bahlings gelegene Einzelhof Buflings eine eigene Markung besaß.

[162]Christian Pfister, Klimageschichte der Schweiz 1525-1860, 2 Bde., Bern/Stuttgart 1985², hier Bd. 1, Kapitel 5, 324.

[163]Deutscher Wetterdienst (Hg.), Klima-Atlas von Baden-Württemberg, Bad Kissingen 1953, S. 50. Die dortige Karte bezieht sich auf die Periode 1891-1930.

[164]Für Achberg können ähnliche Verhältnisse wie in Wangen im Allgäu unterstellt werden (ebd., Karte: Mittlerer jährlicher Gang des Niederschlags, S. 52).

[165]HStASt B 347, Bü 558, 1782 Juni 21.

[166]Auch für das folgende: ebd., 1782 August 1.

[167]Wieder ohne genaue Quellenangabe (Eisele, Achberg, S. 134 oben).

[168]Auch für das folgende: *Verzeichnis sämtlicher in der Herrschaft Achberg befindlichen Untertanenschaft, deren Besitzungen, Gewerbe, Nahrungsstand, Alter, aufgenommen im Jahre 1781* (FAS DS 25, Herrschaft Achberg, Bü 80).

[169]Eisele, Achberg, S. 137.

[170]Ebd., S. 135.

[171]Zur Vereinödung allgemein: Wolf-Dieter Sick, Die Vereinödung im nördlichen Bodenseegebiet, in: Württembergische Jahrbuch (1951/52), S. 81-105 (künftig: Sick, Vereinödung).

[172]Im Herbst 1749 berichtete der Achberger Obervogt nach Altshausen von der in Urlau vorgesehenen Vereinödung, welche die dortige Gemeinde ohne Unterrichtung der Herrschaft Achberg mit dem Kloster Weingarten verhandelt hätte (AHW DO Bd. 12, 1749 Oktober 28). Die Altshauser Regierung ließ daraufhin über den Achberger Obervogt eine Rüge an jene Gemeinde ergehen, da eine Unterrichtung wegen der nötigen Änderung der Zehntmappen unbedingt erforderlich gewesen wäre (ebd.). In jenem südlich von Leutkirch im Allgäu gelegenen Ort war die Landkommende nur aufgrund ihrer Zehntrechte betroffen, auf deren Existenz uns der Einwand der Altshauser Regierung hinweist. Grundbesitz in jenem Ort ist uns nicht bekannt.

[173]Übersicht bei Sick, Vereinödung, S. 91 f.

[174]Auch für das folgende: HStASt B 347, Bü 562, 1781 Dezember 15, Verhandlungsgegenstand V. Der Antrag selbst ist dort nur besprochen. Weiteres Quellenmaterial ist in folgenden von mir nicht ausgewerteten Akten zu erwarten: StASig Ho 159, Repertorium Bd. 1, Bü 596-613.

[175]HStASt B 347, Bü 558, 1782 Mai 12.

[176]Ebd., 1782 Juni 9.

[177]AHW DO Bü 450, 1783 Juni 9.

[178]Für die Vermessung und Vereinödung

von rund 864 J Felder von 58 Lehenbauern sowie knapp 294 J Wald sind
Kosten von rund 1035 fl veranschlagt
(*Berechnung der Kosten der Vereinödung in der Herrschaft Achberg*, unda-
tiert und ohne Unterschrift, AHW DO
Bü 450).

[179]Eisele, Achberg, S. 133.

[180]Das folgende ist eine summarische
Zusammenfassung von: Schreiben von
Joseph Mandele, Achberg, Mai 1783
(AHW DO Bü 450); Konzept eines
Schreibens an den Achberger Obervogt,
verfaßt von Bobleter zur Nachricht des
Landkomturs, Achberg 1783 März 29
(ebd.); Antwortschreiben der Regierung
auf den zitierten schriftlichen Antrag
von Mandele (HStASt B 347, Bü 558,
1783 Mai 29); Konzept eines landkomturlichen Schreibens an den Obervogt
zu Achberg, Exp. Bobleter, Altshausen
1783 Juni 16 (AHW DO Bü 450).

[181]HStASt B 347, Bü 558, 1783 Juni 21.

[182]Auch für das folgende: Schreiben des
Obervogts Joseph Mandele an den Landkomtur, Achberg 1784 November
(*Wintermonat*) 24 (AHW DO Bü 450).
Die Beschwerdeschriften von Joseph
Mayer, ursprünglich über die Zuteilung
von zuwenig Wiese, dann zunehmend
über die schlechte Behandlung durch
die Obrigkeit, ziehen sich durch das
gesamte Büschel und hörten auch nicht
auf, nachdem er wegen Verleumdung
zeitweise im Lindauer Gefängnis einge-
sessen hatte. Nach dem eben zitierten
Schreiben des Obervogtes hatte Mayer
versäumt, seine Einspruchrechte während des Vereinödungsverfahrens wahr-
zunehmen.

[183]Weiteres Material allerdings im StASig
Ho 159, Repertorium Bd. 1, Bü 596-613.

[184]Laut anonymen Notamina auf einem
alten Aktenumschlag, o. D. (AHW DO
Bü 450).

[185]StASig Ho 159, Repertorium Bd. 2, Bde.
46 und 47 (mit Güteeinteilung der
Grundstücke, ohne Risse).

[186]Zum Viehbestand in Siberatsweiler von
1781 siehe Kapitel 2.1.2.

[187]AHW DO Bü 450 enthält umfangreiches
Material hierzu.

[188]Für eine genauere Analyse wären mit
EDV auszuwerten: *Verzeichnis sämtlicher
in der Herrschaft Achberg befindlichen*
Untertanenschaft, deren Besitzungen,
Gewerbe, Nahrungsstand, Alter,
aufgenommen im Jahre 1781 (FAS DS
25, Herrschaft Achberg, Bü 80) sowie
die Urbare (StASig Ho 159, Repertorium
Bd. 2, Bde. 46 und 47).

[189]Eisele, Achberg, S. 134 (ohne
Quellenverweis).

[190]Ebd. (ohne Quellenverweis).

[191]Als *Sybenschweyler*.

[192]Eisele, Achberg, S. 134.

[193]*Tabellarisches Verzeichnis* im Anhang
des Status. Dieses führt in der Spalte
Gewerb neben dem Landbesitz auch
den jeweiligen Beruf auf. In der Spalte
Nahrungszweig wird darauf in den
meisten Fällen mit dem Wort *Profession*
Bezug genommen, nicht jedoch bei dem
Bäcker, dem Tafernwirt, dem Müller, den
Krämern und Weinhändlern sowie der
Näherin, bei denen jeweils die Immobilie
oder die Tätigkeit selbst genannt ist.

[194]Eisele, Achberg, S. 135.

[195]Der Achberger Obervogt Wocher hatte
der Altshauser Regierung zwei Niederlassungen von Handwerkern ohne die
vorgeschriebene Wanderschaft gemeldet
(AHW DO Bd. 7, 1737 Juli 18).

[196]Nach Durchsicht der in Altshausen,
Stuttgart und Sigmaringen lagernden
Handwerksakten und der Altshauser
Konferenz- und Verhörprotokolle könn-
ten allenfalls die Amts- und Verhör-
protokolle der Herrschaft Achberg die
Bestimmungen in indirekter Form über-
liefert haben: StASig Ho 159,
Repertorium Bd. 2, Bde. 1-7; 10-22.

[197]Auf die Zugehörigkeit des Schmieds in
Esseratsweiler zur Altshauser *Schweren*
Zunft deutet eine dorthin gerichtete
Klage der *Chyrurg. Zunft* Ravensburg,
daß jener nebenberuflich Wundheilung
betreibe. Die Altshauser Zunft vernahm
den Schmied, nach dessen Aussage die
Patienten von selbst zu ihm kämen, und
verwies dann die Ravensburger Zunft
auf Achberg als zuständige Instanz
(*Copia Barbierer Protestion ctra. des*
Schmidts Heylung, Althausen 1707
Februar 21; es handelt sich um eine
Abschrift eines Protokolls der Alts-
hauser Schweren Zunft, StASig Ho 159,
Repertorium Bd. 1, Bü 648).

[198]Schreiben der Tettnanger Schuhmacherzunft an den Obervogt zu Achberg,
Tettnang 1710 Mai 26 (ebd.).

[199]Zunftteil mit Berufen der Textilbranche
und der Lebensmittelverarbeitung.

[200]Auch für das folgende: Konzept eines
Schreibens des Obervogts zu Achberg
nach Tettnang, eine Seite o. D., auf der
Vorderseite links neben der ersten Zeile in
Tinte die Jahreszahl vermerkt (ebd.).

[201]Montforter Oberbeamte an den Obervogt zu Achberg, Tettnang 1724
Februar 9 (ebd.).

[202]Für den gesamten Abschnitt: *Pollicey*
Ordnung wieder Handwerkleuten für
Achberg, Altshausen 1740 Juli 3, Land-
komtur Philipp Graf von Froberg (ebd.).

[203]Siehe dazu oben das Kapitel 2.2.2.

[204]Auch für das folgende: Schreiben des
Altshauser Oberamtes an den Achberger
Obervogt. Original mit Siegel, Alts-
hausen 1787 Januar 2 (StASig Ho 159,
Repertorium Bd. 1, Bü 648).

[205]Erlaß für das Oberamt Altshausen (AHW
DO Bd. 95, 1801 September 24), siehe
unten.

[206]Auch für das folgende: Schreiben des
Oberamtes Altshausen an den Obervogt
zu Achberg, Altshausen 1801 Oktober 9,
nachgetragene Vermerke über die Eintragung ins Protokoll am 13. und die
Publizierung am 18. Oktober (StASig Ho
159, Repertorium Bd. 1, Bü 648).

[207]Auch für das folgende: Schreiben des
Montfortschen Oberamtsverwalters zu
Tettnang an den Achberger Obervogt,
Tettnang 1755 Mai 10 (StASig Ho 159,
Repertorium Bd. 1, Bü 648).

[208]*Tabellarisches Verzeichnis* im Anhang
des Status.

[209]FAS DS 25 (Herrschaft Achberg), Bü 34:
Verleihung der Schmiede zu Achberg,
1738.

[210]Ebd. Bü 39: Verleihung der Lehenschmiede des Innozenz Stohr zu Achberg, 1779.

[211]*Tabellarisches Verzeichnis* im Anhang
des Status.

[212]Auch für das folgende: *Verzeichnis*
sämtlicher in der Herrschaft Achberg
befindlichen Untertanenschaft, deren
Besitzungen, Gewerbe, Nahrungsstand,
Alter, aufgenommen im Jahre 1781
(FAS DS 25, Herrschaft Achberg, Bü 80).

[213]Die Gesamtzahl der Haushalte ergibt
sich aus der Angabe, daß jede Haus-
haltung 4 Tage Jagdfronen im Wert von

12 kr leisten müsse, was insgesamt einem Wert von 21 fl 36 kr entspreche: (21 x 60 + 36)/12 = 108. Die Zahl von 18 unbelehnten Haushalten ergibt sich aus der Differenz von 108 und der direkt angegebenen Zahl von 90 Lehenhubern der Herrschaft.

[214] AHW DO Bd. 5, 1732 November 26.

[215] Bei Konstanz, damals zur Kommende Mainau gehörig.

[216] Der Achberger Obervogt hatte schriftlich die Bezahlung des geforderten Beitrages zugesichert (HStASt B 347, Bü 558, 1781 August 6).

[217] Auch für das folgende: Verhandlung des Gutachtens durch die Altshauser Konferenz (HStASt B 347, Bü 558, 1783 November 23).

[218] Ihre Rechnungen der Jahre 1784-88 und 1790-91 in StASig Ho 159, Repertorium Bd. 1, Bü 448 und 452.

[219] StASig Ho 159, Repertorium Bd. 1, Bü 453-457.

[220] HStASt B 347, Bü 558, 1787 Februar 26.

[221] Ebd. Ein knappes Jahr später setzte die Altshauser Regierung nach Eintreffen der Nachricht über die Entschädigungsbereitschaft der Gemeinde Siberatsweiler die Entschädigung für die Tochter auf 15 fl fest (ebd., 1788 Januar 9).

[222] Für eine genauere Darstellung wäre die Auswertung folgender Akten aufschlußreich: StASig Ho 159, Repertorium Bd. 1, Bü 73 (hier eine Abschrift seines Testamentes); Bü 569-571 Rechnungen der Stiftung der Jahre 1766-1805; Bü 575 Bericht über die Stiftung als Abschrift um 1780.

[223] Eisele, Achberg, S. 132.

[224] Auch für das folgende: HStASt B 347, Bü 562, Verhandlungsgegenstand II.

[225] Daher wahrscheinlich die mehrfache Erwähnung von Kapitalbesitz in der Spalte *Nahrungszweig.*

[226] Siehe oben den einleitenden Abschnitt zu Kapitel 2.

[227] AHW HKA 2, Bü 622 hier Lit. A. *Königlich Württembergische Herrschaft Altshausen Etat [...] gefertigt im November und December 1806,* fol. 32 r.

[228] Ebd. fol. 34 v.

[229] Ebd. Die Kleinbeträge in Kreuzer und Heller sind jeweils weggelassen.

[230] Zur Realität des Deutschen Ordens in der Neuzeit vgl. Hanns Hubert Hofmann, Der Staat des Deutschmeisters. Studien zur Bayerischen Verfassungs- und Sozialgeschichte Bd. III, München 1964. Zur Einhaltung beispielsweise des Keuschheitsgelübdes siehe Sebastian Röttgers, Katholische Reform in der Deutschordensballei Elsaß-Burgund, in: ZWLG 54 (1995), S. 141-155.

Gruss vom Bodensee!

Lith. A. Ulrich, R. Ravensburg.

Nachdruck verboten.

Für Reisekünstler!

Wer das Reisen gut versteht,
An den Bodensee auch geht,
Kann von dort der Länder sieben
Besuchen flott je nach Belieben.
In einem Tag zwei Fürstenthümer [1].
Grossherzogthum [2]) und was nicht schlimmer,
Drei Königreich [3]) Zwei Kaiserreiche [4])
Und dann am Stamm der Deutschen Eiche
Erreichen Schweizer-Republik.
Ich wünsche vieles Reiseglück

1) Achberg-Hohenzollern, Lichtenstein, 2) Baden
3) Württemberg, Preussen, Baiern, 4) Deutschland, Oesterreich

Eingang von Schloß Achberg kurz vor Beendigung der Restaurierung, 1994.
Neben den Wappen des Deutschen Ordens wird auch der Ordenspatronin gehuldigt:
In einer Muschelnische steht die Madonna mit dem Kind

Von der Tradition eines Deutschordenssymbols – Achberg und der Deutsche Orden[1]

Von Hartmut Boockmann †

In der langen Geschichte Achbergs, das fast ebenso alt ist wie der 1190 begründete Deutsche Orden[2], kommt der Deutsche Orden nur in einem verhältnismäßig kurzen Abschnitt vor: in den Jahren 1691/93 bis 1806. Wenig mehr als eines von acht Jahrhunderten verbindet also Achberg und den Deutschen Orden. Schon der Augenschein läßt es dennoch erkennen, daß es interessant sein kann, über den Deutschen Orden und Achberg zu sprechen. Denn aus der Ordenszeit Achbergs stammen ja das heutige Erscheinungsbild des Schlosses und auch der Rittersaal, wie man schon an dem mehrfach vorhandenen Wappenschild mit jenem schwarzen Kreuz sieht, das auch aus anderen Zusammenhängen bekannt ist.

Dieses schwarze Kreuz begegnet bei genauerer Betrachtung recht häufig. Man kennt es aus dem seit 1969 gebrauchten Achberger Gemeindewappen, aber auch von ungefähr 30 weiteren Gemeindewappen in diesem Bundesland - von Mergentheim bis Altshausen. Man kann es ebenso bei anderen Gelegenheiten sehen: Priester und Ordensschwestern tragen es und erweisen sich damit als Angehörige des Deutschen Ordens; ebenso kleidet das Kreuz mit dem Orden verbundene Laien, seine Familiaren. Und dann sieht man jenes Kreuz abermals in anderen Zusammenhängen: So sind die Flugzeuge der Bundeswehr damit versehen; und in den Jahren 1938 bis 1945 wurde Frauen, die vier oder mehr Kinder geboren hatten, ein Orden verliehen, das Mutterkreuz, das die Gestalt des Deutschordenskreuzes hatte. Wie kommt, so könnte man, wenn man spitzfindig sein wollte, fragen, das Mutterkreuz ins Achberger Gemeindewappen? Selbstverständlich ist dieses Wappen kein Nachkomme jenes Mutterkreuzes; als man das Wappen schuf, hat man an jenes Abzeichen gewiß nicht gedacht. Und wenn sich jemand bei dieser Gelegenheit daran erinnert haben sollte, dann dürfte er die Ähnlichkeit für einen Zufall gehalten haben. Wie auch nicht? Das Kreuz ist schließlich das zentrale christliche Symbol, und man kennt es gleichfalls im weltlichen Bereich in vielfältiger Gestalt. Dennoch sind das Achberger Kreuz, das Kreuz im Rittersaal einerseits, und das Bundeswehremblem sowie das Mutterkreuz auf der anderen Seite verwandt. Mutterkreuz und Bundeswehrzeichen sind vom Kreuz des Deutschen Ordens abgeleitet; dies trifft gleichfalls, wenn auch auf andere Weise, auf das Achberger Ortswappen zu.

Dieses Gemeindewappen erinnert einfach an die etwas mehr als 100 Jahre vom späten 17. bis zum frühen 19. Jh., da dieser

Wappen der Gemeinde Achberg mit dem Deutschordenskreuz

Ort dem Deutschen Orden gehörte. Vielleicht waren schon die ersten Besitzer der Burg Achberg, die Herren gleichen Namens, länger in deren Besitz als der Orden. Die Herren von Königsegg jedenfalls hatten Achberg mehr Jahre inne als der Orden, ebenso wie die ihnen nachfolgenden Herren von Sürgenstein, die 161 Jahre lang im Besitz von Achberg waren, bis sie es an den Altshauser Landkomtur Franz Benedikt von Baden verkauften. Die Deutschordensjahre Achbergs fanden ihr Ende mit dem des Alten Reichs im Zeitalter Napoleons. Der Deutsche Orden bestand jetzt nur noch in den habsburgischen Ländern, ansonsten wurde sein Besitz säkularisiert. Achberg fiel für einige Monate an Bayern, sodann an die Fürsten von Hohenzollern, bei denen es als nunmehriger Privatbesitz auch nach deren Resignation als Landesfürsten 1849/50 blieb. Politisch gehörte Achberg von nun an zu Preußen - bis im Jahr 1947 die alliierten Siegermächte diesen Staat auflösten. Fast ein Jahrhundert lang war Achberg also preußisch, nahezu ebensolange, wie es dem Deutschen Orden gehört hatte. Das eine hat zwar nichts mit dem anderen zu tun, aber ein entfernter Zusammenhang besteht hier dennoch. Klärt man diesen Zusammenhang, versteht man auch, warum das Kreuz auf den Bundeswehrflugzeugen und das Kreuz im Achberger Gemeindewappen etwas miteinander zu tun haben.

Doch warum hat Achberg das Deutschordenskreuz im Gemeindewappen? Vermutlich haben diejenigen, die dafür verantwortlich waren, gerade die Deutschordenszeit aus den acht Jahrhunderten Achberger Geschichte für das Wappen ausgewählt. Sie waren der Auffassung, daß dieses Jahrhundert die Geschichte der Burg und des Ortes am intensivsten mit der allgemeinen Geschichte verknüpft habe. Das ist wohl wahr, aber es ist auf der anderen Seite doch nicht so wahr, wie es leicht hätte wahr sein können. Es hätte nämlich gut geschehen können, daß Achberg schon vor 750 Jahren in den Besitz des Deutschen Ordens gekommen wäre. In diesem Fall hätte man es mit einem sehr typischen Hergang zu tun. Daß Achberg erst so viel später, erst 1691/93, an den Deutschen Orden kam, macht seinen Anteil an der Deutschordensgeschichte kleiner, aber es macht ihn doch auch origineller. Denn vor 750 Jahren erwarb der Orden an vielen Stellen Besitz, um 1700 dagegen kam so etwas nur noch selten vor.

Zunächst aber soll der Blick auf das fallen, was vor 750 Jahren geschah, und zwar gerade auch zwischen Schwarzwald und Bodensee. Dem Orden wurden in jener Zeit große Besitzungen zugedacht, und er war zudem so vermögend, daß er weitere hinzukaufen konnte. Damals wurden dem Deutschen Orden, um nur zwei bekannte Orte aus der Region zu nennen, Altshausen und die Mainau übertragen.[3] Wie und aus welchen Gründen das im einzelnen geschah, läßt sich nur mit Mühe oder gar nicht erkennen. Doch welchen Zweck in der Regel diese zahlreichen Güterübereignungen zugunsten des Ordens damals hatten, liegt auf der Hand. Er erklärt sich leicht, wenn man daran erinnert, was die eigentliche Aufgabe dieses Ritterordens sein sollte: Nicht Mission, auch nicht die Erwerbung neuen Lebensraums für die Deutschen war, wie man später oft meinte, der Daseinsgrund dieses Ordens, sondern vielmehr die Pflege kranker und verwundeter Kreuzfahrer im Heiligen Land und die Bekämpfung der Heiden. Andere Kreuzzugsorden hatten die gleiche Aufgabe, zunächst die Templer und die Johanniter, und sie waren auch das Vorbild, dem der Deutsche Orden folgte. In kurzer Zeit ist er zum dritten großen Kreuzzugsorden aufgestiegen.

Alle diese Orden konnten sich nicht einfach nur im Heiligen Land niederlassen. Sie benötigten eine Basis in der Heimat ihrer Mitglieder, und das heißt für den Deutschen Orden eine Basis vor allem im Reich. Im Gegensatz zu den Templern und Johannitern, deren Besitz vor allem in Westeuropa lag, hatte der Deutsche Orden seine meisten Güter im Reich, und die meisten seiner Mitglieder waren Deutsche.[4] Deutsche also, zunächst nicht nur Adlige, sondern auch Angehörige vermögender städtischer Familien, machten diesem Orden große Zuwendungen und traten ihm bei, so daß er in weiten Teilen des Reiches Burgen und Landkomplexe erwarb. Auch Hospitäler und Pfarrkirchen kamen in seinen Besitz, da ihm nicht nur Ritter-, sondern auch Priesterbrüder angehörten.[5]

Die Ordensbesitzungen dienten als Etappenstationen für den Einsatz im Heiligen Land. Hier wurden die neuen Mitglieder zunächst aufgenommen und in ihrer neuen, die mönchische Lebensweise mit der des Ritters mischenden Lebensform trainiert. Hier wurden auch Erträge für den Einsatz im Heiligen Land erwirtschaftet. Doch wie kam es dazu, daß dem Orden damals so viele Besitz übertrugen und daß ihm andere die eigene Person darbrachten, also Ordensbrüder und zuweilen auch Ordensschwestern wurden? Auf den ersten Blick läßt sich auch diese Frage leicht beantworten: Wer dem Orden etwas stiftete, wer ihm gar selbst beitrat, hoffte, auf diesem Weg einen sicheren Zutritt in den Himmel zu finden, die Hölle zu vermeiden und die Zeit im Fegefeuer zu verkürzen. Wie dachte man damals, die ewige Seligkeit zu erlangen? Luthers Antwort sollte lauten: Sola fide - allein durch den Glauben an Christus. Im Mittelalter rechnete man damit, daß Gott von den Gläubigen noch andere Leistungen erwartete: Gebete, Zuwendungen zu geistlichen Zwecken und Bußwerke als Entgelt für die Sünden, die jeder beging, wie man realistisch annahm. So wurden den Kirchen von Anfang an große Schenkungen gemacht,

Nachbildung eines Deutschordensritters zu Pferd, 13. Jh., im Deutschordensmuseum Bad Mergentheim

dies um so mehr, als die geistlichen Einrichtungen die Stifter belohnten, indem die an den Kirchen Tätigen Gebetsleistungen für ihre Wohltäter erbrachten. Am sichtbarsten wurden diese wechselseitigen Leistungsverhältnisse dort, wo einzelne vermögende Familien über mehrere Generationen hin bestimmte geistliche Einrichtungen mit Stiftungen bedachten. Sie verstärkten die Verbindung zwischen Stifterfamilie und dem Gotteshaus dadurch, daß die Wohltäter sich in den beschenkten Kirchen begraben ließen, daß ihre jüngeren Söhne Mönche in einem solchen Kloster wurden.

Doch welchem geistlichen Institut sollte man sich zuwenden? Die einfachste Antwort lautete: dem nächstgelegenen. Es geschah nicht selten, daß neue Kirchen und Klöster zu den bisherigen traten. Reformklöster schienen oft attraktiver als die bisherigen, zumal es sich bei solchen reformierten Klöstern seit dem 11. Jh. nicht nur um einzelne Häuser handelte, sondern um Angehörige mächtiger Klosterverbände. So hatten im 11. Jh. die nach den Vorbildern Gorze und Cluny reformierten Benediktinerklöster große Erfolge - wie zum Beispiel Zwiefalten. Ähnlich erfolgreich waren im 12. Jh. die Zisterzienser, wie in Salem, um abermals ein Beispiel aus der Region zu wählen.

Vergleichbar attraktiv war im 13. Jh. der Deutsche Orden. Was die Kreuzzüge populär machte und Tausende in Bewegung setzte, hatte dieser Orden ebenfalls zu bieten: den nahezu sicheren Weg ins Himmelreich, und zwar nicht nur für diejenigen, die Ordensbrüder wurden. Es wäre ja auch ungerecht gewesen, wenn kampffähige Männer mehr für ihr Seelenheil hätten tun können als Frauen oder diejenigen, die sich den Einsatz im Heiligen Land nicht zutrauen konnten. So kam es bald nach Beginn der Kreuzzüge zu der Möglichkeit, statt selbst ins Heilige Land zu ziehen, einen Kreuzfahrer auszustatten. Doch wo fand man einen solchen Mann, der mit Hilfe dessen, was man ihm gab, wirklich im Heiligen Land kämpfte und seinen Geber nicht einfach betrog? Man hätte in dieser Situation eine Organisation professioneller Kreuzfahrer erfinden müssen, wenn es die in Gestalt der Ritterorden nicht schon seit einiger Zeit gegeben hätte. Auf diese Weise wurden diese Orden vermögend. In vielen Teilen des Reiches entstand nun in kurzer Zeit ein umfangreicher, allerdings auch weitgestreuter Besitz dieser Orden. Ähnlich wie die Mönchsorden ihre Klöster zu Provinzen zusammenfaßten, bildeten die Besitzungen des Deutschen Ordens zunächst Kommenden und die Kommenden wiederum Balleien. Insgesamt gab es zwölf Balleien, und eine von ihnen war die Ballei Elsaß-Burgund. Zu ihr gehörten Kommenden im heutigen Deutschland, in der Schweiz und im Elsaß. An der Spitze einer Kommende stand ein Komtur, meistens ein Ordensritter, manchmal auch ein Ordenspriester. Der Landkomtur an der Spitze der Ballei war stets ein Ordensritter. Der Vorgesetzte des Landkomturs von Elsaß-Burgund in Altshausen war der Ordensobere selbst, also der Hochmeister. Vier der Balleien im Reich waren ihm unmittelbar unterstellt. Die anderen unterstanden dem Deutschmeister, der seinen Sitz bis 1525 in Gundelsheim am Neckar und danach in Mergentheim hatte. Der Hochmeister hatte seine Residenz seit dem Verlust des Heiligen Landes 1291 in Venedig, seit 1309 aber in Preußen, in der Marienburg.

Damit bin ich bei jenem Teil der Ordensgeschichte angelangt, der wohl der bekannteste ist. Vergleichbar mit den anderen Ritterorden bemühte sich auch der Deutsche Orden um ein eigenes Herrschaftsgebiet, zunächst in Palästina, dann auf Zypern, danach im Burzenland (im heutigen Rumänien) sowie schließlich in Preußen. Ebenso wie im Burzenland wurde mit dem Einsatz des Ordens in Preußen der Heidenkampf in eine andere Region übertragen. Im Burzenland holte der ungarische König den Orden gegen heidnische Nachbarn als Helfer, im nordpolnischen Grenzgebiet tat das gleiche der Herzog von Masowien. Der ungarische König war stark genug, den Orden, sobald dessen Absicht, ein eigenes Territorium zu bilden, sichtbar wurde, aus seinem Land zu entfernen. Der Herzog von Masowien war so stark nicht. So entstand der Ordensstaat Preußen - ähnlich wie weiter nördlich, in Livland, der Orden ein eigenes Territorium im heutigen Lettland und Estland aufbaute.

Nach der blutigen Eroberung des Landes wurde Preußen durch deutsche Siedler erschlossen - ebenso wie zum Beispiel Schlesien oder Pommern. Die Siedler vermischten sich mit der einheimischen Bevölkerung, mit den Preußen, im Süden wanderten später Polen ein, im Norden Litauer. Am Ende kam es wie in den anderen Gebieten der Ostsiedlung zur Bildung eines Neustammes aus Zuwanderern und Einheimischen. Die meisten von denen, die während der letzten Monate des zweiten Weltkrieges und nach dem Krieg aus Ost- und Westpreußen flohen oder vertrieben wurden, hatten nicht nur deutsche, sondern auch preußische oder polnische und litauische Vorfahren. Der Deutsche Orden dagegen holte seine Mitglieder weiterhin aus den gewohnten Herkunftsgebieten, nicht zuletzt aus Schwaben. Der deutsche Südwesten sowie Franken und das Niederrheingebiet waren die wichtigsten Landschaften, in denen die preußischen Deutschordensritter beheimatet waren. Nur wenige von ihnen kamen aus preußischen Familien.

Je mehr sich die Angehörigen jenes Neustammes mit ihrer Heimat verbunden fühlten, um so fremder erschienen ihnen die das Land beherrschenden Ritter. Die üblichen Konflikte zwischen Herren und Untertanen, die Herausbildung von ständischen Vertretungen, die Mitbestimmungsansprüche anmeldeten, erhielten deshalb in Preußen eine zusätzliche Schärfe. Überdies geriet der Orden geistig, politisch und materiell in eine schwierige Lage. Seit dem Zusammenschluß von Polen und Litauen im Jahr 1386 galt Litauen, gegen das der

Deutsche Orden seit der Unterwerfung der Preußen den Heidenkrieg geführt hatte, als christlicher Staat. Die Aufgabe, welche der Orden in diesem Teil der Welt erfüllen sollte, der Kampf gegen die Heiden, war damit gegenstandslos geworden. Der Orden wollte das nicht anerkennen, und so geriet er mit dem polnisch-litauischen Reich in einen Krieg, in dem ihm 1410 die Niederlage von Tannenberg zugefügt wurde. Der Glaube an die vermeintliche Unbesiegbarkeit des Ordens war dahin, und seine von den Zeitgenossen ins Sagenhafte erhobenen materiellen Mittel waren es ebenfalls. Am Ende kündigten ihm die Vertreter der Untertanen 1454 den Gehorsam auf. Nach einem dreizehnjährigen Krieg mußte der Deutsche Orden 1466 auf die Hälfte seines preußischen Gebietes, das spätere Westpreußen mit Danzig und Marienburg, verzichten. Das Land unterstellte sich dem polnischen König. Die verbliebene Hälfte des preußischen Ordensstaates, das spätere Ostpreußen mit der Hauptstadt Königsberg, verlor der Orden 1525, als der damalige Hochmeister Albrecht aus dem fränkischen Haus der Hohenzollern sich zum Luthertum bekannte, den Orden verließ und den preußischen Ordensstaat als ein erbliches Lehen vom polnischen König verliehen erhielt.

Der Deutsche Orden hat den Raub seines preußischen Gebietes nicht anerkannt, konnte ihn jedoch nicht ungeschehen machen. Im Zeitalter der Reformation war an eine gewaltsame Rückgewinnung des Landes nicht zu denken, zumal der Orden ja auch im Reich vielerorts gefährdet war. Dort gelang es ihm, sich zu behaupten. Wo die Kommenden mit Priestern besetzt waren, die sich fast alle der Reformation anschlossen, mußte er Verluste hinnehmen. Die mit Rittern besetzten Häuser blieben nahezu durchweg erhalten, und zwar auch dann, wenn die Ritter lutherisch oder calvinistisch wurden. Und im Zeitalter der katholischen Reform, der früher sogenannten Gegenreformation, gelang auch eine Stabilisierung im geistlichen und moralischen Sinn.

Was eigentlich war die Aufgabe derer, die beispielsweise in Altshausen als Ordensritter lebten? Ursprünglich hatten sie ja den Heidenkampf zu ermöglichen, zunächst im Heiligen Land, später in Preußen und gegen die Litauer. Doch darin bestand von Anfang an nicht ihre einzige Mission. Die Niederlassungen des Ordens im Reich waren stets auch ein Teil der für das Alte Reich so typischen Adelskirche. Manche Familien gaben ihre Söhne und Töchter in bestimmte Domkapitel, Stiftskirchen oder Klöster. Andere oder dieselben Familien brachten ihre Kinder im Deutschen Orden unter. Dies bedeutete immer auch eine Versorgung. Die jüngeren Söhne oder Töchter erhielten also eine Pfründe im heutigen, abschätzigen Sinne des Wortes. In der damaligen Wirklichkeit war dies keineswegs anstößig, denn das Vermögen, von dem ein Deutschordensritter nun lebte, stammte ja von seinen eigenen Vorfahren. Die Familien, die dem Orden Stiftungen vermacht hatten, und diejenigen, die in ihm ein

Auskommen für ihre Kinder sahen, waren weithin identisch. Zudem brauchten sich die Versorgung eines Ordensbruders und die Erfüllung der Stiftungsaufgabe des Ordens nicht zu widersprechen. Nicht selten standen sie freilich doch in Gegensatz zueinander: Das Leben in den Kommenden des Reiches und die Verwaltung des Ordensbesitzes wurden bisweilen zur Hauptsache statt zum Mittel, mit dessen Hilfe der Stiftungszweck des Ordens erfüllt werden sollte.

Andere Konflikte entstanden zwischen der Ordensdisziplin und den traditionellen Lebensformen des Adels. Arm, keusch und gehorsam sollte der Ordensritter sein - wie ein Mönch. Das abendländische Mönchtum hat immer wieder neuer Anstöße zur Erfüllung dieser Normen bedurft. Für einen Ritterorden galt das erst recht. Im einzelnen ist allerdings schwer zu beurteilen, in welchem Grad die Ordensregel jeweils beachtet wurde. Einen Anhaltspunkt bietet die Zahl der Ordensritter: Seit dem frühen 15. Jh. ist sie zurückgegangen, und das hatte offensichtlich den Grund, daß man um die angemessene Lebensweise der Ritter fürchtete. Ursprünglich sollte ein Komtur einem Konvent von zwölf Brüdern vorstehen - nach dem Vorbild Christi und der zwölf Apostel. Selbstverständlich wurde diese Zahl nicht von Ort zu Ort verwirklicht. Manche Konvente waren größer, die meisten kleiner. Aber das war doch etwas anderes als im 17. und 18. Jh., wo in den damals ausgebauten oder erneuerten Schlössern, deren barocke Pracht wir heute bewundern, in der Regel kein Konvent saß, sondern nur ein einzelner Ordensritter - wie der Fürst eines kleinen Gebietes. Die Erfüllung der übergeordneten Stiftungsaufgabe des Ordens schloß das nicht notwendigerweise aus.

An die Stelle des Heidenkampfes trat nach der Reformation, wie dem Orden übrigens schon im 15. Jh. geraten worden war, der Krieg gegen die Osmanen. Wer im Deutschen Orden zu Würden kommen wollte, mußte gegen die Türken gekämpft haben. Viele Ordensritter waren Offiziere in der kaiserlichen Armee. Die Stuckdekoration des Achberger Rittersaales ist ein sichtbares Zeugnis der Bedeutung, welche den Türkenkriegen nun für den Orden zukam. Die Ordensritter waren gleichfalls bestrebt, den Besitz ihrer Gemeinschaft zu wahren und zu vermehren. Moderne Urteile verlangen den Angehörigen der mittelalterlichen und frühneuzeitlichen Orden nicht selten weltfremde Dinge ab. Wenn sich Mönche oder Ordensritter um Disziplin bemühten, finden sie Beifall, wenn sie sich dagegen anstrengten, den Besitz ihrer Korporation zu konsolidieren, schwindet die Zustimmung. Man hat es hier offensichtlich mit Kriterien derer zu tun, die alle vier Wochen ein Gehalt überwiesen bekommen und sich um die Ursache solcher Wohltaten keine Gedanken machen. Ein mittelalterlicher und frühneuzeitlicher Ordensangehöriger dagegen mußte für die materielle Grundlage seines eigenen Lebens und seine Möglichkeit, die Ordensaufgabe zu erfüllen, sorgen. Nach dem Dreißigjährigen Krieg ist das offensichtlich in

Altshausen ebenso gelungen wie in anderen Kommenden und Balleien des Deutschen Ordens auch. Von 1683 bis 1688 amtierte hier Freiherr Johann Friedrich von Baden als Landkomtur. Nachfolger im Amt war dessen Bruder Franz Benedikt von Baden.[6] Er war im Alter von 26 Jahren Deutschordensritter geworden. Ein Jahr danach, 1671, wurde er Hauskomtur auf der Mainau, 1677 Komtur von Freiburg und 1688 schließlich Landkomtur in Altshausen. In Altshausen hängt sein Porträt, das ihn als barocken Kavalier, gekleidet in den traditionellen Plattenpanzer, zeigt - und zwar zusammen mit dem Ordensschloß Altshausen in seiner damaligen Gestalt, also vor Beginn jener barocken Baumaßnahmen, die das heutige Erscheinungsbild bestimmen.[7] Der Landkomtur von Elsaß-Burgund war eine damals das Reich tragende Gestalt. Auf der Grafenbank des Schwäbischen Reichskreises kam ihm der erste Platz zu. Vernünftiges Wirtschaften erlaubte es ihm, zuzugreifen, wo ritterschaftliche Familien schlecht hausgehalten hatten. So geschah es 1691/93 in Achberg. Johann Franz Ferdinand von Sürgenstein, der bisherige Besitzer, war hoffnungslos verschuldet. Franz Benedikt von Baden erwarb das Schloß und den dazugehörigen Besitz für den Orden.

In Achberg wurde nun Christoph Gessinger tätig, ein merkwürdiger, vielseitiger, auch ein wenig geheimnisvoller Mann.[8] Von 1693 bis 1700 arbeitete er in Achberg und gab dem Schloß zu einem beträchtlichen Teil seine heutige Gestalt. Zeitweilig war Gessinger auch für den Ulmer Komtur des Deutschen Ordens tätig, ferner in Würzburg sowie schließlich in Altshausen. Hier begann er den großen barocken Neubau, den später die Ordensbaumeister Bagnato fortsetzen, wenn auch nicht vollenden sollten. Das riesige Projekt, das hier geplant war, hat die zur Verfügung stehenden Mittel offensichtlich überfordert. Doch auch das, was gebaut wurde und heute steht, bezeugt die Leistungsfähigkeit des damaligen Ordens. Man hat sich im 19. Jh. daran gewöhnt, die Säkularisierungen und Mediatisierungen der napoleonischen Zeit als eine überfällige Flurbereinigung zu beurteilen. Die kleinen politischen Einheiten seien nicht mehr lebensfähig gewesen, so meinte man. Und zuweilen traf das auch zu: An der Reichsstadt Nürnberg zum Beispiel hatte der bayerische Staat, als er sie schluckte, wenig Freude; das Gemeinwesen war völlig überschuldet. Andere politische Einheiten, die nun beseitigt wurden, waren dagegen so etwas wie eine fette Beute der sich jetzt vergrößernden Mittelstaaten, und die Balleien des Deutschen Ordens gehörten, soweit man sieht, dazu. Waren sie tatsächlich nicht mehr lebensfähig? Der wirtschaftliche Zustand Achbergs damals war gut. Aber es kommt hinzu, daß ja nicht einfach nach Lebensfähigkeit und Nichtlebensfähigkeit entschieden wurde, sondern in bestimmten politischen Situationen und unter Umständen auch mit Hilfe des Zufalls. Die Fürsten von Fürstenberg zum Beispiel verloren ihre Selbständigkeit, die schwäbischen Hohenzollern dagegen nicht. Wer überlebte, profitierte vom Untergang der anderen. So kam Achberg nun für ein halbes Jahrhundert unter die Herrschaft der Hohenzollern.

Landkomtur Franz Benedikt von Baden hat sich dem von ihm erworbenen Achberg offensichtlich persönlich verbunden gefühlt. Daß er sich nicht in Altshausen bestatten ließ, sondern in der Pfarrkirche von Siberatsweiler, läßt das gut erkennen. Das Landschaftsbild wie auch einige anderweitige Nachrichten verweisen darauf, daß es sich von Achberg aus gut jagen ließ. Man kann vermuten, das Schloß wurde nun als ein Ort adliger Lust benutzt, wo die Zwänge des Zeremoniells, wie sie das Leben in Altshausen geprägt haben dürften, nicht galten. Unter den späteren Landkomturen scheint diese Nutzung von Achberg zurückgegangen zu sein. Doch mehr als eine Vermutung ist das nicht. Nachdem nun das Gebäude wiederhergestellt worden ist, wäre es angebracht, in der ungedruckten Überlieferung nach Zeugnissen für die Deutschordenszeit des Schlosses und des Ortes zu suchen. Daß dabei etwas grundstürzend Neues zutage treten könnte, ist nicht sehr wahrscheinlich. Doch darauf kommt es auch nicht an. Das alltägliche Leben vergangener Jahrzehnte ist nicht weniger interessant als die großen Ereignisse, die überdies für die Masse derer, die sie erlebten, beschwerlich zu sein pflegten. Viel weiß man von Achbergs Geschichte im 18. Jh. und das heißt zugleich von seiner Deutschordensperiode einstweilen nicht. Was bedeutet das? Vielleicht war dieses Jahrhundert für die Achberger eine glückliche Zeit: kein Krieg, keine anderweitigen Katastrophen - bis es dann im Zeitalter Napoleons zum Umsturz der Verhältnisse kam.

Doch kommen wir auf unsere Eingangsfrage zurück: Warum erinnert man sich in Achberg an den Deutschen Orden und führt sein Kreuz im Gemeindewappen? Das hängt damit zusammen, daß das Ordenskreuz auch andernorts zu finden ist: Die Bundeswehrflugzeuge oder gar das Mutterkreuz wurden bereits erwähnt. Abschließend soll noch einmal der größere Zusammenhang beleuchtet werden, in den ein Ort gehört, der mit der Geschichte des Deutschen Ordens verknüpft ist. In der napoleonischen Zeit und in den Jahrzehnten zuvor hat man sich für die Geschichte des Deutschen Ordens wenig interessiert. Dort, wo er am mächtigsten gewesen war, also im nun evangelischen Preußen, lebte er in der Erinnerung entweder gar nicht oder als Feind und Bedrücker der eigenen Vorfahren fort. In der Aufklärungszeit brachte man katholischen Orden ohnehin wenig Sympathie entgegen, und ein Ritterorden, der die Mission mit Waffengewalt unterstützt hatte, rief negative Urteile hervor. Dies hat sich um 1800 rasch geändert. Ebenso wie man damals das Mittelalter neu entdeckte, begeisterte man sich in Preußen an der Vergangenheit des Deutschen Ordens. Der brandenburgisch-preußische Staat der Hohenzollern erschien nun als der legitime Fortsetzer dessen, was der Deutsche Orden im Mittelalter gewesen war. Die Marienburg, das einstige Hochmeisterschloß, wäre im späten 18. Jh. beinahe abgerissen worden. Statt dessen begann nun ihre Wiederherstellung und Ausschmückung, zeitgleich

Emblem der Bundeswehr

327

mit der Vollendung des Kölner Doms - und beides waren Ereignisse, deren Bedeutung weit über den eigenen Ort hinausreichte.

Diese neue Bewertung des Deutschen Ordens kam auch dadurch zum Ausdruck, daß das Verdienstzeichen der Freiheitskriege, das 1813 gestiftete Eiserne Kreuz, ausdrücklich an das Kreuz des Deutschen Ordens erinnern sollte. Durch die Vermittlung des Eisernen Kreuzes ist das Ordenskreuz auf den Bundeswehrflugzeugen zu sehen. Und das Mutterkreuz? Man hat den Deutschen Orden in der zweiten Hälfte des 19. Jhs. nicht zuletzt als eine Gemeinschaft von Kämpfern um deutschen Lebensraum verstanden, und so konnte es nicht ausbleiben, daß die so gedeutete Ordensgeschichte in die nationalsozialistische Ideologie übernommen wurde. Heinrich Himmler verstand seine SS gar als einen neuen Orden. Der tatsächlich existierende Deutsche Orden - nach dem Ersten Weltkrieg kein Ritterorden mehr, sondern ein karitativer Orden - fand dagegen keine Sympathie seitens der nunmehrigen Machthaber. Nach dem sogenannten Anschluß Österreichs wurde der Deutsche Orden, dessen Hochmeister in Wien residierte, sofort aufgelöst und enteignet. In die Hochmeisterresidenz zog die SS ein, und kurz darauf wurde das an das Deutschordenskreuz erinnernde Mutterkreuz gestiftet. Es gibt nationalsozialistische Äußerungen, die den Deutschen Orden der Vergangenheit lobten und zugleich darüber klagten, daß den Rittern durch ihre Ordensregel versagt gewesen sei, Kinder zu zeugen. Offensichtlich sollte dieser Fehler, den die Geschichte da aus nationalsozialistischer Sicht begangen hatte, nun durch das neue Ordenszeichen korrigiert werden.

Mutterkreuz, während des Nationalsozialismus verliehen

Der Deutsche Orden ist nach 1945 rasch restituiert worden. Heute hat er nicht nur in Österreich und Tirol Niederlassungen, sondern zudem in Deutschland. Seine Mitglieder, seine Freunde und nicht zuletzt diejenigen, deren Vorfahren Untertanen des Deutschen Ordens waren, bemühen sich auch um die Geschichte dieses Ordens, und dafür mag dieser Vortrag ein Beispiel sein.

[1] Prof. Dr. Hartmut Boockmann hat diesen Vortrag am 19. September 1994 im Deutschordensschloß Achberg gehalten. Herr Boockmann ist im Juni 1998 im Alter von 63 Jahren plötzlich verstorben. Er ist nicht mehr dazugekommen, in seinen Text, wie von ihm ursprünglich geplant, Fußnoten einzuarbeiten. Das Redemanuskript wurde von der Herausgeberin leicht redigiert und mit wenigen Anmerkungen versehen.
[2] Dies trifft zu, wenn man das vermutete Datum 1194 nimmt, als die Familie von Achberg erstmals genannt wird.
[3] Altshausen im Jahr 1264, die Mainau 1271.
[4] Für diesen Orden existierte allerdings keine explizite Bestimmung, daß er nur Deutsche aufnehmen könne, und er hatte seine Besitzungen auch nicht nur im Reich, sondern darüber hinaus in den meisten Mittelmeerländern.
[5] Die Pfarrkirche von Bern zum Beispiel wurde bis ins ausgehende 15. Jh. von Deutschordensbrüdern versehen. Der Berner Stadtpfarrer gehörte dem Deutschen Orden an.
[6] Familiäre Beziehungen waren nicht ungewöhnlich, so folgte damals nicht selten in Ordensämtern der Neffe auf den Onkel.
[7] Siehe die Abbildung im Aufsatz von Walther Rechmann in diesem Band.
[8] Siehe dazu den Aufsatz von Rudolf Reinhardt in dieser Publikation.

Achberg-Lied.

Schloss Achberg.

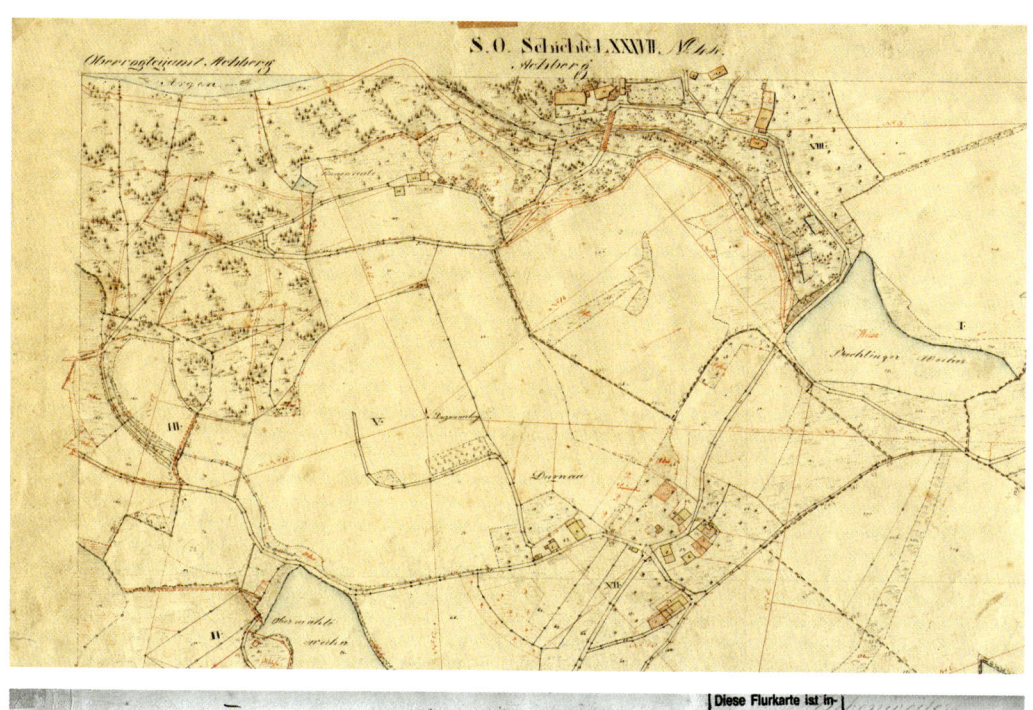

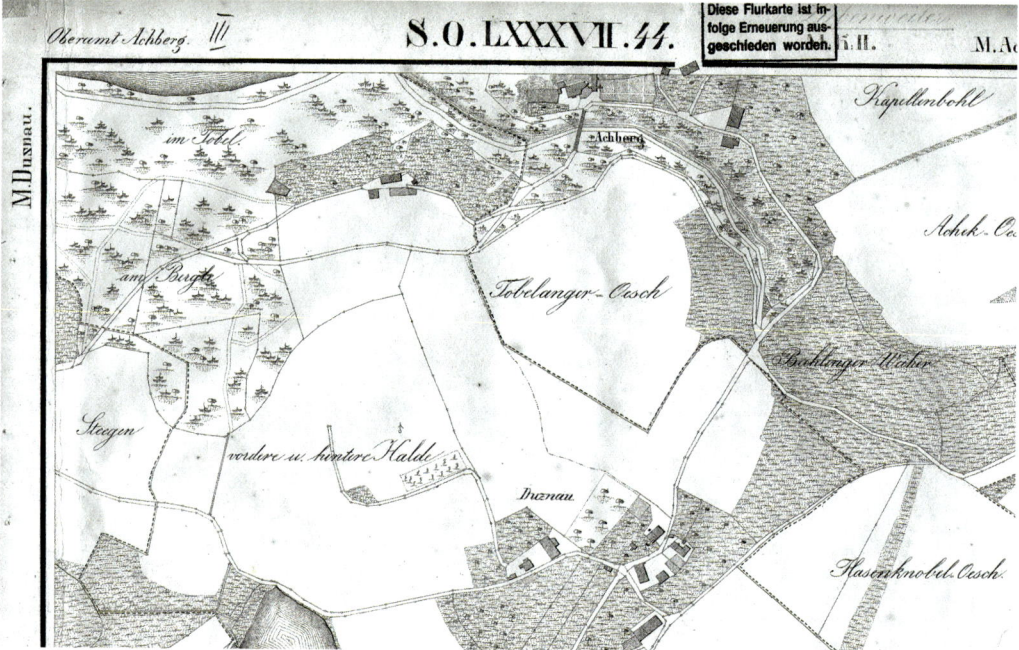

Oben: Urkarte des Obervogteiamtes Achberg, Maßstab 1 : 2500, von Aufnahmegeometer F. Essig, aus dem Jahr 1826

Unten: Lithographie des Obervogteiamtes Achberg um 1828

Achberg – Deutscher Orden – Hohenzollern[1]

Von Günter Cordes †

Zwei Impressionen: Ein einziges Mal, im Spätjahr 1857, konnte König Friedrich Wilhelm IV. von Preußen an der königlichen Tafel zu Sanssouci Kirschwasser aus Achberg ausschenken. Da war es im Jahrhundert davor öfter vorgekommen, daß in der Küche des Landkomturs des Deutschen Ordens zu Altshausen gejagtes Wild aus Achberg am Spieß gebraten wurde. Und viel alltäglicher: Manche aus der älteren Generation dürften sich noch daran erinnern, daß an den Achberger Gemeindegrenzen auffliegende Adler auf schwarz-weißen Tafeln von der Zugehörigkeit zu Hohenzollern und damit zu Preußen kündeten. Wie auch am Portal des Achberger Schlosses das ebenfalls schwarz-weiße Kreuz des Deutschen Ordens belegt, daß der Landkomtur zu Altshausen und über diesem der Hoch- und Deutschmeister zu Mergentheim einmal Landesherr war. So erscheint das fernab gelegene Achberg geradezu als Anhängsel zwar größerer, aber doch jenseits der Reichweite eines Tagesmarschs befindlicher politischer Gebilde, und das womöglich nur wegen der erwähnten, aus Wald und Flur gelieferten Köstlichkeiten? Nein, so war es doch nicht, die Anfänge leiten uns vielmehr unmittelbar in unsere Gegend zurück.

„Derselbe Abt Konrad“, so lesen wir in einer aus dem 13. Jh. überlieferten und für die Ottobeurer Klostergeschichte höchst bedeutsamen Chronik, „erwarb das Gut Kräpflins von einer adeligen Dame, der Tochter Konrads von Achberg“, und der Erzähler fährt dann fort, wieviel der Abt für dieses Gut bezahlt und unter welcher Rechtsform er es übernommen habe.[2] Aus dem umgebenden Chroniktext wird dazuhin deutlich, daß der Kauf wohl 1197 getätigt wurde, jedenfalls um die ersten Jahre unter Abt Konrad, der von 1194 bis 1227 dem Kloster vorstand. 40 Jahre später, 1239, erscheint dann noch ein weiteres Mitglied der Familie: Ein Heinrich von Achberg wird neben zwei Brüdern von Trauchburg, ferner Heinrich von Neideck und zwei Brüdern von Gottrazhofen, alle wie Heinrich ausdrücklich als nobiles, als Edle, bezeichnet, zum Zeugen bei einem Vertrag bestimmt, in dem langwierige Güterstreitigkeiten zwischen den Klöstern Kempten und Isny beigelegt wurden.[3] Wir müssen uns also mit diesen beiden Nennungen bescheiden, die freilich zeitlich relativ eng beieinanderliegen und von denen mindestens die zweite durch eine im Archiv des Fürsten von Quadt zu Wykradt und Isny in Isny erhaltene Urkunde gesichert ist und sich überdies ohne Zweifel auf unser Achberg beziehen läßt. Schließlich passen die überlieferten Vornamen Konrad und Heinrich zusammen; sie sind sogenannte Leitnamen, also häufig vergebene Namen im Königshaus. Dennoch ist unser Kenntnisstand für diese Zeit gering, da wir ja unmittelbar über die Namen und den Stand - Adliger - hinaus nichts erfahren. Aber das Wort „Achberg", zusammengesetzt aus Ach = Wasser und Berg, weist ohne Schwierigkeit auf die exponierte Lage des heutigen Schlosses hoch über der Argen hin. Bei Namen wie Neideck, Sürgenstein oder einfach nur Stein scheint dies ähnlich zu sein. Auch sie tauchen um 1200 auf und lassen sich auf Burganlagen beziehen, die wie Achberg auf einem Bergsporn liegen oder an anderer herausragender Stelle. Die so bezeichneten Burgen wurden - dahin geht jedenfalls die allgemeine Kenntnis der Zeit - erst in diesen Jahren errichtet, vielleicht auch zehn oder 20 Jahre früher, sind also nicht wesentlich älter als die erste, meist zufällige Erwähnung. Zugleich benennen sich nach diesen Burgen adelige Geschlechter, die wir bis dahin urkundlich und auch in der sonstigen Überlieferung nicht fassen können. Diese Adelsschicht war nicht allzu zahlreich, stand in Rang und Bedeutung unter den großen Geschlechtern des Hochadels wie den Grafen von Veringen, den Welfen und dann ab 1178/91 dem Kaiser- und Königshaus der Staufer. Schon einige Jahrzehnte später läßt sie sich vielfach nur noch schwer von einer neuen Führungsschicht, den Ministerialen, unterscheiden.

Wie der Anteil an der Macht bei den Achbergern aussah, auf welche Rechte sie sich im einzelnen stützten, wissen wir nicht, ebensowenig, warum sie nur zweimal Erwähnung finden, wann die Familie erlosch und in welchem Zusammenhang und wer sie beerbte. Immerhin ruht das imposante Schloß, wenn auch verändert, auf mittelalterlichen Fundamenten, und die Herrschaft Achberg beziehungsweise „Schloß und Herrschaft Achberg" ist als fester Begriff bis ins 19. Jh. erhalten geblieben. Die namengebende Familie muß demnach in beträchtlichem Umfang um Achberg Herrschaftsrechte innegehabt haben, deren Zusammenhang in den folgenden Jahrhunderten in wesentlichen Teilen anscheinend gewahrt blieb und so den Namen Achbergs, obwohl es die Familie nicht mehr gab, erhalten hat. Denn erst 1335 - 100 Jahre nach der letzten, der zweiten Nennung - ist Achberg ein drittes Mal belegt, diesmal die Burg und die damit verknüpfte Herrschaft. Damals verkaufte Truchseß Johannes von Waldburg, Landvogt in Schwaben, dem ehrsamen Mann Schelklin von Molprechtshausen und dessen Bruder Johannes 'für recht eigen die Burg zu Achberg und alles, was dazu von alters her und nach Recht gehört an Leuten und Gütern mit allen Ehehaften, Rechten und Nutzungen, es sei Wasser oder Weide, Fischenzen, Holz und Feld, Wies und Acker, Baumgarten, Zwing und Bann, auch den Kirchensatz'.[4] Bereits 1366 ging Achberg von den Ministerialen mit Sitz in Molpertshaus bei Wolfegg auf die in Vorarlberg ansässigen Söhne einer Erbtochter - Kunz, Wenz und Peter Öder - über, um schon 1392/1412 an Albrecht von Königsegg zum Königseggerberg zu fallen, der mit Salesia, Tochter des Schelklin Öder, verheiratet war. Auch diese in Oberschwaben verbreitete Familie war aus dem Ministerialenadel hervorgegangen und saß mit jeweils einem Zweig bis 1530 auf Achberg. In diesem Jahr übertrug Hans Dionysius Schloß und Herrschaft Achberg noch zu seinen Lebzeiten an den Sohn seiner Schwester, Hans Ulrich von Sürgenstein, bei welchem Geschlecht Achberg bis 1691/93 verblieb.

Über dreieinhalb Jahrhunderte wurde also Achberg von einer Familie ohne Unterbrechung regiert, auch wenn die Erbfolge mehrfach über Töchter lief oder die Herrschaftsrechte von einem Familienmitglied auf das andere auf dem Kaufweg übergingen. Zu dieser Kontinuität in den politischen Verhältnissen mag ebenso beigetragen haben, daß Hans von Molpertshaus, ohne daß wir die Gründe für diesen Schritt kennen, 1352 Achberg an Österreich zu Lehen aufgetragen, das heißt, eine Art Obereigentum gewährt hat. In dieser ganzen Zeit verschoben sich die Lebensbedingungen für die Bewohner nur wenig. Die adeligen Herren übten ihre Rechte von Achberg oder wie etwa die Sürgen von Sürgenstein von ihrer namengebenden Burg selbst aus oder mit Hilfe weniger von ihnen angestellten Bediensteten. Solche kleineren, ziemlich geschlossenen Herrschaftsbereiche des, wie man seit dem Spätmittelalter sagte, ritterschaftlichen Adels gab es auch anderwärts, so die Herrschaft Amtzell. Sie waren zum Schwäbischen Ritterkreis zusammengeschlossen, dessen Untergliederung, der Kanton „Im Hegau, Allgäu und am Bodensee", seine gemeinsame Kanzlei in Wangen hatte.

Schuldenhalber sah sich 1691/93 Franz Johann Ferdinand von Sürgenstein gezwungen, Schloß und Herrschaft Achberg um die große Summe von 64 000 fl zu verkaufen. Das war an sich nichts Außergewöhnliches, weil bis ins 19. Jh. auch Rechte, die wir heute als staatlich oder öffentlich bezeichnen, nicht nur in einer Herrscherfamilie vererbt, sondern gleichfalls verkauft, verpfändet oder verschenkt werden konnten. Außergewöhnlich war vielmehr, daß der Deutsche Orden sich für Achberg interessierte. Der Orden, ursprünglich als Gemeinschaft von Rittern im Kampf um die Rückgewinnung des Heiligen Landes für das Christentum entstanden, hatte über Jahrhunderte hauptsächlich in Ostpreußen und im Baltikum gewirkt, im ganzen Deutschen Reich verstreut Besitzungen unterschiedlicher Größe an sich gebracht, zu sogenannten Balleien zusammengefaßt und diese wiederum in Kommenden unterteilt. Freiherr Franz Benedikt von Baden, Landkomtur der nächstgelegenen Ballei Elsaß-Burgund, die in Altshausen ihren Sitz hatte, scheint sich persönlich für Achberg eingesetzt zu haben. Häufig weilte er hier, so unter anderem zur Jagd. Unter ihm erhielt das Schloß sein heutiges Aussehen. Er kaufte verschuldete Grundstücke für den Orden auf. Hier starb er und wurde in der Pfarrkirche zu Siberatsweiler begraben. Zudem gelang, was in den vergangenen Jahrhunderten zwar wiederholt versucht, aber nie erreicht wurde, die Hochgerichtsbarkeit mit den übrigen Rechten, die bei den Herren über Achberg bereits lagen, zu vereinigen: Sie konnten bisher nur kleinere Gerichtsfälle entscheiden, nicht aber die größeren, wenn es um Leib und Leben ging. Diese sogenannte Hochgerichtsbarkeit lag bis dahin beim Haus Montfort, den Inhabern der großen Herrschaft Tettnang, hatte häufig Anlaß zu Streitigkeiten gegeben und ging nun endlich im Jahr 1700 auf die Herrschaft über. Jetzt erst waren so ziemlich alle öffentlichen Rechte in einer Hand, beim Besitzer von Achberg, vereint - just zu der Zeit, da die unmittelbare Anwesenheit der regierenden Herren endete, denn die Nachfolger des Freiherrn von Baden im Amt des Landkomturs besuchten Achberg nicht mehr so häufig wie bisher und überließen Regierung und Verwaltung immer ausschließlicher dem obersten Beamten, dem Vogt, der mit wachsender Befugnis den höheren Titel eines Obervogts erhielt.

So blieb also Achberg auch im Verband des Deutschen Ordens eine auf sich selbst gestellte Verwaltungseinheit, eben das Obervogteiamt, und 1708 erstellte wohl der Obervogt selbst für die Bedürfnisse seiner Verwaltung eine Liste seiner Rechte und Pflichten.[5] Wir können auch sagen, die Liste gebe einen allgemeinen Einblick in die Verhältnisse der damaligen Zeit. In der Sprache des frühen 18. Jhs. heißt es da: „Das schloss und herrschaft ist anno 1693 von herrn Landkommenthurn von Baden an den hohen orden erkauft und nach und nach die aigentumbliche verschuldete güter samenthaft kauflich an sich gebracht worden; hat hohe, nidere, forstliche und glaitliche obrigkeit von einem kleinen bezürch, stost an das Algewer vorgebürg, 2 stund von der stat Lindaw am Boodensee und so vil auf Wangen."[6]

Dabei besagt hohe, niedrige, forstliche und gleitliche Obrigkeit, daß nunmehr die Herrschaft von sich aus, das heißt der Vogt, alle Gerichtsfälle, ob schwer, ob leicht, ob innerhalb Etters oder in der Flur geschehen, an sich zu ziehen hat und daß ihm ebenso die allgemeine Verwaltung und die Polizeigewalt zusteht. So war der Vogt beziehungsweise Obervogt in der Regel ein an der Universität ausgebildeter Jurist, zugleich in unserer heutigen Terminologie Richter am Land- und am Amtsgericht, Landrat und Bürgermeister, dazuhin Leiter des Finanzamts sowie Gemeinde- und Kirchen-(Heiligen-)Pfleger in einer Person. Das war gewiß auf den tatsächlichen Arbeitsanfall zugeschnitten und konnte auch als bürgernah gelten, solange nicht, wie nach unserer heutigen Auffassung, das Amt eines Richters von allen anderen öffentlichen Funktionen getrennt sein mußte.

Genannte Auflistung fährt fort: „In disem schloss ist ein capellen von denen Freiherren von Königpergg fundiert, (...) tragen jährlich 45 fl züns, welche dem negst anligenden herrn gaistlichen zue Sibertschweiler zue seinem bessern unterhalt überlassen und deswegen wochentlich zue lesung einer heiligen mess hierinen obligat ist. In der herrschaft seünd 2 Kürchel, das eine zue Sibertschweiler und das andere zue Essertschweiler, jedes mit einem gaistlichen. Desgleichen hat die herrschaft das ius patronatus zue Sibert- und Essertsch-weiler. Die zechenden werden denen herren geistliche zue der competenz zue ihrem besseren unterhalt überlassen." So stand der Vogt namens seines Herrn auch gegenüber der Kirche in der Pflicht. Das bis vor wenigen Jahren gerade im katholischen Oberschwaben noch weit verbreitete Patronatsrecht besagte, daß der Erbauer einer Kirche und seine Nachfolger diese auch weiterhin in gutem Zustand zu erhalten hatten und ebenso für die angemessene Besoldung der Geistlichen besorgt sein mußten. Beispielsweise hatten die Herren von Königsegg für die hier angeführte Schloßkapelle bestimmt, daß eine heilige Messe in der Woche vom Pfarrer in Siberatsweiler zu lesen sei, wofür ihm „zum besseren Unterhalt" 45 fl pro Jahr von der Herrschaft zu reichen waren. Für eine eigene Kaplanei hätte diese Summe nicht ausgereicht, für den Pfarrer in Siberatsweiler war sie als zusätzliche Einnahmequelle sicher willkommen, war doch seine Stelle an Geld und Naturalien geringer besoldet als die in Esseratsweiler. Diese Abhängigkeit der Pfarrer vom Vogt betraf indessen nicht nur so weltliche Dinge wie etwa die Reparatur des Kirchendachs oder das Gehalt des Pfarrers. Der Vogt wollte auch gefragt sein, wenn an kirchlichen Feiertagen ausnahmsweise gearbeitet werden sollte, wenn es um die Länge des Kirchengeläutes ging und ganz besonders, wenn ein neuer Pfarrer zu bestellen war: Die Auswahl traf er. Der Bischof hatte nur das Recht, den neuen Pfarrer zu weihen und einzusetzen.

Dem Vogt gegenüber standen die Untertanen. „Die von ihnen", so fährt unsere Auflistung fort, „besazende güeter seünd, ausser wenigen dem gotteshaus Langen gehörigen höfen, dem haus und nicht denen untertanen aigentumb-lich; müessen solche in allem gepeu und anderen ehren unterhalten und auf des manns absterben gegen gewüss ehrschatz auf leib und lebenlang empfangen werden; geben auch auf jeder beeder ehegemächts abschaiden den besten fal, als vom mann das beste pfert und vom weib die beste kue." Diese Sätze beschreiben das für unsere Gegend typische System der Grund- und Leib-herrschaft: Fast alle Höfe - Gebäude wie Liegenschaften - standen danach im Eigentum der Herrschaft und waren an die Bauern nur „auf leib und leben-lang", also auf die Person des Bauern bis zum Tod, verliehen. So konnte der Vogt, wenn der Hofbesitzer verstorben war, die Stelle theoretisch an den Meist-bietenden vergeben. In der Realität folgte in der Regel der Sohn auf den Vater, so daß, wenn auch nicht aufgrund verbrieften Rechts, tatsächlich eine gewisse Erbfolge bestand. Solche Kontinuität in der Besitzfolge und damit der Bewirt-schaftung lag ja sowohl im Interesse der Bauern als auch ihrer Herrn. Dieser quasi systemimmanente Übergang vom Vater auf den Sohn hatte gleichwohl seine Probleme, insbesondere dann, wenn ein solcher Wechsel in kurzem

Abstand hintereinander erfolgte, mußte doch der Neubelehnte eben für die Verleihung des Gutes den sogenannten Ehrschatz bezahlen, eine Gebühr, die hoch war und erst unter den Deutschherren spürbar gesenkt wurde. Das Gros der Abgaben bestand indessen aus jährlich gleichbleibenden Beträgen an Geld, Getreide, Hühnern, Eiern, Käse und Früchten. Sie waren - wenn auch nur in der Theorie - am fiktiven Ertrag der Güter ausgerichtet, das heißt, sie beliefen sich ganz grob auf etwa $\frac{1}{5}$ dieses Ertrags. Anderwärts lagen diese Abgabensätze bei $\frac{1}{4}$ oder sogar $\frac{1}{3}$ der tatsächlichen jährlich wechselnden Ernte, so daß die Achberger Bauern bezüglich dieser Abgaben vom Grund und Boden im ganzen recht gut gestellt waren.

Doch unser Text spricht dazuhin vom „besten Fall, vom Mann das beste Pfert und vom Weib die beste Kue". Diese Ablieferungspflicht rührt aus der sogenannten Leibeigenschaft, das heißt, daß die Bewohner Achbergs wie anderwärts auch als Person, eben mit ihrem Leib, dem Herrn, gleichgültig, ob das der Herr von Königsegg war oder der Landkomtur des Ordens, nicht gerade wie eine Sache gehörten, aber doch von ihm abhängig waren. Sie durften beispielsweise nicht ohne Erlaubnis wegziehen oder in einen anderen Ort heiraten und hatten gleichsam zur Bestätigung dieser lebenslänglichen Abhängigkeit alljährlich etwa ein Huhn, die sogenannte Leibhenne, abzuliefern. Das fiel nicht weiter schwer, galt aber, je länger je mehr, als eine Demütigung jedes einzelnen Abgabepflichtigen, und das erst recht, als in der Zeit der Aufklärung und dann der Französischen Revolution Schlagworte wie die „Würde des Menschen" oder die „Menschenrechte" ein neues Bild vom Wert des Einzelnen vermittelten. Erst recht befremden mußte die Regelung, daß im Trauerfall das beste Pferd oder die beste Kuh, wenn die Bäuerin starb, aus dem Stall geholt wurden, wozu noch der „Häsfall" kam, daß also das „Häs" - das beste Gewand - oder statt dessen Geldeswert abzuliefern waren. Auch hier hat der Deutsche Orden - wie schon bei den Abgaben aus der Grundherrschaft - die außergewöhnliche Belastung, wenn Bauer oder Bäuerin starben, zwar nicht aufgehoben, aber doch die fälligen Beträge auf wenige Gulden abgesenkt.

Eine weitere Form der Dienstleistung leitete die Herrschaft unter anderem aus ihrer Gerichtsgewalt ab. Das waren die Fronen. Ein Mitglied jeder Familie hatte im Jahr „einen Tag zu holzen, je einen Tag zu mähen und heuen, zwei Tage zu schneiden und je einen Tag zu brechen und schwingen und ein Fuoder Mist nach Retterschen oder in gleiche Weite zu führen". Daß diese Fuhren nach Retterschen am Bodensee erfolgen sollten, war darin begründet, daß die Herrschaft dort über größere Weinberge verfügte, von wo die Ernte nach Achberg zu bringen war. Die übrigen Dienste aber wurden auf dem zum Schloß gehörigen Gut - es besteht ja als solches noch heute - abgeleistet. Wir würden heute von Zeitarbeitskräften sprechen. Dieser einzige Großbetrieb wurde im übrigen, solange die adeligen Herren in Achberg residierten, von diesen selbst umgetrieben, dann in der Deutschordenszeit ganz oder teilweise gegen einen festen Betrag verpachtet oder auch dem Vogt zur Bewirtschaftung überlassen. Alles in allem, Schloß und Herrschaft Achberg zeigen auch im Blick auf die Bewohner das typische Bild adeliger Herrschaften, wie sie sich seit dem Hochmittelalter herausbildeten und bis in die Zeit um 1800 ohne größere Verschiebungen Bestand hatten. Auch der Landkomtur zu Altshausen hat diese Grundvoraussetzungen nicht angetastet. Andere Territorien sind groß geworden, indem sie Städte gründeten, wo Handel und Gewerbe aufblühten. Das wurde in Achberg nicht versucht, wie es scheint, weil die Voraussetzungen hierfür, so etwa eine günstige Verkehrslage, nicht gegeben waren. Dabei ist zu bedenken, daß selbst Städte wie Buchhorn, das heutige Friedrichshafen, oder Lindau sich lange Zeit nur schleppend entwickelt haben. So blieb Achberg - was ja in gewisser Weise bis heute gilt - eine von der Landwirtschaft geprägte kleine Herrschaft.

Die Französische Revolution und die folgende französische Vorherrschaft über Europa haben das in Jahrhunderten gewachsene politische System großenteils verändert. So wurde unter anderem der Deutsche Orden, auch wenn er in anderer Form heute wieder besteht, aufgehoben. Seine sämtlichen Güter und Rechte sollten solchen Fürstenhäusern zugewiesen werden, die links des Rheins zugunsten Frankreichs auf Besitzungen hatten verzichten müssen. Die betroffenen Häuser und Regierungen gingen dabei nicht zimperlich vor, und es setzte geradezu ein Run auf Land und Leute ein. Bayern war am schnellsten: Unter der Begründung, Achberg sei noch von den Königsegg und Sürgenstein her eine reichsritterschaftliche Besitzung, die man schützen müsse, besetzten ein Leutnant und drei Soldaten - vorsorglich, wie es in solchen Fällen immer heißt - das Achberger Schloß. Der Obervogt legte - auch das geschieht wohl immer so - feierlichen Protest ein, gab der Gewalt nach und blieb im Amt. So war Achberg am zweitletzten Tag des Jahres 1805 de facto bayerisch geworden, zwei Wochen später auch formal, worauf an den Grenzen des Ländchens das königlich bayerische Wappen angebracht wurde. Doch im Rheinbundvertrag vom 12. Juli 1806 wurde die zur Kommende Altshausen des Deutschen Ordens gehörige Herrschaft Achberg mit allen Souveränitäts- und Eigentumsrechten dem Fürsten von Hohenzollern-Sigmaringen zugewiesen, worauf am 4. September die tatsächliche Übergabe erfolgte: diesmal in Zivil und an den hohenzollernschen Hof- und Regierungsrat, der freilich in Begleitung eines französischen

Bei der Übernahme Schloß Achbergs durch den Landkreis Ravensburg 1988 bot sich der Achberger Rittersaal dem Käufer als eine Mischung aus Kunstkammer und Sammelsurium dar, 1970

Kommissars angereist kam, damit auch deutlich werde, wem der neue Land-gewinn zu verdanken sei. Achberg hatte also einen neuen, den dritten, Landes-herrn innerhalb eines Jahres und der Obervogt den dritten Dienstherrn, indem er nun in hohenzollernsche Dienste trat.

Wenn aber ein solcher Stellenwechsel ohne Schwierigkeit möglich war, dann zeigt das gleichzeitig, daß zwar die Amtsstempel und Schilder wechselten, an den Lebensbedingungen, Rechten und Pflichten der Untertanen sich auch jetzt mindestens zunächst nichts änderte. Die Hauptstadt Sigmaringen war zwar noch einmal so weit entfernt wie Altshausen, doch gab es auch um 1800 üblicher-weise keine Geschäfte, die man dort und nur dort hätte erledigen müssen! Das schloß natürlich Veränderungen nicht aus: Der Deutsche Orden hatte endlich 1711/12 in Esseratsweiler und Siberatsweiler kleine Schulen einge-richtet - die hohenzollernsche Verwaltung hat diese dann weiter ausgebaut. Die sogenannte Vereinödung, die ursprünglich von Kempten ausgehende, dem Allgäu eigentümliche Flurbereinigung wurde noch unter dem Deutschen Orden eingeleitet und unter den Hohenzollern 1830 in Siberatsweiler zu Ende geführt: Ziel dieser außergewöhnlichen und höchst modern anmutenden Maßnahme war es gewesen, die bis dahin im Gemenge liegenden Grund-stücke nach Möglichkeit in der Nähe der jeweiligen Höfe zusammenzulegen.

Karte der Hohen-zollernschen Lande 1850, unten rechts die Herrschaft Achberg

Zum Jahrhundertwerk wurde die Ablösung: Schon 1814 waren die angeführten Hand- und Fuhrdienste neu geregelt worden, bis sie dann 1848 ersatzlos aufgehoben wurden. Im gleichen Jahr endete die Leistungspflicht aus der Grundherrschaft, freilich unter der Festlegung, daß einmalig oder in Raten der 16fache Betrag der bisherigen Abgaben aufzubringen war. Bereits 1841 wurden die 93 betroffenen Familien aus der Leibeigenschaft entlassen gegen eine einmalige, nach den einzelnen Vermögen gestaffelte Zahlung von insgesamt 3000 fl, was etwa das Jahreseinkommen eines höheren Beamten ausmachte. Das goldene Zeitalter war mit der Ablösung freilich nicht gekommen. Die öffentlichen Lasten - Schule, Wegebau, Polizei und anderes - verminderten sich ja nicht, sie wurden fortan nur anders beglichen, über Steuern, wie wir sie heute noch kennen.

Erst die preußische Regierung hat dann nach 1850 die Verwaltung völlig neu organisiert. Das ehrwürdige Amt des Obervogts wurde aufgelöst, seine Geschäfte wurden auf das spätere Landratsamt in Sigmaringen, das Finanzamt in Sigmaringen, das Amtsgericht in Wald und an die Gemeinde abgetreten. Die Gemeinde erhielt zu diesem Zeitpunkt endlich echte Vollmachten und Rechte. Eine neue Art der Verwaltung, wie sie im Prinzip bis heute besteht, hatte damit ebenfalls Achberg erreicht: Die Bürger Achbergs unterstanden nun alle dem gleichen Gesetz, das überdies auch in Königsberg oder Berlin Gültigkeit hatte. Die Abhängigkeit vom Vogt, der ziemlich allein, oft über Jahrzehnte vom Amtshaus neben dem Schloß die Geschichte Achbergs gut oder auch weniger gut bestimmte, war nun Vergangenheit. Doch hat auch eine Änderung in der Verwaltung ihren Preis: Wegen eines Termins beim Amtsgericht mußte man fortan nach Wald, wegen einer Vorsprache beim Landrat nach Sigmaringen, das man erst ab 1869 auf einzelnen Streckenabschnitten mit der Eisenbahn erreichen konnte. Der Weg der Verwaltung war also plötzlich sehr lang, und es stellte sich die Frage nach Sinn oder Unsinn einer preußischen Exklave im württembergischen beziehungsweise bayerischen Umland.

Doch wurde diese Frage erst im 20. Jh. zu einem allgemeinen, jedermann berührenden Problem. Es bestand noch nicht, auch nicht für Hohenzollern insgesamt, als dieses nach dem Verzicht der Fürsten auf die eigene Regierung 1850 in das große, fast ganz Norddeutschland umfassende Preußen eingegliedert wurde. 1856 besuchte König Friedrich Wilhelm IV. zum zweiten Mal die neuen Lande; die Rückreise sollte per Extrapost von Sigmaringen nach Lindau und von dort mit der Bahn erfolgen. Der König insistierte jedoch unter Abänderung des Protokolls auf einen Besuch in seiner südlichsten Gemeinde. Der 6. Oktober 1856 wurde zu Achbergs großem Tag. Alles war

König Friedrich Wilhelm IV.

auf den Beinen. Der König war begeistert, und schon tauchte der Gedanke auf, dem Schloß gegenüber, auf dem Königsbühl, eine Villa für den Monarchen zu erstellen. Im noch in Achberg unterzeichneten und dann im Regierungsblatt veröffentlichten Allerhöchsten Erlaß dankte der König für alle Freundlichkeit und Liebe, die die Königin und er erfahren hätten. Einzig Bürgermeister Lanz von Achberg war niedergeschlagen, ja traurig über sich selbst: Er hatte nicht den Mut aufgebracht, das wohl vorbereitete Gastgeschenk, ein Kistchen Achberger Kirschwasser, dem König auch tatsächlich zu überreichen. Unter Vermittlung des Regierungspräsidenten, an den sich Lanz ein knappes Jahr später wandte, fand der gute Tropfen dann aber doch noch sein Ziel. Und postwendend trafen in Achberg zwei Lithographien mit Potsdamer Ansichten ein, um, wie es wörtlich heißt, »dem braven Mann, der ein Beamter ist, damit ein für Kind und Kindeskind bleibendes Gegengeschenk seines königlichen Herrn zu machen«. Eine kleine Episode am Rande und doch ein tiefer Einblick in Stimmung und Mentalität in Achberg vor knapp anderthalb Jahrhunderten. Achberger Kirschwasser mundet indessen gewiß noch heute.

König Friedrich Wilhelm IV. hat am 6. Oktober 1856 Achberg besucht. Noch in Achberg unterzeichnete er einen Erlaß, der dann im Regierungsblatt veröffentlicht wurde

[1] Dr. Günter Cordes, ehemaliger Leiter des Staatsarchivs Sigmaringen, hat diesen Vortrag am 12. August 1994 anläßlich des 800-Jahr-Jubiläums von Achberg auf dem dortigen Heimatabend gehalten. Er sah das Redemanuskript für die geplante Publikation „Schloß Achberg" vor. Am 31. Oktober 1994 starb er völlig unerwartet. Der Vortrag wurde vorab in der „Hohenzollerischen Heimat" veröffentlicht (46. Jg., März 1996). Frau Gotelind Cordes, Esslingen, und Herrn Dr. Otto Becker, Vorsitzender des Hohenzollerischen Geschichtsvereins e. V., sei auch an dieser Stelle herzlich für die Druckerlaubnis gedankt. Der Text wurde von der Herausgeberin behutsam redigiert und durch wenige Anmerkungen ergänzt.

[2] Chronicon Ottenburanum, in: MGH SS 23, S. 609 ff.

[3] Wirtembergisches Urkundenbuch 3, S. 440 ff. Siehe auch den Aufsatz von Norbert Kruse in diesem Sammelband.

[4] HStASt B 343 Urk. 281. Siehe die Abbildung im Aufsatz von Günther Bradler in diesem Band.

[5] Zu Verwaltungszwecken entsteht 1708 ein Bericht, der detailliert die Verhältnisse in der Herrschaft Achberg wiedergibt: Praesens status der herrschaft Achberg, FAS, Herrschaft Achberg, 75, 22. Vgl. dazu auch Rudolf Seigel, Die Herrschaft Achberg im 18. Jahrhundert, in: Hohenzollerische Heimat 19 (1969) Nr. 1, S. 10-13, der hier die Beschreibung der Herrschaft Achberg von 1708 in Auszügen wiedergibt. Siehe auch die Untersuchung von Reiner Falk in diesem Sammelband.

[6] Dieses Zitat und die folgenden aus: Praesens status der herrschaft Achberg, FAS, Herrschaft Achberg, 75,22.

ESSERATSWEILER   Achberg bei Lindau i. Bodensee.

Die „Annexion" von Achberg – Ein Schwank mit politischem Hintergrund

Von Peter Eitel

Der „Spaziergang" von 14 oder 15 bayerischen Bürgern aus Lindau und Umgebung nach Esseratsweiler, dem Hauptort der preußischen Enklave Achberg, am Nachmittag des 20. Juni 1866, der in der symbolischen Annexion der Herrschaft Achberg gipfelte, ist schon des öfteren beschrieben worden.[1] Er war, für sich betrachtet, nicht mehr als eine politische Farce, eine amüsante Episode. Dennoch verdient der „Spaziergang" über die bloßen Fakten hinaus Interesse, weil er in nuce zwei Aspekte sichtbar macht: Er verdeutlicht das politische Denken und Fühlen jener Jahre kurz vor der Verwirklichung der kleindeutschen Lösung der Deutschen Frage unter preußischer Führung und offenbart die

tiefsitzenden Aversionen im deutschen Süden gegen die Politik des preußischen Ministerpräsidenten Bismarck. Deshalb liegt es nahe, diese Geschichte in einem Aufsatzband über Achberg nochmals aufzurollen und zu durchleuchten, auch wenn nur wenige neue Quellen zum Vorschein gekommen sind.

Der preußisch-österreichische Dualismus im Deutschen Bund hatte sich nach der Schleswig-Holstein-Krise von 1863/64 und dem Vorfrieden von Wien keineswegs entschärft. Zwar war durch die Gasteiner Konvention vom August 1865 die Kriegsgefahr noch einmal gebannt und die Verwaltung der Herzogtümer Schleswig und Holstein zwischen Preußen und Österreich aufgeteilt worden, aber Bismarcks Politik zielte eindeutig auf eine endgültige und dauerhafte Verdrängung Österreichs aus den Herzogtümern. Am 1. Juni 1866 rückten preußische Truppen in Holstein ein, worauf Österreich die Mobilmachung des Bundesheeres beantragte, die am 14. Juni vom Bundestag gegen die Stimme Preußens beschlossen wurde. Darauf erklärte Preußen den Bundesvertrag für gebrochen und erloschen und erklärte am 15. Juni Österreich den Krieg. Der letzte innerdeutsche

Krieg begann. Er sah die süddeutschen Staaten, auch Bayern, auf der Seite Österreichs. Mit diesem Krieg, den bekanntlich Preußen durch die Schlacht von Königgrätz für sich entscheiden sollte, brach der alte Preußenhaß bei vielen süddeutschen Patrioten, gleichgültig, ob Katholiken oder Protestanten, wieder heftig auf. Dies trifft besonders auf diejenigen zu, die demokratisch, national und großdeutsch dachten, die sich noch schmerzlich an die Niederschlagung der badischen Revolution von 1848/49 durch Preußen erinnerten und sich eine nationale Einheit unter preußischer Führung und unter Ausschluß Österreichs nicht vorstellen konnten.

Zu diesen demokratischen Patrioten gehörte auch der Lindauer Rechtsanwalt Hermann Beckh, ein gebürtiger Franke aus Coburg, der die Barrikadenkämpfe in Frankfurt am Main im September 1848 als Fünfzehnjähriger an der Seite seines Vaters miterlebt hatte[2] und seither ein überzeugter „Achtundvierziger" und entschiedener Preußenhasser war. 1863 war er nach Lindau gekommen, wo er als Anwalt großen Erfolg hatte. Von stürmischem Temperament, machte er keinen Hehl aus seiner politischen Gesinnung und war so den Konservativen in der Stadt, besonders dem Bürgermeister Oscar Stobaeus, ein Dorn im Auge. Er war es denn auch, der wenige Tage nach Ausbruch des Krieges auf die Idee eines antipreußischen „Happening" kam. Am 19. Juni 1866 machte er nach der abendlichen Probe des „Liederkranzes", in dem viele fortschrittlich gesinnte jüngere Männer Mitglieder waren, den Vorschlag, am folgenden Tag nach Achberg zu marschieren, das ja jetzt ganz offiziell als Feindesland galt. Symbolisch wollte man von der Enklave, die 1850 mit den hohenzollerischen Fürstentümern preußisch geworden war, Besitz ergreifen.

Die Ereignisse des 20. Juni 1866 sind schnell erzählt.[3] Sechs Mann, die im Lauf des Nachmittags noch Verstärkung erhielten, allesamt wohletablierte Bürger und Bürgersöhne aus gutem Hause, marschierten, ausgerüstet mit einigen Pistolen, einer weiß-blauen und einer schwarz-rot-goldenen Fahne von Lindau in das knapp 10 Kilometer entfernte Esseratsweiler, dem Hauptort der Enklave. Angeführt wurden sie von Hermann Beckh, der ein Gewehr bei sich trug und außerdem durch eine schwarz-rot-goldene Schärpe als „Hauptmann" der kleinen Truppe ausgezeichnet war. Daß die Teilnehmer die ganze Expedition nicht allzu ernst nahmen, beweist die Tatsache, daß einer aus der Gruppe eine Spielzeugpistole bei sich trug. In der Brauerei Lanz in Esseratsweiler, einer renommierten, bei den Lindauern sehr beliebten Gastwirtschaft, kehrten sie ein und erklärten die Wirtschaft zu ihrem Hauptquartier. Zuvor hatte Beckh aus seinem Jagdgewehr ein paar Schüsse auf das Thurn und Taxissche Postwappen abgefeuert, das sich über der Wirtshaustüre befand. Auch sonst sollen die „Eroberer" ziemlich viele Schüsse in die Luft abgegeben haben, wie Augenzeugen später berichteten.

Die verblüfften Dorfbewohner wußten zunächst nicht recht, was sie von der ganzen Angelegenheit halten sollten. Sie ließen es sich aber gefallen, von den Lindauern als deutsche und bayerische Bürger umarmt und zu einem Glas Bier ins Wirtshaus eingeladen zu werden. Dies alles lief unter Lachen und Scherzen ab, nur der Anführer Hermann Beckh soll die ganze Zeit über ernst geblieben sein. Nach genossener Erfrischung begab er sich mit seinen Begleitern auf den Dorfplatz und ließ am amtlichen Ortsschild die beiden mitgebrachten Fahnen befestigen, wobei Esseratsweiler Bauern behilflich waren. Daraufhin holte Beckh ein von ihm auf ein Blatt Papier gezeichnetes Bismarckporträt hervor, das an das Ortsschild geheftet und „unter Hurrahrufen und Schießen mit Pulver angezündet und samt der Tafel [= Ortsschild] halb verbrannt" wurde.[4] Dann verlas einer der Lindauer „Okkupanten", der Gerbermeister Walpetinger aus Aeschach bei Lindau, eine von Beckh aufgesetzte Proklamation, die es verdient, in vollem Wortlaut zitiert zu werden: „Achberger, deutsche Brüder, Freunde! Die Stunde der Befreiung hat auch für Euch geschlagen, frei sollt Ihr seyn von heute an von einem tyrannischen Regiment, frei von einer eigennützigen, brudermörderischen Despotie, die vor erst wenigen Jahren, ohne daß Ihr nur gefragt wurdet, Euch mit ihren gierigen Klauen umfing. Nachdem Preußen den deutschen Bürgerkrieg bereits begonnen, deutsches Bundesland besetzt hat und auch in bayerisches Staatsgebiet eingebrochen ist, kommen wir zu Euch als Vertreter des deutschen Volkes und Bundes, und erklären, daß die Herrschaft des einköpfigen Adlers [der preußischen Wappenfigur] in Achberg aufgehört hat, und daß Ihr nun freie Bürger des neuen deutschen Reiches und Bundes seyd. Deutsche Männer, Brüder! Ein schönes Loos blüht Euch als freie Männer im freien Land, als deutsche Bürger im großen deutschen Vaterland. Der bayerische Staat nimmt Euch als solche auf mit deutschem Gruß. Es lebe das neue deutsche Reich! Esseratsweiler, am 20. Juni 1866. Im Namen des deutschen Volksheeres: Der Kommandant der bayerischen Schaar."[5]

Nicht die Angliederung an Bayern stand im Vordergrund der Aktion, sondern die nationale Einheit, die Vision eines „neuen deutschen Reiches und Bundes", dessen Symbol die schwarz-rot-goldene Fahne war und in dem nicht Preußen, sondern Österreich die Führungsrolle zukommen sollte. Beckh ging von der Fiktion aus, daß seine „bayerische Schaar" nur eine Stellvertreterfunktion einnahm und im Namen des ganzen deutschen Volkes handelte.

Nach der Verlesung wurde die Proklamation an dem beschädigten Ortsschild angeheftet und der in den hohenzollerischen beziehungsweise preußischen Farben schwarz-weiß bemalte Holzpfosten, an dem das Ortsschild angebracht war, in den bayerischen Farben weiß-blau überstrichen. Daß zumindest ein Teil der Dorfbewohner die ganze Aktion guthieß, beweist die Tatsache, daß die verwendete blaue Farbe von einem Ortsansässigen zur Verfügung gestellt worden war. Beckh erklärte sodann, „daß nunmehr das preußische Regiment aufgehört habe und das Land für Bayern und Deutschland annektiert sei".[6] Offensichtlich stieß diese Erklärung bei den Dörflern auf große Zustimmung und sie „versicherten ihre gute deutsche Gesinnung".[7] Anschließend begab sich Beckh zum Dorflehrer Meichle, der einzigen ortsanwesenden Amtsperson - der Bürgermeister war auswärts -, und erklärte ihm, Achberg sei jetzt bayerisch, er möge dies dem Bürgermeister und dem zuständigen Pfarrer mitteilen.

Als gegen Abend der altgediente fürstlich-hohenzollerische Revierförster Feuerle aus dem Wald zurückkehrte und mit den „neuen Tatsachen" konfrontiert wurde, fand dieser Repräsentant der preußischen Staatsgewalt die ganze Angelegenheit überhaupt nicht komisch und protestierte, als man ihm sein geladenes Gewehr entwinden wollte. Er riet den Lindauer „Eroberern", so schnell wie möglich zu verschwinden. Damit geriet die politische Komödie der Beckhschen Gruppe doch ein wenig außer Kontrolle und drohte wider alle Absicht in Ernst umzuschlagen. Beckh und seine Gefährten zogen es nun vor, nach nochmaliger Verlesung der Proklamation und einigen Schüssen in die Luft, das „eroberte" Esseratsweiler zu verlassen und nach Oberreitnau zu marschieren, von wo es mit der Eisenbahn zurück nach Lindau ging. Dort verkündete Beckh auf dem Bahnhof, Achberg sei nun eingenommen, worauf er sich mit der ganzen Gruppe unter Absingen des Lieds „Schleswig-Holstein, meerumschlungen" in ein Wirtshaus begab.

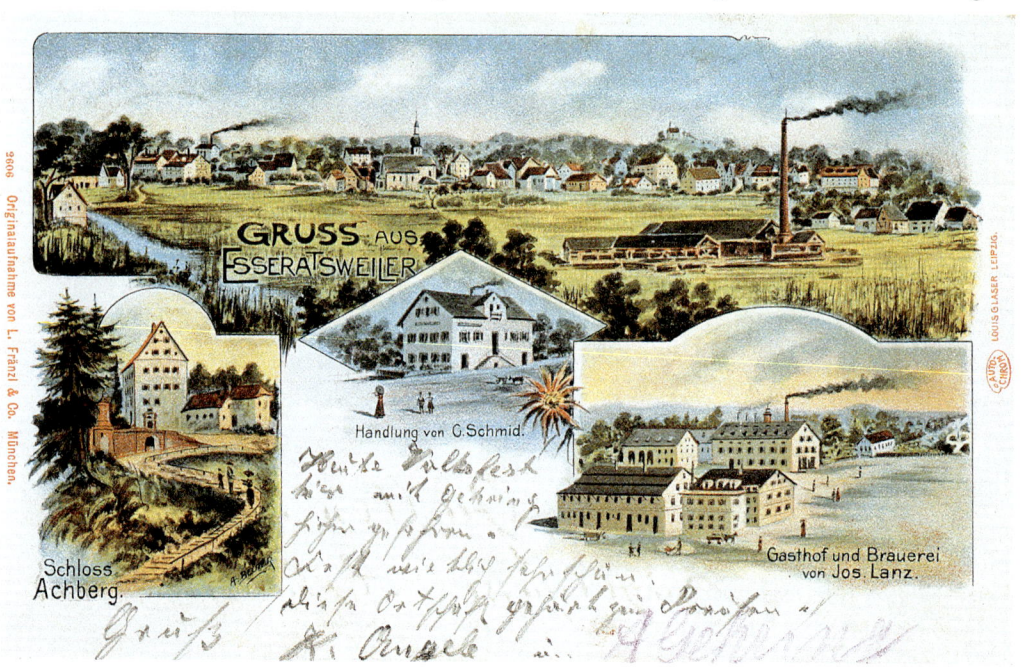

In Lindau hatte die staatliche und städtische Obrigkeit bereits Wind von dem „Feldzug" bekommen. Noch am selben Abend hatte der Vorstand des königlich bayerischen Bezirksamts Lindau, Bezirksamtmann Eckert, einen Boten an den Achberger Gemeindevorsteher abgesandt mit der Versicherung, man bedaure den Vorfall „unendlich" und bitte um nähere Auskünfte. Am nächsten Tag, dem 21. Juni, brachte der Lindauer Bürgermeister Stobaeus die verübte „Friedensstörung" vor den Magistrat, der „wegen dieser strafwürdigen Handlung" seine „höchste Mißbilligung" aussprach und den Bürgermeister beauftragte, dafür zu sorgen, „daß gegen die Schuldigen die volle Strenge des Gesetzes in Anwendung gebracht wird".[8]

Nachdem die Aktion durch einen Artikel in der „Augsburger Abendzeitung" vom 23. Juni weit über Lindau hinaus ruchbar geworden war, sah sich Stobaeus veranlaßt, im „Lindauer Tagblatt" vom 26. Juni, demselben Tag übrigens, an dem württembergische Truppen im Auftrag des Deutschen Bundes in die hohenzollerischen Fürstentümer einmarschierten, eine „Bekanntmachung" zu veröffentlichen, in der er versuchte, den guten Ruf der Stadt Lindau, den er durch dieses „verdammenswerte Vorkommnis" bedroht sah, zu retten. Die meisten Teilnehmer seien gar keine Lindauer, in Lindau würden das „unbesonnene, ungerechtfertigte und gesetzwidrige Gebaren" der Beteiligten und ihre „brutalen Ausschreitungen" allgemein verurteilt. Im übrigen werde gegen sie „nach den im Königreiche Bayern Geltung habenden strafgesetzlichen Bestimmungen vorgegangen".[9] Offensichtlich befürchtete man in Lindau politische Komplikationen, nicht zuletzt angesichts eines möglichen Siegs Preußens im Krieg gegen Österreich. Daher hatte auch bereits am 21. Juni das Bezirksamt Lindau an das preußische Oberamtskommissariat in Isigatsweiler bei Achberg beschwichtigend geschrieben, leider habe man von dem Vorhaben zu spät Kenntnis erhalten, um es noch verhindern zu können.

Rechtsanwalt Beckh wehrte sich gegen die von amtlicher Seite gemachten Vorwürfe in einer „Erklärung", die er am 30. Juni ins „Lindauer Tagblatt" einrücken ließ. Der „Protest gegen einen harmlosen Vorgang, welcher die guten Beziehungen mit den Achbergern nicht nur nicht gestört, sondern vielmehr enger geknüpft" habe, sei völlig unbegründet. Der Vorfall ginge im übrigen die Stadt Lindau nichts an, weil er im preußischen Ausland stattgefunden habe: „Der Magistrat hatte sich mit der Sache gar nicht zu befassen."[10] Dem widersprach Bürgermeister Stobaeus in einer weiteren veröffentlichten Bekanntmachung[11] und fügte hinzu, der Magistrat wende sich nicht gegen bestimmte politische Meinungsäußerungen, sondern allein gegen Rechtsverletzungen und wisse sich damit „in Übereinstimmung mit der ganzen Bürgerschaft". Am selben Tag wurde übrigens von den Lindauer „Gemeindebevollmächtigten", wie die Vertreter der Gemeinde in Bayern hießen, beantragt,

Beckh als Anstifter und Leiter des Vorfalls aus dem Bezirk Lindau zu entfernen.[12] Zwar stellte der Bürgermeister von Achberg weder einen Strafantrag wegen Sachbeschädigung noch erstattete er den preußischen Behörden in Sigmaringen überhaupt Meldung über den Vorfall, so daß von dort aus auch kein Strafantrag wegen des Verhaltens der Gruppe gegenüber dem Revierförster Feuerle erfolgte, dennoch blieben die „Okkupanten" nicht ungeschoren. Am 11. Juli traf ein Untersuchungsrichter des Bezirksgerichts Kempten in Lindau ein und nahm sich des Falles an, ließ auch die beschädigte Ortstafel, die inzwischen auf Kosten der „Eroberer" durch eine neue ersetzt worden war, als „corpus delicti" nach Lindau kommen, wo sie allerdings bald darauf spurlos verschwand.

Gegen Beckh und sechs seiner Genossen wurde Anklage wegen „des Vergehens der ungesetzlichen Bewaffnung, der Eigentumsbeschädigung und der Anmaßung eines öffentlichen Dienstes" beim Bezirksgericht Kempten erhoben. Bereits am 5. September kam es zur Verhandlung, bei der die Angeklagten von dem berühmten Augsburger Anwalt und Politiker Dr. Joseph Völk verteidigt wurden.[13] Beckh erklärte vor Gericht, es habe sich bei der ganzen Angelegenheit um einen „politischen Scherz", einen „Annexionsschwank" gehandelt. Am 10. September erging ein glatter Freispruch. Das Gericht sah allerdings das Benehmen Beckhs „als im höchsten Grade eines gebildeten Mannes unwürdig" an und bezeichnete die Aktion als „groben Unfug", aber ein Strafantrag von preußischer Seite liege nicht vor, außerdem könne „eine rechtswidrige Absicht zur Verübung einer staatsgefährlichen Handlung" nicht angenommen werden. Übertretungen, die im Ausland verübt wurden, unterlägen nicht der Bestrafung in Bayern und bei der strafbaren Handlung der Beschädigung des Ortsschilds und der preußischen Hoheitszeichen habe nicht bewiesen werden können, wer der Täter sei. Der Staatsanwalt legte beim Appellationsgericht in Augsburg erfolgreich Berufung gegen das Urteil ein und erreichte am 23. Oktober 1866 eine Verurteilung von fünf der sechs Angeklagten zu Gefängnisstrafen zwischen 14 und 45 Tagen wegen des Vergehens der ungesetzlichen Bewaffnung. Die Nichtigkeitsbeschwerde des Advokaten Dr. Joseph Völk beim obersten Gerichtshof in München führte jedoch am 15. Februar 1867 zur Aufhebung dieses Urteils vom 23. Oktober. Der endgültige Freispruch erfolgte aufgrund der Bestimmungen im Friedensvertrag zwischen Bayern und Preußen vom 22. August 1866, wonach „kein Untertan der Könige von Preußen und Bayern wegen seines Verhaltens während des Krieges verfolgt, beunruhigt oder in seiner Person oder seinem Eigentum beanstandet werden solle" - also eine politische Amnestie, unabhängig von der Frage, ob eine strafrechtlich relevante Tat vorlag oder nicht. Das Gericht folgte damit der Argumentation des Anwalts der Angeklagten, Dr. Joseph Völk, der betont hatte, es spiele keine Rolle, ob die inkriminierte Handlung im Scherz oder im Ernst erfolgt sei, entscheidend sei allein, daß der Vorgang sich „äußerlich als Versuch darstelle, die Enklave Achberg von Preußen loszureißen und Bayern einzuverleiben".

So endete die „Eroberung" Achbergs. Die Freigesprochenen schenkten ihrem Anwalt zum Dank für seine erfolgreiche Verteidigung einen kunstvoll gearbeiteten silbernen Pokal mit Widmungsinschrift, über dessen Verbleib leider nichts bekannt ist.[14] Hermann Beckh zog wenige Jahre später, 1870, nach Nürnberg, aber die Erinnerung an den „Herzog von Achberg", wie er im Volksmund liebevoll-spöttisch tituliert wurde, blieb in Lindau noch lange lebendig.

[1] Am ausführlichsten von Heinrich Schützinger: Der Achberger Eroberungszug im Jahre 1866. In: K. Wolfart (Hg.), Geschichte der Stadt Lindau im Bodensee, 2. Band, Lindau 1909, S. 135-146. Von den zahlreichen Zeitungsartikeln, die im Lauf der Zeit zu diesem Thema erschienen, sei erwähnt: Konrad Fakler, Der Herzog von Achberg, Schwäbische Zeitung vom 9. August 1946.

[2] Über Beckh enthält die Bodensee-Heimat-Schau vom 30. Juni 1928 einen kurzen biographischen Abriß aus der Feder seiner Tochter.

[3] Vgl. dazu die beiden Aktenbüschel BA I 38 und BA I 41 im Stadtarchiv Lindau sowie die Darstellung von Schützinger (wie Anm. 1).

[4] Augsburger Abendzeitung vom 23. Juni 1866. Nach Schützinger erfolgte die Verbrennung des Bismarckbildes erst später nach der Verlesung der Proklamation.

[5] Augsburger Abendzeitung (wie Anm. 4).

[6] Ebd.

[7] Bericht des Lindauer Magistrats vom 22. Juni 1866, Stadtarchiv Lindau BA I 41.

[8] Stadtarchiv Lindau, Magistratsprotokoll vom 21. Juni 1866, Blatt 73 f.

[9] Lindauer Tagblatt vom 26. Juni 1866.

[10] Lindauer Tagblatt vom 30. Juni 1866.

[11] Lindauer Tagblatt vom 2. Juli 1866.

[12] Stadtarchiv Lindau BA I 41.

[13] Abschriften der Gerichtsakten im Stadtarchiv Lindau BA I 41.

[14] Schützinger (wie Anm. 1), S. 145. Nachforschungen in den Städtischen Kunstsammlungen Augsburg und im Stadtarchiv Augsburg, wohin der Nachlaß von Dr. Joseph Völk gelangte, blieben ergebnislos.

Schloss Achberg

Gemischtes Warengeschäft u. Wagnerei
v. J. Maier

Dampfziegelei

Gruss aus
Esseratsweiler

Das Gerüst verhüllt die Ostfassade des Schlosses, 1992: Mustersanierung des Landesdenkmalamtes auf Schloß Achberg von 1988 bis 1994

Die Rettung von Schloß Achberg – Ein Drama in vier Akten[1]
Der letzte Akt geht gut aus – also doch kein richtiges Drama

Von Hans Sättele

1. Akt: Rettung durch Vermarktung

Wer von da unten, dem Schussental, der Kreismetropole, kannte es schon, das Schloß über der Argen? Viel eher kannte man - von Schulausflügen, Maiwanderungen her - den Hängesteg über die Argen. Die erste denkmalpflegerische Aufmerksamkeit galt dann auch diesem. Dabei kam man zwar am Schloß vorbei, aber nicht hinein: Es war verschlossen, hatte etwas märchen-dornröschenhaftes. Das sollte sich bald ändern.

Zehn Objekte führt das Landesdenkmalamt im Schwerpunktprogramm für besonders gefährdete Baudenkmale auf - darunter 1980 auch Schloß Achberg. Die Dachkonstruktion und der bedeutende Stuck (vor allem im Rittersaal) sollen gesichert werden. Dadurch gedrängt, will sich das Haus Hohenzollern-Sigmaringen von dieser unrentierlichen, kostenintensiven Immobilie trennen. Die Bauer-Bau-Management KG (BBM) Kressbronn soll und will eine Vermarktung durch eine sinnvolle Nutzung erreichen. Im Juli 1981 wird diese Nutzung in einem Vorprojekt „Hotel mit Reiterhof" präzisiert. Geplant sind: in Schloß und Amtshaus, jeweils unter Vollausbau der Dachgeschosse, 27 Doppelzimmer mit Naßzellen und zehn Appartements, insgesamt also ca. 85 Betten; im Erdgeschoß des Schlosses ein Café-Restaurant mit 45 Plätzen einschließlich der zugehörigen Nebenräume und im Gewölbekeller eine „Kneipe" mit etwa 50 Plätzen; dazu im Amtshaus eine große Sauna, die Verwaltung und zwei Bedienstetenwohnungen. Im Bereich des Gutshofes soll ein Pferdegehöft mit rund 45 Boxen und im Untergeschoß eine Tiefgarage mit 40 Stellplätzen entstehen. Öffentlich zugänglich bleiben bei dieser Konzeption „Hotel mit Reiterhof" im Schloßgebäude neben den Restaurants die Kapelle und der Rittersaal. Die Begründung führt aus: „Es ist beabsichtigt, das Schloß mit seiner besonders reizvollen Umgebung dem Reiter, Wanderer und Erholungssuchenden zur Verfügung zu stellen."

Zuschüsse und ein Beteiligungsmodell sollen die Kosten decken. Dieses Projekt wird bei einem Behördentermin vorgelegt. Besprochen werden die Belange Abwasser, Naturschutz (Reitwege), Landwirtschaft und Denkmalpflege. „Hier sei", so der Gebietsreferent, „als Priorität die Sanierung unter dem Gesichtspunkt eines möglichst geringfügigen Substanzverlustes zu sehen." Daraus ergeben sich die Auflagen. Es sind zu erhalten: die historische Raumstruktur, die Dachkonstruktionen, Tortum und Torbogen, die Stuckdecken, die Boden- und Treppenbeläge, der Kellerhals etc. Befunduntersuchungen und Instandsetzungen durch qualifizierte Restauratoren sind notwendig für die Außenputze und deren Farbfassungen, den Deckenstuck, die Bemalungen der Wände, Türen usw. Das Dach ist mit naturroten Biberschwanzziegeln zu decken, die Fenster sind mit Sprossenteilung und Holzläden zu versehen. Sämtliche Maßnahmen an Schloß, Amtshaus, Torturm und Torbogen sind im Einvernehmen mit dem Landesdenkmalamt auszuführen. Können diese Bedingungen und Auflagen eingehalten werden, „begrüßt das Landesdenkmalamt das Umbau- und Wiederverwendungsvorhaben, da das Schloß im Rahmen des Schwerpunktprogramms als förderungswürdig angesehen wird". Auch die übrigen Behördenvertreter halten ihre Anliegen für lösbar. Der Vorsitzende faßt die Anhörung zusammen. Er hebt hervor, „daß gegen die beabsichtigte Baumaßnahme keine (wesentlichen) Bedenken bestehen". Bedenken allerdings formuliert der Gemeinderat von Achberg. Befürchtet wird, es könnten erstens Konflikte zwischen Land- und Forstwirtschaft entstehen, zweitens auf die Gemeinde wegen der Abwasserbeseitigung und der Zuwegung Kosten zukommen und drittens die begonnenen Renovierungs- und Umbauarbeiten sowie die Investitionen in die Abwasseranlagen wegen fehlender Mittel der Bauherrschaft steckenbleiben. Eine Bürgschaft soll dies verhindern.

Die Bauer-Bau-Management KG kommt der Gemeinde entgegen, streicht den Pferdehof und bietet dafür Tennissport. Die Lindauer Zeitung vom 14. Oktober 1981 glossiert: „Hätte der Gemeinderat gar eine Dachdeckung in purem Gold gefordert, der Vertreter von BBM hätte vermutlich zuvorkommend lächelnd seine Zustimmung gegeben. Bitte sehr meine Herren!" Dieser Artikel veranlaßt einen Bürger, an das Landratsamt die besorgte Frage zu stellen, „ob es für die Gemeinde beziehungsweise den Landkreis keine Möglichkeit gibt, dieses Bauwerk, dem schließlich die Gemeinde Achberg den Namen verdankt, in öffentliche Hände überzuführen". Niemand sah und sieht wohl eine solche Möglichkeit. Kaum jemand hat auch Bedenken, gilt doch der Satz: Nur ein ertragbringend genutztes Denkmal ist ein auf Dauer gesichertes Denkmal. „Alle wollen an dieser Sicherung, an der Beseitigung der deutlich sichtbaren Wunden, die im Laufe der Jahrzehnte entstanden sind, mitarbeiten."[2] Diese positive Grundstimmung führt relativ schnell - im Juni 1982 - zu einem positiven Bauvorbescheid, allerdings für eine modifizierte Nutzung. Der Markt „fordert" statt Hotelzimmer Wohnappartements. Noch im selben Monat wird gegen diesen Bauvorbescheid Widerspruch eingelegt. Begründung: Nicht angemessen seien die Auflagen zur Entwässerung und die Forderung einer Bürgschaft. Die Verhandlungen ziehen sich hin.

Die Zwischenzeit wird genutzt. Ein Hochglanzprospekt wirbt für die Schloßherrengemeinschaft. „Die Initiatoren haben die Herausforderung und gleichzeitige Rettung des vom Zerfall bedrohten Kulturdenkmals Schloß Achberg

angenommen und beabsichtigen mit der geplanten Renovierung, Umbau und Neugestaltung, Schloß Achberg mit einer
sinnvollen Nutzung der Nachwelt zu erhalten." Ein Musterzimmer zeigt, wie dies geschehen soll. Es zeigt aber auch mit
Teppichboden und Wandbespannung die unterschiedlichen
Auffassungen von Laien und Fachleuten über Erhalt, Pflege
und Renovierung eines Kulturdenkmals, über pseudo und echt.
Der Bauvorbescheid läuft nach Jahresfrist ab. Einem kurz zuvor
gestellten Verlängerungsantrag kann nicht stattgegeben werden. Ein weiterer Widerspruch ist die Folge. Diese Themen und
Verfahren beschäftigen Verwaltungen und Juristen auch im

2. Akt: Das Spiel geht weiter

Der zweite Akt beginnt mit solchen Überschriften der Schwäbischen Zeitung: Kressbronner Baumanagement „meldet Vergleich an" (11. Juni
1983), „ist jetzt in Konkurs gegangen" (14. September 1983), „Schloß Achberg
hat erneut den Besitzer gewechselt" (29. Oktober 1983). Neuer Eigentümer
von Schloß, Amtshaus und Garten wird mit Vertrag vom Oktober 1983 die
Martinsrieder Grundstücksverwaltungsgesellschaft mbH. Bis Ende des Jahres
soll ein Architekten-, Treuhänder- und Verwaltungsteam, so der Träger, „erfahrene Profis, die bereits drei Schlösser vermarktet haben", das neue Konzept
vorlegen. Michael Schnieber glossiert in der Schwäbischen Zeitung: „Ein Baudenkmal wird vermarktet. Nicht nur mißgünstige Neider empfinden Unbe-
hagen, wenn sie das hören. (...) Trotzdem läßt sich kaum bestreiten, daß sich
hier die auf absehbare Zeit einzige Chance bietet, das Deutschordens-Schloß
vor dem Verfall zu bewahren und so zu nutzen, daß seine Erhaltung gesichert
ist." Hier deckt sich wohl die veröffentlichte mit der öffentlichen Meinung.

Nichts wird es mit Ende des Jahres. Die Planungen, die Abstimmung mit vielen
Besprechungen dauern länger. Erst ein halbes Jahr später, am 25. Mai 1984,
wird der Antrag auf einen erneuten Bauvorbescheid eingereicht. Geplant sind
jetzt: im Schloß 13 Wohnungen (alte Planung 32), davon vier im ersten und
zweiten Dachgeschoß; im Gewölbekeller ein privates Hallenschwimmbad; im
Amtshaus sechs Wohnungen und eine öffentliche Gaststätte; im ehemaligen
Schloßgarten und Grünbereich Schwimmbad und Tennisplatz sowie ein Pavillon
mit Club- und Umkleideräumen; unter dem Tennisplatz eine Tiefgarage mit
30 Plätzen, dazu 16 Stellplätze entlang der Zufahrt, in der Böschung zum Garten.

Und so wird geworben: „Schloßherren auf Achberg: Conrad von Ahperg, die
Grafen von Bregenz, Montfort und Waldburg, die Herren von Molbrechtshausen,
die Freiherrn von Königsegg, die Herren von Sürgenstein, die Deutschherren
und das Haus Hohenzollern in der Vergangenheit - und in der Zukunft Sie!

1982 bis 1988 ist Schloß Achberg Objekt
von Bauspekulationen und Finanzierungsmodellen: Einbau eines Musterbade-
zimmers 1984

Schloßherrengemeinschaft
Schloß Achberg
»Argental«

(...) Die Privilegien der Schlossherren von damals übertragen sich in bestimmten Formen auch auf die Schloßherren von heute. (...) Schloß Achberg: Ein Stück erwerben und alles besitzen. (...) Schloßherr auf Achberg. Die nobelste Form, einem exklusiven Lebensstil Ausdruck zu geben." Da ist also Öffentlichkeit, die beim Reiterhotel beziehungsweise der Appartementanlage noch einigermaßen gegeben war, nicht erwünscht.

Alle Träger öffentlicher Belange sind wieder zu hören. Vier Schwerpunkte kristallisieren sich heraus: das Abwasser, der Denkmal-, Natur- und Landschaftsschutz sowie die Landwirtschaftsemissionen. Das Abwasser muß - so verlangen es weiterhin die Gemeinde und das Wasserwirtschaftsamt - über das öffentliche Kanalnetz der Kläranlage zugeführt werden. Der Denkmalschutz erkennt an, daß die neue Planung geringere denkmalstörende beziehungsweise zerstörende Eingriffe bringt: Weniger Wohneinheiten bedingen weniger Küchen und Naßzellen, diese in weniger empfindlichen Bereichen der Nordspange und in den Dachgeschossen weniger Gaupen. Trotzdem, die denkmalpflegerischen Auflagen und Forderungen werden nun (war es das Musterzimmer?) detaillierter, präziser formuliert, zum Beispiel: 'Stuckdecken und Wandmalereien sind zu erhalten. Für die Stuckdecke des Rittersaales sind vor Beginn der Bautätigkeit Sicherungsmaßnahmen durch eine qualifizierte Fachfirma vorzunehmen. Die historische Dachkonstruktion ist vollständig in situ zu erhalten. Der Dachgeschoßausbau ist so durchzuführen, daß die Konstruktion in ihrer Ablesbarkeit nicht beeinträchtigt wird. Durch statische und restauratorische Gutachten ist nachzuweisen, ob der Dachausbau über dem Rittersaal ohne eine Gefährdung der Stuckdecke überhaupt möglich ist.'

Verkaufsbroschüre für Schloß Achberg

Der Naturschutzbeauftragte wird schon Ende 1983 durch einen Zeitungsartikel zu folgender Feststellung veranlaßt: „Es kann nicht angehen, eine unter bestimmten Voraussetzungen (Reiterhotel) gegebene Genehmigung flugs in eine Blankovollmacht für alles Mögliche umzudeuten." In seiner Stellungnahme zur neuen Bauvoranfrage äußert er dann auch schwerste Bedenken: „Gerade in diesem Abschnitt des Argentals (der übrigens in einem Landschaftsschutzgebiet liegt) wäre eine solche Verwendung[3] unter keinen Umständen tragbar, weil vergleichbar mit einer weiteren Splittersiedlung im Raum Achberg. Gleichzeitig wird auch wegen solch anspruchsvoller Nutzung der Druck nach 'befestigten' Verkehrsanlagen und anderen Einrichtungen[4] sehr stark. Diese können hier in einem solch landschaftlich empfindlichen Gebiet nicht geduldet werden."

Landwirtschaftsemissionen beunruhigen die Gemeinde Achberg. Sie sieht in der Nachbarschaft von Landwirtschaft zu Wohnen mit Freizeiteinrichtungen vorprogrammierte Konflikte. Das Landwirtschaftsamt spricht die sich erst in jüngster Zeit geänderten Voraussetzungen an. Die Milchquotenregelung bedinge unter Umständen eine Umstrukturierung des bestehenden Betriebes durch vermehrte Rinder- und/oder Mastschweinehaltung. In der „Immissionsschutzrechtlichen Beurteilung" wird festgestellt: „Die Nutzung der Schloßgebäude vorwiegend durch Wohnungen der gehobenen Art schließt die Einstufung als Dorfgebiet aus, da die Wohnnutzung des gesamten Komplexes gegenüber dem bereits bestehenden landwirtschaftlichen Betrieb eindeutig überwiegt. Das heißt, bei der Prüfung der Zumutbarkeit von Emissionen sind die strengen Kriterien eines „Allgemeinen Wohngebietes" zugrunde zu legen. Problematisch ist der Standort der gesamten Freizeitanlagen, da dieser direkt an die landwirtschaftlichen Gebäude angrenzt. Auch für Anlagen der Freizeit und der Erholung gelten strenge Schutzvorschriften. Bei der derzeitigen Bewirtschaftungsart sind wegen des Abstandes zu den Schloßgebäuden für deren Bewohner keine unzumutbaren Belästigungen (Lärm, Geruch) zu erwarten. Für die Erholungseinrichtungen trifft dies allerdings nicht zu. Wird aber die Betriebsart (durch vermehrte Rinder- und/oder Schweinehaltung) geändert, dann kann auch bei Anlegung großzügigster Berechnungsmaßstäbe der erforderliche Mindestabstand zur Wohnbebauung (Schloß und Amtshaus) und schon gar nicht zu den geplanten Freizeitanlagen eingehalten werden. Dem Pächter muß das Recht zugestanden werden, im Rahmen der Ortsüblichkeit die Bewirtschaftung seines Betriebes zu verändern beziehungsweise zu erweitern (zum Beispiel durch Anpassung an den Markt). Dem gesamten Vorhaben kann deshalb aus immissionsschutzrechtlicher Sicht nicht zugestimmt werden."

All die Bedenken und Anregungen sind abzuarbeiten, Gutachten zu fertigen. Das dauert, braucht Zeit, viel Zeit. Die Antragsteller werden ungeduldig. Das

Bauherrenmodell werde - so schon im Oktober 1984 - durch die Forderungen des Denkmalamtes, statisch-restauratorische Gutachten beizubringen und den Dachgeschoßausbau mit dem Landesdenkmalamt zu koordinieren, ernsthaft in Frage gestellt. „Ohne Dachstuhlausbau sei eine Realisierung dieses Sanierungsobjektes aus wirtschaftlichen Gründen schlichtweg unmöglich. Unter diesen Bedingungen müßte die Mandantschaft auch an eine Weiterveräußerung denken. Angebote, zum Beispiel auch der Baghwan Sekte, liegen vor." War das bloßer Hinweis oder gar Drohung? Auf jeden Fall wird hier zum ersten Mal die Möglichkeit einer Weiterveräußerung angesprochen. Später heißt es dann, 'das Gesamtprojekt sei ernsthaft gefährdet - oder es platze, weil durch die Verzögerungen die Zwischenfinanzierungslasten unangemessen steigen, die Termine und Kosten (zum Beispiel der Generalunternehmer sei vertraglich nur befristet gebunden) nicht gehalten werden können.' Er, der Bauherr, wende sich jetzt an den MdB.[5]

Ein weiterer Kaufinteressent meldet sich. Er will Wohnungen für Familien mit „humanistisch philosophischem Hintergrund" einrichten. War das der Anlaß? Denn es werden vom Eigentümer wieder Verkaufsabsichten, Regreßansprüche und Rückgabeverhandlungen angedeutet. Das Drängeln, auch die Verärgerung, der Frust sind verständlich. Aber bei der Aktendurchsicht findet sich kein Leerlauf. Im Schnitt sind es pro Woche mindestens eine Telefonnotiz, ein Aktenvermerk, ein Brief, ein Besprechungsprotokoll. Vier große Sitzungen - drei unter Beteiligung des Regierungspräsidiums - dienen der Koordinierung und Klärung der Sachfragen, zum Beispiel, ob die geplante Außenanlage, vor allem der Tennisplatz, entfallen kann. Die kategorische Antwort der Bauherrschaft: 'diese sei eine conditio sine qua non für das gesamte Projekt'.

Immer häufiger findet man nun die grünen „b. R."[6] und Randvermerke: Der Herr Landrat schaltet sich also ein. Leitet selbst Besprechungen. Es interessiert ihn. Das wundert auch nicht, geht es doch um ein Denkmal. Und er sei - nach der Schwäbischen Zeitung - ein „Denkmalverliebter". Viele Fragen lassen sich lösen. Aber nicht alle. Am 19. April 1985 heißt es in der so dringend geforderten und erwarteten Entscheidung: „Eine Baugenehmigung wird nicht in Aussicht gestellt." Die Begründung in Zusammenfassung der wichtigsten Teile: „die Außenanlagen sind wegen des Immissionsschutzes (Gebot der Rücksichtnahme ein öffentlicher Belang) abzulehnen. Da der Antrag als Ganzes gestellt ist, muß das Ganze abgelehnt werden. Auf die übrigen Fragen Abwasser, Verkehrsanlagen, bauliche Maßnahmen an Schloß und Amtshaus brauche deshalb nicht mehr eingegangen werden."

Wieder ein Widerspruch. Ausführlich die juristische Begründung. Ein Hilfsantrag wird gestellt: „Wir beantragen die Erteilung eines Bauvorbescheides für

Schloß und Amtshaus unter
Ausklammerung der Außen-
anlagen." Die Schlußbemer-
kungen der Widerspruchsbe-
gründung erklären das
Warum. „Da die Vorhalte-
kosten seitens der Wider-
spruchsführerin nicht nur
im Bereich des Kapitaldien-
stes, sondern auch im Bereich
der bisher aufgewendeten
Planungskosten außerordentlich hoch sind und weiter, weil
die Bausubstanz auf Schloß

Achberg die Sanierung dringlich erfordert, bitten wir, dieses Widerspruchs-
verfahren eilbedürftig und vorzugsweise zu behandeln." Weiter wird Gesprächs-
bereitschaft angedeutet, dann heißt es: „Es geht um die Erhaltung eines hoch-
wertigen Kulturdenkmals, das aus Liebe zum Gegenstand mit hohem privaten
Einsatz erhalten werden soll. Das Landesdenkmalamt wird auf Rückfragen
sicher bestätigen, daß das denkmalschützerische Interesse stets Vorrang vor
vordergründigen, betriebswirtschaftlichen Überlegungen hatte. Auch hierauf
hinzuweisen ist der Widerspruchsführerin Bedürfnis." Ein denkmalliebender
Landrat und ein denkmalliebender Eigentümer, da muß doch etwas zusammengehen. Oder? In einem sind sie sich einig. Die Sanierung ist dringend
notwendig!

3. Akt: Achberg QUO VADIS oder eine unendliche Geschichte

„Nobelherberge Schloß Achberg läßt auf sich warten - Statt Baugenehmigung
gibt's Denkmalschutzauflagen" titelt die Schwäbische Zeitung vom 26. April
1985 und schreibt weiter: „Das nächste Jahr" - so das Landratsamt - „ist der
letzte Termin für die denkmalpflegerische Sicherung, ohne Rücksicht darauf,
ob die Nutzung geklärt ist." Zwei Hauptthemen der nächsten Zeit sind damit
angesprochen: Sanierung und Weiterverkauf. Es geht also um die dringend
notwendigen Sicherungs- und Erhaltungsmaßnahmen an der Stuckdecke über
dem Rittersaal, am Dachstuhl, an der Dachdeckung, den Wasserabführungen,
an Fenstern, Gewänden, Gesimsen und am Putz. Aber diese Sanierungsmaßnahmen seien für ihn, den Bauherrn, nur zumutbar, wenn eine Nutzung ga-
rantiert sei. Und deshalb geht es um die Weiterbearbeitung der Widerspruchs-
verfahren und des Hilfsantrags. Weitere Stellungnahmen sind erforderlich
und werden eingeholt. Ein Amtshilfeersuchen wird an das Regierungspräsidium gestellt. Eine detaillierte Zusammenstellung aller Fragen wie
Dachgeschoßausbau, Abstände zur Landwirtschaft, Stellplätze, Zuwegung und

Dringend notwendige Sanierung, 1990: Die Jahrhunderte haben der Stuckarbeit hart
zugesetzt

Abwasserbeseitigung geht dem Bauherrn zu. Dann geht es immer noch um den Weiterverkauf der Immobilie. In der Frankfurter Allgemeinen Zeitung erscheint ein Inserat „Schloß Achberg wird verkauft". Soll, kann der Kreis unter welchen Bedingungen und mit welcher Finanzierung einsteigen? Schon nach der ersten Verkaufsabsichtsäußerung Ende 1984 sehen einige Mitglieder des Schul- und Kulturausschusses die Rettung des Schlosses im Erwerb durch den Landkreis. Aber der Herr Landrat hat Bedenken, Bedenken finanzieller Art: Man müßte

auch die Gesamtbelastung des Kreises sehen. Obwohl er schon gerne möchte. Originalton: 'Wenn es die Notwendigkeit gebiete und sich die Gelegenheit ergebe, Achberg zu kaufen, renne man bei ihm offene Türen ein.' Jetzt, Mitte 1985, ist es angeboten. Auch dem Landkreis, für 1,3 Millionen DM. Die Suche nach Geldgebern fängt an. Jeder mögliche Nothelfer wird von Herrn Landrat Dr. Guntram Blaser persönlich angeschrieben. So Innenminister Schlee: „Der Landkreis hat mit Schloß Achberg einen der schönsten Flecken Erde 'Ihres' ehemaligen Landkreises geerbt

(...). Den Wert von Achberg beziehungsweise den Verlust im Fall der Untätigkeit kann man nur ermessen, wenn man das Schloß und seinen Zauber vor Ort erlebt hat. Deshalb schlage ich vor, daß Sie als 'Hohenzoller' einer guten Tradition folgend (wie einst Amalie Zephyrine[7]) 'herbeieilen', um das Schloß wieder einmal vor den Bayern beziehungsweise dem Verfall zu 'erretten'." Angeschrieben werden gleichfalls SKH Carl Herzog von Württemberg (Vorstandsmitglied der Denkmalstiftung), Hans Dietmar Sauer, Landeskreditbank (Denkmalstiftung), Staatssekretär Alfons Maurer, Josef Dreier MdL, Regierungspräsident Dr. Max Gögler, Prof. Dr. August Gebeßler, Präsident des Landesdenkmalamtes, und Prof. Dr. Hubert Krins, Leiter der Außenstelle Tübingen des Landesdenkmalamtes. Anträge werden gestellt beim Innenministerium (Denkmalnutzungsprogramm), bei der Denkmalstiftung und beim Landesdenkmalamt (Schwerpunktprogramm). Alle Adressaten setzen sich ein. Aber Mittelzusagen können - wenn überhaupt - nur beschränkt gegeben

Verkaufsannonce für Schloß Achberg in der Frankfurter Allgemeinen Zeitung, 1984

werden. Alle wollen das Schloß retten - das ist auch nötig, die Schäden werden immer deutlicher -, aber es fehlt allen das Geld.

Da kommt eine neue Idee auf. Ist das die rettende? München, den 11. September 1985: Der Schloßeigner legt eine „Grundkonzeption zur Realisierung eines Kulturzentrums für die Bodensee-Region" vor. Der Leitgedanke: „Gesellschaftliche Strukturwandlungen, neue Erkenntnisse, neue Bedürfnisse und neue Denkweisen schaffen neue Voraussetzungen, verändern das Verhalten und Handeln der Menschen. In diesem Sinne kommt der Kunst und Kultur in zunehmenden Maßen eine eminent gesellschaftpolitische Bedeutung zu. (...) Es ist deshalb vornehme Pflicht, der Kunst Raum zu schaffen, den Künstlern ein optimales Schaffens- und Lebensumfeld zu gewähren. Unter diesem Aspekt soll das Schloß Achberg ein kultureller Lichtblick werden, der weit über die Region am Bodensee strahlt (...).“

Das Konzept ist ambitioniert: „Zehn Wohnungen mit angegliederten Arbeitsbereichen für Künstler: Maler, Bildhauer, Komponisten, Schriftsteller. Diese interdisziplinäre Zusammensetzung bringt die Voraussetzung für ein vitales Kulturschaffen (Vorbild die Villa Massimo, Rom). Permanente Werkschauen der verschiedenen Künstler in eigenen Ausstellungsräumen und in offenen Ateliers. So können Besucher am Schaffensprozeß der Künstler teilhaben. In der Eingangshalle, im Rittersaal, in der Hauskapelle kulturelle Veranstaltungen der verschiedensten Art für die interessierte Öffentlichkeit, zum Beispiel: Konzerte, Lesungen, Ausstellungen, Vernissagen usw. Nicht nur im Schloß ansässigen, sondern auch auswärtigen, vor allem jungen Künstlern soll hier eine Plattform gegeben werden.“

Zuerst wird zur Finanzierung, wie bisher, an eine Art Bauherrenmodell gedacht. Doch schnell kommt die Einsicht, daß „Atelierappartements" an Künstler schwer verkäuflich sind. Ein Immobilienfond soll nun das Kapital bringen. Als Sponsoren, davon ist der Schloßeigner überzeugt, könnten bedeutende Firmen wie BMW, Daimler Benz, Siemens, Philipp Morris und Reemtsma gewonnen werden. Als Fondsträger biete sich die Allianz an. „Bei dieser Konzeption" - so wird zusammengefaßt - „handelt es sich um eine Synthese von Denkmalschutz als aktive Kulturpflege und von aktuellem zeitgenössischem Kunstschaffen. Künstler können untereinander und die Öffentlichkeit mit den Künstlern und dem Schloß in einen permanenten und direkten Dialog treten." Also eine Idealvorstellung. Das Schloß ist gerettet und für jedermann (zumindest zu bestimmten Zeiten) offen.[8]

Aber ganz so ideal ist das Konzept auch wieder nicht. Einige denkmalpflegerische Bedenken bleiben. Die Einbauten von Ateliers in die Dachgeschosse verursachen stärkere Eingriffe in die Denkmalsubstanz. Ateliers brauchen mehr Licht, also größere Gaupen. Die Nutzung des Raumes über dem Rittersaal muß nach wie vor wegen der möglichen Stuckschädigung in Frage gestellt werden. Die zu den Fluren teilweise offenen Ateliers des ersten bis dritten Obergeschosses verfälschen das Grundrißdokument. Der Bauherr streicht die Nutzung der Dachgeschosse. Die übrigen Einwände sollen bei der Weiterplanung Berücksichtigung finden. Ende 1986 werden die Detailfragen mit dem Landesdenkmalamt besprochen. Ein weiterer Klärungsbedarf: Mehr Öffentlichkeit verlangt nach mehr Parkierungsflächen; die Zuwegung wird wichtiger. Wie seit der allerersten Bauvoranfrage ist die Abwasserbeseitigung immer noch Thema. Diskutiert werden bei mehreren Terminen zwei Lösungen: dezentral mit Kleinkläranlage oder geschlossener Grube, zentral mit Anschluß über das gemeindliche Kanalnetz an die Kläranlage, dann die Kosten der Systeme im Vergleich, die Zuschüsse und die Gemeindebeteiligung. Erst im April 1987 zeichnet sich über Landeszuschüsse eine Lösung für den von der Wasserwirtschaft geforderten Kanalanschluß ab. Die wesentlichen Anforderungen an ein genehmigungsfähiges Baugesuch sind erfüllt.

Zwischenzeitlich werden die übrigen noch anstehenden Verfahren - Widersprüche, Hilfsantrag - auf Eis gelegt. Das allerdings gelingt beim Schloß nicht. Dessen Zustand wird immer schlechter, die Auflagen und der Ruf nach Abhilfe werden immer massiver. Not-

maßnahmen werden am Glockenturm, dem Eingangsbogen und der Rittersaaldecke durchgeführt. Die starke Mauerdurchfeuchtung wegen zugewachsener Dachrinnen und fehlender Fallrohre muß verhindert werden. Am Stuck im Innenbereich nehmen die Schäden sichtbar zu. Diese Maßnahmen werden Ende des Jahres erledigt.

Und wieder melden sich neue Kaufanwärter! Eine amerikanische Gruppe möchte eine Fastenklinik einrichten. Ohne größeren Substanzverlust wäre auch eine solche Einrichtung keinesfalls machbar. Eine Gräfin aus Österreich zeigt Interesse, aber nur, wenn ein großer Park angelegt werden kann. Kann er aber nicht. Doch auch der Landkreis bleibt im Gespräch. Es werden Kostenberechnungen auf- und Nutzungsüberlegungen angestellt. Modelle werden entwickelt, wie zum Beispiel: Der Landkreis Ravensburg übernimmt als „seriöser

In jämmerlichem Zustand befand sich der Glockenturm vor der Restaurierung, 1988

Zwischenwirt" zur „Überwinterung" das Schloß. So könne man in Ruhe nach einer richtigen, das heißt denkmalgerechten Nutzung suchen. Eine solche Nutzung bedeutet Einschränkung, damit eine Wertminderung. Dazu kommt, daß die dringenden Sanierungsmaßnahmen bereits auf ca. 2,5 Millionen DM geschätzt werden. Wer kann, wer will, wer wird unter solchen Voraussetzungen als Käufer auftreten? Kann das die „öffentliche Hand", in dem Fall der Landkreis? Der aber, wenn überhaupt, eben nur mit Hilfe des Landes und anderer Geldgeber. So geht das Anklopfen, Klinkenputzen, Bitten und Betteln weiter. Und wessen Sache ist dies? Natürlich die des Herrn Landrats.

Obwohl schon immer erwartet, kommt das Kaufangebot gerade jetzt doch unerwartet. Denn gerade jetzt hat die Planung „Kunst-Zentrum für die Bodensee-Region" ein genehmigungsfähiges Stadium erreicht. 'Dieses Projekt sei' - sagt der Grundstücksbesitzer - 'zwar auf großes Interesse gestoßen. Die Vermarktung sei aber schwierig. Künstler, die da mitmachen wollten, die gäbe es. Denen fehle aber das notwendige Kapital.' „Ich bin aufgrund der bisherigen guten Zusammenarbeit mit Ihnen, Herr Landrat, bereit, dem Landkreis ein günstiges Kaufangebot zu unterbreiten", so in einem Brief der Münchner Bauherr. Warum hält einer aus der freien Wirtschaft, also einer, der den Markt, die wirtschaftliche Lage doch kennt, so lange an seinen Vorhaben fest? In einem Sitzungsprotokoll heißt es: er hänge sehr an diesem Objekt, sei in das Schloß immer noch „verliebt". Bei früheren Verkaufsverhandlungen wollte der Bauherr für sich selbst stets eine Wohnung behalten. Auch das ist wohl Ausdruck dieser langsam entstandenen Liebe zum Objekt. Aber es waren noch andere Gründe, wie er in einem Gespräch gestand. Achberg sei in seiner ganzen Berufslaufbahn sein erstes Projekt, das nicht zum gewünschten Erfolg führe. Dies zu akzeptieren, falle schwer. Und das um so mehr, als viele Freunde ihn vor diesem Unternehmen gewarnt hätten. Aber jetzt, bevor die Verluste - finanzielle bei ihm, substanzielle beim Schloß - zu groß werden, müsse diese Trennung sein. Über Kaufpreis und Kaufbedingungen (sie sollten für beide Teile fair sein) ist man sich relativ schnell einig. Jetzt gilt es, das Geld zum Kauf und für die dringendsten Instandhaltungsmaßnahmen zu beschaffen, dann die Gremien zu überzeugen. Keine leichte Aufgabe. Wen trifft sie? Wieder den Herrn Landrat.

4. Akt: Was lange währt, wird endlich gut – oder: Ende gut, alles gut

Jetzt zahlen sich die früheren Bittgänge aus. Die „Nothelfer" kennen schon das Problem, das Flehen wird erhört. Natürlich gibt es Umwege: Wenn du so, dann ich so, Regelungen und Satzungen fördern dies, lassen jenes nicht zu. Der Herr Landrat bleibt dran. Was er einmal seinen Räten versprochen hatte, daß am Landkreis nur ein Teil der Erwerbskosten hängen bleibe, das mußte gehalten werden. „Es war und ist" - so der Landrat in einer Kreistagssitzung - „für mich stets Vorbedingung, daß vom Landkreis nur ein Schloß in saniertem Zustand übernommen werden kann." Unabdingbare Verhandlungsgrundlage ist deshalb, daß die jetzt neu geschätzten 2,9 Millionen DM (Zeit war verflossen, der Zustand schlechter) für die notwendigsten Sanierungsmaßnahmen vom Land abgedeckt werden. Da ist zunächst das Innenministerium beziehungsweise das Landesdenkmalamt. Der Regelfördersatz beträgt bei Kommunen 33 1/3 % des denkmalbedingten Mehraufwandes. Wegen der besonderen Bedeutung des Schlosses wird vom Innenministerium ein Fördersatz von 80 % anerkannt. Bei einem mit 60 % geschätzten Mehraufwand (dieser soll im Rahmen des Zuschußverfahrens genau errechnet werden) ergibt sich ein Zuschuß von 1.350.000,- DM. Geld kommt auch von der Denkmalstiftung; da heißt es in einer früheren Aktennotiz: 'Weil der Landkreis sich nur im Interesse der Erhaltung des Schlosses engagiere und keine typisch kommunale Nutzung beabsichtige, käme für die Denkmalstiftung (allerdings unter den Voraussetzungen eines Fördervereins und einer öffentlichen Nutzung, zum Beispiel einer vorübergehenden Bleibe für eine kulturelle Einrichtung) eine Förderung mit einem namhaften Betrag in Betracht.' Der ist dann tatsächlich namhaft: 900.000,- DM werden bewilligt. Das Landwirtschaftsministerium trägt mit seinem Programm zur Förderung des ländlichen Raumes (PLR) ebenfalls zur Finanzierung bei. Dieses Programm bezuschußt das Vorhaben nach Gesprächen mit Minister Dr. h.c. Gerhard Weiser, Staatssekretär Alfons Maurer, Regierungspräsident Dr. Max Gögler mit 650.000,- DM. Der Lückenschluß ist geschafft, die Sanierungsmaßnahme mit 2.900.000,- DM voll finanziert. Aber auch zur Deckung des Kaufpreises ist Fremdhilfe nötig. Die OEW, der Zweckverband Oberschwäbische Elektrizitätswerke, kauft die bei allen bisherigen Veräußerungen extra berechneten beweglichen Inventarteile, zahlt auch deren Renovierung und stellt alle Gegenstände dem Schloß als Dauerleihgabe zur Verfügung. Dafür werden 450.000,- DM eingesetzt. Die Fördergemeinschaft zur Erhaltung von Schloß Achberg e. V. will über Sammlungen und Sponsorengelder einen Beitrag von 60.000,- DM leisten. Die Gemeinde zeigt Interesse am namengebenden Schloß: Ihr ist es immerhin einen verlorenen Zuschuß von 250.000,- DM wert. Das ist für eine so kleine Gemeinde eine namhafte Summe, eine Tat von Bürgermeister und Gemeinderat. Bis zum zuletzt ausgehandelten Kaufpreis von 1,26 Millionen DM (es wurden auch schon einmal 1,6 Millionen DM gefordert) fehlen also noch 500.000,- DM. Dies ist nun der erforderliche Kreisbeitrag. Wer kann da noch dagegen sein, wenn schon die Gemeinde Achberg mit einer Viertel Million dabei ist? Mit dieser Überzeugung geht's in den Kreistag. Vielen ist dort die Rettung eines so hochrangigen Kulturdenkmals ein Anliegen. Und wer sollte es retten, wenn nicht die „öffentliche Hand"? Manche sehen das anders. Das war auch früher schon so. Als Franz Benedikt von Baden, der Landkomtur, das Schloß für den Deutschen Orden erwerben wollte, gab's in seinem Rat auch Gegenstimmen: "was sollen wir dort, wo die Pampa am pampigsten ist?" Oder ein anderer Komtur bemerkte: „Ich kann mir schon denken, nach welchen

Rehlein unser Landkomtur hier ansteht." Nein, solche Unterstellungen, persönliche Anzüglichkeiten leistet sich niemand. Die Einwände sind sachlich, vertretbar, gehen quer durch die Fraktionen. Auf die Zusatz-, die Folgekosten, die schlechte Finanzlage und auf die Erfüllung anderer wichtiger Aufgaben wird verwiesen. Der Vorsitzende kontert: 'Er habe vor diesen Meinungen zwar Respekt, bitte aber, nicht nach dem Motto „K oder K", Kunst oder Kartoffeln, zu verfahren.' Aber auch Kultur steht gegen Kultur. Was kommt da alles noch auf den Landkreis zu? Es gibt weitere sanierungsbedürftige Schlösser: Aulendorf und Waldburg. Auch beim Bauernhaus-Museum Wolfegg ist Geld gefragt: Grundstückskäufe stehen an. Sind die übrigen Aktivitäten, beispielsweise im Kapellenprogramm, weiterhin finanzierbar? Der Vorsitzende erläutert: „Beiträge des Landkreises zur Sanierung der Schlösser können nach diesem Rettungskauf von niemandem mehr erwartet werden. Das sei jetzt auch dem Land klar." Der Kreis müsse sich höchstens noch bei den Betriebsgesellschaften engagieren. Die übrige Kulturförderung würde wie bisher als Aufgabe gesehen. 'Erleichtert werde die Zustimmung' - so ein Befürworter - 'durch die finanzielle Situation, für deren Zustandekommen er dem Vorsitzenden besonders danke' (Beifall). 'Anerkennenswert sei ganz besonders der großzügige Beitrag der Gemeinde Achberg' (Beifall). Dem schließt sich die Mehrheit an. Das Schloß kann endgültig gekauft werden.

Bürgerliches Engagement ist eine Bedingung der Denkmalstiftung. Ein Förderverein ist zu gründen. Dieser soll sich nach Sponsoren und Geldspenden umsehen und sich um kulturelle Veranstaltungen kümmern. Als Vorsitzender stellt sich Oberbürgermeister Dr. Jörg Leist zur Verfügung. Wer Wangen kennt, weiß, wie sehr diesem Kunst und Kultur Anliegen sind. Es wundert nicht, daß der Wangener OB als Nachbar sich in Sachen Schloß frühzeitig zu Wort meldet: 'es wäre eine Kulturschande, dieses Schloß verkommen zu lassen'. „(...) ein solch intensiver Ausbau - vom Keller bis zum Dach - ist ein Verstoß wider den Heiligen Geist", wettert er. Er weist auf das Modell „Kloster Bronnbach" als Vorbild hin. Und er erarbeitet ein Nutzungskonzept. Als Vorsitzender der Fördergemeinschaft ist er, der Denkmalerfahrene, Ratgeber, Anstoßer, Kritiker und Mahner, immer jedoch ein Interessierter.

Die Mustersanierung kann beginnen.[9] Was aber bedeutet eine derartige Sanierung für die Bauherrschaft? Unterschiedliche Auffassungen sind zu diskutieren, zahllose Probleme und Problemchen zu lösen. Das bedingt viele Termine. Und der Herr Landrat ist fast immer dabei. Er nimmt seine Bauherrenrolle ernst, befaßt sich mit denkmalpflegerischen, mit handwerklichen Fragen. Er diskutiert mit, beugt sich, wenn's sein muß, dem „höheren Sachverstand", zum Beispiel bei der Außengestaltung. Er gleicht aus, regt an, führt Entscheidungen herbei. Sorgen bereiten die immer neuen Hiobsbotschaften:

Gesamtansicht von 1989: Der von innen verfaulte Dachstuhl machte die Sanierung des einsturzgefährdeten Daches zur vordringlichen Aufgabe auf Schloß Achberg, denn die einzigartige Stuckdecke im darunterliegenden Rittersaal war bedroht

Die Balkenfüße sind maroder als gedacht, in den Wänden klaffen Risse, Gesimse lösen sich ab usw. Das verursacht Mehrkosten. Und wieder muß Geld beschafft werden. Auch die veränderte Nutzung - bisher Kreisarchiv, das aus statischen Gründen nicht machbar ist, jetzt Ausstellungsräume - führt zu neuen Anforderungen. Man kann diese perfektionieren. Er aber wägt ab, überlegt, was unbedingt nötig ist. Das Schloß soll sicher, jedoch kein Hochsicherheitstrakt werden. Technik ja, aber zurückhaltend: Heizung, Lüftung, Beleuchtung, Bilderleisten sind da Stichworte. Auch den kleinsten Details wie den Fluchtwegschildern oder der Notbeleuchtung gilt seine Aufmerksamkeit. Dann geht es um das Bilderhängen, die Bestuhlung, die Möblierung, selbst das Notenpult ist Anliegen. Der Parkplatz, die Zuwegung, die Straßenleuchten, die Zäune, Stege, die Treppen und und und ...

.... Und alles wird zu einem guten Ende gebracht. Gut war das Ende am Ende sicherlich auch für den Vorbesitzer, wurde er doch vielleicht vor weiteren Risiken (zum Beispiel die immer größer und teurer werdenden Instandhaltungsmaßnahmen) bewahrt. Gut war dies Ende ganz sicher für das Schloß, denn nur ein angemessen, ein richtig genutztes Denkmal ist ein erhaltenes Denkmal. Gut ist dies Ende gleichfalls für all die interessierten Menschen des Kreises und der Region, können sie jetzt doch Geschichte, Architektur, künstlerische Ausgestaltung, vor allem den herausragenden Stuck, vor Ort erleben. Und gut ist dies Ende aber auch für die Kulturszene, denn weitere Ausstellungen, Konzerte, Vorträge beleben diese.

Weil wir all dies Gute neben vielen Mitstreitern vor allem ihm, dem Herrn Landrat Dr. Guntram Blaser, verdanken, haben wir ihm zu danken. Als zweiter Retter steht er neben jenem Franz Benedikt, der auf der Tafel über der Rittersaaltüre gefeiert wird. Darum ist es Bedürfnis (wäre es Pflicht, wenn dies nur seine sprichwörtliche[10] Bescheidenheit zuließe), die Eloge auf Franz Benedikt zu Ehren des Herrn Landrat mit Untertiteln zu aktualisieren:

Inschrift über der Mitteltür im Achberger Rittersaal, 1693: Schloß Achberg lobt seinen Bauherrn

Endlich erstehe ich wieder
durch vom Glück begünstigte Arbeit,
unter Franz Benedikts Leitung,
ich, die berühmte Burg,
die unter häßlichem Staube vorher verachtet dalag.
Er ein Ritter von ausgezeichneter Gesinnung,
berühmt durch den badischen Stammbaum,
ewigen Lobes und gleicher Ehre würdig,
ein unerschrockener Held des deutschen Ordens,
half mit seinen Söhnen dem Leopold
und blieb,
als er in der Ritterklasse oberster Magister
geworden war
dem Leopold Vertrauter mit Rat und Tat.

Zur Leitung übernahm er bereitwillig
zunächst die burgundische und dann auch die
zugleich
doppelte Ballei des Elsaß.

Als solcher kam er mir,
das ich verfiel, zu Hilfe,
erwarb mich mit barem Geld
und ließ mich sein Eigentum sein.
Er ließ die Dächer erneuern,
die verfallenen Giebel wieder aufführen
und zierte sie mit dem Ordenskreuz.

So werde ich mich nunmehr
des Schutzes des Ordens erfreuen,
möge auch der „Weiße Orden"
sich unter meinem Dach erfreuen.

Endlich erstehe ich wieder
durch vom Glück begünstigte Arbeit,
unter Dr. Guntrams Leitung,
ich, das berühmte Schloß,
das unter häßlichem Staube vorher verachtet dalag.
Er ein Landrat von ausgezeichneter Gesinnung,
gerühmt durch die oberschwäbische Abkunft,
ewigen Lobes und gleicher Ehre würdig,
ein unerschrockener Held in seinem Amte,
half mit seinen Räten den Bürgern des Kreises
und blieb,
als er unter den Landräten Senior geworden war
der Kreisbevölkerung Vertrauter mit Rat und Tat.

Zur Leitung übernahm er bereitwillig
den aus hohenzollernschen Teilen, aus den
Kreisen Wangen und Ravensburg gebildeten
neuen Landkreis.

Als solcher kam er mir,
das ich verfiel, zu Hilfe,
erwarb mich mit barem Geld
und ließ mich Kreis-Eigentum sein.
Er ließ die Dächer erneuern,
die verfallenen Giebel wieder verfestigen
und zierte sie mit dem Landkreislöwen.
(Allerdings - in Bescheidenheit - nur im Geiste)

So werde ich mich nunmehr
des Schutzes des Kreises erfreuen,
möge auch der Kreis und seine Menschen
sich unter meinem Dach erfreuen.

[1] Dieser Aufsatz basiert vornehmlich auf den Angaben in den Akten der Registratur des Landratsamtes Ravensburg.

[2] So heißt es im Zeitungsartikel der Lindauer Zeitung vom 14. Oktober 1981.

[3] Gemeint ist die Nutzung mit Luxuswohnungen.

[4] Wie zum Beispiel Schwimmbad, Tennisplätze, Clubhaus im Bereich des ehemaligen Schloßgartens.

[5] Wobei er nicht angibt, welchen MdB er meint.

[6] b. R. mit grüner Farbe = bitte Rücksprache des Herrn Landrats.

[7] Amalie Zephyrine von Salm-Kyrburg, die Frau des regierenden Fürsten Anton Alois von Hohenzollern-Sigmaringen. Dazu ausführlicher der Aufsatz von Irene Pill-Rademacher über die Geschichte von Schloß Achberg im Zeitraffer in dieser Publikation.

[8] Siehe dazu auch die Schwäbische Zeitung vom 1. März 1986: „Der Schloßherr von Achberg will aus dem Preußenrelikt ein Kulturzentrum machen".

[9] Vgl. dazu den Aufsatz von August Gebeßler in diesem Band.

[10] „Id g`schumpfe isch g`lobt g`nug", lautet ein vom Herrn Landrat gern zitierter Spruch.

Der Zahn der Zeit hat an der Fassade von Schloß Achberg kräftig genagt, 1984

Schloß Achberg

Wirtschaft

GASTHAUS ZUR BLAUEN TRAUBE.

Duznau i. Achberg bei Lindau i. B.

Stukkateur im Rittersaal bei seiner diffizilen Arbeit, 1994

Der denkmalpflegerische Weg zur Rettung von Schloß Achberg[1]

Von August Gebeßler

Als Baudenkmal ist Schloß Achberg für eine heutige Rückschau in dreierlei Hinsicht eine Besonderheit. Zum einen verkörpert Achberg durch seine Baugeschichte den seltenen Typus eines sogenannten Burgschlosses. Über 800 Jahre

hindurch wurde auf dem Bergsporn hoch über der Argen immer wieder gebaut und umgebaut, beginnend mit einer zuerst 1335 genannten „Burg zu Achberg" und auf deren Grundmauern ab dem 16. Jh. dann das heutige schloßartig große Haus. Immer wieder hat herrschaftlicher Anspruch, dem jeweiligen baukünstlerischen Zeitgeschmack entsprechend, außen und innen seine anschaulichen Spuren hinterlassen. Eine zweite Besonderheit ist ab 1988 der komplexe und schwierige Vorgang der Rettung von Schloß Achberg. Es heißt zwar, der Erfolg habe viele Väter, aber die Entschiedenheit, mit der in den achtziger Jahren beim nutzungslos gewordenen Schloß zunächst unseriöse Kauf- und Nutzungsinteressenten des Feldes verwiesen wurden und dann der Landkreis selbst in die Fürsorge für das Schloß eingetreten ist, dieses mutig-entschiedene Vorgehen ist nicht genug zu würdigen. Und in dieser Hinsicht ist ja wohl vor allem dem Landrat des Landkreises Ravensburg Dr. Guntram Blaser zu danken. Und schließlich ein Drittes: Das ist die besondere denkmal-pflegerisch-restauratorische Gründlichkeit, mit der die Instandsetzung von Schloß Achberg vorbereitet, in allen schwierigen Entscheidungsschritten der neuen Bauherrschaft vermittelt und so mit ihr zusammen dann auch zum besonderen Ergebnis geführt werden konnte.

Von dieser Instandsetzung, von den Faktoren, deren Zusammenwirken den beispielhaft schonenden Umgang mit diesem Geschichtszeugnis möglich gemacht haben, soll hier die Rede sein. Schließlich ging es in der denkmal-pflegerischen Zielsetzung nicht darum, das alte Schloß nach der bekannten Devise „erstrahlt in neuer Schönheit" durch allzu gründliche Erneuerung historisch getreu wiederherzustellen. Vielmehr war es von vornherein das Kern-anliegen im Ganzen, das Schloßgebäude substantiell und im Erscheinungsbild zwar wieder in Ordnung zu bringen, dies aber in einer Weise, bei der die Fülle von überlieferten materiellen Geschichts- und Altersspuren als anschauliche

Sprachmöglichkeit des Geschichtlichen erhalten bleiben konnten. In dieser Zielsetzung galt allerdings die alte Er-fahrung, wonach jede Denkmalpraxis immer nur so gut sein kann, wie es das Wissen um die Denkmäler ist. So war eine erste Voraussetzung die gründliche bauhandwerkliche und vor allem restauratorische Untersuchung des Schlosses in all seinen Bauteilen und Gewerken: also nicht nur die ansonsten übliche Untersuchung an den Stuckdecken, an den Wand-malereien oder in den möglichen Farbschichten an der Fassade. Vielmehr wurde ebenso bei den handwerklichen Zeugnissen, bei Fenstern, Fensterläden, Fußböden, Türen, Beschlägen usw., gründliche Nachschau gehalten, was er-haltenswert und reparaturfähig ist. Eine zweite Voraus-setzung im Ganzen, die hier schon vorweg benannt sein soll, wurde in vorbildlicher, ja beispielloser Weise vom Bauherrn eingelöst: Die Untersuchungen der Fachleute konnten sich, was den verpflichtenden Ge-schichtsbestand und dessen Instandsetzung anlangte, frei von bindenden oder erschwerenden Vorgaben für eine spätere Nutzung voll und ganz auf die Erhaltungs- und Reparaturmöglichkeiten konzentrieren. Schließlich hatte der Landkreis Ravensburg das Schloß erworben, um es zunächst vor ausbeuterisch-nachteiligem Zugriff zu schützen und im Bestand zu sichern. Konkrete

Farbmuster der Außenfassade, 1990

Detail einer Tür mit kunsthandwerklichen Beschlägen im ersten Obergeschoß, 1992

Vorstellungen über mögliche Nutzungen, wie sie dort inzwischen in denkmalverträglicher Weise zur guten Praxis geworden sind, wurden seitens des Bauherrn damals bewußt noch zurückgestellt; das Schloß sollte nicht schon von vorneherein mit nutzungsbedingten Um- oder Einbauten[9] befrachtet werden. Eben diese Grundhaltung des Bauherrn ist hier als eine der entscheidenden Grundbedingungen für das vorbildhafte Gelingen der Gesamtmaßnahme festzuhalten.

Lediglich akute Bauschäden, die sich glücklicherweise nur im Balkengefüge des Dachstuhls über dem Rittersaal - dort bereits mit Schadensauswirkung auch auf Teile der Stuckdecke - eingenistet hatten, waren ohne Wenn und Aber sofort zu beheben. Dabei war große handwerkliche Intelligenz am Werk, die den Dachstuhl in seinen abgefaulten Balkenteilen  nur reparierte und so einen größeren Bestandseingriff vermeiden konnte. Lediglich bei der Dachhaut wurde, um bei der exponierten Lage des Schlosses ganz auf Nummer sicher zu gehen, die alte Ziegel - „Haut" nicht reparierend ausgetauscht, sondern völlig erneuert. Der mächtige und weit in die Landschaft wirkende Dachkörper wird Jahre brauchen, um wieder jene Patina zu gewinnen, die bisher zum vertrauten Bild des alten Schlosses gehörte.

Die umfassende Bauuntersuchung bestätigte einerseits natürlich die bislang gültige Auffassung, wonach das „große Haus" in der zuletzt überkommenen Gesamterscheinung auf die Zeit der Neunutzung und Barockisierung (1693-1700) durch den Landkomtur des Deutschritterordens Franz Benedikt Freiherr von Baden zurückgeht: im Dachkörper, in der weithin regulären Fensterordnung, in der obersten der gliedernden Fassadenfarbigkeit und nicht zuletzt in der repräsentativen Ausstattung nahezu aller Räume (über 27!) mit Stuckdecken, für die als Stukkateur neuerdings der Wangener Balthasar Krimmer nachgewiesen werden konnte. Andererseits aber erbrachte die Untersuchung einen überraschenden Einblick in die Fülle von handwerklichen Bauzeugnissen, die teils noch aus der Zeit vor der Barockisierung, zum größeren Teil als spätere Erneuerungen aus dem 18. und 19. Jh. stammen. Dies betrifft beispielsweise außen noch die ältere Mörtelhaut und auf ihr die verschiedenen Farbfassungen (zuletzt aus dem 19. Jh.) oder die unterschiedlichen Fensterteilungen und Fensterläden. Dazu gehören innen die jetzt freigelegten, pastellartigen Dekorationsmalereien aus dem späten 18. Jh. oder die Türen und deren kostbare kunsthandwerkliche Beschläge aus verschiedenen Zeiten. Und auf all diesen handwerklichen Bauteilen ruhen wiederum die mehrfach übereinanderliegenden, restauratorisch aufgedeckten Farbfassungen. Die Begeisterung über diesen Reichtum an Befunden sowie handwerklich-kunsthandwerklichen Zeugnissen und Geschichtsspuren wurde freilich alsbald

Dachansicht von 1989 während der Sanierung

375

überlagert von der in solchen Fällen (nämlich bei der Erstellung eines Instandsetzungskonzeptes) immer spannenden, ja nicht selten konfliktträchtigen Frage: An welchem (früheren) Zustand soll sich die heutige Renovierung orientieren? Am nachgewiesenen älteren, sprich ursprünglichen Zustand (16. Jh.) oder am ebenso belegbaren Erscheinungsbild des Deutschordensschlosses in der Zeit um 1700? Was geschieht dann mit den späteren Zutaten oder Veränderungen, deren Hinterlassenschaft schließlich mit zur materiellen Wirklichkeit des Denkmals und insofern auch zum erhaltenswerten Bestand gehören?

Diese Fragen und auch ihre Lösung seien nur an zwei Beispielbereichen verdeutlicht: zum einen die Problemsituation an den Außenfassaden, wo unter der überkommenen, schon vor längerer Zeit angelegten (und daher inzwischen grau verwitterten) Weißfassung überraschenderweise zwei ältere, übereinanderliegende Farbgliederungen in großflächigen Resten aufgedeckt werden konnten. So liegen auf dem Mörtelverputz aus der ersten Bauzeit (16. Jh.) ein grau getönter Wandgrund und dazu gehörig eine hellere Gliederung durch eine verzahnte Eckquaderung und durch Fensterrahmungen. Letztere waren allerdings nicht nur aufgemalt, sondern durch graffitiartig tiefe und daher leicht schattierende Einritzungen formal „plastisch" gezeichnet. Diese Farbgliederung ist gerade durch die Einritzungen von besonderer handwerk-

licher Schönheit. Auf die Farbfassung wurde zusammen mit der Barockisierung um 1700 ein Neuanstrich gelegt - wiederum zweifarbig und wiederum im gleichen Gliederungssystem, insgesamt aber „farbfreundlicher": die Wandflächen jetzt in hellem gelb, die Eckquaderungen und die (formal veränderten) Fensterrahmungen hingegen in einem kräftig rostroten Farbton.

Das konservatorische Abwägen des sorgsamen Umgangs mit den zweierlei originalen Farbschichten war nicht nur im Fachlichen schwierig. Schließlich beteiligte sich auch die interessierte Öffentlichkeit an dieser Frage. Insbesondere auf Seiten der Bauherrschaft gab es begeisterte Stimmen, die in zunächst ja auch naheliegender Weise für eine befundgetreue Wiederherstellung einer dieser Farbfassungen plädierten. Die Meinung darüber, welche der beiden Farbgliederungen dabei zum Zuge kommen sollte, war jedoch nicht einhellig. In jedem Fall aber ging es um die Erwartung einer ästhetischen Aufwertung des zuletzt unansehnlich verwitterten Schloßgebäudes.

Diese Art Denkmalzuwendung konnte und durfte von den Fachleuten nicht einfach abgetan werden. Schließlich berief sich die Öffentlichkeit in dieser

Türdetail mit mehrfach übereinanderliegenden, restauratorisch aufgedeckten Farbfassungen im ersten Obergeschoß, 1992

Ergebniserwartung auf eine in den letzten Jahrzehnten fleißig geübte Denkmalpraxis, die in ungezählten Beispielen immer dort Beifall erntete, wo sie die alten Denkmalgebäude in allzu gründlicher Substanzerneuerung zu historisch-neuwertiger Schönheit führte - dies aber eben auf Kosten der authentisch-geschichtlichen Substanz und damit ihres geschichtlichen Charakters. Geduldig vermittelnde Auseinandersetzung war notwendig, um für die in diesem Fall ganz andere denkmalpflegerische Zielsetzung Verständnis und schließlich auch Zustimmung zu gewinnen. Die rekonstruierende Wiederherstellung einer der beiden historischen Farbfassungen hätte technisch-praktisch bedeutet, daß vorausgehend all jene originalen Mörtel- und Farbschichten, also die geschichtlich gewachsene „Haut" des Baudenkmals, hätten beseitigt werden müssen, die als farbkünstlerisch einmalige Zeugnisse aus der Renaissance- und Barockzeit Jahrhunderte überdauert hatten. Damit wäre künftigen Generationen bei später wiederum notwendigen Instandsetzungen die Begegnungsmöglichkeit mit diesen materiellen Geschichtsspuren für immer versagt. Kurzum: Die eigentliche denkmalpflegerische und schließlich auch von der verantwortlichen Öffentlichkeit mitgetragene Leistung liegt in der erhaltenden Reparatur: Die original überkommene „Haut" aus alten Mörtel- und Farbschichtresten wurde gereinigt, gefestigt und durch eine geschlossene helle Kalkschlämme konservierend überzogen. So ist das Ergebnis wiederum und nach wie vor jenes helle Erscheinungsbild, mit dem der Baukörper des Schlosses in der Landschaft den letzten Generationen vertraut geworden war. Und wer genauer hinschaut, spürt die Tatsache bewußt bewahrter älterer Schichten und damit ein Stück geschichtlicher Glaubwürdigkeit.

Als zweites Beispiel für den schwierigen Umgang mit unterschiedlich alten Handwerkszeugnissen seien die vielartig vorhandenen Fenstergestaltungen benannt. In Konstruktion, Sprossenteilung, Beschlägen und Verglasung sind in den vorgefundenen Fenstern unterschiedlichste handwerkliche Zeugnisse aus der Geschichte des Fensterbaues überliefert, die von barocker Sechseckverglasung bis zu neugotischen Formen reichen. Diese Vielfalt an einem einzigen Baudenkmal ist einmalig. Die Reparaturbedürftigkeit und die heute übliche Forderung nach Einbau von Wärmeschutzfenstern legten es zunächst allerdings nahe, an eine völlige Erneuerung der Fenster zu denken. Man sah darin zudem die Chance, mit einer einheitlichen Gestaltung aller Fenster für das Schloßgebäude auch wieder ein „ordentlich" einheitliches Gesamtbild zu gewinnen. In intensiver Diskussion waren schließlich zweierlei Forderungen unter einen Hut zu bringen: einerseits die denkmalpflegerisch reparierende Erhaltung dieses einmaligen Fensterbestandes und andererseits die ebenso

Große Vielfalt an einem einzigen Baudenkmal: ein Beispiel für die unterschiedlichsten handwerklichen Zeugnisse aus der Geschichte des Fensterbaues, 1991

377

legitime Forderung nach zusätzlichem Winter-Wärmeschutz. Die erreichte Lösung in diesem Konfliktbereich ist für vergleichbare Fälle beispielhaft: Es konnten Handwerker einbezogen werden, die nicht nur in der heute üblichen Weise den kopierenden Nachbau historischer Fenster betreiben, sondern mit großer Intelligenz und Findigkeit auch die erhaltende Reparatur schadhafter und scheinbar unbrauchbarer Altfenster leisten. Auf diese Weise wurden in Achberg all die besonderen Fenstertypen gerettet, und dem Schloß wurde damit ein Stück „Geschichte zum Anfassen" bewahrt. Lediglich fünf Fenster mußten vernünftigerweise dann doch gänzlich erneuert werden. Dabei ist pikanterweise anzumerken, daß es sich hierbei nicht etwa um die ältesten, sondern um die erst in jüngerer Vergangenheit erneuerten Fenster gehandelt hat.

Die Forderung nach Winter-Wärmeschutz führte vernünftigerweise zur Frage, wie weit denn von der öffentlichen Winter-Nutzung her überhaupt eine

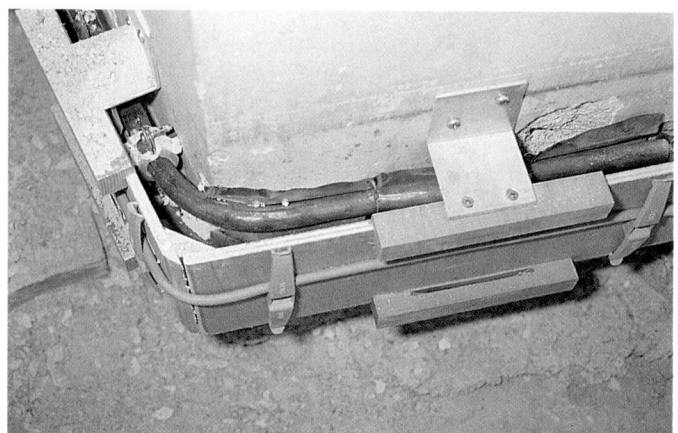

Klimatisierung, etwa für den Anspruch einer Wohnnutzung, zwingend erforderlich sein kann. Ausschlaggebend für die schließlich gefundene Lösung war die hoch anzuerkennende Bereitschaft des Kreistags zu einer Besichtigungsreise, bei der in Schlössern mit vergleichbaren Voraussetzungen und Bedingungen die Winterpraxis beispielhaft studiert werden konnte. Für Achberg ergab sich daraus der Weg zu einer angemessenen Temperierung der Räume durch dreierlei ganz pragmatische Vorkehrungen: Zum einen werden bei Bedarf wie früher schon immer und überall zusätzlich sogenannte Winterfenster eingehängt. Zum zweiten sind die am Schloß seit jeher vorhandenen Fensterläden (die älteren als Brettläden, die jüngeren mit Lamellen) schließlich nicht nur als Fassadenbereicherung, sondern vor allem ja auch für den Wetterschutz gedacht gewesen und so heute noch zu gebrauchen. Drittens die Heizungsfrage: Sie konnte anhand realistischer Berechnungen des Heizungsbedarfs bei einer absehbar eingeschränkten Winternutzung zum Besten des Baudenkmals gelöst werden. Auf den Einbau einer Zentralheizung, die wegen umfangreicher substantieller Eingriffe in Wände und Decken in historischen Gebäuden immer ein Problem ist, wurde schließlich bewußt verzichtet. Für gleichmäßige Temperierung sorgt jetzt vielmehr eine klug konzipierte Warmwasseranlage, die vom Verwalterhaus aus in das Schloß und dort am

Detail der Heizung im Rittersaal, 1993

Wandsockel entlang durch die Räume geführt ist. Ein zusätzlicher Vorteil dieser Anlage: Sie ist reversibel, kann also bei künftig veränderten Bedingungen und Bedürfnissen ohne größere Eingriffe und Substanzeinbußen problemlos wieder entfernt werden.

So orientierte sich die gesamte Instandsetzungsmaßnahme an Schloß Achberg, in der Bausicherung ebenso wie im Wunsch nach angemessener Nutzbarkeit und nach bauästhetischem Ansehen, am konservatorischen Ziel, dem Schloßgebäude im künstlerischen wie im handwerklichen Bestand soviel wie vernünftig möglich an geschichtlich sprechender Substanz zu erhalten. Das Ergebnis wurde nicht unter Bezugnahme auf lehrbuchhaftes Fachwissen und nicht unter Orientierung an den so bekannten wie hochtrabenden Fremdwortbegriffen wie Restaurierung, Renovierung oder Rekonstruktion erreicht, die letztlich nur die Neuherstellung eines ursprünglichen oder eines früher

gewesenen Zustandes bedeutet hätten. Vielmehr wurde Schloß Achberg in schrittweisem und mit der Bauherrschaft abgestimmtem Vorgehen baupflegerisch und bauästhetisch so „in Ordnung gebracht", daß es einerseits seiner Bedeutung gemäß wieder Ansehen ausstrahlt und andererseits aber auch künftig wiederum für die interessierten Gäste oder auch nur für deren Gespür befragbar bleibt auf die geschichtlich reiche Vergangenheit dieses Ortes. Und wenn dem heutigen Besucher im kulturell genutzten Schloß beispielsweise die Ausstellung bedeutender moderner Kunst begegnet, so mag das in diesen historischen Räumen zunächst als frappierender Gegensatz oder für manchen sogar als unvereinbar empfunden werden. Der geduldige Betrachter freilich erfährt an diesem Ort auch die Gegenwart des Künstlerischen als ein Stück Geschichte, die das Erlebnis des Älteren nicht etwa mindert, sondern vielmehr bereichert.

Stark beschädigte Stuckdecke: Eingedrungenes Regenwasser zerstörte das Dachgestühl und bedrohte die Stuckdecke im darunterliegenden Rittersaal, 1990

Unter den Holztäfelungen des Amtshauses
kamen bei der Restaurierung illusionistische
Wandmalereien zum Vorschein, die bis in
die erste Hälfte des 17. Jhs. zurückreichen,
1989

[1] Dazu auch August Gebeßler, Schloß
   Achberg - Rettung und Wiederher-
   stellung, in: Schloß Achberg. Ein
   barockes Kleinod Oberschwabens, hg. v.
   Denkmalstiftung Baden-Württemberg,
   Stuttgart 1995, S. 23 ff.
[2] Beispielsweise Änderung der räumlichen
   Organisation, Belastbarkeit der alten
   Böden, raumklimatische Vorkehrungen
   usw.

Restauratorin bei der Arbeit in der Hauskapelle des zweiten Obergeschosses, 1994.
Die den Altar umrahmende Wandmalerei entstand um 1800

Herzlichen Glückwunsch!

Innozenzische Kuch
s Anni.

ESSERATSWEILER-ACHBERG   Rathaus

Schloß Achberg nach Abschluß der Renovierung, 1995

Dorf und Schloß – Die Sanierung von Schloß Achberg kommunalpolitisch gesehen

Von Jörg Leist in Zusammenarbeit mit Albert Vogler

Das Schloß Achberg, seine Geschichte, sein Umfeld, seine Kunstschätze, seine Rettung - viele dankbare Themen, zu denen es Handfestes zu schreiben und zu berichten gibt. Dorf und Schloß? Gemeindepolitik und Schloß? Die Herausgeberin wies mir dieses etwas heikle Nischenthema zu, und ich konnte mich nicht entziehen, denn irgendwie hat mich die Schloßsanierung auf der Nachbargemarkung über Jahre berührt und beschäftigt. Da das Schloß nicht auf Wangener Gebiet liegt, war klar, daß das Thema nur mit Hilfe des Achberger Hauptakteurs, Albert Vogler, angegangen werden konnte. Er war in den entscheidenden Jahren Bürgermeister in Achberg, er wußte - schon als Sohn des unvergessenen und fast legendären Altbürgermeisters Meinrad Vogler - um die lokale Vorgeschichte, um die Befindlichkeit im Dorf. Er wußte, ganz auch hier der Sohn seines klugen Vaters, wo die Fäden liefen, und wo man sie, ganz behutsam, zupfen konnte. Er war bei vielen Besprechungen und Begehungen, die der Richtungssuche dienten, dabei: als örtlicher Sachwalter vermittelnd, Zustimmung signalisierend oder bedenklich den Kopf schief zwischen die Schultern ziehend - ein unmißverständliches Signal. Er hat mir bei diesen Aufzeichnungen geholfen.

Zwar gehört Achberg seit der Gemeindereform zur Verwaltungsgemeinschaft Wangen, gleichwohl war mein Interesse an der Schloßsanierung nicht Ausdruck eines Wangener „Verbandsinteresses". Über den eigenwilligen Meinrad Vogler, mit dem ich zur Rettung der Eigenständigkeit Achbergs nach Stuttgart gereist bin, habe ich Zugang zur unvergleichlichen Gemeindegeschichte bekommen, und ich habe damals begonnen, das Dornröschenschloß für mich zu entdecken, als eine Perle der Region, eine Zierde des Allgäus. Dies geschah - zwangsläufig - in Abschnitten, so wie es gerade möglich war, in die dumpf riechenden und „verkruschtelten" Räume des Schlosses vorzudringen. Schließlich begriff ich, daß hier die Zeit stehengeblieben war, daß uns durch guten Zufall ein unglaubliches Zeitdokument erhalten geblieben war, das auf alle Fälle in seiner Unversehrtheit erhalten werden mußte. Deshalb habe ich in der Folge, so gut ich konnte, den landrätlichen Rücken gestärkt und den Bürgermeister beim Spannen von Stolperdrähten augenzwinkernd ermuntert. Und aus meiner Meinung über die anfänglich recht verschreckt wirkenden „Denkmalnutzungs"-Vorstellungen der zuständigen Landesbehörde habe ich auch keinen Hehl gemacht.

„Dorf und Schloß" - das ist vielerorts ein heikles, emotionales, oft auch widersprüchliches Thema! Unvermeidlich ist das lokale bürgerschaftliche Empfinden, wenn man so will, die örtliche politische Kultur, mitgeprägt durch ein oft jahrhundertealtes Spannungsverhältnis zwischen Schloß und Kommune, zwischen den Bauern und dem Schloßherrn. Das ist in Achberg sicher nicht anders. Das Schloß hat dem kleinen Territorium, bestehend aus zwei Dörfern und vielen Weilern, den Namen gegeben. Das macht mit Maßen stolz, und man erfreut sich in mancher Hinsicht des Abglanzes. Viele andere Dinge sind den Leuten rund um das herrschaftliche Anwesen über die Jahrhunderte unter die Haut gegangen: die Fronarbeit, das Steineschleppen, die Zinszahlungen. Inzwischen eher vergessen wurde dagegen die ritterliche Schutzfunktion, die Ordnungsmacht, die von diesem Herrschaftssitz ausging. Doch welche Gedankenspuren wurden dem kollektiven Gedächtnis einer Gemeinde eingeprägt! Mit welchen Gefühlen haben die Menschen rund um das Schloß die Vorgänge in den Besitzerfamilien beobachtet, die Geburten der Stammhalter, die Todesfälle, die Veränderung des Herrschaftsverhaltens zur Folge haben konnten, die Verkäufe, die Zerstörungen, die gemeinsam behoben werden mußten, die Schuldenwirtschaft etwa und die Prozeßsucht des letzten Sürgensteiners? So etwas hat die Menschen rund ums Schloß existentiell berührt! Vielleicht ist es eine Mischung von Gruseln und Stolz gewesen, als man erfuhr, daß der Landkomtur Franz Benedikt von Baden für Achberg die Hohe Gerichtsbarkeit von den Montfortern erworben hatte? Wie wichtig das alles war, zeigt eine alte Landkarte, wo neben der Esseratsweiler Kirche überdeutlich der Pranger eingezeichnet ist. Wo im Untergeschoß des Schlosses bei der jüngsten Sanierung schicke WC-Anlagen eingebaut wurden, soll, wie mir Bürgermeister Vogler überlieferte, das Loch, also das Gefängnis für die unbotmäßigen Untertanen, gewesen sein. Auch wenn es zehnmal nicht stimmen sollte - es wird um so lieber geglaubt. Eines war über alle Zeiten gewiß: Vor Überraschungen jedweder Art, die vom Schloß ausgingen, war man auch in der Herrschaft Achberg nie sicher. Kein Wunder, daß bei einer Wahlversammlung des Landtagsabgeordneten Josef Dreier in Achberg ein Zwischenruf kam: „Schiebet des Glump in d´ Argen!" Gemeint war natürlich das zu sanierende Schloß.

Zu den guten Überraschungen für die Achberger gehörte es sicher, daß der Deutschordensritter Franz Benedikt von Baden 1691/93 das verlotterte Burg- und Herrschaftswesen übernahm. Mag es den Achbergern später seltsam vorgekommen sein, daß der an Nierensteinen im Achberger Schloß verstorbene Land-

komtur seinen Körper in der Siberatsweiler Kirche, sein Herz aber in silbernem Behältnis in Altshausen bestatten ließ, so haben sie sicher schnell gemerkt, daß hier ein guter Verwaltungsmann mit

Der zum Schloß Achberg gehörende Kameralhof

Leidenschaft daran gegangen war, in Achberg aufzuräumen und einen mustergültigen Mini-Staat mit allem Drum und Dran einzurichten: moderner Herrschaftssitz, Feld und Wald, Jagd, zwei Dörfer, zwei Kirchen, ein Hochgericht, Ort und Amt Ellhofen als Allgäuer Zubehör. Der Seewein kam aus den Höfen von Retterschen und Wasserburg, der Käse von den Alpweiden auf dem Rindberg im Walsertal.

Welche Gefühle mögen die Achberger gehabt haben, als 1805 alles drunter und drüber ging und ein bayerischer Leutnant und drei Soldaten genügten, um die Herrschaft Achberg für Bayern zu sichern? Und haben die Achberger Bauern vielleicht doch läuten gehört, was die neue hohenzollerisch-sigmaringische Landesmutter „für eine" war? Amalie-Zephyrine, die nie deutsch sprechen konnte, 1785 in Männerkleidern vor ihrem Ehemann aus Sigmaringen geflüchtet war, deren Liebhaber Vicomte de Beauharnais zusammen mit ihrem eigenen Bruder, dem Fürsten von Salm-Kyrburg, 1794 in Paris auf der Guillotine endete, die mit der Gemahlin Napoleons befreundet war, deren Sohn, nachmaliger Fürst von Hohenzollern-Sigmaringen, mit einer Nichte von General Murat verheiratet wurde - auf Napoleons Geheiß! Sie hat dafür gesorgt, daß beim großen Länder- und Herrschaftsschachern die Achberger hohenzollerisch wurden. Ein Hauch von europäischer Geschichte weht plötzlich durch das Argental. Und das geht so weiter mit den Überraschungen fürs Achberger Volk, das unversehens preußisch wird, Königsbesuch aus Berlin erhält. Wie gut für das Schloß, daß der König seine Absicht, auf dem „Königsbühl" eine Villa zu bauen, rasch wieder vergaß! Und was werden die Achberger gedacht haben, als sie in der Zeitung vom 18. Juni 1931 folgendes gelesen haben: „Das Schloß Achberg, rings von Wald umgeben, wird zur Zeit vom fürstlichen Revierförster und zwei Privatmietern bewohnt. Diesen Sommer soll es neu instandgesetzt werden. Dann wollen Erzherzog Anton von Habsburg und seine Braut Ileana von Rumänien nach ihrer Vermählung dort ihren Wohnsitz nehmen und auch einen Flugplatz anlegen." Die Frage, warum dies alles anders kam, können vielleicht die Historiker beantworten. Schade, daß die innovativen Investoren der Achtziger-Jahre diese Überlegungen nicht gekannt haben. Vielleicht wäre das Schloßherrenmodell - mit einem Flugplatz an Stelle des Bahlinger Weihers - doch gelaufen? Oder hat das Schloß, wie später auch, nur wieder einmal Glück gehabt?

Über die Kriegs- und Nachkriegszeit verlief die Geschichte des herrschaftlichen Anwesens eher ruhig und unauffällig. Unvermeidlich wurden damals alle Wohnreserven ausgenutzt. Auch das Schloß bekam dies zu spüren. Bürgermeister Vogler erinnert sich, daß österreichische Erzherzogskinder mit ihm in die Volksschule gegangen sind. Dr. Gebhard, der im Schloß wohnende Landarzt, suchte mit einem Quickly seine Patienten auf, und mancher ältere

Achberger erinnert sich zwar nicht an eine Folterkammer auf dem Schloß, dafür aber nachhaltig an die Zahnarztpraxis im Amtshaus. Im Rahmen des Heimatkundeunterrichts kamen wenigstens die Schulklassen gelegentlich in den Rittersaal, der mit allerlei Möbeln und diversen Altertümern vollgestellt war. Dies hing aber vom jeweiligen Lehrer ab. Ob es dem Heimatgefühl der Kinder genützt hat, mag bezweifelt werden.

Vor 20 Jahren begann dann wieder eine spannende Ära. Der Verkauf des Schlosses Haigerloch durch das fürstliche Haus ließ aufhorchen, zumal es zwischen Gemeinde und Hofkammer wenig Kontakt gab. Nachdem ein neues Forsthaus im Dorf gebaut, das alte Amtshaus beim Schloß also überflüssig geworden war, begann man in Achberg eins und eins zusammenzuzählen. Als schließlich der Verkauf des Schlosses an eine Bauträgergruppe, der man schon damals einiges nachsagte, erfolgte, wurde das als sehr ärgerlich angesehen. „Die Sigmaringer schmeißen die Geschichte hin! Achberg gibt es mit seiner Geschichte nur wegen dem Schloß." Das Mißtrauen gegenüber neuen Fremden wurde hellwach in der Gemeinde, zumal man gerade in letzter Zeit - Gymayo läßt grüßen - so einiges erlebt hatte. „Verdruckte" Allgäuer gibt es nicht nur in Bronze auf dem Wangener Marktplatz. „Eingraben und auf Schußweite kommen lassen" war nach meiner damaligen Beobachtung das Achberger Motto. Es hat mir gut gefallen. Der Bauträger tat dann mit einem Hochglanzprospekt ein übriges, um den dörflichen Widerstand zu schüren: „Schloßherr auf Schloß Achberg. Die nobelste Form, einem exklusiven Lebensstil Ausdruck zu geben. Schloßherren auf Schloß Achberg: Conrad von Achberg, die Grafen von Bregenz, Montfort und Waldburg, die Herren von Molpertshaus, die Freiherren von Königsegg, die Herren von Syrgenstein, die Deutschherren und das Haus Hohenzollern in der Vergangenheit und in der Zukunft: Sie." Vielleicht hätte man schon damals über das uralte Thema „Dorf und Schloß" etwas nachdenken müssen, um solche kapitalen Fehler zu vermeiden. Doch man hat seinerzeit nicht nur die Seelenlage in der Gemeinde nicht erkannt, man hat auch die betuchte und gesuchte Kundschaft völlig falsch eingeschätzt. Wer, der es sich leisten kann, sitzt denn schon mit 30, 40 Artverwandten wie auf einem Affenhügel zusammen, um Schloßherr zu spielen und in den Fluren und im Treppenhaus übereinanderzustolpern? Das müßten schon allemal, wenn es denn solche gab, die Falschen gewesen sein, ahnten die Achberger. Eben die, die man nicht im Dorf haben wollte, und schon gar nicht als Schloßherren!

Ich bin ja kein Allgäuer, eher haben mich vielleicht gerade deshalb die lokalen Kampftaktiken hierzulande besonders interessiert: Nach Beobachtung der Ornithologen ist die aggressivste Methode in den letzten drei Jahrzehnten von den Allgäuer Krähen entwickelt worden. Ihren Feind, den Bussard, bekacken sie im Sturzflug so lange, bis er nicht mehr fliegen kann. Ältere und subtilere

Methoden gehen dahin, bei großen Projekten an lächerlichen Kleinigkeiten herumzumeckern, an den Wegeschäden durch mögliche Reitpferde, an zu befürchtenden Kollisionen mit landwirtschaftlichen Fahrzeugen, an den Problemen mit dem Duft von Bschütte und Silosaft, an den Problemen mit Heubelüftern, Kuhglocken oder zu engen Radien für die Langholzfuhrwerke. Dies dient vor allem zur Verunsicherung des Gegners, der diese kleinen Probleme natürlich alle schnell und willfährig auszuräumen versucht, in Wirklichkeit aber nur Zeit verliert. Wer länger im Land lebt, weiß gut, daß im schlimmsten Fall versucht wird, dem Kontrahenten „das Wasser abzustellen". Der so Bedachte kann nicht mehr, wenn er will. Noch viel schlimmer: Er kann nicht mehr, wenn er muß. Amtsdeutsch und unverfänglich ausgedrückt handelt es sich um „wasserwirtschaftliche Probleme" oder „abwassertechnische Bedenken". Und die gab es im Verhältnis zwischen Dorf und Schloß: ohne Kanal keine Baugenehmigung!

Der stille, aber berechtigte Widerstand der Kommune verschaffte auch dem Denkmalamt Zeit und Gelegenheit, sich rückwärts aus der gutwillig gegebenen Ausbauzustimmung zurückzuhangeln. Motto: Dachausbau und Dachgaupen ja, aber nur unter Wahrung des konstruktiven Dachgefüges. Es war dann kein eigentlich denkmalpflegerisches Problem mehr, daß nur ein Zweimetermann über den Fenstersims einer Dachgaupe hätte hinausschauen können. Der stille Widerstand der Kommune gegen die geplante „Komfortsanierung" gab aber vor allem auch dem Landrat und dem Kreistag Zeit: dem Landrat für eine brillante Motivationskampagne und zur Vorbereitung einer Traumfinanzierung, dem Kreistag für die Erkenntnis, daß dieses Schloß Achberg, so wie es war, zum unveräußerlichen Kulturerbe dieser Landschaft, dieses Landkreises gehört. Die meisten haben es gemerkt.

Kommune und Schloßsanierung: Genau im rechten Augenblick machte der Achberger Gemeinderat zusammen mit dem Bürgermeister einen kühnen und entscheidenden Ausfall aus der Verteidigungsschanze. Die Rettung ihres Schlosses, nach den Vorstellungen eines neuen, akzeptierten Schloßherrn, war der kleinen Gemeinde 250 000 DM wert. Das gute Beispiel machte Schule. Vor allem auch Frauen und Männer aus Achberg traten dem Förderverein zur Erhaltung des Schlosses bei. Dieses bürgerschaftliche Element wiederum war Voraussetzung für weitere Fördermaßnahmen durch das Land und die Denkmalstiftung Baden-Württemberg. Ein hohes Lob all diesen Leuten, die sich durch manches dumme oder böse Wort nicht beirren ließen! Es sei mir erlaubt, stellvertretend für viele andere, wenigstens drei Namen zu nennen: Alfons Walz für die Achberger, Dr. Hans Maibach für die Förderer aus der Ravensburger Ecke und den leider schon verstorbenen Alfred Bolz aus Wangen. Wie sehr hat man sich zuerst Gedanken darüber gemacht, was man denn überhaupt mit einem sanierten Schloß anfangen könne! Es war stets meine Überzeugung, daß sich dieses hochklassige Bauwerk seine Nutzung selbst suchen würde. Und es hat zuvorderst einen Landrat und Schloßherrn gefunden, der aus der Fülle oberschwäbischer Kulturtradition lebt und dem Schloß Gerechtigkeit widerfahren läßt. Niemand sieht das besser und mit mehr Genugtuung als das Dorf, das sein Schloß kennt. Kann man der Kommune und ihrem einmaligen Schloß eine größere Ehre antun, als daß man es mit rechtem Leben erfüllt, daß man dort, wo es genau paßt, Besonderes, meinetwegen dem Schloß ebenbürtig Elitäres, geschehen läßt, mit Lesungen und Vorträgen, mit Preisträgerkonzerten des musikalischen Nachwuchses, mit Ausstellungen, die herausfordern und Ansprüche stellen, mit Konzerten von europäischem Niveau, zu denen kommen kann, wer will, für den Eintrittspreis eines Bundesligaspiels oder den Preis einer Skilift-Halbtagskarte? Die Weltgeschichte läßt sich nicht durch Mittelmaß bewegen, auch wenn dies Populisten gerne sähen. Das walte Franz Benedikt!

Ausstellungseröffnung „Schubert 200", 1997

Bad Mergentheim, Blick von Osten auf das Schloß, in dem sich das Deutschordensmuseum befindet

Geschichte sichtbar gemacht – Auf den Spuren des Deutschen Ordens[1]

Nicht nur Schloß Achberg ist ein lohnenswertes Besuchsziel, um auf den Spuren des Deutschen Ordens zu wandeln. Im folgenden sei nur auf einige besonders herausragende Stätten der Deutschordensgeschichte im süddeutschen Raum hingewiesen.[2] Sucht man detaillierte Informationen und anschauliche Exponate, ist eine Fahrt zum Deutschordensmuseum nach Bad Mergentheim unerläßlich.

Deutschordensmuseum Bad Mergentheim
Von Regina Hanemann

Als der Deutschordens-Landkomtur der Ballei Elsaß-Burgund, Franz Benedikt von Baden, Schloß Achberg erwarb und in barocker Pracht umbauen ließ, befand sich der Regierungssitz des Deutschen Ordens schon fast 200 Jahre in Mergentheim im Taubertal. Das Schloß, in dem seit 1527 das Ordensoberhaupt, der Hoch- und Deutschmeister, residierte, beherbergt heute das Deutschordensmuseum. Mit seinen vielfältigen Sammlungsbeständen, die zum einen die Geschichte des Ortes und seiner Umgebung, zum anderen die fast ganz Europa und Palästina betreffende Geschichte des Deutschen Ordens vorstellen, ist ein überregionaler Anziehungspunkt entstanden.

Ein Rundgang im Deutschordensmuseum führt die Besucher durch 800 Jahre spannende Geschichte des Deutschen Ordens: Der Bogen spannt sich von den Anfängen als Hospitalbruderschaft in Palästina im Jahr 1190 bis in seine Gegenwart als rein geistlicher Orden. In den Räumen des Westflügels verschaffen Fotos, Karten, Urkundenfaksimiles und andere Exponate Einblick in die Entwicklung des Ordens im Mittelalter - von der Zeit der Kreuzzüge bis hin zur Blüte und zum Niedergang der Ordenslande Preußen und Livland. Die detailgetreuen Modelle der Marienburg und der Burg Rehden im preußischen Kulmer Land zeugen von den architektonischen Leistungen ebenso wie vom Machtanspruch des Ordens im Osten.

Einen Schwerpunkt nimmt die Darstellung der für Mergentheim bedeutsamen Epoche von 1527 bis 1809 ein, nachdem der Deutsche Orden seine Gebiete in Preußen verloren hatte. Für nahezu drei Jahrhunderte diente nun das Schloß, dessen Vorgängerbau 1219 als Schenkung der Herren von Hohenlohe an den Deutschen Orden gelangt war, als Residenz der Hoch- und Deutschmeister. Thematisiert werden in der Ausstellung beispielsweise die Funktion der Hochmeister als Landesherren und Reichsfürsten, die standesgemäße Lebensführung der Ordensritter sowie die veränderten militärischen Aufgaben, denen auch die Ordensregel angepaßt wurde. Die Verwaltung des über ganz Mitteleuropa verteilten Streubesitzes wurde zur Hauptaufgabe des Ordens. Die Ansprüche auf den Besitz im Ostseeraum gab man zwar bis ins 19. Jh. nicht auf, konnte die Rückgewinnung aber nicht mehr durchsetzen. Der geistliche Aspekt des Ordenslebens tritt dagegen in den Themenbereichen Trikonfessionalität, Bautätigkeit des Ordens, Priesterausbildung und Patronatsrechte in den Vordergrund. So kam es nach der Reformation in den Balleien des Deutschen Ordens zu einem sehr ungewöhnlichen Nebeneinander dreier Konfessionen. Der Hochmeister blieb zwar immer katholisch, doch auch Lutheraner (in Sachsen und Thüringen) und Reformierte (Utrecht) blieben der Ordensgemeinschaft und den Ordensregeln treu verbunden. In Hessen wechselte das Amt des Landkomturs zwischen den Vertretern der drei Glaubensrichtungen. Allerdings schied 1637 die Ballei Utrecht, und damit der reformierte Zweig, aus dem Gesamtorden aus.

Von der ins Museum eingebundenen Kirchenempore können die Besucher - wie einst die Hochmeister - das Innere der Schloßkirche, die prachtvollen Deckenfresken und die kostbaren Rokokoaltäre im Chorraum aus ungewohnt naher Perspektive betrachten. Die folgenden Räume sind der Priesterausbildung des Ordens, seinen Aufgaben als Patronatsherr sowie der Mergentheimer Ordensbibliothek gewidmet; sie wirken wie wahre geistliche Schatzkammern. Einen Abglanz einstiger Deutschordensherrlichkeit zeigt der Südflügel, wo Ausstattung,

Mobiliar und Gemälde der ehemaligen „Neuen Fürstenwohnung" soweit möglich in den Zustand von 1809 zurückversetzt worden sind. Auf diese Weise wird der Weg durch die repräsentative Raumfolge - Bilderzimmer, Vorzimmer des Audienzzimmers, Audienzzimmer und Fürstenschlafzimmer - nachvollzieh- und nacherlebbar. Als Endpunkt der Raumfolge ist das überlebensgroße Porträt des Bauherren dieses Appartements, des Hochmeisters Clemens August von Bayern, von George Desmarées im ehemaligen Schlafzimmer anzusehen. Der in vornehm-kühlen klassizistischen Formen dekorierte Kapitelsaal, der 50 Jahre später unter Hochmeister Karl Alexander von Lothringen entstand, bildet den prächtigen Höhepunkt der Fürstenwohnung.

Blick auf Mergentheim von Westen, Johann Eberhart, 1858

Mit der Aufhebung des Deutschen Ordens 1809 in den Staaten des Rheinbundes durch Napoleon und der Einverleibung des bis dahin verbliebenen Ordensterritoriums in das Königreich Württemberg erlosch der höfische Glanz der Residenz in Mergentheim. Der letzte Abschnitt des Museumsrundgangs erläutert die Umorganisation und innere Erneuerung des seit 1809 von Wien aus geleiteten Deutschen Ordens, der bis heute als rein klerikaler Orden besteht. Weniger die großen Namen stehen jetzt im Vordergrund - auch wenn zum Beispiel Konrad Adenauer 1958 zum Ehrenritter der Gemeinschaft der Familiaren des Deutschen Ordens ernannt wurde, - sondern vor allem das Wirken der Seelsorger, Brüder und Schwestern in Gemeinden, Krankenhäusern und Altenheimen. Die karitativen Aufgaben des Deutschen Ordens sind noch und wieder die gleichen wie in der Gründungszeit. Der Rundgang schließt mit einem Blick auf die Erneuerung der Marienburg im 19. Jh. als Nationaldenkmal und illustriert Symbolik und Verwendung des Deutschordenskreuzes beispielsweise in Form des Eisernen Kreuzes.

Eines der kostbarsten Ausstellungsstücke im Deutschordensmuseum ist das Schloß selbst. Auf den Grundmauern des mittelalterlichen Wasserschlosses der Herren von Hohenlohe entstand unter Einbezug der vorhandenen Gebäude ab Mitte des 16. Jhs. eine repräsentative Rensaissanceanlage, nachdem 1527 die schon 1219 eingerichtete Kommende zur neuen Residenz der Hoch- und Deutschmeister des Deutschen Ordens geworden war. Die berühmte freitragende Renaissancewendeltreppe von Blasius Berwart aus dem Jahr 1574 ist das herausragendste Stück Architektur dieser Epoche. Mit dem Beginn des 18. Jhs. gestaltete man zuerst die beiden Fürstenwohnungen um, von 1730 bis 1736 erfolgte der Neubau der prächtigen Schloßkirche unter der Leitung von Franz

Joseph Roth. Als letzte große Baumaßnahme wurde in den letzten Jahrzehnten des 18. Jhs. der klassizistische Kapitelsaal eingerichtet. Von der Stadtseite betritt man die Schloßanlage durch das 1627 errichtete äußere Tor mit vier Volutengiebeln, Kuppel und Laterne. Vom Portal mit dem Prachtwappen des württembergischen Königs Friedrich I. (1806-1816) gelangt man in den äußeren Schloßhof mit den ehemaligen Verwaltungsgebäuden. Im einzelnen schließen sich aneinander: das Kanzlei- und Archivgebäude mit Volutengiebel und Portalwappen

Bad Mergentheim, Blick in den inneren Schloßhof

des Hochmeisters Georg Hund von Wenckheim, die Trapponei[3], einst Waffen- und Kleiderkammer, der Marstall[4], das Bandhaus[5], Küferei und Fruchtspeicher, das Priesterseminar[6], das bis 1606 als Edelknabenhaus diente, der Hintere Torturm, durch den man in Schloß- und Kurpark gelangt, sowie das sogenannte Flughaus[7], ehemals Quartier der Söldner und Zollreiter, später Sitz der Bauschreiberei. Von den nach Westen anschließenden Gebäuden, die zum Wirtschaftshof gehörten, sind Reithalle, Scheune[8] und Orangerie erhalten. Die Neorenaissancegebäude der heutigen Kurklinik zitieren die Architekturformen des Inneren Schlosses; sie wurden 1914/15 als Kaserne errichtet. In den Gebäudering des inneren Schloßhofs führt das Torhaus mit dem mächtigen Wappen des Hochmeisters Maximilian von Österreich (1590-1618), von wo man als erstes gegenüber der Durchfahrt den Bläserturm, Bestandteil der alten Veste und Wahrzeichen der Stadt, sieht.

Wenn auch die Ordensgeschichte im Zentrum des Museums steht, so lohnt sich ein Besuch der Abteilung Stadtgeschichte und dies nicht nur wegen des großen Stadtmodells und der Darstellung der Geschichte des Kurbads. Mit der Entdeckung der bittersalzhaltigen Mineralquellen an der Tauber durch den Schäfer Franz Gehrig begann 1826 die Entwicklung der Stadt, die sich seit 1926 offiziell Bad Mergentheim nennen darf, zum heute größten Kur- und Heilbad Baden-Württembergs. Auch die Andenken an den berühmten Literaten Eduard Mörike, der einige Jahre in Mergentheim lebte, sind ein Anziehungspunkt für viele Besucher. Als Publikumsmagnet erweist sich gleichfalls die reiche Auswahl von über vierzig Puppenstuben, -küchen und Kaufläden (ca. 1820-1920) aus der Sammlung von Johanna Kunz aus Stuttgart.

Sehenswert ist zudem die „Altertumssammlung" des württembergischen Majors a. D. Carl Joseph von Adelsheim, die die Kur- und Oberamtsstadt Mergentheim 1864 geerbt hatte. Adelsheim war vor allem auf den Erwerb antiquarischer Bücher und Kunstgegenstände spezialisiert, die zunächst sein vor den Toren der Stadt gelegenes Haus gefüllt hatten. Die „Carl Joseph von Adelsheim'sche" beziehungsweise „Städtische Altertumssammlung" bildet den Kernbestand des Museums, aus dem sich letztendlich das Deutschordensmuseum entwickeln sollte.

Mit dem Entschluß des Landes Baden-Württemberg, das Schloß zu renovieren und das Museum in seiner heutigen Form zusammen mit der Stadt Bad Mergentheim, dem Landkreis Main-Tauber und dem Verein Deutschordensmuseum e. V. als GmbH zu konzipieren und zu betreiben, ist es ab 1991 gelungen, das Gebäude einer Verwendung zuzuführen, die seiner historischen

Bad Mergentheim, Deutschordensmuseum, Berwarttreppe von 1574

Bedeutung wohl am ehesten gerecht wird. Denn nachdem der Deutsche Orden 1809 Mergentheim verlassen hatte, waren die Geschicke des Bauwerks unsicher und wechselhaft. Die Geschichte der Nutzungen verzeichnet unterschiedlichste Stationen, die dem Bau verschieden zuträglich waren. Das Schloß diente von 1827 bis 1861 als Wohnung des württembergischen Herzogs Paul, der hier auch seine berühmte völkerkundliche Sammlung unterbrachte. Anschließend wurde es von 1876 bis 1926 als Kaserne verwendet. Es folgte die Anmietung durch städtische Einrichtungen wie beispielsweise der Stadtbücherei und auch durch private Mieter. Während des Dritten Reiches waren lokale NS-Parteidienststellen und das Arbeitsamt, in der unmittelbaren Nachkriegszeit "Displaced Persons", das heißt im Zweiten Weltkrieg nach Deutschland verschleppte Ausländer, im Schloß. Später beherbergte es eine Kleiderfabrik und eine Balletschule.

Es ist das Verdienst aller beteiligten Institutionen, dem Schloß schließlich eine Funktion gegeben zu haben, die es zum Vermittlungsort seiner eigenen Geschichte und der seiner Erbauer und historischen Nutzer macht - eine Entwicklung, die Bad Mergentheim einmal mehr mit Achberg verbindet.

Information:

Deutschordensmuseum
Bad Mergentheim GmbH
Schloß 16
97980 Bad Mergentheim

Tel.: 07931/52212
Fax: 07931/52669

Öffnungszeiten:
Dienstag bis Sonntag
10.00 Uhr bis 17.00 Uhr,
Montag geschlossen.

Sonderführungen für Gruppen auch außerhalb der Öffnungszeiten nach Vereinbarung. Wechselndes Sonderausstellungsprogramm. Das Deutschordensmuseum ist behindertengerecht.

Literaturhinweis:
Regina Hanemann, Schloß Mergentheim mit dem Deutschordensmuseum, hg. v. Staatliche Schlösser und Gärten Baden-Württemberg in Zusammenarbeit mit der Staatsanzeiger für Baden-Württemberg GmbH, Schwetzingen 1999 (Führer Staatliche Schlösser und Gärten)

Landkomtur Christian Moritz von Königsegg-Rothenfels (1705–1787); Andreas Brugger zugeschrieben, Altshausen (?), um 1770 (Porträt heute in Schloß Aulendorf). Der Landkomtur, der sich hier mit Insignien des Ordens zeigt, vollendete den Neubau des Deutschordensschlosses in Altshausen

Schloß Altshausen[9]
Von Eberhard Fritz

Die Burg Altshausen war Sitz der im Jahr 1004 erstmals erwähnten Grafen von Altshausen, Gaugrafen von Eritgau. Hier wurde am 18. Juli 1013 als Sohn eines Grafen Hermann der Lahme (Hermannus Contractus) geboren. Im Alter von sieben Jahren trat der Junge in das Benediktinerkloster Reichenau ein und wurde später einer der gelehrtesten Mönche. Seine astronomischen Kenntnisse, seine heute noch aufgeführten geistlichen Kompositionen und seine Weltchronik machten den gelähmten Mönch berühmt. Nach seinem Tod am 24. September 1054 wurde Hermann der Lahme in der Familiengruft der väterlichen Burg Altshausen begraben; die Grabstätte ist heute nicht mehr bekannt.

Im 12. Jh. übersiedelten die Grafen von Altshausen nach Veringen und nannten sich in der Folge Grafen von Veringen. Burg und Dorf Altshausen kamen 1246 in den Besitz der Reichskämmerer von Bigenburg, die es im Jahr 1264 dem Deutschen Orden schenkten. Schon 1228 war die erste Niederlassung des Deutschen Ordens in Marbach bei Saulgau erfolgt. Das im Jahr 1264 auf der Bigenburg (auch Beienburg genannt) gegründete Deutschordenshaus wurde 1268 nach Altshausen verlegt. Im Jahr 1444 wurde die Kommende Altshausen zum Sitz der alemannisch-schwäbischen Ballei Elsaß-Burgund erhoben und damit ständige Residenz des Landkomturs.

Nach einem verheerenden Brand im Jahr 1434, der auch den Ort Altshausen nicht verschonte, blieben von der Alten Burg nur Mauerreste übrig. Sofort wurde auf den Trümmern ein neuer Bau errichtet, der schon 1544 und 1589 wieder umgestaltet und vergrößert wurde. Im 17. Jh. genügte auch dieses Gebäude den Repräsentationsanforderungen als Sitz eines Landkomturs nicht mehr, so daß man 1655 ein neues Schloß in Angriff nahm. Altes und Neues Schloß waren durch den „Kapuzinerbau" mit hofseitigen Arkaden im Erdgeschoß verbunden. 1691 begann man, das Neue Schloß durch die Verlängerung seines Hauptflügels nach Osten zu vergrößern. Diese Arbeiten dauerten bis 1710 an.

Im Jahr 1729 beauftragte der Deutsche Orden Baumeister Johann Caspar Bagnato, eine umfangreiche Schloßanlage zu planen. Im Württembergischen Landesmuseum in Stuttgart ist ein Entwurf in Form eines Intarsienbildes erhalten. Nur Bruchstücke dieser Planung kamen jedoch zur Ausführung, zum Beispiel der Reitstall (1729-31), das Torgebäude als Seminarbau, die Wirtschaftsgebäude, welche das Torgebäude mit dem Neuen Schloß und dem Reitstall verbinden (seit 1732), die Reitschule (1733) sowie die Beamtenwohnhäuser vor dem Schloß (seit 1741), heute teils Schulhäuser, teils in Privatbesitz.

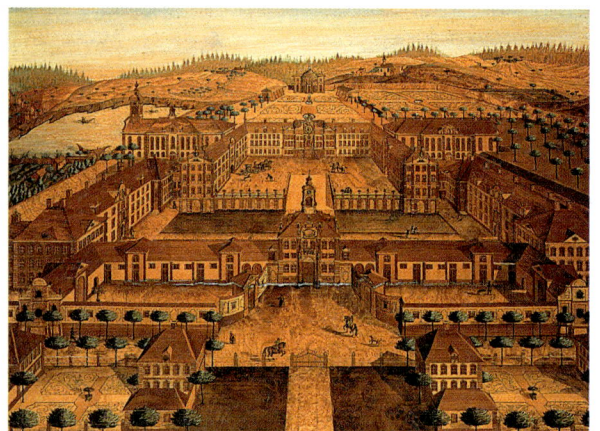

1750 begann der Umbau der Räume im Neuen Schloß, die Schloßkirche wurde barockisiert (1748-53). Als Johann Caspar Bagnato 1757 auf der Mainau starb, setzte sein Sohn Franz Anton die Arbeit fort. Er vollendete das Neue Schloß, die Kirche und erbaute um 1774 den Gartenpavillon, der als Orangerie genutzt wurde.

1806 teilte der Rheinbundvertrag das Gebiet der Ballei Elsaß-Burgund auf die napoleontreuen Staaten auf, 1809 hob Napoleon den Deutschen Orden auf. Zunächst kam die Deutschordensherrschaft Altshausen an Bayern. König Friedrich von Württemberg tauschte 1810 das Schloß inklusive umfangreicher Güter und Waldungen mit dem Staat Bayern gegen die Herrschaft Weiltingen ein. Er erwarb den Besitz für das Hausfamiliengut. Bis nach dem Ersten Weltkrieg blieb das Schloß unbewohnt. Vor dem Bau der Eisenbahn diente es als Zwischenstation bei den Reisen der königlichen Familie von Stuttgart nach Friedrichshafen, aber auch für gelegentliche Jagdaufenthalte. Ein im Schloß untergebrachtes Hofkameralamt verwaltete den privaten Besitz der württembergischen Königsfamilie in Oberschwaben.

Durch die Übersiedlung der herzoglichen Familie erfuhr das Anwesen nach dem Ersten Weltkrieg eine neue Belebung. Im Jahr 1919 zog Herzog Albrecht (1865-1939) von Stuttgart nach Altshausen, nachdem König Wilhelm II. ihm das Schloß als Wohnsitz überlassen hatte. Zwei Jahre später, nach dem Tod des letzten württembergischen Königs, ging Schloß Altshausen mit dem gesamten Hofkammergut an die jüngere Linie des Hauses Württemberg. Heute befindet es sich im Besitz des Herzogs Carl von Württemberg, dem Enkel Herzog Albrechts. Seit dem Tod seines Vaters Herzog Philipp (1975) wohnt Herzog Carl mit seiner Familie in Schloß Altshausen. Verschiedene aufwendige Baumaßnahmen dienten in den vergangenen Jahren dazu, Schloß Altshausen und seine Anlagen auch für künftige Generationen zu erhalten.

Information:

Park und Schloßkirche St. Michael (Katholische Pfarrkirche von Altshausen) sind für Besucher geöffnet.
In unregelmäßigen Abständen finden Skulpturenausstellungen statt. Das Schloß ist in Privatbesitz und nicht für Besucher zugänglich.

Holzintarsie der Landkommende Altshausen, Idealplan nach Entwurf von Johann Caspar Bagnato. Franz Josef Denner, 1766

Residenz Ellingen
Von Christoph Graf von Pfeil

Die 1990 neu eingerichteten Deutschordensräume bieten Gelegenheit, der Geschichte des Ordens nachzuspüren. Der Besucher kann einen bemerkenswerten, fast verschollenen Abschnitt der Geschichte nachvollziehen. Nahezu ein halbes Jahrtausend war Ellingen die Residenz der Ballei Franken des

Deutschen Ordens. Seit 1789 gehört es zu Bayern und war ab 1815 das Schloß des bayerischen Feldmarschalls Carl Philipp Fürst von Wrede und seiner Nachkommen. Diese verkauften das Hauptgebäude mit Kirche, Reithalle und Park 1939 wieder an das Land Bayern, das es der Bayerischen Verwaltung der Staatlichen Schlösser, Gärten und Seen zur denkmalpflegerischen Betreuung zugewiesen hat.

Unter den zahlreichen Schlössern des Deutschen Ordens im 18. Jh. ist Ellingen mit Abstand das bedeutendste und zwar mehr noch durch seine architekturgeschichtliche Stellung in der fränkischen Palastarchitektur als durch seine riesige Baumasse. In keinem anderen Bau zwischen den Schlössern Ansbach und Werneck ist die damals in mancher Hinsicht unzeitgemäße Vierflügelanlange in so entscheidender und origineller Weise gestaltet worden. Der Architekt Franz Keller hat sich bemerkenswert selbständig mit den zentralen Problemen der deutschen Schloßarchitektur im 18. Jh. auseinandergesetzt, auch mit jenen, deren Bewältigung zu den eigentlichen schöpferischen Beiträgen Deutschlands zum europäischen Barock zu zählen ist: etwa Treppenhäusern und Festsälen. Das Ellinger Treppenhaus gehört zu den frühesten unter den großen Paradetreppen in Franken. An räumlichen Kontrasten und überraschenden Akzentverlagerungen war es um 1720 in Franken unübertroffen.

Idealisierende Ansicht der Residenz Ellingen von Südwesten, Gemälde um 1740

Die Baumasse mit den markanten Eckpavillons bietet sich aus der Fernsicht wie eine theatralische Vision dar. Der gewaltige Komplex beherrscht wie ein Gebirge das Stadtbild Ellingens und darüber hinaus weithin sichtbar die Landschaft, obwohl die für den Barock obligaten Alleen und Achsensysteme fehlen. Zwar gab es Gartenentwürfe, aber das Schloß scheint nie mit einer großen Gartenanlage zu einem einheitlichen Gesamtkunstwerk geworden zu sein. Das liegt nicht nur an der von der mittelalterlichen Wasserburg vorgegebenen Situation. Axial zugeordnete Gartenanlagen sind beim Neubau des Schlosses am Anfang des 18. Jhs. offensichtlich nicht einmal erwogen worden und alle späteren Planungen dieser Art blieben ausnahmslos Projekt. So fehlt ein konstitutives Merkmal des Barockpalastes, der so wenig ohne einen höfischen Garten in der verlängerten architektonischen Achse des Schlosses zu denken ist wie umgekehrt der architektonische Garten ohne das Schloß.

Dafür sind die Innenausstattungen um so bemerkenswerter. Zwar sind die ursprünglichen Régence- und Rokokodekorationen, mit Ausnahme der Schloßkirche, nur teilweise erhalten, doch gehören die späteren Ausstattungen der Fürsten- und Marschallzimmer aus den siebziger Jahren des 18. Jhs., zusammen mit den französischen Empiremöbeln und Tapeten, die Generalfeldmarschall Carl Philipp Fürst von Wrede hinzufügte, zu den frühesten und bedeutendsten Raumkunstwerken, die der Klassizismus in Bayern hinterlassen hat.

In den sogenannten Deutschordensräumen sind in musealer Form Kunstgegenstände, Fotos und Karten aus der Geschichte der Ballei Franken des Deutschen Ordens zu sehen und können auch außerhalb der Schloßführungen besichtigt werden.

Mittelrisalit des Schlosses Ellingen

Residenz Ellingen, Treppenhaus

Information:

Residenz Ellingen
91792 Ellingen
Tel.: 09141 3327
Fax: 09141 72953

Deutschordenskommende Mainau[10]
Von Volkmar Th. Leutenegger

Die Deutschordenskommende Mainau (1272-1806) wird als Kleinod der Deutschordensballei Elsaß-Burgund bezeichnet, zu Recht: Unter den Komturen der reichen Ballei rangierte der Inhaber der Insel Mainau mit seinen Ansprüchen und Finanzmöglichkeiten ohne Zweifel gleich hinter dem Landkomtur in Altshausen, und noch heute profitieren wir von der Schaffenskraft berühmter Baumeister auf der Mainau.

Im Jahr 1732 erteilte der Provinzialobere der Deutschordensprovinz Elsaß-Burgund die Baugenehmigung für die Schloßkirche St. Marien. Planung und Bauleitung wurden dem in Altshausen tätigen Ordensbaumeister Johann Caspar Bagnato (1696-1757) übertragen. 1732 begann er mit dem Bau der barocken

Schloßkirche. Weitbekannte Künstler wie Franz Joseph Spiegler und Joseph Anton Feuchtmayer waren an Ausbau und Ausgestaltung der Kirche beteiligt. Am 20. Dezember 1739 wurde die Schloßkirche St. Marien durch den Konstanzer Weihbischof Graf Fugger von Kirchberg und Weißenhorn geweiht.

1271 schenkte Arnold von Langenstein die Mainau dem Deutschen Orden. Die Mainau entwickelte sich neben Altshausen und Beuggen zur wichtigsten

Südostansicht von Insel und Schloß Mainau, um 1800

Kommende der Ballei. 1738 erteilte die Ballei Elsaß-Burgund die Baugenehmigung für ein neues Schloß. Wieder wurde Johann Caspar Bagnato mit der Bauausführung beauftragt. Er plante ein hufeisenförmiges Gebäude, dessen Schauseite zum See gerichtet ist, während die beiden Seitenfronten auf das benachbarte Festland blicken. 1739 wurde mit dem Bau begonnen, nach siebenjähriger Bauzeit war das Deutschordensschloß vollendet. 68 Zimmer und breite Flure vermitteln im Innern einen großzügigen Schloßcharakter. Im Erdgeschoß des Mitteltraktes liegt der schön gestaltete „Wappensaal", den der spätere Eigentümer, Großherzog Friedrich I. von Baden, an Stelle einer Einfahrt für Kutschen, einrichten ließ. Im Obergeschoß erstreckt sich quer durch den Mittelbau der prachtvoll ausgeschmückte, in Weiß und Gold gehaltene Ordenssaal, auch „Weißer Saal" genannt.

Beide Baudenkmale des Deutschen Ordens können auf der Insel Mainau im Bodensee besucht werden. Der Zugang erfolgt von der Landseite über eine Brücke[11] oder vom See her mit den Schiffen der „weißen Flotte".

Im Schloß können die Räume des Erdgeschosses anläßlich von Wechselausstellungen besichtigt werden. Im Weißen Saal finden regelmäßig öffentliche Konzerte, Lesungen und andere Veranstaltungen statt. Darüber hinaus ist der Weiße Saal nicht öffentlich zugänglich.

Neben den Bauten, die aus der Zeit des Deutschen Ordens stammen, also die Kirche, das Schloß, der Wehr- oder Gärtnerturm, der Torbogen, das Schweden-Türmchen und der Comturey-Turm[12], sind auf der Insel Mainau noch eine Vielzahl sehenswerter Anlagen und Einrichtungen zu besuchen, beispielsweise der Rosengarten im italienischen Stil, das Arboretum[13], die Brunnenarena und die Wassertreppe, das neue Palmenhaus, die fürstliche Citrus-Sammlung und das tropische Schmetterlingshaus nebst wechselnden

Schloß Mainau

Blumenbeeten, einem Kinderland und Restaurants. Auf Vorbestellung werden spezielle Führungen, auch in Fremdsprachen, angeboten.

Information:

Mainau GmbH
78465 Insel Mainau

Tel.: 07531 303-0,
Fax: 07531 303-248

Die Mainau ist ganzjährig geöffnet.
Zum Besuch der Insel und ihrer Sehenswürdigkeiten ist Eintritt zu entrichten.
Während des Blumenjahres liegen die

Öffnungszeiten:

täglich zwischen 7.00 Uhr und 20.00 Uhr.
Nähere Einzelheiten sind beim
Informationszentrum der Mainau zu
erfahren oder dem jährlichen Veranstaltungskalender zu entnehmen.
Ein Führer für Deutschordensschloß und
Barockkirche St. Marien ist erhältlich.
Die Kirche ist während der üblichen
Öffnungszeiten zu besichtigen.

Wappen am Westgiebel des Schlosses Mainau

[1] Eine umfassende Zusammenstellung der zu besichtigenden Deutschordensbauten mit touristischen Informationen ist noch ein Desiderat.

[2] Eine Übersicht über die Kommende-bauten in den Balleien Franken und Elsaß-Burgund bietet Alois Seiler, Das Bauwesen des Deutschen Ordens in Südwestdeutschland vom 16. bis zum 18. Jahrhundert, S. 291-312, in: Der Deutsche Orden und die Ballei Elsaß-Burgund. Die Freiburger Vorträge zur 800-Jahr-Feier des Deutschen Ordens, hg. v. Hermann Brommer, Bühl/Baden 1996 (Veröffentlichungen des Alemannischen Instituts Freiburg i. Br. Nr. 63). Siehe gleichfalls Altshausen und die Ballei Elsaß-Burgund - Aquarellierte Zeichnungen von Gustav Bäuerle, hg. v. Gesellschaft für Geschichte und Heimatpflege Altshausen, Lindenberg 1998. Vergleiche auch: Die Deutschordens-Landkommende Altshausen, hg. v. Hans G. Boehm, Bad Mergentheim 1990 (Schriftenreihe der Historischen Deutschorden-Compagnie Bad Mergentheim Heft 8).

[3] Heute Staatliches Veterinäramt.

[4] Heute Amtsgericht.

[5] Heute Polizeirevier, früher Kelterhaus.

[6] Heute Finanzamt.

[7] Heute Hochbauamt und Wohnhaus.

[8] Heute Café.

[9] Siehe dazu Joseph L. Wohleb, Das Lebenswerk der Deutschordensbaumeister Johann Caspar Bagnato und Franz Anton Bagnato, in: ZWLG 11 (1952), S. 207-224. Gebhard Spahr, Oberschwäbische Barockstraße IV, Altshausen bis Birnau, Weingarten 1982. Hans-Martin Gubler, Johann Caspar Bagnato und das Bauwesen des Deutschen Ordens in der Ballei Elsaß-Burgund im 18. Jahrhundert, Sigmaringen 1985. Eberhard Fritz, Das Haus Württemberg in Oberschwaben. Zur Verwaltung des oberschwäbischen Besitzes. In: Im Oberland 1 (1993), S. 17-21, und 2 (1993). S. 13-17.

[10] Siehe dazu auch Insel Mainau - Barockjuwel im Bodensee. Deutschordensschloß und Kirche St. Marien, hg. v. Mainau GmbH, Konstanz 1996, sowie Führer Insel Mainau, hg. v. Mainau GmbH, Konstanz 1997[3].

[11] Großer Festlandparkplatz.

[12] Ältestes Bauwerk, heute Restaurant.

[13] Eine große Sammlung fremdländischer Bäume.

Doberatsweiler, Bahnstation Oberreutnau.

Post. u. Telephon Esseratsweiler Nr. 3.
Anton Kaess, Guts u. Dampfbrennereibesitzer.

Verzeichnis der Siglen und Abkürzungen

AHW DO:	Archiv des Hauses Württemberg, Altshausen, Bestand Deutscher Orden
AHW HKA:	Archiv des Hauses Württemberg, Altshausen, Bestand Hofkammerarchiv
B:	Band
Bü:	Büschel
DOZA:	Zentralarchiv des Deutschen Ordens, Wien
DOZA BK:	Balleikapitel
DOZA EL:	Ballei Elsaß-Burgund
DOZA GK:	Großkapitel
DOZA Mei:	Meistertum
DOZA Or.:	Ordensstand
DOZA Ri:	Ritter
FAS:	Fürstlich Hohenzollernsches Haus- und Domänenarchiv Sigmaringen, als Depositum im Staatsarchiv Sigmaringen (Depositum 39 DS 25 = Herrschaft Achberg)
fl:	Florin (Gulden)
GLAK:	Generallandesarchiv Karlsruhe
ha:	Hektar
Hg.:	Herausgeber
hg. v.:	herausgegeben von
HHStAW:	Österreichisches Staatsarchiv Wien, Haus-, Hof- und Staatsarchiv
HStASt:	Hauptstaatsarchiv Stuttgart
J:	Jauchert
kr:	Kreuzer
LThK:	Lexikon für Theologie und Kirche
Sch:	Scheffel
StAF:	Staatsarchiv Freiburg
StAL:	Staatsarchiv Ludwigsburg
StASig:	Staatsarchiv Sigmaringen
SVGB:	Schriften des Vereins für die Geschichte des Bodensees und seiner Umgebung
ZGO:	Zeitschrift für die Geschichte des Oberrheins
ZWLG:	Zeitschrift für württembergische Landesgeschichte

Die Geschichte der Herrschaft Achberg – Zahlen, Daten, Fakten

- um 1194/1197: erste zeitlich nicht exakt festzulegende Nennung einer adligen Familie „von Achberg".
- 1239 Dezember 3: Leutkircher Vertrag zwischen den Klöstern Kempten und Isny - erste gesichert datierte Quelle, in der Achberg genannt wird. Heinrich von Achberg ist Zeuge bei einem Vertrag zur Beilegung von Güterstreitigkeiten zwischen den Klöstern Kempten und Isny.
- 1335: Ersterwähnung einer „Burg zu Achberg" anläßlich des Besitzerwechsels der Herrschaft Achberg von Johannes I. Truchseß von Waldburg, Landvogt in Schwaben, an Schelklin von Molpertshaus und dessen Bruder Johann.
- 1352-1806: Herrschaft Achberg österreichisches Lehen. 1352 gibt Johann von Molpertshaus Achberg an Österreich zu Lehen.
- 1366: Achberg geht von Johann von Molpertshaus auf die in Vorarlberg ansässigen Söhne einer verstorbenen Schwester - Cunz, Wenz und Peter Öder - über.
- 1391/1412: Achberg fällt im Erbgang an Albrecht von Königsegg zum Königseggerberg, verheiratet mit Salesia Schäblis, Tochter des Schelklin Öder. Bis 1530 gehört die Herrschaft Achberg den Herren von Königsegg zum Königseggerberg.
- 1487, 1491 und 1492: Urkundlich belegter mehrfacher Besitzerwechsel innerhalb der Königsegger Familie.
- 16. Jh.?: Errichtung des heutigen Schlosses.
- 1507 Juli 10: Kaiser Maximilian I. belehnt Hans von Königsegg mit der Blutgerichtsbarkeit in der Herrschaft Achberg, deren Ausübung jedoch bis zum Jahr 1700 am Widerstand der Grafen von Montfort scheitert.
- 1525: Eroberung Achbergs während des Bauernkrieges.
- 1530: Johann Dionysius von Königsegg überträgt Schloß und Herrschaft Achberg noch zu seinen Lebzeiten an den Sohn seiner Schwester, Hans Ulrich von Sürgenstein.
- 1530-1691/93: Achberg im Besitz der Herren von Sürgenstein.
- 1631: Ersterwähnung des neben dem Schloß gelegenen Amtshauses.
- 1691/93: Verkauf von Schloß und Herrschaft Achberg durch Franz Johann Ferdinand von Sürgenstein. Käufer: Franz Benedikt Freiherr von Baden, Deutschordens-Landkomtur zu Altshausen.
- 1691/93-1806: Oberhoheit des Deutschen Ordens in Achberg.
- 1693 März 3: Ausfertigung des eigentlichen Verkaufbriefes nach zweijährigen Vertragsverhandlungen.
- 1693-1700: Barock-repräsentative Instandsetzung des Schlosses. Bauleiter: Christoph Gessinger (um 1664-1734). Stukkateur: Balthasar Krimmer (ca. 1653-1702).

- 1700: Erwerb der hohen Gerichtsbarkeit über die Herrschaft Achberg von Graf Anton von Montfort durch Landkomtur Franz Benedikt von Baden.
- 1707: Tod von Landkomtur Franz Benedikt von Baden auf Schloß Achberg.
- 1805: Herrschaft Achberg wird bayerisch.
- 1806: Rheinbundvertrag teilt das Gebiet der Ballei Elsaß-Burgund unter Baden, Bayern, Württemberg und Hohenzollern auf: Fürstentum Hohenzollern-Sigmaringen erhält die Herrschaft Achberg.
- 1806-1982: Schloß Achberg in Privatbesitz des fürstlichen Hauses Hohenzollern.
- 1840: Achberg erhält Gemeindeverwaltung.
- 1849/50-1945: Achberg kommt zu Preußen.
- 1854: Auflösung des eigenen Verwaltungsbezirkes Achberg: Die bisherige Obervogtei Achberg wird dem Oberamt (seit 1925 Landkreis) Sigmaringen zugeteilt und verbleibt dort bis 1969.
- 1856: Besuch des preußischen Königs Friedrich Wilhelm IV. auf Achberg.
- 1866: Bayerische „Okkupation" von Schloß Achberg durch den Lindauer Liederkranz unter dem Rechtsanwalt Hermann Beckh.
- um 1900: Erzherzog Eugen, ein Verwandter des württembergischen Hauses, auf Schloß Achberg.
- 1932: Reichskanzler Heinrich Brüning auf Schloß Achberg.
- ab 1945: Schloß Achberg wird zur heruntergekommenen Herberge für Flüchtlinge und Vertriebene in der frühen Nachkriegszeit.
- 1945/47: Durch den Zusammenbruch 1945 hatte der preußische Staat faktisch aufgehört zu bestehen. Am 25. Februar 1947 erfolgt die staatsrechtliche Auflösung des Staates Preußen durch das Kontrollratsgesetz Nr. 46. Der preußische Regierungsbezirk Sigmaringen und mit ihm auch die Gemeinde Achberg werden dem französisch besetzten Württemberg-Hohenzollern zugeteilt.
- 1952: Gemeinde Achberg wird zum neugegründeten Baden-Württemberg geschlagen; administrativ bleibt es weiterhin dem Landkreis Sigmaringen zugeordnet.
- 1969: Gemeinde Achberg kommt zum Landkreis Wangen.
- 1973: Gemeinde Achberg fällt durch die Kreisreform an den Landkreis Ravensburg.
- 1974: Der Künstler Joseph Beuys kommt zum ersten Mal nach Achberg, um im Internationalen Kulturzentrum (INKA) einen Vortrag zu halten. Das Zentrum befaßt sich mit der Lebensanschauung des Anthroposophen Rudolf Steiners, die auch Beuys beschäftigte. Beuys wiederholt seine Besuche in den 1970er und 80er Jahren in Achberg noch oft.
- 1982: Nach 176 Jahren in hohenzollerischem Privatbesitz wird Schloß Achberg verkauft.
- 1982-1988: Bauspekulationen und Bauherrenmodelle.

- 1988: Erwerb von Schloß Achberg durch den Landkreis Ravensburg. Gründung der „Fördergemeinschaft zur Erhaltung des Schlosses Achberg e.V.".
- 1988-1994: Sanierung des Schlosses.
- 1995 Mai 26: Wiedereröffnung von Schloß Achberg.

Quellen zur Geschichte der Herrschaft Achberg

- Archiv des Hauses Württemberg in Altshausen: Archiv der Deutschordens-kommende Altshausen und Ballei Elsaß-Burgund.
- Staatsarchiv Augsburg: Familienarchiv der Freiherren von Sürgenstein.
- Vorarlberger Landesarchiv Bregenz zur Recherche über die vorarlbergische Familie Öder.
- Archiv des Fürsten von Quadt zu Wykradt und Isny, Bestand: Benediktiner-kloster Isny.
- Archiv des Grafen zu Königsegg-Aulendorf, Schloß Königseggwald.
- Stadtarchiv Lindau zur Recherche über die zum Lindauer Patriziat gehörende Familie Öder.
- Staatsarchiv Ludwigsburg: B 231 ff. Deutscher Orden, unter anderem Ballei-kapitel B 239 (Kapitelgesprächsakten), B 233 Protokolle des Deutschen Ordens, B 236 Historische Sammlungen, B 273 I-III Dienerschaft, B 281 Verlassenschaftsakten. Pläne und Karten.
- Staatsarchiv Sigmaringen:
  Ho 159 Deutschordensherrschaft Achberg mit Vorprovenienzen (1427, 1463) 1576, 1607-1806; Ho 191 Fürstliches Obervogteiamt Achberg mit Nach-provenienzen (1801-) 1806-1850 (-1856); Ho 191 A Preußisches Ober-vogteiamt Achberg mit preußischem Oberamtskommissariat Achberg (1831-) 1850-1865 (1870);
  Depositum 39 (Fürstlich Hohenzollernsches Haus- und Domänenarchiv): Depositum 39 DS 25 = Bestand Herrschaft Achberg (1308-1867); Bestand Hofverwaltung; Bestand Hofkammer; Bestand Rentamt Achberg; Bestand Obervogteiamt Achberg.
- Hauptstaatsarchiv Stuttgart: B 17-37 Vorderösterreichische Regierung und Landstände (14.-19. Jh.), darin B 17 auch Deposita Deutscher Orden; B 343-347 Landkommende Altshausen (14.-19. Jh.).
- Zentralarchiv des Deutschen Ordens Wien, eine kleine Auswahl: BK 10. EL 360/3: Visitation von 1708. EL 361/5: Herrschaft Achberg, 1746-1804. EL 381/5: Tod Franz Benedikts von Baden, 1707-1708. EL 382/2 und 382/4: Herrschaft Achberg, Visitationsakten, 1746-1778. GK 730. Ri 20, Nr. 75: Franz Benedikt von Baden.
- Österreichisches Staatsarchiv Wien, vor allem Haus-, Hof- und Staatsarchiv sowie Hofkammerarchiv.

Der Deutsche Orden – Geschichte in aller Kürze

- 1095: Papst Urban II. ruft zur Befreiung der Heiligen Stätten in Palästina auf, die von türkischen Seldschuken besetzt sind. In sieben Kreuzzügen und fast zwei Jahrhunderte lang versuchen Christen vergeblich, eine dauerhafte Herrschaft in Palästina zu begründen.
- 1190: Gründung des Deutschen Ordens beim dritten Kreuzzug im Heiligen Land während der Belagerung von Akkon als Bruderschaft für Krankenpflege. Entstehung auf Initiative von Kaufleuten aus Lübeck und Bremen zur Pflege deutscher Pilger und Ritter.
- 1198: Umwandlung dieser Hospitalbruderschaft in einen geistlichen Ritterorden nach dem Vorbild der Templer und Johanniter. Der Deutsche Orden widmet sich damit einer doppelten Zielsetzung: dem Religiös-Karitativen, aber auch dem Heidenkampf. Karitativ tätig ist der Deutschordensherr in der Krankenpflege, der Sorge um die Armen und der Betreuung von Fremden. Dazu kommen seelsorgliche Aufgaben, die von den Geistlichen versehen werden. Im Lauf der Zeit verschieben sich die Ziele des Deutschen Ordens zunehmend: Der Hospitalgedanke tritt immer mehr in den Hintergrund, der offensive Heidenkampf, und damit die Ordensritter, erhalten Vorrang. Der Versorgungsgedanke für adlige Söhne nimmt an Bedeutung zu. Bereits in der Stauferzeit gewinnt der Deutsche Orden großes Ansehen und starken politischen wie wirtschaftlichen Einfluß. Erster Hochmeistersitz ist die Feste Montfort im Heiligen Land.
- 1212: Erster Besitz des Ordens im Oberelsaß. Gottfried von Rufach gründet Ordenshäuser im Elsaß und im Königreich Burgund (um Bern). Entstehung der Ballei Elsaß-Burgund.
- 1226: Goldene Bulle von Rimini. Unter Hochmeister Hermann von Salza, Berater des Stauferkaisers und mit den Rechten eines Reichsfürsten begabt, bereitet sich der Deutsche Orden angesichts des drohenden Verlustes des Heiligen Landes am Ende der Kreuzzüge auf neue Aufgaben vor. Hochmeister Hermann von Salza forciert im 13. Jh. den entscheidenden Schritt an die Ostsee und beginnt einen neuen „Heidenkampf": die Unterwerfung und Missionierung der heidnischen Pruzzen. Neues Kreuzzugsvorhaben erfolgt mit nachhaltiger päpstlicher und kaiserlicher Förderung: In einer Urkunde für den Deutschen Orden, der sogenannten Goldenen Bulle von Rimini, unterstützt Friedrich II. den Kreuzzug gegen die Pruzzen und sichert dem Hospital Sankt Marien der Deutschen zu Jerusalem das zu erobernde Land Preußen.
- 1230: Gründung des Hochmeisterstaats im Ordensland Preußen. Ausbau des Ordensstaats, großräumige Christianisierung.
- 1237-1561: Ausbreitung des Deutschen Ordens in Livland, Estland und Kurland.

- 1290/91: Mit dem Ende der Kreuzzüge 1290 im Heiligen Land und der Eroberung des letzten christlichen Bollwerks in Akkon 1291 durch die Mamelucken, zieht der Deutsche Orden ganz von Palästina in sein neues Herrschaftsgebiet über.
- 1291-1309: Venedig ist nach dem Verlust des Heiligen Landes Sitz des Hochmeisters.
- 13. und 14. Jh.: Blütezeit des Deutschordensstaates. Entwicklung des Ordens zu einer bedeutenden Militär-, Handels- und Finanzmacht, charakterisiert durch eine mustergültige, straffe Administration. Internationales Ansehen des Ordens, seine Beziehungen reichen europaweit, ihm gehören zahlreiche Niederlassungen.
- 1309-1457: Marienburg ist Residenz des Hochmeisters.
- 15. Jh.: Niedergang der Ordensmacht. Gründe sind äußere Probleme, beispielsweise die jahrzehntelangen militärischen Auseinandersetzungen der Ordensritter mit polnischen und litauischen Heeren. Niederlagen und Verlust großer Gebiete. Ebenso innere Strukturschwächen: Entwicklung des Deutschen Ordens zur Versorgungsanstalt für jüngere Söhne des Adels und Verweltlichung der Sitten.
- 1410: Niederlage des Deutschen Ordens bei Tannenberg gegen Polen und Litauer mit hohen Lösegeldforderungen.
- 1457-1525: Königsberg ist Residenz des Hochmeisters.
- 1466: Nach jahrzehntelangen militärischen Auseinandersetzungen der Ordensritter mit Polen erleidet der Orden im zweiten Frieden von Thorn schwere Territorienverluste, nach denen der Deutsche Orden auf Ostpreußen um Königsberg beschränkt wird (Verlust Westpreußens und Ostpommerns).
- 1494: Erhebung des Deutschmeisters in den Reichsfürstenstand.
- 16. bis 18. Jh.: Türkenkriege als neue Form des Deutschordenskampfes gegen die „Heiden".
- Um 1500: Verlust des Ordensbesitzes in den Mittelmeerländern.
- 1524: Erhebung des Hochmeisters in den Reichsfürstenstand.
- 1525: Zusammenbruch des preußischen Deutschordensstaates. Hochmeister Albrecht von Brandenburg-Ansbach leitet die entscheidende Zäsur in der Ordensgeschichte ein: Er verwandelt im Zuge der Reformation den Ordensstaat in ein weltliches Herzogtum, der Ausgangspunkt des späteren Königreichs Preußen. Nach dem Verlust des Heiligen Landes 1291 war Preußen zum Zentrum des Ordens geworden, nach dem Verlust Preußens 1525 wird nunmehr der Orden im Reich zum eigentlichen Träger der weiteren Entwicklung.
- 1527-1809: Das Ordensoberhaupt residiert in der Deutschmeisterresidenz Mergentheim. Der Deutsche Orden bleibt fortan auf seine zwölf Balleien mit ihren zahlreichen Besitzungen im Deutschen Reich beschränkt.
- 1527: Kaiser Karl V. verleiht dem Deutschmeister (Landgebietiger der

Balleien in Deutschland) die Würde eines Administrators des seit 1525 vakanten Hochmeisteramts.

- 1606: Hochmeister Maximilian von Österreich reformiert die Ordensregeln. Er stellt den Orden dem Kaiser zur Verfügung als Hilfe im Kampf gegen die vorrückenden Türkenheere.

- 1672-1685 und 1697: In den Reunionskriegen Ludwigs XIV. fallen die links-rheinischen Kommenden der Ballei Elsaß-Burgund in den Besitz der franzö-sischen Ritter des königlichen Ordens von St. Lazarus, die rechtsrheinischen mit Freiburg und Beuggen erleiden große wirtschaftliche Verluste. Der kaiserlichen Politik gelingt in den Friedensschlüssen von Rijswijk und Rastatt die Restitution (mit Ausnahme des Ordenshauses Straßburg).

- 1694-1732: Hochmeister Franz Ludwig von Pfalz-Neuburg, einer der bedeu-tendsten absolutistischen Reichsfürsten und Landesherren der Barockzeit. Franz Ludwig, eng mit dem habsburgischen Haus verwandt, bekleidet zahl-reiche hohe Reichsämter wie das des Erzkanzlers des Heiligen Römischen Reiches Deutscher Nation. Im Barockzeitalter mit seinen renommierten Amtsinhabern findet das Hochmeisteramt zu seinem äußeren Glanz zurück.

- 1696: Franz Ludwig von Pfalz-Neuburg wird erster Inhaber eines eigenen Regiments gegen die Türken, des sogenannten Deutschmeister-Regiments, später Regiment Hoch- und Deutschmeister. Bis zum Ersten Weltkrieg amtiert der jeweilige Hochmeister als Regimentsinhaber.

- 1789/91: Untergang der elsässischen Kommenden in der Französischen Revolution.

- 1805: Im Frieden von Preßburg verlieren der Hoch- und Deutschmeister die Reichs- und Kreisstandschaft und die Ordenskommenden im Reich ihre Reichsunmittelbarkeit.

- 1806: Säkularisation der übrigen Kommenden in der Ballei Elsaß-Burgund. Der Rheinbundvertrag teilt das Gebiet der Ballei Elsaß-Burgund auf die napoleontreuen Staaten auf.

- 1809 April 24: Aufhebung des Deutschen Ordens durch Napoleon in allen Staaten des Rheinbunds und im Deutschmeistertum Mergentheim. Ver-treibung der geistlichen Adelskorporation aus dem Gebiet der Rheinbund-staaten. Verlegung des Ordens und der Hochmeisterresidenz in die Donau-monarchie und nach Wien. Der Orden existiert nur noch in Österreich bis 1919 weiter als katholischer Ritterorden der k. und k. Offiziere. Daneben er-folgt der Ausbau der rein geistlichen Zweige.

- 1923: Rücktritt des letzten Ritterhochmeisters Eugen von Habsburg. Ein Ordenspriester, ab 1933 im Rang eines Abtes, übernimmt die Hochmeister-funktionen. Abschaffung der Adelsschranken.

- 1929: Päpstlicher Schutz für die „Brüder des Deutschen Ordens Sankt Mariens in Jerusalem". Umwandlung des Deutschen Ordens zu einer rein kirchlichen Institution mit karitativer Zielsetzung; der Ordenszweig der Ritter stirbt aus.

- 1938/39: Aufhebung des Deutschen Ordens durch das nationalsozialistische Regime in Österreich und im Sudetenland. Der Orden übersteht in Südtirol und Slowenien den Zweiten Weltkrieg.
- 1946/47: Wiederaufnahme der seelsorglich-karitativen Tätigkeit durch Brüder und Schwestern des Deutschen Ordens in der Bundesrepublik Deutschland und Rückgabe der alten Rechte an den Orden durch die Republik Österreich.
- heute: Der Deutsche Orden lebt und arbeitet mit Hochmeistersitz in Wien, Priesterkonventen, Schwesternniederlassungen, Familiarenballeien und selbständigen Komtureien in Belgien, Deutschland, Italien, Österreich, Slowakei, Südtirol und Tschechien. Er unterhält Hilfswerke, Altenheime, Krankenpflegestationen und karitative Einrichtungen. Er bringt Seelsorgeeinsätze in Pfarreien und leistet Dienste, Pflege und internationale Hilfe in Krisengebieten und Notlagen. Leitwort des Ordens lautet nun: „Helfen, wehren und heilen".

Der Deutsche Orden – Begriffserklärungen[1]

Administrationsstruktur des Deutschen Ordens:	Für eine effiziente Verwaltung unterteilt der Ritterorden seine weit verstreuten binnendeutschen Besitzungen in zwölf Ordensprovinzen, in die Balleien. An der Spitze dieser zwölf Balleien (Biesen, Utrecht, Österreich, Thüringen, Sachsen, Elsaß-Burgund, Lothringen, Koblenz, Marburg, Franken, Bozen und Westfalen) steht der auf Lebenszeit gewählte Hoch- und Deutschmeister, der seinen offiziellen Sitz in Mergentheim hat und geistlicher Reichsfürst ist. Als Landkomtur wird der Vorsteher einer Ballei bezeichnet. Eine Ballei wiederum besteht aus mehreren Kommenden, den untersten Verwaltungseinheiten des Ordens. Franz Benedikt von Baden, Landkomtur der Ballei Elsaß-Burgund beispielsweise, steht 14 Kommenden vor. Eine Kommende beherbergt im Idealfall 13 Brüder. Siehe auch Kapitel und Generalkapitel.
Ahnenprobe:	Nachweis über eine in der Regel vorgeschriebene wechselnde Anzahl adliger deutscher Vorfahren, den Adlige erbringen müssen, die als Ritter in den Orden aufgenommen werden wollen.
Altshausen, Kommende:	Die Kommende Altshausen wird 1264 auf der nahegelegenen abgegangenen Bigenburg gegründet und bald die reichste unter den Kommenden der Ballei. In der ersten Hälfte des 15. Jhs. wird Altshausen Residenz des Landkomturs von Elsaß-Burgund. Dieser ist nun auch stets in Personalunion Komtur zu Altshausen. Folgende Herrschaften gehören im 18. Jh. zum Besitz der Landkommende: Altshausen, Arnegg, Illerrieden, Ellhofen, Achberg, Blumenfeld (zum Teil der Kommende Mainau gehörig), Hohenfels. Von 1264 bis 1806 existiert die Kommende Altshausen.
Ballei:	Zusammenschluß mehrerer Kommenden zu einem Verwaltungsbezirk, dem der Landkomtur vorsteht, bei anderen Orden als Provinz bezeichnet. Siehe auch Konferenz und Landkomtur.
Deutschmeister:	Im mittelalterlichen Deutschen Orden gibt es in Deutschland, Preußen und Livland eigens bestellte Landmeister, im Reich Deutschmeister genannt; seit 1494 Reichsfürst, seit 1527 Administrator des Hochmeisteramtes, seit 1834 Hoch- und Deutschmeister. Siehe auch Hochmeister.
Dienende Brüder:	Man bezeichnet sie wegen ihrer grauen Gewänder gelegentlich als „Graumäntler". Sie sind Mitglieder des Ordens, die

weder mit Waffen umgehen noch Seelsorgeaufgaben wahrnehmen. Die Dienenden Brüder betreuen ausschließlich Keller und Küche, Haus und Garten.

Elsaß-Burgund: Zur Ballei Elsaß-Burgund zählen Kommenden im Elsaß (Mühlhausen, Gebweiler, Suntheim bzw. Ruffach, Kaysersberg, Andlau, Straßburg), im Oberrhein-Bodenseeraum (Freiburg im Breisgau, Beuggen bei Säckingen, Mainau), in der Schweiz (Hitzkirch, Sumiswald, Köniz, Bern, Basel), in Oberschwaben und Bayerisch-Schwaben (Altshausen, Blaichen an der Günz bzw. Rohr am Kombach bzw. Waldstetten).

Exemtion: Ausgliederung aus der Lehenshierarchie des Reiches beziehungsweise der Diözesangewalt des Bischofs; exemte Orden unterstehen direkt und ausschließlich dem Papst.

Familiare: Weltliche Freunde und Gönner. Seit dem Mittelalter gibt es Gläubige, die sich, ohne die Gelübde abzulegen, für den Orden einsetzen. 1965 wird diese Bezeichnung nach der Approbation des Familiareninstituts durch Papst Paul VI. wieder eingeführt.

Generalkapitel: Die beschlußfassende Versammlung des Gesamtordens tagt unter dem Hochmeister als Generalkapitel. In Preußen, aber auch später in Mergentheim und Wien, bilden die Gebietiger das Generalkapitel, das einmal im Jahr unter Vorsitz des Hochmeisters zusammentritt. Dieses Generalkapitel kann bis heute für den ganzen Orden verbindliche Bestimmungen genehmigen. Es gibt und verlangt Rechenschaft über die Amtsführung der Gebietiger, aber auch der Ordensangehörigen in allen anderen Bereichen. Das Generalkapitel besitzt die Kompetenz, Entscheidungen über die Ernennung oder Absetzung von Würdenträgern des Ordens zu treffen. Es kann den Hochmeister jedoch nur im äußersten Ausnahmefall absetzen. Siehe auch s.v. Kapitel.

Großgebietiger: Engerer Beirat mit in der Regel fünf dem Hochmeister zugeordneten Ordensoberen. In der Frühzeit des Ordens waren mit dem Titel Großgebietiger spezielle Aufgaben verbunden: Großkomtur (siehe dort), Marschall (Leiter des Heereswesens), Spittler (Vorsteher der Krankenpflege), Trapier (Leiter des Kleidungswesens) und Tressler (Vorsteher des Kassenwesens).

Großkomtur: Stellvertreter des Hochmeisters. Der Großkomtur ist für den Ordensschatz und die Vorräte aller Art des ganzen Ordens verantwortlich. Er vertritt den Hochmeister bei Krankheit oder längerer Abwesenheit.

Hochmeister:	Oberhaupt des Gesamtordens, der nur dem Papst unterstellt und an das Generalkapitel und den Beirat der fünf Großgebietiger gebunden ist. Als verbindlicher Titel erst etwa seit dem Ende des 13. Jhs. eingeführt. Ungefähr von 1230 bis 1525 gilt der Hochmeister als Souverän des jenseits der Grenzen des Heiligen Römischen Reiches Deutscher Nation gelegenen Ordensstaates in Preußen. Ab 1527 ist der Deutschmeister Administrator des Hochmeisteramtes. Seit der Verlegung der Residenz nach Wien (1809) liegt die Hochmeisterwürde beständig beim Haus Habsburg. Als letzter Ritter hatte Erzherzog Eugen bis 1923 dieses Amt inne. Der Titel Hochmeister für das Oberhaupt des Deutschen Ordens wird bis heute beibehalten. Siehe auch Deutschmeister.
Kapitel:	Versammlung von Ordensbrüdern jeder Ballei zur Beratung und Beschlußfassung; tagt unter dem Vorsitz des jeweiligen Landkomturs. Siehe auch Generalkapitel.
Koadjutor:	Stellvertreter und designierter Nachfolger des Hochmeisters.
Kommende:	Im allgemeinen kleinster selbständiger Verwaltungsbezirk innerhalb des Deutschen Ordens.
Komtur:	Vorsteher der Kommende.
Konferenz, Balleikonferenz:	Konferenzprotokolle halten die Beratungen und Beschlüsse der Balleikonferenz fest. Den Vorsitz der Konferenz führt der Landkomtur, der Hauskomtur oder der Obervogt. Außer weiteren wichtigen Beamten der Landkommende sind je nach Beratungsgegenstand auch der Rentmeister, die Komture der der Ballei zugehörigen Kommenden sowie die Amtsleute anwesend. Die Konferenzen können mehrmals wöchentlich, aber auch nur alle zwei bis drei oder mehr Wochen stattfinden.
Konvent:	Gemeinschaft der zu einem Haus (Kommende) gehörenden Ordensbrüder.
Landkomtur:	Vorsteher der Ballei. Über dem Landkomtur steht nur noch der Hoch- und Deutschmeister. Der Landkomtur der Ballei Elsaß-Burgund gehört zu den Reichsprälaten und als Inhaber der Reichsgrafschaft Altshausen zu den Reichsgrafen. Er nimmt beim Schwäbischen Kreis den ersten Sitz auf der Grafen- und Herrenbank ein.
O.T.:	Abkürzung für Ordo Teutonicus, die lateinische Bezeichnung des Deutschen Ordens.
Priesterbrüder:	Mitglieder des Ordens, die im Unterschied zu den Ritterbrüdern keine Waffen führen, sondern sich ausschließlich der Seelsorge und karitativen Aufgaben widmen.
Profeß:	Ablegung der Ordensgelübde.

Provinz:	Zusammenschluß mehrerer Kommenden zu einem Verwaltungsbezirk, dem der Landkomtur vorsteht, bei anderen Orden als Ballei bezeichnet.
Ratsgebietiger:	Ritterliche Komture, die der Landkomtur bei wichtigen Entscheidungen konsultieren muß.
Ritterbrüder:	Hauptsächlich im Mittelalter Angehörige des Ordens, die die Gelübde abgelegt, aber kein Priesteramt innehaben.
Schwestern:	Bis heute gebräuchliche Bezeichnung für die weiblichen Mitglieder des Ordens nach der Wiederbelebung des bereits im Mittelalter gegründeten Instituts der Ordensschwestern.
TOR:	Abkürzung für Teutsch Ordens Ritter.
Urbar:	Verzeichnis von Gütern und Abgaben der Grundherrschaften.
Visitationen:	Periodische Kontrollbesuche legitimierter Kommissionsdeputierter, um Mißstände festzustellen und zu beseitigen. Unter anderem gibt es Landes-, Kirchen-, Ordens- und Universitätsvisitationen.
Weltliche Mitglieder:	Im Mittelalter haben verheiratete und unverheiratete Männer die Möglichkeit, als Weltliche Mitglieder dem Orden beizutreten. Sie nehmen verschiedene Aufgaben wahr, müssen jedoch nicht die strengen Gelübde ablegen. Als äußeres Kennzeichen tragen diese Weltlichen Mitglieder ein halbes Ordenskreuz.

Die Mitglieder des Deutschen Ordens nach dem Wappen kalender der Ballei Elsaß–Burgund 1701[2]

1. Franz Ludwig Pfalzgraf von Neuburg, Jülich und Berg
2. Franz Benedikt Freiherr von Baden zu Liel
3. Melchior Heinrich Freiherr von Grandmont (Grammont), Herr zu Randegg
4. Johann Franz Freiherr von Reinach zu Munzingen
5. Johann Reinhard Gold Freiherr von Lampoding
6. Marquard Franz Leopold Freiherr von Falkenstein
7. Konrad Karl Anton Freiherr von Pfürdt
8. Georg Friedrich Stürtzel von Buchheim
9. Tiberius Albrecht Fugger, Graf zu Kirchberg und Weissenhorn
10. Johann Jakob Christoph Stürtzel von Buchheim
11. Georg Balthasar Bechtold Freiherr von Weitersheim
12. Johann Adam Gottfried Speth, Freiherr von Schülzburg
13. Johann Franz Karl Freiherr von Schönau
14. Franz Hartmann Freiherr von Reinach
15. Johann Kaspar von Pfürdt

Die Landkomture, Vizelandkomture und Statthalter der Ballei Elsaß-Burgund[3]

Gottfried von Rouffach 1235-1245
Konrad von Salins 1246
Gottfried von Rouffach 1248-1255
Dietrich 1256-1258
Hartmut von Kronberg 1263
Heinrich von Bigenburg 1264
Reinbold von Stotzheim 1268-1270
Konrad gen. Werner von Hatstat 1271-1272
Rudolf 1272
Konrad gen. Werner von Hatstat 1272-1273
Reinlohe von Ofenningen 1273-1275
Rudolf von Ofmendingen 1275-1276
Ulrich von Klingen 1277-1278
Reinlohe 1278-1286
Bertold von Gebzenstein 1287-1289
Friedrich von Gotha 1289-1291
Rudolf Kücheli 1292
Egelwart von Sulz 1292
Werner von Battenburg 1293
Egelwart von Sulz 1295-1297
Rudolf Kücheli 1298-1299
Heinrich von Dernbach 1299
Berthold von Buchegg 1305-1321
Wolfram von Nellenburg 1322-1330
Konrad von Kramburg 1331
Heinrich von Dettingen 1339
Mangold von Brandis 1342-1350
Peter von Stoffeln 1351
Mangold von Brandis 1356-1358
Heinrich von Rinkenberg 1359
Ulrich von Dettingen 1360-1364
Heinrich Reck von Hegi 1364
Marquard Zöllner von Rotenstein 1367-1370
Dietrich von Venningen 1370-1374
Vinzenz von Bubenberg 1378-1380
Werner von Brandis 1378
Arnold Schaler 1383
Heinrich von Schletten 1384-1386
Rudolf von Randegg 1386-1391

Dietrich von Venningen 1392
Johann von Ketz 1393
Marquard von Baden 1394
Adolf von Virmond (Firmian) 1396-1399
Heinrich von Schletten 1400-1411
Marquard von Königsegg 1411-1437
Ludwig von Landsee 1437-1443
Burkard von Schellenberg 1443-1457
Rudolf von Rechberg 1461-1476
Hermann von Luternau 1474-1481
Wolfgang von Klingenberg 1481-1517
Rudolf von Fridingen 1517-1537
Philipp von Ehingen 1537-1540
Hans Werner von Reischach 1540-1549
Sigismund von Hornstein 1549-1577
Hugo Dietrich von Hohenlandenberg 1578-1600
Christoph Thumb von Neuburg 1600-1626
Hans Kaspar von Stadion 1627
Hans Jakob von Stein 1628-1649
Heinrich Schenk von Castell 1649-1652
Johann Werner von Hundbiß 1652-1658
Philipp Albrecht von Berndorf 1658-1666
Johann Hartmann von Roggenbach 1666-1683
Johann Friedrich von Baden 1683-1688
Franz Benedikt von Baden 1688-1707
Melchior Heinrich von Grandmont 1707-1709
Marquard Franz Leopold von Falkenstein 1709-1717
Johann Franz von Reinach 1718-1730
Franz Ignaz Anton von Reinach 1724-1735
Philipp Anton Joseph Eusebius von Froberg 1736-1757
Christian Moritz Eugen Franz von Königsegg-Rothenfels 1757-1774
Beat Konrad Philipp Reuttner von Weyl 1774-1803
Karl Franz Friedrich von Forstmeister zu Gelnhausen 1803-1806

Die Hochmeister des Deutschen Ordens[1]

1. Hospitalbruderschaft

        Residenz Akkon (- ca. 1230?)
                Sibrand 1190
                Gerard 1192
                Heinrich, prior 1193/94
                Ulrich 1195
                Heinrich, praeceptor (wahrscheinlich identisch mit
                Heinrich Walpot) 1196

2. Ritterorden

                Heinrich von Walpot 1198-1200
                Otto von Kerpen 1200-1208
                Heinrich von Tunna gen. Bart 1208-1209
                Hermann von Salza 1209-1239

        Residenz Montfort (ca. 1230?-1271)
                Konrad von Thüringen 1239-1240
                Gerhard von Malberg 1240-1244
                Heinrich von Hohenlohe 1244-1249
                Gunther von Wüllersleben 1249-1252
                Poppo von Osterna 1252-1256
                Anno von Sangershausen 1256-1273
        Residenz Akkon (1271-1291)
                Hartmann von Heldrungen 1273-1282
                Burchard von Schwanden 1282-1290

        Residenz Venedig (1291-1309)
                Konrad von Feuchtwangen 1291-1296
                Gottfried von Hohenlohe 1297-1303
                Siegfried von Feuchtwangen 1303-1311

        Residenz Marienburg (1309-1457)
                Karl von Trier 1311-1324
                Werner von Orseln 1324-1330
                Luther von Braunschweig 1331-1335
                Dietrich von Altenburg 1335-1341
                Ludolf König 1342-1345
                Heinrich Dusemer 1345-1351
                Winrich von Kniprode 1352-1382

Konrad Zöllner von Rotenstein 1382-1390
Konrad von Wallenrode 1391-1393
Konrad von Jungingen 1393-1407
Ulrich von Jungingen 1407-1410
Heinrich von Plauen 1410-1413
Michael Küchmeister 1414-1422
Paul von Rusdorf 1422-1441
Konrad von Erlichshausen 1441-1449

Residenz Königsberg (1457-1525)
Ludwig von Erlichshausen 1450-1467
Heinrich Reuß von Plauen 1469-1470
Heinrich Reffle von Richtenberg 1470-1477
Martin Truchseß von Wetzhausen 1477-1489
Johann von Tiefen 1489-1497
Friedrich von Sachsen 1498-1510
Albrecht von Brandenburg-Ansbach 1511-1525

Residenz Mergentheim (1525-1809)
Walter von Cronberg 1527-1543
Wolfgang Schutzbar gen. Milchling 1543-1566
Georg Hund von Wenckheim 1566-1572
Heinrich von Bobenhausen 1572-1590/95
Maximilian von Österreich 1590/95-1618
Karl von Österreich 1619-1624
Johann Eustach von Westernach 1625-1627
Johann Kaspar von Stadion 1627-1641
Leopold Wilhelm von Österreich 1641-1662
Karl Joseph von Österreich 1662-1664
Johann Kaspar von Ampringen 1664-1684
Ludwig Anton von Pfalz-Neuburg 1684-1694
Franz Ludwig von Pfalz-Neuburg 1694-1732
Clemens August von Bayern 1732-1761
Karl Alexander von Lothringen 1761-1780
Maximilian Franz von Österreich 1780-1801
Karl Ludwig von Österreich 1801-1804

Residenz Wien (ab 1809)
          Anton Victor von Österreich 1804-1835
          Maximilian Joseph von Österreich-Este
          1835-1863
          Wilhelm von Österreich 1863-1894
          Eugen von Österreich 1894-1923

3. Klerikaler Orden

          Dr. h. c. Norbert Klein 1923-1933
          Paul Heider 1933-1936
          Robert Schälzky 1936-1948
          Dr. Marian Tumler 1948-1970
          Ildefons Pauler 1970-1988
          Dr. Arnold Wieland seit 1988

[1] Frau Dr. Regina Hanemann, Deutschordensmuseum Bad Mergentheim, hat mir freundlicherweise ihr Glossar zur Verfügung gestellt. Dafür sei ihr auch an dieser Stelle herzlich gedankt. Vgl. auch Kreuz und Schwert - Der Deutsche Orden in Südwestdeutschland, in der Schweiz und im Elsaß, Mainau 1991 (Ausstellungskatalog Schloß Mainau), S. 269.

[2] Siehe den Aufsatz von Helmut Hartmann in diesem Band.

[3] Nach Alois Sailer, in: Kreuz und Schwert - Der Deutsche Orden in Südwestdeutschland, in der Schweiz und im Elsaß, Mainau 1991 (Ausstellungskatalog Schloß Mainau), S. 267. Siehe auch Michael Barczyk: Wiener Quellen zur Neueren Geschichte der Deutschordenskommende Altshausen als Hauptort der Ballei Elsaß-Burgund, Tübingen 1972 (masch.) mit detailreichen Informationen zu den einzelnen Landkomturen. Die den Namen beigefügten Zahlen bezeichnen das Jahr der Ernennung.

[4] Nach Marian Tumler/Udo Arnold, Der Deutsche Orden. Von seinem Ursprung bis zur Gegenwart, Bad Münstereifel 1992[5], S. 105-107 sowie Hartmut Boockmann, Der Deutsche Orden, München 1989[3], S. 290 f.

Wandmalerei im „Gastzimmer gegen die Bruck", zweites Obergeschoß

Wandmalerei im „Gastzimmer gegen die Argen", zweites Obergeschoß

Dank geht an folgende Personen und Institutionen, die bei der Bereitstellung von Illustrationen mitwirkten:

S. K. H. Carl Herzog von Württemberg (Altshausen), Archiv des Hauses Württemberg (Altshausen), Dr. Walter Ebner (Altshausen), Staatsarchiv Augsburg, Hans Boehm (Bad Mergentheim), Irene und Roman Krauß (Bad Säckingen), Rupert Leser (Bad Waldsee), Rolf Schultes (Bad Waldsee), Prof. Dr. Udo Arnold (Bonn), Stuckbildhauer Lang, Mahler & Fischer (Buching), Traugott Schneidtinger (Feldkirch), Niedersächsische Staats- und Universitätsbibliothek Göttingen, Tiroler Volkskunstmuseum (Innsbruck), Egon Wurm (Innsbruck), S. E. Erbgraf von Quadt zu Wykradt und Isny (Isny), Landesbildstelle Baden (Karlsruhe), Restaurator Leber (Konstanz), Anja Köhler (Leutkirch), Staatsarchiv Ludwigsburg, Louis Brem (Luzern), Mainau GmbH (Insel Mainau), Bildarchiv Foto Marburg, Bayerische Verwaltung der staatlichen Schlösser, Gärten und Seen (München), Germanisches Nationalmuseum Nürnberg, Joachim Feist (Pliezhausen), Fotostudio Roth (Rankweil), Dipl. Ing. Architekt Günter Bestfleisch (Ravensburg), d-Werk GmbH (Ravensburg), Reiner Falk (Ravensburg), Claus Juricz (Ravensburg), Kreisarchiv Ravensburg, Restaurator Leinmüller (Ravensburg), Dipl. Ing. Hans Sättele (Denkmalschutzbeauftragter des Landkreises Ravensburg), René Schrei (Ravensburg), Staatliches Vermessungsamt Ravensburg, Stadtarchiv Ravensburg, Photostudio Eugen E. Schneider (Saulgau), Fürstlich Hohenzollernsche Sammlungen Sigmaringen, Fürstl. Hohenz. Hofbibliothek Sigmaringen, Kreisarchiv Sigmaringen, Staatsarchiv Sigmaringen, Hauptstaatsarchiv Stuttgart, Landesdenkmalamt Baden-Württemberg Stuttgart und Außenstelle Tübingen, Landesvermessungsamt Baden-Württemberg (Stuttgart), Württembergisches Landesmuseum Stuttgart, Restaurierungswerkstätte Sebastiani (Überlingen), Restaurator Kneer (Ulm), Staatliches Vermessungsamt Wangen, Rudi Sigerist (Wangen), Dietmar Schillig (Weingarten), Johannes Volz (Weingarten), Zentralarchiv des Deutschen Ordens (Wien) und Kunstsammlungen der Fürsten zu Waldburg-Wolfegg (Wolfegg). Herr Ferdinand Hofmann (Achberg) unterstützte die Publikation durch das Überlassen seiner großen Postkarten-Sammlung zu Achberg. Ein ganz besonderes Dankeschön geht an Herrn Gerd Nachbauer von der Schubertiade GmbH in Hohenems, der in großzügiger Weise Fotos zur Verfügung gestellt hat.

Abbildungsnachweis:

Titelseite

Titel:	René Schrei, Ravensburg
Buchrücken:	Rupert Leser, Bad Waldsee

Vorwort der Herausgeberin

S. 8/9:	Schubertiade GmbH, Peter Mathis
S. 11:	René Schrei, Ravensburg
S. 12/13:	René Schrei, Ravensburg

Grußworte

S. 14:	Schubertiade GmbH, Peter Mathis
S. 16/17:	Schubertiade GmbH, Peter Mathis
S. 18:	Schubertiade GmbH, Peter Mathis
S. 19:	Schubertiade GmbH, Peter Mathis
S. 22:	Rolf Schultes, Bad Waldsee
S. 24:	Rupert Leser, Bad Waldsee
S. 26:	Claus Juricz, Ravensburg

Postkarten

Alle historischen Ansichtskarten stammen aus der Sammlung des Kreisarchivs Ravensburg.

Die Geschichte von Schloß und Herrschaft Achberg im Zeitraffer

S. 28:	Schubertiade GmbH, Peter Mathis
S. 30:	Vorlage: StAL B 250 Bü 6; Aufnahme: HStASt, alle Rechte vorbehalten – auch bei allen folgenden Aufnahmen des Hauptstaatsarchivs Stuttgart.
S. 34:	René Schrei, Ravensburg
S. 36/37:	Vorlage: Fürstlich Hohenzollernsche Sammlungen Sigmaringen; Aufnahme: René Schrei, Ravensburg
S. 38, 3 Abbildungen:	Vorlage: Fürstlich Hohenzollernsche Sammlungen Sigmaringen; Aufnahme: Württembergisches Landesmuseum Stuttgart
S. 40:	Vorlage: Kreisarchiv Sigmaringen VI/1
S. 41:	Claus Juricz, Ravensburg

Achberg – Ein Ort mit wechselvoller Erdgeschichte

Die Zeichnungen in diesem Aufsatz stammen vom Verfasser.

S. 48:	Landesvermessungsamt Baden-Württemberg
S. 51:	Copyright: Landesvermessungsamt Baden-Württemberg (http://www.lv-bw.de), vom 26.05.1999, Az.: 2851.3-A/43
S. 62:	Dietmar Schillig, Weingarten

Streifzug durch merk- und denkwürdige Plätze in der Gemeinde Achberg

S. 72:	René Schrei, Ravensburg
S. 76:	Dietmar Schillig, Weingarten
S. 78:	Rudi Sigerist, Wangen
S. 80:	Rudi Sigerist, Wangen
S. 81:	Rudi Sigerist, Wangen

Ach, Berg! – Zur Deutung des Burgnamens Achberg

S. 86:	Vorlage: Archiv des Fürsten von Quadt zu Wykradt und Isny, Bestand Benediktinerkloster Isny, Urkunden; Aufnahme: Johannes Volz, Weingarten

Zur Herrschaftsgeschichte Achbergs im ausgehenden Hochmittelalter – Ein umworbener Topos

Schloß Achberg und der Deutsche Orden

Liebe auf den ersten Blick – Die Ritterherrschaft Achberg und Landkomtur Franz Benedikt von Baden

Franz Benedikt von Baden (1644–1707)

Christoph Gessinger – Baumeister von Schloß Achberg

Balthasar Krimmer, Schöpfer des Stucks auf Schloß Achberg – Einige Schnörkel zur Ergänzung eines längst nicht vollendeten Porträts

Das Kalenderblatt des Franz Benedikt von Baden auf das Jahr 1701

Die Mitglieder des Deutschen Ordens nach dem Wappenkalender der Ballei Elsaß-Burgund 1701

Bratspieße und Blumenbilder - Das Inventar von Schloß Achberg aus dem Jahr 1708

Vertrauen ist gut, Kontrolle ist besser - Die Visitationen der Herrschaft Achberg

S. 400 oben und unten: Vorlage: Bayerische Verwaltung der staatlichen Schlösser, Gärten und Seen
S. 401: Vorlage: Privatbesitz
S. 402 und S. 403: Aufnahme: Mainau GmbH

Abbildungsnachweise

S. 423: René Schrei, Ravensburg
S. 424: René Schrei, Ravensburg
S. 430: Claus Juricz, Ravensburg

Ausstellung in Schloß Achberg: Sammlung Domnick, 1995